彼岸情怀此岸言：
创新发展演讲访谈录

上　册

贾　康　著

创于1897　商务印书馆　The Commercial Press
2018年·北京

自 序

人们常引狄更斯的名言："这是一个最好的时代，这也是一个最坏的时代"，随之会感叹人世有代谢，往来成古今，目眩神迷之中，人生的体验、多是落入"不如意事常八九，可与人语无两三"。人生于何世，全然无法选择，读书人的际遇感、时代感常是一种最强烈的历史感，也是一种最无奈的宿命感——星移斗转，时移世易，充满矛盾的世界之不可逆的时代演变，即是历史亘古不易的道理，只是莫忘"天行健，君子以自强不息"。

我是"50后"的一介书生，"生在红旗下，长在新中国"，虽未尝经历1949年之前的战火狼烟、峥嵘岁月，却也曾随激越而优美的少先队队歌，在红旗下宣誓"时刻准备着"；少年时，即伴着一段一段的"最高指示"参加一波一波的运动，后又胸怀战天斗地的豪情奔赴农村，得知社会底层艰辛痛苦；再后来，感谢时运惠顾走进军旅，经受了严酷而心境充实的磨炼。当我以京西矿务局产业工人的身份工作数年之后，欣逢改革开放大时代的到来：高考恢复改变了我的命运，出现了如今自己想来仍是人生轨迹上最重要的节点——进入大学的知识殿堂，圆一个血液中无可救药地植入了求知基因的中国读书人之梦。

"理论联系实际"是我一向坚守的信条，读书学习、思考求知既是人生的必然需要，也是人生意义的重要支撑。时代的潮流推着我在大学之后接读研究生，并以财政经济的专业定位，进入"理论联系实际"的研究工作过程，又在种种机缘织成的挫折与幸运、奋进与无奈、忧郁与欣慰、出世与入世的人生画卷中，得览全球信息，置身祖国变革大潮，力求贡献点滴，不负光阴逆旅。我从 80 年代的“中青年研究工作者”之一员，到阴差阳错地担当财政部门研究机构管理者身份前后 20 年，再到终于超脱地定位于纯粹的学者而继续求索，意想发挥一点“余热”，正是“往者无可谏，来者犹可追”。在年过六十后的这两三年，我得以更多地按自己的选择参加研究和交流活动。演讲内容，拜新的信息处理方式之赐，往往可较快地生成录音整理稿或速记整理稿，再借助自媒体与出版物等形式来扩大交流。不少朋友反映，有别于我过去多年间已形成的为数不少的专著与论文，这些更口语化、更求深入浅出表达自己所思所想、所愿所求的演讲稿，常常伴有更鲜活、生动的信息元素以及对读者的亲和感。虽然我原来最看重的还是经过自己深思熟虑、字斟句酌后形成的那些文字，但注意到为适应现今飞速变化的人际交流和信息传播方式，的确应有意识地更多寻求雅俗共赏、更不“端着”的一类特点及形式。在和同事努力创构新供给经济学框架、出版相关专著之后，按另一种风格类型把我不同场合演讲内容整理成书的《供给侧改革十讲》，颇获社会积极评价，而且还意想不到地被评为国家精品出版物。我在感谢出版界领导和朋友的厚爱与宝贵支持的心境之下，现愿把另外一些可选出的或长或短、不同侧重的演讲、访谈稿，再作结集出版，以就教于更广大的读者。

这本书名为“彼岸情怀此岸言”的演讲、访谈录，收入的主要是我 2014 年以来，特别是 2015—2016 年的一些演讲与访谈内容，与已有的公开出版物基本上不发生重合，力求保持原来的现场氛围，愿能成为一种“阳春白雪”与“下里巴人”的混合体。

之所以有“彼岸情怀此岸言”的书名，自己确是基于一番思忖的。我所言者，虽不可能句句都出于细密推敲，但基本的思维框架、逻辑结论、观点取向、思路建议，确实还是来自几十年来以学者定位孜孜不倦的上下求索、深思熟虑；虽可能不免种种“一得之见”的局限，但一定是自己主观意愿上“无哗众取宠之心，有实事求是之意”形成的力求中肯、有用之言，实也是怀抱基于读书人书香根柢的“彼岸情怀”，而试给出的关于此岸世界的论说，表达着理想主义的理论密切联系实际的诉求。所发议论，所述观点，指向必是现世的种种“问题”，是植根于自身“仰望星空”后“认识世界”的水平、想尽可能产生有益的建设性，助益于“脚踏实地”地“改造世界”，来奉献于有同样诉求或类似关注的人们。

少时攻读马克思主义经典作家的文献，就注意到理想与现实相对照的历史感与思想者博大的情怀。彼岸世界是价值的、理想的，此岸世界是经验的、现实的，沟通两岸的努力永远存在，永远不会完结，永远处于激情与痛苦、憧憬与焦灼、壮志凌云与人生苦短、天地有道而世事无常的矛盾混合物状态。如果比照宗教范畴，似也可喻拟为冥冥宇宙间人的“出世”与“入世”之异：无出世情怀，不能持宁静致远、万物无争的心绪，则为过俗；无入世言行，无法行悲悯生灵、利乐众生的愿求，则为空雅。以佛学境界语“出世”与“入世”，多少可联系我所认为人生应求的“彼岸情怀”与“此岸作为”的汇合。九华山间巨大横幅“地狱不空 誓不成佛”所表达的宏愿，与马克思主义的“初心”——未来世界应是“自由人的联合体”、其中每个人的自由发展是其他一切人自由发展的前提条件（我们当年表述为“解放全人类”），难道不是相通的吗？

我陆续经过“而立”、“不惑”、“知天命”之年，得入“耳顺”之境，思初心、想宏愿，自认为应可超脱于尘世恩怨，既不纠结于功名利禄、不局限于流俗趣味，亦不蒙昧于书斋自赏、不满足于羽毛爱惜。所感叹者，“欲开天眼觑红尘，可怜身是眼中人”，在历史和时代的宿命面前，个人实在太渺小，但依“志存高远、脚踏实地”之初心，秉持学者立场和读书人定位，还是应当“出则大彻大悟，入则有理有策”，力求有一点建设性的认识成果。

站此岸，遥望彼岸，是为自序。

2017 年 2 月

目　录

第一篇　供给侧改革

第二篇 经济体制改革

第三篇 财税改革

第一篇
供给侧改革

什么是供给侧改革？

“供给侧改革”在中国成为热词自有其道理

大家好！我来说一说“供给侧改革”这个题目。其实要弄清楚这个题目，最好的办法是读读最近我和苏京春博士共同完成的一本书，由中信出版集团出版的《供给侧改革：新供给简明读本》（以下简称《简明读本》）。这是我们下了很大功夫的一本书，出版社也很看重。我们在写这本书的时候，努力把原来已经形成的新供给经济学的一套话语体系和学术表达，尽可能深入浅出平易化，希望能让一般的读者读起来不觉得吃力。我们虽然做了努力，效果好不好还要大家来评判。但我们还是有点自信的。《简明读本》里面的内容比原来的专著更加条理化和醒目化，总体的框架也显得更清楚。书中对原来经济学中供给侧方面的学术成果进行了简明扼要的回顾，在切入主题、勾画创新认识并面对中国现实问题的时候，我们用了更多的笔墨。当然，具体怎么样，还要请读者朋友们评判和指正。

“供给侧改革”在中国成为热词是有道理的。我们的最高领导人在十八届五中全会之后，在中央财经领导小组第十一次会议上，说了一段关于供给侧改革的话，概括一下是五句话，已经表现出比较清楚的逻辑联结。第一句话是继续适度扩大总需求。这句话是什么意思呢？这显然是首先表明，后面提到的供给侧改革并不是否定需求侧，并不排斥原来在需求侧管理方面的有益经验；但是话锋一转，第二句话强调要着力推进供给侧结构性改革。这第二句话的主题落在改革上，我们的解读就是“供给侧改革”并不是一下子全新出世的，它承前启后、继往开来，在当年邓小平同志确立的改革的轨道上强调攻坚克难，在深化改革中要啃硬骨头，而表述上的特征和新意是特别明确地强调改革就是制度供给问题，要从供给侧掌握好复杂的结构性问题，首先是制度供给的结构优化问题，即触动和改造利益格局，“冲破利益固化的藩篱”。这就是“供给侧”、“结构性”、“改革”三个概念连在一起的完整表达，体现着学理支撑。

跟着的第三句话强调改革带动出来的，是着力提高整个供给体系质量和效率，这就将制度供给和其他供给侧各种各样复杂要素的供给作为一个整体的供给体系来把握，要提高质量和效率。实际上就是打造我们所说的新常态。目前“新”已明朗，“常”未实现，如何实现由“新”入“常”？稳定在一个增长质量提高而时间尽可能长久的中高速增长平台上，那就“常”了。需要引领新常态，以实现增长方式的转变和升级版的发展。

最后两句话，是表明需提升实现经济可持续增长的动力，解放生产力中要实现我国社会生产力的整体跃升。实际上这和中央之前看到矛盾凸显以后要追求可持续发展的科学发展观的思路，是一脉相承的。首先都是问题导向，即我们现在“黄金发展期”特征并没有完全消退的同时，却出现了越来越有威胁性的矛盾凸显特征，可持续性在经受考验。如果不能经受这个历史考验，中国就会陷入中等收入陷阱。其实十八届五中全会以后我们的决策层和管理部门已经非常直截了当地说，面对矛盾累积、隐患叠加，我们一定要避免落入之前很多经济体曾经落入的中等收入陷阱。这里的一大新意，是把实现可持续“科学发展”必须完成动力体系转型升级之意，直接表述上去了。而这个逻辑最后落在要实现我国社会生产力整体跃升，就是要继续追求超常规发展。这种发展不是一般的循着常规轨道的增长，是整体跃升式的发展。我们前面三十几年总体来说，是已实现了邓小平同志设想的“三步走战略”的前两步（而且是提前实现），在增长过程中我们表现出从追赶到赶超的态势。中国在经济总量上已经成为世界第二，从改革开放初期人均GDP很低的水平，进入到现在的中等收入阶段，从2010年人均GDP四千美元左右，现在进一步推进到约八千美元，但是我们希望这种超常规发展的态势能够继续，因为中国是在工业革命之后明显落伍了，没有这种超常规的发展，我们还只能跟在别人后面。从各项人均指标来看我们还相当落后，目前人均GDP在世界排名还在80位之后，我们还要经过几十年奋斗，才有望进入前20名的阵营，大约在2050年前后，如果人均指标达到这个状态，那时候才是邓小平同志所说的人均指标中等发达国家的水平。

但要看到，现在我们经济总量排世界第二的时候，人均收入排在80名之后，如果等到我们人均指标从80名走到20名甚至更靠前的时候，再加上我们其他现代化要素的匹配，中国的综合国力和现代性水平，一定是处在世界民族之林的第一阵营。结合这种现代化的追求，我们现在看得很清楚：第一，人民群众对美好生活的向往就是我们的奋斗目标，为了人民群众得实惠而追求可持续。第二，我们不是以狭隘民族主义眼光看发展目标。总书记反复说中国的崛起是和平崛起中与其他经济体“人类命运共同体”的关系。早在胡锦涛同志任总书记时，我们已经对全世界表明了中国所认同的人类文明的前沿性概念，是包容性发展。十八届三中全会“现代国家治理”作为最核心的理念，强调的首先就是包容性，要寻求多赢共赢。如果是按照这样一个现代化的轨迹往前发展，那么要深入领会总书记强调的供给侧结构性改革的认识框架和逻辑，就比较容易了。

下面再说一说我们作为研究者的努力。我和另外一些有志于在供给侧方面做深入研究的同道者，在前些年已经形成了一些研究成果。比如强调中国特色的宏观调控必须注重理性的供给管理。在世界金融危机冲击之后，我们一致认为，必须对主流经济学的成果做深入的反思，理论密切联系实际，实现经济学理论的创新，而以这种创新来实现它对于科学决策和政策优化设计应有的支持、参考作用。所以在前几年，我们组建了华夏新供给经济学研究院，是一个正式成立的非企业、非营利、无挂靠单位的社团，实际上是现在总书记鼓励发展的智库中的民间智库的一种类型。参加的人员有体制内、体制外、市场人士、企业界的人士中间有志于做经济问题和公共政策研究的一些专家。大家在这里面共同所做的研究，已经形成了系列的出版物，比如比较早由我主编的论文集《新供给：经济学理论的中国创新》。在十八届三中、四中、五中全会之前，我们作为智库都曾给最高决策层上报过我们的内部研究报告，并得到了充分的肯定。在十八届五中全会之前，当时作为保密事项，中财办要求五位学者到他们那里接受命题作文式的研究任务，我是其中之一，所接受的任务就是要专门研究“改善供给侧环境与机制，激发微观主体的潜力和活力”。

我拿到这个题目就知道，我们的决策层显然已经高度关注供给侧这个概念，而且其着眼点显然是要在新的阶段引领新常态和对接中国梦，必须打造新的动力体系。动力体系转型升级的实质，就是在我们市场改革中要把千千万万分散的企业（中国现在注册企业超过七千万家，包括大量的小微企业和个体工商户等市场主体）的潜力和活力充分调动出来。我们是把这个逻辑运用到“命题作文”上，但鉴于今天的时间关系，我们不可能系统展开，因为已经过了保密期，所以相关成果的基本内容已经陆续发表了，大家可在网上搜索。

在总书记做了供给侧改革的明确表述之后，我们认为这番话显然代表了中央关于经济工作和宏观调控的新思维，是谋定后动的，是反复做了内部研讨后提炼出来的概念与基本认识。我们在这个取向上做了些初步研讨，自然感觉到欣慰、鼓舞和鞭策，因为我们还是尽力给科学决策多多少少做了参考和辅助性的工作。当然再往下继续研究，还是很有难度的，但是我们有信心继续推进已有认识框架的合理化和完善化发展，特别是针对中国与世界的现实问题，我们要争取拿出更加言之有物的高水平、有分量的答卷。

关于供给侧结构性改革的几种错误观点

我今天还想跳出我们的这本书来说一说供给侧改革。我想着重就目前网上流行的关于供给侧改革的几种我并不认同的观点，谈谈我的看法。这也算是一种交流互动。

对于网上的众多观点，我们不去直接评价其学术水平的高低，只探讨观点的实质，那么有下面几种观点非常值得商榷，我对这些不能认同。

一种观点是把问题“简单化”，就是说提出供给侧，他们理解为否定需求侧。需求和供给是经济学中考虑资源配置问题时必须要用的相辅相成的两个概念，这两个概念不可能把哪边拿掉，所以不能做简单化的只讲一边的理解。总书记第一句话里提到：继续适度扩大总需求，即是要继续处理好需求管理的问题。过去比较有经验的是需求这一侧的管理，而供给管理这方面过去理论上阐发远不到位，实践经验方面虽然也有比较丰富的内容，但是总结得很不到位。我们现在就要做这个工作。在世界范围内有影响的外国学者没有做的工作，未必中国学者就不能做，我们就是要捅破这层窗户纸，所以我们在这方面做了一系列的创新。在书里我们进行了总结，我们破了什么，立了什么，后面跟出的体系化的政策主张条理化地表现出来的是什么，等等。但这些都绝不意味着可以只讲供给这一边。

另外，有的人把我们现在所说的供给侧改革和供给管理问题，理解为要搞新计划经济，这是一种“极端化”的错误。我比较直率地说，这个疑惑背后，有它的合理成分，因为实际生活中我们看到很多以改革为名而扭曲改革甚至倒行逆施的苗头和现象。非常需要明确一点：中央的供给侧结构性改革是在十八届三中、四中、五中全会一路形成的现代国家治理体系、现代市场体系、现代财政制度、现代政治文明（就是全面依法治国），以及现代发展理念的一系列指导方针之下提出的，它的大前提就是要坚定不移地贯彻十八届三中全会实现的认识突破，使市场在资源配置中发挥决定性作用。在这个前提之下，守正出奇，更好地发挥政府作用，才是理解这个战略方针的正确思路。所以绝对不能把供给侧改革极端地理解成新计划经济的意图。“守正”就是要充分认识、尊重、顺应市场规律，乃至敬畏市场的作用，这是各个经济体只要搞市场经济一定有的共性规律，我们一定要守这样一种正道，不能违拗。坚持在推进工业化、城镇化的同时，推进市场化、国际化以及信息化，再加上政治文明角度的民主化、法治化，这是人间正道，是早晚要认清的浩浩荡荡、顺之则昌、逆之则亡的世界潮流。把这些东西合在一起才能够把握供给侧改革应有的内在逻辑。所以不能极端化地理解为要搞新计划经济，但也需认识到，如果处理不好，我们很有可能把一些扭曲的东西、甚至倒行逆施的东西，塞进一个美好的概念。我们在实际生活中确实要十分警惕扭曲和逆行的发生。

还有一些人认为，中国的供给侧改革是在照搬美国里根经济学当时起了重要作用的供给学派的东西。这个认识的问题是太“表面化”了。美国供给学派提出的以减税为主的政策主张，更多体现的是新自由主义取向之下政府无为而治的小政府思路，通过政府减税给出空间，有利于让民间主体充分发挥潜力活力。这种政策主张背后隐含的积极的值得肯定的东西，我们现在显然要借鉴，因为要搞市场改革，政府要“有限”，要充分发挥企业的活力潜力，给出充分的空间，这一点是必要的基本认识。但是中国现在的供给侧改革，却不是简单地照搬美国的以减税为主的主张，而是吸收它作为选项之一，我们中国现在要处理的问题要比它宏大得多。我们现在的供给侧改革，关联的是整个供给体系，是涵盖各个行业各个角度的系统工程，涉及国家治理现代化一整套的制度安排和机制构建。这种全局的系统工程式的供给侧改革和整个体系的打造，是中国人不能回避的任务。实际上我们在认识上和概念上已经提升到了这个高度，在这个视角上我们经济学的发展，已经摸到了世界前沿。

所以，供给侧改革一定是和我们从短期推演到中期，一直到长期目标实现这样一个全局性、战略性规划相匹配的目标和系统工程式的概念，我们现在进行的供给侧结构性改革，首先是要引领新常态，达到全面小康以后，还要跨越中等收入陷阱，要一直联通到伟大民族复兴“中国梦”，是未来几十年的时间里我们要以很清晰醒目的概念来做的系统工程的动态推进。总而言之，我们不能够从表面之上望文生义地把这么一个宏大的系统工程和美国的供给学派那一套主张相提并论。

除此之外，还要回应一下一种“情绪化”的说法，其动机何在，我们不好揣测，但它也确实没有建设性。网上有的人说，中国人讲供给侧结构性改革，是拿一个新概念给自己脸上贴金。我不认同，我劝这样的发言者还是要有耐心看一看我们总结的新供给理论，看一看我们破了什么、立了什么、提出什么、未来要解决什么、这里面哪些观点立不住，等等，这才是实质性、建设性的批评与讨论，简单的“贴金”指责恐怕不是负责任的表现，是没法讨论问题的。情绪化的方式不是我们做研究的人应取的思维和态度，在座的都是饱读诗书的老师和同学，更不能这样。我们评价一个理论或观点，首先要先看其论据，论据能不能够立起来，我认为是最主要的。这个论据当然要连通一套逻辑，这套逻辑背后应当要有一项大的哲理，实际上是社会研究人员不可回避的价值观，等等，针对这些内容都可以发表意见。所以我觉得我们应该把讨论引到更有建设性的方向上去。

应该这样来理解供给侧结构性改革

上述这些内容是我针对社会上关于供给侧改革的一些极端的评价甚至是不负责任的风凉话的回应。回过头来从正面讲，我还是跳出书里面所做的论述，简单地再概括一下供给侧改革。很多地方的同志、工作一线的同志常跟我说，你讲了这么多关于供给侧改革的看法，我们有些听得还是似懂非懂，能不能更细分和明确地在这方面浓缩一下，努力给我们一些看得见摸得着的切入点。那么我认为，以下几点值得我们重视。

第一，我们在新的历史起点上要继续跟上时代往前发展的步伐，贯彻中央三中、四中、五中全会精神，第一个关键的事情是如何实现有效的制度供给。制度供给是总书记说的现代化的“关键一招”，我们在学理分析上高度认同。所以我在广东说，广东得改革开放风气之先，仍需要总结一下这些年我们哪方面的改革站在前沿上，有没有可能继续推进。比如中国的整个行政架构必须要做一个“伤筋动骨”、“脱胎换骨”式的改造，就是实行大部制和扁平化。广东曾经在推行省管县的行政体制改革中捷足先登，但是很遗憾，后来没有见到新进展，全国到现在为止也没有一个跟进的。我就跟广东方面的同志说，在这方面有没有总结经验？当然也可能有教训，但大方向是争取往前推。这个第一，就是抓改革攻坚克难的制度供给，形成创新发展的“第一动力”。

第二，作为政府，在承认市场在资源配置中发挥决定性作用之后，还要更好地发挥自身作用。政府的独特作用是什么？中外所有经验已给出了答案：除法治、公共服务之外，还有顶层规划。一个政府辖区内的通盘的国土开发和发展建设规划，不可能靠市场主体、基层单位等分散的、政府之外的多元主体以试错方式形成通盘合理布局，这种顶层规划是政府非做不可的（其实大家看看现在世界上所有稍微带点现代意义的国家，都在抓这个事情）。我们现在新的理念，是此种规划的供给要做到“规划先行，多规合一”。“京津冀一体化”是最典型的一轮新的动态规划，北京和周边地区这么多的城市病，逼出了一个不得不做的新一轮“京津冀一体化”的规划。那么这种要经受时间和历史考验的高水平的规划，它的牵头者就必须是政府。政府要组织高水平的专家（包括国外的专家）一起集思广益，形成可操作的方案。“京津冀一体化”现在是大手笔，疏解北京非核心功能，把北京市级所有的管理机构三年内搬到五环之外的通州潞河镇。这种顶层规划的供给，需要把所有的功能区、市政设施、公交体系、医院、学校、绿化带等上上下下的公共基础设施都要考虑到，必须经受历史考验。这个供给类似于在两百年前，巴黎曾经做的整个城市改造规划一样（现在还被人们反复地作为案例来称赞）。所以政府必须牵头提供好这个顶层规划的供给，责无旁贷，虽然任务很艰巨。

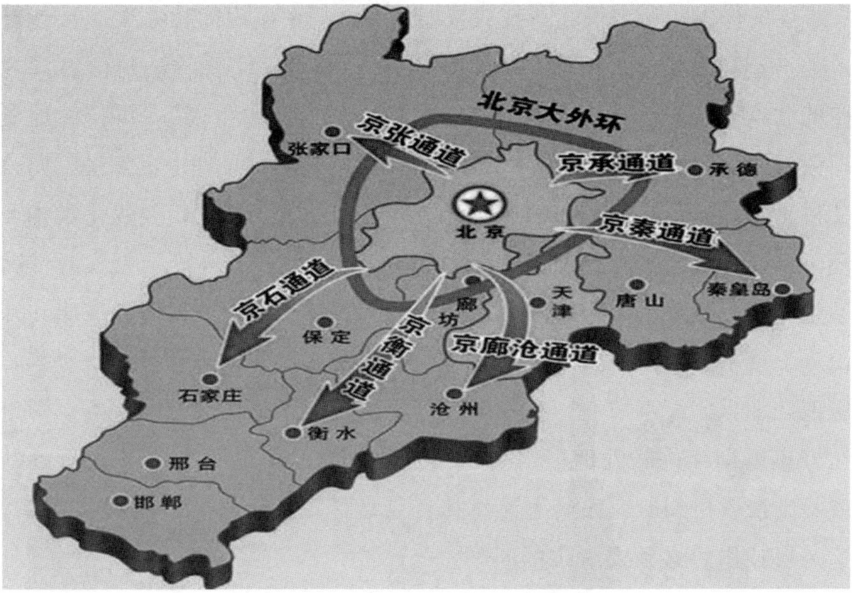

京津冀“一环六射”运输通道示意图

第三，要组织好政策供给。从中央政府到地方政府，都有政策设计的权能，地方政府要注意中央政府的导向，同时要利用自己的弹性空间在地方层面做好分级政策设计，尤其是在财政政策方面（因为分级财政框架下，地方政策的可塑性强），一定要掌握好政策供给。

第四，投融资供给。考虑到整个经济生活里面供给侧对于需求侧响应机制的特点，我们首先要处理好组织有效投资的问题。有效投资里面的创新当然又不可少，比如PPP（Public-Private Partnership，即政府和社会资本合作）。关心PPP的研究生朋友完全可以把它当作一个学位论文来好好写一下。这种投融资的创新到了PPP这里，不光是融资模式的创新，同时带来的是管理模式和治理模式的创新。我们把它称之为制度供给的伟大创新，而且应努力把它辐射、渗透到管理创新、科技创新和整个运行机制的创新上，正面效应是非常丰富的。

第五，科技的创新，不仅是高科技，也包括一些适用技术，要把它们的潜力充分发挥出来。科技的创新除了要靠政府组织之外，更多的要靠市场的作用，让市场在科技成果应用的选择中实现优胜劣汰。要想有效地推动科技创新，必须优化制度环境。没有一个像样的符合客观规律的制度环境，千千万万的知识分子不会真的“内生地”、可持续地发挥他们的创造性和聪明才智。近来中央已经强调，总理也反复说，要改变科研管理的繁文缛节，国务院办公厅专门下发了文件，要优化学术环境，保证有六分之五的时间让科学家、专家、教授做科研。但实际情况不是这样，在官本位、行政化规则下，有关部门推出种种清规戒律和知识分子过不去，使科研人员大量的精力耗费在接受检查、填表、费尽心思地处理报销等事情上，有些高校甚至出现了导师让自己研究生、学生在楼道里彻夜排队处理报销问题、各种退款的情况。现在普遍听到的就是高校教授和研究人员不愿意接受课题了，跟上述情况有很大关系。这是科技供给必须要解决的问题。

第六，人才的供给。我们要本着“人才不求为我所有，但求为我所用”的精神，吸引和利用各类专家，把人才的创新能力充分调动到我们要解决的问题上面来，这就要做好人才的吸引机制、使用机制和约束激励机制。

第七，资源的供给，要在全球化背景下掌握好国内外所有资源的供给机制创新，比如物流与供应链供给创新，以及处理好环境条件的供给。比如，在北京怎么样遏制雾霾的侵袭，怎么样提高宜居城市的水平，怎么样才能变成碧水蓝天、美丽中国。

所有这些都是供给侧改革概念下我们看得见、摸得着的事情。今天先说这些。非常愿意和各位做进一步的讨论，谢谢大家！

互动

提问：今天的《北京青年报》登了一篇报道，提到中国的职工工资涨幅超过了劳动生产率的涨幅。在当前的经济形势之下，您认为防止两极分化而进行的收入分配的改革和提高劳动生产率之间的这个矛盾应该怎么化解？特别是现在的劳动力技能急需要提高，那么我们国家的教育体系应该做哪些变革？

贾康：劳动者薪酬的提升符合经济发展社会进步的逻辑，大家的日子应该越过越好。需求是永远不能完全满足的，但是经济学上有意义的可讨论的需求，是有支付能力的货币购买力，就是钱包里要有钱，要借此引出获得感和幸福感。这种收入的水平，在中国总的来说 2010 年后已可以对应到人均国民收入三千美元以上的"中等收入阶段"。这几年我们经济发展中的亮点之一，就是中国总体收入水平提升的过程中间，我们的低端劳动者，粗工、壮工、农民工，他们的收入增长幅度比总的平均收入增长幅度要更大些。这种变化给我们带来的结果之一，就是现实生活中我们感受到、已经议论了几年的"民工荒"、"招工难"、"用工贵"的问题。这件事情（低端劳动者价格上涨）正面讲有什么好处呢？现在的基尼系数虽然处于高位，但它是一种稳中略降的变化趋势，没有继续扩大，官方数据是从 0.49 缓降至 0.46。根据我们的观察分析，这跟低端劳动者收入提高显然是有逻辑关系的，体现了他们境遇的改善。但这个事情从负面讲是什么呢？就是原来我们依仗的曾把我国一路推上"世界工厂"宝座的低廉劳动力比较优势，很快将不复存在，所以我们这个世界工厂必须要进行产业升级，首先在珠三角等增长极区域要"腾笼换鸟"，否则就不能向前发展了。我们劳动力方面的比较优势对于整个经济增长的支撑力在滑坡、在下降，当然要警惕，如果这时候继续让劳动工资的增长超出劳动生产率的增长，而没有其他要素的合理权衡，那么未来可持续发展的后劲可能就没有了。这个问题也不能回避。

这里我要说一件事，很多同志推崇最低工资，认为政府应该不断提高最低工资水平，这样就保护了劳动者尤其是低端劳动者的权益。其实你做经济学分析就知道，最低工资制度总体来说是政府的一种姿态和符号，你不要指望它发挥多大的作用。如果最低工资定得偏低，那么劳动力价格自然会被市场抬高，最低工资等于白设；如果定得明显偏高，对不起，我们企业权衡之后会用其他的要素替代劳动力要素，更多考虑用机械化的方式。企业有一个经济权衡，一旦这种情况普遍发生，政府的努力事与愿违，反而恶化了低端劳动者的就业环境。

回到您刚才提到的问题，在劳动力价格相对低廉的比较优势迅速离我们而去的时候，我们应该做什么？人口政策必须要调整，现在终于放开二孩。从现在这么低的生育率来看，我们应尽快提出鼓励生育的政策，同时要把对人口数量的调控，转换到提高劳动力人口素质的思维方式上来，这样才能应对中国现在未富先老、很快要进入到超老龄社会这种不良的下行因素对我们的拖累和制约。

在改善公共福利，特别是低端劳动者的社会保障方面，要从托底的事情做起。"十三五"要做好农村七千万人口的脱贫工作，就要实现精准扶贫，分析他们的所有致贫因素，对症下药，制定一套高水平理性供给管理的方案。对于已经在城镇就业的劳动者，要特别注意没有取得城市户籍和市民待遇的劳动者，就是所谓的农民工（"农民工"是个很荒唐的称呼，准确地讲，应该是"从农村到城市的务工者"），要进一步地提供条件，使他们逐步享受市民化待遇，所以户籍制度的改革，现在就要分出不同的层次：具备条件的中小城市，赶快放开；有压力的地方，要通过"居住证"、"积分制"等方式来过渡。

另外，对于已经享受市民化待遇的职工，在这方面，我们要注意不要陷入极端的和民粹主义的情绪中。实话实说，在进入中等收入陷阱后，这种情绪很容易被激发出来，大家都想过日子"芝麻开花节节高"，恨不得更快地实现自己的致富心愿。但是如果掌握不好，本来已经在劳动者群体里面实现市民化了，他们已经能够享受比较高的待遇了，再超出客观限度提出更高的目标是不应该的。如果政府在政策方面只是为了迎合民众的呼声，就会"吊高胃口而不可持续"，就有可能会出现类似拉美国家民粹主义基础上的福利赶超造成的不良状态。拉美国家的政治家普遍地是靠一人一票的竞选来上位，他们在竞选过程中做出各种各样的承诺，争取选举成功，上任以后为了争取连任又要拼命地兑现诺言，那么民粹主义基础上的福利赶超在开始一段时间是红红火火的，但很快就没有后劲了，使得福利待遇从云端跌入尘埃，跟着跌下来的是整个民族国家的发展后劲，并且激发出一大堆原来潜在的矛盾，这是一种非常不良的状态。

（2016年3月18日在人民出版社第三十一期读书会上的演讲与答问，北京师范大学新图书馆三层报告厅）

供给侧改革条件下的中国经济发展

党的十八大之后，我国的经济社会发展开启了一个新的征程，经过三中、四中、五中全会，决策层一步步地把顶层规划和治国理政的基本方针清晰化。三中全会解决的问题，是改革深水区必须要做的顶层规划，形成了“60条”，它是以经济改革为重点的，但是已强调全面配套改革的设计。四中全会则把经济改革为重点切入的全面改革非常明确地推进到司法改革、行政体系改革，以及宣传上不直接说、但是回避不了的政治体制改革。五中全会系统化地把这种大政方针所依据的发展理念做了合乎逻辑的条理鲜明的表述：以作为第一动力的创新发展，引领协调发展、绿色发展、开放发展，落到人本主义立场上，就是把“人民群众对美好生活的向往”变成现实的共享发展，走向共同富裕。要实现这一系列顶层规划和治国理政方略，还必须从我国的实际出发，抓住核心，重塑中国经济发展的动力和路径，最终实现我国一直追求的现代化目标。在我国现代化进程的不同阶段有着不同的任务，从现实来看，我们要解决的一个核心问题便是供给侧改革。

一、供给侧改革：中国经济发展的新选择

中国经济发展的正反两方面的经验说明，遵循世界经济发展的潮流是我们把握的基本方向。正如孙中山先生在辛亥革命后一幅著名题词所说的：“世界潮流浩浩荡荡，顺之则昌，逆之则亡”，把它进一步对应到我们现在要实现的现代化趋向上，就是要把握好最基本的大势。

所谓世界范围内人类文明的推进，归结起来，有哪些只能顺应，不可能反向而行的基本潮流呢？首先是工业化，中国的落伍就是在工业革命之后。以鸦片战争为标志拉开了近现代史帷幕，一路积贫积弱，被动挨打，内忧外患，终于在20世纪，出现三件大事，一是辛亥革命推翻千年帝制；二是1949年中华人民共和国成立，开拓了我国真正的工业化进程，自"一五"时期开始大规模经济建设，力求尽快形成自己相对独立的工业体系；三是自1978年开始的改革开放，逐步形成"三步走"的现代化战略构想，取得中国经济增长的奇迹。第二个潮流是城镇化，这是工业化发展的载体，也是使我国这个世界上最大的二元经济体走向城乡一体化的出路。第三，市场化和国际化也是我们必须去迎合的潮流。邓小平对这一潮流看得很清晰，说得非常到位：不改革开放，死路一条。改革是什么？市场化取向，一直走到南方讲话确立市场经济目标模式。开放是什么？全球化取向，义无反顾地加入国际竞争，到千年之交又锁定全面开放格局的"入世"，以及现在必须进一步做好的开放发展。此外，为适应技术革命的发展，还要把握高科技化或称信息化的潮流；适应现代政治文明的要求，也要推进法治化、民主化，即全面依法治国，建设与发展民主政治。

适应这六大潮流，我们必须进行合理的战略布局。面对我国发展的形势，现在进入了一个全面推进各方面事业发展的阶段，中央确定的"四个全面战略布局"便是一个现实而准确的概括，全面小康、全面改革、全面依法治国、全面从严治党，涉及社会、经济、法制和党的建设这四个我国发展中的核心问题。

十八大前后，特别是十八大召开之后，中国的经济运行呈现出一个明显的阶段转变。从GDP增长速度的变化来看，2010年的经济达到10.4%的增速，之后呈现出来的是一个持续下降的趋势，2015年的经济增速掉到7%以下。这一变化并不是一个周期性下降，而是一个新的趋势，习近平总书记在2014年使用"新常态"这个概念来概括这一趋势。"新"是新在经济阶段演变过程中直观的经济增长速度下台阶，而新后面跟着的“常”，就深入到经济结构怎样优化这个深层问题；“常”是要追求经济运行下行过程中，形成一个以结构优化支持的增长质量“升级版”状态，在增长速度下行中，实现阶段性探底以后的企稳，企稳以后对接一个增长质量提高的中高速增长平台，这就“常”了。所以，总书记 2014 年末在 APEC 会议上关于新常态提出三个基本特征，第一是“中高速”，即经济从高速转变到中高速；第二是“结构优化”，实质性的追求是在进入此阶段后，通过结构优化打造经济增长升级版；第三是“创新驱动”，就是总书记说的“唯改革创新者胜”，别无选择，要敢于啃硬骨头，敢于涉险滩，完成攻坚克难，以改革为龙头带动整个生产力新一轮的解放。如何适应这一新常态？怎么掌握好应对之策？必须抓住矛盾的主要方面，进一步落到供给侧结构性改革上。关于供给侧结构改革，习总书记有一个较为系统的表述，“要在适度扩大总需求的同时，着力加强供给侧结构性改革，着力提高供给体系质量和效率，增强经济持续增长动力，推动我国社会生产力水平实现整体跃升”。这五句话虽然用语不多，内容却非常丰富，归结起来，应该有如下两点共识：第一，供给侧决不是简单地否定需求侧，对需求侧的意义和作用，需要合乎逻辑、合乎学理地认识并注意继续适当扩大总需求；第二，中国的供给侧改革虽要借鉴国际经验——包括美国里根经济学和它的供给学派里的以减税为主的主张，但绝对不是简单把里根经济学的基本经验拿到这里套用。我们是一个比它宏大得多的系统工程式的全面考虑，我的认识理解是，总书记所讲的“不应理解为一回事”，不是完全否定那里的可借鉴因素——美国里根经济学里确实有它的合理因素，比如注重减税，但是我们是作全局和长远的把握，是一个系统工程，比它要宏大得多，我们也并不认同其新自由主义的基本导向。

二、供给侧改革：一个学理上的分析

到底该怎样把握供给侧？我们从经济学学理层面可说明，需求与供给的互动，是经济学一向讨论的资源配置、经济发展、社会再生产过程中不可回避的一对基础概念：有需求，才产生用以满足需求的生产经营活动。提供产品和服务的生产经营活动，都是发生在供给侧的，供给对需求的不断响应，形成了一轮又一轮的社会再生产的循环。这种需求和供给的互动，如果需要得到政府调控影响的话，政府的调控作为，在于促进实现总需求和总供给的动态平衡。这也正是从总量、从宏观角度来说，我们过去已经确定的政府职能里的重要组成部分。促进总供需动态平衡在调控中的技术路线，原来也合乎逻辑地存在需求管理和供给管理这一对概念。但是要承认：过去中外经验比较丰富、套路比较成熟的，是需求管理，它是总量型、指标单一可通约的反周期操作模式下的政府调控行为。每一个年度，政府管理当局要判断一下经济运行的态势是属于经济周期的什么阶段，如果是低迷阶段，政府调控的基本要领就是要在总量上放松，增加整个经济生活中的流动性，抬升经济景气水平，它的量化指标是放松银根，使一般认为以 M2 为代表的广义货币供应更为宽松；反过来这一年度如果判断不是低迷，而是经济在高涨，有过热的风险和压力的话，那么正确的要领就是必须抽紧银根、控制流动性。宏观层面所有政策工具合在一起是实施“反周期”操作——这在理论上给出一个清晰的通盘解释，是来自 20 世纪凯恩斯主义的诞生，被称为“凯恩斯革命”，实践中最先在一个国家中形成成功的案例，则要提到美国的罗斯福新政。理论实践合在一起以后，在 20 世纪，主要的经济体不约而同地接受了这种反周期操作需求管理的基本调控模式。

中国在邓小平南方讲话确立市场经济模式后，我们在应对亚洲金融危机和世界金融危机过程中都有意识地借鉴国际经验，再结合本土国情实施反周期需求管理的操作。但我们在世界金融危机后的反思，强调的是必须注意到需求管理的局限性，要指出过去主流经济学理论和调控实践中长期忽视了供给管理。如对供给侧管理作正面讨论，它的结构特征十分鲜明，指标复杂不可通约，涉及很多的要素和变量，过去的理论分析阐发还相当薄弱，但是调控实践中却不可回避。

试想有那么多年的需求管理，在政府决策方面本来认为使经济相对健康运行有很大把握的情况下，怎么会来一个格林斯潘称为“百年一遇”、对全球造成如此大冲击的世界金融危机呢？在此危机到来之前，为什么没有经济学方面的代表人物做出稍微像样一点的预测呢？危机发生后必须要做的反思方面，我们中国人完全可以有所作为而不必等待西方主要的经济学研究者达到条理化认识。我们新供给经济学研究群体在这方面已明确地形成了认识框架。认识的起点，在于认明实践走在了理论前面，中外实践中的进展，需要让我们的理论跟上。首先，显然需要探讨美国这方面调控的基本经验：美国人在世界经济危机发生之后的调控中，固然运用了量化宽松为代表的需求管理，但是它做得特别有声有色、可圈可点的，是“区别对待，突出重点”的供给管理，是跳出主流经济学教科书原来的思想积淀和理论成果，而在实际生活中发挥了非常重要作用的一大套处理结构问题和产业政策、技术经济政策的供给管理措施。

最有代表性的，是美国管理当局在总结对雷曼兄弟公司生死攸关时未施以援手、其垮台后马上危机升级的教训之后，在危机继续演变中，较果断地先后以公共资源给花旗、“两房”注资，一直走到给实体经济层面的通用汽车公司注资。这种动用公共资源对一个特定市场主体“点对点”式的注资，过去主流经济学里从来没有讨论过，但是美国人采取这个措施之后，一而再，再而三，直至形成危机冲击之后进入复苏过程的一个拐点——到了给通用注资之后，市场恐慌情绪迅速得到收敛，再往后的市场预期向好逐渐变成一个主要趋势。一步一步地我们看到，在美国，拐点之后率先完成了发达经济体里的复苏过程，如今已经告别量化宽松，进入到现在以对付通胀为主的升息轨道。就在给通用注资之后，在几轮量化宽松的同时，美国管理当局又非常有声有色地采取了一系列我们可以称为产业政策、技术经济政策的供给管理方面的重要举措，这些已经得到很多的信息：形成概念的有美国的“油页岩革命”，3D 打印机，克林顿总统时期就反复强调的“信息高速公路”又有一轮接一轮的升级发展，以及后来强调的“制造业重回美国”，人力资本方面要引揽全球高端人才为美国服务，以及在特定产业增长点上如美国特斯拉的电动汽车，在它要突破瓶颈期的关键节点上，华裔能源部长朱棣文视察特斯拉的电动汽车生产线，跟着美国能源部提供一笔规模可观的低息优惠贷款给予支持。我们现在看到特斯拉如此具有发展的气势，对前面的政府供给管理措施难道不应该好好做一些研究吗？诸如此类的事情合在一起，是美国实践的经验，但遗憾的是，到现在为止没有看到美国的经济学界对此做出什么条理化的分析和总结。

我们中国人所做的工作，就是捅破这层窗户纸：既然这种供给管理的实践走到了理论的前面，我们当然应该合乎逻辑地研究它，理论要密切联系实际，回过头来我们可以以这样的理论研究创新成果支撑我们的科学决策和制度、政策的优化设计。中国自己的调控实践也表明，“反周期”的同时，应对亚洲金融危机、世界经济危机，从来都不能稍微忽视一点供给侧的结构优化问题。当年朱镕基同志在一线主持经济工作，又在 1998 年正式出任总理，亚洲金融危机已经发生，1998 年第一季度的数据不对头，使他敏锐意识到必须采取有力举措，跟着就下决心实施年度预算安排的调整，迅速出台预算调整方案的同时，发行长期建设国债作总量扩张，这属于需求管理的经济景气刺激措施，但跟着他明确给出长期国债资金投向的六大重点，如大江大河的治理，铁路、公路、机场等基础设施升级建设，以及当时他特别关心的粮食流通体制改革必须匹配的全国要建多少平米的粮库这种硬件建设，又及农村区域电网的改造，还有当时已十分关心的房地产市场在发展过程中必须托起的保障性经济适用房的建设，等等。同时强调：一分钱也不允许用于加工工业项目。但 1999 年，根据现实需要，又明确提出，长期国债资金可以结合贴息方式用于大型骨干企业的技术改造。这些处理的就是供给侧结构问题。温家宝总理看到世界金融危机发生，明确地说“信心比黄金更重要”，跟着启动四万亿一揽子刺激计划，而再往后就是他主持一连串的国务院常务会议，每个会议专门讨论一个领域、一个行业的结构优化问题。中国实践表明，政府介入结构问题是不可回避的现实要求。总之，实际生活表明美国、中国等经济体的宏观经济管理中，调结构都已经在很长一段时间里成为政府发挥职能不可回避的重要领域。我们现在于经济基础理论层面，就要应对实际生活里的真实图景，而做出研究方面的新的努力，使理论落后于实践的情况得到校正。我们在新供给经济学框架里形成的基本认识，是从经济学基础理论层面的概念讨论开始，推进到关于供给和需求两侧必须增加对称性的讨论，再推进到关于经济发展中动力生成、传导、运行机制的全面认识与把握。这也对应于决策层已经点明的中国特色社会主义政治经济学的研究，以及关于经济增长动力体系和供给侧相关问题的研究。

在学理层面简要地说，我们首先必须承认：经济生活中的原生动力是需求，有了需求，才会有后面要满足需求的所有提供产品与服务的经济活动，即供给侧的生产及其必然伴随的要素配置。但是，供给侧对需求侧的响应机制和它的特征，却是划分人类社会经济发展不同阶段和不同时代的最关键的因素。我们发表的论文里有一个排为三列的表格，第一列是人类社会发展一个个时代的基本特征，第二列是和这个时代特征对应的生产力视角一个个台阶上供给侧的演变，它的创新发力所提供出来的生产工具的代表性创新，第三列是跟前面两列对应的生产关系，即反映人和人关系方面的不同社会形态。最简单地说，人类社会一路发展中，最开始脱离动物界，是以分工与合作从事供给侧的采集和狩猎，来满足社会成员“活下来”这种最基本的需求。再以后终于演变到人们的供给能力完成了走入农耕文明的农业革命，于是经过一个季节的更迭，人类社会就可以相对稳定地预期，通过供给侧提供的产出，不光满足社会成员活下来的生存需求，而且可以满足社会成员中一部分人的发展需求和享受需求——按照历史唯物论，就可以来进一步说明，为什么到了这个发展程度上，人类社会就必然要脱离原来的原始共产主义氏族社会状态，而进入阶级国家状态。

再往后，供给侧往上提升供给能力的重大事件，是农业革命之后的工业革命，工业革命后又可以具体区分为蒸汽时代、电气时代、自动化机械时代，以及现在我们面临的日新月异的信息时代。每一个具体的上台阶所带来的生产力的解放，对应着我们在现实生活中的感受。到现如今最前沿的是什么？是已经形成了在信息技术、互联网、移动互联、大数据、云计算等创新成果支持之下，大家已经看得越来越清楚的智能化，以及智能化支撑的“共享经济”——几乎完全超出了原来的想像力，经济生活中过去的竞争，有你就无我这样一个基本的排他逻辑，现在可以一下子转到另外一方，就是大家共享。虽然现在看到的还是某些点上的突破，但是苗头已经非常明显，跟着这个生产力新台阶往上走，我们的人际关系，即所谓生产关系视角上，我们已经接受的最基本的概念是什么？就是包容性增长，共赢多赢式的发展，就是习总书记就任以来在国际国内场合多次明确宣布的中国的发展是和平发展、和平崛起，与其他经济体的关系是“命运共同体”式的发展，要“摒弃你输我赢的旧思维”。这些都反映着人类需求和需求的满足，是跟着供给侧一个个台阶往上的演变，对应着我们的现实生活。所以，回到基础学理层面，就是一句话的认识：生产力和根本上由生产力决定的生产关系的特征，其实都是发生在供给侧。

我们在学理上看清楚这一点以后，再往下要讨论的，就是关于经济发展中的动力体系的认识，其关键也是要延伸到供给侧才能形成完整的认知和把握。我们过去已经有了需求管理“三驾马车”之说，但人们现在已感觉它的局限性太明显了。不能否定“三驾马车”认识框架的合理成分，它是对总量型需求管理不得不做一个结构化的处理，因为要把一个总需求区分为投资需求、消费需求和净出口需求，这就开始有结构化特征，但这个结构化的逻辑必须传导到供给侧，形成一个对供给侧更复杂的所有要素放在一起的结构化体系，才能引出我们对整个经济发展动力体系的完整认知和把握。这是原来“三驾马车”之说已经内含、需要延展的一个逻辑链条。但是过去一旦说到供给侧，学术上涉及复杂的结构问题，学者们往往会望而生畏：模型都建立不了，怎么能发得出去论文，怎么评副教授、教授？另外又有一种安慰——一句话可以把这个难题打发掉：政府只要实行了总量型的反周期操作，熨平波动，市场竞争中要素的流动，会达到市场出清的状态，该卖的都卖出去了，这个时候的结构自然就是合理结构，所以无需再花费多少心思去研究了。

这个认识当然有它的积极意义，我们搞市场经济就是要充分认识市场“看不见的手”的资源配置作用——但是它的局限性在哪里？我们现在看得也很清楚：这样一个认识隐含的理论假设，是“完全竞争”，虽可以给我们很多的启发，有助于理解市场“看不见的手”的作用应充分发挥的原理，但这一理论假设并不符合现实社会的真实图景。我们强调：不只是中国，就是作为世界头号强国的美国，社会生活真实的图景也是“不完全竞争”，否则无法解释世界金融危机的发生，以及遭受危机冲击之后，美国政府供给管理的这些举措。

我们认为，现在作进一步的深入研讨，不完全竞争应该成为理论创新中的一个新的假设前提，要研讨理论假设“升级版”的情况下怎么认识经济运行与发展，怎样把整个动力体系的认知延伸到供给侧以后，对全套动力体系和供给体系作正确把握。所以，我们跟着就要讨论在不完全竞争的市场中间，政府除了反周期，还必须提供优化结构的政策供给，以及政府处理好能够使优胜劣汰市场经济机制更好发挥作用的制度供给。这都是在供给侧发力，都涉及供给侧改革的概念。

从供需互动角度来说，我们可以做个原理层面的点评，就是在实际生活中，我们可以感受到需求的变化，广义的需求如果按照一般理解，作为人的需求出自人的本性，它是永无止境的。设想一下，把一个乞丐一路抬到国王的高位上，他还想多活500年呢，这种永无止境的发自人类本性，称得上“贪得无厌”的需求，不是经济学可以讨论的，经济学所讨论的需求一定要给出个定义，就是有货币支付能力的有效需求。我们现在看到随着人民生活水平的提高，老百姓钱包越来越鼓，就是社会总体上增加着“消费者主权”支配下的有效需求。这种需求要实现于交易中，要使百姓买到称心如意的好东西，而且“用户体验”上要求升级换代，大家对美好生活的向往要对应于花钱感受的“获得感”。获得感再进一步说，就是幸福感了。老百姓的“用户体验”要满意，这是需求最基本的趋向。

怎么满足它呢？需求者其实自己不知道到底怎么落实令其更加满意的诉求，而我们一定要有供给侧的成功创新，提供出看得见、摸得着的产出品，让他们眼前一亮，欣然购买，把钱花出去，就形成了现实的交易和经济景气因素。比如我们现在看到的一个例子，到了信息时代，大家都要用手机，乔布斯主导的成功创新的苹果智能手机产品，刚刚宣布问世，几天之内，大洋彼岸的中国就会出现对新款产品的抢购热潮。我亲眼所见，在北京西单商业区大悦城苹果旗舰店，已经到了夜晚，仍是人山人海地排队热购新款 iPhone。这种情况，就叫作供给侧发力的真正成功的创新，可以引领和创造需求。在全球化时代成功创新的产品风靡市场的效应，已不是一呼百应了，而是一呼万应，一呼亿应。老百姓有他们自己的判断，看到了这个手机的信息，拿到这个手机的样品，综合考虑下会迅速决定掏钱购买，跟着巨量的有效需求就体现在市场交易当中，这就成为消费潜力顺利、充分实现的情况下经济活力的释放，就带来更多的繁荣，需求与供给互动所形成的经济增长动力机制，正是应当从这个角度加深理解。

还有一个反面的例子。中国老百姓钱包鼓了，虽然现在排浪式的经济活动不多了，却还有排浪式的出国，大批人出国到日本以后，又会排浪式地购买在日本销售的“马桶盖”，就是家庭卫生洁具升级换代的坐便器。马桶盖被中国人大批购买的现象，引出了很多分析认识。开始认为，中国本土自己的制造能力、技术水平不够格，所以，中国人要跑到日本去买。后来发现不对，中国人买的这个马桶盖，原产地是中国长三角的杭州附近，是我们的生产厂家按照人家的规范和订单提供出来的产品。做何解释呢？不是我们自己制造能力不够格，技术水平不过关，一定是有别的原因。原因在哪里？是在于供给侧的制度环境供给问题：我们的市场上，制度供给不够格。我们的这类家用电器市场鱼龙混杂，好的产品、不好的产品混在一起，老百姓对于假冒伪劣心有余悸的情况下，不能稳定形成良好的用户体验和获得感的购买预期，他们便不敢买或者形成不了这种购买气候。但是到日本，口口相传的“公信力”来了：放心买吧，有全套的质量控制，有严格的政府监督，你买回来以后不会有什么烦恼，好好享受。就这么个区别。我们缺的不是技术和制造能力，缺的是怎么样发挥和维护市场的优胜劣汰机制，让真正的好产品形成它应有的品牌效应和公信力。按照格力电器董事长董明珠的说法，中国现在家用电器市场，就是处关系的市场，各个厂家都在这里处关系（实指处与政府管理方面的关系），处关系的结果就是鱼龙混杂，应该有的优胜劣汰的过程不能展开。马桶盖算是一个负面的案例，给我们的启示就非常丰富了。简单地说，中央所强调的供给侧改革，如果看到需供给侧发力，在创新中形成新的转型升级的动力体系的话，那么我们就必须打通生产力和生产关系两个视角，问题导向下，首先抓住的应该是制度供给这个龙头。制度供给在中国转轨过程中，一定是纲举目张、统领全局的，跟着的是力推技术创新和管理创新，这三层的互动构成引领新常态里的“创新驱动”，五中全会所说的作为第一动力的“创新发展”。

这就可引出对中国供给侧改革做相关考察分析以后的一个小结：供给侧的改革，就是在引领新常态的新阶段上，要以攻坚克难深化改革作为核心内涵，优化结构解放生产力，实现动力机制和体系转型升级的系统工程。

三、供给侧改革：可建构理论模型

构建一个供给侧改革的理论模型，就是把供给侧复杂的要素抽象、归结为五项基本要素：第一是劳动力；第二是土地和以土地为代表的自然资源；第三是资本，资金能产生增值、带来剩余价值，就有了资本的属性；第四是科技创新及其成果的应用；第五是制度和管理。这五大要素，在经济动力体系里各自有各自的贡献，是各领风骚的，但是在不同发展阶段里，它们的组合又需要推陈出新。各个经济体的一般经验，是在走到中等收入阶段之前的过程中，前面三项比较容易被人们清晰感受到它们的贡献和支撑力，但是到进入中等收入阶段之后，这种情况会发生明显改变。从中国自己的经验来说，首先看劳动力：改革开放之后，一开始中国农村近乎无限供给的劳动力的低廉，形成了我们在国际竞争力上的比较优势，便支持着我们一步步走来发展成世界工厂，经济总量全球第二；土地和自然资源方面：过去传统体制下无法与市场对接，一旦到改革新时期，首先在深圳，没有法律的情况下土地使用权的取得也要招拍挂，即通过竞争机制，于是市场经济中的物质利益激励，就使各种主体积极地通过竞争来取得土地使用权和自然资源开发权，后面跟着带出的是一轮又一轮生机勃勃、生龙活虎的超常规发展；再看资本：一开始是明显匮乏的，但是有了开放的环境条件，首先便有外资认为到中国市场有利可图而进入，带来的不只是资金，还有管理与技术，于是引发了中国本土上不断在跟进中发展着的资本原始积累过程和一轮又一轮的投资与扩大再生产。到了现在，一般评价民间资本已十分雄厚，中国整个市场上不缺钱。这三项在前些年的支撑力，是非常明显的，但最近几年，这三项供给侧要素的贡献和支撑力在明显滑坡。

劳动力方面出现了民工荒、招工难、用工贵；土地和自然资源方面，我们过去看到它的支撑力，但这些年在城乡结合部征地拆迁补偿成本迅速抬高、越来越高，本来中国在未来几十年还有大约四亿人要从农村到城镇定居，完成整个城镇化过程存在巨大的发展空间，这个动力源与引擎发力，伴随的就是建成区必须扩大，而这个扩大过程中，这些年形成的讨价还价机制所抬高的综合成本，已经很显然地威胁着我们进一步往前再保持发展势头了；资本这方面，现在普遍反映说资金是雄厚了，但是这些有钱的主体找不到合适的投资对象，一边是“三农”的生产经营，还有小微企业，苦苦得不到应有的融资支持，另外一方面是那些手中有钱的主体不知道该往哪里投，这两边对不上，其实反映的，是经济学中早就讨论的“常规投资边际收益递减”已在中国普遍、大量发生，在这方面真正处理好升级换代的问题，才有出路，一定要有新的一套动力机制。

面对上述三项要素的滑坡，要更多地打后面两大要素的主意，即一个是科技，另一个是必须要强调的制度。科技是“第一生产力”，邓小平的这一说法，不仅可以在马克思那里找到根据，而且也可以用一个经济学的简单原理加以说明。生产力的传统三要素——劳动力、劳动对象、劳动工具，如果能够加上科技这一因素，那么这个生产力放大效应是革命性的。

在中国科技创新的同时，全要素生产率概念中必须配上制度创新。西方学者一开始提出全要素生产率，就是注意到把前面的传统要素算清楚贡献账以后多出的那一块（所谓“索洛余值”），虽然量化起来困难，但是一定跟科技有关。所以，“全要素生产率”不是把所有东西等量齐观的概念，它强调的是传统要素之外的科技，但我们还需要吸收制度经济学、转轨经济学的成果，明确地加入制度因素，聚焦制度和科技这两项。理解全要素生产率，在实际生活里我们还应该注意吴敬琏老师过去所强调的一句话，在很多特定观察下，“制度高于技术”，因为科技创新在中国转轨中迫切需要由制度创新打开其空间。

科技创新自身具有巨大的不确定性。这种创新，包括高校、研究机构、企业要合在一起努力实现的攻关突破，有这么多投入下去，一百个项目能成功几个，谁也不清楚，无法打保票，要调动这些创新者的积极性，必须要有一个适宜的、符合科研规律的制度环境，包括其中的人文关怀。2015 年下半年、2016 年年初，国务院方面有非常明确的信息，是推出优化学术环境的国办文件，强调不能把官本位、行政化的东西施加到科研人员的科研活动中去，中央还专门推出尊重人才、培养人才的文件。

供给侧改革的中心是完善供给侧环境机制，激发微观主体潜力和活力。对此，我的一个认识是，决策上对于供给侧结构性改革的意图，是

“谋定后动”地引领新常态的过程中，从供给侧入手来打造新动力体系，而且是要落到微观主体怎么样能够发挥潜力与活力。

四、供给侧改革：三个层面的建议

第一层面，中国特色的宏观调控必须注重理性的供给管理。在需求管理旁边，已可观察到有大量的供给管理案例和迫切需要，所以我们强调，传统的需求管理的局限性亟须打破。比如，领导人一定要关心全面小康决胜阶段怎么托“三农”这个底，中国广大农村区域的七千万贫困人口怎么脱贫？这个“底”是一定要托起来的。中央文件现已明确要求“精准扶贫”，这是非常明显的一个供给管理表述，绝对不是一个总量需求管理的概念。什么叫精准扶贫？是要把七千万人的致贫因素一一分析到位以后，对症下药形成一套解决方案的组合，这是一种供给管理方案。七千万人里，有一类可以认定是因为他们居住的自然生态环境不适合人类生存——一旦认定这一点，那么别无选择，必须采取过去已确立概念的异地搬迁扶贫方式，时间表还很紧迫，再高的成本也必须去做，对于在哪儿找到地皮建新村，怎么组织相关投入尽快把新村建好，跟着要组织干部力量逐家逐户去做说服动员，故土难离也要离，引导、服务这些人搬过去之后，还要做回访：过去的经验是常常过几个月、大半年，新村的人又跑得七零八落，很多人又回到老地方去了，说住不惯，还是原来的地方住得惯，结果还是不能脱贫。所以，一定要把巩固搬迁成果做到位。第二类，不能认为就是自然生态环境的原因，但是为什么这么多年不能在生产上打通门路而致富？必须赶快组织有水平的、能解决现实问题的专家过去给人家耳提面命，种植也好，养殖也好，打开具体的致富门路。另外再有一种可能，因病致贫、因病返贫。农村往往一人得了大病却拖得全家进入贫困状态，这就需要以大病统筹制度覆盖整个农村，包括所有穷乡僻壤，而且还要在里面配上应急的扶助、救助机制，这才能解决这类人怎么脱贫的问题。还有区域性的怎样突破“要想富先修路”方面的基础设施瓶颈问题。过去对此已有认识，现在时间表带来了硬约束。前些天我在四川凉山州参加一个论坛，那里有西昌卫星发射中心，属高科技前沿，但又有大片的山区，如著名的木里县，藏族同胞聚居区，一万多平方公里，几万人全在山里，他们怎么样脱贫致富？所谓要想富先修路，是必须赶快建成几条交通干道，这是个巨大规模的投入，钱从哪里来？凉山州导入新机制，跟民营企业太平洋建设签定协议，太平洋建设用它的经验和可调动的资金，以 PPP 方式来在尽可能快的时间内修成 5 条干道。这些都是“精准扶贫”解决方案中必须处理好的事情，是非常明显的供给管理问题。

类似的，其他不同领域、不同视角，有很多供给管理必要性的例证。比如，在我国区域发展中现在摆在前面三项的第一项——京津冀一体化，要做的是什么？是问题导向下，必须解决经受时间历史考验、打破三地行政区划局限的高水平建设规划如何形成与实施的问题。现在不得不做的大手笔、大规划是，北京市级的所有管理机构三年之内要搬到五环外通州的潞河镇，打造城市副中心。这使人想起当年的梁陈方案——很遗憾大半个世纪过去人们才发觉梁陈方案水平如此之高，但是当时几乎所有的人都接受不了，迅速被否定。现在问题丛生，不解决已过不了日子，必须再来一轮新的改造、大的动迁，当然以后还要经过很长时间的历史考验。但愿我们这次把所有的功能区、所有应调整的因素，包括新型城镇化里的城乡一体化要求，生态、人文考虑，在三个行政区划打破局限性的情况下，做一个高水平的优化方案，这正是典型的供给管理，也是一定要接受历史考验的。

科技这方面我有特定体会：当年中长期科技发展规划我也是参加核心组讨论的，认为必须排列出一些以举国之力攻关的项目，因为所针对的科技成果，或者是花多少钱外国人也不会卖给我们，或者是外国人手上也没有的，只能依靠自力更生。传统体制下由于国力原因限制，只能勒紧裤带做两弹一星，现在可多做一些了，但也不可能很多，结果是以举国之力，落到 16 个重大专项上。那里面，有一个当时称为绝密的大飞机项目，现在已经无保密必要，官方媒体正式宣布中国国产大飞机已经下线，进入取得适航证阶段，而且中国人现在手上已经拿到来自全球的几百架国产大飞机的订单。这个纠结了中国人几十年的大飞机，是当年下决心要上马，没有当年的这个供给管理决策，就不会有今天大飞机的重大进展。

另外，一些重点建设事项也是例证：比如与“一带一路”（海上丝绸之路和陆上丝绸之路经济带）相关，有一个事情一开始可能并没有明确意识，但是后来促成了。开始是越南跟我们生事，逼得我们在南海正式成立三沙市，一个地级市对应着 220 万平方公里的辽阔海域，当时只有永兴岛那里有像样的永久据点，有飞机跑道。但既然有了三沙市，除国防之外，对应我们以后的整个发展战略，这几年已不声不响地建成了好几个更大的岛屿，现在网上看卫星图片很清楚，新建岛屿的飞机跑道都比永兴岛升级了，可以起降最大型的飞机。这样的具体方案设计及其建设，显然对我们全局的战略具有结构优化上的支撑意义，不仅国防是支撑点，我们以后“一带一路”的通讯基础设施，成掎角之势的一些后勤补给基地，以及整个通盘考虑的物流体系，统统在这里要组成一套结构优化的基础设施支撑格局。

凡此种种，在中国，在这个层面上做一小结：我们除了继续做好需求管理之外，必须在三农、社会保障、区域协调发展、自主创新、节能降耗、生态保护、深化改革、国防、重点建设等领域，运用结构性政策加大要素投入的力度，促进相关机制创新改进——我们称为理性的供给管理，以加强经济社会中的薄弱环节，增加国民经济中的有效供给，特别包括制度供给，来提升可持续发展的支撑力，激发微观主体活力，增强发展过程的后劲。

这里面所表述的理性的供给管理，内含着我们并不认为所有的供给管理天然合理，一定要坚持市场取向改革和政府更好发挥作用的创新。我们从长期视野、全局视野看供给管理的一句话，是“守正出奇”：守正是必须顺应市场经济基本规律，认识、顺应、尊重，乃至“敬畏”市场，但同时又不是把这一点守好了，把其他市场经济体的经验拿过来就可以使中国一路现代化了，必须结合中国国情和特点，实现成功的创新，出奇制胜。这种创新未必一定成功，但是我们寻求的是一定要有成功的创新，才能以出奇真正支持我们的超常规发展，从追赶到赶超，后来居上。

第二层面，要针对中国基本的国情约束条件，实施成功的创新走过三段战略分期。

第一个国情制约，是“胡焕庸线”半壁压强型三重叠加的巨大能源环境压力约束。20 世纪 30 年代胡焕庸教授首先勾画了中国的一个基本格局：如果以黑河（那时叫“瑷珲”）为起点划线，连到云南腾冲，大概 45 度角，右下方我们称为东南半壁的部分，占整个国土面积是 36% 或说 1/3 多一点，但人口比重是占到了 96%。这么多年下来，此格局居然没有多大改变。新中国成立后多少轮的支边，大量人口的迁徙，变来变去，仍然是 19/20 以上的人聚居在东南半壁 1/3 多一点的国土上——不要忘了当年胡教授考察时中国是四亿人，现在则已接近 14 亿人，上了数量级了。所有这些人进入中等收入阶段以后，都要更多耗费资源能源。这是第一重，我们称为“半壁压强型”基本格局，这已经是一个各个民族国家里的非常之局了，试想美国的版图跟中国差不多大小，但它整个人口规模只有三亿，连中国一个零头都不到；日本也有人口密集的东京都市圈、大阪都市圈，但它整个人口规模就一亿出头，跟中国的情况不可同日而语。这个半壁压强，在中国又有第二重叠加：我们这几十年经济起飞中的粗放增长——起飞过程中必然伴有粗放增长特征，但是环境承受力方面的问题已经发展到出现雾霾这种危机因素，大气、水流、土壤的污染，进一步威胁到全民的食品安全与生活安全。再有第三重叠加：现已看得很清楚，中国基础能源“以煤为主”，将在很长一段时间内无法根本改变，我们的核电、水电比重是下降的，这些年努力发展的风电、太阳能电，基数很低，很长时期中无法挑大梁。当下，企业居民都要用的电，80% 是以煤烧出的火电，而煤的清洁化使用是最困难的。美国已经基本不用煤了，靠什么？石油、天然气、油页岩。而中国石油、天然气已 60% 以上依靠进口，不可能再提高依存度了。基于我们的资源禀赋条件，就必须突破性地实现煤的清洁使用，并纳入各种多方努力的措施的组合之中。这种破解非常之局的非常之策是什么呢？正是供给管理形成的一大套系统工程式的方案——这是中国必须解决的问题。

第二个是中等收入陷阱的历史性考验就在眼前。虽然对这一概念还有争议，但是中央现在已经非常明确地从领导人到有关部门一起在讨论怎么样跨越中等收入陷阱。有那么多的前车之鉴摆在那里，中国必须有居安思危、防患未然的战略思维，面对中央文件表述的“矛盾累积、隐患叠加”，如果处理不好，前面大半个世纪 90% 进入了中等收入阶段的经济体落入“中等收入陷阱”的大概率事件在中国重演的话，我们原来“从未如此接近”的伟大民族复兴的愿景，就可能变成可望而不可及。这个威胁难道不是国家战略层面必须考虑的大问题吗？我们宁肯把困难想得更严重一些，一定要正视中国怎么避免重蹈那么多国家的前车覆辙，而力争跨越中等收入陷阱。

第三个是要应对收入差距扩大的挑战，解决好如何走向共同富裕的问题。邓小平当年非常清醒而高水平地给出一条思路：贫穷不是社会主义，必须致富；致富不可能齐头并进，要允许一部分人一部分地区先富；但是非常重要的是，到了一定的发展水平，要回过头来促进共同富裕。共同富裕是社会主义的本质，如果不能解决防止两极分化、走向共同富裕的问题，中国的改革开放就失败了——这是他非常清晰的认识。问题是怎么走？比如中央三中全会提出要逐步提高直接税比重。此前在千难万难的情况下，上海、重庆两地启动了房产税试点，但到现在为止，仍然是步履艰难。五中全会再次强调共享发展是归宿，要优化再分配，走向共同富裕。操作点在哪儿？看来看去，再分配能避得开财产税、房产税吗？恰恰在这个事情上现在我们还没做出无法绕开的立法与制度建设。其他相关的事情还有很多复杂、细致的问题。但别无选择，必须往前走。

在国情制约和问题导向下，要解决问题，攻坚克难，时间表上我们必须清楚地划出三个战略分期。第一，全面小康建成决胜阶段必须实现的2020年的任务目标，一是达到全面小康；二是改革取得决定性成果——这个的难度比全面小康大得多，全面小康达标只要未来几年年均GDP增长6.52%以上，再配上社会政策托底，而改革取得决定性成果则要艰难得多，现在要看再往后，中央怎么进一步做出指导。第二，再往后的十年间，中国那时候人均GDP应该在一万美元以上了，再往上走两三千美元，可达到动态比较的高收入经济体的下沿，那时候还要防止出现反复，很多先例是到那时候反复了。第三，再后面二十年左右的时间，我们要进一步提高自己的软实力和硬实力，而达成伟大民族复兴中国梦。

第三层面，解除供给抑制，放松供给约束，激发微观主体潜力与活力。

第一，针对着五大要素相关问题，必须逐一考虑对策化的解决方案设计。人口政策方面要及时调整。我们提出放开二胎，后来中央五中全会宣布的是放开“两孩”，与此仅有微妙的区别。放开二胎怕什么呢？谁撞上大运，前面一胎是双胞胎，也允许他们要二胎，就这点小区别。但是有关的管理部门斤斤计较，五中全会的中央表述是放开“两孩”，比放开二胎稍微严格一点。现在看，放开“两孩”以后一系列的信息表明，中国人生育意愿在明显降低，很可能需要更积极地考虑后续推出鼓励生育的措施，并实施优化和提高人口素质的战略部署。

第二，在土地制度方面，我们认为应该积极推进重庆“地票”试点，解决好一定要“另辟蹊径”的这一重大现实问题。地票制度有很多合乎逻辑的创新点，而且重庆也在这方面努力积累了经验，已走了七年，有关部门的态度是只许在重庆试，成都曾经跟进，迅速被叫停——我们认为这不符合邓小平的改革智慧，应当尽快扩大试点范围，总结经验积极推进。

第三，在金融改革方面，我们也提出一系列的建议。金融改革在2015年有非常重要的进展，应当乘势巩固存款保险制、利率市场化的改革成果，落实后面的跟进措施。

第四，企业减负的改革，除了减税之外，还要实质性减少税外的收费、五险一金、各种各样的隐性负担。一个企业开办，要盖很多章，至少几十个，每个章都要有打点，这种负担的减少，不是靠运用减税概念能够解决的，一定是配套改革才能解决。

第五，在教育方面一定要有实质性的教育改革方案，破解“钱学森之问”，科技方面一定要有符合科研规律的全套制度安排，才能真正可持续地调动科研人员的积极性。

这五大要素所对应的供给侧改革，还必须配上行政、财政、国企、收入分配、价格、司法等多方面综合配套的改革。中国经济社会发展的现代化进程，已到了一个非比寻常的关键时期和历史性考验关口，中央确定供给侧改革，所要寻求的，就是抓住矛盾主要方面，攻坚克难——只有通过供给侧入手的这套改革，才能把千千万万微观主体创业、创新、创造的活力真正释放出来，把可观的潜力真正激发出来，以实现全面小康，并跨越中等收入陷阱，最终达到伟大民族复兴，完成现代化伟业。

我们也必须关心改革发展会面临哪些困难和机遇，怎样才能发挥自己的积极性？我觉得企业界的朋友们首先要有个思想准备，还得继续忍受阵痛。但与这个过程结合，另外一个说法就是“苦练内功”。其实有些企业，前面已积累了一些优势，是在普遍感觉困难的情况下，订单可能不降反增，是利用自己的相对优势、品牌效应，在乘势扩大自己的市场份额，这种企业给我们做出了一定的表率。另外一些企业，要争取突破临界状态，通过练内功、忍受阵痛以后达到升级的境界。实话实说，竞争的最后结果一定是有些企业过不去，这方面光讲空话不解决问题，现在已有的社保体系，就是要在“去产能”的过程中，与真正淘汰落后产能而出现相关企业兼并重组和破产带来人员安置、培训的问题相匹配。就业问题解决好，要靠政府牵头，以社保体系托底来解决到位。企业则必须争取在市场竞争里面找到自己应对挑战的相对优势来采取生存发展和做大做强。有些领域里，其实是乘势往上、继续发展的问题，比如这几年虽然经济一路下行，但在中国，保险业、理财公司的日子非常好过，只是在很多场合不公开说而已。看看这些保险、理财方面的著名公司这几年的基本数据，业务量增长幅度不是20%，是30%以上，利润水平也是，动不动就是30%以上的年度利润增长幅度。什么道理？经济下行过程中，中国的一些发展潜力仍在释放，老百姓收入仍在上升，越来越多的人有了金融意识，而看到经济下行他们又增强了避险意识，凑到一起，保险、理财倒是香饽饽了。不同的行业，不同的领域，一定要分别做出具体的分析，所以也不是简单的忍受阵痛，你说这些保险业的高速发展中有什么阵痛？这些事情都得具体分析。另外像华为，很独特的那一套创新发展，大家还在继续观察。我看华为是在高度的风险意识下按照已经形成的一套企业文化和企业发展战略，鼓足干劲继续乘势往上、追求超常规发展。诸如此类的不同行业、企业所面临的形势、机遇和困难，一定要具体地分行业、分企业、分特定条件来做出分析认识。

供给侧改革基本的切入点至少可以归纳出如下几个表述。

第一，供给侧要考虑如何抓制度供给。地方政府在制度供给方面并不能说可以对改革做全局优化设计，但是于中央的改革规划之下，地方政府有什么自己创新的空间，还是应继续鼓励先行先试，同时中央还有一句话：重大事项上不能抢跑。显然这个地方有所作为的空间有限而微妙，但毕竟存在一些自主作为空间。如果看区域发展中地方领导班子决策上能够形成共识的制度供给创新点，我可举个例子：当年中央说省直管县的扁平化改革，除了财政的省直管县之外，有条件的地方可以在行政上也试行，后来广东曾经跟进，据我所知全国唯一的一处明确实行行政省直管县的地方，是顺德，当然后来也没有听说有什么像模像样的经验总结，但毕竟这是地方可以抓制度供给创新点的一个例子。新的一轮改革走到一定的时候，特别是十九大对通盘设计又有一些明确指向之后，地方、企业都一定要注重抓制度供给创新。企业相关的制度方面，更有不同层次上的创新点，华为在做大做强的过程中始终坚持不上市，是不是也属于一种创新个案？

第二，对政府来说，抓规划的供给。如京津冀一体化，其他各个地方政府，无一不是需要动态优化自己辖区通盘的发展战略规划，落到“规划先行，多规合一”。现在这看得很清楚，不可能指望基层分散的主体通过试错法，在每个地方政府辖区形成一个通盘合理的结构性复合型规划结果，政府这方面的责任天经地义。政府需要很好组织专家力量凝聚专业能力，汲取全社会的聪明才智来支持规划层面的科学决策。以后几十年，地方政府在中国改革开放中的“争先恐后的竞争”还会延续，比拼的首先是规划。企业和企业集团也有生产经营战略规划这方面的供给管理问题。

第三，抓政策供给是不言而喻的。有些政策是垂直的，如“去杠杆”指标上广义货币供应量 M2 由中央调控，跟地方企业不直接相关。但到了地方，如果说到财政政策，分级财政的贴息、信用担保、产业基金、引导基金等相关政策，都有可塑性和创新空间，这都是可以抓住其可塑性来加以优化的政策供给问题。

第四，投融资的供给，在 PPP 方面大家值得做更多的了解和努力。我认为确实有广阔的前景，它最容易在很多人指责所谓“官场不为”的情况下，却在不少区域决策层达到“天时、地利、人和”凑在一起的状态把事情做起来，因为，政府、企业、专业机构是一起走阳光化的程序，谁也不用担心别人抓你的小辫子，不担心吃不了兜着走，就可能把一些事情真的做成了。想干事、会干事的人合在一起干成事，不出事，PPP 是一个阳光化的好机制。实话实说，欠发达区域的领导层在 PPP 这方面往往更敏感，在中西部欠发达地区我们接触了不少市县级领导，他们听明白 PPP 以后真的是眼睛一亮，已经看到，很多中西部区域在实行 PPP 开拓创新中比长三角、珠三角做得更积极一些，这也合乎情理。发达地区这边，政府财力雄厚一些，而欠发达地区感受到政府财力方面更有压力，一定要找到政府以外的资金。做起来才会发现，PPP 是政府、企业、专业机构在一起“1+1+1>3”的绩效提升机制，可以更快形成好事做实、实事做好的政绩，经受时间考验，政府何乐不为？企业在里面也会得到它的长期投资回报，专业机构也是得到自己专业技能发挥之后扩大市场份额、实现自己专业团队价值的应得的回报。

还有第五至第八个切入点，就是科技的供给，人才的供给，资源的供给，环境的供给。这几个要素中，科技不一定追求数量，地方政府也不一定上来只抓高科技，适用技术同样也是有效供给。“人才不求为我所有，但求为我所用”，重大的决策、重要的项目，请国内外有真才实学的专家，贡献智慧，提出建设性建议，这就有了人才供给。资源的供给现在要看到全球物流模式在迅速改变，我们怎么样跟上，是做好资源供给的创新。环境供给上，要抓住抓好各个政府所在辖区、各个行业相关的绿色发展、低碳化。

（根据 2016 年春季在上海市人大组织的讲座上的演讲录音整理）

供给侧改革核心内涵是深化改革解放生产力

尊敬的王文举副校长，王广宇副理事长，黄剑辉院长，琚林勇总经理，孙志勇社长，尊敬的在座新供给经济学研究院各位同仁，首都经贸大学各位领导、老师、同学，山西经济出版社各位领导和编辑同志，尊敬的到会各位专家、嘉宾、媒体朋友们，大家好！首先，我要向大家表达我和我的合作者苏京春博士对大家的衷心感谢！

《新供给经济学》作为一本带有创新性质的专著，是在新供给经济学研究群体的共同努力和已有的一系列研究成果的启发、激励的基础上，得到山西经济出版社的领导和编辑人员的大力支持而面世的。今天华夏新供给经济学研究院、山西经济出版社，还有我的母校首都经贸大学，三方共同举办《新供给经济学》新书发布暨理论研讨会。今天到会的还有关心与供给侧改革相关的理论与实践问题的各界专家、学者，母校的老师同学们，和不少的媒体朋友，我们在此向各位一并表示深深的谢意。

刚才三位领导的致辞也使我深受感动。王广宇董事长专门把顾炎武的两句话送给我，这两句话是“古人之所未及就，后世之所不可无”。我感受到顾炎武作为本土非常重要的思想家，中国启蒙思想的先驱，通过这两句话表达的追求，就是要有与时俱进的创新，而且这种创新要经受时间和历史的考验。我们作为经济学研究者，作为在思想上要有自己的品味和与家国情怀结合的学者，学以致用，服务社会是自己应尽的使命，也是中国经济学人应有的坚定的追求。我认为这也结合着我的母校已经刻成石碑的“经世济民”的价值追求。

我们今天的背景恰是基于十八大之后全面改革和全面依法治国的部署又推进到十八届五中全会提出的以创新发展为“第一动力”，结合协调、绿色、开放发展而归宿于共享发展的系统化的现代发展理念，随后决策层十分清晰地表述了“着力推进供给侧结构性改革”的指导性意见，已经引起了广泛的关注和热议。

中国的新供给经济学研究群体（我所在的华夏新供给经济学研究院和新供给经济学 50 人论坛）是在迎接党的十八大和三中、四中、五中全会的背景下，提出了从供给侧发力应对现实挑战、破解瓶颈制约的一套认识和建议，在中央关于三中全会全面深化改革，四中全会关于全面推进法制化，五中全会关于“十三五”建议指导文件发布之后，又给予我们更多的研究激励和改革转型的紧迫感。作为研究者，我们力求在世界金融危机冲击后，有所作为的形成对主流经济学理论框架的反思和对于从实现邓小平提出的“三步走”到习近平总书记表述的“中国梦”现代化目标的理论创新支撑，相关认识的切入点就是需要对已经有的经济学成果有“破”有“立”，引出的基本认识是中国为完成“全面小康”决胜阶段的任务，并乘势跨越“中等收入陷阱”，对接伟大复兴的“中国梦”，必须紧紧抓住并处理好“理性的供给管理”与“供给侧结构改革”的命题。这段时间我们确实注意到舆论界，特别是网上，对供给侧改革有种种的不同角度的评价和各种各样的观点的表达，借此机会我想向大家汇报我们三个层次的基本认识。

第一层面，现实生活迫切需要对已有的主流经济学成果做出“破”和“立”。需求管理和供给管理其实是经济学研究中已有定义的两个概念，总需求和总供给的平衡已经被研讨多年，制度需求与制度供给的深入研究就特别需要跟得上来。我们也不断碰到朋友们提出的这种问题：新供给新在哪里？我们已经有的研究成果虽然还是初步的，但是这方面的新意，做出概括总结有三个方面。

一是新在我们努力之下的“破”，二是新在跟着的“立”，三是新在我们新供给经济学研究群体已经提出的成体系的思路设计和政策主张。

这方面的“破”，表现在如下一些认识上。

从世界金融危机和中国改革开放现实生活的经验层面考察，人们在普遍发问：为什么经济学家对于千年之交、之后震动全球的金融危机既没有做出像样的预测，又没有有效和有力的经济学解说与对策思路的框架？怎样以经济学理论阐述中国的不凡发展和艰巨转轨的进程？有不少研究者认为经济学理论到现在为止取得的基本成果是亟待反思的，我们在这方面高度认同。因为中外人士反复提到的经济学面临的挑战性问题，首先就是我们在新供给研究中必须致力做出的“破”，至少集中于如下三个方面。

一是我们在研究中直率地指出了主流经济学理论认知框架的不对称性。古典经济学、新古典经济学、凯恩斯主义经济学等，虽然各自强调不同的角度，都有很大的贡献，但是他们共同的失误的确又是不容回避的：他们都在理论框架中假设了供给环境，然后主要强调的只是需求侧的深入分析和在这方面形成的“需求管理”的政策主张，都存在着忽视供给侧和供给管理的共同问题。

最近几十年有莫大影响的“华盛顿共识”，理论框架上是以“完全竞争”作为对经济规律认知的假设条件，但是回到现实，也就是必须联系实际的时候，它却没有有效地校正还原，实际上是拒绝了对供给侧做出深入的分析。在这样一个重要的领域里，存在着明显的力所不逮问题。

世界头号强国美国前面几十年的经济实践里，在应对滞胀的需要和压力下应运而生了“供给学派”，这是颇有建树的一个学派，它的贡献在实际生活中产生了非常明显的正面效应，但是它理论的系统性还是有明显不足的。他们的主张还是长于“华盛顿共识”框架下、在分散市场主体层面怎么激发供给的潜力和活力，但弱于结构分析、制度供给分析和政府作为分析方面的深化认识。在这方面我觉得对于中国的一些学者，他们的贡献与局限性的影响到现在还是非常强烈的。

昨天参加一个《环球时报》的论坛，我碰到北大一位教授，他说供给侧改革是解决短期问题，主要就是减税，减税释放了对企业的一定约束以后，财务上自然就有更大的空间了。我认为这是简单地把美国供给学派主要侧重减税的主张套用到中国现实，以为这就实现了我们考虑供给侧改革最主要的建议，而我认为这样的认识是有非常明显的局限性的。中国现在致力于探讨并推进的供给侧理论创新框架支持的是从短期衔接中长期问题的通盘的解决方案，绝对不会仅仅限于一个减税举措，当然减税是十分重要的，但是我们却不能只局限于减税这样一个命题。

美国不像中国这样的经济体有不能回避如何解决“转轨问题”和“结构问题”的客观需要，自然他们难以提升对供给侧的重视程度。相比于过去在经济学研究中指标可以通约、比较易于建模的需求侧，供给侧的指标是不可通约的，千变万化的，更不容易建模，但是这并不能成为我们经济学理论可以长期容忍其认知框架不对称的理由。这就是我们特别强调的，我们首先破的切入点是针对着过去主流经济学理论认知框架的不对称性。这种不对称性有它形成的特定的原因，要改变这种不对称性显然有其难度，但是整个反思引出的认识，是我们必须面对这种问题而寻求与时俱进的创新发展。

二是我们直率地批评了经济学主流教科书和代表性实践之间存在的“言行不一”问题。美国等发达市场经济体在应对危机的实践中，可以观察到关键性的足以影响全局的操作，首推跳出主流经济学教科书来实行的一系列区别对待的结构对策和供给手段的操作，这些在他们自己的教科书中也找不出清晰的依据，但运行中往往得到特别的倚重和强调。美国金融危机中解决问题的关键点，是教科书从来没有认识和分析过的“区别对待”的政府注资，对雷曼兄弟公司斟酌救还是不救，采取的办法是任凭这家150多年的老店垮台。有了这样一个处理之后又总结经验，后来从“两房”、花旗一直到实体经济层面的通用公司，分别施以援手，用大量公共资金对特定主体做选择性注入，是一种典型的政府区别对待的供给操作，并且给予经济社会全局以决定性的影响。然而如此重要的实践，至今还基本处于与经济学的经典学术文献和主流教科书相脱离的状态。

三是我们直截了当地指出政府产业政策等供给侧问题在已有的经济学研究中的薄弱和滞后。比如在经济发展中“看得见摸得着”的“产业政策”方面，尽管在美国被人们推崇的经济学文献和理论界的代表人物都很少提及，但其实美国的实践却是在产业政策方面可圈可点。20 世纪 80 年代，我还在读研究生的时候就注意到，当时流行于中国的《亚科卡自传》所强调的关键的振兴美国之道就是产业政策，而市场一线的这样一个重要意见后来明显得到了他们决策层的呼应，从克林顿主政时期的信息高速公路，到近年奥巴马国情咨文所提到的从油页岩革命到 3D 打印机，到制造业重回美国、区别化新移民和新兴经济等一系列的亮点和重点，都不是对应于教科书的认知范式，而是以从供给侧发力为特色。不客气地说，本应经世致用的经济学理论研究，在这一领域其实是被实践远远抛在后面的“不够格”状态。

在这样的至少三个方面的“破”之后，我们提出了“立”，我也想向各位汇报一下，我们强调必须结合中国的现实需要，以及国际上的所有经验和启示，以更开阔的经济学创新视野来考虑我们能够和应当“立”的方面。

第一，特别强调的是经济学基本框架需要强化供给侧的分析和认识。在世界金融危机刺激之下产生的这样一个命题，需要更加鲜明的作为当代学人理论联系实际的必要环节和创新趋向。在基础理论层面我们强调应该以创新意识明确指出人类社会不断发展的主要支撑因素，从长期考察可认为是有效供给对于需求的回应和引导，这个供给侧能力和它的响应体系，以及相关的制度安排、机制连接在不同阶段的决定性的特征，形成了人类社会不同发展时代的划分。需求在经济生活中的原生意义当然是不可忽视的，人有需求才有动力，才会追求各种各样的可用的资源，但是在经济学的角度上，关于有效供给对需求引导方面的作用，过去却认识不到位。我们从供给能力在不同阶段特征上的决定性这样一个视角，强调不同发展时代的划分和供给能力，以及与“供给能力形成”相关的制度供给问题，具有从基础理论层面生发而来的普适性，也特别契合在中国和类似的发展中国家怎么完成转轨，实现可持续发展方面的突出问题。

要回应和解决好这个视角上的问题，其实也包括那些发达经济体怎么在世界金融危机冲击后更好地把理论服务现实需要。在现实生活中，无论是什么样的经济体，关键是在处理生产产品满足消费的需求侧、总量调控为基本要领的需求管理问题的同时，要解决“生产什么产品，如何生产”的供给侧问题，尤其是制度供给怎么优化的问题，这种强烈的供给管理结构性特征和复杂性特征是无法回避的。这种把需求和供给紧密联系起来的研究，我们认为在人类经济社会发展实践中正在日益凸显它的必要性和重要性。

第二，我们强调正视现实而加强经济基本理论支点的有效性和针对性。比如“非完全竞争”应当作为深入研究的前提确立起来，因为这是人类社会资源配置的真实环境，它牵涉到大量的供给侧的问题。过去经济学所假设的“完全竞争”环境，虽然带有它大量的理论方面的启示，但它毕竟只可称为一种 1.0 版的模型，现在讨论问题，应该进一步放在非完全竞争这样一个可以更好反映资源配置真实环境、涵盖种种垄断竞争问题的基点上来升级、扩展模型，以更好地洞悉现实。

需求分析主要处理的是总量问题，指标是均质的、单一的、可通约的；供给问题复杂得多，处理结构问题等，指标是非单一的，不可通约的，更多牵涉到政府和市场核心问题这种基本关系，必然在模型的扩展上带来明显的挑战和非比寻常的难度，但这却是经济学创新与发展中绕不过去的重大问题。更多的中长期的问题、“慢变量”的问题，必然成为供给侧需要处理好的难题。过去经济学研究中可以一句话打发掉的“一般均衡或者反周期调控中可以自然解决结构问题”，这时候就有必要升级为在非完全竞争支点上的一系列非完全自然演变过程，而需要加入供给侧能动因素做深入开掘的大文章。

第三，我们认为市场、政府、非营利组织应该各有作为并力求合作，这是优化资源配置的客观要求，也是我们认识必须深化的一个重要的领域。在明确认同市场总体而言对资源配置的决定性作用的前提下，我们还需要有的放矢地讨论不同的主体，就是市场、政府和所谓第三部门、非政府组织、志愿者、公益团体，等等，他们在优化资源配置里可以和应该如何分工、合作、互动，在不同的领域、不同的阶段上，分工、合作、互动的选择和特点又必然有所不同。政府、市场由分工、失灵到替代，再由替代走向强调PPP——公私合作伙伴关系这种模式的合作，反映了人类社会多样化的主体关系随经济发展、文明提升而具有的新特征、新趋势，我们必须把握这样一个趋势。

第四，我们还特别强调了制度供给应该充分地引入供给分析而形成有机联系的一个认知体系，就是物和人这两个视角在供给侧应该打通，各种物质要素的供给问题实际上与处理人际关系的制度供给问题，应该内洽于一个体系，发展经济学、制度经济学、转轨经济学、行为经济学等概念下的研究成果需要加以整合熔为一炉。通过这样的“立”来呼应转轨经济和中国的现实需要，形成的核心概念，就是我们理论建树和理论联系实际的认知中必须更加注重理性的供给管理。在中国要解决充满挑战的现代化达标历史任务，必须凭借这样一个认识作为基点，强调以推动制度和机制创新为切入点，以结构优化为侧重点的供给侧的发力，和超常规的由追赶到赶超的长期过程，也就是现代化的实现过程。

当然，以上这些“破”和“立”的汇报，并不意味着我们可以忽视需求方面的认识——需求管理的认识在已有的研究成果中已经相对充分，我们希望在供给方面更丰富、更有针对性地提高整个认知框架的对称性。这样的认识落到中国经济学人所处的现实中间，特别强调要以改革为核心，在供给侧入手推动新一轮“全面改革”时代的制度变革创新。现在，在进一步领会习总书记所说的供给侧结构性改革的背景下要抓住创新驱动的龙头，这种制度变革创新是有效化解矛盾累积和“滞胀”、“中等收入陷阱”、“福利陷阱”、“塔西佗陷阱”等不同类型的风险，实现中国迫切需要的方式转变和可持续健康发展，直通“中国梦”的所谓“关键一招”和“最大的红利”，也就是制度红利之所在。我们的研究意图和可能的贡献，是希望促使所有可调动的方方面面的积极性——所谓正能量，把重心凝聚到中国迫在眉睫的于十八届三中、四中、五中全会之后，新一轮改革如何实质性推进的问题上，以求通过全面改革和理性的供给管理，跑赢危机因素的积累，破解中长期经济增长和结构调整的瓶颈，从而使中国梦的实现途径可以越走越宽，越走越顺。

在这样一些认识下，我们认为对于传统的经济学理论框架和宏观“需求管理”为主的实践经济的反思，加上理论密切联系实际的创新努力，已合乎逻辑地引出了对于“新供给经济学”理论创新和“供给管理”调控与供给侧结构性改革前所未有的重视。中国在认识、适应和引领经济新常态的当前阶段，迫切需要构建经济增长的新的动力机制，传统的需求管理的“三驾马车”框架下，显然所强调的消费、投资和出口需求三大方面的分别认知，只有连通消费供给、投资供给和出口供给才可能对应地形成各自需求满足的机制和状态，其中包含的就是由需求侧的所谓“元动力”引发供给侧响应、适应机制，即其相关的要素配置和制度安排动力机制的优化问题，这些又必须对接十八大以来的全面改革和全面法治化的通盘部署。

第二层面，供给侧改革的核心内涵是什么？在中国理论联系实际，首先要强调总书记已经给出明确概念的供给侧改革的核心内涵，就是有效制度供给问题，我们就是在这样一个理解之上基于理论创新，在新的认识境界内来形成我们系统性的思路和建议。我们认为，中国供给侧改革必须把它的核心内涵放在理应统领全局的进一步深化改革来解放生产力的命题上，我们在市场化、全球化、民主法治化趋向下，在改革深水区面临的真问题就是怎么攻坚克难，怎么把硬骨头啃下来。这种经济社会转轨的升级版是新常态的“常”必须落到的境界，打造这个升级版最关键的就是创新驱动，就是以有效的制度供给支持结构优化，激活全要素生产率的所有潜力，来对接全面小康，连通中国梦。以理论创新基本认识所引出的我们这个研究群体的基本政策主张，过去已经有多次的发布，在改革统领全局下我们提出了“八双”和面对“两个一百年”任务的“五并重”，时间关系，我不再展开汇报它的具体内容，欢迎大家查阅新供给系列图书的相关内容。

这种“八双五并重”引出的消除供给机制，放松供给约束的取向，正是对应于十八大以来延续市场化取向下“国家治理现代化”的制度转轨、机制优化的最核心的内涵。在迎接五中全会而按照高层的要求，经过我们研究形成的内部报告中，我们又对于完善供给侧环境与机制，释放微观主体活力，创构发展新动力提出了系统化的分析认识和建议，现在已经过了保密期，我们这方面的建议已经在一些媒体上公开发表，时间关系，我也不在此全面汇报出来，欢迎大家在网上作学术搜索，对我们这些意见建议做出批评指正。

第三层面，特别谈一下另外一个和供给侧改革有关的认识。在供给侧改革发力服务全局方面，需要特别注重解放思想，创新思维。在我们研究工作基础上主张的上述这些需要“立”的学理和思路建议，是生发于对于经济规律的探究，是对于中外古今全球视野的实践总结，但是又聚焦于中国的特色和背景，服务于中国现代化的赶超战略。邓小平所强调的“三步走”现代化，可以理解为一种实质性的赶超战略，前面几十年主要是追赶，最后意图的实现确切无疑地指向中华民族能够实现伟大复兴，在落伍近两百年之后“后来居上”地造福全中国人民和全人类。总书记更进一步以形象化“中国梦”所概括的现代化战略目标，它的实现绝不是狭隘民族主义的逻辑，而是一个古老民族应该对于世界和人类做出的贡献，是数千年文明古国在一度落伍之后应该通过现代化来加入世界民族之林的发展第一阵营，在所谓命运共同体的基本认识之下，在人类发展的共赢中间做出自己应有的重大贡献，这也就是服务于中国和世界人民把美好生活的向往变成现实。我们深知在这个宏大的现代化目标追求之下的相关的理论探讨，在研究和认识深化的过程中，争论是难免和必要的。在中国现在的讨论中，我们感觉似乎很难避免简单化贴标签的倾向。比如，我们就不说网上非常情绪化的表达，即使在学界的表达和讨论中，我们可以看到思想解放、思维创新的空间并没有充分打开，反而往往容易处处设限，有些思路和主张很容易被简单分类，有的被称为新自由主义的套路，有些观点马上被贴上主张政府干预和主张大政府的标签，另外一些又概括为所谓的第三条道路。贴标签的背后是认识的极端化、简单化、表面化和浮躁化。

我们自己的认识倾向是希望能够超越过去一些贴标签式的讨论，侧重点在于先少谈一些主义，多讨论一些问题，特别是讨论真问题、有深度的问题，来贯彻对于真理的追求。如果我们在研讨中弄清楚了真问题，我们所要最后认识的主义也就呼之欲出了。没有必要在经济学框架之内，在对经济规律的认知领域之内，对这些讨论中的观点处处贴意识形态的标签，处处分辨是"左"是右、姓"社"姓"资"。新供给研究的追求就是要继承经济学和相关学科领域的一切人类文明的成果，站在前人的肩膀上对经济理论学说做出发展，这要坚持学术的严谨性，要做出必要的补充、整合和提升。

我们特别看重需要有进一步的思想解放，对于理论研究"从实际出发"应该进一步加以强调，一切从实际出发，就包括了要充分体察中国的传统（包括积极的，也有消极的），充分体察中国的国情（包括可变的与不可变的），也要特别重视怎么样回应现实需要——有些已经认识到的固然是真实合理的现实需要，但也会有假象的现实需要即不合理的虚幻的诉求，我们要通过研究者中肯深入的分析来把这些理清，既从实际出发体察中国视角必须体察的各种事物，同时也注重体察其他发展中国家以及发达国家的经验和教训、共性和个性，包括我们现在已经在认识上可以得到的普适的共性规律和价值，由"破"而"立"，由理论而实际。在分析中特别需要注重供给侧和需求侧的结合，政府、市场和第三部门互动等，全方位的深入考察和相关关系的正确把握，力求学者要首先努力做到视野开阔，思想解放，客观中肯。

关于"供给侧改革"这个热点在舆论场中表现出的一些极端化、简单化、表面化和情绪化的观念和情绪，我们认为，这是不可取的。我们应努力进一步深化研究的新供给经济学绝不是为了创新而创新，而是面对挑战有感而发，为了不负时代而做出的理应追求的创新。中国自20世纪90年代以来宏观调控中反周期的政策实践主要是在需求管理框架下的，它有巨大的进步和颇多的成绩，但是延续主流经济学教科书和仿效发达国家的思路继续贯彻单一的反周期操作路线，随着近年来的矛盾积累和凸显，已经日益表现出它的局限性，今后随着中国经济增长率下台阶，资源环境制约和收入分配等人际关系制约，已经把我们可接受的所谓运行状态的区间收窄了，再复制式推出“四万亿2.0版”的空间已经十分狭窄，比较高水平的理性管理的有效运用是势在必行的。党的十八届五中全会明确提出释放新需求，创造新供给的要求，领导层更明确宣示了对于推进“供给侧结构性改革”和提升“供给体系质量与效率”前所未有的高度重视，是直指形成有效制度供给这一中国现代化的“关键一招”和以创新驱动结构优化解除供给抑制释放潜能的系统工程。既然在中国中长期发展中如何破解瓶颈制约和攻坚克难全面深化改革、优化结构，是我们共同面临的历史性的重大考验，那么我们应该站在前人的肩膀上，以严谨的学术精神，秉持理论密切联系实际并服务实际的创新原则，更好地解放思想、创新思维，追求经济学经世济民的作用，更多注重从供给侧发力，在实践中破解瓶颈，服务全局，把握未来。

作为作者，我们愿把《新供给经济学》一书作为一个继续努力、深化认识的新起点，希望得到各界朋友更多的批评指正意见，再次感谢大家！

（2015年12月13日在《新供给经济学》新书发布会暨供给侧改革研讨会上的讲话）

供给侧结构性改革：创新中如何运用制度和技术实现经济转型（上）

在座的各位领导，各位同志，大家好！我很高兴今天到福田区向各位汇报一下自己作为研究者怎么认识供给侧结构性改革这一被中央表述为战略方针的重要问题，谈谈我们形成的具体看法。

在认识供给侧结构性改革的深刻内容之前，作为研究者我认为首先需要勾画一下提出这个战略方针的大背景。这个背景可从两个角度来认识：第一个角度是在十八大之后我们的最高决策层人事安排基本到位之后，治国理政的大政方针逐步清晰化，首先表现在三中全会形成的全面改革顶层规划式的“60条”文件这样一个总体配套部署，到了四中全会把经济改革为重点切入的全面改革、配套改革，推进到实际上从司法改革切入而必然要拉动整个行政架构改革，而且也会结合着宣传并不直接表述，但我们无法回避的政治体制改革这种全面覆盖框架。全面依法治国涉及的是整个社会走向现代化必然要把经济、政治方方面面做一个配套改革处理。而到五中全会，在三中、四中全会这样一些全面改革部署基础之上，进一步系统地提出了发展新理念，创新、绿色、协调、开放、共享，这些概念过去都强调过。五中全会是把这样一些基本的发展理念合乎逻辑性地系统化，提出创新发展是第一动力，以它带领协调发展、绿色发展、共享发展、开放发展，而落到归宿上，是使人民群众对美好生活的向往变成我们现实的共享发展。这些大政方针一步一步清晰化了，里面的一些关键词，首先是三中全会“60条”浓缩简要的概括就应该提到的国家治理体系和治理能力现代化。这个表述可以简称“现代国家治理”。“管理”是各级政府自上而下掌控这样一个架构，而“治理”更强调政府和非政府多元主体更多平面展开、充分互动来实现包容性发展。要把管理和自管理、组织和自组织、调控和自调控结合在一起释放一切潜力、活力来解放生产力。这样的一个治理概念很有深意，关系到一系列制度安排、机制连接方面我们怎么创新的问题。前面冠之以现代化的趋向，更是中国在鸦片战争拉开近现代史帷幕以后怎么改变落后状态，真正走向振兴中华，怎样贯彻在改革开放初期邓小平设计的“三步走”，实现伟大民族复兴这样一个基本战略趋向的重申。现代化趋向上，中国人民在前面经历种种挫折。19 世纪，从鸦片战争一直走到甲午惨败和在这个刺激下的 100 天出头便归于失败的“戊戌维新”。

再往后面是 20 世纪里三件大事。辛亥革命推翻千年帝制，“走向共和”成为当时明确的共识，伴随着孙中山先生提出的“振兴中华”的奋斗目标就是要走向现代化。但实际的发展是中国很快落入了内乱、内战，还有日本军事入侵。到第二件大事发生，简单地说终于我们有了孙中山“三民主义”第一条“民族”这样一个基本框架，就是在中国主要版图上，摆脱了内战和外部强权干涉，在民族国家框架之上我们一旦站稳，就可以转而进入大规模经济建设，就是以“一五”时期为标志寻求尽快形成自己相对独立的工业体系，发展起来。由“民族”这个框架而支撑这个发展，也就是要解决“民生”的问题，当然也会带来民主法治建设以解决“民权”问题。但是我们这条路仍然是走得非常坎坷的，在取得一系列成绩的同时也遭受了巨大的挫折。到了第三件大事发生，就是改革开放。在传统体制下已经明确的“四个现代化”，这个现代化趋向的战略目标形成了现在看来有可能越走越宽的“三步走”这样一个通盘设计，其中前两步已经提前实现。我们现在在国家治理现代化这个概念之下，所谓站在新的历史起点上继续大踏步地跟上时代，就是要在十八大之后，在继往开来的路径上使第三步横跨半个世纪的这个过程，使伟大民族复兴能够如愿实现，即达到“中国梦”的愿景。

这样的核心理念跟着的是“60 条”里多次出现、多次强调的“现代国家治理必然要建立现代市场体系”这样一个逻辑链接。文件中伴随着一个重大突破，是我们终于把邓小平南方讲话确定的社会主义市场经济目标模式里市场应该发挥资源配置作用，在汉语语境里说到位了。那个时候由于种种主客观条件的限制，虽然被老同志称为邓小平有生之年的“天鹅之舞”南方讲话促成了我们明确要走社会主义市场经济之路，但是当时也只能表述为市场在资源配置中发挥“基础性作用”，到了“60条”出来明确表述的是“决定性作用”。这样一个重大突破，习总书记有长篇的说明，解释为什么在文字上做出这样的表述，核心的概念就是，只有这样才能正确处理十八大提出的，政府和市场关系问题是改革的核心问题，才能真正去促使我们在这个改革中完成攻坚克难。

当然，改革中处理的核心问题里市场发挥决定性作用后面紧跟着的一句话就是“政府更好发挥作用”，政府怎么样更好发挥作用呢？从概念上来说，前面已经有决定性的市场机制，后面政府总体而言应该就是辅助性作用。而要把它处理好，其实还有挑战性的任务。比如我们现在观察在现代市场体系中，关于政府和市场，过去我们的认识是各行其道，让市场的归市场，政府的归政府，是井水不犯河水的思维、划清各自边界的思维，政府既不越位又不缺位，但似乎新的阶段中这个思维已经不够用了。比如我们现在这几年主打的一项创新是政府和非政府的企业、社会资本，要以伙伴关系一起做事的这样一个框架来从事公共工程、基础设施、产业园区连片开发等重大的投资事项。这个 PPP 的政府和社会资本合作也带来了一些困惑：过去我们已经接受了政府不能既当运动员又当裁判员这样的基本理念，有人问现在怎么我看起来 PPP 里面政府裁判员、运动员的身份一个都不少？我的解释是，这体现着我们在政府、市场关系认识上的一种“否定之否定”螺旋式上升。原来所说划清边界，有非常明显的进步意义，即政府不可过多干预，要让看不见的手充分起作用。但是最新的挑战性的任务，是要在发展创新的新境界上，使我们政府和企业找到包容性发展的共赢式新机制，到了 PPP 这里面，它的新的境界是在整个流程阳光化的伴随条件下，使各个环节政府到底是裁判员还是运动员可以合理定位。必须说清楚，在政府作为PPP伙伴一方和也是伙伴的企业签订合同，开始进行一个PPP项目建设之前的各个环节上，政府显然有它裁判员的身份。一个地方政府辖区内，如我们深圳也好，福田也好，这样的重大项目建设必须放在一个通盘规划中间作合理的配置，整个国土开发的规划当然应该由政府牵头形成，这是不可能靠市场主体和企业基层单位以试错法形成通盘规划或者合理结果的。牵头的政府手上是有公权的，是理所当然天经地义的，当然这里面有裁判员的身份和色彩。而这些项目要配合具体的公共政策，这些公共政策的牵头、制定、实施又是依靠公权，政府在这里面当然有裁判员的职责，但是具体一家地方政府一旦走到和企业一起签字，共同以伙伴关系方式来做工程建设的时候，我认为政府就是非常明确的运动员身份。这时候裁判员到哪里去了呢？裁判员的身份是在法那里，双方签字生效的PPP建设项目全程是由我们现在的法律体系（合同法和相关的其他法规）约束的，所有伙伴合作关系的各方必须一起守约履约。政府也好，企业也好，如果违约，那么都是要由法律给予约束，实施问责的。这时候裁判员很明显在法上，这个法律就是来贯彻总书记所说的“把权力关进笼子”，这个笼子是法治的笼子。因此政府的裁判员、运动员身份于PPP创新中在各个具体环节上的定位是合理的，但是显然是在“否定之否定”之后我们在一个新的境界上来把握政府和市场的关系，寻求现代国家治理的包容性发展、共赢的发展，这些问题要处理好当然就带有明显的挑战性。

在这里面还有一个非常重要的问题，有关现代市场体系中央“60条”文件说基本经济制度的重要实现形式是混合所有制，这又是一个有非常深远影响的改革重大要领。至今这还存在着争议，但是我们认为混合所有制实际上讲的就是在一个市场微观主体内部的产权结构中，要充分地让公的股、非公的股、国的股、非国的股混起来，这又是一个引领微观主体包容性发展的治理结构方面的进步。PPP天然就会对接这种混合所有制，它天然在政府这一方不想“一股独大”，天然就是政府动机在于少花钱多办事，少持股而发挥乘数效应、放大效应，引致民间资本把事情做成，这是它出政绩，这是它把事情做得漂亮。这样现实的改革进展实际上是要解决在中央过去已经强调股份制的重大意义。表示为公有制的主要实现形式之后，社会上方方面面还存在明显的困惑，动不动"一股独大"，在四万亿政府投资启动之后动不动争议到底是"国进民退"还是"国退民进"，进退双方谁也说服不了谁，而且很容易贴标签上升为姓"社"姓"资"的问题。中央"60条"就是要淡化这种贴标签的思维，把混合所有制带来的国有企业改革和民营企业发展合成一个共赢的过程。这样的现实意义、深远意义，我们还需要进一步把握，一定要解决好在实际生活中怎么进一步推进这个改革的问题。

第三个重要的关键词就是，政府要更好发挥作用必须依仗的以政控财、以财行政分配系统的财政制度必须现代化，提出财政是国家治理的基础和重要支柱，政府更好发挥作用一定要解决财税配套改革的问题。所以，"60条"发布之后，中央要建设现代财政制度，中央政治局首先审批通过的配套改革方案是财税配套改革方案，后面跟着我们现在已经知道的多项改革方案。到了十八届四中全会，配上的是全面法治化的"现代政治文明"，以及十八届五中全会的"现代发展理念"。这几个关键词链接之下如果再做一个浓缩，恐怕就要说到现在方方面面还在不断讨论的有了"五位一体"总体布局之后的"四个全面"战略布局：第一个全面是到2020年要实现全面小康，这是已经做出的庄严承诺，现在进入关键决胜的阶段。全面小康必须伴随着第二个更重要的要求，即全面改革取得决定性成果，这是有中央明确的时间表要求的。这个全面改革的决定性成果才能使全面小康的意义能够真正体现出来，因为全面小康实际上只是我们现代化"第三步走"的一个中间节点，是要提供一个新的踏板，在全面小康后面跟着要形成发展的后劲，使我们去跨越中等收入陷阱再连通"中国梦"，这个后劲一定要靠第二个全面，就是全面改革、解放生产力来形成。换句话说，如果没有第二条，全面小康即使实现了，它的意义也是要大打折扣的。这两个全面跟着的，又是必然要配套的，从经济改革扩展到整个全方位改革，包括要攻坚克难的政治文明的建设，全面依法治国，以及我们执政党要形成王岐山同志所说到的合法性（就是他和外国著名专家讨论的时候接过学者的话语来提到的概念：这个合法性不是讲白纸黑字规定共产党执政合法，而是讲所谓历史造成的共产党作为执政党能不能在人心向背、老百姓衷心拥护你的执政地位这种自然法概念上形成他的合法性），那么别无选择，必须全面从严治党。当然这个艰巨性也是非常明显的。所谓苍蝇、老虎一起打，从本质上说不应该认为只是追究一些出问题的官员的责任，本质上是要以治标换治本，这才是一个真正的现代社会的境界。治本的制度建设要能够保护我们体制内的人员，能体现对于体制内必然要结合的一部分社会精英的人文关怀。我们还得做艰苦的努力，才能达到“四个全面”，以及我们在这“四个全面”框架之下所追求的现代化境界。就是在这个背景之下，后面合乎逻辑地必须推进到作为战略方针的供给侧结构性改革，这是一个很重要的理解它的决策线索。

另外一个重要的线索，就是我们现实生活中的运行态势，经济社会运行上这些年发生的明显的阶段转换。把近年的龙头指标 GDP，社会生活必须关注的重要指标物价（以 CPI 为代表），还有政府发挥作用必须处理好的财政收支，等等。这样一些基本数据拢在一起以后，我们首先看直观的运行基本情况：2010 年我们还有当年报出的 10.4% 的增长速度，那是在成功抵御世界金融危机之后我们又站在两位数的高速位置上。这个 10.4% 的高速，和前面 30 年算总账年均 9.8% 这个高速增长阶段是一致的，特别跟邓小平南方讲话以后这 20 年算总账是 10% 以上的高速，完全是一个水平。但是我们现在看得很清楚，2010 年的 10.4% 高速状态，就是整个中国经济高速发展阶段最后一年的回光返照。2010 年过后，2011 年决策层清楚地意识到黄金发展期特征还有，但是矛盾凸显期特征来了，经济社会中种种的矛盾凸显使决策层不得不考虑我们要加快发展方式转变，把又快又好转变为又好又快，要有意识地调低一些速度，追求转变的实际效果。2011 年考虑再往后发展的指导方针时，明确提出了一个概念就是“稳中求进”，这被称为“稳”字当头，一直延续到现在。在“稳”字当头的情况下，2012 年我们一开年自己主动“破 8”，不再提年均 8% 的增长目标，而只提 7.5%。当年的现实生活马上给了我们一个“下马威”，一季度的 GDP 一下又下滑 0.8 个点，地方政府层面、企业层面感觉到前所未有的困难，而且这只是整个困难阶段的开始。

2012 年我们经过一系列稳增长措施，“稳中求进”四个字浓缩为三个字的“稳增长”。6 月间动用最主力型的货币政策工具就是降低利率，相隔 28 天两次出手，这样的稳增长使 2012 年出现了一个“前低后高”，全年站在了 7.5% 的上方，当年报的是 7.8%，以后调整为 7.7%。

2013 年继续是“前低后高”，当时已经开过十八大，按照原来一般的预期，2012 年稳增长的后果是“后高”，四季度已经有了 7.9% 的增长速度，那么 2013 年开局应该至少在 8% 或者 8% 高一点儿这个位置上继续往上走，没想到开局又来了一个“前低”。经过努力之后，2013 年后面又有“后高”的表现，合在一起站在 7.5% 上方的 7.7% 水平上。也就是在这一年，地方政府、企业感受到的困难更明显地形成了社会上的不良预期和焦虑，而李克强总理针对性地提出了我们的指导方针是，只要经济运行在可接受的区间之内，不会贸然启动大规模经济刺激计划，这个“区间”的概念明确下来就是在 2013 年。李克强总理所说的这个话，当然给了大家一个预期或前瞻判断，不要指望决策层轻易考虑再来一轮四万亿式的，或当年应对亚洲金融危机时用长期国债资金大规模投资式的扩张。对运行区间大家更多地要注意上下限——上限是继续关注物价，下限主要关注的是 GDP 跟 GDP 所表现的经济景气所能给出的就业水平。李克强总理说的区间概念一个基本含义就是让市场充分起作用。大家必须认识“三期叠加”这样一个阶段到来了。经济增长速度的换档期——速度往下调；我们经济结构调整的阵痛期——地方企业要在尽可能忍受困难的同时寻求升级版，度过阵痛。还有前期刺激政策效应的消化期，不要轻易指望再来一轮强刺激扩张。当然，这里面也暗示：如果真的感受到击穿可接受底线的那个威胁出现的时候，决策层一定不会不动用一些特定的方式把运行托在底线之上。而这个底线最主要的判断，就是和百姓生活息息相关的就业。也正是在这一点上我们观察下来，这些年经济一路下行的过程中，我们的就业还完成得相当不错：这几年速度已经一降再降，2016 年上半年已经落到了 7 以下的 6.7%（这两年年速度区间提的是 6.5%—7%），实际上已经非常接近倒算账，"十三五"期间必须托在 6.52% 年均增长速度之上，我们才能兑现 2010—2020 年人均 GDP 再翻一番的全面小康这个指标的底线。

在这种情况下，这些年下来，每年我们跟过去一样提出城镇新增就业岗位是 1000 万，但实际上都完成在 1300 万以上。换句话说，中国 GDP 新增百分点按每个百分点就业方面的贡献计算已经翻倍。当年 10.4% 之前还有曾经高达 14% 高位的 2007 年的表现，如果按那段时间说，一个新增百分点所能支撑的大概就是 1000 万里的 1/10，即 100 万个新增就业。现在是六点几，还能支撑 1300 万以上，每一个 GDP 新增百分点所给出的就业贡献，是接近 200 万了，这当然表现出经济结构确实得到了优化——大量的小微企业雨后春笋一样涌现出来，服务业得到了较充分的发展，指标上可以得到印证，全国的市场主体的总数现在是差不多 7000 万个了，服务业、小微企业总体来说是轻资产型，可以更多地提供就业机会。另外，和我们一再强调的简政放权、商事制度改革、结构性减税、减轻企业税收负担、大众创业、万众创新等显然都是有内在联系的，这是一个在"区间"概念之下我们看到的决策层所说的底气跟定力主要是依托于就业的观察。

2013 年有了这一认识之后，学术界已经明确形成共识，中国经济的潜在增长率下台阶已成定局。所谓潜在增长率，就是经济运行既无"通胀"又无"通缩"，这种状态下它应该表现出来的增长水平。我国的 PPI 就是制成品出厂价格指数，已经 50 多个月负增长，但是我们 CPI 还一直是正增长，这段时间表现得还比较可接受。权威人士的说法是我们现在既不认定有"通缩"，也不认定有"通胀"，还要继续观察。在这种情况下现在认为在实际生活中还是在可接受的区间运行，所以，我们所做的事是微刺激、稳增长，当然要配合着各种各样的要求——稳增长后面要调结构、促改革、惠民生、护生态、防风险，其实还要加后劲儿。三期叠加后面最关键的是，能不能配上十八大以后部署的改革实质性推进的推进期，“三期加一期”形成我们渡过阶段转换而达到一个新的中高速增长平台这样一个转换任务。这样的追求，体现在2014年总书记接过了学者们的话语明确表述“新常态”：新常态的“新”是什么意思呢？就是直观地讲经济增长速度“下台阶”的转换，“新”就新在这里，但是新了之后还得“常”，这个“常”我们还没有实现，虽然我们“新”已非常明朗。“常”是什么呢？“常”必须是经济在下行以后不能一降再降，它要完成探底企稳，然后对接一个增长质量升级版的中高速增长平台，这个平台按照我们现在量化的概念，应该就是在6.5%以上、高也高不到哪儿去的这个中高速状态。依照2014年接近年底的时候APEC会议上总书记讲话里很大篇幅讲新常态，我们可以推出三个关键的概念：第一个是中高速，新常态直观的表现就是速度增长下台阶；第二个更深刻的内容就是结构优化，阶段转变之后要企稳，然后进入常态，必须是一个以结构优化支撑起来的升级版的增长平台。我们现在“新”已明朗，“常”未实现，必须追求这个“常”，相对稳定形成一个增长平台的状态，这个中高速增长平台至少我们得争取让它运行八年十年吧。林毅夫教授说到中国还有20年8%增长的可能性，很多人都认为他说得太乐观了——他也是有他的一套论证的。我认为没有必要太在意到底是8还是7，在“十三五”剩下的时间段里6.5以上我们就可以达到全面小康，6.5或者6.5以上或者6.5左右这个状态，可以认为就是中高速，这个状态关键是要匹配上质量升级版，结构优化，这样来加快发展方式转变就可以变成实际的过程。所以，到了2014年新常态明确形成官方概念之后，进一步的要求就是不光要认识、适应它，还要引领它。引领新常态，打造升级版涉及的第三个关键概念，即总书记讲话里反复强调我们主观能做的事情是创新驱动，唯改革创新者胜。到了现在这样改革的深水区，好吃的肉吃完了，剩下的都是骨头，一动就是各种各样的困难，千难万难中怎么冲破利益固化的藩篱，可能各位领导有直接的感受。现在那种学术上所说的只有人受益、无人受损的所谓帕累托改进，基本没有空间了，你只要一动，一定会有触动既得利益的方方面面，事情非常难做。但是我们别无选择，这就是改革深水区现在说到的创新驱动要对接到作为“第一动力”的创新发展，引出整个现代发展理念。这是另外一个重要的背景。

与此相关的物价、财政收入等的制约，给我们的意向就是可接受区间的弹性在降低，如果没有很好的一个深化改革撑起这个可接受区间，而是让它越收越窄的话，我们再往前面就会憋住。种种相关的矛盾问题，十八届五中全会表述为“矛盾累积、隐患叠加”，我们必须化解这种潜在的威胁，化解这些矛盾和风险。所以，在五中全会之前，中央已经在屡屡给出口风强调供给侧改革问题，到了五中全会之后，中央财经领导小组第十一次会议上就有习总书记关于供给侧结构性改革的一段话。

在此之前和之后，虽然都有关于供给侧这方面不少的官方表述，但我们作为研究者，认为总书记十一次财经工作小组会议上的这段话虽不长（分为五句），但是已经比较完整清晰地勾画出了中央这样一个谋定后动的供给侧改革战略方针的一个基本逻辑要点，这些逻辑要点是环环相扣的。从这五句话来看，第一句话是“在适度扩大总需求的同时”怎么样，这句话实际上解决的问题，就是现在强调供给侧改革绝对不会像网上有些人所议论的那样否定需求的意义和作用，我们在需求侧仍然要继续做好需求管理，适度扩大总需求。但是话锋一转，第二句、第三句话强调的着力点在哪里？要抓矛盾的主要方面，现在必须在供给侧发力，着力加强的首先是供给侧结构性改革，落在改革上，它又表明了这就是在邓小平改革开放大政方针这个轨道上的承前启后，继往开来。当年邓小平确定的改革所内含的市场化趋向一直推到南方谈话后确定的市场经济目标模式，又一直推到十八大以后三中全会所说的决定性作用，这个市场化趋向改革上邓小平所称的生产关系的自我革命就是要解决有效制度供给问题，就是供给侧怎么样在制度方面能够真正支撑我们继续大踏步跟上时代发展这样一个关键问题。解决有效制度供给关键问题，现在的新意是直接表述为“供给侧结构性改革”概念。

有的同志在讨论的时候说感觉这样表述比较陌生，好像带点儿文绉绉的学术特点，以这样的学术用语做出这样的权威性表述，它的意义是什么？有什么必要性？我的理解，中央的这个表述，就是对接到总书记几次强调的我们需要发展中国特色社会主义政治经济学，以这种学理支撑来实现我们决策的科学化、政策设计的优化。所以，直接把改革是供给侧的概念按照学术严谨的逻辑关系给它表述出来了。供给侧跟着的结构性也是合乎逻辑的，一旦讲供给侧，结构问题就必然跟出来，需求侧是总量问题，而供给侧是结构问题，供给侧涉及的结构问题首先是制度结构、利益格局，隐含的就是我们要面对利益格局调整，要下决心攻坚克难涉险滩，啃硬骨头，要冲破利益固化的藩篱。这些深意其实都根据这样一个概念可以合乎逻辑地展开来加以认识。这个供给侧结构性改革表述，是三个概念合在一起落在改革上。再往下第三句话，是进一步要落在整个供给体系质量和效率的提高。对于整个供给体系，包括供给侧各种要素形成更复杂的生产力结构、区域结构、收入分配结构和种种的现实生活中必然要遇到的结构问题，整个是一个系统工程式的问题。到了第三句话我们就可以理解为什么总书记说我们所讲的供给侧改革和美国里根经济学、美国供给学派不是一回事儿。我的理解，供给学派它确实有新意和贡献，但是过去学术界对它的评价就是它不成体系，特别是总书记很强调的一点是什么呢？它是在新自由主义趋向下的一个流派，我们对新自由主义却并不认同。我们显然要借鉴人类文明的一切积极成果，中国人现在在借鉴供给学派减税主张，借鉴经济学已有成果的同时我们还要清醒认识到我们自己要处理的问题宏大得多，现在供给侧结构性改革是整个中国的全局放在一起，而且对这个全局的把握要延伸到整个现代化过程的长远视野上，这是一个宏大的系统工程。所以，在这个意义上讲，不是可以简单地和里根经济学美国供给学派相提并论的。

有了这样前面三句话的基本认识之后，第四句、第五句就进一步推进到我们作为战略方针把握供给侧改革，要达到什么样的结果。首先是增强经济的可持续性，这个经济发展的可持续性又不是全新的东西，是在胡锦涛同志任总书记期间我们就已经明确形成的科学发展观的认识，要把邓小平非常简洁和正确表述的“发展是硬道理”升华为全面、协调、可持续发展这种科学发展是硬道理。这个可持续性的解决是问题导向，中国的矛盾凸显就是感觉到有种种不可持续的危险，资源、环境、相关社会方方面面的矛盾累积，这样一些威胁我们发展可持续性的不良因素的化解，要求找准科学发展观的内涵，现在的新意就是把可持续性问题对接到增长动力体系转型升级的问题上了。第四句话表述为这个持续增长的动力问题就是刘鹤主任在长三角、珠三角调研的时候已经给出明确概念的要解决动力体系的转型升级问题。对这个动力体系怎么认识，又关系到供给侧学理分析，后面会专门汇报我们对整个供给侧各要素怎么认识它们的各领风骚、各自贡献，而在阶段转换之后又必须在供给侧各要素的结合上推陈出新，达到新的境界。关于这个动力体系的打造，转型升级是我们创新中要抓住的一个关键点。落到最后一句话，推动整个社会生产力水平实现整体跃升，它表明我们供给侧改革的努力，是在原本已经推进三步走所隐含的追赶—赶超现代化战略这个思维逻辑上，应该继续追求超常规发展，就是咱们这么多年地方政府设计自己的发展战略的时候，几乎不约而同所使用的“跨越式发展”、“弯道超车式的发展”这样的战略思维。总体来说，中国落后是在工业革命以后，为了改变落后局面，常规的发展不解决问题，已经落后了，必须要实现超常规的发展，才能从追赶到实现赶超，实现后来居上的伟大民族复兴。必须承认这种赶超战略思维它是有可能出偏差的，我们曾有“大跃进”等吃了很大的苦头，但是并不能否定这种赶超的客观的可能性以及在我们战略思维上的必要性。我们现在在“理性的供给管理”的逻辑之下，要继续追求这种生产力水平跃升式超常规发展，学术上的说法就是一个一个台阶“阶跃”式的发展，通过超常规发展，后来居上。总体的供给侧结构性改革，总书记所说的五句话已经形成了相当清晰的一套环环相扣的逻辑性的认识。这样的战略方针，显然体现了最高决策层经济工作中宏观指导方面的新的思维，我们要深刻领会其事关全局、事关长远。

（未完待续）

（本文系 2016 年作者受邀在深圳市福田区区委理论中心组学习报告会所作的专题报告）

供给侧结构性改革：创新中如何运用制度和技术实现经济转型（中）

我所在的华夏新供给经济学研究院，还有新供给经济学 50 人论坛这样的研究群体比较早就锁定了供给侧的研究方向。在世界金融危机发生之后，我们意识到必须对经济学的主流成果做比较系统化的反思，而且在反思的基础上寻求从基础学理层面密切联系实际而形成新的认识。

我们推进到“新供给经济学”这样的认识框架，已经有专著公开出版。在三中、四中、五中全会之前，我们按照这个思路给决策层上送了我们的内部研究报告，得到了肯定性的批示。五中全会之前，中财办专门约请几个学者，包括我，各自完成命题作文式的内部研究报告，我所接受的任务就是怎么样在供给侧这方面形成系统化的基本思路和建设性的意见。在中央明确肯定供给侧结构性改革这个概念之后，对我们的研究者来说当然是鼓舞，更是鞭策，我们需要进一步深化研讨，继续为科学决策和政策优化做出应有的一些贡献。按照这样一个取向，我简要汇报一下我们从学理层面，自概念说起，怎么认识现在“供给侧结构性改革”里面的丰富内容。

如果从概念来说，很多人反映感觉“陌生的”供给却并不是在经济学语言里的陌生概念，经济学在讨论需求的时候，一定要说到供给，它是经济生活中一对相反相成的概念。经济生活可观察的原始起点，是社会由人组成，人类社会存在就必然有人的需求，就一定要得到供给，也就是要通过生产经营活动来给出供给对需求的响应。供给对于需求的回应和供需的互动构成经济生活里的循环，如果它比较合乎意愿我们评价上就是经济生活比较健康，有经济的繁荣发展。如果它存在比较明显的问题，我们一般的评价就是负面的，即经济生活有紊乱问题，失调问题，甚至危机的问题。这样的经济生活是不是需要政府来加以调控干预？这在前面的经济学发展中已经形成了基本共识，就是政府调控是不可缺少的，而政府调控的职能过去已经意识到实现总需求和总供给的动态平衡。总供需的平衡里面政府发挥调控作用的技术路线，过去也有需求管理和供给管理的对应概念，但是我们必须承认，经验比较丰富、套路上比较成熟的和大家比较熟悉的是需求管理，它的特点就是总量型的、指标单一可通约的，是以抽紧和放松银根来实施反周期操作这样一个基本方式，或者我们所称的调控方式来运作。

这些年大家都知道有扩大内需之说，指着眼于刺激国内需求的总量扩张，应对的是经济周期里的低迷。这种扩张或者收缩对政府调控而言是每一个年度要首先判断经济运行是处在什么样的特定阶段。如果是经济低迷阶段，政府必须通过实施增加流动性的扩张政策，抬升景气水平来给经济升温，而如果是相反处于经济高涨阶段，有过热的风险压力，则需要抽紧银根，控制流动性，给经济适当降温。这种反周期操作它观察的最基本的指标，就是总量上的所谓广义货币供给 M2，它的基本逻辑很容易为人所理解，大家稍微了解一下都可以接受反周期调控模式，对于所说到的政府履行职能这是一个很容易被大家所把握的基本方式。这个方式成熟起来是来源于 20 世纪经济“大萧条”之后理论上的凯恩斯革命和实践中的罗斯福新政，又有理论，又有实践，已经成为市场经济体普遍遵循的一个调控方式。中国在 20 世纪 90 年代邓小平南方谈话以后走市场经济之路，当然也要借鉴学习这种反周期总量型的需求管理调控，我们应对亚洲金融危机、世界金融危机，都在反周期方面做了非常明显的努力。但是世界金融危机之后必须要做的一个反思就是过去比较成熟的需求管理的局限性出来了，否则你怎么解释世界方方面面信心满满的这种反周期框架仍然不能使我们的经济学界相对像样一点地对于格林斯潘所称“百年一遇”的类似于大萧条式的危机做出预测，大家都自以为认识成熟了，实际不成熟。这个危机发生之后，真正在走出危机方面起决定性作用的，不是首推需求管理，恰恰是另外一侧的供给管理。

我们在研究中间，就要特别强调反思的必要性，我们不是为创新而创新，是现实生活告诉我们必须做出创新式的从学理到实践通盘的反思和认识。我们的分析认识引出的结果就是捅破窗户纸，直截了当指出主流经济学里长期忽视供给管理这个局限性，必须加以突破，即供给管理必须更全面和深入地加以讨论。一旦说到这个概念，它的定向调控的结构特征十分鲜明，指标复杂不可通约，学者的研究往往望而生畏，过去经济学主流要公开发表论文必须建立模型，要有量化分析，需求管理的总量指标、单一指标相对容易做到，而一旦到了供给管理，模型都建立不起来，论文怎么发得出去？学者职业生涯中，高校也好，研究机构也好，一个人评副教授、教授，评副研究员、研究员，这个制约是实实在在的，往往使研究者在这方面退避三舍。所以，理论上关于供给侧的分析过去还是相当薄弱的，但到了实践中我们看确实不可回避。这次金融危机发生之后，首先看世界头号强国美国，它在实践中应对危机的关键举措，恰恰是区别对待、突出重点、跳出主流经济学教科书范围的供给管理。美国人在供给侧前面是吃了教训的：看到157年的老店、世界著名的雷曼兄弟公司资金链断裂，那么救还是不救？这不是需求管理概念，是点调控、区别对待、具体掌握重点的供给管理。管理当局犹豫之后没有出手，雷曼兄弟公司垮台，而跟着的是金融海啸迅速升级为席卷全球的金融危机。再往后美国管理当局就相对果断地先后出手给花旗、“两房”注资，一直把这种动用公共资源的注资推到了实体经济层面的通用汽车公司。到了给通用注资，形成了美国反危机过程里的一个拐点，原来市场上弥漫的恐慌心理得到了比较快的收敛，整个过程就在那以后进入了复苏阶段。这个复苏的阶段中间美国作为头号强国是影响全球的，伴随着美国的几轮需求管理的量化宽松，但是更重要的是它在多次注资的后面跟着又有一系列的可圈可点、发挥重大作用的供给管理措施。被我们过去称为产业政策、技术经济政策的这些特定的区别对待的举措，主流经济学教科书几乎是不讨论的，更不用说像美国给通用汽车公司注资这样的特定调节，但实际生活证明，它们在应对周期中，不光是不可缺少的，而且在某种意义上来说是决定全局走势的。美国在给通用注资之后的供给管理的举措，印象最深刻的可以列举油页岩革命，这不光是应对危机提升景气，它还会深刻长远地影响全球基础能源的战略格局。还有在现在的信息革命时代，以社会上大生产为背景，但可以定制化的 3D 打印机以供给创新引领潮流使大家高度关注。我知道深圳这边高新科技园区里中国的企业，也在努力发展 3D 打印机。还有在克林顿总统时期就明确强调作为第一重点的“信息高速公路”上，一轮又一轮的升级发展，现在美国在信息技术方面仍然是确信无疑引领全球的潮流。后面跟着的，还有美国人特别强调的制造业重回美国。哪里是传统制造业简单的重回？它是否定之否定，回来的同时带出的是升级版的智能化制造业，它也一定会影响整个全球发展态势。还有在人力资本方面，积极引揽全球高端人才来为美国服务。本来美国对人才的吸引力就首屈一指，现在还要特别在这方面给予政策安排。再有就是对一些经济增长点上选择性的政策倾斜支持，比如特斯拉的电动汽车。特斯拉著名的带头人马斯克，大家可能对他都有印象，他不光是发展电动汽车，他的创新还涉及管道式的高铁，已经在美国做了第一轮的实验。如果他真的成功了，15 年、20 年以后，世界上最主要的高铁线路上中国的高铁供给能力就废了，管道几乎抽成真空发射式的高铁，使美国的东西海岸连通以后是一两个小时的事儿。他的另外一个创举是谁也想不到，在民用航天方面实现了火箭发动机本体陆地回收，以后又突破了难度最大的海上回收。他在电动汽车方面现在已很有声势（当然也不可能一帆风顺），他已经在中国布局推电动特斯拉的汽车，而且宣布在中国布局做。同时，他给出了一个大家过去看不清楚的前景：首先在北京到上海一千多公里高速路的沿线设充电桩，解决过去大家所疑惑的问题——电动汽车顶多在一个城区内运行而很难做长途跨城的运行——他给出了一个解决方案的前景。特斯拉电动汽车在它发展的瓶颈期，迎来华裔能源部长朱棣文对它生产线的视察，后面跟着的是美国能源部给了一笔规模还比较可观的优惠低息贷款，帮助他冲破这个瓶颈期。这些事情美国人过去按照他们的华盛顿共识的框架，一般不讲，但你得到信息以后要问他们一般也会如实介绍。这些事情值得特别注意。作为头号强国美国的实践，已明显走在了经济学理论的前面。

中国人自己的实践来对照更是如此。我们虽然在借鉴学习需求管理，但我们从来就无法回避供给管理的问题。当年朱镕基同志主持经济工作以后又正式出任总理，在1998年记者招待会就职演说的时候，明确地说一个确保（当年必须保8%），这是综合考虑的一个目标。没想到没过几天一季度数据出来以后，一看不对头，他以很大的魄力下决心启动了过去从来没有过的年度内大力度的预算调整方案，发行长期建设国债，给经济升温。这是总量型需求管理的强刺激。但跟着的是他不得不处理这笔长期建设国债资金怎么用的问题，首先一句话，一分钱也不允许用于加工工业，然后跟着有六大重点，大江大河的治理，病险水库的修复，另外铁路、公路、机场等基础设施的升级换代，再有当时特别注意到的农村区域发展（以后叫新农村建设），这里面必须解决的中国农村的农网改造，还有他特别关心的粮食流通体制改革，当时他认为必须配套的硬件设施——粮库建设（实话实说朱镕基同志很多历史功绩里边，粮食流通改革应该讲是不成功的，但在当时他的决心很大，所做的那一套必须有几千万平方米的国有粮库做硬件配套支持）；再有，房地产市场方面意识到这是国民经济的支柱，但是绝不是简单的一个市场轨问题，还必须匹配上保障轨——当时的概念叫经济适用住房建设，这些都是长期建设资金里使用的重点。

到了第二年他又加上一个：大型企业的技术改造可以用长期建设国债资金结合财政贴息等方式高效率使用资金。这些重点的掌握，是区别对待的供给管理，是中国不可回避的实际的宏观调控实践，而且是非常重要的事情。到了温家宝总理任上看到世界金融危机发生之后，必须启动强刺激，“信心比黄金更重要”，四万亿为代表的一揽子经济刺激计划出台，后面跟着的是他要主持召开一连串的国务院常务会议，每个会议专门讨论一个领域、一个行业结构方面怎么样掌握区别对待政策倾斜的问题，这又是中国绕不过去的供给管理。我们这几年经济一路下行过程中，总量型的货币政策要求要“结构化”的运用，实行定向宽松、定向降准，这也是逼出来的。这种区别对待教科书上没有，中国人在尝试，学术上的评价“见仁见智”，但至少说明我们实际生活中不可能绕过这样的一些结构问题。美国的实践、中国的实践、其他经济体的实践，都表明供给管理的实践也走到了理论的前面。我们一方面遗憾地看到到目前为止美国主流经济学的研究群体，以及它代表性的经济学文献，还没有对这种供给管理给出什么比较像样的系统化的总结梳理，但我们中国人没有必要再继续等待，我们可以在创新下正视这个问题，捅破窗户纸，从基础理论层面到政策设计、科学决策层面打通认识。所以，这就引出我们进一步的看法：必须把供给管理整个体系提升到与经济学理论相对成熟的需求管理对称的这样一个位置上，更充分地认识供给侧。

接着，这个供需的全面考虑就上升为一个在整个经济生活里动力的生成、传导和对动力体系怎样完整认知和把握的问题，对应着我们前面所说的决策上实际上认为必须解决的动力体系转型升级的问题。在学理层面，如果从最开始的始发环节讲，需求是经济生活中的原生动力毫无疑义，人有需求才有满足需求的供给侧的生产经营活动，才出来产品和服务。但是总结下来，供给侧对于需求侧的响应机制和特征，却是划分人类社会经济发展不同阶段、不同时代的最关键的因素。我们已经发表的论文里有这样一个三列的表格：第一列是把人类社会不同时代不同阶段从原始时代一一列举出来，第二列是把时代特征旁边对应的历史唯物论所说的决定社会发展的生产力特征（一般来说以工具表述它）的一个个台阶对应表示出来，第三列是把人和人的生产关系层面形成的社会形态跟前面一个个发展台阶对应性表述出来。如果粗线条地讲，人类社会一开始摆脱动物界，是以社会成员的合作与分工从事采集、狩猎这样的供给侧活动，来努力满足社会成员活下来的基本需求，后来经过一系列的发展出现了农耕文明，即实现了农业革命，这时供给侧的能力就上了一个大台阶，经过季节的更迭之后，人类社会可以在预期上和结果上稳定地使社会成员总体来说满足活下来的基本需求，而且还有剩余产品去满足社会成员中间的一部分的发展需求和享受需求。到了这样的供给能力上升的新阶段，历史唯物论就可以进一步论证人类社会为什么此时必然脱离原始共产主义氏族部落社会状态，而进入阶级国家的社会状态。再往后，农业革命以后有工业革命，工业革命又可以具体区分为蒸汽时代、电气时代、自动化机械时代，还有我们现在大家面对的信息时代，是供给侧一个一个台阶创新抬升的这个发展过程，人类文明一步一步实现新的境界。

现在最前沿的生产力所支撑的实际生活中的供给能力，已到了互联网、移动互联、大数据、云计算支撑起来的智能化共享经济，过去难以想象的事情，现在越来越多地变成现实。比如前面说到的电动汽车，按照现在的发展趋势看得很清楚，以后的电动汽车一辆一辆不光是消费单位，它还是参与整个经济互动的共享经济发展中的一个生产单位。电动汽车晚上停在它的停车位上可以接受电网里最便宜的夜间电来充电，以很低的成本充电以后，白天如果不开出去，它可以在智能化信息指导之下把它所储的电卖出去一部分，而这时卖出的电是在需求高峰的水平，可以卖个好价钱，成为有盈利的供给。一个一个分散的单位合在一起，大家一起共享我们实际生活里的产出和有效供给的能力。类似的共享经济的现实表现，大家也已经得知在现在出租车业面临的重大变革，其他方方面面，什么分时度假，不动产的共享，各种各样的要素资源都可以共享这个发展趋势上，都在努力寻求乘势发展。这种共享经济的生产力前沿理念，对应到生产关系方面是什么？就是胡锦涛总书记任职期间就对全世界明确表态的我们接受人类文明发展前沿理念是包容性发展，到了习总书记在十八大以后新的语境里反复说明中国的发展是和其他经济体一起和平发展的“命运共同体”式的发展，这样的逻辑可完全连通起来，这种共享经济、命运共同体式的发展，实际上是整个中国现代化战略的基本命题。邓小平当年改革开放之后，在宦乡等学者研究的基础之上，做出一个非常重大的战略性的判断，就是我们所处的时代主题是和平与发展，但是那时宣布出来似乎也没有多大的冲击力。然而我作为一个研究者反复回想邓小平这个判断显然具有极其重大的意义。邓小平这个基本战略判断解决的是什么问题呢？他实际上是否定了毛泽东时代关于我们所处的时代是战争与革命时代的基本战略判断，这两个基本战略判断引出整个的路线是完全不一样的。毛主席的判断当然是从列宁那个时候的判断延伸而来，既然是战争，就必须要解决谁战胜谁的问题，就要立足于准备打第三次世界大战，而且要准备早打、大打，要深挖洞、广积粮，要抓住阶级斗争为纲，年年讲，月月讲，天天讲，要坚持他的无产阶级专政继续革命，解决了谁战胜谁的问题以后，才有我们未来的发展前景。

而邓小平这个思路显然是再也不可错失机遇，要利用这个战略机遇期，紧紧扭住经济建设为中心一百年不动摇，通过改革开放，“三步走”实现中国的现代化伟大民族复兴。这两条思路基于这两个不同的基本战略判断后面一个一个环节都是逻辑内洽的，但实践检验真理，关键是现实社会生活表明，中国和其他经济体面对的人类文明发展推到了全球化经济下，面临生产力一步一步地抬高，最极端的概括就是把人类社会推到了核威慑时代，而核威慑时代世界大战的发生已变为一个极小概率事件。这就是所谓和平与发展时代战略判断这个主题判断的现实依据。实践发展中，我们可以继续检验这个判断，而现在我们主观能有所作为的一定是要充分认识邓小平所说的战略机遇期，抓住经济建设为中心基本路线一百年不动摇的发展之路。这种宏大的主题，如果回到最基本的认识上，其实就是这么简单的一句话：学理上讲人类社会生产力的特征和根本上由它所决定的生产关系的特征，都是发生在供给侧，我们发展以后思维在供给侧抓住不放，才能更深刻地认识所谓动力体系。

我们基本的看法是，需求当然也有它的变化，从需求作为原生动力来说，人要不断地满足自己的需求，得到供给回应带来的所谓“用户体验”。但是需求本身特点决定了必须给它定义才能讨论问题，如果最广义地说人类需求永无止境，这就是人的本性，“贪得无厌”，设想把一个乞丐一路抬高到国王的高位，他还想再多活 500 年呢。这种漫无边际的永远不满足的需求，经济学无法讨论，经济学必须给一个定义说，我们要讨论的是有货币支付能力的有效需求，这就好讨论了。换句话说，就是经济社会发展中百姓的收入增长，钱包越来越鼓，他有消费者主权支配这个有效需求（货币购买力）的情况之下，怎么让这种潜力顺畅地实现出来，到交易中既满足消费者的需求，同时也就使经济生活可以在繁荣状态下实现整体循环。这种需求侧可说到的变化有“新”的特征，就是不断升级，但是它“永新而无新”，它永远在变化，它本身永远不可能给出怎么满足变化的具体答案、解决方案，一定是在供给侧，由供给侧看得见摸得着的实实在在的成功的供给创新可以回应需求的不断升级，而在全球化的时代，这种成功的供给侧创新可以引领和创造需求，可以带出我们经济发展中源源不竭的动力供给，实实在在的有效供给会拉动有效需求，形成经济生活中可持续的走向繁荣的循环。

实际生活之中最容易理解的，可能就要提到智能手机时代乔布斯主导的苹果产品，迅速风靡全球，用户体验方面是消费者几乎不约而同都感觉眼前一亮，欣然拿出自己的货币购买力去抢购这个产品，那边大洋彼岸刚刚宣布一款苹果新手机产品问世，没过两天我们可以看到北京西单商业繁华地带大悦城里苹果旗舰店前面就是人山人海，入夜还不能关门，老百姓在那儿排队热购这个新产品。这种供给创新引出的市场响应“一呼百应”的，在全球化的背景下一呼万应，一呼亿应，体现了成功的供给可以引领和创造需求这种态势。经济学上早就由萨伊表述妥协的供给的独特作用，到了信息化时代更给我们实实在在的特别突出的感受，这就对应到企业家所说的我们要寻求的是“颠覆性创新”、革命性的创新，这种创新它带来的生产力发展就是阶跃式一个一个台阶地可以往上实现发展。

我们中国人也体验了另外一个问题，在供给侧升级之中，老百姓家居离不开的卫生洁具坐便器（俗称“马桶盖”）有了新的需求，这种新的马桶盖国内市场有供给，但是却形成不了购买的热潮，中日关系有所缓和之后大量中国的旅游者跑到日本却不约而同出手热购在日本可以买的马桶盖。一开始基本的判断是说，一定是中国自己本土产的马桶盖的科技水平和制造能力不够格，所以老百姓要到日本去买。后来发现不对，中国人买回来的马桶盖，它的原产地是在杭州附近，是中国的厂家按照那边的订单提供产品以后在那边实现的交易，肥水流入了外人田。这个情况揭示的道理何在？它说明中国本土供给侧缺的不是马桶盖生产的技术水平和制造能力，缺的是供给侧要求必须配套的有效制度环境。

我们的观察就是，中国家电市场上鱼龙混杂，老百姓对于假冒伪劣心有余悸的情况下，不敢贸然出手来购买本土可以买到的马桶盖。但到了日本，口口相传的公信力是：你放心买吧，有全套的质量控制，有全套的政府监督，买回来以后你不会有烦恼的。老百姓用户体验上的预期非常可靠稳定，也就几乎不约而同地跑到那边去实现自己的购买力。换句话说，要在中国改变肥水流入外人田，在这个案例上表现出所缺的短板，就是怎么补上有效制度供给，也就是解决供给侧的制度供给、制度环境问题。董明珠说在中国家电市场里，大家都在处关系，那么很清楚，处关系的结果就是鱼龙混杂，优胜劣汰的机制迟迟不能体现出来。这种市场上本来有的优胜劣汰的机制，为什么不能在中国家电市场上奏效，恰恰就是我们要回答的问题。这个动力机制由此进一步的延伸，就是原来所说的需求管理视野下的“三驾马车”不够用了，投资需求、消费需求、进出口需求所形成的动力机制，大家越来越感觉到它不足以解释现实生活，显然在需求侧动力形成以后它的传导，需要把“三驾马车”里内涵的结构化逻辑转移，对接到供给侧，才能形成关于动力体系的完整认识和把握。总量的需求为什么要切成三块？就是不得不做结构化逻辑的处理。贯彻这个结构化的逻辑，就必须把它转移到供给侧形成各种要素通盘的逻辑关系，解决全面的结构状态，如何优化这方面的认识。这就是从需求到供给打通以后，我们对于动力体系方面形成一个完整的通盘的认识和优化的能力。在这方面的一个重要突破，就是必须面对供给侧复杂的结构问题，它比“三驾马车”要复杂得多，但是我们显然无法再回避它。过去有我前面说到的学者碰到供给侧建模的困难以后一句话就可以打发掉的安慰。过去虽然对这方面复杂的结构问题的解决，我们没有进一步的研究和认识，但是这个结构问题可以通过供给侧各种要素在市场竞争中的自主流动，最后达到整个市场出清的状态，该卖出去的都卖出去了，这时候总供需是平衡的，而结构就是优化的了。所以，无需研究者在这方面再怎么去费神去探究更细致的基本认识。但现在我们强调这种市场出清状态有一个隐含的假设前提是完全竞争，只有完全竞争才可以推导出这样的市场出清的结构优化，而且这样一个认识显然对我们也有重要的启发和引导，就是要充分认识“看不见的手”这个资源配置优化自发机制。但是需要突破的局限性又在这里，市场有它的失灵，我们过去对市场失灵有概念，但是认为解决它只要反周期就做到位了，现在不够，不仅要反周期，在需求侧做管理，而且要推进到供给侧。政府显然还要加入进去，在不完全竞争的假设之下，肯定政府必须提供政策供给去优化结构，以及政府必须提供制度供给使市场优胜劣汰机制更好地充分地发挥作用。这就是我们所说的新供给经济学在学理层面必须确立的基本认识框架，也就是中央现在所说的供给侧结构性改革抓矛盾主要方面的学理支撑，可以对接到社会主义政治经济学。我们在不完全竞争的前提下要做的研究工作，当然更复杂更有难度，但是首先应肯定大方向、认清大方向。在这方面努力，我们可以先建理论模型，再由粗到细逐步去发展理论模型后面比需求侧复杂得多的量化模型。过去学者不也有这种类似的努力吗？投入产出分析最后寻求量化的整个通盘认识早有框架，当然，研究者也意识到再往下走难度是很大的。现在我们无非就是在这样一个方向上首先要确立不完全竞争这个理论假设 2.0 版，接着要正视矛盾，争取有新的认识，并用它来支撑科学决策、政策优化的新境界。如果从这个大方向往下说，落到实际生活里称为战略方针的供给侧改革，就是要在引领新常态的新阶段，在问题导向之下，以攻坚克难深化改革为核心内涵来进一步解放生产力，实现供给机制和动力体系的转型升级，把握好这个系统工程。这个升级版现实生活中对应的就是跨越中等收入陷阱，在全面小康以后还可以如愿实现伟大民族复兴。有了这些认识，再往下还得正面讨论所谓供给侧复杂的结构性问题。这方面我们认为，理论模型首先可以来做这样一个表述，就是千千万万供给侧的要素，它可以浓缩为五大基本要素：第一是劳动力；第二是土地和土地代表的自然资源；第三是资本，资金带来它的增值部分，那么就有了资本的属性；还有，就是科技创新及其成果运用，以及最后是制度和管理。各种各样的供给侧要素归到这五大项以后，进一步我们可以认识到中国和其他经济体的实践都已经给出一个可以总结的规律，各个要素的贡献不是互相排斥的，要承认他们在经济发展中不可缺少，是各领风骚，但是在经济发展阶段的演变过程中不同阶段上，各个要素的结合，还有各自发挥作用的潜力，却是不一样的。我们在经济阶段转换之后的推陈出新，是供给侧必须解决的非常重要的问题。

回到中国的现实中，我们可以观察一下这五大要素，看改革开放以后它们对于经济增长的贡献表现。首先是前面劳动力、土地、资本的贡献，很容易被人们所感知。我们改革开放初期解决的重大问题就是几乎无限供给的农村剩余劳动力可以流动了，过去不能流动，对“盲流”要遣返回乡的，后来流动起来被称为“农民工”——虽然带点荒唐意味，人家做的是工业的劳动，大量在城镇区域里已成为常住人口，只是因为户籍还在农村，称人家为“农民工”，但是他们实实在在在发挥作用。没想到就是这样一个低廉劳动力成本所形成的相对优势在国际合作与竞争中就支撑了追求迅速表现出来的超常规发展，推进工业起飞和经济起飞，使我们一路走来成为世界工厂，总量世界第二。在土地和自然资源方面，改革开放以后可以跟市场机制对接，马上表现出来的就是市场经济里物质利益原则下的利益驱动。首先在深圳，在还没有法律规定的情况下为取得土地使用权、自然资源开发权要通过竞争，后面跟着的便是多元主体参与竞争所带来的生机勃勃、生龙活虎的一轮又一轮超常规发展中的投资和生产经营行为，土地和自然资源的利用显然支撑着发展，而且变得越来越金贵。中央在庆祝深圳特区成立二十年的时候，一下把整个宝安都划进来作为特区版图里的构成部分，就是要解决那时候已经非常明显的深圳已无地可批的问题。发展这么多年接近无地可批的状态了，土地和自然资源支撑力在前面那些年很充分地表现出来了，后面如何呢？这是我们必须考虑的问题。资本这方面当然也非常重要，本来本土资本匮乏，但是中国有全球最大市场潜力的特征吸引了外资，外资认为中国本土市场有利可图而流入，带来的不仅是资金，而且是技术和管理，就很快引发、催生培育了本土资本的原始积累过程。到现在总体而言中国的民间资本已经相当雄厚，整个市场上已经不缺钱。这三项要素在中国进入中等收入阶段，也就是 2010 年以后我们经济下行，要引领新常态这个阶段上，表现出支撑力的滑坡、需求动力的衰竭，在很大程度上可以解释这些年的经济下行，这跟其他经济体大同小异。进入中等收入阶段以后，经济发展不可能还是高速，而要转入比较低的速度平台，这个阶段转换首先就是与前面这三大要素的支撑力下滑密切相关。我们这些年感受到劳动力方面不再是成本低廉了，而是不绝于耳的民工荒、招工难、用工贵——首先是珠三角感受到了这个压力。总结下来这些年变化中间，我们的劳动力成本迅速抬高，从低端蓝领，粗工、壮工、农民工，包括家政服务的保姆的工资增长最为领先，比如城镇的人都知道这几年保姆市场上的工资可是翻着跟头往上走。现在有一个比对，大体上来讲，露天作业的有技能的砖瓦工，一个月挣一万块钱，在室内工作的开机床的工人，一个月挣得七八千块钱，就是没有多少技能的一般的搬运工、勤杂工，一个月也得有五六千块钱，但是一个大学毕业生刚刚走上工作岗位的时候工资多少？起步的时候 2500—3000 元。这已经表现出在经济发展到一定阶段上，低端蓝领劳动者的收入合乎逻辑地开始往上走，而且增长速度比一般工资水平增长速度更快一点。这个情况可以解释这几年我们官方公布的基尼系数，虽然前面已经到了0.49的高位，这几年已经逐步回落到0.46。这个事情从正面讲就是，到了一定的火候，劳动者在共享改革开放的成果中得实惠，首先表现在低端得到的实惠非常明显。正面讲，这是发展中间老百姓共享改革开放成果的具体体现。但负面讲，我们原来所依仗的一个重要的比较优势，现在正迅速地撤空。我们现在在这个压力下不得不考虑像珠三角这边早就说的“腾笼换鸟”，传统制造业要往外流动，要转移到越南、柬埔寨、老挝、缅甸、孟加拉，这跟当年这些产能往我们这边流动是一个道理。“腾笼”以后要“换鸟”，换得来换不来？我们自己本土上的升级换代如果不能成功，我们就被憋住了，局面没换好。这种情况如果说到长三角那边，现实中足以让我们警醒的案例就是温州。温州在一路争议下，曾有很好的发展，2000年之后，几乎众口一词温州模式和苏南模式竞争中温州模式胜出，没想到世界经济危机之后，资金链断裂，“跑路事件”发生以后，温州整个的发展是一蹶不振，痛失好局。现在它很明显有产业空心化征兆，本土上雄厚的民间财力前些年出去炒楼，炒楼失败宁可炒大蒜炒绿豆，就是不能回来很好支持本地实体经济升级换代。当地常规金融的低利贷边缘化，高利贷潜规则发挥主导作用，而金融危机的压力之下其脆弱性表现出来就是跑路，资金链断裂，而以后产业空心化矛盾显性化。如果说温州必须经过痛苦的调整才能再重新找到一个上升趋势的话，像温州这样的情况会不会在长三角、珠三角其他地方传染？如果真的传染开了，东莞是不是多少有些类似这样的压力？如果真的是这种情况更多蔓延出来，那中国可能没有别的选择，就是跌入中等收入陷阱。这个威胁是不能忽视的。

在劳动力要素的支撑力明显滑坡之后，伴随整个中国人口结构的未富先老更是成为拖累。我们总体上来说是中等收入阶段，人口的结构特征却是直逼高收入经济体，60岁以上的人占整个社会成员15%以上，再过若干年65岁以上的人到15%以上，就进入超老龄社会。我们这方面的人力资源、劳动力对于经济社会发展的支撑力还会继续下滑。土地和自然资源方面，这几年大家看到的问题是没有更好的机制拓展建成区，在征地拆迁补偿这方面不得不处理一轮又一轮的讨价还价，每一轮的钉子户都把后面新的一轮抬到更高的水平上。这就需要另辟蹊径，不另辟蹊径的话，这方面的综合成本以后会高到我们难以承受的地步。多少年前北京就已碰到这样的问题，其他的城市大同小异。

十几年前，北京当时出了一个广泛报道的强拆事件，碰到钉子户怎么谈谈不拢，结果后来解决方案变成了晚上突然有一群人涌入，把这家人控制起来，实际上把人家都捆起来，蒙上眼睛，扔到一边。然后听到机器轰鸣，第二天这家人被解救后看到这片已经被夷为平地。媒体上一片哗然，说在北京首善之区出现了如此野蛮的强拆事件。后续的情况似乎是这家人只能猜，拿不出证据来，没法起诉。但是咱们都心里清楚到底怎么回事儿，肯定后来又给了种种安抚，这件事就算抹过去了，也没有真正进入司法程序。但这种案例不可复制。我们后来看到的是越来越多的征地拆迁补偿谈不拢，动不动就火药味十足，动不动就出现流血事件。前不久网上盛传新近类似的案例，不断地刺激社会的神经。如果不另辟蹊径，这种成本越抬越高的过程难以为继。我国真实城镇化水平现在只有 40%，要走到 70% 才会转入低发展阶段，中间我们需求释放而得到供给回应的可观的增长潜力有无可能如愿实现？很明显，这是可能憋住我们的另外一个非常重要的土地和自然资源使用开发方面必须解决的难题。

有关这个难题的解决，大家也注意到已经逼出了重庆地票制度的试点。很遗憾的是，我们认为重庆地票制度试点里有那么多值得肯定的基本思路、要领，值得总结的初步经验，但是上面的基本态度就是只许一地试，不许任何地方跟进，成都曾经跟进，被迅速叫停，这不符合邓小平改革的大智慧。资本方面我们的观察，这些年资本数量上已经不成问题，但是都在反映有钱找不到好的投资项目，一方面是很多的中小微企业、三农的生产经营活动苦苦得不到有效融资，另外一方面手里有钱可用的主体在苦苦寻找可以投资的对象，两边对不上，所反映的就是所谓经济学讨论的常规投资边际收益递减在中国大量普遍发生这样的矛盾凸显。这三项供给侧要素的支撑力既然都碰到了新的问题，都有滑坡的趋向，联系到我们这些年的经济下行，就很好理解为什么阶段转换必然出现，要找到对冲下行因素的新的动力、潜力来源，要更多在后两项打主意。后两项过去就产生了重大的作用，但在新的发展阶段上引领新常态，它们巨大的潜力特征是非常容易被认定的。我们在改革的方面，在科技创新方面，现在都有明确的要求。改革被称为现代化的“关键一招”，我们最大红利之所在，科技被称为第一生产力。西方学者在这方面已经有所注意，所以，提出全要素生产率概念——全要素不是等量齐观这些要素，是强调量化传统要素对资本的增长贡献，发现还多出一块，一块很难量化，但是可以认定一定与科技创新有关，这被称为索洛余值。索洛余值所体现的“全要素生产率”的概念现在我们官方已经接受，领导人和有关部门都在使用。这个实际上聚焦的是后面两大要素，我们中国学者强调，不光有西方学者所说的科技，还一定要有制度经济学、转轨经济学所揭示的制度要素。

（未完待续）

（本文系2016年作者受邀在深圳市福田区区委理论中心组学习报告会所作的专题报告）

供给侧结构性改革：创新中如何运用制度和技术实现经济转型（下）

这方面我们需稍微展开来讨论。科技创新的巨大潜力，邓小平当年就有过描述，“文化大革命”后期他复出，对毛主席他提到这么一个看法，说在马克思主义经典作家那里有一个意思：科技是第一生产力。毛主席听了以后，琢磨一番回应了一句，“我怎么没有这个印象”。这两位领袖人物没有继续讨论，但是我们已经感受到他们的思路明显不一样：毛主席当时最看重的是，不要落入所谓唯生产力论，要抓住阶级斗争年年讲、月月讲、天天讲，坚持他的无产阶级专政下继续革命；邓小平特别关注的是要务实地把国民经济搞上去，而要发展国民经济一定要抓科技研发，科技的重要性他认为必须摆在第一位。

我在十几岁的时候就在读马列原著，我有一个很鲜明的印象，恩格斯在马克思墓前的演说中有一句话：在马克思看来，科学技术在人类历史上表现为一种革命性的力量。我觉得这就是邓小平的那个意向的来源，只不过邓小平说的更干脆更直接。什么叫革命性的力量？不就是现在企业家所说的颠覆性创新的力量，打开新局面、引领潮流的力量？在这方面科技创新如果做得好，带来的就是阶跃式发展上一个新的台阶，迈到新的境界，它是把原来一些想不到的事情一下变成现实。比如北京奇虎科技有限公司的周鸿祎说颠覆性创新是把原来收费的变成免费，他的实践就是其他所有的杀毒软件都没用了，因为他们开发的360软件就是免费提供给全社会。那他靠什么赚钱？羊毛出在猪身上，牛来买单，他有他的一套创新的商业运行盈利模式，这是过去大家都没有想到的。

共享经济很多事情是从这种创新里引出来的，有生产力创新的支撑，科技的支撑，这以后的空间会越来越宽广。

我们也听到有一些企业注意到现在的大数据、智能化，以这种大数据平台、云计算的技能可以支持过去想不到的一些新的业态发展。我听到深圳这边有经济活动中创新升级的例子，比如一家视像科技集团这样的公司，它原来做的是视频影像安保，我们理解的就是一些各种各样场所的摄像头，掌握相关信息，比如机场等要做安检，用X光摄像，各种场合环节上的这些数据在创新中推到什么上面？是在科技创新生成商业上的新型共赢模式。比如现在已经开始试点用机器人在机场等公共场合里服务公众，百姓接受的是一个免费服务，机器人给你提供服务，你要了解什么样的信息，解决什么样的问题，它把这些信息拢到一起，无形中对接到商业方面进一步的推广和营销。里面很多新技术的概念，我们一般人接触起来还得费心思去领会它，但是这个服务模式延伸到所谓用户体验上，形成用户体验上的创新升级，再加上以上市公司的资本集中机制助推，就可能对接到打开新局面的新境界上。从传统安保切入对于那些视觉技术的掌握，信息的收集，再到服务公众，对接到越来越多业态中商业化模式方面，使社会方方面面的可用产能提供出来达到用户体验升级的新境界。这里面的一些道理，我觉得是可以举一反三的。深圳这边很多的企业创业，最开始大家可能还很难领会到以后有什么大局面。咱们这边的基因测序我早早就听到这个信息，一开始我还很难理解这基因测序以后怎么整个社会评价越来越高，被称为颠覆性创新中一个重要的增长点。到现在似乎正被看得越来越清楚了，它服务的重要领域之一就是到中等收入阶段以后人们对美好生活的向往中越来越看重的养生养老，越来越看重的防病。治病最高的境界、最新的卫生工作会议的精神，就是要预防，而有科学依据通过基因测序早早就告诉人们要特别注意什么事情，方案化定制式地防止个人可能出现的一些疾病。老百姓的用户体验完全不是过去那个水平了。过去一定要出现症状再去求医问诊，而现在你打开这个空间一定催生什么呢？种种在一开始就可以预防为主地施加上各种各样的医疗服务，运用生物医药技术等这些事情，反映的发展空间是对接于各种各样的大数据时代的分析，特定的一些适用性要点和规律，当然还有更细致的分析、挖掘。我也早已听到卫生系统的人说，不同的人种的大数据分析起来最后得出的结论可能是战略性的。诸如此类的事情非常有待于进一步开掘。

回到邓小平的这一句话，关于“第一生产力”，后来学者们的认识是很清楚的，不是说传统生产力三要素劳动力、劳动对象、劳动工具再做加法变成四要素，而是传统生产力三要素上再来个乘法，它是乘上去，是放大，这样的放大效应它当然就是革命性作用，一下打开新局面，一旦科技创新成功，整个潮流被其所引导。所以，中国前些年决策层已经意识到非得抓科技创新，要走创新型国家道路，编制了中长期科技发展规划，现在还在执行期，要力争再也不要错过第三次产业革命的大潮，在新技术革命时代我们中国要争取占领若干制高点，最后“中国梦”实现的时候，我们要进入创新型国家的第一阵营。这种科技创新的意义和作用都已看得很清楚，同时要讨论的问题是：是不是抓住科技就一路现代化了？中国实际的制约现在在哪儿？就是我们的制度供给跟不上。科技创新是要有制度环境来匹配的，我们现在恰恰缺的是这个，不客气地讲，在这方面供给的瓶颈制约非常明显。近年最大的问题之一，屡屡有信息要解决我们科研管理这方面出现的偏差。比较早的时候首先是政协俞正声主席说，不要把八项规定出来以后形成的对于官员的经费管理行为约束这些条条框框，简单施加到知识分子头上。但是不幸而言中，后来种种对知识分子过不去的东西，李克强总理反复批评指责的繁文缛节大行其道，国办专门下发了优化学术环境的文件，批评纠正官本位、行政化的科研及科研经费管理，这些显然是违反科研规律的。但是这些信息发出去以后，各方面都不动，所谓政令不出中南海，这是最典型的一个例子。各个方面非常起劲地跟知识分子那儿加强管理。到了后来李克强总理在清华北大座谈、调研、视察，直接点到那些具体的清规戒律上了，他说搞科研教授出去只能坐飞机的经济舱、高铁的二等座，这都是什么规定？财政部的人也来了，财政部官员在那儿面面相觑，不敢做声。后来我听说内部讲这可不是我们财政部规定的。我了解应是财政部、科技部、教育部等这几个部委说要迎接巡视组到部先自查自纠，加强管理，而加强科研管理一下子调动了管理环节上很多人的心理不平衡因素。这回要实实在在地加强管理，好，就按官本位、行政法可着劲儿来，还要往前算倒账，把原来所有课题经费的报销单据都摊出来，包括科研人员自愿参加的横向课题经费（横向课题在创新体系中不可缺少，产学研结合一定要鼓励自愿参加横向课题，它是在国家法规照着由发包方给出规则，你自愿遵守你签字做，你不愿意遵守可以不做）。本来应该是负面清单管理，现在通通不分青红皂白，不管三七二十一，放在一起来加强管理，所有这些课题往前追溯：前些年这些研究者，哪怕你是白发苍苍的学术带头人、科学家，如没有行政上的司局级待遇，坐高铁只能是二等座，你如果坐了一等座，和二等座的差额你要退；吃进去已报销的经费，你要吐出来。吐出来到哪儿去呢？我也问过，那应该回到课题里，反正是不许再用。那不成了罚没充公吗？没有解释，管得非常起劲。其他的更细致的一些东西，听起来都带着荒唐意味：一张张餐票必须标明你跟谁吃的饭，标明张三、李四、王二麻子之后，按人均 50 块钱封顶，超过人均 50 块钱就要把钱退出来。一天的市内交通费 80 块钱封顶，你打车去北京首都机场出差，超过 80 块钱的部分吐出来。所有的高校事业单位副处级或比照副处级以上待遇的人员，包括系主任、副院长、院长，前几年担任独立董事的薪酬统统吐出来。像清华大学经管学院著名的海归教授钱颖一院长，他碰到的情况具有普遍性，他是著名的海归教授，其他著名不著名的人，统统这个待遇。听说有的高校还有非常严格的时间要求退钱，那怎么办呢？人家说只有卖房子才能退出来。独立董事的薪酬往往是相当高的。这些事情对其他后续研究人员的行为是什么影响可想而知。国家为吸引高端人才、领军人物回国，克服很大困难，下了很大决心才推出“千人计划”，你设想一下海外有潜在意愿想走钱颖一之路的这种高端人才，见到钱教授他们这样的经历，会作何感想？这些情况是我们眼睁睁看到的实际上违反科研规律，遏制科研创新者积极性的问题。我作为全国政协委员，在2016年专门提出横向课题经费去行政化的提案，然后政协给我的反馈是说这个提案转为委员意见建议，那意思就是交给有关部门他可以回应，也可以不回应。（提案是必须回应的，意见建议则可以不回应）前一段时间在博鳌论坛上有个机会，我专门向李克强总理进了一言。我说总理希望您在百忙中抓一下水平很高的国办关于优化学术环境文件的落实问题，他也非常敏感，马上反问实际情况怎么样，我也实话实说：都不动。（李克强总理夫人就是高校教授。他一向很关心科研人员的创新）他马上就说我回去一定要再抓这个事儿。后来没两天，我们看到哲学社会科学网站，还有新华网上又全文载发国办这个优化学术环境文件。再往后，有李克强总理北大清华的调研中直截了当的批评，又有在全国哲学社会科学座谈会上习总书记说到的要让科研人员有获得感和荣誉感（那时我也在场）。总理说，要让这些科研创新一线上的人名利双收，反复强调砍掉繁文缛节。最新的动态是中办、国办联合发文，推出科研经费管理的新的指导文件。这就是纠偏。它给我们的启示就是，中国要掌握好走创新国家道路这个问题，还得跳出科研看看制度环境。我观察现在纠偏也是有难度。文件是说到今年年底之前形成实施细则，人们在一些内部讨论的时候议论，病来如山倒，你说加强管理很多环节马上干劲儿十足，逼着这些教授、研究员派自己的学生去财务处楼道里彻夜排队解决他们的报销问题；真正要纠偏的时候，人家可是从容了，病去如抽丝，年底之前出细则。这个事情我们只能拭目以待。它给我们的启示就是要比照一下，比如美国作为创新国家走在前面，它的经验里包含着一条，要面对科研规律，给出一种润物细无声式的人文关怀。在美国硅谷，政府没有多少声音，似乎无为而治，当然也有一些它的税收优惠，这是明面上有限的，并不是特别多，但它给的环境，是绝对不可能设想在美国会出现一个有管理部门跟知识分子过不去的这种官本位、行政化干劲十足的加强管理，那些科研精英完全没有这方面人格上会受到什么样特定压力，人文环境关怀上，想都想不到让中国知识分子过不去的这些东西。硅谷的科研团队专心致志地整天在那儿胡思乱想、奇思异想寻求科技上的突破，后面跟着一大帮的天使投资、创业投资、风险投资，在那儿寻找投资的对象，支持一百个未必成功十个八个，里面能成功三个五个，那就是非常好的一个局面，所有投资都能拿回来，而且还会取得超额回报。这后面最深刻的东西中国要学，但很不容易学得来，人家没有任何这方面的官本位、行政化的问题。就是要遵循科研规律，面对巨大的不确定性，大量的科技研究人员一辈子出不了一个成功的创新，但是他们专心致志在那儿不断做，少数人成功以后带动全局创新发展。我们中国走这条路，中央现在强调抓全要素生产率聚焦后两项，必须有一个最基本的认识，就是我们在推进走创新国家道路时要重视吴敬琏老师早就说过的一句话，在转轨过程中某种意义上讲，“制度高于技术”。制度供给必须给出人文关怀，给出必要的实实在在让科研人员按照科研规律发挥聪明才智的空间。总理所说的让科研创新人员名利双收是大实话，你光讲现在一些形式上振振有辞的大道理，没有用到科研规律上，是不足以形成这种激励的。科研人员在感受到人文关怀的条件下又有物质方面的必要支撑，又有他整个生活中的尊严感和安全感，他才可能心无旁骛按照传统体制下理论讲的他的精力 5/6 以上要投入科研，使他在科研道路上一生做起来无怨无悔，这才能在中国真正使科技第一生产力发挥作用。经过反复努力之后，不光要有现在这么多的论文发表数、专利注册数，还能有后劲真正形成一些顶尖的成绩。

在上面这些讨论以后，我简要汇报一下供给侧应实现的结构性改革，对应到建设性思路上的一些认识，中财办在五中全会之前要求我牵头所做的命题作文，题目就是完善供给侧环境与机制，激发微观主体潜力和活力。拿到这样一个研究任务，我就意识到决策层对于这个视角已经谋定后动，要在引领“新常态”的过程中通过打造新的动力体系来解决中国问题导向下必须解决的问题。我们也意识到这个文本需要给领导层看，要尽量简明，形成了三层次的认识框架。从“新已明朗、常未实现”开始，从“十三五”再看到未来，第一个层面一定强调中国特色的宏观调控必须注重理性的供给管理。我们有意用“理性”这个概念，实际上隐含着供给管理是可能走偏的意思，但是我们别无选择，必须在这方面守正出奇，遵循市场取向改革的轨道，掌握好里面的理性要领。这方面的现实例子太多了，比如中央特别关心七千万农村贫困人口必须脱贫，那么必须是精准扶贫，精准扶贫哪里是需求管理问题呢？是应跳出需求管理的框子要把所有七千万人的致贫因素一一分析到位以后对症下药形成一个供给管理的方案，这里面有必须实行异地搬迁扶贫的解决方案，有必要针对特定的生产经营活动，种植也好，养殖也好，派出有水平的专家耳提面命打开致富生产门路的这样的解决方案，有必须针对农村区域因病致贫、因病返贫而以大病统筹制度覆盖农村区域和加上应急扶助机制的解决方案，还有某些区域“要想富先修路”，政府必须在几年内赶快突破基础设施瓶颈，改变迟迟不能配上基础设施条件的解决方案。所有这些合在一起，才称得上精准扶贫。这样的供给管理现实任务，在中国比比皆是。比如区域发展，我们深圳现在已是强劲的增长极，但深圳对周边地区的带动，一定要有新的一轮可操作的方案。比如“京津冀一体化”的解决方案。北京作为首善之区，城市病如此严重，和周边地区一起，动不动受到雾霾的打击，雾霾还动不动蔓延到大半个中国。诸如此类的问题亟需解决，现在逼出来一个“京津冀一体化”下突破行政区划眼界的全盘解决方案。剥离首都非核心功能，下决心在通州的潞河镇打造城市副中心，两年多之内北京所有的领导机关要一起迁出五环到潞河镇那里办公，还有所有的功能区，医院、学校、公共交通体系的配套，各种各样的环境建设设施，所有的生活娱乐条件，能想到的各种要素，在“京津冀一体化”这个眼界之内，统统要落到可操作的方案中的切入点上。这叫新的一轮供给管理方案。否则我们在矛盾凸显面前是交不出合格答卷的。

我们的科技创新在当年编制中长期科技发展规划的时候，就碰到这样的问题：必须以举国之力去突破一些难点，因为相关科技成果的供给，即使外国人手上有，你出多少钱他也不会卖给你，有些外国人手上也没有，部分比照过去搞“两弹一星”的方式，走自主创新攻关之路。综合国力提升了，可以多列一些，但也不能列太多，反复斟酌以后提炼出 16 个重大专项。这 16 个重大专项都面临着不确定性，高高低低的不确定性。比如中国是以煤为主，大型煤气田煤层气的抽取和利用技术针对什么呢？就是中国以煤为主而煤矿的矿难不断，瓦斯等这种煤层气怎么控制？控制了就是资源，控制不住就是我们不断受到威胁的严重制约因素。这一个个重大专项什么时候能够突破现在还不好说。但我们现在看到了一个例子，当年标为绝密的大飞机项目，中国人纠结了好几十年，前段时间已正式宣布，中国的国产大飞机 C919 现在已进入取得适航证的阶段，如果不出意外，几年之内会配到各个主航线上。中国人现在手上已经有来自全球的几百架国产大飞机的订单，没有当年供给方案的拍板决策和具体设计，就不会有今天的进展。剩下的不确定性，你也别无选择，必须寻求突破。其他种种的案例我们归结到一起，就是在继续优化需求管理时一定要注意抓住供给侧，坚持有所区别对待在一系列事项上运用结构性对策来理性地加大要素投入的力度，这也就是“补短板”，特别是促进相关机制的创新改进，通过新供给管理加强我们经济社会的薄弱环节，增加后劲。这种有效供给结合制度供给，可以使微观主体的活力得到激发，增强整个发展的动力。

这个方面我们特别愿意用的一个概念就是“守正出奇”。“守正”是要认同、顺应、尊重、敬畏市场规律，政府一定要摆正位置，自己总体而言是辅助性的作用，有效市场加上有为、有限的政府。守这个正后面跟着的并不是简单认同市场以后把其他市场经济的经验拿来套在中国，我们就一路现代化了，还必须面对困难，面对不确定性，要出奇制胜，就是要实现供给侧成功的创新。这个创新，政府规划先行，多规合一，放手让企业、市场主体“海阔凭鱼跃、天高任鸟飞”地发挥他们的聪明才智。这个“出奇”可能成功，但也可能不成功，我们一定要全力寻求成功之路。这两个方面合在一起才能支持中国的超常规发展。这样的供给侧的命题，显然挑战意义非常明显。中国不可能按照其他的经济体的常规道路去实现现代化，必须经受“守正出奇”的考验。

接下来第二大层面，我们强调中国基本国情的制约，这方面跟着的战略选择，是一个新“三步走”战略分期。我们强调了胡焕庸线“三重叠加”所形成的非常之局，形成的能源、环境空间压力约束：所谓胡焕庸线是20世纪30年代胡焕庸教授刻画出来的基本国情，中国版图右下方东南半壁1/3多一点的国土上聚集的人口数额是95%以上。这么多年来，仍然是这个基本格局，而整个人口绝对规模的数量已接近14亿，又进入中等收入阶段，所有资源耗费所造成的环境污染因素，不光是雾霾、大气污染，还有水流的污染、土壤的污染、食品安全的问题、可持续发展受到严重威胁的种种问题。在这种情况下我们还注意到这个基本格局上又叠加了我国的“以煤为主”这种最难清洁利用的能源带来的压力在中国别无选择，电的80%左右是煤烧出来的火电，核电、水电比重现在是在下降的，太阳能电、风电等清洁能源拼命发展后现在也只占到三个百分点，可以预见很长历史时期内它们还不可能挑大梁。怎么破解这个非常之局？一定是供给管理高水平方案的非常之策，一定是一个浩大的系统工程。另外，我们已进入中等收入阶段，前面大半个世纪绝大多数中等收入经济体的前车之鉴，是90%以上跌入陷阱，中国怎么敢保证自己就一定能避开那90%而走通那10%成功者的道路？一定要居安思危，防患未然，千方百计去化解矛盾凸显、隐患叠加威胁因素，这样才可能跨越中等收入陷阱。

还有怎么走向共同富裕？邓小平特别强调，社会主义的本质是共同富裕，一部分人先富起来以后后面跟着必须解决这个问题。网上很多人说邓小平只知道让一部分人一部分地区先富起来不对，邓小平有他的局限性，但这个事情上应该讲公道话，要把话说全：邓小平说话非常明确地说贫穷不是社会主义，跟着非常理智地说致富不可能齐头并进，要允许一部分人一部分地区先富，到发展起来以后，他最关心的和非常明确强调的是要走向共同富裕。南方谈话中他特别强调他赞成和希望先富起来的地区回过头来支持欠发达地区，到了 2000 年就要解决这个大局里发达的沿海地区怎么回过头来支持西部的问题。到 2000 年，西部大开发战略推出。这些事情现在碰到的挑战，是怎么走向共同富裕。五中全会所强调的再分配机制等手段，这些事情早有命题和中央明确的要求，但多年来几乎寸步未行，直接税制度建设在房地产税、个人所得税改革方面，受到了重重的阻碍，加快立法到现在还没有实际动作。但是不能老是这样，往前看要解决问题。我们提出一定要抓住现在的供给侧改革这样一个思路走出三步来。第一步是“十三五”期间达到全面小康，并且跟着改革取得决定性成果，形成后劲；第二步是乘势在 2020 年以后的若干年间跨越中等收入陷阱；第三步再往后 20 年左右的时间，我们还要进一步提高中国的软硬实力，这样才能真正实现伟大民族复兴。

要达到这样的目标，第三个层面就是建设性的意见建议，时间关系不展开汇报了，我们是把这些建设性的意见建议按一二三四都排列出来，给决策层参考。

首先针对供给侧五大要素，必须调整人口政策，必须实行土地制度改革，要深化金融改革来解除金融抑制，以及在企业方面要降负松绑，减税之外，税外的各种各样的负担怎么减轻比减税更有挑战性，包括综合的隐性负担，要真正降下来。还有教育改革、科技改革，怎么破解钱学森之问，真正培养高水平的创新型领军人才和顺应科研规律调动科研者的积极性，形成长效机制。处理好这些，离不开我们行政、财政、国企、价格、投资、收入分配等多方面进行配套改革。我举一个例子：我们的建议涉及国务院领导反复强调的简政放权，走到现在中央级的审批事项收缩到 400 多项，但 400 多项列出清单也是黑压压的多如牛毛，而且这些实权都是人家的命根子，真正怎么样进一步实质性转变政府职能？我们认为必须结合大部制、扁平化改革，争取对整个行政架构来一个伤筋动骨、脱胎换骨式的改造。换句话说，整个行政架构怎么“设庙”的问题，把它打散了来优化，整合之后，消肿之后的机构设置里再怎么配上“和尚念经”审批，就有了一个好的框架，就有望实质性简政放权，转变政府职能。这个“消肿”完成以后，还要尽快给我们体制内的公务人员提高工资，否则八项规定以后，灰色收入等没有了，但实际上这些公职人员已经过不了体面的生活。在京城一个司局级的公务员，一个月几千块钱，他上有老下有小周末敢上街吗？上两次街一个月的工资花完了他还怎么过日子？这种很现实的问题，本来应该及时解决，灰色收入没有了，应该把阳光化的工薪往上提，但是敢做吗？一做整个社会不能接受。如果我们的配套改革给整个行政机构消了肿，我觉得就应该赶快做这个事情，乘势把这个关系理顺了。体制内还必须得拢下来一批带有精英特征的人才，这样共产党作为执政党以后总体的执政能力，不是要靠人才队伍来实现吗？这些事情一定要有配套改革的思维才能解决问题。当然我们也知道难度很大：横跨两届政府，大部制只走了一点儿小碎步。深圳最早提出国地税合并，最后没走通。前一段时间听到国地税关系要调整，优化管理，以为要合并，但一听文件就是做表面文章，没动真格。这些事情难度很大，但是我们不甘心，如果现在看到临近十九大，那么十九大之后，有没有可能来一轮新的我们所称的配套改革，脱胎换骨式地来解决问题？这些事情我们都认为应该积极努力。

这些最后概括的基本想法，就是中国经济社会发展的现代化进程现已经到达一个非比寻常的关键时期和历史性考验关口。所以，一定要抓住矛盾主要方面，在供给侧发力，来贯彻中央的战略方针，突破我们现在面临的改革深水区的瓶颈制约，走通从全面小康到跨越中等收入陷阱，再到中国梦现代化之路。至于说现在切入点上特别强调的“三去一降一补”，我们认为它首先侧重的是短期和中期，它并不代表供给侧改革全部内容，而且它特定的要求一定是要具体讨论实施方案，而不可能像需求管理那样拿出反周期的间接套路一套就解决问题。去杠杆，如果从总体的广义货币供应量 M2 来说，跟地方政府、各业务部门没什么直接关系，是货币政策当局首先要通盘考虑怎么掌握要领的问题。而且不排除财政政策有必要局部加杠杆，比如今年赤字抬高到 30%，楼继伟部长说这是以财政加杠杆服务全局的去杠杆防风险。黄奇帆市长说，在重庆的发展战略贯彻之中，全局去杠杆的情况下不排除局部加杠杆。这是对的，政策性金融、开发性金融做什么呢？不就是政策倾斜加杠杆吗？但它是结构性的、局部的。去产能，除了少数成规模看准了的应该被淘汰的企业做关停并转操作之外，其他大量的中小微市场主体必须是靠政府提供公平竞争环境，让市场去优胜劣汰，解决去落后产能的问题，因为政府没有本事面对几千万的市场主体一一去甄别谁是落后产能代表而把它排除出去，这是去产能最需要掌握的核心要领。

还有去库存，如果说从房地产市场来看，北上广深这样的地方有什么去库存的任务？这些地方房地产市场要赶快增加有效供给。前一段时间热得不得了，新的一轮启示是为什么没有一个长效制度机制来抑制房地产市场动不动就发生的大起大落？除了用了多轮的这些政策调节手段之外，以房地产税引导预期的长效机制，显然应该按照中央的要求加快立法，完成立法以后则可以在深圳和其他一线城市，还有热起来的二线城市首先执行，因为它是地方税，可以因地制宜。这些事情都应该更多地凝聚共识推进改革。降成本，在企业自己能够努力降成本的方面，无劳政府、无劳官员去花费多少心思，关键是政府和官员要考虑怎么样降制度性成本，这是真正要做的事情。补短板，各个地方，各个行业，各个企业集团一定要具体设计，找准自己的短板在哪儿，这可不是千篇一律的东西，一定要有定制化的设计。供给侧改革有些同志说能不能谈点切入点，我觉得可切入的要点至少有这样几个概念：一是制度供给，每个地方看自己可以做什么事，当然不可能铺开做，要自己审时度势掌握好重点。规划供给这个问题是所有地方政府、所有企业集团都要赶快顺应新的阶段来优化的。还有政策的供给，货币政策是垂直体系，地方政府不要想在这方面做多少影响，但是分级财政一定要有分级财政的政策，财政政策带着区域性，对自己政策空间的可塑性，要用好用足。再有投融资供给，政策性投融资对应的还有 PPP 机制创新。这些投融资方面对着自己特定的辖区，特定的任务一定要有设计方面自己的独到之处，也要接受时间的考验。科技的供给，并不一定要求都是高科技，在深圳现在已经在全国占领一些明显的高科技的制高点来说，这个一线位置要乘势发展，同时也要带动一些适用科技技术，适用技术也是很好的供给。还有人才供给，对人才要强调不求为我所有但求为我所用，重大的战略规划，重大的项目决策注意吸引外脑，听取外部高水平专家意见建议，这就是利用人才。还有就是资源的供给，现在是全球化物流模式创新时代，这方面一定要用心掌握好。最后是环境的供给，一定要走低碳、绿色、发展之道，绿水青山就是金山银山。所有这些切入点，无非是要在自己的所作所为里形成尽可能高水平的供给管理组合方案。

这些看法今天借这个机会向各位领导汇报出来，请各位批评指正。谢谢大家！

（本文系2016年作者受邀在深圳市福田区区委理论中心组学习报告会所作的专题报告）

供给侧改革是引领新常态对接中国梦的系统工程

尊敬的各位领导，各位专家，各位嘉宾，大家好！

我今天发言的题目是“供给侧改革是引领新常态对接中国梦的系统工程”。

现在“供给侧改革”这个概念已经成为各方热议的一个主题词。推进供给侧结构性改革事关我们如何认识、适应并引领经济增长的“新常态”而对接全面小康和“中国梦”这一全局。

从概念上讲，我们认为“需求”和“供给”是经济社会生活中相辅相成的一对概念，政府的调控就在于怎么实现总需求和总供给的动态平衡。在调控的“技术路线”上，过去就已经很清楚地区分为需求管理和供给管理，而现实生活中我们的经验比较丰富、比较成熟的主要是需求管理，它属于总量型，指标是单一、可通约的，政府掌握整个市场中的流动性，以对银根的抽紧或者放松、总需求的抑制或者刺激来实现反周期操作。在中国改革开放之后，特别是邓小平同志南方谈话确立市场经济目标模式之后，也在这方面积累了相对丰富的反周期的需求管理调控经验。

然而过去无论中国还是外国，从理论到实践，长期忽视了供给管理。虽然必定会有所涉及，但是认识是很不系统的。我们中国的政策实践中多次强调过“定向调控”，所谓“定向调控”这说的是什么呢？绝对不是需求管理的问题，而是属于供给管理的问题。供给管理中的结构特征非常鲜明，指标复杂得多，绝对不是需求管理中单一货币供应量值和有效需求量值的指标，它涉及各种各样的结构问题和区别对待、突出重点、兼顾一般的权衡问题。尽管理论界过去的分析认识还相当薄弱，但是可以观察到调控实践中间的供给管理经验总结却不可回避。比如这次金融危机是美国人自己金融创新中走过了头，引发次贷危机、金融海啸，最后冲击全世界。金融危机爆发，在应对危机中跳出主流经济学教科书的框架，美国人实行了区别对待、突出重点的供给管理的措施，可圈可点的措施最关键的是运用公共资源对花旗、“两房”注资，一直走到为实体经济层面的通用汽车公司注资，极大地扭转了市场预期，带领全局稳定下来走向复苏的新阶段。现在美国已经告别量化宽松，进入了升息轨道。中国这几年在积极探索货币政策所谓总量型政策工具的结构化运用方面，也体现了过去需求管理所不能解释的政策要领，在财政政策方面更是不得不特别注重和多次强调结构优化问题。

从基本原理来说，我们认为需求应该是经济生活中的原生动力，但是供给侧对需求侧的响应机制和它的特征却恰恰是划分经济发展不同阶段、不同时代的决定性因素。从供给侧这个视角看人类社会发展，从人与物关系形成的生产力角度和人与人关系形成的生产关系角度，我们都可以合乎逻辑地看出，实际上人类社会一步一步发展起来就是在人必然有的需求要得到满足这样一个原生动力之下，在供给侧不断地对需求做出响应，而这种响应机制必然在创新中一步一步地往前走，也一个一个台阶地往上走。所以，一开始人类脱离动物界是以采集和狩猎为供给特征的最初阶段。后来上升到农业文明、工业文明，而工业革命之后又可以划分为蒸汽时代、电气时代、自动化机械时代，现在我们处于信息革命的高新科技时代，是以互联网为标志的新产业革命时代，这些都是供给侧的创新，使我们一个一个阶段发展起来。生产力的特征和根本上由它决定的生产关系的特征，依学理分析都是发生在供给侧，生产力里的劳动力、劳动对象和劳动工具都是供给体系中不同要素的结构性划分，更有现实生活中的产业结构、区域结构、企业组织结构，等等。这一系列的问题如果我们处理得好，还必须伴随着生产关系方面所谓结构性改革要处理的制度供给如何有效和优化的问题。

因此，对于中国来说，作为转轨的经济体，要实现现代化，关键的供给首先就是制度供给，改革就是要解决以“生产关系的自我革命”来解放生产力的问题。我们过去需求管理中有“三驾马车”的认识，它有一定的积极贡献，就是把需求总量型管理问题开始结构化了。开始不得不做区分，但是这个结构化的逻辑在需求侧无法展开和完成，必然要传导、转移到供给侧，并且必须完成供给机制和整个供给体系的构建问题。而我们过去一向注重的是需求管理，所内含的理论假设是供给侧环境为完全竞争环境，市场会自发解决结构问题，但恰恰实际生活表明，完全竞争理论假设在现实中必须做出矫正还原，考虑不完全的市场竞争中怎样理性地加上政府的结构优化政策措施，以合理促进资源配置优化。这个新的认识框架客观上所要求的，总体而言就是既避免市场失灵，也要遏制政府失灵，当然这就要比我们过去考虑问题的框架复杂得多。新供给经济学的理论创新努力，是在供给侧打通物质生产力和人际生产关系的视角，把制度创新、管理创新、技术创新的互动与结合处理好。中国最主要的发展理念，排在第一位置的创新驱动就是中央五中全会给出的以创新形成的系统化的现代发展理念。实际上我们认为就是要把制度创新、管理创新、技术创新相结合，而在三层互动里最关键的，是要把握以制度供给为龙头的全面改革阶段的攻坚克难。

当下中国的供给侧改革概念直接对应了现实中“新已明朗、常未实现”的新常态怎么在认识之后还要适应，特别是还要引领的问题。在引领方面，我们主观可以有所作为的有统领意义的事项就是党的十八大之后，三中全会、四中全会、五中全会一路过来，依据最高决策所要求的全面改革，全面依法治国和体系化的全面发展理念，我们如何通过供给侧创新为主的系统工程实现新一轮生产力的解放。所以，我们的解释从基本的核心理念上讲，所谓供给侧改革强调的就是改革为统领，结构优化为着眼点，使供给体系质量效益提升、在深化改革中解放生产力的这样一个系统工程。

经济增长中中高速的直观表现到底是7%左右还是6.5%左右不是

关键。虽然我们也意识到“十三五”规划期间需要年均GDP增速达到6.52%以上才能对接全面小康指标，真正关键的是在守住这个6.52%底线，同时一定要追求经济增长质量提高和长期发展的后劲。这样的供给侧视角又明显不同于需求管理的年度的短中期视角，必然追求短期和中长期的衔接，追求实现长期的战略性的目标。党的十八大以来中央决策层的精神实质，是在2020年全面建成小康社会的同时，还必须使三中全会以来部署的顶层规划中的改革任务取得决定性成果。换句话说，相对容易实现的全面小康如果不匹配上全面改革取得决定性成果，那这个全面小康的价值会大打折扣，因为全面小康只是“中国梦”实现的一个节点，关键在实现后面的可持续性和发展的后劲。

把这些联系在一起，我们认为它应该对应于现在各方热议的所谓供给侧改革的基本理解。具体的分析就要有更丰富得多的内容。比如我们特别指明至少供给侧可提炼出五大要素，即劳动力、土地和土地代表的自然资源，还有第三项是资本，第四项是科技创新，第五项是管理和制度。这五大要素在供给侧可以看到的国际经验和中国实践经验的总结分析，都可以表明，在一个经济体的起飞阶段，在进入中等收入阶段以前的发展过程中，前面三项更容易出现支撑力，更容易发挥动力的作用。中国就是这样的：一旦进入我们的改革开放时期，以经济建设为中心，大量农村剩余劳动力形成的低廉劳动成本一直支持我们发展到了世界工厂，传统体制下土地资源开发没有与市场对接，一旦对接，无价变有价，低价变高价，物质利益驱动下，展现了生机勃勃、生龙活虎的发展进程，而且明显带有超常规的特征。再看资金和资本，原来我们自己严重匮乏，靠引进外资同时带来管理和技术，支撑了我们的发展，使民间资本完成原始积累之后迅速雄厚起来，现在的规模已经相当可观。这三项因素在最近一些年迎来的是一些新的挑战，我们看到它的支撑力在迅速滑坡：劳动力方面原来的人口红利迅速消失，市场上变成招工难、用工贵、民工荒，也就是劳动成本不断升高，表明中国的人均收入提高过程中低端劳动者，所谓粗工、壮工、农民工这几年比总体的收入提高走得更快一些，正面讲这是好事，但负面讲必须注意到这也正是我们原来一个相对优势的丧失，因此我们的传统制造业就不得不考虑“腾笼换鸟”式的向外转移。与此同时，地方政府“土地财政”问题、扩大建成区征地拆迁补偿等越来越多的问题，以及自然资源粗放使用不可持续的问题接踵而来，都在困扰我们。这两项要素的支撑力明显下滑的同时，中国资本运用的突出问题变成大量的资本在寻找什么是合适的投资对象，常规投资项目的边际收益递减已经普遍化地在中国发生，摆在我们面前了。所以，在引领新常态这样一个阶段性的转变面前，我们必须更多地打后两项因素的主意：“科技是第一生产力”，邓小平的判断里我们可以引出一个学理论证，科技是以走创新型道路产生的生产力乘数效应作为供给侧最主要的动力来源之一，是在原来的生产力的要素——劳动力、劳动对象、劳动工具这个基础上不是做加法，而是做乘法的总的支撑力的跃升。同时，我们中国特别要以制度方面的变革打开千千万万企业创业者、事业单位科技人员聪明才智和潜力活力释放的空间，这是中国最主要的所谓的“最大的制度红利”的命题。整个创业创新的过程人是最根本的，以人为本的发展过程中这个制度供给才能形成有效的激励兼容机制。从这个意义上讲，制度这个要素要高于技术。总之就是五大要素后面这两项的文章，我们要全力做好做足，以新的动力体系来支撑中国破解一系列的供给约束、供给抑制打造发展升级版。这就是供给侧改革所追求的所谓全要素生产力的提高和生产力整体跃升的新境界，也就是支持我们在实现全面小康以后，跨越中等收入陷阱，最终实现伟大民族复兴中国梦的最关键的动力机制。

所以，我们作为新供给研究群体，研究过程中最深刻的体会就是经济学“理论密切联系实际”的必要性和重要性。新供给经济学概念下我们已经形成了一个认识框架，是在中国本土研究者所抱有的家国情怀和创新因素中产生发展起来的。我们努力不负时代呼唤而争取有所作为，实实在在地做到胸怀世界，脚踏实地，在“不唯上、不唯书、只唯实”的道路上，以有质量的学术研究为中国和世界的经济发展、社会进步服务。是基于这样的情怀，我们在新供给经济学的领域中持之以恒做出不懈追求，追求中间我们现在已经体现出来的理论框架和相关的研究，我们自己也知道还远非完美，就供给侧改革针对的结构性问题，放眼中国经济发展的中长期，还有太多复杂问题有待深入探讨。尽管如此，我们仍然欣慰地看到现有的研究成果对于我们国家的科学决策已经形成了参考价值，世界范围内经济学者对这样的探讨也给予了关注。我们期待着怀抱“经世济民”情怀的新供给经济学研究群体和学界所有有志、有识之士，一起在合作研讨中继续将经济学研究推向更深入的层面和更具“学以致用”水准的境界，来努力实现更多更好为经济发展、社会进步服务的夙愿。这是我发言的主要内容。

还有时间谈点感想，今天在清华和各位研讨，我有一个想借此机会讨论的现实问题，是供给侧以小见大的例子。我昨天在网上注意到有清华的教授以微小说的方式谈到我这些天也感觉十分不安的问题，好像最近社会有一股力量跟知识分子过不去。清华这位教授说的是在科研经费报销方面，有关方面要求他往前追溯，比如 2013 年你报销的餐费里每一张餐票是跟谁吃的饭，控制标准是每个人不能超出 50 块钱，超出 50 块钱就必须做出退费，等等。我原以为这是一个虚构的小说，但是回应说确实如此。在清华这种最高学府，是对知识分子穷追猛打式的一种压抑。

我联想到前段时间，我身处科研机构，特别体会的就是供给环境、供给侧的激励机制问题上，不光是迟迟不能理顺，这段时间甚至表现出了一种令人不安的荒唐意味。比如有关部门特别强调所有的研究员、教授只要没有司局级的行政级别，哪怕有横向经费，参加科研活动外出也不能坐一等座，只能坐二等座。我实在不能理解这个规则他是怎么想出来的。当然，同理坐飞机不能坐公务舱，只能坐经济舱。我听到一位白发苍苍的著名教授的抱怨，他是政协委员，参加外部调研，就是解决不了坐公务舱的问题。他说我自己出钱或用里程升舱，因为政协的机票是通过政府采购的程序购买，无法解决给他升舱的问题。他非常气愤地说以后我不参加了。

我觉得这里面值得我们以小见大讨论讨论现在说的供给环境、供给侧到底怎么优化的问题。我前段时间在我所处的行政系统里也向领导做了书面的反映，我提了两点看法。第一点看法，对科研事业单位或者社团组织财务上代管的横向研究课题（是承包性质的）这种课题经费，套用官场行政规则中的差旅费标准，我不知有什么样的党纪国法的依据，如果有，请明确告知。如果没有依据，就违反了党的四中全会全面依法治国的基本要求。

第二点看法，如果这是套用行政规定作为依据——部门可以出行政规定，我认为有必要指出在科研横向课题经费管理中套用这种规定显然不符合科研规律及党的知识分子政策。试想五十多岁、六十多岁的研究员、教授，任何情况下不能乘坐公务舱，如果没有司局级行政级别，连坐一等座都不行，这在伦理上都说不过去，更无法对应科研事业单位去行政化的改革趋向，特别是有违对知识分子专家应体现人性化关怀的党中央一向的知识分子政策精神。

我后面还附了一下：第一，请注意俞正声同志早在2014年已有把针对官员的八项规定套用在学者身上的批评意见，可以在网上搜到，请参阅。第二，近日网上见到国办发2015〔94〕号文件，是《国务院办公厅关于优化学术环境的指导意见》，其中明确要求清除科研院所管理中存在的行政化和官本位弊端，减少对科研创新和学术活动的直接干预，不得动辄用行政化参公管理约束科学家。显然这个文件精神值得我们有关的领导机构和有关的监管人员认真学习。

今天借在清华再谈一点感想。如果咱们放开做个议论，可能历朝历代对知识分子在经济上还没有见过如此的刻薄，说明了什么问题？中国这个社会要按照现代化的趋向发展，现在的供给侧环境方面有没有一种力量能体现对科研创新规律的认知和理解，有没有一种力量能够尊重知识，尊重人才，真正把党对于知识分子政策值得肯定的正确的传统继承下来，至少有没有一个法治化的观念，或者再放低一点，有没有一种人文情怀之下对待知识分子的常识？

借这个机会提出这些请大家一起来共同思考和研讨。谢谢！

（2016年1月26日在清华大学“供给侧改革与中国经济转型论坛”上的发言）

新常态、新机遇与供给侧改革

今天会议主题是在“十三五”开局之年来认识新常态，也就是按中央说的“认识”以后还要“引领”，讨论面对的新机遇，怎样把握引领的思路和要点。我想借这个机会谈谈自己这些年研究的“新供给”概念之下的一些心得。

我们注意到总书记的一段话现在引出了很清晰的改革指导思想：中央财经小组 11 次会议上总书记要求在适度扩大总需求的同时，着力加强供给侧改革，着力提高供给体系质量和效率。这段话我们理解有一个逻辑连接，前面第一句话是肯定过去我们做的需求管理的必要性，还要继续在需求管理这方面掌握好适当扩大总需求，但后面就是关键词了，要“着力加强供给侧结构性改革”，而且这带动整个供给体系的问题，目的是在于更后面的两句话：增强经济持续增长动力，推动我国生产力水平实现整体跃升。我们理解，实际上要解决的这样一个引领新常态的问题，就是要打造升级版，从当下大家关心的短期怎么进一步去应对经济下行，一直到中长期，在现代化发展道路上要实现全面小康，然后争取实现“三步走”现代化的中国梦。这样一个全景、整体、长期的问题，现在有了供给侧结构性改革的关键词，来做出一个我们当下必须抓住着力点的浓缩表述，我认为这确实体现了宏观指导思想方面的新思维。这与五中全会的精神是衔接的，也实际上对应到中央经济工作会议给出的供给侧相关表述。

我们在世界金融危机冲击之后，在研究的努力上试图把经济学基础理论的反思和创新，推进到理论密切联系实际的宏观调控思路要领创新上，我们提出新供给经济学，对应着特别强调的概念叫作要重视和掌握“理性的供给管理”。从这个角度上认识，现在中央所做出的供给侧的要求，应是一个承前启后、继往开来的考虑之下推进新一轮创新驱动的重要概念。过去经济学和经济政策研究中早就在反复讨论需求和供给的问题，这是一对相辅相成的概念。但是说到政府要发挥的作用（中央要求“更好发挥政府作用”），必须履行调控职责，这个调控职责在过去就有怎样实现总供给总平衡的管理问题，而经验上比较丰富、操作上比较成熟的是需求管理——这种管理是总量型的，指标是单一的，就是调控当局来实施反周期操作。我们应对亚洲金融危机、国际金融危机，都累积了经验。在全世界来看，这个框架形成就是20世纪大萧条后理论上的“凯恩斯革命”，实践中的是罗斯福新政。应该指出，在反思的基础上也必须把这层窗户纸捅破，就是我们过去经济学的理论和政策实践的总结，都长期忽视了应有的更条理化的供给管理方面的认识。供给管理在特征上和需求管理明显不同，更多是强调定向调控，结构特征是不可回避的，要处理怎么样区别对待、突出重点、兼顾一般，权衡轻重缓急，处理复杂指标的一系列问题。过去对此没有着力注重，理论上的阐发一向比较薄弱，也是情有可原的，因为过去在发达经济体里，把供给侧的问题一句话就给打发掉了：只要在需求管理方面成功地实施了针对经济波动的反周期调控，市场自身通过竞争可以达到出清状态，可以在要素流动中自发解决结构问题。但是我们现在的反思是实际上又要捅破一层窗户纸：生活中的真实图景不是过去假设的完全竞争，是非完全竞争，现在处理复杂的问题，必须把这个假设前提矫正还原到“2.0版”。虽然完全竞争假设有助于在原理上认识很多问题，但其后还是必须让它升级到扩展和加强条件假设的非完全竞争，来讨论里面的一系列问题。这样引出的最主要的问题就是，一旦假设前提是非完全性竞争，政府怎样发挥其作用，就更加无可回避，特别是在结构上政府十分需要做好理性的供给管理。

实际上，从应对金融危机冲击的调控来看，危机处置中的供给侧管理举措在美国是可圈可点的，最典型的是政府反复斟酌之后对花旗、“两房”的注资，再走到对通用公司的注资。原来的恐慌和动荡到了这个决策出来以后被消解，引出的是稳定市场预期，实际上转为进入复苏过程，然后又配上它的量化宽松的需求管理，终于又告别了量化宽松，现在已进入升息通道，对付通货膨胀了。中国这几年的调控中，我们更是延续着过去一向强调的优化结构要求，货币政策提出总量型政策要结构化运用，要定向宽松，财政政策在这方面更不遗余力，要突出重点，考虑怎样贯彻各种各样的区别对待的要求。所以，如果是真正有所作为的理论联系实际的创新，就应该把这些认识进一步条理化，在经济学基础理论方面要增强其对称性，需求管理之外，还要引出更多的对于需求响应机制的供给管理这方面的认识和分析。我觉得中央现在的趋向完全合乎这样一个逻辑。

我们在探讨里形成的认识，非常简单地说，首先应该肯定需求是经济生活的原生动力。因为人要生存，这是一个最基本的需求，生存之后只要有条件，还希望能够发展，还要得到享受，这个需求的动力就带来了必须要有各种各样的生产经营活动去满足需求，但是通常看起来，却恰恰是供给侧对这个需求侧的响应机制在演变中间一个一个台阶向上升级所形成的特征，划分了中国外国所有经济体经济发展的不同阶段和不同时代。如果说到根上，人类和动物世界区分开的最初特征是通过分工和合作的采集与狩猎，来维持生存满足需求。再往后上第一个大台阶，是出现农耕文明，更可预期地得到产出来满足需求，不光是解决一般的生存问题了。在这个社会里面的有些人还可以发展，还可以享受，有了这样更充裕的剩余产品以后，这种供给侧能力的提升促使了原始社会的解体和以后一个一个台阶的发展。再后来的典型就是发展到了工业革命，进入社会化大生产蓬勃发展的这个阶段，生产力有了极大的解放，而在具体的阶段划分上又看到供给侧的一些特征决定了蒸汽时代、电气时代、自动机械化时代和现在的信息化的时代，一个一个台阶往上走。

供给侧的认识分析现在的意义，是促使我们重新认识过去所说的经济增长动力问题。过去我们侧重需求管理的时候，已经给出“三驾马车”的认识框架，在需求侧的“三驾马车”之说其实开始有了结构化的逻辑，这个逻辑必须传导、转移到供给侧，进一步把整个过程走完，才能完整解释这个动力体系。到了供给侧，有供给对于需求的回应，把结构进一步细化到各种各样复杂的指标不可通约的不同要素结构状态上，而结构优化必然需要政府的一些政策措施和合理的机制安排、制度供给。我们的认识就是到了供给侧以后，要把生产力物质条件这个视角的基本要素供给和生产关系这个人和人结成的关系视角上的制度供给问题打通，把它们放在一起来完整、全面地认识。在经济社会发展、经济增长动力体系问题中，对于中国特别有意义的认识框架，是供给侧首先应该强调的是完成转轨的历史任务，最关键的问题是制度创新的问题，是现在所说的供给侧结构改革居于第一位。这个结构改革是承前启后、继往开来的，在未来一段时间里面肯定要攻坚克难，所以这样一个逻辑之下我们应该按照一个系统工程来理解，不能像有的观察者那样简单化认为我们只是借鉴了美国里根经济学里所谓供给学派减税的那样一个主张，把这个标签贴到中国来就是供给侧改革，这想得太窄了。我们确实借鉴了前面可以借鉴的经验，但是现在说的其实是宏大的全局、长期改革任务。

另外一个说法是强调供给侧实际上强调了政府的作用，是搞新计划经济。我的理解是，强调政府作用并不必然引到新计划经济，这个政府更好发挥作用是处在十八大以后非常清晰的认识框架之下，在三中全会的认识突破基础上，是肯定就整个资源配置总体而言由市场起决定性作用，政府更好发挥作用是在这个后面跟着的，政府不是实施任意的供给管理，是在供给侧符合客观规律地去解放生产力。所以我的理解框架可以说很清楚：是首先强调有效市场，虽然不是完全竞争，但是一定要让它发挥总体而言决定性的作用，后面加上的是有为、有限的政府。不能够光看到一个概念，政府要在供给侧发挥作用，就直接把它等同于新计划经济，这又想偏了。我们可为可做的事情，是在前面三中全会、四中全会都做了铺垫以后，在全面改革和全面法治化中，在现在说的创新发展第一动力上紧抓不放，供给侧改革和供给体系要抓住创新驱动，带动后面五中全会条理化表述的以创新发展引出的协调发展、绿色发展、开放发展和共享发展。归宿当然就是共享，总书记说的人民群众对美好生活的向往就是我们的奋斗目标，但是这个追求已经是不光要满足人民群众短期的、眼前的需要，还要引领把短期的利益和中长期的、根本的利益打通，能够应对矛盾累积与隐患叠加，化解矛盾制约和跨越中等收入陷阱。以创新驱动带动整个升级发展过程，才能够如愿地去解决整个可持续发展问题。

再往下，需要对供给侧的复杂性稍微展开一些分析。从供给侧说到在引领新常态中以深化改革、解放生产力来打造升级版，需处理的复杂问题浓缩下来是五大要素，有劳动力、土地和土地代表的自然资源、资本、科技创新，还有就是制度供给这方面的管理和制度。这五大要素指标各不相同，相互之间的互动有非常明显的结构特征。按照一般的经验总结，前面三项对于一个经济体发展中间的起飞阶段、进入中等收入状态之前的阶段，更容易表现出支撑力，体现出对增长的贡献。中国的发展就是很典型的：一旦进入改革开放新时期，原来不能流动的大量的农村低廉劳动力有可能流动了，进入工业化和城镇化的过程，大量低工资农民工形成我们特别突出的比较优势，支持我们一路走到世界工厂；我们的土地资源过去不能跟市场对接，一旦进入新时期，让土地使用权和市场一对接，就无价变有价，低价变高价，物质利益促成一轮又一轮生机勃勃、生龙活虎的超常规发展。资本方面我们一开始极为匮乏，但有开放便能引进外资，还带来技术和管理，从而促使本土民间资本完成原始积累过程，并且发展到十分雄厚的状态了。中国前面三十多年超常规发展中，这三项的支撑非常明显，但是这几年观察，却在滑坡：劳动力方面变成了招工难，北京的保姆工资翻着跟头走，你不给加工资他不给你干，从这点来看，正面讲是中国粗工、壮工、农民工的工资确实在提高，这是从低端托起的居民收入增长提高的具体表现，但从负面讲，这就是原来的比较优势在迅速丧失。因而现在必然要考虑在珠三角、长三角“腾笼换鸟”，否则没有出路了，常规的传统的制造业只好转移到越南、柬埔寨、老挝、缅甸等这些地方去，跟当年往我们这儿转是一个道理。现在看着土地抬高的成本，其实已经预示着后面的发展空间再要打开，一定要有新的思路。北京拆迁跟全国一样只有主要靠讨价还价机制，两年以前听到一平方米已经对价到五倍的商品房市价。另外，我们的资本雄厚起来后，现在大量资金是有了，却找不到合适的投资项目，这就体现了所谓常规投资边际效益递减在中国普遍大量发生。这三项的支撑力在各领风骚之后现在都在滑坡，要更看中“推陈出新”，就是聚焦后面两项。一是我们现在正在努力走创新型国家道路，邓小平一开始就说科技是第一生产力，科技第一这个意思在马克思的认识中其实就说到过，但是没有说得如邓小平这么干脆这么到位。关于马克思对科技的重视，恩格斯总结的就是把科学技术看作人类社会发展中的革命性的力量，“第一”就是这种革命式的推动，供给侧一个一个台阶往上抬，我们现在要抓住它不放。二是科技创新要真成气候，进一步打开潜力空间，在中国特别关键的又是管理制度，体制机制一定要跟上，没有一个管理制度创新给出千千万万分散的创新主体在科技方面释放聪明才智的制度环境，我们是走不远的。而且实话实说，咱们从问题导向上来说，看看最近一段时间很荒唐的是，各个方面现在跟知识分子过不去，把官场的八项规定使足劲要套到高校教授、事业单位研究员的头上，而且以“处级”待遇死卡，坐火车即使以横向课题经费开支也不能坐一等座，这完全不符合科研规律，是以一个加强管理的名义去毁我们的创新力量。高校老师的主要精力成了用于应付检查，还要动员自己的研究生、学生跑到财务处的楼道里彻夜排队去处理报销问题，这些都是很荒唐的事情。我们现在要靠最后两项要素引领新常态，就必须在管理制度，包括这种科研经费管理制度方面，真正走上新的优化轨道，才可能见效。现在领导人、部门、学者所说的全要素生产率，实际上指的就是这个方面。我看过过去的科研文献，外国人更看重的是科技，前面三个要素还不能解释的增长贡献，剩下那一块称为索洛余值，而我们认为那里面其实还有制度供给要素的关键性贡献。中国现在要更多聚焦后两项，即全要素生产率，打造新的动力体系。

我们前一段时间做了一项内部研究，配合有关部门，现在已过了保密期。我们第一是特别强调中国特色宏观调控必须注重理性的供给管理，针对的是三农、区域协调、结构优化的种种问题，以及民生、科技、环保、产业增长点、国防，诸如此类的重点。供给管理虽然复杂，虽然它可能带来一些困惑、纠结，但是非要把它掌握好不可，不这样，不可能实现中国从追赶到赶超的现代化。第二是我们还要进一步认识中国国情因素，资源环境这方面"胡焕庸线"半壁压强型三重叠加式的约束，是一种非常之局，一定要有非常之策才能破解；雾霾为代表的环境危机因素已极具警示意义和社会压力。与此同时，我们必须正确认识中等收入陷阱的威胁，看到前车之鉴，要居安思危、防患未然——我们已有雾霾、食品安全、收入分配、财产配置一大堆问题不能理顺，要认识到不化解矛盾累积、隐患叠加的话，我们再往前走可能过不去，这就是落入中等收入陷阱。再有，我们一定要重视邓小平当年特别担心的发展起来以后如何解决共同富裕问题，就是允许一部分人先富起来才能发展，但是发展到一定阶段以后要走向共同富裕，现在就是要应对这个挑战了，处理不好这个问题，经济问题会社会化、政治化，发展到一定程度以后，两极分化不能解决，邓小平说中国要发生闹革命的问题。我们现在社会里面有些事情，在其"导火索"的具体事件中，是非很难说得清清楚楚，就像元旦之前甘肃的事情，但后面的结果是迅速闹成群体事件，一个小导火索带来一大群社会成员的集体泄愤。这种事情非常值得我们警醒，怎样解决这种问题要有战略思路。中央现在抓的"十三五"攻坚克难，是在全面小康决胜时期，我们还要取得全面改革的决定性的成果，其后 10 年间，如果能够成功跨越中等收入陷阱，后面大概还有 20 年左右我们须进一步提高硬实力、软实力，真正去对接到最后能够进入伟大民族复兴中国梦状态。

这方面的改革，我们也提出了针对五大要素怎样放松供给约束、解除供给抑制。在劳动力和人口政策方面，在我们的土地和自然资源的市场化方面，在融资进一步改革方面，在教育和科技人才培养体制、经费管理制度等方面，推进实质性的符合客观规律的改革。还有就是政府职能转变，在制度供给方面做好，配套的事情上一定要强调为真正转变政府职能，我们需要实质性推进横跨两届政府只走出一些小碎步的大部制和扁平化的改革，否则政府整个架构不能够脱胎换骨，很多减政放权原则要求就会流于表面。又如PPP这个问题，要真正打造一个有效投资可持续的运行模式，这个创新是从投融资创新，到管理创新和制度模式创新来打通的。

我借这个机会汇报一下这些想法，谢谢大家！

（2016年1月20日在《光明日报》“新常态·光明论”栏目建设座谈会上的发言）

供给侧改革：去产能与供给管理

主持人：贾院长，您原来是在财科所，是财政财税方面的研究专家，您不担任行政职务以后参与建立了新供给学派的智库。现在政府特别强调供给侧、供给端的改革，我的理解很多结构性的改革我们讲了很多年，其实大多数都是供给侧的改革。所以，我就想请你解释一下，因为很多投资者，包括我们也不是十分理解现在政府特别强调供给侧的改革主要指的是哪几样改革。刚才黄教授讲到增加有效供给，刺激新兴产业服务业的发展，这个我觉得比较容易理解。但是我觉得很多投资者可能更关心的是你现在在供给过剩、产能过剩的情况下，供给侧改革在多大程度上会包括去产能，把过剩的产能给关闭掉，这里面是不是会出现比较大规模的企业的重组，包括国企的破产，就像 90 年代末期我们做过的那样。请您就这个问题讲一讲您的看法。

贾康：谢谢汪涛博士。从这个角度我谈谈自己的理解。现在“供给侧改革”成为中国社会方方面面关注的一个热词，具体的理解还是有非常多的差异的。比如的确有人认为从供给侧改革，似乎就是在模仿学习当年里根经济学以减税为主要措施的这一套思路和要领，另外有些人担心这是不是政府自己要强势地搞个新计划经济，各种议论都有。

我想首先强调一下我的理解：现所讨论的“供给侧改革”说全一点是“供给侧结构性改革”。领导人做出这一表述的后面，跟着是要求着力提升整个供给体系的质量和效率，这实际上是要处理一个系统工程——按照系统工程来理解就不能简单陷于某一点，某一个角度。我们在这几年做了几年理论密切联系实际的研究，我愿意分几个层面先谈谈我怎么看这个概念下应该把握的理解中的要点。

第一，它显然有很强烈的创新追求，是从基础理论层面生发的。现在在决策层的表述里，在经济工作会议文件里，它甚至涉及所谓“中国特色社会主义的政治经济学”，这是意在以基础理论层面的创新来支撑科学决策。显然这个理论发展，还必须密切联系实际地推进到整个制度设计、制度优化、决策科学水平的提高。

第二，创新是它的一个基本特征，而所强调的供给侧我认为是承前启后、继往开来的。这个创新不是凭空而生的，不是为创新而创新。就像汪涛博士强调的，其实你看一下中国与现代化对接的“三步走”战略设计的演变过程，它一开始就是供给侧发力。改革开放解决什么问题呢？制度供给问题。当然，就是同时要把所有可能的生产力物质要素的供给机制激活，其市场取向一直推进到邓小平南方谈话，确立社会主义市场经济的目标模式。走了这么三十几年，它带来的生产力的解放摆在眼前，确实已经形成了超常规发展，但是新阶段、新常态来了——经济增长速度不可回避地会在进入中等收入阶段之后下台阶，这个增长速度下台阶后面跟着的实际追求是增长质量要上台阶，在这个“中高速”的表面现象往下演变的同时，要着力于打造发展质量的“升级版”。新一届领导集体到位后，所说“新常态”的“新”已明朗、“常”未实现，要接近和实现这个“常”。“常”的定位在哪儿呢？速度下来而增长质量要提升，而且这个质量提升的表现是要结构优化，以结构优化对接一个中高速，实现尽可能长久的升级版的中高速增长平台，这是它实际的追求。

接下来看，这样一个追求在由新到常的阶段转变中，怎么继往开来承前启后呢？整个思路就必须抓住创新的问题导向，托住底线。我认为底线就是运行状态为年均 GDP 增速在 6.52% 以上，在未来的“十三五”期间不能击穿这个速度底线。只要不击穿这个速度底线，增长质量升级版的打造就是问题的关键，而抓这个升级版打造的真问题，它的结构优化问题必须解决。靠什么样的机制去解决结构优化的问题呢？刚才汪博士所提到的大家都关注的过剩产能，怎么把它挤出去？真正的升级版的特征表现比如说科技创新，我们各种各样潜力的释放，依靠什么来实现？我把它理解为打造升级版过程中以制度创新为龙头、带来各种各样的物质生产力要素能够把潜力释放，而形成一个新的混合动力体系的问题。

从供给侧来说，它有非常明显的结构特征，处理这种结构特征和我们过去有经验的需求管理，在调控方略上有非常明显的不同要求。需求管理主要处理的是单一指标可通约的这样一个流动性，首先从年度眼界里是放松还是收紧银根的问题，如果判断这个年度是处于经济发展的低迷阶段，就应实施扩张来放松银根，如果认为是高涨阶段，主要警惕通胀问题，你就要实施收缩来抽紧银根。把这个事情解决完以后，达到了反周期的目的。过去认为结构问题靠市场自己在竞争状态中的优胜劣汰要素流动自然达到平衡和市场出清，整个调控任务就完成了。但当我们回到实际生活的真实图景中推进理论创新，便可发现，在中国或是在发达经济体（包括美国）都如此：不是原来理论上假设的完全竞争，真实的生活场景是不完全竞争，在中国作为一个经济社会转轨的过程中更是如此。那么在供给侧结构问题的处理上，就必须面对挑战，把指标不可通约的结构方面的种种要素放在一起考虑怎么实施理性的供给管理，这也是创新里中国人必须面对的突出的挑战性问题。

在处理这个问题里面有可能发生政府的失误，但是又别无选择必须要做。我理解说到这个结构优化怎么掌握，就说到第三个层次了：如果在创新中继往开来，追求结构优化、打造升级版，形成发展后劲去对接现代化的目标，再往下说实际上就是资源配置机制里必须处理好有效市场怎么充分起作用，怎样让市场在资源配置中总体而言发挥决定性作用？应注意这几年中国决策层反复强调的：只要经济运行在可接受的区间之内我们绝不贸然启动大规模经济刺激计划。说的什么呢？就是“让市场充分起作用”。市场充分起作用就必然带来地方政府和企业层面的阵痛，现在权威人士又强调了这一点：一定要以这种思想准备来经历阵痛期。这个阵痛期里如果能有大致的市场公平竞争中的优胜劣汰，所谓的过剩产能、僵尸企业应该能够被淘汰出局。但是怎么掌握好这个阵痛期里不要让各种矛盾越过临界点，按我的说法，不要出现经济问题的社会化、政治化，那是非常敏感非常复杂的一种掌控。

如果从这个角度来说，首先要讲新供给和供给侧改革强调的是改革，同时又首先肯定了市场充分起作用的这个有效市场。所以，它不是所谓"新计划经济"，这个逻辑是要强调十八大以后已经明确表述的让整个资源配置中的决定性作用交给市场。市场起决定性作用，后面跟着的又必须是"有效市场"，还必须加上在中国不可回避要解决好的"有为和有限政府"的作用怎么发挥的问题。凯恩斯主义的框架已经给出了国家干预的必要性这个基本认识，但是凯恩斯主义的国家干预主要是遵循需求管理的套路。现在我们认为现实世界既然是一个非完全竞争的市场，政府一定要发挥作用，但需求管理旁边还必须加上理性的供给管理了，那么这个创新的挑战性是很明显的：政府处理不好毛病就都来了，你说让我发挥作用，过度干预、不当的直接干预这些东西，是有可能在中国市场上出现的。但毕竟中国决策层实际的追求不是搞新计划经济，非常明确地说，前面这个有效市场是大前提，跟着的政府非做不可的就是必须解决一个有为政府该做什么的事情，而这个有为又必须有限，不是你想做什么都能做。

理论上讲，无非是政府要弥补市场失灵，像前面斯蒂格里茨教授所说到的要管规则，这个规则还应对接市场的健康运转和长期运转，还要搞一大堆的制度建设，还要做很多的社会福利、社会保障、生态环境保护等事情。如果按这个角度展开，政府这个有为在中国就非常值得再提一提它的重点事项。

所谓供给侧的结构优化就是突出重点，兼顾一般。中国有什么重点？比如第一，"十三五"期间继续弥合二元经济，现在是要在这里解决全面小康决胜阶段的任务。托底的事项，是"三农"概念下中国七千万农村贫困人口必须脱贫。这个脱贫怎么做呢？不是需求管理，它是一个很典型的供给管理，现在的要求叫“精准扶贫”。政府怎么考虑精准扶贫呢？必须一一区别对待，各个地方的贫困状态原因何在。比如有的地方这么多年反复分析认识，确认这个地方就是因为它的自然生态环境达不到人类生存的基本要求，是不适合人类生存的环境，那别无选择，五年之间为让这些人脱贫，不管多高的成本，政府必须投入资源把这些人搬迁出来，这叫作搬迁性扶贫，来让他们脱贫。在什么地方给新村地皮，怎么建新村，怎么做动员工作让他们搬过来，搬过来以后不要再返回去，这都是供给管理。另外一些地方，是因为这些年那里的生产门路总是找不对，想发展农业生产，种植、养殖，总是不能脱贫致富。对策是什么呢？政府要派出有水平的专家团队到那里给予技术路线的指导，让他们真正打开生产门路。有些扶贫对象是因为得了病，因病致贫，一个家庭有一个人得了大病，把全家拖入贫困状态，对策就变成要把城镇已有的大病统筹制度覆盖所有农村区域，包括穷乡僻壤，同时还得给出应急的救助、扶助机制。这套合在一起才叫精准扶贫，才能解决中国实际的“十三五”期间七千万人都脱贫的任务。

以此来类推中国的区域发展问题、科技创新问题、生态保护问题，我们的重点建设、基础设施，以及现在实际上十分重要的中国的国防、国家安全问题，等等，它都有一大套结构的特征和供给管理的要求。政府这个“有为”，摆在面前是非做不可的，但怎么做得好还必须“有限”、有节制。这个“有限”首先是，凡是政府在自己理性判断下认为能够让市场更充分发挥作用的，一定要让市场发挥作用发挥到极致，这时候如果市场完全解决了问题，竞争机制解决了的，政府你到此为止；剩下的还有大量的事情实际上就是市场失灵或没有可能充分发挥作用，政府还必须加入进去要做的事情，这也叫有限。再往后，少数的事情市场真的是无能为力，政府就得自己考虑怎么把这个事做得尽可能高水平。

举一个前些年中国基础设施建设的例子，当时也是很大的工程——青藏铁路。关于青藏铁路投资建设看来看去没有办法对接市场机制，所以，政府觉得到了一定的阶段上必须组织所需的资源把这条路先接通，接通以后，它维护国家统一、民族团结、促进社会和谐等的社会效应是综合性的，以后再考察如何在条件变化时对接市场机制。

从新供给和供给侧改革应有的追求是有效市场对接有为和有限的政府这个角度，可以再举一个例子：大量的可做的事情里，有一个很值得称道的，就是中国现在为对冲经济下行引领“新常态”，必须增加有效投资——投资它到底怎么样生成有效性，这是具有挑战性的问题。过去中国做了大量的投资，这里面确实有不少是成功的，但是也有不少是失败的，或者绩效水平不高的。过去的基本机制，是强势的政府决策者看准了的事情他大笔一挥，程序里所说的“可研”（可行性研究报告），在这个大笔一挥之后就变成可批，批下去了这个项目就立项，就做起来了。但是他实际的决策水平高低的有效性保证是不足的，哪怕你形式上有可研报告，还不行。但现在要做 PPP，叫作政府和社会资本合作，包括一些公共工程、基础设施，以及产业园区，经济增长点连片开发的方式，都可以放在 PPP 里，它的整个程序是阳光化的，原来一个一个项目的可研报告，只是要做这个事情在最前面的铺垫了——这些项目都有可研报告摆在这儿，政府、企业、专业机构，包括各种设计师事务所、法律事务所、财务会计事务所，这些专业机构都可以参与，也要让社会公众知情。要一起对这样的一些项目做所谓识别、过滤、筛选，然后挑出认为最值得考虑的那些往下走程序，这个阳光化的程序包括物有所值评价、财政承受能力论证。这些都能过关了，到后面是政府作为合作的一方，即合作伙伴中的一个参与者，与作为另一方伙伴的企业，以及其他必要的购买服务、提供智力支持的机构一起来谈合同。这个白纸黑字的合同可以形成十几项百科全书式的“亲兄弟明算账”的文本，把所有的因素放在里面，包括项目所有的风险因素的分摊方案，这几十种风险因素哪些是政府承担，哪些是企业承担，哪些是必须共同承担，什么情况下怎么共同承担，都要统统写进去，最后是合作伙伴各方自愿签字才能生效。这个程序走完了，生效的时候，是把这个项目建设的所有规则由法律罩住，包括原来认为很强势的政府这时候也只是跟企业一样以平等民事主体的身份，签了字必须遵守合同，必须在法律的约束之下去履约，否则法律可以启动程序向政府问责。这样一来，这个项目的有效性就前所未有地提高了，它实际上就变成了政府、企业、专业机构加在一起“1+1+1>3”的一个建设项目绩效提升的机制，这是很实的一种中国可做的事情。这种事情做起来，我认为是供给侧改革里可以观察的案例：现在要加大有效投资，挤出过剩产能、落后的产能，应该是越来越多地利用这种新机制。所以，虽然有种种议论，有种种怀疑，如果按照一个我们可以把 PPP 指明的阳光化的、更健康的程序去推动投资的话，有效投资在中国的发展过程中是有很大空间的，是非常值得做的。地方政府现在受人指责的“为官不为”可以理解，种种压力下多一事不如少一事，但你一旦说到 PPP，却容易把所有的能动因素凑在一起变成天时、地利、人和突然一下凑齐了——因为到地方的市县政府去看一看，我们已经接触了很多这样的地方，那里的决策层总是要做点儿事情，虽然非常谨慎，但是总要做事的情况下，最后目光聚拢在这个阳光化的最没有风险的 PPP 项目上，这个时候很容易形成一个共识：咱们走程序吧，谁也不要担心别人抓我的把柄。这个事情就有可能走完程序而做成，做成它又正是一个绩效提升的机制。

这就回到我前面所说的对于供给侧改革的理解：从这个角度观察，中国可做的事情还是很多的。就说 PPP，北京、上海等一线城市所有的交通网的建设还远远没有到位，北京说是首善之区，公共交通动不动陷于半瘫痪状态，必须下决心加快建设与纽约、东京、巴黎、慕尼黑等城市类似的四通八达、密度足够的轨道交通网，特别要借鉴东京轨道交通展现的立体化经验。各种各样的设施配全，光是停车位北京该建多少？中心区轨道交通网周边合适的地方、合适的节点上，建设停车设施形成有效供给，而且给出必要的大型平价停车场的配置以后，最后可以取消北京关于机动车购买的限购制度，那才是真正走到健康状态。这类事情在北京等这样的中心城市有大量的工作可做，在中国其他的地方，中部、西部的地方，也有大量的事情可做。至于说到现在以“一带一路”规划跟其他经济体合作去做，我觉得好几十年也做不完，这个供给侧改革打开的空间又是一个长期视野，它不像需求管理主要考虑反周期这个阶段怎么操作，任务就完成了。

主持人：谢谢贾院长，您解释得挺充分的，而且从理论的高度结合实际，用 PPP 这样的案例。我接着贾院长讲的我再跟进一下，讲到怎么增加有效供给您讲得挺深入的，结合 PPP 这样的案例，市场有所为有所不为，引入市场机制。我还是想回到可能我们传统理解的或者从市场的角度，从投资者的角度还是非常关注的，就是增加有效供给我们比较能够理解，就是怎么去减少现在的过剩产能做减法怎么减。这里面您刚才讲了权威人士解读有阵痛，结合您的理解，并且从财税这个角度出发，从财税政策上有没有一些措施能够降低这个痛苦？因为从中央的层面我很容易说大家要减产，可是每个地方政府它会觉得为什么我这个地方减产，为什么我这个厂要关，我这个地方都活不下去了，所以，它可能需要中央政府的支持，您觉得这个方面应该怎么做？

贾康：去产能我感觉财政政策首先的着眼点，是要打造一个在改革中能够从全局上推进理顺比价关系和价格形成机制的配套改革，有了这个配套改革，市场充分起作用的过程中去产能可形成内在的合理性。现在已经观察到阵痛的特征很明显，但是在我们的基础资源产品、能源产品比价关系和价格形成机制没有符合市场经济客观要求的情况下，其实哪怕竞争显得再激烈一点儿，未必是真正符合长远发展的那样一个优胜劣汰过程。

比如能源这个视角。我们早就在说，十几年前中国关于电力改革就下过文件，现在又有新的文件下发，其实思路跟十几年前一样。但是当时称为“五号文件”的要求里的最实质性的问题，是在整个电力网的前后两端跟市场对接：电的生产环节要承认它是商品属性，跟市场对接才能产生选择性、竞争性，当时给出的表述叫“竞价入网”机制，如果在这一端能和市场对接，那到最后面临所有的企业、千家万户的居民，还要输配分离，引入服务外包等竞争机制，又跟市场对接来提高它的服务水平和产生的潜力释放的灵活性空间。这两个事情十几年前就明确提出过，但是寸步未动，把相对容易做的事儿做了，就是厂网分开，主辅分离，新建了很多大楼，新提了很多高管，新配了很多专车，但改革应有的正面效应却没产生多少，这是一个带点儿荒唐意味的局面。如果十几年前就看准了这样的比价关系和价格形成机制的改革无所作为的话，我觉得再怎么强调大家在竞争中忍受阵痛，都是没有达到应有的改革水准的。所以，我现在比较寄希望于至少现在又有了明确的电力改革的要求，以及推进整个基础资源和能源产品价格改革的要求。由此这个新一轮改革，其实应该成为新一轮价税财联动的改革，税收在这里面要形成一个基础能源产品的比价关系和价格形成机制里的法定因子。比如说我们资源税从量变从价，它以后就跟着市场水涨船高了，这样一个税收因子又是通过规范的程序可调的，这是前面我们提到的政府要管的规则，这个规则是对事不对人的，你不用跑到我这儿来拉关系，大家在阳光化下一起说清楚这个规则怎么走立法程序，使这个税法规定的税种更合乎我们说的改革的内在要求。把这些做出来以后，剩下的事情就是比价关系和价格形成机制形成一种内生的，而且长远的、全面覆盖的结构优化的压力和动力。大家在整个产业链上感受到物质利益导向下要通过竞争千方百计节能降耗，千方百计去开发有利于节能降耗的工艺、技术和产品，这样一来竞争中不能经受这种新的利益参数约束的那些主体就会被淘汰出局，淘汰出去的就是所谓的落后产能与过剩产能。这时候财政要做的，在产业链上这种新的负担的传导过程是加入依法的税收因子的，加入比价关系调整机制的，对这个过程中淘汰出去的企业所有的人员，必须解决他们的安置、再就业培训等问题。

主持人：这由谁来解决？是不是中央财政来解决？

贾康：对，中央财政要牵头，各级财政合在一起来健全我们的整个社会保障体系。当然，这也很得罪人，像财政部的领导说必须引入国际经验里的精算，必须量化，必须考虑现在离退休人员得到的医疗保障方面，一分钱没交的能不能让他们也交费，结果看到网上很多人跳着脚在骂人。但是中国必须解决这些问题，这个合理的社会保障体系不是政府自己单打独斗，要把所有机制合在一起，但是政府必须在这里至少承担缺口补贴，要做好战略储备，使这个体系可持续。如果把这个产业链传导里这样的优胜劣汰兼并重组、破产倒闭的人员分流问题能处理得相对平缓，就维持了基本的社会和谐，我觉得政府该做的事情大概就做出来了，剩下的事情你是靠市场去解决结构优化。到了传导到最终消费品的时候，水更贵了，电更贵了，较多包含基础能源产品的物品更贵了，政府必须及时、适当地提高低保标准——中国现在低保已全社会覆盖，固定成本全都付出了——提高低保标准要算得八九不离十，要向所有公众说清楚让他们能理解，老百姓能接受。具体标准掌握上，是使最低收入阶层的实际生活水平不下降，而中等收入阶层以上的那些社会成员，会适应这种变化，调整自己的消费习惯，让整个社会趋向于更加绿色、低碳发展的轨道。我觉得政府把这样两个对企业、对居民的事情掌握好要领了，就是尽责了，具体表现是财政要发力。所谓供给侧管理的最主要的事情，要从这里抓起。

主持人：您说到财政赤字，上次财政部副部长说3%以上也没有问题，您觉得我们多大财政赤字才可以解决这个问题？

贾康：估计2016年应该抬到3%再高一些了，因为去年名义上为2.3%，财政部楼继伟部长说实际上要达到2.7%。从现在各个方面的诉求和现在的口风来看，至少要抬到3%或者3%出头吧。从国际经验来看，确实不能认为到3%以上就一定会出什么样大的风险，关键是要把其他的配套事情做好。在中国提高赤字率实际上就意味着必须更大力度地举债，因为中国已经锁定赤字弥补的轨道，如没有原先的结余可用了，就必须靠举债。所以，债务规模的扩大也是合乎逻辑的。

主持人：今年国企破产坏账怎么解决？国企破产会加大力度吗？

贾康：现在没有听到这样直接的消息。逻辑上讲，应该不排除国有企业的重组，它不一定要破产，可处理为兼并重组，但是跟破产达到的效果应该是大体一样的。中国现在在中央层级由国资委下管的这些大型、特大型企业层面，基本上不会发生破产，可能地方政府层面应该说合乎逻辑地会有一些必要的国有企业改革中间的破产式重组。

（2016年1月11日在上海瑞银大中华年会上的发言与答问）

供给侧改革与消费者用户体验升级

非常感谢会议的邀请，很高兴能参加我们的年会，作为一个研究者，借这个机会汇报一下自己对于供给侧改革与消费需求响应机制、消费者用户体验升级的相关理论探讨方面的一些初步看法。我的基本观点是这样的：在我们研究的经济循环中间，供需互动是一个基本的动力机制，需求是原生动力，消费是最终的目的和归宿，而供给对于需求的响应机制，是决定人类社会不同阶段上升发展的最关键的因素。使消费合乎意愿，我们现在往往把它称为“用户体验”，合乎意愿的程度提高，能够使用户体验升级。在经济发展中，实际上供给侧是创新之源。在供给品性价比提升的后面，经济学分析可以证明，它会提高边际消费倾向，比如今年中国财税改革中的营改增做到了全覆盖，而营改增会促进专业化细分，公平竞争中的专业化细分又会促进产品与服务的升级换代，它就会带来性价比的提高。假设其他各种相关参数不变，消费就会得到扩大。

这种边际消费倾向的提高，实际上对应的就是“扩大内需”。另外一个视角，比如我们都关注社会保障体系建设，基本社会保障在基本养老、义务教育，还有基本医疗保障等方面如果做得更到位，那么将会降低居民的预防性储蓄，又是提高边际消费倾向。这样的观察，后面跟着的认识是什么呢？我想是产品服务供给有效性和制度供给有效性的提高，从供给侧带来了使消费提升和扩大的效应。

实际生活里，我们可以观察到社会上非常有感受的一些案例。比如这几年，信息化时代一些供给侧成功创新的产品如何引领全球的消费潮流。乔布斯主导的苹果产品，比如苹果智能手机，问世之后使消费者普遍感觉眼前一亮，欣然拿出自己钱包里的有效支付能力去购买的时候，带来的市场效应不叫一呼百应，是一呼万应，一呼亿应，迅速风靡全球。那边刚刚宣布了一款产品，没过两天可以在我们中国首都繁华商业区北京西单大悦城的苹果旗舰店，看到消费者排成长队在那儿热购，到了夜晚这个店也不能关门——这样的情况我是亲眼所见。它所带来的由供给侧成功创新而实际上引领和创造需求、满足消费者用户体验升级的这种效应，得到了新技术革命时代种种因素的配合，体现了前所未有的影响力，实际上给民众带来了福祉的增进。

另外还有反面的例子。大家都讨论的马桶盖，是中国人富起来了，钱包鼓了，当中日关系稍微缓和一点儿以后，大量中国游客涌到日本去观光旅游，顺便几乎不约而同出手把日本的马桶盖买回来。开始认为，这种购买现象肯定是表明中国国内这种产品生产的技术和工艺水平不够格，所以才会出现跑到国外去购买的情况。后来发现不对了，买回的马桶盖原产地是咱们杭州附近，是中国本土的厂商按照人家的订单提供的中国本土制造的产品，说明中国的供给侧，并不缺少人民群众家庭卫生洁具升级换代的马桶盖所需要的生产技术供给、制造工艺供给。缺的是什么呢？缺的是，中国国内市场制度环境的供给为什么不能形成一种品牌效应？引领某种品牌应该在“优胜劣汰”中胜出的公信力为什么迟迟不能出现？中国的家电市场，必须说它是鱼龙混杂的，而且这种状态迟迟不能改变，消费者对于假冒伪劣的风险心有余悸，是不敢贸然出手购买的，对用户体验的预期非常不良。而到了日本，口口相传的公信力是说，那边有全套的质量控制，有全套的政府监管，你放心买，买回来不会有任何烦恼。就是这么个区别。董明珠对于中国家电市场评价说，这中间是大家都在处关系，“都处关系”的结果就是鱼龙混杂，就是迟迟不能让市场真正实现优胜劣汰。这里缺的不是技术，不是工艺，缺的是制度环境的有效供给。这两种案例摆出以后，我想转入我们认识框架上的一个概要的认识，从国家领导人关于供给侧结构性改革方面的表述，先谈谈自己的基本看法，然后进入到我对于经济发展过程中整个动力体系认知的一个框架。

总书记在五中全会之后，中央财经领导小组第11次会议上，是在前面已有口风以后，比较系统地用5句话阐述了供给侧结构性改革。话不长，但是已经很清晰地体现了中央关于这个战略方针的核心概念及其内含的基本逻辑连接。第一句话说，“要在适度扩大总需求的同时”怎么样，表明这样一个关于供给侧的战略方针，绝不是否定需求侧的意义和作用，还要继续优化需求管理。但是话锋一转，第二句话、第三句话讲的是需着力加强的都是供给侧了，这是总书记后来讲话里所加以认定的“矛盾的主要方面”，首先是推进供给侧结构性改革。落在改革上，说明这个战略方针不是横空出世全新的东西，它就是在邓小平改革开放大政方针贯彻轨道上的承前启后继往开来——还是改革，为什么要在前面加上“供给侧结构性”呢？有的评议说这太文绉绉了吧，而且还有点儿绕口。我的体会就是：显然决策层是在特别强调我们现在的科学决策、政策优化需要有“中国特色社会主义政治经济学”学理的支撑。改革是什么呢？邓小平说是生产关系的自我革命，就是在供给侧解决有效制度供给的问题。生产关系是社会形态里的制度架构，说到“供给侧”，就是在学理上把它挑明了，这是新意之所在。为什么是结构性呢？讲供给侧首先是制度结构、利益格局，就是对应着总书记说过多次的改革深水区必须“冲破利益固化的藩篱”，否则我们没有出路。这个供给侧改革在表述上与我们原来所说到的体制改革、深化改革在用语前缀上有区别，但不能说他们相互之间是什么排斥的关系或者说是什么从属的关系。我注意到对供给侧改革提出批评的北大学者，把这先认为是排斥关系，后面又说成是从属关系，我们认为在学理上这都是说不通的。供给侧改革也就是一向所说的体制改革，是要提供有效制度供给的结构性改革。在第二句话勾出来以后，跟着的第三句话是强调在供给侧以制度供给这个关键要素，带上其他所有的供给侧要素，形成供给体系质量和效率的提高。这表明我们的这个战略方针是一个系统工程的问题，对于中国是全局、长远的问题，解决现在“问题导向之下”到底怎么样通过改革攻坚克难而达到全面小康，以后还要跨越中等收入陷阱，一直连通伟大民族复兴现代化中国梦的问题。我们显然要借鉴美国供给学派减税为主的主张等这方面的积极启示，但是总书记的话叫“不是一回事儿”。我的体会就是那边还是比较狭窄的、局部的认知，虽有新意、可借鉴，但是和我们确实不是一个可以简单相比的概念，我们这里就是一个系统工程的把握，要比那边宏大得多。第四五句话讲的是这样的供给侧改革追求什么。首先是解决经济发展的可持续性问题。这又不是全新的，是在胡锦涛总书记任职期间就已经非常明确认识的问题：邓小平简洁正确表述的“发展是硬道理”，要升华为“全面协调可持续的科学发展是硬道理”。这一可持续性问题的解决现在表述上的新意是什么？是直接把它连通到关于经济动力的认识，动力体系要转型升级。最后一句话，是要推动我国社会生产力水平实现整体跃升。它表明我们现在追求的供给侧改革还是延续“三步走”战略里内含的从追赶到赶超的超常规发展战略思维。这种超常规发展战略，在主观上来说，当然是需要做理性把握的，在客观来说则具有可能性：人类社会发展从来不是谁先进就永远先进，都是你追我赶，前面有英国赶超荷兰，又有美国赶超英国，中国现在就是要努力地在和平发展过程中，在工业革命自己落伍之后，从追赶最后达到后来居上的赶超。我觉得这就是邓小平“三步走”现代化战略思想的延续，在新的阶段上结合着所表述的“整体跃升”、“阶跃曲线”式的表述，再一次肯定了我们要贯彻执行的是超常规的发展战略。地方政府层面几乎不约而同使用的所谓跨越式的发展战略，有的人称为“弯道超车”，都是在讲超常规发展——有的学者批评弯道超车，这都是字意，实际的意思就是我们要抓住发展的不平衡性和历史机遇，争取“守正出奇”来完成中国的现代化。

把这些认识基本勾画一下以后，简单说一下我们在学理上是怎么看待供需之间互动而生成的经济发展动力体系的。这个动力体系最后落到归宿上，就是满足消费者用户体验的升级。我们认为供需显然是相反相成的概念，谁也离不开谁。在实际生活里，必须首先承认需求是经济发展的原生动力，人存在就有需求，引出动力要去满足需求，从而要有生产活动，提供产品与服务，但是供给侧对于需求侧的响应机制和它的特征，却是划分经济发展不同阶段、不同时代的最关键的因素。我们可把相关情况列出一个表格。第一列是讲人类发展从最原始状态一个个台阶上升的不同时代的表述，第二列是与此相关的在供给侧生产力视角上所实现的一个个台阶的创新上升，第三列是在生产关系视角上，社会形态的一个一个台阶的相应演变。最粗线条地说，人类社会最开始脱离动物界，是分工和合作之下从事采集与狩猎，以这种供给能力来满足社会成员活下来的基本需求。这样的一种状态经过了漫长演变之后，终于引出了农业革命这个供给侧划时代的进展，有了这样的创新之后，人类社会就可以相对稳定、可预期地在季节更迭之后取得不仅满足社会成员能够活下来需求的供给侧产品，而且还可以使社会成员中的一部分在剩余产品支撑下，得到满足他们发展需求和享受需求层面的供给。历史唯物论清楚解释了，到这个阶段，从人的本性引发出来的供需互动，必然要引出人类社会脱离原始共产主义的氏族部落状态而进入阶级国家状态。再往后的演变过程中最重大的事件就是工业革命，又伴随有地理大发现之后的全球化。工业革命具体可区分为蒸汽时代、电气时代、自动化机器时代和我们现在面临的信息时代，是供给侧一个一个成功的创新，使我们的供给能力不断提升，而使需求得到满足的那种用户体验，也由此是不断升级的。

到现在最前沿的情况大家注意到是什么呢？是到了信息时代、互联网时代，又推到了移动互联，紧跟着的是在大数据、云计算等技术的支撑之下，有了智能化的趋势，有了明显的共享经济发展的进步与广阔前景。共享经济是在消费方面完全可以突破原来的排他性的框架——原来只能是排他消费的东西，现在变成了共享。有分时度假酒店，后来走到现在在数据支撑下的家居旅店和网约车、顺风车，等等，再往后这种种具体的形式会层出不穷。

比如电动汽车，可能不太长的时间之内，在社会成员中越来越多采用。而现在已可以看得很清楚的一种新配置，是私家车，晚上停在停车位的时候接上充电桩，这时候电网里的电是最便宜的，充好了的电，到第二天白天你不开车的时候，在自己的智能手机上会看到一个提示：你可以卖出去多少电，而且卖个好价钱。这样的一种情况，就把一个一个的消费单位变成了一个一个的生产单位，配上分布式能源、智能化电网，大家一起来共享整个资源配置里的潜力。所有的人在这里面是共赢的，整个电网的功能更符合低碳、绿色、环保等要求，资源会得到更充分的利用，所有的私家车消费者在这里面，又以生产者的身份参与到了共享经济里去。这些都是供给侧实实在在看得见摸得着的创新给我们引出的人类社会的进步和消费的升级。

这些观察，再结合前面的案例分析，可以用一句话做出的概括就是：决定社会发展的生产力的特征和根本上由它决定的生产关系的特征，其实都是发生在供给侧。需求侧的意义在这方面怎么说？我觉得要承认既然是原生动力，它也是合乎逻辑地不断要变化的，需求是不断出新的，从人类的本性来说需求永远不可能真正完全满足。广义的需求要说到的就是按照“渔夫和金鱼”的寓言来说，不可能有一个天花板，假设把一个乞丐一路抬高到国王的高位，他还想再多活 500 年呢。经济学无法讨论这种漫无边际的广义的需求，它必须给一个定义，可以讨论的是“有货币支付能力的有效需求”。这就好讨论了，即随着经济社会发展，公众的收入在不断增长，他们这些收入怎么样用出去，是他们运用消费者主权。在挑选消费对象、产品和服务的过程中，所需的用户体验的满足到底是什么，他本身也说不清楚，但是供给侧成功的创新会使他眼前一亮，欣然把钱拿出去来购买。这就是实际的供需之间消费与生产、生产与消费永不止息的循环过程、互动的过程。

在这个角度上来说，我们需特别强调关于经济发展动力体系的认识，不能停留在原来所说的“三驾马车”上。“三驾马车”只讲了需求侧，但在需求侧又不得不把总量的需求切分成三大块，就是投资的需求、消费的需求和进出口的需求——这些年大家感受到这“三驾马车”之说的解释力越来越不足，都对它不满意，道理何在呢？就是它不得不在总量的需求侧引入了结构分析，但这个结构分析没有走完，必须把这个结构化的逻辑传导、转移到供给侧，完成对于整个动力体系的完整认知和把握，这个认识框架才能有它应有的解释力和支持科学决策与政策优化的理论支撑力。我们要做的理论创新和理论联系实际的工作，就是从这个认知角度来做的。一些基本看法在这样的一个供需互动、相互关系分析的基础之上，引到认识整个动力体系，是必须把已经在需求侧不得不做的结构分析引到供给侧而展开。

供给侧的结构分析，如果从理论模型来说，可以先做一个抽象，就是供给侧存在着五大要素：劳动力、土地和土地代表的自然资源、资本，还有科技创新、制度和管理。千千万万复杂的于供给侧看起来指标不可通约的这些因素和变量，可以就概括为这五大方面。五大方面的要素中，前三项一般的经济体在经济起飞之后和进入中等收入的阶段上，前面三项的支撑力是要衰减的，中国这些年走向经济新常态，就和这息息相关。2010 年我们人均 GDP 达到 4000 美元左右，人均收入站在世界银行横向比较的 3000 美元以上，而以后我们经历了一个经济不断下行的过程，新常态的“新”已明朗，而“常”未实现。怎么到“常”呢？“常”是必须稳定在一个增长质量升级版的中高速增长平台上，实现这个追求需要找到的是后面两项要素的潜力，这后面两项巨大的潜力如果释放出来，可以对冲前三项滑坡的下行因素，而且同时带来结构优化支撑我们的升级版。科技被邓小平表述为第一生产力，就是强调它的特别重大的支撑创新发展的作用，而制度变革就是改革，被领导人称为“最大红利”、“关键一招”。现在学者所说的“全要素生产率”的概念，已经被领导者和有关管理部门接纳而写入文件。全要素生产率不是讲的所有这五大要素等量齐观，讲的是在经济阶段转换之后，五大要素继续各有贡献各领风骚的时候，在他们的组合上怎么推陈出新，怎么真正聚焦到后两项潜力的释放上。而对于后两项，我们又特别强调在中国转轨过程中，往往有这么一个特征，就是吴敬琏老师所说的“制度高于技术”，制度供给决定技术创新的潜力的发挥。前面大半年，中国的高校、研究机构、知识分子所受到的折腾，再次表明了制度环境对我们科研创新积极性的遏制。把官本位、行政化这套东西十分起劲地施加到这些知识分子头上，包括自愿参加的横向课题的经费管理上，而且还要往前追溯，名义上是在加强管理，实际上是违背科研规律，实行了李克强总理反复批评的繁文缛节，搞了大量的打击科研人员积极性的种种清规戒律。现在中央实际上已经在纠偏，几个文件已经发出，当然病来如山倒，病去如抽丝，有关部门说这些文件的贯彻是要在年底之前出细则，我们可以拭目以待。换句话说，中国和美国创新制度环境比较起来其实简单，你看看硅谷，在那里怎么可能想象有一群人手中握有公权，无论以什么名义而按照官本位、行政化的规则对于这些创新一线、产学研结合一线的创新者、知识分子、科技人才，去实施所谓加强管理？根本想都不要想！这就是人文环境和科研规律方面结合中的巨大差异。中国要真正解决以供给侧结构性改革解放生产力、释放潜力活力的问题，首先是要看改革如何实质性推进。消费在中国有极其巨大的潜力，全球的人们一望而知，这么多国外的客商为什么在中国现在不断看到有困扰的时候，还看好中国市场，就是知道这个 14 亿人的大市场弥合二元经济的过程中会不断释放需求，又可以得到全球的供给来回应。这样的循环过程，使在商言商的人谁不知道一定要盯住这一大块市场？但是这个市场潜力到底怎么样如愿地发挥？我们就必须以有效制度供给为龙头创新发展，落到消费者用户体验的升级方面。我觉得，就是要把这个供给侧整个结构优化的关键机制把握好。

这些看法还很粗糙，汇报出来请各位批评指正，谢谢大家！

（在2016 年11 月19 日于山东济南举行的消费经济学会年会上的发言）

供给侧改革与中国绿色财税体制

首先说一下我对于现在被表述为战略方针的供给侧改革的基本看法。五中全会之后，2015 年 11 月举行的中央财经领导小组第 11 次会议上，领导人指出要在适度扩大总需求的同时，着力加强供给侧结构性改革，着力提高供给体系的质量和效率，增强经济持续增长动力，推动我国社会生产力水平实现整体跃升。

在此之前，其实已经屡有口风，在此之后，已经有更展开的关于供给侧改革的论述。但这里共五句话的这样一段表述，应该讲已经比较精练地体现了决策层对这个战略方针的基本阐释和里面的逻辑连接。我们作为研究者，感觉应该把握的基本要点，可从五句话依次来看：

第一句话，表明这个供给侧改革的战略方针，绝不是否定需求侧的意义和作用，绝不否定需求管理，还要继续优化需求管理来适度扩大总需求。

但是话锋一转，从第二句话和第三句话来看，需要大力抓住的矛盾的主要方面，是在供给侧了。这个供给侧的考虑，首先是落在改革上，“供给侧结构性改革”讲的是改革，就是在中国 30 多年前进入改革开放新时期，初始时邓小平强调的大政方针 ——“改革开放”这个轨道上的承前启后和继往开来。

而我们面对的新的阶段，是改革进入深水区以后，必须攻坚克难。“供给侧结构性改革”这个表述，针对改革怎么样攻坚克难，强调了形成有效制度供给和优化结构，所以这个表述是在强调要实质性地推进改革。它的新意，就是根据学理层面的严谨分析认识，首先把“供给侧”

直接标上去了——因为改革要解决的就是有效制度供给的问题；而表述中第二个要素“结构性”，就是意在直面改革是要解决制度结构、利益格局的问题，也就是要解决习近平主席说了多次的“冲破利益固化藩篱”的问题。

这样以制度创新、有效制度供给为龙头，解决结构问题的深化改革，落到了第三句话，是使整个供给体系的质量和效率得到提高。供给侧的诸要素中，我们认为，经济转轨中间制度供给是龙头，是关键，跟着的是要打开科技创新这个要素的潜力空间，作为全要素生产力里面非常关键的变量，这两个要素潜力发挥的空间代表着“第一生产力”和“最大红利”之所在。当然还要把传统要素，劳动力、土地与土地代表的自然资源，以及资本可能的潜力也进一步发挥出来，从而对冲他们支撑力下滑造成的下行因素。使整个供给体系质量和效益提高，在中国是一个全局性、长远性的系统工程的问题。从这个意义来看，领导人强调的供给侧改革作为战略方针，显然需要吸收借鉴美国供给学派减税为主的主张等已有经济学积极成果，但是绝对不是那样一个狭窄的政策层面上的要领，而是对一个宏大得多的全局和长远问题的系统工程式的把握。

这里面也内含着绝对不会只限于华盛顿共识之下新自由主义的取向即简单地设定政府无为而治，让企业在减税环境中间充分发挥供给侧的潜力，发展问题就解决了——中国的问题要比这个复杂得多。

再下面从第四句话看得很清楚，这样一个方针，要致力于在问题导向之下实现可持续发展。这种可持续、包容性的发展，是在胡锦涛任总书记时期决策层就已经明确地对全社会做出了表示的，即我们已经确立的概念是，人类文明推进中的前沿概念就是这样的可持续包容性“科学发展”。而现在，是在中国“黄金发展期”特征仍存在、“矛盾凸显期”的特征却已威胁可持续性这样一个现实条件之下，针对带来不可持续性的种种隐患、威胁，要解决问题，而这个表述上的新意，就是解决这个问题的关键，在于实现中国发展中动力体系的转型升级。原来已经认识到的邓小平简洁而正确地表述的“发展是硬道理”，升华为“全面、协调、可持续的科学发展是硬道理”之后，我们进而必须在供给侧改革中间解决动力体系亟应实现的转型升级问题。

最后一句话，所谓生产力“整体跃升”式的发展，就是学者们已讨论的发展过程总的趋势是要往上走，但不是一条直线，是一个曲线式的过程，就是对应邓小平南方谈话所说的一波一波的波动发展中要抓住机会，每一次上一个台阶。中国总体发展过程按照邓小平“三步走”现代化设计，其实内含的战略思维就是从追赶到赶超。但是，中国是走在和平发展道路上，在人类供给侧的创新已经可以支撑到共享经济这样的实际创新机制上，对应于现在领导人所反复强调的非常重要的概念——中国和其他经济体的发展是“命运共同体”式的发展，中国是要继续在和平发展、命运共同体式发展中间，延续超常规发展战略。中国是在工业革命以后落伍的经济体，常规发展并不解决所谓伟大民族复兴“中国梦”这样的问题。这个战略思维里面的超常规发展，所谓整体跃升式的发展，绝对不是要忽视客观规律，而是要认真总结和顺应客观规律，“守正出奇”。各个经济体的发展规律，实践中的经验总结，已经可以对应这样的一个规律性认识：西方学者其实已经做过反复探讨的“蛙跳模型”等这种并不均匀的、你追我赶式的发展。

上面这样一些基本看法，我认为已经比较合乎逻辑地连接在决策层表述的供给侧改革这五句话里面。

再往下我们讨论问题，就要注意到这样一个战略方针指导之下，亟需以创新发展作为第一动力引领绿色、协调的可持续发展和构建绿色财税体系。在这方面，我们要特别强调如下几点认识：首先是我们看到中国经历 30 年高速发展而进入中等收入阶段之后，我们正在认识、适应和必须引领新常态，矛盾凸显的特征已经突出表现在空气、水流、土壤等方面的环境危机因素所形成的威胁和制约。比如今年秋天之后，北京已经发了多次雾霾橙色甚至红色警告，所有学校禁止学生做户外活动。这种时候只能指望能来一阵大风，出现特殊气候的调整，减少雾霾的困扰。

宜居条件从这个角度来说是大打折扣的。在我们的大气受到这样的危机性因素威胁的同时，中国社会还有对食品安全的焦虑，是因为关系到水流和土壤这些污染因素——在这么多年看着粮食产量“12连增”的同时，土壤里面所包含的一些有害物质含量也在明显上升，大量使用农药、化肥，还有一些重化工业污染造成的重金属元素超标等问题，在威胁着整个社会的食品安全。为使诸如此类的问题得到解决，绝对不是在过去比较强调的需求管理视野上，处理好需求侧“三驾马车”的作用，就能解决好的问题。一定需要把整个动力体系从“三驾马车”这种结构，推到供给侧面对的更复杂的结构与增长质量的问题，特别是抓住机制、制度供给的关键问题，再做出全套的考虑。

那么第二，这样的问题导向之下，解决问题的出路，就一定是要以制度创新来引领科技创新、管理创新，化解矛盾和危机因素，才能实现绿色、低碳、可持续发展。我们认为这个命题里，包括的首先是十八届三中全会重要文件里面所强调多次的要构建有效、有活力的现代市场体系。市场在总体而言发挥资源配置决定性作用的认识突破后面，紧跟着一句话：“政府要更好发挥作用”，政府必须配上它的“有为和有限”的作用。

一个有效市场的决定性作用，加上另外的政府的有为而有限地更好发挥作用，我们必须配合好一系列的创新。比如像PPP这样的机制创新，超越了原来已经认识到的政府和市场主体各行其道、井水不犯河水、划清边界的认识，走到了政府和非政府的多元主体，在公共工程、基础设施、产业新城运营和连片开发这样大规模经济建设领域里，以伙伴关系的方式一起合作来做事情。把这些关系处理好，特别需要中国在市场运行基础机制和管理体制层面，把应特别强调的新一轮价、税、财联动改革做到位，改革煤、电基础能源产品的价格形成机制，使比价关系真正适应市场经济内在要求，并可做动态优化的调整。税收是一个依法的、在法定情况下稳定而长效发挥经济参数作用的重要制度因素。财税体制要正确处理政府和企业，中央和地方等最基本的经济关系，把价、税、财合在一起，促使中国能够在现代化的轨道上绿色、低碳、可持续地往前运行。这里面涉及基础能源、资源的比价关系和价格形成机制，对于中国以后可持续协调发展至关重要。为减少从空气到水流、到土壤等由于各种各样污染因素排放造成的情况恶化，一定要有长效机制，即一定要有调动千千万万市场主体和社会成员内生动力的利益导向，所以以价、税这些经济手段为主，来构成优化的经济参数体系，和价税财联动改革息息相关——政府怎样利用税制可塑性和财政制度的可塑性，又与解决国家治理的基础——现代财政制度建设的问题息息相关。

所以再往下说，第三，就得强调绿色财税体系的建设。我们认为，在指导思想上，要把这一体系建设明确纳入以财税改革服务于包容性发展和可持续增长所依托的总体经济社会制度安排的转轨，贯彻落实中央政治局批准的财税配套改革方案和四中、五中全会的整体改革设计。虽然现在财税改革进度已经明显滞后于中央的要求，但是推进改革是别无选择的。虽然滞后，大的方向、逻辑仍然还存在。财税改革重点和基本的事项，虽没有按照要求于2016年都做出来，但是在2017、2018年要继续努力，实现中央所说的2020年改革取得决定性的成果，并且紧密匹配四中全会所说的全面依法治国，五中全会所说的创新发展为第一动力，落到共享发展的现代发展理念的贯彻上。

第四，具体讨论财税体制如何按照绿色取向来实现自身的制度建设和发挥应有的作用，还需要依托一系列的基础工作和配套事项，这里面包括整个国土开发顶层规划上的政府职能，必须在这方面体现出其应有水准的“规划先行、多规合一”。规划先行，我们已经看到在“京津冀一体化”推进方面有鲜明体现。这种通盘的国土开发和不动产资源配置，不可能靠市场上分散的微观主体和基层单位以试错法形成合理的结构。规划的供给就是政府牵头的责任，政府的规划若要达到高水平，必须调动所有的专家力量，以及充分听取民意。“京津冀一体化”，给我们于“城市病”倒逼之下首都和周边地区重新整合整个国土开发安排、优化结构的新契机。我们现在看到大手笔的事情已经宣布出来了，未来两年多北京所有市级领导机关要迁到五环之外通州的潞河镇——这样的规划先行是必须要做好，而且力求要高水平的。过去搞惯了的各个部门分别地规划，必须有机地打通，合在一起：发改委的经济社会发展规划、产业布局规划，城乡建设部的城乡建设规划，国土资源部的国土开发规划，交通运输部的公共交通体系规划，环保部的环境保护规划，还有科教文卫的医院和学校发展规划，财政的中期资金规划，等等。它们的内在联系是客观存在的，但是过去很遗憾，往往由于部门分头设计，“九龙治水”，相互之间不能打通和有效结合。现在必须在规划这方面争取高水平，这也是在供给侧政府必须做好的有效规划供给。

在后面跟着还有信息系统的建设。现代化为取向的国家基础信息系统建设正在推进，除了努力多年的金财、金税、金关、金盾等工程之外，不动产登记制度已有全面安排，所有国家资源要在资产负债表概念下覆盖，还要争取覆盖到所有的自然资源。另外还有民主法制取向下的社会建设是绝对不可以忽视的，这些年中国社会里面公益组织的发展、志愿者组织的发展，都应该和绿色发展、低碳发展形成互动和优化结合。

第五，再往下面这个层次上，主要是勾画一下绿色财税体制的框架和运营基本要领。首先，从总体来看，必须坚持在分税分级财政体制框架中，合理清晰地规定各级政府的环保事权和相关责任。从中央到省，到市县，按照说了多年的职能合理化、事权合理化，必须形成可操作的职权责任一览表，即事权与责任的明细单，特别要针对中国“胡焕庸线”所刻画的“非常之局”，体现这种事权分配中大家同心协力合作分工怎样体现高水平理性供给管理的“非常之策”。这种事权的一览表、明细单是非做不可的。今年中央又下发了关于事权合理化的文件，在这方面应该乘势把一览表、明细单落到实处，而不是空谈这些事权合理化的取向和原则。

解决好政府事权，后面跟着的便是政府财权问题，履行事权必须要有与之相顺应的财权，相匹配的财力。和财权相关的基本问题，首先是法定、稳定的大宗收入，就是税收。当然广义的宏观税负包括非税收入，比如说还必须存在的一些行政性的收费，以及还有起调节作用的政府举债。这里面“钱从哪里来”是第一道环节，后面跟着的是“用到哪里去”，收入机制里必须正确设立内洽于绿色发展逻辑与适应调节要求的税种、费种。税的方面，涉及绿色税收体系建设取向下的资源税和环保税的改革，资源税要把从量征收变为从价征收并扩大覆盖面，环保税是要把原来的排污收费纳入费改税的轨道，然后再进一步优化调节机制。还要积极借鉴国际上已有的碳税方面经验，在中国怎么表述和设计是技术问题。我认为积极借鉴国际上的碳税经验，对中国来说是不可回避的实质问题。以经济手段为主促进广大市场主体和社会成员内生地自觉节能降耗，是引领新常态最主要的机制特征。

各级政府预算中，应正确设立支持环保和绿色发展的专项资金、引导基金、转移支付项目，助推绿色产业的培育和成长。关于中国经济学界讨论很热闹的产业政策问题，在这里我可以简单做一个点评：完全否定产业政策的认识框架并不合理，但作为反对派的学者提出的对于政府产业政策产生失误这方面的警示，和对于政府过去不当行为的抨击，却是非常有启发意义的。另外一派是肯定派，特别强调政府必须有为，要运用好产业政策的认识框架。其与现实生活的结合应该讲是要得到肯定的，但现在主要讲了怎样努力对产业政策做好设计，而相对而言忽视了产业政策执行贯彻，是需要特定的市场取向改革机制配套的，而这个市场改革取向的机制在中国要真正把它掌握好，又是难度最大的。比如，我前几天参加的湖北长江经济带产业基金会议上，就特别强调产业政策的贯彻机制问题。这一产业基金，湖北省财政拿出 400 亿元资金，然后又发展出各种子基金，达到第一期 2000 亿元规模，资金的来源主体是在政府体外，而开始的 400 亿元财政资金投入是政策性的资金，是把纳税人的钱拿来用。政策性资金一定要市场化运作，专业化管理，求得杠杆式的放大，政府不要在这些方面直接去指手画脚做事情。湖北 400 亿元其实是母基金，主要意图是要带出一群子基金，这对子基金作实际掌握的专业团队，去面对市场上的一个一个项目，政府只是较超脱地在这方面给予一些总体来说的助力式支持。这样一些设计，在中国怎么样探讨其优化，是一个不可回避的问题。

还有，应该把传统的财政贴息政策、信用担保方式，加上现在的产业引导基金等形式，构建成一套体系，就是政策性资金，市场化运作和专业化管理，还有杠杆式放大，来对接和结合商业性的信贷，支持绿色金融的发展。绿色金融概念已经得到了前所未有的重视，我认为绿色金融必须是在与商业性金融结合起来之时，超越商业性金融，不光是锦上添花，而且要雪中送炭，而且还要掌握好可持续性，避免种种道德风险，防止设租和寻租。这是一个更高水平、更具挑战意味的理性供给管理要求。

再有一点，我们特别看重 PPP，即政府和社会资本合作——公私合作伙伴关系。这个创新机制，是走一个阳光化程序，避免非常容易出现的项目决策失误，产生绩效提升效应。PPP 机制的创新，在政府、财政参与下，支持绿色环保方面，从基础设施、公共工程和连片开发，还有越来越成为新热点的中国的海绵城市、特色小镇、大大小小宜居的绿色环保建成区，怎样适应现在所强调的可持续发展、低碳发展，是大有可为的。这种建设中，很多项目跟着运营期，不光是建设期，特别是在运营期中，要发挥非政府的市场主体、专业机构他们的相对优势，把总体的绿色环保绩效水平提高。

我们还显然需要以更加成体系的财税政策，来支持环保公益组织和民间志愿者队伍更好发挥作用。这几年发展的态势是明显的，存在的一些磕磕绊绊的事情则需要引起我们进一步的重视，来减少实际上形成的不便之处，更好调动民间的潜力。

这些基本看法，汇报出来，请各位批评指正。谢谢！

（2015 年在能源基金会绿色发展研讨会上的发言）

供给侧改革的简要理解

尊敬的蔡鄂生副主席，尊敬的到会各位嘉宾、各位朋友，大家好！

今天我们的普惠金融论坛迎来第三届，我借此机会代表中关村互联网金融研究院，向各位的到来表示欢迎和感谢！

我们这次论坛的主题，是助力供给侧改革，以金融（包括互联网金融）视角探讨如何支持实体经济升级换代的发展。借此机会，我也以一个研究者的定位，就供给侧改革这个概念，简单谈一些自己的认识。

大家都已经注意到习总书记在中央财经工作领导小组会议上指出，需在适当扩大总需求的时候，着力加强供给侧结构性改革，着力提高供给体系的质量和效率——后面还逻辑很严密地表述了：要由此增强经济的持续增长动力，推动我国社会生产力水平实现整体跃升，即打造新的动力机制和对升级版发展状态的追求，是非常明显的。我们认为这个讲话精神，体现着最高决策层经济工作思路和宏观调控指导思想方面的新思维，合乎逻辑地指向五中全会关于“释放新需求，创造新供给”的重要精神，也内在地关联于中央经济工作会议关于中国特色社会主义政治经济学概念所内含的理论创新发展对科学决策的支撑。

供给侧改革现已成为方方面面热议的一个主题词。我们认为，推进供给侧结构性改革，确实事关我们如何认识、适应并引领经济发展新常态这一全局。我所在的华夏新供给经济学研究院和新供给经济学 50 人论坛，这些年致力于经济学领域的反思，并导向于深入研讨新供给经济学的系统化认识，我愿在此结合中央精神，简单勾画一些认识要点。

概念上讲，我们认为需求和供给是经济社会中相反相成的一对概念，政府调控职能，就在于怎么样实现总需求和总供给的动态平衡，而调控的技术路线过去就已很清楚地区分为需求管理和供给管理。现实生活中经验比较丰富、比较成熟的主要是需求管理，属于总量型，指标是单一可通约的，就是整个市场中流动性怎样掌握，以对银根的抽紧或者放松来实施反周期操作。中国改革开放后，特别是邓小平南方谈话确定市场经济目标模式之后，也在这方面积累了反周期的需求管理调控经验。

然而过去中外从理论到实践，应该讲长期忽视了供给管理，虽然必定会涉及，但是认识很不系统。过去中国的政策实践中已强调过多次“定向宽松”，所谓“定向调控”，这说的是什么？绝对不是讲需求管理，而是属于供给管理的命题。供给管理中的结构特征是非常鲜明的，指标复杂得多，绝对不是单一货币供应量的指标，涉及各种各样的结构问题。尽管理论上的分析认识还相当薄弱，但可观察到的调控实践中间的供给管理问题却不可回避——事实上，美国人在自己的金融创新方面走过了头，引发次贷危机、金融海啸，最后冲击全世界的金融危机之后，在应对危机中跳出主流经济学教科书框架而实行了区别对待、突出重点的供给管理措施，最关键的是运用公共资源对花旗、“两房”注资，一直走到对实体经济层面的通用汽车公司注资，极大地扭转了市场预期，带来了以后使全局稳定下来的走向复苏的新阶段。现在美国已告别量化宽松，进入了升息轨道。中国这几年在积极探索货币政策的所谓总量型政策工具的结构化运用方面，也体现了过去需求管理所不能够解释的政策要点，并不得不注重和多次强调结构优化问题。

从基本原理来说，需求是经济生活中的原生动力，但供给侧对需求侧的响应机制及其特征，却恰恰是划分经济发展的不同阶段、不同时代的决定性因素。以供给侧视角看人类社会发展，人与物关系形成的生产力角度和人与人关系形成的生产关系角度，都可以合乎逻辑地看出，实际上人类社会一步步发展起来，就是在人必然有的需求要得到满足这样一个原生动力之下，在供给侧会不断对需求做出响应，而这种响应机制必然在创新中间一步步地向前走，也一个台阶一个台阶地往上走。所以一开始人类脱离动物界，是以采集和狩猎为供给特征的最初阶段，后来上升到农业文明、工业文明，工业革命后又经历蒸汽时代、电气时代、自动化机械时代，而现在我们是处于信息革命的高新技术时代，是以互联网为标志的新产业革命时代。这都是供给侧的创新，使我们一个一个阶段发展起来。生产力的特征和根本上由它决定的生产关系特征，从学理分析，都是发生在供给侧，生产力里面的劳动力、劳动力对象和劳动工具，都是供给体系中不同要素的结构性划分——我们必须处理好这样的结构问题，而生产关系，更是所谓结构性改革要处理的制度供给问题。

对于中国来说，作为转轨的经济体，要实现现代化，关键的供给就是制度供给，改革就是要解决以“生产关系的自我革命”解放生产力的问题。我们过去在需求管理中有“三架马车”这样的认识，其一定意义上的贡献，就是把需求这个总量型管理问题开始结构化了，但是结构化的逻辑在需求侧无法展开和完成，必然要传导、转移到供给侧，并完成供给机制和整个供给体系构建问题。过去注重需求管理，所内含的理论假设是供给侧是完全竞争，市场自发解决结构问题，但实际生活恰恰表明，完全竞争理论假设在现实中必须做矫正还原，考虑不完全竞争的市场中怎么理性地加上政府结构优化政策措施，合理促进资源配置优化——客观上所要求的总体而言，是既避免市场失灵也要遏制政府失灵状态，这当然复杂得多。新供给经济学的理论创新努力，是在供给侧打通物质生产力和人际生产关系的视角，把制度创新、管理创新、技术创新的互动处理好——中国现在最主要的发展理念、排在第一动力位置的创新驱动，实际上就是要把制度创新、管理创新、技术创新结合，三层互动里面最关键的，是要把握好以制度供给为龙头的全面改革历史性攻坚克难的任务。

在中国供给侧改革概念之下，直接对应了对现在新常态怎么样认识、适应和引领的问题。在这个引领方面，我们主观可为的龙头事项，是十八大以后，三中、四中、五中全会一路走来，依据最高决策所要求的全面改革、全面依法治国和体系化的现代发展理念，要通过供给侧为主的系统工程实现新一轮生产力的解放。所以，基本、核心的理念上讲，所谓供给侧改革，实际上强调的就是改革为统领、结构优化为着眼点，使供给体系质量效益提升。经济增长中间“中高速”的直观表现到底是7%左右，还是6.5%左右，不是关键——虽然“十三五”期间需要6.52%以上，才能对接全面小康指标——更关键的是在底线守住的时候，还一定要追求经济增长质量提高，还要有后劲。这样的供给侧视角，又明显不同于需求管理的年度的短中期视角，必然追求短期与中长期的衔接，而追求实现长期的、战略性的目标。所以我们认为，中央的精神实质，是在2020年全面小康同时，还必须使三中全会以来部署的顶层规划中的改革任务，取得决定性成果——换句话说相对容易实现的全面小康，如不匹配上全面改革取得决定成果，这个全面小康的价值会大打折扣，因为全面小康只是“中国梦”实现过程的一个节点，关键在于形成后面的可持续性和发展后劲。

以上这些属于对中国供给侧改革的基本理解。具体分析有更丰富得多的内容：供给侧至少有五大要素，即劳动力、土地和土地代表的自然资源、资本、科技创新、管理与制度。对这五大要素，国际经验分析和中国实践都可以认证，在一个经济体的起飞阶段，在进入中等收入阶段以前的发展中间，前面三项更容易体现出支撑力，更容易发挥作用——中国就是这样：一旦进入改革开放新时期，经济建设为中心，低廉劳动成本一直支持我们发展到世界工厂；过去土地资源开发没有与市场对接，而一旦对接，无价变有价，低价变高价，物质利益驱动下，展现了生机勃勃、生龙活虎的发展进程——但后来又带来一系列挑战：如地方政府“土地财政”问题、扩大建成区的征地拆迁补偿等方面越来越多的问题；而劳动力方面现在看到了原来的人口红利迅速消失，变成招工难、用工贵、民工荒，劳动成本不断升高——这是中国的人均收入提高过程中间，低端劳动者收入这几年比总体提高得更快一些，正面说是好事，但负面说，同时必须注意到，这也就是我们原来一个重要相对优势的丧失，因而我们的传统制造业不得不往外转移。在这前面两项因素的支撑力明显下滑的同时，再看资金与资本。原来我们自己严重匮乏，靠引进外资，同时带来了管理和技术，于是支撑了我们发展，使民间资本完成原始积累以后又迅速雄厚起来，现在规模已相当可观。但现在中国的突出问题变成了大量资本在找什么是合适的投资对象，常规投资项目的边际收益递减已经摆在我们面前。所以引领新常态，我们必须更多地打后两项的主意：科技是“第一生产力”，从邓小平的判断到我们的学理论证，可知科技是以走创新道路产生乘数效应的供给侧一个最重要动力的来源；同时中国特别要以制度方面的变革，打开千千万万的企业、千千万万的科技人员聪明才智、潜力活力释放的空间，这是中国最主要的命题。从这个意义来讲，制度供给这个要素甚至要高于技术——后面这两项的文章要做好做足。所以，我们必须冲破一系列供给约束、供给抑制，这就是供给侧改革所追求的全要素生产率提高，其来源主要就是后面两项。

按照这样一套理解，回到今年主题，中国现在金融方面的创新要更加强调怎么样支持实体经济升级换代，实体经济方面的发展需要更好得到制度机制和金融体系的有效供给，才能够实现健康化、现代化。金融和实体经济结合在一起，推动实体经济升级换代，是要通过我们供给体系质量和功能、效益的提高，在走向新常态过程中间打造“升级版”。

我们的互联网金融，显然需要应对现在已经看得越来越清楚的困难、风险和挑战。我们应该坚定地走创新发展道路，又要理性处理与金融、互联网金融相关的风险识别与防范的成长过程，要把“互联网+”与我们中关村国家级战略层面构想的战略目标和创新逻辑，更好地融汇，通过我们的努力，使互联网金融对实体经济发展做出实实在在的贡献。谢谢大家！

（2016年1月8日在互联网金融研究院年会上的演讲）

“供给创造需求”新解读

一、绪论

在经济学认知框架上过去形成的主流认识是，需求与供给的总量平衡在完全竞争基础上足以解决经济运行的合意问题；理论界对“需求管理”由来已久的特别注重，隐含的逻辑是：另一侧需分门别类认识的供给结构，可在市场出清过程中自然实现其优化，而不必展开讨论。然而，近年我们在“新供给经济学”研究方向上提出的有新意之认识，特别强调的是现实非完全竞争条件下供给侧深化认识的必要性和政府治理、调控中强化、优化“供给管理”的必要性及其全局性意义。

首先，在供给角度上讲，虽然需求是原生性的，但是供给侧的升级换代的演变，可以决定生产和经济发展的不同阶段。在人类社会经济发展大的划分上，有石器时代、青铜时代、铁器时代，工业革命后走到了蒸汽时代、电气时代、信息时代，这些都是在供给侧由不同的递进的升级换代形式所决定的时代划分。这些原理过去人们其实在不同场合、不同视角上曾有所认识，但是把它们联系在一起来认识和应对所谓第三次产业革命的发展和创新过程，还可以并十分需要进一步的分析与阐释。

其次，需要注意，“完全竞争”仅仅是经济学研究中有用、有益的一种前提假设，但当人们以理论联系实际时，有必要在非完全竞争的约束条件下做出必要的认识矫正还原，增加不可忽略的供给侧的变量与影响，以引出可以有效引领、服务实践的真知与对策。

二、供给侧创新中带来的"颠覆性创新"对中国的意义特别突出

最近一二十年里，经济生活中特别值得我们关注的创新案例，是以美国硅谷引领新技术革命潮流所引出的在供给端实现更新换代的事件，比如大家称道的乔布斯和他的创新推出的苹果产品，还有现在互联网概念上包括"互联网金融"这种颠覆性特征的供给创新。在智能手机、互联网等这些产品方面，特别强调的就是所谓的"用户体验"。用户需求一直是有的，但"用户体验"这种不同的、由供给带来的升级换代的感受，被奇虎的周鸿祎称为"颠覆性创新"。它显然是在供给端发力的有决定性意义的创新，比如表现为把过去认为需要有偿使用的变成无偿——现在互联网上很多服务的直观形式就是无偿。另外是把过去看来非常复杂的东西简单化，比如过去摄影是个专门技术，变成傻瓜相机，现在又变成手机的轻轻一点，其他很多复杂的因素根本就不用想——比如说光圈、速度，各种各样因素考虑的组合，都有优化的便捷使用。所以应当说，萨伊"供给创造需求"命题的合理成分，在现实生活里面是有所印证的。当然我们不应该否定需求的原生意义，人活着就会有需求，有需求才有各种各色的动机和满足需求的活动。但是一旦到社会化大生产的全球化阶段，特别鲜明的特点就是由供给侧一旦实行了成功的颠覆性创新，市场上已不只是一呼百应，而是一呼万应、一呼亿应，一个产品可能迅速地风靡全球，而它给用户的感受确实是带来了人本主义视角上常说的幸福感——人们用到这种创新的产品以后，满意就幸福，这当然也是符合人本主义立场和取向的。

类似的种种供给端创新所带来的颠覆性创新，在我们认识新的经济社会发展浪潮和第三次产业革命的现阶段上，有特别的意义，而且对于中国，这种意义又特别突出。中国追求现代化的过程，按照"三步走"这个愿景目标，现在直观上仍是追赶，"大踏步地跟上时代"，实际上是

借助于后发优势，需于发展过程中间形成综合性现代化水平的提升，最终要实现“后来居上”的赶超。放在这个大背景之下，我认为可以对这种供给端更新换代引领市场、引领潮流功能做出更鲜明的认识概括，而要真正实现像中国这样的后发经济体现代化、后来居上的赶超，供给管理是特别值得看重的方面。因为这里面具有丰富的可选择性空间，不像需求管理是单一指标的，按照反周期框架做总量调控即可——需求管理方面在总体框架上大体是认知比较成熟的，但对于后进经济体在真正发挥相关多元主体的潜力和可能的活力方面，作为的空间是有限的。和需求管理可优化互动的供给管理和供给端鼓励创新的空间却是巨大的。这样就可以回到最早萨伊所说的“供给自动创造需求”来作新一轮的阐发——对此话过去曾经给予批判，如归为“庸俗经济学”，但是这话语里面却含有合理的成分，就是带有破坏性创造、颠覆性创新特征的供给，确实有可能塑造市场、引领市场，创造出大量的可对应需求。没有苹果产品，很难想象市场上会有这么一种需求潜力释放的空间，有了苹果以后，移动通讯被普通社会成员由“用户体验”所接受的形势一下进入了一个“升级竞争”的境界。互联网金融现在表现出的某些东西是过去传统金融里无法想象的。余额宝和叫出租车连在一起，几秒钟之内就可以通过手机完成支付。余额宝和信用卡连通了，也跟理财产品实际上连通了，它承诺可以一天算一次利息，很零碎、细小的资金也无妨，什么时候赚多少钱，自动结算一下，它的利率水平差不多是理财产品的水平，绝对不是活期储蓄的水平，当然就会受低端散户的高度认可并冲击原来的金融产品格局。

所以在过去所有经济学的认知里面多少已涉及的一些亮点，结合我们在供给侧考察分析中已经形成的概念，是可以在继续深化研讨中联接成为更清晰化、更系统化的逻辑体系的。回过头来面对现实，这不但会印证而且会引领我们现代化发展战略一些已可总结的经验，并前瞻性思考怎么样更有力地贯彻实施现代化，怎么样进一步开掘潜力、动力和活力。

三、制度供给的突破，能够打开的空间就是表现为"改革是最大的红利"

对"供给自动创造需求"，肯定其内核有一定的道理，之后还应说到，有些相关内容可能展开的研究还远远不够。

可引出的供给侧研究的一个重要视角，对于中国特别有意义的就是经济、社会转轨中的制度供给问题。一旦在制度供给上有突破，打开的空间就表现为所谓"改革是最大的红利"。

从前述供给侧形成的决定性因素划分生产发展的不同阶段这个规律来引申，在处理生产产品满足消费需求的同时，我们必须注重解决从供给侧来看生产什么、如何生产的问题，以及在什么制度、机制下生产的问题。尤其是对于中国经济社会转轨来说是特别有意义的，是"制度供给怎么样"的问题，这是我们从矫正经济学过去总体认识里面不对称性的"破"之后特别要"立"的第一点。接下来的第二点，我们认为应强调，正视现实加强经济基本理论知识的有效性和针对性里，要有一些必须明确树立的支点。比如说把非完全竞争作为深入研究的前提确立起来这样一个支点，因为这是资源配置的真实环境。过去完全竞争的分析有很多的理论贡献，但是，在现实生活中，这些假设和实际情况之间又存在明显的不对应，可比喻为它只是一个所谓1.0版的模型，回到现实必须把它升级为2.0版、3.0版。复杂的一系列回避不了的供给侧问题，就必须引入我们的分析，虽然这种分析要困难得多。有很多过去注重需求侧时很好处理的经济学问题，现在变得非常不好处理。比如说过去经济运行问题上可以一句话打发掉的"一般均衡中或者反周期调控中市场机制自然解决结构问题"，大家都认可，说了这么多年，现在这话仍然有重要意义，但同时也不要忘了在中国可预见的很长发展阶段中，结构优化要求我们必须在充分发挥市场作用的同时，明确地在非完全竞争支点上，针对市场并不足以决定一切的时段和事项，使其他的主体包括政府、社会上的非政府组织等，介入其间，以更好地处理资源优化配置问题，比如创新空间巨大的 PPP（公私合作伙伴）机制的充分运用问题。在中国“后来居上”的现代化赶超中间，从非完全竞争出发优化制度、机制供给的全局意义是非常明显的。第三，应顺理成章提出市场、政府、非营利组织各有所为是优化资源配置的客观要求，包括中国以后一定会发展壮大起来、现在已经很有这方面的动向和意愿的“第三部门”，就是非政府组织、志愿者组织、公益团体的培育和发展。在公私伙伴关系 PPP 等概念下，进一步探索推进政府、企业、非营利组织共赢、多营创新的制度与机制，是供给侧的非常重要的一个观察点和研究导向。第四，我们应强调制度供给充分引入供给侧分析后，要形成有机联系、打通物与人两个视角的认知体系。一系列以“中等收入陷阱”等为代表的现实问题，需要做出有针对性的解释、分析和应对。

四、建设性地提出思路与政策主张

基于上述认识，我们已试图相对系统地提出“新供给”的政策主张，在反复研讨之后，概括地提出了以改革统领全局之下的“八双”和面对“两个一百年”历史任务的“五并重”。

概括地说，“八双”有“双创”——走创新型国家之路和大力鼓励创业；有“双化”——推进新型城镇化和推进产业优化；还有“双减”——加快实施以结构性减税为重点的税费改革，大幅度地减少行政审批；“双扩”——是指新的国际竞争局面之下，扩大中国对亚非拉的开放融合以及适度扩大在增长方面基于质量和结构效益的投资规模（我们觉得不能简单按照现在一些看似主流的说法，扩大内需只注重消费，投资方面是简单减少的问题，其实应该在这方面注重适度扩大增长方面基于质量和结构效益的投资，要从供给侧和结构侧，从区别对待的视角上掌握好）。还有“双转”——就是我们提出的尽快实施我国人口政策中放开城镇体制内一胎化管制的转变，还有积极促进国有资产收益和存量向社保公共服务领域的转置；“双进”——是指国有和非国有经济各自发挥自己的优势，在协调发展中应该是共同进步，摈弃那种非此即彼、相互排斥的思维，在“混合所有制”的重要概念之下要寻求共赢；“双到位”——我们提出促使政府市场发挥各自应有的作用，良性互动互补和合作；还有“双配套”——提出尽快实施新一轮的价税财配套改革和积极实质性地推进金融配套改革。

所谓“五并重”，是更开阔地面对“两个一百年”这个大历史时期而提出的如下一些主张。第一是5年规划和40年规划并重，研究制定于全球视野下的国家长期发展战略；第二是法治经济和文化经济并重，注重积极逐步导向所谓国家软实力（这里面的内容实际上涉及现代化、现代国家治理要素中大家都已承认的工业化、城镇化、市场化、国际化、信息化之外不可缺少的民主化、法治化，这样一些合在一起的硬实力和软实力，侧重点是我们在硬实力明显上升的同时，软实力怎么提升上来，一定要把它们放在一起考虑）；另外还有第三，是在现实生活里，海上丝绸之路和陆上丝绸之路经济带并重，有效应对全球政治经济格局的演变；第四，我们提出柔性参与美国的所谓泛太平洋、泛大西洋框架和独立开展经济合作区谈判并重，主动参与国际贸易和投资规则的制定；第五，是高调推进国际货币体系改革与低调推进人民币国际化并重。

这样一些想法、主张，我们已把它们系统化表述之后提交有关部门，以供决策参考，并已得到肯定与积极回应。但这只是一个开头，我们希望在今后继续从基础理论到改革思路和政策优化方面，做持久不懈的努力。我们也强调拒绝简单化地贴标签，不是一种非“左”即右、姓“资”姓“社”这样的讨论问题的态度。要注重从实际出发，在供给端发力同时，充分地站在经济学研究所有成果的基础之上，运用过去需求管理方面已经形成的所有的文明成果，加入供给端发力服务全局这样一些有新意的认识。

在总体的运行层面，我们显然已面临一个重大挑战，就是在20世纪90年代邓小平南方谈话，然后1994年财税配套改革，建立间接调控框架之后，我们已取得了一系列的调控成绩。但是延续主流经济教科书和仿效发达国家需求管理为主的思路，继续贯彻单一反周期的需求管理操作路线，随着近年中国经济社会矛盾的积累和凸显，已经日益表现出它的局限性。我们认为，随着中国经济潜在增长率下台阶，经济下行的过程中间资源环境的制约和收入分配等人际关系的制约之下，社会可接受的运行区间收窄之后，再复制式地推出“4万亿2.0版”的空间，已经相当狭小。我们应该以较高水平的理性供给管理的有效运用，来服务全局，这方面的思路的提升和政策的优化，是势在必行的。

（根据2015年秋在江西财经大学公共经济学院的演讲录音整理）

第二篇
经济体制改革

以改革为支撑，在“长跑”中实现民族复兴中国梦

主持人：我们先来谈一谈中国经济发展的问题。其实现在中国经济发展的趋势全世界都非常看好，西方有些媒体甚至认为会挑战美国并且超越美国，您个人是如何看这个问题的？

贾康：现在中国从短期来看，确实还是在世界金融危机冲击之后“风景这边独好”。在复杂的2012年，我们现在看来有充分把握完成年度7.5%以上的增长目标。下一年度呢，估计比这个还要高一些，现在普遍预计要在8%以上。但是不能只看短期的表现，还要看中国的潜在增长率后劲怎么样。现在研究人士普遍认为这个潜在增长率要下台阶，因为现在很多下行因素越来越明显，我们黄金发展期的特征仍然存在，但是矛盾凸显期带来的矛盾的制约，越来越对我们有约束力。

在这个过程中间，中国确实在开始挑战美国。表现在哪儿呢？就是总量上按GDP算，超越日本以后，中国现在已排在世界第二。但是人们又说到，从历史经验来看，凡是到美国后面占领老二位置的经济体，都会受到非常明显的“老大的打压”。我们现在已经感受到这样的压力了。

真正说“超越美国”，我不认为这是在总量上能够体现的一个历史过程。现在很多人都在预测，多少年以后中国总量上要在美国前面。这个过程，如果我们中国人自己不犯大的错误，有可能实现。但是中国真正要超越美国，一定是增长质量、综合国力，还有在物质层面的种种发展支撑之上的、人们所说的软实力、巧实力——涉及文化意义的、总体的、带有意识形态核心价值观感召力的这样一种通盘实力的形成，

这对中国来说，现在看还相距很遥远。中国现在仍然要意识到：我们现在仍然是一个发展中国家，虽然是新兴经济体的领头雁，但是在总体综合评判上，总量不说明问题。和美国对比之下，美国仍然是高居于发达国家、现代经济体前列的世界头号强国；中国不过是一个表现着追赶的特征、已经有一种挑战意味的发展中国家走在前列的经济体。一高一低之间已经形成了一个战略均势，就是经济的大循环中，作为主要的两个贸易伙伴之间，经济利益上谁都离不开谁了，但是国际竞争可不止是讲这个层面，它有更加复杂的内容。中国如果不能够把自己对冲种种下行因素的上行因素发挥出来，比如说，改革带来的制度红利，改革和创新所焕发的“科技第一生产力”实际推进到创新型国家的轨道上，并且在节能降耗等方面实质性地往前走，中国如果不能够在若干年内实质性地在反腐败、反过度垄断方面真正解决自己的问题、做好自己的事情，等等，那么这样一个质上的超越，我认为是很难设想的。这是一个非常严峻的、长期的、历史性的长跑中，最后才看结果的高端和低端的竞争。

主持人：所以不是单单从总量上来看。

贾康：绝对不能只看总量。

主持人：您强调是一个质的挑战。

贾康：质量，增长质量，而且这个质量要进一步推升到整个民众所认同的、带有幸福感和人文评判特征的，还有其他相关因素的这样一种综合考量。

主持人：全球现在的经济态势并不是特别乐观，包括欧债危机、金融危机都在内。那么，中国现在应该如何去应对这些挑战？我有一个概念，是不是在出口受到影响的同时，扩大内需就变得更为重要了？

贾康：在世界金融危机发生之后，扩大内需是一个现在认为、已经确定为不论是在经济的相对高涨期还是相对低迷期都必须要坚持的“中国基本国策”，这是毫无疑问的。但也要清醒地认识到，扩大内需并不意味着我们就放弃争取可能的外需。扩大内需更多地不是要简单地增加政府投资，而是要焕发整个经济体内现在已经有一定积累的潜力，特别是前面三十几年间已经壮大起来的民营经济、民间资本、社会资金的潜力。这一定要配套上一个实质性的改革、化解制度机制由于既得利益而产生的阻碍变革的力量，在化解阻力以后把改革变成现实，才可能达到活力焕发的境界。

主持人：那除此之外您认为还应注意从哪方面应对危机和挑战？

贾康：比如就从扩大内需这个角度来说，必须在扩大内需的过程中，使我们民间为主、实体经济为主的几千万个企业，能够走上升级换代的道路。不是简单地能够维持自己的生存和生产，一定要面对国际竞争，提升质量、优化结构；必须要使老百姓和我们整个市场上的生产厂家，一起出于经济利益，内生地走向“节能降耗、低碳发展、可持续”这条路；必须使我们的创新活动能够使中国人争取在未来不太长的时间段里面，在第三次产业革命里面占有一席之地。在第一次工业革命以蒸汽机为代表的机械化、第二次产业革命以电气化为标志的自动化这样一个历史过程之后，在以信息化发端的，现在被称为信息化、数字化、智能化的第三次产业革命里面，使中国人不再被人家甩在后面，而是加入进去，并且最终进入第一集团。那么这个过程一定要有和创新与焕发活力结合在一起、形成某种制度先决条件的体制改革的支撑。不改革，很多的事情就是流于空谈。比如我们说了这么多年的节能降耗，中国现实生活里面实际上就是粗放发展，谁也不把节电、节水当回事。什么原因？这种基础品、能源产品的比价关系严重扭曲，价格形成机制不能够真正体现这种越来越制约我们的资源产品的稀缺性和市场上的供需关系。不改革，所谓伟大民族复兴的中国梦，是没有前景的，这就是它们的直接连带关系。

主持人：您刚才一直提到改革，那么作为经济改革，您认为现在的重中之重是什么呢？

贾康：重中之重就是在十八大之后强调的，改革方面要以更大的决心、勇气、胆识、智慧——而且说到“政治勇气”，这是一个决策者历史担当高度的表述——落实到通盘的顶层设计的优化和路线图、时间表、操作方案。这是很实的事情。这一次中央已经把这个表述提出来了，大家已经有这个概念：改革的顶层规划、顶层设计，要进一步推到路线图、时间表。同时还要鼓励什么？要鼓励基层的首创精神，要鼓励先行先试，要鼓励继续摸着石头过河。

主持人：放眼未来，您觉得未来十年中国的经济会对整个世界格局产生怎样的影响？

贾康：还是会有一个越来越明显的贡献，就是在世界经济增量里面，中国已经占了比较大的比重。但实际我们自己要清醒地看到，整个存量里面，我们有了这么多年的发展——三十几年年均 9.8% 的增长速度走到现在，我们也只是刚刚占整个世界经济总量的 1/10，就是一成左右。我们主要的贸易伙伴——美国、欧元区和日本，它们是在走下坡路，但它们加在一起占世界经济总量的一半，或者一半再偏多一点——因为日本按 GDP 来算是在中国后面，实际要是按 GNP 比中国要强大得多。它们在总量里占的这么大的分量，就决定了在以后经济全球化的演变过程中间，中国是不可能独善其身的，一旦有所谓二次探底式的威胁，中国以一成的分量，拉得动人家这个紧密联系在一起、存量超过一半以上的分量吗？谁跟着谁变？谁拉得动谁？这个答案是一望而知的。中国要对自己有一个非常清醒的认识，要有一个战略层面掌握好的基本判断，放低身段、做好自己的事情，在长跑中间逐渐地争取让我们慢慢成气候，最后后来居上。

（根据 2012 年 12 月接受环球网专访的视频整理，网上原题为“贾康：不改革就无民族复兴的中国梦”）

新一轮经济体制改革的突破口

说到新一轮经济体制改革的突破口，首先要明确十八大提出的以经济体制改革牵引五位一体的改革。中国的整个改革是从经济体制改革切入，循序渐进走到现在，大家都知道改革进入了深水区。李克强总理的说法是“再深的水也要趟，因为别无选择，这事关国家的前途、民族的命运”。在改革方面，我们可观察自十八大人事安排到位以后，最高决策层从总书记到总理是怎样表述改革的。总书记第一次离开北京是重走南方谈话路，得到各个方面高度评价。李克强总理在综合改革实验区工作会议上有一番关于改革的讲话，我觉得说得非常到位。他前面说的所有要点就不重复了，到后面他强调的要点是什么呢？要作顶层规划、拿出更大决心与勇气，等等，他说：“不改革，可能不犯错误，但要承担历史责任。”这是掷地有声地把政治家的这种担当，非常明确地表示出来了。

接下来，体制内各个部门按照要求对中央上报部门提出的全面改革意见。像我所在的财政部，上面有明确要求，而且时间很紧。4月下旬各单位有小范围的绝密讨论，主题是提什么样的改革思路。比如财政部的意见上报中央高层，叫作财政部怎么建议全面改革，不是只讲财税的。布置这样的讨论和对于改革各方意见的收集，是为一步一步推到三中全会要形成的一个带有顶层设计、全面规划特征的改革指导文件做铺垫和准备。十八大解决人事安排，二中全会主要解决后面跟着的从党到政的人事框架，三中全会按照惯例必须给出一个至少十年眼界的全面改革方案。

我今天只是作为一个做了多年研究工作的研究者，把自己的一些不成熟的想法做个汇报。切入点就从新一轮改革的突破口说起。顶层规划并不意味着不寻找突破口。李克强同志也说了，要通盘考虑，要准备趟深水，准备壮士断腕，下决心，有魄力等之外，还得提高改革智慧水平。这个智慧，对政治家来说很现实的，就是能不能在最大限度规避风险的前提下取得改革的基本目标，还必须处理轻重缓急、化解矛盾。如果能够找到创新的、局部的、可做的事情，按照路线图、时间表一步一步推进，无非就是一开始所做的事情带有突破口意义。我们前面三十多年从宏观、客观来讲，财政一般都是作为突破口，起到为全局服务的作用。最开始“改革开放”大政方针确定之后，基层区域都有动作，农村区域是在邓小平同志的推动影响之下，使联产承包责任制形成气候以后，很快改变了中国农村生产和生活的局面。另外，建立特区也是逼出来的，否则偷渡的事情已经成为一个挡不住的潮流。

局部撞击反射的实验是从局部影响全国，“梯度推移”，但是宏观上必须要有布置和动作。在宏观层面，当时的突破口是十一届三中全会后确定的，自 1980 年开始，在财政分配方面首先实行分权，搞“分灶吃饭”。财政向下分权，拉开一个弹性的可探索空间，同时明确要求权力要继续下放到企业，在“条条为主”变为“块块为主”后，还要让企业活起来。这是在整个国民经济不“停车检修”的情况下，以指令性计划继续维持社会再生产，而出现了一些双轨制空间。根据中央和地方之间推行财政分权之后，后续跟着做出计划的松动、人事控制权的松动，价格、物资、投资、金融等以后可以打开的松动空间，一步一步做出来，从而形成一个渐进态势。财政“分灶吃饭”这个突破口如愿展开，从 80 年代开始一步步向下放权，改变指令性计划，曾提出要以指导性计划来替代指令，实际上还要容忍计划之外的市场，这种自主作用的空间也逐渐打开。多种经济形式的发展，形成种种自下而上的实验，“分灶吃饭”格局下有“两步利改税”、“多种形式的承包经营责任制”、“税制分流”等试验。到了 90 年代初，在邓小平同志南方谈话确立市场经济目标模式之后，积累下来的矛盾问题又逼着我们不得不重新考虑，确立一个前所未有的清晰模式，建立比较规范的间接调控体系框架。间接调控是 80 年代已经总结出来的认识："国家调节市场，市场引导企业"，宏观层面以经济手段为主，以经济参数的杠杆方式来影响各种生产要素的实际价值信号，其中最主要的政策工具就是货币政策和财税政策。间接调控框架是邓小平同志南方谈话以后，由朱镕基同志在一线，在江泽民、李鹏，还有当时非常有影响的元老级的陈云同志等一起支持之下推出的。一线同志承担的压力是最直接的，但魄力极大，把整个财政体制和几十种税一起动，搞配套改革。

我作为研究者对"1994 改革"的总结是：把原来的行政性分权转到了经济性分权的轨道上，整个经济运行进入了国家组织财政收入不再依靠行政隶属关系体系，所有企业在税法面前一律平等，该交国税交国税，该交地方税交地方税，税后可分配的部分，根据产权规范、政策环境自主分配。所以说，1994 年的财税改革首先是在大环境中的政府和企业关系上，真正划出了多年寻求的所谓公平竞争的"一条起跑线"，各种经济性质，包括原来各种隶属关系下所管辖的各种身份的企业，都以市场主体商品生产经营者的这个定位来面临一套一视同仁的游戏规则。因此，也就是在 1994 年以后，淡化行政隶属关系而跟着淡化厂长经理（包括国有企业厂长经理）的官本位身份，使各种性质的企业可以跨地区、跨隶属关系、跨经济性质，按照市场调节的竞争需要来实现存量重组，成为一个不可逆转的发展潮流，并直接引导了后来的、现在还在推进的国有企业改革——国有独资、国有控股企业的领导人，在新环境下都可以通过市场竞争方式产生。以上提及的这些进展，前提都是 1994 年这个框架。正确处理政府和企业的关系，让所有的企业真正进入公平性竞争，对于全局的贡献是非常明显的，1994 年以后一系列的成绩都是基于这样的一个改革红利。同时，它又为政府体系之内的中央和地方关系找到了一个相对规范、没有体制周期的制度安排框架，不像原来"分灶吃饭"那时候，要讨论什么五年不变、三年不变，脱离了这种状态，只是动态地讨论中央拿什么税收，地方拿什么税收，怎么样进一步优化，不能够专享的税，以什么样的比例来共享。在稳定了经济生活中间的最基本的政府企业和中央地方两大经济关系后，我们现在还会越来越清楚地观察到，“1994 改革”的体制框架，还有利于公权体系与公民、纳税人的关系。这三大基本关系的正确处理能够适应实际经济生活的通盘要求，体现这种合理制度安排的现实的财税分配制度框架，就是以分税制为基础的分级财政。所以，1994 年突破口带来的局面，一直走到现在，应该说很好地支撑了我们改革开放三十多年龙头指标 GDP 为代表的年均接近 10% 的增长过程，以及这个增长过程带来的对整个经济社会的一系列正面效应。

当然这里面积累的矛盾又不可忽视，现在所说的新一轮改革就是面对着矛盾凸现带来的种种隐患和威胁所不能不做的事情。我国正处在黄金发展时期的特征仍然存在，但是不断积累和凸现的矛盾，已经使我们必须做出一个带有极大历史考验性的全面改革的选择。如果这个改革处理不好的话，直率一点说，现在已经积累的资源环境制约和人际关系制约，比如分配关系、财产关系之间的矛盾合在一起的这种制约，将使宏观调控的弹性空间越收越窄，将使我国面临所谓中等收入陷阱式的威胁，以及可能伴随在一起的某些意想不到的突发事件。这些很可能是经济问题政治化引出的事件，使政府的公信力在种种局部场合出现迅速下降之后，在更大的面积上出现“塔西佗陷阱”式的下滑，宏观调控的两大政策工具——货币政策、财政政策也将无从应对。

设想一下，2012 年我国增长速度主动往下调到 7.5%，实际上完成的是 7.8%，如愿达到了所谓目标区间 7.5% 以上。实际感受上，增长速度如果比 7.5% 低，很多矛盾会一下子尖锐起来。所以，目前已经不宜再提更低的指标。虽然说有些人讲可以低到 7%，因为领导层也强调了，我国只要 6.9% 多一点就可以衔接 2020 年的全面小康。但是，实际运行中 2013 年必须还提 7.5% 的目标，调控的时候实际上要托举到 7.5% 以上。往上提高能高到多少？现在看起来再高也不能走到两位数，也就是

9%以上，物价可能会带来明显的压力。2011年上半年物价上升的时候，就是CPI到4%（我们几十年前上大学的时候就知道的西方讲可容忍的温和通胀的上沿），当时的总理和国务院常务会议上各个部门表态，把控制物价作为重中之重，运用一切手段压住。那么，现在如果设想一下，如果增长速度落到也就是7%——这已经不能再低了，而物价上升到7%以上，宏观调控怎么办？速度低要往上托的话，必须抬景气，物价高往下压的话，必须降景气。宏观调控当局到底是往哪边做？就好像要给一个病人治病，是糖尿病与肝炎的并发症，糖尿病不能给他增加营养，而治肝炎就得给他增加营养，那可怎么办？就开不出药方了。

美国20世纪70年代的滞胀是比较标准的滞胀：增长速度归零，但物价居高不下。美国真正走出来，是比较低姿态地容忍日本“耀武扬威”了十多年以后，以新技术革命为支撑，最后重新再执发展潮流的牛耳。此前日本人在不动产方面把美国纽约的林肯中心、西海岸的影城都买过去了，但是日本一旦进入停滞期，所有这些东西都要低价卖出去，这个时候才看清楚谁是老大，谁是老二。当然美国滞胀的教训很深刻，直接终结了凯恩斯主义的辉煌时代，引出了后来一系列的新流派新探索。虽然这次金融危机在新探索的道路上又给了美国一次教训，但是它仍然有底气在得到教训同时，让全世界一起买单，包括中国人一起买单。我们中国如果遇到这种滞胀局面会怎么样，现在真是很难设想。

在这种情况下，寻找新一轮改革突破口并连接通盘顶层规划的迫切性和重要性，是不说自明的。这方面我想简单勾画一下从财税方面能够给出什么样的建设性贡献。

现在财税改革很多事情还在研究，目前比较实在的是已进行的“营改增”。在三中全会文件下发之前就已经有了部署，8月1号以后上海“1+6方案”全国推开，而且要扩大行业覆盖面，可以说营改增改革已由试点而走向全国推开。最近一段时间，各个方面也很关注营改增的动态，如果按这个势头继续往下走，必然要倒逼涉及中央地方财税关系和整个财税体制深化改革的配套方案出台。现在大家都愿意议论中央地方财税关系，不妨就把这作为一个切入点，联系全国来讨论是不是可以作为新一轮改革的可以把握的切入点或突破口。

营改增现在已经形成了基本共识，有现实的推进方案。之所以会倒逼通盘的财政改革和配套改革，有一个很简单的道理：现行体制规定中地方大宗的财源里面，说得上的就是一项较有分量的营业税，把它改成按照现行体制75%要归中央的增值税，那么地方政府今后的主力财源是什么，依靠什么财力过日子？联系到十八大文件明确提出的构建地方税体系和加快改革财税体制的任务，这样所谓“突破口”的意义就带出来了。从更宽阔的角度观察，处理这个现实重大问题也是牵一发动全身的，必须接着考虑如何深化财税体制的全面改革，包括重构中央地方财税关系的整体方案设计，以及这种财税改革和全面改革怎么配套。我认为主要包含以下几个方面：

第一，从财税角度要先做一个判断：对我国1994年推出的分税制配套改革的基本制度成果，应该给予充分肯定并且要努力地巩固和提升。最近不断有批评之声，说现在地方隐性负债的问题、土地财政的问题，以及仍然没有完全解决的基层财政困难问题（显然这些与财税体制有关），是来自1994年的分税制，即认为是分税制造成了这些问题。这个事情我们已经注意到，朱镕基同志在退下来以后，多年是按照他的规则不发出声音的，但在这么多年以后，他还是忍不住要发声了。就在前一段时间，他去出席清华经管学院院庆时，当时刘延东同志也在场，他忍不住说的话媒体已报出来了，很有他个人的风格特点。他强调，是分税制框架出来以后深化改革的事情没做到位所以才出现前述那些问题。作为研究者，我是认同这样一个基本判断的。道理何在？就是我们前面所说的这些问题，其产生的根源不是分税制，而恰恰是由于我国省以下的体制迟迟没能真正进入分税制的状态。可以把我国省以下的体制列出一览表，还是五花八门、复杂易变、讨价还价色彩浓重的分成制和包干制，哪怕是最发达的沿海区域也是这种状态。正是这种我们早就知道不能够适应市场经济目标模式的分成制和包干制，造成了上述为人诟病的土地财政、地方负债、地方财政困难这一类的问题。所以，如果说要合乎实际对症下药地以改革来解决问题的话，是需要认清与市场经济匹配的财政分权体制必然是分税制，进而在坚持分税制导向之下，怎么样把改革深化，使省以下也能贯彻落实分税制的制度安排，而不能望文生义、形式主义或只看表面地人云亦云。

第二，我国省以下分税制为什么不能够落实，拖了这么多年？这个问题的病理分析并不复杂，因为我国的情况是省以下还有市、县、乡镇，“地方”这个概念在中国如果说全了，至少是省、地级市、县（含县级市）、乡镇这四个层级。这四个层级按原来的说法都是实体层级。比如说乡镇，我们多年间曾经试图建立乡镇财政，还说乡镇财政的完整形式就是尽快配上金库。地级市这个层面大量撤地设市，地市合并，把原来的行政公署不需要配五大班子的情况，变成了要配五大班子。这样一来，整个政府的财税分配体系中加上中央共五个层级，而可分的税种现在就 20 个左右（实际开征的目前是 18 个），如果以后加上一个“费改税”的社会保障税，再推出一个也从“费改税”做起的环境税，无非也就是 20 个或 20 个出头。这 20 个左右的税种怎么样在五级政府间形成一个相对合理清晰的分配方案，是无解的，这一点我们早就看清楚了。1994 年来不及解决这些事情，当时希望通过省以下各级自己探索走出一个中国式五级分税的道路，现在的结论是此路不通。此路不通并不是说要走出分税制，而是要寻求怎么样在山穷水尽之后柳暗花明。这个路径已经有了，就是农村税费改革之后，自然而然通过取消农业税而形成的乡镇这一级的“乡财县管”，实际上放弃了建立实体层级的乡镇财政这个努力方向，那么这个乡镇层级以后就不用讨论了。另外一个就是在肯定浙江经验的基础上，已经几次写入中央文件，由财政部明确要求，2012 年在试点基础上全国各省级行政区（民族地区除外）都至少要启动的“省直管县”。这个省直管县，就是把市县像浙江那样“放在一个财政体制平台上面对省说话”的体制。无论“市县行政不同级而财政同级”这种状况延续多少年，财政体制上没问题了，20 种左右的税是在中央、省、市县三层架构下考虑怎么样合理配置，于是分税制从中央往省以下贯彻的发展前景就一下子豁然开朗了。借鉴国际经验并结合我国国情，可以设想一个大致的方案设计和推进中可选择的具体路径。所以，从第二个层面上说，就是要充分肯定构建扁平化框架的努力，目前已经有了省以下的分税制由无解变有解的办法和模式。

第三，按照三级框架深化分税制改革服务于全局，需重构和优化中央地方财税关系，同时促进地方政府职能按照市场经济要求转变，更好地处理全面发展五位一体要求里面的种种关系。那么，如何设计这里面的财政基本制度框架？我们认为，首先要合理界定各级政府的职能，也就是通常所说的事权，或者财政说的支出责任，以其作为一个始发环节。其后是财权，财权的界定关键是要配置各级合理的税基。这个税基可以作广义理解，既包括征税，又包括应该给地方层面、允许通过规范程序开征的一些收费，也不排除一些带有“使用者付费”特点的收入来源，所以说是一个广义税基。在一级政权、一级事权、一级财权、一级税基后面，要形成各自一级规范完整透明的现代意义的预算。十八大所说的全口径预算是一个很明确的要求，合乎逻辑地强调所有公共财政建设、政府职能转化、公共资源配置体系优化的需求，要落在全口径反映政府财力和可集中分配的公共资源的“全景图”这样一个收支计划载体上，形成现代意义的预算。这个全面完整的预算，除了规范透明之外，后面跟着的要求是在透明前提之下，越来越实质性地引入公众参与、反映民意，让公众的知情权、质询权、建议权、监督权和最终决策权一步一步落实到位，这才是我们真正寻求的所谓依法理财、民主理财、科学理财整合在一起的状态。这样的预算后面，还要跟上的是三个层级各自配上的一级产权和一级举债权。产权在十六大就已经明确，过去笼统所说的全民所有制资产，必须由中央地方“分级行使出资人职责”，而且要建立专门的管理机构，就是我们现在已经搭建的从中央到省市县的国资委、国资局、国资办，作为国有资产的人格化代表行使特定的资产管理职能。产权后面的举债权，在现实生活里我们已经看到地方层面上“登堂入室”的地方债，以后还要以更多的这种阳光融资的举债来置换、替代隐性的负债。当下的地方债可以不急于在市县这一级马上实现完全规范化，可以继续按照省级牵头、按年度拿到财政部代理发行的地方债的额度，再以“自发自还”试点形式一步一步把举债权和其他所有的机制配合好，落在省以下的两级。相对清晰化、阳光化的融资，有利于更好地防范风险和贯彻我国后来居上的现代化发展战略意图。省以下分税制，还要再加上中央、省两级自上而下的转移支付和必要的生态补偿式的地区之间的横向转移支付。

我们结合实际从理论上、逻辑上分析后认为，这将使中国所有的地方，包括欠发达的区域都形成和推行基本公务服务均等化所匹配的财力，达到财力与事权相匹配的境界，能够符合国家长治久安的要求，渐进地消除基层财政困难，抑制隐性负债（最后使它归零，都走阳光融资道路），并校正现在土地财政偏颇。这是一种全局性的可持续的健康状态，有利于实现五位一体的全面科学发展，最终实现“中国梦”这个愿景。

在目前有了一个突破口概念之后，可以做并应该尽快做的事情至少有这么几项：

第一，由粗到细设计中央、省、市县三级的事权和支出责任明细单，“事权合理化”不能一直停留在文件上面。可做的事情就是要下决心把这个事情做起来，比如说一个地方政府辖区里有一个气象站，这个气象站形成的气象资料对地方有用，对全国的气象系统也有用。这个气象站谁管，开办费谁出，以后的运行费怎么样负担？一般来说发达地区可以自己建，开办费、运行费跟着来安排。但是气象资料在中央层面可以共享，如果说需要有一种服务费的结算，可以放在桌面上谈。但是，欠发达地区很可能就要以中央专项支持的形式，把这个气象站先建起来，建起来有些地方可以承担运行费用，中央便不用管。如果是运行费用还要中央补助的，也需说清楚怎么补助，无非就是这样一些事情。说清楚以后，没有情况变化，五年、八年、十年、二十年就这样运行了，有了情况变化再说。其实事权扯不清的情况，过去主要是投资权，而这个投资权逻辑上可以说清楚，就是地方政府层面应该退出一般竞争性领域的投资。虽然我不认为中央层面可以退干净，但这下中央层面就相对好处理了，只要采取有限介入的方式来处理即可。有限是指项目有限，不是什么都做；另外一个是资金介入有限，不是简单独资，而是能参股的就不控股，能相对控股的就不绝对控股，这样尽可能集约高效地使用珍贵的公共资源。这样一套原则在事先明细单上，是能够落实到具体的一个一个操作层面上的。有一些事项，分起来特别简单，比如外交就是中央的，别再把地方扯进来；国防就是中央的，在跟国防有关的边境地方，这个国防费中央要打足，不要把地方扯进来。地方的治安就是地方的，不要向中央推，需要解决某些地方财力不足的问题，靠转移支付去解决。转移支付怎样规范化，就是放在桌面上讨论规则的问题。我觉得，以上这些事情需要抓紧做。

第二，要尽快推进已经建设多年的金财、金税、金关、金审、金盾、金农、金水等政府信息系统建设工程的联网和升级，切实服务于公共资源优化配置，作为部门协作调控的信息共享平台和科学决策支撑平台。这个事情说了这么多年，花了不少钱，但各个主体还都是内生地倾向于信息孤岛状态。从全局来说，最需要的一定是要把政府的十几个金字号工程全部联网，进而对信息再作充分的发掘，支持科学决策，实现技术创新支撑下的管理创新，同时也服务于我们的制度创新。

第三，应该积极形成各级政府资产负债表和公共部门财务报表体系，来配合今后的公共财务风险防控体系和公共财政建设，包括各级政府发债的风险防控与市场约束。这是从前面大思路往下要说清楚的那些认定可以做而且应该尽快做的事。

接下来，优化改进地方税体系过程中间要做一些什么事情？这里我简单说一下，后面可再展开讨论。一是结合短期可做的事和长期追求目标，设计税制改革分步渐进的配套方案。营改增是一个倒逼，营改增已经不可逆转，推开了以后营改增的进度会比较快，而对地方未来主体税种的打造会比较慢，这两者之间的矛盾，就必然要求安排至少一个过渡方案，不排除在流转税里区别对待地来开掘消费税的潜力空间，同时把优化生产、消费结构的意图，包括节能降耗，以及需要抑制一些资源环境压力型产品的生产和消费的提高税负这样的机制，与增加地方政府税源结合在一起。

另外我国资源税的改革，我觉得要有更大的决心，抓住煤炭市场价位自然回调的宝贵时间窗口，把从价的机制扩大到煤，这一步是一定要走的。如果扩大到煤，又必然要考虑煤炭市场和能源市场总体联动的配套改革，实际上就是“从煤到电”这个中国最主要的能源命脉。中国的电力里面约 80% 是烧煤发出的火电，中国的铁路系统日常情况下 50% 以上是在运煤，运出去的煤 90% 以上是去发电，这就是中国经济命脉层面的一个基础能源循环。社会再生产这个能源支撑体系怎么样理顺关系，怎么样真正改造《财经》封面文章所总结的乌烟瘴气的“无处不打点”的潜规则局面，怎么样真正实施十多年前就意识到的电力行业必须实行的配套改革，在前端的发电和后面尾端的零售都要引入市场竞争机制这样的配套改革，显然需要一并考虑。这也可以表述为新一轮理顺我国基础能源产品比价关系和价格形成机制的价税财联动改革。1994 年推出财税配套改革时，那一轮已解决一般商品的比价关系和价格形成机制问题，以及相关的财政税收分配体系怎么样适应市场经济的问题。这一次就是要解决基础能源产品、资源产品怎么和市场经济匹配的比价关系和价格形成机制问题，从而真正使中国几千万个市场主体在这个新的环境之下，形成在经济利益驱动和压力下“内生地”节能降耗的这样一个发展局面。改革一旦到位，这个覆盖全产业链的长效机制对整个科学发展的贡献也一定是全局性的。

另外，在房产税有了试点之后，还需讨论如何扩大试点范围，徐图进展，争取在若干年内把这个框架稳定住，发挥正面效应。住房保有环节的税收有望在未来成为地方税体系里面一个重要的主体税源之一。还有就是我国环境税的改革，我始终认为“十二五”期间应该推出一轮实际动作。个人所得税的改革方面，应该创造条件实行分类和综合相结合，加上按照家庭赡养系数来调整扣除的改革方案。

这些事情在优化和改进地方税体系这个概念之下切入进去，会牵一发而动全身。在信息系统预算能力支持之下，还要在预算方面积极地考虑编制和发展中长期滚动预算。在预算的具体编制过程中间需要协调方方面面，消解和抑制过去法定刚性项目的僵化效应，也要遏制过度过滥的各种补助项目和税收优惠措施。这些适合于现在大家都认同的让市场充分起作用、更好地发挥政府的作用，包括财政税收分配作用，维护市场的公正和竞争条件的公平。然后，再适当加入一些必要的再分配政策加以区别对待，在财政支出上面推进全流程的绩效约束，努力压缩行政成本。

另外，还有转移支付怎么样优化？简要地说，一般转移支付的比重要提高，专项转移支付要整合，同时取消要求地方配套这种附带条件。在民生支出继续加大力度的同时，要特别注重伴随着机制创新形成合理的激励——兼容这种制度安排，保证财政可持续性。我也注意到现在财政部楼部长特别强调在整个再分配方面，政府要扶助穷人，但不能养懒人，这是非常有针对性的。这个可持续性要靠机制保障，一开始要看准机制创新是怎样的大方向，至少不要犯太大的错误，才能在后面有可持续性，才能避免引致福利陷阱，实现真正改善民生的良好愿望。

总体来说，如果说现阶段财税方面有突破口、切入点的话，就是从营改增开始。我觉得可以按照逻辑至少把这些事情一串都说出来。这些事情合在一起的改革，服务于我们的经济转轨、社会转型和现代化后来居上的赶超战略。我借这个机会汇报这些想法，也请在座的各位批评指正。

主持人：下面的时间交给各位青年精英，大家多多交流。

提问：我是中国人民大学的聂辉华。您刚才所说的要从发展型政府变成公共服务型政府，那么为什么各个地方政府要抢钱而不抢事权呢？发现很重要的原因就是我国现在绩效考核的体制就是要考核 GDP 或者是以财产收入为主。所以，如果不在这个方面改革的话，我觉得要推行公共服务均等化或者实行三级也好五级也好，可能不会有根本的改变。我想问一下贾所长是怎么看待这个绩效考核体制和推进财税体制改革的关系的？

贾康：您说的这个问题我回应一下。在概念上我不愿意这么说，就是简单否定发展型政府。发展肯定是硬道理，但现在是把邓小平说的发展实际上升华到“科学发展”，就是全面、协调、可持续的发展。这个发展型和服务型应该是内在契合的，必须是相辅相成的。但是关于这个转型我知道实际上提问的同志特别强调的核心内容是讲，怎么样能够真正提高增长质量，政府做应该做的，把其他的交给市场做。在现实生活里面这个界限是模糊的，而且往往是错位的。秦晖有一个批评意见说起来比较有锋芒，但是我觉得还是在基本事实上如实反映了现在的情况：如果在理论分析框架上认定，各个政府部门和各个公共权力环节上的人也是有自己的偏好的话，那么他们的偏好就是秦晖所说的权力最大化、责任最小化，也就是刚才您提问里所说的，如果是有好处的抢钱的事，大家都抢，要承担事权支出责任的事，大家都尽量回避。一个具体要管的事情，能够看到得到实惠的事情一哄而上，而且互不买账，都是我应该介入，我要管，最好我一个部门管。最后的平衡结果是，什么事情都是五龙治水，甚至八龙治水、九龙治水。而另外一些事情又没管好，实际上是失控状态甚至是空白状态。

真正解决这个事情，我前面强调过事权清晰化，一直要细化到什么呢？细化到各个层级上的政府事权和支出责任，要明确它的责任者，就是哪个部门，或者在有多部门的情况下，哪些部门要承担什么样的责任，这是应跟着改革一起派生出来的。

提问：上面总是把很多事权悄悄地压给下面。

贾康：所以改变你说的“悄悄”，就要把事权阳光化，对事权明细单一起讨论，对全民公布，这里面没什么保密事项。

提问：我再说一个例子。在中央现行这种垂直管理体制下，要让上级说话讲信用很难。比方说所得税，以前是中央拿 20%，地方

80%，后来比例就变化了。

贾康：原来是各自按照隶属关系拿，后来变成第一年对半分，第二年中央拿 60%，地方拿 40%，一直延续到今天。这是所得税的一个演变过程。

提问：我的意思是怎么能让上级讲话有信用。

贾康：阳光化是最好的信用保障，如果事权明细单放在这里了以后，要是上级想改变它，那就需要拿出来理论。规则透明以后，按照法治精神、规则规范一起遵守，这当然也需要有一个制度环境才能长久起作用。

提问：我还是没你这么乐观。我举个例子，中央部委让下边来买单，让企业来买单怎么办？

贾康：还是透明度不够。

提问：好吧，如果你是说在这个意义上所有的支出要透明，以便能够监督上级政府的话。

贾康：所有的事情一定要从源头上往下理。我的说法是始发环节是谁负责什么事，事和责是联在一起的，事权后面跟着的是支出责任，支出责任后面跟着的是问责者，透明情况下大家一起来监督、问责，都不能落空。由粗到细有事先明细单，由粗到细的明细单后面，说清楚每个环节上面的责任是怎么样的，落到具体可追究的主体上。那么，从理论探讨上来，这就是我们首先应该说清楚的一个制度建设脉络。这里面的模糊地带肯定存在，但是只要发展中模糊的越来越少，清晰的越来越多，这就是一个良性发展过程。那么，这里边追求绩效就越来越有可能由大家一起来讨论，用什么方法来对事前事中事后的绩效进行考评，形成与问责制相结合的压力，并形成必要的激励兼容。

提问：我是北京大学的罗勇。今天贾老师确实给了我们很大的启发。我觉得罗马不是一天建成的，我们很容易也很简单地可以说一夜之间可以把它建成，但是实际上这也是一个灾难。贾老师所说的关于寻找中国经济改革的突破口从财税体制改革开始，我是非常认同的。因为，如果财税体制这个地方能够有一个突破口，那么整个中国社会的改革将会有一个极大的进步。但是需要时间，这个时间可能因为是我们的年纪问题，不如年轻人那么锋芒毕露。我知道在很多的时候，激进的改革往往会导致一个民族、一个国家非常深重的灾难，要理智地甚至是保守地一步一步地去走才有可能。当然今天的改革实际上已经到了倒逼的时候了，我们要做的还不是一步跨过去，一步是跨不过去的。我再一次说明我个人的看法是这个世界不会有奇迹，捷径是条弯路。所以我们如果每一个人今天都能够有公共知识分子的责任，都能够从小事、细节上做起，中国梦就可以实现。但是，需要大家共同努力，从小事做起，脚踏实地，一步一步往上做。这样中国就有希望，所有的人都能够享受更好的生活。这就是我个人的感慨。

提问：我是税务总局的景韬。去年的时候，争论很激烈的问题是房产税的问题。所以，大家也知道，贾所长是赞成房产税的学者里面名望最高的，这是事实。

贾康：可能是挨骂最厉害的。

提问：在一些其他的场合，您和一些专家和包括一些领导，也都有些不同的见解，像吴晓灵、许善达他们都不太赞成这个房产税的。我们上次去财政所学习的时候，有几个比较核心的争议想请您给解答一下：一个是房产税的目的是什么，目标是什么；第二个是房产税的依据是什么；第三是房产税的公平性怎么解决；第四是房产税的操作性怎么解决。首先说这个目标，大家知道在限购已经到这个程度的情况下，可以说是无所不用其极，但是房价的压力依然很大。经济学上认为价格是发现价值最好的手段，如果说限购已经到这种程度，房价还是这样的话，这就说明房价真的可能是被低估的。如果说仅仅是压房价的话，房产税可能是目标不太客观。第二是依据性的问题，很多搞法学的人认为，房产税跟税收法定主义是有冲突的。另外，上海和重庆的试点只是国务院一次常务会议的精神，这也是依据不足的。第三是公平性的问题，目前房产的属性有很多，包括军产、央产，包括集资、经适、限价、商品，这些房产性质不同、产权不同、成本也不同，公平性怎么解决？第四就是操作性问题，我个人感觉，操作性到目前来看，还没有一种比较靠谱的全面推广的征管模式。简单地说就这四个疑问，不知道贾所长怎么看？

贾康：我简单回应一下。这个题目太大了，有可能需要专门展开讨论，我现在作最简单的回答。讨论这四个问题我先强调一下，就是解决现在大家所关心的和房产税概念紧密相关的这个住有所居问题，依靠一个什么样的宏观框架。其实首先要说清楚，住有所居的框架是一个双轨统筹的框架，绝对不只是一个商品产权房轨道上的房价和税收问题。我们先要把这个事情解决好，双轨统筹要求政府必须先做好规划，先把保障房有效供给"托底"到位这样一个非常重要的前提。如果把这个放到一边，光讲市场轨道，就很难形成一个全面的理性的把握。因为你这里面所涉及的是城镇化加快提升水平过程中间，中心区的地皮在自然垄断属性之下越来越金贵，从根本上就决定中心区的房价在今后几十年内是一个上扬的曲线。这样一个现象是各个经济体都可以观察到的，中国也躲不开。但是，在这样一个上扬曲线几十年里面一定要表现出来、没有任何力量能改变的情况下，政府要做的首先是让低端的人怎么样能够得到住房保障，要依靠跟市场轨明显有别的、政府牵头做的、以公租房为主的保障房建设，使低收入阶层和收入夹心层能够有尊严和社会认同地"住有所居"。这个事咱们中国已经在做了，现在 3600 万套目标还有加码，就是要解决这个"托底"的有效供给的问题。

我不太明白为什么有关部门不愿意或者没有清晰地表述出来，这个事情和整个房地产行业有重大的关联。我反复强调双轨统筹，要先把保障轨托好，托到位以后，低收入端、收入夹心层，特别是年轻白领（咱们很多体制内的人，在大学毕业以后走上岗位的也属于这种人），他们的住房就有保障了。收入夹心层的特点是一下子很难承受市场定位的产权房的价格压力，必须让他们住有所居，使他们能够接受。这样就可使整个社会在没有这样一个低端不安定因素的潜在威胁的情况下，大家从容讨论在市场轨上怎么运行。那时候在市场经济环境下，低端都住有所居、得到保障的情况下，这边中等收入以上的人可相对从容地在购买环节行使消费者主权，另外一边在供应商、生产者那里行使生产者主权，根据市场分析形成他们的预测和生产经营策略，拿到土地开发权以后，提供出尽可能适应市场需要的成品来，应该是这么一个博弈过程。

到那个时候政府要管什么呢？不是去管限购限价。北京现在的大标题叫作北京楼市回归计划经济时代，回归了有什么好结果？没什么好结果，最典型的你看看钓鱼台七号。那边宣传出来说一平方米 30 万，群情激愤，政府赶快表态，派了工作组去。工作组宣布核查成本等以后，规定一平方米只能卖 15 万。哎哟，社会上大家得到极大的满足，满足以后谁得到好处了？这与一般老百姓有关吗？什么关系都没有，你买不起一平方米 30 万的，到了降一半你买得起一平方米 15 万的？这是在以行政手段帮助愿出手买房的富豪大得实惠。这个案例的“真问题”在哪儿呢？政府做了这么一套秀以后，丧失了一部分应该有的税源，更不利于政府拿到财力去扶助弱势群体，对整个社会没有好处。这件事情咱们要看穿，政府在市场轨上应该管的是规则，是公平竞争，另外应该管收税。这个税应该全面地从土地开发到交易、保有，把它整体地合理化。中国早晚必须接受这个历史考验，要走向现代国家、现代社会，没有一个不动产税制、这个税制不覆盖消费住房的高端，我认为简直是无法想象的。

当然，我在这方面的基本看法就是一定要强调只调节高端。虽然也有另外一派意见，就是要推出普遍征收概念，我认为不行，一定应强调就是高端，哪怕是特别富的人，对他也有一个所谓起征点式的处理。像重庆试点里面涉及 3000 多套辖区内的花园洋房（联排双拼都不在此列）。这 3000 多套里面，征收的时候要有 180 平方米起征点，这一部分是免税的，如果是一个小户型就 180 平方米，照样一分税都不用交。我认为这个精神实质是非常重要的，在中国要推动这个改革，就必须把这个事情早早在社会上说清楚，让大家吃定心丸。

这样一来，就可以再简单回应一下你提的那几个问题。目标肯定是多重目标，不是单一目标，要有利于房地产市场的更沉稳，减少泡沫。为什么会这样？从供需双方的分析可以说明，一定是这样的一个效果，仅一个税不会改变我前面说的曲线基本模样，但是会使这个曲线运行过程中间平稳一些，斜率小一些，泡沫化的程度得到抑制，特别是防止那种肆无忌惮炒作造成的大起大落这种负面影响。在这个目标之外，还要服务于构建地方税体系，真正贯彻落实省以下分税制，以及跟市场经济相匹配，转变优化地方政府职能。另外，还要服务于在收入分配已经造成种种不满的情况下缓和矛盾、优化分配，优化财产配置。这种多重目标要在一起说，专讲其中某一点一定是不全面的。

税收法定主义放在中国的渐进过程来看，我们肯定要坚持税收法定主义的实质性贯彻，但是现在也不能讲房产税的改革就完全脱离了税收法定主义。从框架上说，中国现行法律体系一直包括到政府的红头文件。80年代后期人大授权国务院制订房产税的具体实施细则，而在这个授权之下国务院同意上海、重庆两地进入房产税试点。实质的内容就是把原来不覆盖的一部分消费住房变为加以覆盖，这并不能说是违法的，而是在中国的法律体系框架之下有其正当性。至于吴晓灵同志所提到的应该叫停两地的改革试点，而由人大牵头先做立法，立法审批以后全国一块推行，她的用意是非常积极的，就是依法治国、依法治税，充分发挥人大作用。但是，回到现实当中我们要看这个事情怎么演变，看看预算法的修订在人大那儿怎么处理的？可想而知，那就不是几年能够出一个结果的问题，很可能二三十年都吵不出一个结果，而整个中国的改革时不我待。比较直率地说，良好愿望之下的这样一个主张，实际上就可能封杀了改革推进的空间。所以，我还是强调一定要凭借邓小平的改革智慧，在大方向有了一个判断以后，要允许大胆地试、大胆地闯，要给出先行先试空间。现在最好扩大改革的试点区域，增加样本量，观察经验，总结得失。否则，很容易陷入争论不休状态，却在这方面取得不了实质性的进展。

那么，许善达同志的意见和吴晓灵实际上有重大的区别，他不讲发展的前景，直接否定了房产税，他认为房产税在中国类似于农业税，这是我不能接受的观点。我和老许过去几十年高度一致，不知道怎么在这个问题上形成了比较明显的对立意见，这个事情当然尊重各自的发声权利，咱们作理性讨论。

你说到的公平性无非是怎样协调的问题。比如说有人意识到这个税如果比较像样地推出以后，土地出让金的生成价位一定会落下个台阶，这是对的。落下个台阶以后，新老价差之间会形成新的不公平，那么我觉得在某些区域里确实这个矛盾比较明显的话，无非就是老地老办法，新地新办法，税务上区别对待。这也是好操作的，就好像咱们的基本养老，必须推出“老人老办法，新人新办法”。还有一个你说的操作性，这个操作模式上不要急于下结论，还是要允许各地有一定的不同的特点，继续推进实验，就是这个试点的样本数有必要再增加。

提问：我是国家信息中心的。听您刚才讲的，我感觉实际上是不是可以把它理解为，整体上还是类似于财政联邦制。这里面有一个小问题，如果说出现一种三级的财政，然后又有不同的层级，一定会有产权和不同的举债权，也就相当于说政府是不是可以破产，存在这种可能。比如说，现在这种所有的政府融资承担项目下面有大量交叉融资的情况，那么如果联邦化了之后，会不会出现大量成批的政府破产的情况，这个问题该怎么处理？

贾康：财政联邦制在学术语言上就是指的这种分税分级状态，我个人的看法是中国走上市场经济目标模式之路以后已经别无选择。实际上，我们财政体制就是你所说的“财政联邦制”和我们的“单一制”之间可能会有一定的矛盾。有人说中国的政府行为可不像联邦制，财政就能够做到发权制吗？但是，我觉得至少还有一个好处，搞市场经济需要有统一市场，统一市场必须是上下贯通、政府行为规范。所以，我们的财政体制是分税分级财政体制，确实属于“财政联邦制”框架。那么，它在我们仍然实行政体的单一制的情况下，财政分税制会反过来制约在简单的单一制之下政府一些比较过分的、带来很多不规范的行为与安排，比如说单一制下，地方的长官是可以简单空降的，空降长官以后实际上政绩上的激励就是大干快上出政绩。但是，只要有财政联邦制，前面我们说的那些预算透明等以后，对这种哪怕是空降的长官也会形成约束力。总体上来说，对社会上的效应，是三级框架、三级长官在单一制的概念之下被财政联邦制约束，从而行为更规范、综合绩效更高。

政府破产的概念我觉得可以适当借鉴。美国的那个政府破产其实也不是真正意义上的政府倒台关闭，而是说政府通过破产程序以后，把原来所有的负债做一个了结、做一个清算，能赔偿多少就赔偿多少，迅速形成一个新的起点继续运行。在中国以后无非就是比照这样一个形式，形成以地方政府资产负债表为依据的信用评级和相关的责任追究制度，能够比较好地以这种加引号的“破产”这样一个借鉴式的影子，也是个威胁，来使地方政府行为别那么任意，使分级财政体制的运行得到一些健康的压力。

提问：我是税务总局的，我想提一个比较细的问题。刚才您提到了中国应当有一个比较完善的房地产税制，我非常赞同。另外您还提到了保有不动产税一定要针对高端客户，那么您这个观点是为了回避、为了不触动现在既得利益而推动改革这么一个出发点吧？还是说您认为将来完美的或最终的房地产税或者说房地产保有税就应该是这样的模式？如果是后者的话，怎么把它打造成一个地方主体税状态？

贾康：我的基本想法就是，在可以预见的将来很难在中国实行普遍征收。建一平方米征一平方米，这是美国的模式，日本不是，日本就是有一个基本扣除。东方人特别看中这种不动产“第一单位”的归属感，现还没有必要去谈不可预计的未来的一些事情。你要讲几十代人以后的共产主义是什么样，会跟现在改革方案就没什么关系了。所以，在改革方案框架下可谈论的就是可以看清楚的未来二十年，我觉得在中国能把房产税的框架相对稳定、相对普遍地建立起来并且正常运行，就是非常伟大的历史功绩。那么，在这二十年眼界里面，完全不可能设想普遍征收，它必须是强调只调节高端。比如说，像重庆这样的给一个起征点以后的独立别墅，以及可以讨论的第二套房税率是否从低以后，第三套房按照标准税率征收，第六套房和第十套房再跳一个更高的税率档次，这都可以讨论，但是绝对不能够说简单归于普遍征收。这无论是从改革的策略也好，还是从相当长期可以看到的维系社会和谐稳定的可接受性、可行性也好，我觉得目前可以说清楚的就是这么一套事情。所以，我觉得一定要把调节高端这个事情首先向全社会说清楚以后，作为一个定心丸，解除一提房产税整个社会就惶惶不可终日的这样一种压力。

提问：关于土地出让金，可不可以把它看成是房产税的贴现？

贾康：这个问题比较复杂了，有时间我们再讨论。我希望说成是各归各的事，地租、税收的经济性质不同、依据不同、轨道不同，但是它们相互之间的呼应又是不能否定的，需要协调。

（在体改委国际交流中心组织的中青年改革开放沙龙上的座谈实录）

关于改革

现在这个阶段，我们是处在矛盾凸显的压力之下，在经济下行的严峻局面之下，确实从决策上来说要特别注意处理好李克强总理所说的区间问题。我理解，在运行上过得去的区间底线一定必须托住的情况，目的就在于要防止经济问题政治化。很明显，中国进入中等收入阶段以后，矛盾凸显中“端起碗吃肉、放下筷子骂娘”的社会心态，很容易把一些事情弄过界，我们可称为经济问题政治化。底线是一定要守的，所以区间的概念是要作很实质的理解与慎重把握的。

从积极的角度来说，咱们现在是要把每一个年度的调控和中长期的追求对接起来，这就是三中全会的文件给出带有顶层规划性质的“60条”以后，时间表上要求 2020 年改革要取得决定性成果。现看来 2020 年实现全面小康，指标上没有什么悬念，但全面改革取得决定性成果是很有难度的。时不我待，现在只有通过托住底线，使社会生活在区间之内有一个过得去的环境，同时抓住领导人所强调的“关键一招”、“致胜法宝”，一定要让改革符合这个时间表的要求，否则仅是全面小康已无太大意义，因为那还只是“中国梦”的一个中间节点，再向前一定要依靠改革跨越中等收入陷阱的威胁，这关系到国家前途、民族命运。李克强总理上任时说别无选择、再深的水也要蹚的改革任务，就是面对这种攻坚克难的历史考验。

三中全会之后，看得到一系列改革决心和魄力的体现。第一个由政治局正式审批通过的改革方案是财税配套改革，它对应着三中全会所说的实现现代国家治理、打造现代市场体系要以现代财政制度作为基础和重要支柱这个逻辑。

财税改革方案通过之后，很快跟着有公车改革，是多少年不敢动的难题——1998年前后就研究这个方案了，这么多年了，有人说朱总理都没有敢干的事情现在终于下决心干了，但是现在看起来难度是非常大的。2015年公车改革上地方和事业单位必须跟进，看看怎么跟。现在规定地方各个层级的一把手可以继续配专车，另还留有机动车，那么一把手配专车，副手们是否会心照不宣地把机动车变成变相专车，这是有可能的。

户籍改革思路已说得前所未有地清楚，但是一线城市还不得不实行最严格的户籍管理制度，跟很多人的预期有差异，必须要处理这些矛盾与难题。

农村土地制度流转也是一个很重要的改革项目，确实是很棘手的问题，现在很难一下突破。比如小产权房的事情，大家还看得扑朔迷离。我们认为深圳做了一个非常好的工作。深圳是通过两轮举措，把所有的土地归在国有框架里面，那里法律上已不存在农村集体土地的概念，但原住民的利益怎么处理？深圳是一步一步推着来，以“两层谈判”来渐进解决，如果最后把利益摆平，就是一个国有制平台，还存在的农地是按永佃制来处理的——保留基本农田之外，其他的生产要素流动和土地市场的交易局面就能充分打开了，所以我们已专门写了长篇的研究报告。

上面这些看得出来都是值得肯定的进展。其后，四中全会破题司法改革，削减地方司法管辖权，现在已经开始动真格的了，怎么往前走，涉及财税体制中本来逻辑上讲应该做的先是明确各级事权，但是三大财税改革方案中形式安排是把这一棘手问题排在最后一方面了。

司法管辖权按照现在推进的改革试点，是要往垂直系统改。后面还有一系列看不清楚的事，金融改革今年说得很清楚，存款保险制，利率市场化最后的临门一脚，以及资本项目下的可兑换，一大批小的金融机构、村镇银行、社区银行都要建，等等，这些动作可以说是很大的。现在，有学者提出了反对意见，比如关于资本项目可兑换，还有投融资，还有 PPP 机制创新的改革。我认为作为重点和攻关的不确定性还是不可忽视，现在提到 2015 年是改革关键之年，2015 年之后对接的是 2016 年，中央提的财税配套改革 2016 年在重点的、基本事项上必须取得决定成果，那么财税改革的重点和基本事情必须就在今后一年多内做出来。再往后推进是整个财税改革、全面改革在“60 条”部署下，2020 年必须取得决定性成果。内部听到的是，中央领导表示 2017 年之前该做的事情都得做出来。这种时不我待的形势之下，改革攻坚克难的时间太紧了，现在就要进入 2015 年第二季度了，然后是 2016 年财税改革该做的事要见眉目，现在见到什么眉目了？光税制改革的六大重点就很有问题，改革时间表显示营改增今年一定要全覆盖，开始说得很确定，现在基调没变，但已经不用特别确定的说法了。

六项税制改革的另外三项，今年根本就不可能动作，立法先行还看不到动静。再往后面说，现在有一个很值得重视的迹象，就是电力改革开始有密级文件出来了，我还没有看到，但是听说了，媒体上已经在讨论电力改革。其实 12 年以前的 5 号文件就定了框架，现在听到的说法现方案只是售电侧的改革比原来宽一点，放开两头的原则重复了一下，力度到底怎么样让人怀疑，还是没有达到 12 年前 5 号文件的决心和力度。如果这方面这么小碎步地走，就可能糟蹋了一次机会——前面好不容易下决心推出的煤炭资源税改革后面，应该顺理成章理顺产业链，比价关系、价格形成机制应该一起改，要使电力产品回归商品属性，产生竞争性、选择性，激活整个资源产品、能源产品层面的潜力，实现资源、能源层面上的新一轮价、税、财配套改革。本来这个逻辑是清楚的，如果把它轻描淡写敷衍过去的话，是非常可惜的。

再有，三中全会非常明确地写了逐渐提高直接税比重，如果现在六项税制改革前三项有交待，后三项等待立法，那还无从操作提高直接税比重这个事，因为后三项里有两个直接税，一个是房地产税，一个是个人所得税，个人所得税里面低端的要降税，高端要增税，关键是综合机制，等等，这些事情都无从谈起。就一年多的时间，我看得越来越迷茫，这个事情到底怎么符合中央时间表的要求。

还有反腐的问题。王岐山同志有个说法，“以治标换治本”，我觉得这个意思能领会，但以治标换治本的反腐怎么推进，现在看得也相当迷茫。现在，为官不为的精神状态大家都看到了，有这么多的紧迫任务，有这么窄的区间制约，有这样复杂的问题，如果在这方面还特别强调不得抢跑，讲规矩，继续鼓励摸着石头过河就等于是空话了，任何一个动作可能被解读为抢跑，大家都别动。发个小牢骚可能都会出事，再加上思想界的不可调和，大家好像都要拼个你死我活，动不动就壁垒分明，告起状来谁都不依不饶。

总书记在博鳌论坛上的讲话精神我觉得是很重要的，摒弃你输我赢的旧思维，我觉得对内也适用。现代国家治理就是包容性发展，包容性发展就得讲摒弃旧思维。如果按照现在的社会环境和心态，官场、社会一起落到没法和走向共和去对接的状态了。大家都心照不宣，互相提防，互相揣摩观望，这个事情就比较麻烦，这和改革的大环境、和改革走势确实是有关系的。现在大家似乎都不知道怎么办好了，要加点引导和定力改革才能乘势发展。

有些事情我不能理解，比如人口政策已看得这么清楚，无非就是放开二胎并稍微调整一下计生委，计生委的人也不会失业，怎么就不敢动，我就不明白这个事。放开二胎只涉及现在体制内一亿多人口里那几千万适龄人，放开了他们也不会一起生孩子。人口增加的效应确实到20年以后才能体现出人口结构的优化，才能顶上人口红利的对冲，但是短期内是扩大内需，并缓解“失独”等社会焦虑，是很得人心、马上得分的一张好牌，但看得这么明白的事情都这么费劲，其他的事情大家就更没信心了。

我借此谈谈感受，如果对这些事能够在研究方面做一些推动就有点意义了。我就说这些。

（2015年一季度某研讨会上的发言）

试解读“改革红利惠及民生”

“改革红利惠及民生”这个主题非常重要，可联想到的另外一句话与此大意一致，就是“让全体社会成员共享改革开放成果”，但这后一句话实际上暗含一个意思，它指向现在有什么不能共享的因素。“惠及民生”这个“民”的概念里边，直观地看并无指向性，像现在中国的首富，可自称为他是老百姓即人民的代表，又还有底层的人们，他们可能基本上发不出声音，包括近日媒体上报道的北京发现的井底“穴居人”——当然一旦报道出来被送回原籍以后，政府都给予了特殊的政策倾斜，让他们过的日子一下子上了一个大台阶，但是这并不意味着较普遍的类似社会问题都可以这样简单解决。

总体来说，要让全体社会成员共享改革开放成果，还需要抓住改革不放，理顺相关的“现代国家治理”的整个制度安排和机制联结，释放改革红利。这个改革红利，从原理上来说就是解放生产力，而解放生产力是以我们可选择的各种要素里边应抓住不放、最具有一定可塑性的制度创新、制度供给为纲。因为中国有很多东西其实无可选择：我们的历史，在近现代以后，由于种种原因在工业革命之后落伍了，已经造成的不少历史因素的积淀，并不能够迅速地一下子求得多大的改变；我们的地缘政治因素，也没有多少选择余地；我们的国土实际上并不只是“地大物博”，从另外的角度讲还有不少“穷山恶水”，有些边区、高原地带，资源可能有，但你怎么开发出来怎么利用都是难题，等等。我们的“十八亿亩红线”面对的就是中国这个世界上人口最大国家实际上人均可耕地水平非常低这一制约，等等。但不可选择的很多因素之外，可选择的一定要抓住，就是我们要走向现代化需依仗的这个制度创新、解放生产力的潜力，是不是可以充分发挥出来。所以我非常赞同我们会议的这样一个主题提炼。而这个改革红利发挥的出发点和归宿，显然就是人本主义立场、科学发展观基本点上所说的：要把我们所做的所有的事情，落到改善民生上，这在原理上是非常清楚的。

在这个大题目的理解之下，我想谈五点认识试作些解读分析。

第一点认识，是我们在改革开放新时期，一直有一个从“生产目的讨论”开始，延续到现在仍存在的经济发展指导思想如何纠偏这个重要的认识线索。追溯到传统体制下，说了那么多年的艰苦奋斗，等等，做了很多的努力，有很多英雄主义的、值得肯定的要素，但实际的结果，越到后来越僵化，活力不足，总体发展并不能够大踏步地跟上时代和改善人民生活。所以改革开放初期，专门讨论了“社会主义生产目的”怎样体现，怎么落实这一问题，从“让人民群众得实惠”，一路走到现在所说的科学发展观要求的全面协调可持续发展。这样的一个线索，在新一届领导集体到位以后即十八大之后，习总书记有一句很“接地气”的话就是：“人民对美好生活的向往，就是我们的奋斗目标。”这在原理上是还原到“社会主义生产目的”的基本点和归宿上了。而从这个指导思想在现实生活中间碰到的问题来看，还真是不少。比如我们这些年在发展中间，GDP 实际上是被各个具体辖区的决策者特别看重的指标。现在已反复强调不要 GDP 挂帅，消除 GDP 崇拜，不以 GDP 论英雄，建立更合理的综合政绩考核指标体系，等等，但是到操作层面，现在这个指标体系并不清晰。虽然我注意到，最近又有专门的文件，说到这个指标体系怎么构建的问题。在操作层面，这件事上怎样真正纠偏，需要进一步结合改革和机制转换，继续努力落实生产目的，使现实的经济发展合乎其本原与内在逻辑，对发生的偏向能够及时地加以校正，从而始终保持一个让人民群众走向美好生活和我们的发展紧密结合在一起的状态。

第二点看法，在这方面还存在一个由“市场在资源配置中起基础性作用”提升到“决定性作用”的认识过程。三中全会这个新的表述“决定性作用”非常重要，意义重大，影响深远。在邓小平南方谈话确立社会主义市场经济目标模式以后，又经过差不多二十年，才在文字表述上合乎逻辑地把这个市场的作用说到了“决定性”。当然市场“决定性”并不能决定一切，它还有失灵的地方，政府要让市场充分起作用、发挥潜力活力的同时，还必须发挥自己的作用。而政府的作用要发挥好，首先就是“以政控财、以财行政”的这个财政体系能不能现代化的问题。这次三中全会要求“建立现代财政制度”，是直接对应于“现代市场体系”，又对应于“现代国家治理”核心理念的。而且对这样的现代制度体系的建设，也提出了时间表，即2020年“全面小康”见眉目的时候，我们这套改革要“取得决定性成果”，这是指导中国今后长时期现代化进程的非常重要的理念和逻辑连接。那么，财政要正确地使政府职能得到既不越位又不缺位的发挥，必须体现在其支出责任与事权相适应，在操作上则需要形成可规范掌握的事权明细单与支出责任明细单。具体的取向上，正像财政部楼部长特别强调的，“第一要义是政府和财政要维护社会公平正义”。先不要说其他更多的这些“点调控”，整个环境要讲公平、讲正义，市场要讲公平竞争。然后在覆盖全民的“改善民生”方面，首先要考虑推进基本公共服务均等化，在这个基础之上，政府再施加以财税手段和其他一些必要手段的适当再分配。这种总体的政府的作用，我注意到，最高决策层已有一个明确的认同：我们的政府和财政，更多地要做雪中送炭的事情，要尽量少做那些锦上添花的事情。在过去的发展过程中间，有财力、有能力的地方实际上做了不少锦上添花的事情。有些学校条件已经非常好了，但它这个地方先发展起来而财力雄厚，便锦上添花地继续优化学校的条件，说起来当然也有理由。如“再苦不能苦孩子，再穷不能穷教育”，然后条件就不断地往上升级。但实际上，应该有一种力量把这种发达地区的一部分财力转到欠发达地区去，让那些更需要雪中送炭的区域，得到更多的公共财政的阳光，更多得到改革开放成果的惠及。这样的一个机制，实际做起来也是要触碰既得利益的，是要贯彻邓小平南方谈话里清楚地意识到并指出的“发展到一定阶段以后，发达地区要回过头来支持欠发达地区”。允许一部分地区一部分人先富起来，这是大局，转过来支持这些欠发达的、弱势的方面，更是大局。这个事情又会涉及一系列现在的改革问题。

第三个视角，从改革正面考虑，现在真正难就难在到了深水区以后怎么样去化解既得利益的障碍，怎么按总书记说的“冲破利益固化的藩篱”，怎么体现李克强总理所讲的到了深水区以后，“再深的水我们也得蹚，因为别无选择，这关系到国家的命运、民族的前途”，所以要不惜“壮士断腕”。实际生活里，这是非常难的。从这个角度，我只讲一个观察点：中国现在的老百姓几乎都在关注行政成本方面的“三公”支出，中央级已经在网上做了部门预算的公布，有“晒三公支出”的清单，并要求地方往下也要层层公布。这个事情做起来肯定意义重大，透明度提高，让老百姓知道纳税人的钱是怎么用的，从哪里来、用到哪里去，全程透明，使老百姓有知情权，跟上的就是质询权、建议权、监督权的落实。最后落到哪儿？就是全社会公众能够通过一套可持续的机制来有效实施对公共资源的决策权。这就是民主化、法治化取向的实质内容。但咱们实话实说，老百姓现在看到的“三公”还都是一些表面情况，真正的运行成本高昂，更多是来自整个架构没有得到有效改造这一点，如“大部制”推进非常困难，我们的政府层级框架上还是五层级，怎么样“扁平化”也相当困难。虽然这些取向都有，但是文件里也往往并不敢非常直截了当地写上。比如说，中央文件几次说到的“有条件的可以试行省直管县的体制”，实际上就是要推进行政“扁平化”，但是这个过程中是要触碰一大堆既得利益的。我们实际的行政成本与这些事情息息相关，应该在中长期更多地抓住这些大问题，这些属于大框架的问题，来推进改革。另外还有一个我们过去似乎已经习惯，但放到世界文明发展的潮流里、放到全世界的视野里做个比较便会发现很特殊、很过分的事，就是在邓小平同志有生之年，解决了改变我们领导职务终身制这个问题，但是他没有来得及解决领导同志退下来以后待遇终身制的问题。这次全会文件里有了非常重要的切入点，比如说官邸制，是打开了一个入手的门径。还有就是文件中提到的公车改革。这些所关联的高昂行政成本，如果能够真正压缩下来，才会从另外一个角度，把应珍惜的、有限的公共资源去更好地惠及民生，扶助弱势群体，推进基本公共服务均等化。这是从全面改革、配套改革正面来讲，和我们这个主题直观上相结合的一个观察。

还有第四点，还应该提到，在惠及民生、满足民众的利益诉求方面，实际上必须高水准地来处理眼前利益、短期利益和长远利益、根本利益之间的权衡和协调问题。因为短期利益、眼前利益、鼻子尖底下这点利益，往往和长远利益、根本利益是不一致的，是需要权衡和协调的。在决策层，我注意到有一个非常重要的理念，已经公开地向社会提出了，即在政治局讨论住房问题的时候，特别强调"保障房"概念的有效供给的同时，又明确提出了要防止"福利陷阱"的概念。这是过去不少官员不敢说的，但又是必须说的。如果处理不好，更多地让短期利益的考虑、让一些没有后劲的因素一时热闹起来，吊高胃口而不可持续，那么这整个过程就会归于不可收拾。这已有前车之鉴——很多经济体走到中等收入阶段以后，却上不去了，碰到"天花板"，最后落入"中等收入陷阱"而一蹶不振，最为典型的当数拉美国家"民粹主义基础上的福利赶超"这样的失败教训。虽然政治家要说中国绝不会落入这种陷阱，但是我们研究问题的人，从居安思危的角度来说，却必须在借鉴中提出防止这方面已经出现过的大量案例在我国重演。中国并不是说到了中等收入阶段，就注定可以一路走上高收入阶段的。这里面特别有威胁的就是说起来大家都赞成的"改善福利"、"改善民生"，如果没有一个可持续的机制，没有对于分寸感的正确把握，那么一旦过了界，福利从云端跌落尘埃，跟着一起跌下来的，可就是整个发展的后劲和全局，会痛失好局，痛失全局利益。这个方面的教训，在发展经济学角度看，结合着制度经济学和转轨经济学讨论的时候，都是可以有非常丰富的研讨内容的，至少我认为在内部讨论、理性的讨论里，要强调这一点。对

“福利陷阱”的规避和“中等收入陷阱”的规避，实际上是有密切联系的。我们要通过一系列的努力，让民众在追求必然要追求的短期利益的同时，更好地衔接、认识他们的长期利益和根本利益，认同实际上也要触碰民众层面既得利益的一系列的改革。比如对现在出现的雾霾，谁都愤愤不平，都认为不可容忍，但一旦说到要通过资源税、环境税来以经济手段可持续地促使中国五千八百万个以上的市场主体和十几亿居民大家一起节电、节水、节能降耗，很多人就跳着脚骂，说政府的事跟我有什么关系，不认为老百姓在这里边也要调整自己，一听说有了资源税、环境税，水可能更贵，电可能更贵，就觉得这不可接受。实际上这不是一种我们可用以追求惠及全民的长期发展的理性态度。处理好这些事情，要做大量的工作，也要结合一系列可以逐渐推进的改革，才能做好做实。

最后一点，从历史过程来看，改革红利惠及民生还必须解决好与“民权”相关的制度建设。我们现在可以低调，但实际上不能回避的，就是“中华民族伟大复兴”这个现代化战略目标宏伟愿景的实现，包含从“民生”到“民权”的逻辑递进。我理解，其实孙中山先生在他提出所谓“三民主义”的时候，已经有了一个相对清晰的框架了：首先，积贫积弱、国家要被列强肢解而四分五裂的情况下，先要形成一个像模像样的民族。这个事情实际上是推翻帝制以后，经过军阀混战、国共内战、抗日战争，等等，到1949年基本解决的——中华人民共和国成立，有了一个基本的、统一的民族国家的框架。后面跟着的是“民生”，怎样改进民生，有发展建设的强烈追求，从“一五”时期开始大规模经济建设，经过走弯路以后，到改革开放新时期，邓小平改革开放“解放生产力”的措施，终于使我们看到有了较普遍的温饱之后，又有望2020年在民生方面实现“全面小康”。这是上了又一个很大的、非常重要的历史性的台阶。在这个“民族”、“民生”连接之后，实际上我们现在已经看到非常清晰的迹象，就是民众（老百姓）实际还必然地在公民意识和纳税人意识提高以后有“民权”这方面的诉求。这样的诉求是合乎人类文明之路的发展逻辑、无可回避的，所以我们还必须逐步解决好和“民权”相关的一套制度建设。现代国家治理，要特别强调不是简单地作自上而下的管理、控制、调控，这里边有管理也有自管理，有调控也有自调控，有组织也有自组织，一定要把民主化、法治化这样一个方向上可做的事情抓住不放、一步一步往前推，这样才可能真正地“在改革红利发挥的同时，让全社会共享改革开放的成果”。这里边的成果，除了一些我们于物质条件方面越来越好之外，一定要有文化因素，要有现代社会的更综合的软实力因素，把它们都融合在这个过程中间，才是真正可持续升级的惠及民生，才符合发展之中一个一个层次提高这个必然规律。

这些不成熟的思考，请批评指正。

（在 2014 年民盟中央专题研讨会上的发言，根据录音整理）

会见亚洲开发银行中尾武彦行长时贾康首席的交流内容

非常感谢行长先生在百忙中过来。看得出行长先生考虑着重大问题。我们这些年作为研究者确实也关心这些问题。我完全以学者定位，试着给行长先生汇报自己的一些基本看法。

与行长先生来的各位也都是专家，今天我们财科院的一些研究人员，他们也都在岗位上有多年经验，我说了以后，大家还可以在一起讨论。时间有限，我尽量简短地勾一勾。首先说说行长提到的新供给经济学的思路。

我们是在前些年意识到，这是一个非常重要的学术研究方向，最直接的推动因素是对于世界金融危机的具体分析和带来的反思。我们认为对主流经济学的成果必须做系统化的创新，它原来的不对称性要加以克服。所谓不对称性，就是需求管理已经反复讨论认为比较成熟了，而忽略了供给管理的方面。

在需求管理方面过去比较成熟的成果，就是凯恩斯主义的国家干预和在政策方面的反周期操作这样一套过去认为比较成熟的系统化需求管理方略，而实际上，现实中只做总量视角的反周期明显不够。美国在世界金融危机发生之后，我们认为特别值得看重的，是在量化宽松几轮操作的同时，一系列的供给管理措施，典型举措涉及给花旗、“两房”、通用的注资，在油页岩革命、3D 打印机、制造业重回美国、信息高速公路的升级，还有对于特斯拉电动汽车特定的贷款支持等方面。很遗憾的是，这些产生重大作用的供给管理方略，西方主要的经济学研究者和已经形成的经济学有代表性的文献，却几乎没有什么像样的条理化的深入分析认识，而我们中国学者认为，这方面我们可以不等待他们的工作，我们自己在这方面需要密切联系实际来做理论创新。

从这个思索的切入点开始，我们试图建立一个新供给经济学的认识框架，这几年努力之下，已经形成了一些专著和论文集，我愿意把一些代表性的专著和论文集送给行长和行长的专家团队给予批评指正。

这方面我想特别突出一下，就是在机制体制层面，我们认为要突破的重要一条，就是原来认为的完全竞争假设已经可以包含着由市场自发解决供给侧复杂结构优化问题。面对实际生活这一假设必须升级，就是我们认为应该回到现实世界的真实图景，把这个假设升级为非完全竞争，进而要由政府合理的“有为”又“有限”地去提供政策供给——比如必要的产业政策、技术经济政策来优化结构，特别是要由政府有意地来提供制度供给，就是使市场充分发挥作用的制度环境、高标准法治化营商环境的打造。

这个认识框架需要展开很多的分析。我们认为不仅对中国有益，实际上它要寻求整个市场经济发展里面，发展中国家和发达国家同样都要面对的一些供给侧必须处理的机构性改革问题。

但是，首先我们是立足于中国要全面考虑怎样在市场取向改革中去完成现代化，这样一种理论密切联系实际的新供给经济学框架下，我们推崇一个“守正出奇”的表述。所谓“守正”，就是一定首先要充分认识市场在资源配置中的决定性作用，这种市场经济的共性规律是一定要顺应和尊重的。这个“守正”后面，中国又不能说简单地把其他市场经济的经验套用来解决自己的现代化问题，还必须实现“守正出奇”后面“出奇制胜”的创新。这个创新就一定有风险，但是中国别无选择，必须由供给侧发力，在有效市场旁边成功地配上有为和有限的政府作用，在发展中完成一个从追赶到赶超的现代化战略通盘的推进过程。

在我们的理论框架之下，我们这个研究群体努力地在中央的几次重要全会之前都递交了我们的研究报告，我们特别强调了在配套改革中要在供给侧发力，抓住最基本的五项要素。比如对应于2010年中国进入中等收入阶段的经济下行新阶段，一定要及时调整人口政策，优化收入分配与再分配。在土地开发这方面一定要另辟蹊径，创新地来探索中国土地制度改革之路。在资本的运用方面，要注意到常规投资边际收益递减的压力，就必须发展出把商业性金融和政策性金融有效结合在一起的无缝对接的多样化金融供给体系。另外，科技的要素是非常关键的，邓小平所说的第一生产力，在中国要让它发挥作用，还必须特别抓住第五个要素就是制度供给、制度创新，打开科技创新潜力能够释放出来的巨大空间，这样涉及的教育改革、科研制度的改革，等等，都要在中国解决非常现实的问题。总体的制度创新要成为全面的配套，五大要素的这些改革涉及的是行政、财政、金融、投资、国有企业等方面，包括司法，包括实际生活中具体到户籍制度、公车制度，等等，一定要放在改革系统工程中来把握。

在这个问题延伸出来的另外一个重大问题，就是行长先生提到的怎么看待中国跨越中等收入陷阱，我们的观点比较鲜明：第一是完全不接受否定派的意见——有些人认为中等收入陷阱是个伪问题，而我们认为这是中国完成现代化过程中的顶级真问题，一定要高度重视。因为这是一个统计现象，前面有那么多的前车之鉴，一定要在中国清醒地意识到前面这是一个历史性的考验。另外，我们也不赞成乐观派——认为中国现在已经达到这么高的人均8000美元的GDP水平了，人均国民收入再过几年就可以进入高收入阶段。其实在中国一句老话里说“行百里者半九十”，你看着接近的时候，实际上可能是最困难或最要提防风险的时候，过于乐观不利于中国真正攻坚克难去化解现在的“矛盾累积、隐患叠加”的潜在风险。我们是强调以最周密和审慎的通盘考虑怎么化解风险，克服矛盾，来全力争取跨越中等收入陷阱这个前景的一套主张，也专门写了这方面的书籍，愿把关于新供给经济学和跨越中等收入陷阱的书一起送给行长先生，请行长先生指教。

下面我再抓紧说一说另外几个主要问题的看法。当前的经济形势我们是觉得有可能在 2016 年出现一个小平台状态之后，在 2017 年争取中国整个阶段转换中经济下行的阶段性探底。所谓探底，就是在没有形成市场预期的共识的时候，其实已经没有非常明显的继续下行的势头。如果这个小平台能延续到 2017 年，在 6.5 以上的这个小平台应该接着让它企稳，所谓企稳就是各方的共识开始形成，态势更明朗化，对接的应该是一个所谓质量升级版中高速增长平台，中国这个新常态就由“新”入“常”了。

在这方面现在具体的掌握，我们的意见建议是当然还要继续考虑提振消费，扩大内需，总量方面掌握适度的流动性的供给，但是矛盾的主要方面是在供给侧怎么掌握好以“三去一降一补”切入的结构优化。这里面具体的问题就复杂得多，绝对不是一个反周期总量操作的简洁的模式，得一项一项专门讨论和定制化。

比如去产能，过去一年里首先集中在钢铁、煤炭两大行业，客观评价有工作中间的成绩，直率地说确实也有明显的问题。我们作为学者更愿意直言不讳地说说问题。钢铁行业在 2016 年一季度开始表现回暖，二、三季度回暖已经成为定局，这个回暖回得是不是有点过快，这里面跟前面一段时间靠行政的方式层层往下压钢铁产能是有一定关系的。本来更好的一个机制，是应该让市场在优胜劣汰过程中去真正排挤掉落后产能，现在变成了官员们他们自己认定什么是过剩产能，把这个过剩产能以行政手段为主的方式去排除，这样的做法很容易有副作用。

煤炭行业更是跟着在二、三季度以后也迅速回暖，现在又变成另外一边的压力。有关部门已经开了多次紧急会议在全国调度煤炭供给，价格的上涨势头非常猛，而后面我们听到的一个消息是带着荒唐意味的：煤炭行业按行政手段强力改变过去一年到头矿井连续运转的模式，一年只能开工 278 天，这是完全违背煤矿运行经济规律的。实际的结果，资源配置的效率不是提高了，而是降低了，表面上限制了煤炭的产能，实际上并没有真正地排除掉落后产能。

再举一个例子就是去库存，一般理解首先是针对着中国的房地产方面，特别是住房这方面的过大库存。其实具体分析它的结构特征是非常鲜明的，现实生活里迅速地在房地产市场分化调整之后演变成一个明显的“冰火两重天”局面，“火”的这边和“冰”的这边绝对不可以相提并论。实际生活中去库存的概念一开始掌握的时候，认为是可以全面地要求来降低库存，却在“火”的城市里加剧了矛盾。到了2016年下半年，“火”的这边已成为大家都关心的社会焦虑的问题了，实际上重点就转变成了赶快在一线和跟着热起来的二线城市增加供给，以及强硬地实施行政上的限购限贷措施去缓解社会焦虑这样的局面。

所以，最关键的一定是按照供给侧的新思路，掌握好结构分析和结构优化的要领。很显然，在“冰”的这一边是要继续考虑去库存，而三四线城市去库存不是简单依靠一个商业性的信贷手段就能达到目标的，还得配上政策干预——全局去杠杆的同时其实对这个事情必须加杠杆；在“火”的这一边，除了现在采取行政应急性降温的措施之外，要考虑怎么样真正推进基础性的制度建设，形成市场长期发展的所谓健康的长效机制。这就是一个要总结过去经验教训，在更高的层面上考虑整个制度供给优化的情况寻求长治久安的通盘方案设计。这方面我刚刚出了一本书，题目是《中国住房制度与房地产税改革》，很愿意把这本书送给行长和行长身边的专家给予批评指正。这也是中国讨论多年的热点、焦点问题，众说纷纭，我们试图形成完整的、系统化的一套认识。

总体来看，中国的城镇化伴随着的经济成长其实还有很大的空间，真实城镇化水平现在也就是40%，在这个阶段上完全没有理由简单比照日本在77%的城镇化水平时才出现的那样一个所谓泡沫破灭的危机。当然，我们要警惕这种危机因素，现在“火”的这方面要特别注意怎么样消除泡沫，消除泡沫要注意标本兼治，而治本为上，真正把长效的制度建设起来，当然这就需要攻坚克难。在“冰”的那方面更得具体处理去库存，良好的愿望一定要配上全套的可行性方案，怎样把农民工吸引到三四线城市，而不是让他们一下跑到一线城市，要配的所有的政策手段要理性，要可持续。

行长先生也特别注意到了不久前的中央经济工作会议精神，这些丰富的内容我想特别强调一下非常值得肯定的显著的亮点，就是明确提出保护产权，而且要加快编纂民法典，要纠正侵犯企业产权的错案冤案。我认为这是问题导向下既考虑中国当下，又考虑以后长远发展的一个非常重要的会议精神。

我理解它实际上要在中国确立一个里程碑，那就是在改革开放三十多年以后，构建现代市场体系产权基石层面以后升级版的法治环境，其实要对接法国大革命以后《拿破仑法典》的这样一个法治建设轨道。具体在中国怎么完成加快编纂民法典的全套工作还需拭目以待，但是这个精神它包含的信息必然对接到怎么进一步配套改革，公私产权要放在一个平台上加以保护，混合所有制的改革、国有企业的改革就有望得到深化。

另外，在中国的地方财政的进一步可持续发展方面，确实还有很多的挑战性问题。必须肯定，在原来的隐性负债这样的风险防范方面现在框架已经很清楚了，有了预算法的修订和现在 PPP 的推进，一些积极的东西要抓住。我的理解就是，实际上要在阳光化发行地方债的同时，把原来地方融资平台这种潜规则逼出来的政策性融资，引导到阳光化的 PPP 政策性融资的可持续运行中去。当然，还有很多金融问题跟这个机制必然要互动，整个中国金融化解风险和健康发展，我的基本看法就是，商业性金融的进一步深化改革要匹配上虽有风险但是必须兴利除弊掌握好的政策性融资体系。

关于中国整个财政架构的改革，我一直坚持自己的基本观点：一定要解决在 1994 年搭建的制度框架下面实质性地把省以下体制落实到分税制状态这样一个改革任务，那么就必须有一个扁平化的架构建设。五级分税没有出路，必须最后扁平化到三级分税，这样就有可能柳暗花明又一村，找到可行的一套技术路线去贯彻整个改革战略。

我基本的认识框架，就是中国这个统一市场与外面整个开放的全球市场对接情况下，中国自己的市场经济所要求的经济性分权的财政体制，应该是在中央、省、市（县）三个层级上体现出每一级政权有一级合理事权的清晰的明细单。这一套事权的规定对接到支出责任，就是在预算收支的那些科目上可操作，一级政权、一级事权后面跟着的是以配税基为代表的财权怎么合理化的问题。在中央、省和市（县）三个平台上配税基有方案，不像原来的五级，怎么样都不可能配清楚。有了这个三级框架以后，一级政权、一级事权、一级财权、一级税基，就引出一级预算，再配上各级的产权的管理，就是国有资产管理体系的架构，以及公债体系中分级的举债权，再配上中央、省两级自上而下的转移支付和必要的补充性的地方层面的横向转移支付。

在金融这方面非常简要地说，我感觉中国有六个方面的势在必行。第一就是怎么样使金融真正支持实体经济升级换代，实施这样的解决方案是势在必行。这样的支持实体经济升级换代必然要求第二个方面，就是金融的产品和机构的多样化，这是第二个必须掌握的势在必行。跟着的第三个，是要有商业性金融体系旁边健康可持续的政策性金融体系建设。再往下说，第四方面还有投融资里跟 PPP 机制创新结合势在必行。第五，就是与互联网金融概念下创新潮流的结合渗透势在必行。第六，是整个中国的金融体系深化改革要推到人民币国际化概念下最关键的资本项目可兑换，这个改革要积极准备，找到合适的时机，创造条件来推出，它也是势在必行的。

行长先生特别提到的当下人民币和美元之间汇率的变化，这是大家都关注的敏感和热点问题，我们作为学者在议论中有些话说得比较直率，向行长先生提一下。我接触到的学者和我自己认为，必须正视在美国经济率先复苏以后美元走强这个阶段上对中国形成的压力。最大的可能性是人民币兑美元在汇率上继续贬值走低，对 2017 年一般人已看到 7.3 左右，甚至有人认为要做好 7.6 的思想准备。我觉得中国的管理机构一定会高度关注这个事情，在汇率更多由市场起作用的同时，它必然还要有作为管理当局怎么合理加以调节的问题。我自己感觉这里面主要的，其实还不是经济风险，因为从经济角度看，人民币兑美元贬值有利于中国扩大出口，缓解一些现在经济下行怎样克服困难这样的问题和压力。但是怎样稳定市场预期，在中国社会很多的矛盾现在正在凸显，经济问题有可能社会化甚至政治化的压力之下，要非常审慎地处理这样一个演变过程。学者们所做的这些议论，我觉得只能是说看到了某些要点，真正全局的把握，我们确实没有能力做更多的评价。但我是觉得从现在来看，兑美元贬值还会持续一段时间过程中，人民币是不是要注意已经有了一揽子货币的地位，在可能做调节的时候，要注意它和其他的硬通货是不是可以掌握到没有这样明显的贬值趋势。前一段时间给人的印象是虽然兑美元贬值，但是兑其他的主要货币并没有明显的贬值表现。下一个阶段适当掌握这个过程，我觉得更重要的是中国自己要处理好在改革发展过程中，怎么样使经济基本面尽快完成探底而企稳的问题。如果这个基本面的问题在 2017 年处理得比较好，这一轮的压力我觉得是可以消化，然后再对接一个更平稳状态的。

（2016 年秋）

我国体制性产能过剩的形成机理及其化解对策建议

产能过剩的实质是投资过度。我国的产能过剩在相当大程度上是政府以投资拉动经济增长、过度干预市场和经济运行的必然产物，主要属于“体制性产能过剩”，其产生是由于政府对于部分企业的干预和关照过强、过多、不适当。政府在GDP、税收、就业等导向下，通过运用手中的经济权力和政治权力，强力干预市场、大幅度拉低各项要素价格而形成扭曲的价格导向，对企业投资、生产经营活动产生强烈的不当刺激引致了产能过剩。因此，化解产能过剩的关键，在于发挥市场配置资源的决定性作用，着力恢复正确的比价关系与价格形成机制，使企业面对真实成本与市场优胜劣汰的竞争压力，引出淘汰落后产能、消减过剩产能的结果。当下重中之重的任务，在于消除政府干预价格的诸多体制性土壤，减少行政干预，大力推动要素市场化的“攻坚克难”的配套改革，改革干部考核制度和财税制度，使国家产业政策及其实施机制科学化、合理化。应通过制度供给的变革，发展教育培训、科技创新、保护知识产权、维护市场环境、依法行政，为市场运行构建出坚实、稳定的基础和条件。只有这样，才能将产能过剩控制在市场和社会所能接受的范围之内。

实证考察中，可知目前政府治理产能过剩仍然高度依赖以“关、停、并、转”、下指标、卡指标、定时间为主的行政方式，这虽有一定的必要性，但毕竟主要使用的手法不过是当初鼓励产能扩张时的反向操作，表现着以“后一轮”行政干预来治理“前一轮”行政干预的路子，恐怕很难走出“打摆子”、“治后反弹”、“按下葫芦起了瓢”甚至“越治越多”的循环怪圈，以及现实生活中公共权力实操环节“选择性执法”、“设租寻租”的紊乱局面与不良境况。行政色彩强烈的“关停并转”其实只适用于数量有限的企业（如国资委下管的100多家大型、特大型企业和各地也为数不多的大中型企业），面对我国总数已超过6000万家的市场主体，政府对其中绝大多数并没有能力去一一甄别谁是落后、过剩产能的代表而“关”，哪些技术路线应“停”，如何合理地形成“并”与“转”的方案；硬要做，必定弊端丛生。环保“准入”操作其实也属“关停并转”式操作，虽然必不可少，但可行的覆盖面相对有限。

在“三中全会”顶层规划精神的指导下，建议以改革为核心抓住以下对策要领：

一、理清多种手段协调配合化解产能过剩的大思路。坚持在全面改革中结合制度建设打造经济手段为主的长效机制，加快推进行政审批制度改革，使市场公平竞争中的优胜劣汰发挥决定性资源配置作用。对具体投资项目的审批与核准，不论把权力交于高端或低端批，各有利弊，问题的关键其实是应让市场决定项目与企业的命运。

二、在大力推进要素市场化建设的方面，应紧紧抓住现时煤炭市场价格低平而“自然并轨”的有利时间窗口，推出煤炭资源税从量变从价，以及“从煤到电”的攻坚克难配套改革事项，使我国基础能源的比价关系和价格形成机制摆脱严重扭曲和僵化状态，形成全产业链、消费链各市场主体和消费大众“内生地”依经济利益考虑而千方百计节能降耗的长效机制，挤出落后、过剩产能，调整消费习惯与方式，走向绿色、低碳的可持续发展状态。政府要掌握好：1. 改革中企业的“负担冲击”力度，应使大多数企业在税费整合后的公平竞争中经过努力可以继续发展，少数企业被淘汰出局——出局的即是所谓落后、过剩产能——如果一轮做不到位，可以多做几轮。2. 及时适度提高居民的“低保”标准，使最低收入阶层实际生活水平不下降，中等收入阶层以上者则会根据价格信号调整自己的消费习惯和模式。

三、在必要的行政甄别前提下实行“关停并转”和依法规执行“准入”标准以卡掉不可准入对象的操作中，注重目标群的合理规模，尽可能防范和减少“设租寻租”的弹性空间。

四、改革官员政绩考核制度，尽快推出替代“以 GDP 论英雄”的适宜操作的新考核指标。

五、加强和动态优化我国资源、能源开发的顶层规划，进而提升产业规划与产业政策合理性，对接其合理的“引导型”实现机制。

（2014 年在全国政协双周专题协商会上的发言）

完善产权保护　推进改革创新

尊敬的到会各位领导，各位专家，各位嘉宾，各位朋友，特别是来自各地的企业家朋友，大家好！

很高兴我能够在中国投资协会创新投融资专业委员会的成立大会上，作为社会来宾方面的代表做一个简短发言。因为我自己是研究者定位，在热烈祝贺我们的创新投融资专委会成立的时候，愿借此机会谈一点在最近的相关信息里感觉特别想强调的一个亮点，就是在我们实际生活中投资、发展领域里确实还存在着错综复杂的使企业界纠结情况下，可注意到前面一段时间，国家的最高决策层以中办、国办联合发文的形式，特别强调了完善产权保护制度，我觉得其意义非同小可。这个文件里的精神可归纳出一系列的要点，包括要把公和私的产权保护，放在一个平台上这样一个重要的指导精神，其中有很清晰的在“问题导向”之下把多少年社会讨论的问题于现在给出指导方针的特别重要的要领。

比如说对于民营企业，在不规范发展阶段上的一些问题，不要一再往前追溯纠缠，实际上就涉及如今还在很多场合被人们谈到的所谓“原罪”概念。到了新近的中央经济工作会议的指导精神公布之后，和这个文件一脉相承，会议特别强调要尊重和保护企业家精神，又特别强调了公私产权一律保护这样的指导意见。

具体地看，我认为中央经济工作会议所要求的“加快编纂民法典”，将会在中国现代化的发展过程中树立一座里程碑。因为我们过去知道，在人类社会文明推进的过程中间有代表意义的法国大革命，它的冲击和后来的演变过程当然是波澜壮阔，也充满种种矛盾冲突，其后还有几次的王朝复辟和排着顺序来说的几度共和国的具体形式。而它留下的最站得住脚的历史遗产是什么呢？是被各方高度评价的《拿破仑法典》。中国到了现代化所要求的改革进入深水区，经济阶段转换中要引领新常态，全面小康以后要跨越中等收入陷阱、对接中国梦伟大民族复兴战略目标的新阶段上，加快编纂的民法典，就是要给现代市场体系奠定它的产权基石。而且我认为按照这个中央现在非常明朗的精神，在下一轮我们有机会再进一步去动态优化我们的根本大法——宪法的时候，修宪就应该体现中央这样一个非常清晰的公私产权一律保护的精神实质。上一轮的修宪被称为“私有产权保护入宪”，但作为研究者实话实说，当时我看到文本以后在底下就发了一个议论，认为这个进步是非常值得肯定的，但是表述没有到位。修宪文本中说了前面宪法里已有、早早说过的“公有财产神圣不可侵犯”，后面加进来的这个表述是“合法的私人财产不受侵犯”，这确实是进步，但是为什么不能在汉语的语境里做出“一个平台”上的表述？“神圣”是个形容词，在这么严肃的根本大法里，形容词并不是实质的内容，跟着的“不可侵犯”才是实质内容，表达得十分清楚，那个意思就是：侵犯了就要受惩罚。但为什么到了私人产权这边，是“不受侵犯”？它没有回答“受侵犯以后怎么办”这层含义。现在我认为中央的精神是非常清晰的，如果得到机会——我认为这个机会正在提前到来——在现代化过程中以后还会动态优化我们的根本大法，那么就可以对接这样的一个“公私产权在一个平台上一律依法得到保护”的我们产权基石层面的非常重要的基本要领。当然，在进一步推进中国改革发展的过程中，千头万绪的很多问题，可能有许多直接、间接地与此相关，都有待我们去应对挑战。此次中央经济工作会议关于纠正侵犯企业产权的错案冤案这一明确而重要的指导意见，显然是问题导向，亟应尽快落实。

在祝贺中国投资协会的创新投融资专业委员会成立大会之际，我谈这样一个观点也是想举出一个例子，实际生活中我们虽然有种种的困难，但是我们应该把握住已经形成的基本共识。那么有了专委会这样一个很好的交流和促进平台，显然我们应该政、产、学、研各界努力利用这个平台形成合力，在深化供给侧结构性改革的过程中更好地落实中央精神，推进有效制度供给支撑之下的创新投融资。谢谢大家！

（2016年12月在中国投资协会创新投融资专业委员会成立大会上的发言）

政府应给股权众筹试错空间

很高兴借今天的论坛和启动仪式的机会，谈一谈自己对于主办方出的这个题目（国家战略下的“互联网 +”——编者注）的看法。这些年一直在做研究，也认为“互联网 +”定位上也必须要考虑这样一个非常重要的问题，那就是国家的战略视角下，怎么样认识“互联网 +”。

我们可以注意到，就在今年早些时间的两会上，在总理政府工作报告的文本里（称得上是惜墨如金的文本），非常正面肯定了在“互联网 +”之下要促进“创业创新”，并且连接到现在反复被各个方面强调的“大众创业”、“万众创新”。这代表的是政府方面，是出于全局的考虑。与此相佐证的还有李克强总理和政府各个部门的负责人，在视察调研里的一系列信息，比如总理跟方方面面的人谈论他是怎样体验在网上购物这样一个过去并没有的消费者体验，他和中关村创业园区的年轻人一起喝咖啡时表示的态度，就是大力支持大众创业、万众创新。

“互联网 +”加“双创”的逻辑连接显然代表了国家层面的战略意图，而国家层面的战略意图指向的，我认为就是改革开放新时期三十多年走到现在，我们坚定不移贯彻的、邓小平勾画的“三步走”实现伟大复兴的目标。“互联网 +”就是要在这种背景下大踏步跟上而必须把握的战略事项。这样一个“互联网 +”的概念，我从学者的角度来观察，愿意把它阐释为对接人类社会的第三次产业革命大潮的重要概念。第三次产业革命的基本特征就是新经济时代的信息革命，信息革命的代表就是互联网，一直到现在的移动互联网，以及现代移动互联网不断更新换代的种种技术创新表现。

“互联网+”能“+”什么呢？显然各个方面的发展创新都可以对接。我们前一段时间，包括现在还一直在热议的“互联网+金融”——今天的主题，比如众筹股权投资这方面的新机制，就离不开互联网金融的概念。另外大家都在注意，怎么样完成升级、更新、换代任务的制造业，在国际竞争环境下，德国提出的制造4.0，美国提出的制造业回归。还有现代农业，也是要在“互联网+”下考虑的。我来的路上注意到，汪洋副总理说的“互联网+”专门对接农业。我长期在财政部下面的研究所工作，从自己的角度来看，早在十几年前就注意到相关问题。当时上海财政局领导说，他注意到世界银行推荐在财政工作系统里面，要引入计算机为支撑的互联网信息处理技术，一台一台工作人员处理的计算机在我们现在所说的“界面”上表现出来的是信息在网上流动、连在一起，它处理财政的预算管理业务，感觉带来一个全新的冲击。为什么？在中国的社会里面，我们过去在财务分配上已经感觉到，每个手里有财的官员都被称为“财神爷”，他要处理各种各样的关系，而这个关系也带来了一系列难以处理的复杂问题，与此相关的还有被人们指责的所谓不正之风。而当时的这位局长注意到，以计算机一个一个连接起来，所有人的行为在这个信息里变得很透明，必须前后一致，必须遵从共同的原则，形成一个随时可以监督的流程。计算机是不讲人情的，处理事情时信息是阳光的、透明的，做这样一个信息处理，他认为这是一个革命性的影响。我们现在已经看到了，在政府政务信息公开方面，十几年前就已经意识到了，这是一个延伸。现在办公，比如发改委已经形成项目审批大厅里阳光化的信息公布平台，里面连接的是在互联网信息高效率情况下，加上阳光化、规范化，加上公众多层监督。这些影响都会深刻地对我们的经济社会方方面面产生正面效应。

我们现在的股权投资众筹机制发展方向，也要插上互联网的翅膀，这个值得进一步研讨。在这里我想做一个小结，说到前面观察到的“互联网+”之下的所有这些推动和创想，使我回想到恩格斯的一个演说里面非常深刻的一句话。恩格斯讲，在马克思看来，科学技术在人类历史上表现了一种革命性的力量。到了改革开放新时期以后，邓小平提出“科技是第一生产力”，使我回想到恩格斯的思想。现在面对“互联网+”，我更加感觉到这种革命性力量越来越清晰地摆在我们面前，影响我们所有的行业、企业、投资者和经济社会生活领域各个具体的单元。

前面王少杰先生专门提到，移动互联带来的“存量激发、打碎重构”这样的机制，我认为就是一个以“互联网+”为背景的、更广阔的新一代信息技术。支撑第三次产业革命为背景的是供给机制创新。人类社会如果从发展源头来看，首先是人从动物界剥离出来成为最高的、有智慧的动物，而有社会性的同时，对于满足温饱生存的需要，他要持续不断地形成发展的驱动力，这叫原动力。但满足需求的另外一侧——供给侧，实际上是人类社会一个一个时代发展的关键要素所在。从最开始人类不得不开始以采集、采摘为主要生存这方面的物资供给来源，到了自己发展耕作、畜牧，再以后形成农业社会，再以后进入工业化时代，等等，无一不是在供给端，之后再到我们现在的信息时代的上升。这种革命性的力量就是我们所说到的，供给端带来全新用户体验和引领市场的全新机制。五年、八年以前，谁能设想移动互联的体验使我们达到这种境界？在这个过程当中，中国从“追赶”最后到实现“和平发展、和平崛起伟大复兴”的经济体，我们的机遇显然是非常宝贵的。这种创新发展的过程中间，有技术的后发优势，我们要坚定不移地按照邓小平指出的改革开放的基本路线，以经济建设为中心，一百年不动摇，打造“升级版”，科学发展、升级换代。我们必须不断提升的制度供给，就是要贯彻“十八大”和十八届三中全会、四中全会已经规定的、现在被提炼为“四个全面”的全局战略要求。

如果在这样的背景之下说到“互联网+”，首先，我们要考虑到这是在“四个全面”时代、以“人本主义”为立场、考虑进入“全面小康”这样一个目标奋斗的同时，连接总书记提炼的2050年“中国梦”——也就是中国伟大复兴的实现。在不同层面、不同行业领域、不同市场定位争取有所作为的实践中间，“互联网+”显然要能够成为一个推动我们如愿地去追求更好业绩的推动力。最高决策层在三中全会上明确指出，尊重市场总体的资源配置决定性作用，发挥市场主体潜力，落在治国施政的核心理念，就是国家治理的现代化。我认为，这就是一个在纲举目张的突破之下，要使我们整个资源配置带有“包容性”的发展特征、实现继续大踏步的时代化进程，组织和自组织，调控和自调控，调动一切微观主体的潜力和聪明才智。“互联网+”通过科技进步，要给所有创业创新活动插上翅膀。

我们现在看到，互联网金融是“互联网+”里一个特别引人注目的领域，和众筹业务有内在联系。天然地与国家现代化治理存在内在联通，明显有供需互动的创新特征。大众创业、万众创新强调了从草根层面、从过去说的社会最底层，赋予创业创新的机会而营造大量的机制。我们并不否定政府要进一步发挥作用，政府的调控总是需要的，但现在的主导趋向应该是借助“互联网+”把互联网金融、互联网众筹和“互联网+制造业”、“互联网+现代农业”，与整个国家形成的客观发展、升级换代、提高质量的总体要求，结合在一起。最后落实总书记那句话：人民群众对美好生活的向往就是我们奋斗的目标。最关键是要可持续，不是老百姓一段时间满意，而后感觉不满意；应该在我们进入“新常态”之后，把这种实惠给到老百姓，而且这种满意可持续，能够提升满意感、幸福感，像“芝麻开花节节高”一样的新进展。同时也要注意我们是不是有可能由于矛盾凸显而使原来的战略意图不能如期实现。

这样的背景下，在另外一个角度就要强调，我们显然要处理好在机遇挑战并存的局面下，怎么样在“互联网+”关联的“双创”中间，所必须处理好的“发展和规范”的关系。我们可以看清“互联网+”和互联网金融是具有一系列广阔前景的，同时，我们又要理性讨论“创新和风险”这一对矛盾无时不在、如影随形。任何经济运行都有风险，创新更有风险。互联网出现以后的大发展，其实就是最本身的风险催生出来的。硅谷的经验我们不用多说，在中国自己本土上有一个体会。20世纪90年代初刚开始有互联网，就在北京靠近公主坟的环岛中间已经有写字楼，我身临其境到过在互联网方面积极创业创新的公司。当时说起来很有品牌效应，现在还记忆犹新，但若干年后，这些公司大部分已经销声匿迹，在它旁边更多看到的是像阿里巴巴马云作为企业家的辉煌成功，但是很少有人回忆马云成功之后的失败案例，而这些案例非常有价值。这些失败者未必倾家荡产，到了现在的有限责任，还可能留下最后一个再发展的基地，在这个基地上有史玉柱这样东山再起的先例。但是我们毋庸讳言，这里有很多风险，很长时间不是阵痛，很多年不能有效重新进入一个上升状态的具体案例。这也是各个经济体在创业创新里必然出现的。

伴随着还有一个角度，在“互联网+”作为国家战略贯彻过程中间，国家的公权力体系怎么样看待“互联网+”所伴随的另外风险？比如说，有人指出，互联网金融概念出现以来，互联网金融的P2P平台已经出现了一系列案例，有些直接出现了一些骗子坑蒙拐骗的案例。这个情况我们也必须高度重视，像有些官方很有影响的人士，比如央行的领导，比较早的时候正面肯定，绝对不会把互联网金融掐死，希望在互联网发展中间、创新中间形成一些必要的制度约束。但是就是在央行的领导有这样一个很鲜明态度之后，我注意到很快在一个著名的论坛上，又有一系列的官员轮番发言，而实际上那个论坛里给出的声音是，大家都在强调风险很大，这种风险不是创业成功失败的风险，就是跟坑蒙拐骗相关联的。引到另外一个思维方向上，就是要从严管，早早管住。这种不同取向，我们现在看到官方对它综合处理给出了一些文件依据，关于互联网金融方面已经有在规范方面形成一个初步的、算是中国法规体系里的、正式文本的文字依据。一开始肯定还是不周到的，还是粗糙的，但是有比没有强，而且基本精神我注意到了，虽然有些在业界里看起来偏于严格的规定，但毕竟给出了创业创新的导向和政策意图里鼓励之意。

在这些情况之下，我想谈的“创业和风险”这个关联词里面，后面跟着的哲理上思考，就是“发展和规范”这两个关键词，这也是在中国改革开放过程中间反复被探讨的。在现在“互联网+”概念之下，我们有必要继续再做一番相关的讨论。最终简要地说，我们显然在创业创新过程中间要有弹性空间，很多新生事物是找不到明确依据的。要观察、允许在试错的过程中把一些正确的东西形成共识以后发展起来。同时应密切注意，要有对于风险观察之后需要跟上的规范措施，特别是我们不能出现经受不起的系统性风险。在中国现在矛盾凸显的情况下，如果对于一些冒头的风险不做必要控制，我不客气地说，我们已经观察到很多经济问题带有政治化的临界点。一旦经济问题政治化，就不是简单地在经济范畴里讨论能够给出答案的了。

我们现在处理发展和规范的问题，非常值得在四个方面进一步做梳理。我作为研究者，比较反感某些走极端式的思维。实话实说，现在网上，在一些讨论场合，这种走极端的思维反复出现，似乎是中国社会形态里的一种特征。我现在认为，在处理“发展和规范”方面，是不是可以比较直率讨论：到四中全会强调“依法治国”的前提下，人们必须处理好立法和给出弹性空间中间的复杂关系。简单讲，“互联网 +”、创业创新，都要有非常清晰的白纸黑字的法律依据，到了实际生活里边，这个话说得堂堂正正，但是法律规律不是这样的。我们现在互联网金融、“互联网 +”很多创新，在很多方面是非常成熟的，客观说无法形成相关的法，或者是红头文件。中国现在的法规体系里如果有体系文件，就被认为是法规体系里的组成部分，但很遗憾，很多具体事情上，连红头文件出台都未必清楚。就在这几年，有关部门终于把千呼万唤始出来的、关于国有企业改革的法律文本信息披露了，现在我看到非常明显的，对于这个文件的不满和批评意见，这些意见并不是没有道理的，有些很有论据的说法，值得引起文件起草者加以深思。

从这样一个角度观察，进入法规体系的白纸黑字的东西，“全面依法治国”在这方面是不是要给出一个进一步允许试错、宽容一些的探索，承认哪怕在过程中间可以出一些法规条款，但也可能有偏差的弹性空间。我认为，这是要掌握一个“改革的智慧”的相关原理。邓小平其实在这方面的改革智慧特别强调，大方向认准了以后，要大胆地试、大胆地闯，如果有些事情有争议——他当时强调的是少争议、最好不争议——让实践最后取得一些基本共识以后，自然而然就得到了解决。但现在我们到了改革的深水区，这样的境界不容易达到。至少是说，发展中间如果感觉有一些问题，在并不撼动大局的时候可以密切跟踪观察，看准风险存在的时候，才跟着采取必要的风险控制措施。

所以，一个是“发展中规范”，一个是“规范中发展”，这两个角度各有道理。但是要打开一个新局面，应该放在前置位置的，是“发展中规范”，就是防范风险的同时，还要特别注意先鼓励创新，先让这样一个创新过程形成态势。跟着我们可以在发展中间、在看准的地方，推出规范发展的条件性约束，这种约束常规情况下一开始是红头文件，到了一定成熟程度时上升为条例和法律。在经过若干年的创新和实践发展以后，中国会不会出现一个关于互联网对接各个具体领域的法规和互联网金融的法律？“互联网+”这个概念下面引发的，以及和互联网对接创新的高层级的法律条款，在开始的时候不可能是拿来就能照猫画虎操作的白纸黑字的前提依据，而是一些基本原则，否则，就可能束缚了具体工作层面所有创新者的手脚。PPP也是一个新机制，现在能够推出的不是法，而是一些指南、示范、案例，一些具体的、针对操作可以推出的一些规则。“互联网+”概念之下，总体来说，我们需要“在发展中规范”和“在规范中发展”这两个逻辑形态上，首先更多地考虑让“互联网+”下面的弹性空间现实地形成。像中关村这样一个创业创新园区里，我们今天的论坛得到了方方面面的支持，认同的就是先要有在法律定位完全到位之下创新环境的弹性空间。跟着要大家一起交流，对于这方面各种各样的审视，通过必要的研讨以后，对于一些风险点形成基本认识之后，争取促成有效防范和控制风险的合理措施。

从经济学的角度来说，我想回到一个基本的概念上。我们现在在处理创新、规范、发展的矛盾中间，要特别注意中国进一步调动潜力和活力、解放生产力方面的关键性问题，就是能不能贯彻总书记和总理反复强调的、冲破利益固化的藩篱、壮士断腕式的、在改革深水区实质的改革。这种制度创新会打开我们更广阔的空间。“互联网 +”作为国家的战略意图，就是要怎么样进一步冲破利益固化的藩篱形成的、非有效制度供给的阻碍。在这方面我们所强调的是，在供给端强调政策引导、区别对待、结构优化，这也是把全国改革、全面法治社会对接到创业创新的环境中。在宏观“四个全面”的框架之下，我们具体要做的事情，就是不论前面大家关心的宏观层面和法治化进程推进得更顺利一些，还是坎坷一些，我们自己在创新、创业定位上发挥相对优势的作用点，它对应中国市场潜力，是将长期存在的。在这方面，改革的风云变化中间，我们自己在某个行业、某个具体的创新位置上，要更多注意凝聚自己的相对优势，在取势之后，把我们的细节真正放在成败的高度上做到极致。

我注意到，我们今天特别强调的股权投资众筹对接的交流机制，实际上就是从宏观到所有的微观层面——创业创新之间——连接起来的，需要我们进一步凝聚共识的概念。中国社会带有现代的特征，当然要有法治和民主，但我特别看重的是依托于法治和民主的共和。如果光强调法治，那么白纸黑字就理解为法治了，但制度的低水平就是“刀制”，而真正的现代制度是“水治”。我们现在真正需求法治的水平，是通过规范选择形成所有公共权利，是由公众意愿集合而成，把所有公权力放在法治下的现代法治境界。谈何容易！它不是一个简单的白纸黑字。民主如果简单理解为“少数服从多数”，一定会倒向多数人的暴力。我们一定要形成共同发展的包容机制，哪怕是少数的利益取向，他们的诉求也应该能够得到表达，应该形成不同利益诉求的最大公约数，这才是走向共和、寻求互利共赢的时代。而我们所说的“互联网 +”，我认为就是这样的实践。大家如果按照互联网思维，而不是简单说的竞争中间“谁胜出、谁失败”的问题，那么认同的就是走向共赢、给出所有发展潜力、一起寻求互助、走向共存的发展。

研究中的心得借此机会汇报到此，谢谢大家！

（2015 年在“股权投资的十年”论坛上的发言）

为什么要坚守“莫干山精神”
——从“莫干山”视角看改革创新

1984年9月3日至10日，在浙江省德清县莫干山上，召开了第一次全国性的中青年经济科学工作者讨论会。这次会议后来被称作“莫干山会议”，为20世纪80年代的改革提供了重要思路。2016年9月24日到26日，新莫干山会议以“金融改革与金融创新”为主题，着眼当前金融改革和金融创新的热点问题，从普惠金融与创新、新供给新金融新经济、“一带一路”建设和国际金融发展、全球化背景下的治理与改革创新、金融市场与金融监管体制改革、全球货币体系改革创新六个方面，为国家金融改革献计献策。

结合新的时代要求，新供给经济学框架之下实施的创新尤其需要认识到，中国的现代化进程到了一个非比寻常的关键时期和历史性的考验关头。中央五中全会上专门有一个表述：矛盾累积隐患叠加，这是与中国经过三十多年高速发展、现在仍然还有延续的黄金发展特征并存的，而且非常确实地展示在我们面前的真实情景。

越来越多的下行因素、不利因素、矛盾累积因素，正在威胁中国的可持续发展。而中央已经有明确表述的供给侧结构性改革，就是应对当前所面对的历史性考验的战略方针。既然是战略方针，其核心内涵就应该是在改革中攻坚克难，继往开来。邓小平设定为国家大计的改革开放，所倡导的改革就是要解决有效制度供给的问题，而这个改革必须在全球化背景下，顺应世界发展潮流，义无反顾地加入国际合作与竞争。因而在现阶段，我们需要抓住供给侧矛盾的主要方面，优化结构，升级换代，打造好中国经济社会发展升级版，调动全要素生产率和一切潜力活力，对冲现在非常明显的下行因素，引领新常态实现全面小康，进而跨越中等收入陷阱，最终实现和平崛起、共享发展、后来居上的中国梦。

作为出席新莫干山会议唯一的当年莫干山会议代表，我认为，当前各方之所以极为重视“莫干山精神”，应源于莫干山会议的永恒主题——创造公平、开放与可持续发展的社会，以及对这个永恒主题的坚守。而所谓“莫干山精神”，我认为可以概括为以下五个方面：

第一，“天下兴亡，匹夫有责”的使命感和责任感。现在讲社会责任感、历史使命感似乎有“唱高调”之嫌，但是在20世纪80年代参加莫干山会议的人看来，无不认为这是天经地义的。当时我们看到了农村改革欢欣鼓舞的进展，也在刚刚开启大幕的城市改革中看到一系列难题，欣逢大时代，意气论兴亡。这样一种“天下兴亡，匹夫有责”的使命感和责任感，在新的历史条件下，仍然有它的重大价值。

第二，朝气蓬勃的创新精神。我参加莫干山会议的时候已经30岁了，那个时候，30来岁的人在会议上一般只有坐在后排听的份，但是莫干山会议将各种各样的创新因素凑在一起，使得新生代的众人可以在这样的场合一起纵论天下兴亡。这样一种创新精神的融汇，让公众可直接对应中央所说的创新驱动以及作为“第一动力”的创新发展。

第三，理论密切联系实际的建设性。抨击、批判、发牢骚非常容易，但我们看重的应是在理论指导之下如何创新，才能尽力做到务实的层面。在研讨中、问题导向的深化纵横过程中，通过对问题导向的研讨，对接到思路和操作。当年的莫干山会议在这方面形成了颇有分量的成果，而且显然是公众仍最应重视的。

第四，百花齐放、平等争鸣的学术自由和独立人格。当年莫干山会议的参加者，是通过全国范围征文产生的。我也参加了论文评选。征文中，有一位作者来自西藏交通局，他的论文是讨论推进交通体系的改革，虽然未必成熟，但是作为一个刚二十出头的年轻人，已能够在自己独立思考的基础上，提出改革的探讨性思路和要领。最后大会也邀请他参加了会议，而且特别拨出款项解决他的路费问题。可见，莫干山精神，就是所有参加者，不论资格高低，都可以平等地参加争鸣讨论。

第五，“功成不必在我”的团队意识和奉献精神。当时所有参加者除了白天的会议之外，晚上还会通宵达旦地挂牌专题讨论，大家并不计较每个人在这方面会留下什么知名度，只是满腔热情地、不计个人得失地通过团队的研讨，要为这个时代和这个社会做一点贡献。这种奉献精神、团队精神，应该得到发扬。

（2016年9月在“新莫干山会议”上的发言）

改革创新昨与今

——对“莫干山会议”的回顾与展望

莫干山 1984：思想解放大时代，英雄何须论出处

20 世纪 80 年代初，改革开放渐入佳境。伴随“真理标准大讨论”，一度万马齐喑的思想界终于迎来了思想解放的春天，经济理论界也掀起了一场场讨论热潮。当时，决策层亟需关于改革思路和方案设计方面的研究，正是在这个“关于改革的现实重大问题研究”的特定领域内，中青年力量崭露头角。到 1984 年，农村改革已经大有起色，城市改革号角吹响，但尚感举步维艰，决策层也有意为此广开言路。那次全国性的中青年经济科学工作者理论讨论会（“莫干山会议”），正是在这样的背景下召开的。

1984 年秋，中共十二届三中全会召开前约一个月，中国经济研究界一群“位卑未敢忘忧国”的热血青年发起并联络了全国方方面面的人士，在浙江省省级研究机构和中央级相关部门、单位的支持下，采取面向全国征文选取参会者为主的形式，会聚浙江杭州附近的莫干山，共商城市改革和国家经济大计。

当年，我是财政部科研所研究生部的一名硕士研究生，30 岁，和那个时代的一大批年轻人一样有过社会生活中的“底层经历”——我去过农村，参过军，当过工人，后来终于碰上恢复高考的机遇上了大学。会前，我因一篇《论广义狭义价值规律》的论文发表在权威刊物《经济研究》上而在经济理论界“崭露头角”，因此获邀先是参加“莫

干山会议”的征文初评等工作，而后又“上山”赴会。

原本，“莫干山会议”是由一群年轻人自发谋划组织的，可是会议能形成如此规模并得到地方乃至中央的重视，令人始料未及。开幕式上，时任浙江省省长、省委副书记薛驹，经济日报社社长安岗等“老革命”都亲自到场。

“莫干山会议”的与会者来自天南地北、各行各业，有职务或没职务，有头衔或没头衔，但在整个会期，热烈、自由、平等的氛围贯穿始终，大家相互“论剑”，各种思想火花频现。这次会议的一大特点是在各个分组讨论之外还有“挂牌讨论”，也就是专题讨论：题目“公开张榜”，同时注明时间、地点，与会者自愿参加。我印象较深的一次挂牌讨论的主题是关于价格改革的，当时中央也在迫切考虑怎么下决心，推什么思路的方案。在现场，田源、华生、张维迎作重点发言后，大家开始自由提问或发表个人见解，会场挤得满满当当，气氛十分热烈。记得当时的基本观点有“调放派”、“放开派”和“双轨派”，前者强调先调后放、调放结合来理顺价格体系和价格形成机制，中者主张“完全放开”，后者则强调可以先一步形成价格的计划控制轨和市场定价轨“双轨运行”的局面，再逐步扩大市场调节的作用，最后并为市场一轨。会后，关于“价格双轨制”的思路建议形成内部报告后被报送至中央领导，对后来价格改革的实际推进产生了重大影响，“价格双轨制”也成为“莫干山会议”上最绚烂的思想火花之一。

当然，与会者们关心和讨论的问题不仅于此，而是包括经济体制改革、发展战略、国企改革、农村改革、金融改革、扩大开放、如何发挥城市多种功能等十分广泛的范围，几乎覆盖了当时改革所涉及的各个领域。不仅如此，所提出的一些问题在当时甚至相当“前卫”。比如，在关于改革发展区域战略的讨论中，有人提出了“梯度推移”和“反梯度推移”的不同思路；又如，在关于“综合平衡”理论是否应被突破的问题上，有人强烈主张应突破，主要论据是货币金融可以实现“跨空分配”，等等。各种想法见仁见智、水平不一，未必成熟，但是那段怀揣

“天下兴亡，匹夫有责”情怀的年轻人“指点江山”的“激情燃烧的岁月”，却令我至今记忆犹新。

“自古英雄归社稷，从来年少不惜身。”可以说，20世纪80年代，以“莫干山会议”为代表的一大批中青年力量活跃于改革前沿的各种活动，是中国特色改革开放在特定阶段上因特定需要应运而生的特定现象。早在1978年，王岐山等四位年轻人上书中央，提出关于改革的阶段性要领建议，得到中央领导的肯定和接见，史称“老青对话”。此类佳话，奏响了新生力量参与改革的序曲，既体现出思想解放、百花齐放的时代大潮，也反映出中央“破釜沉舟”、改革图存的战略决心。正是在新的伟大时代背景下，产生了“莫干山会议”式的一大批热血青年和有识之士为天下谋兴亡、为改革建功业的群体行为。可以说，“莫干山会议”是80年代“实事求是、解放思想”这一改革开放、创新发展动力源的时代产物和文化象征。

30多年来，“莫干山会议”的影响一直绵延至今。一方面，会议为80年代的中国改革提供了重要思路和积极的建设性意见；另一方面，会后有一大批中青年蓬勃而出走向历史舞台，他们不仅活跃于80年代中后期的改革研究和实践活动，并且在此后的中国改革开放大业中发挥了举足轻重的作用。他们中有的担任国家领导人，有的成为重要部门的领导者，如王岐山、马凯、周小川、陈元、楼继伟、郭树清、肖捷、吴晓灵、刘克崮、陈锡文、杜鹰、许善达、鲁昕等；有的在国内外学术界和思想界产生很大的影响，如周其仁、张维迎、宋国青等；还有的则在经济、证券、金融界继续活跃，叱咤风云，如华生、曹远征等。

我作为“莫干山会议”的一员，其后一直留在研究岗位上。那个改革开放、解放思想大时代中所获得的启发教益，至今仍影响着我。

改革遇挫，邓小平说：错了就改，继续改革

“莫干山会议”之后，在80年代的改革推进中，不仅有农村改革

“蓄之既久，其发必速”的高歌猛进，也有城市改革的坎坷试错和“价格闯关”的时机误配。

1985年，“六五”计划最后一年。当时，单一制中央银行体制刚建立不久，经验不足，在支持经济增长和保持货币币值稳定之间协调不到位，因1984年“突击放贷”而引起经济快速过热，货币投放过度，造成了明显的通胀压力。到1986、1987年，有关各方一直在探讨如何给经济降温，实现软着陆，国务院为此出台了“三保三压”方针，即保计划内建设、压计划外建设，保生产性建设、压非生产性建设，保重点建设、压非重点建设，目的是将有限的资金用到国民经济发展急需的建设上去。

1988年年初，改革开放步入第十个年头，已进入了深层、敏感区域——高层传来消息，要考虑价格体制改革“闯关”，以期“一鼓作气”实现由市场调节价格的制度建设、机制转换目的。

尽管放开价格的大方向是正确的，但由于时机不对而没有取得成功。尽管当时操作上强调首先放开的是“名烟名酒”等高端商品价格，但由于对价格体系已经无法做到有效、严密控制，各种商品随之轮番涨价，一时间“抢购风”席卷而至，在各地迅速蔓延，结果形成了明显的“社会不稳定”压力和不良连锁反应，乃至经济问题社会化、政治化。当时，农民在联产承包责任制头几年欢欣鼓舞的局面之后也开始遇到增产带来的一些新的难处：比如粮食多了以后怎么进行深加工取得附加值。由于相关方面的改革进展不那么顺利，农民收入在1986年以后出现下滑趋势。企业改革中还在经历“多种形式的承包经营责任制”的试错，国有企业几年间的“利润滑坡”，又对接了承包中产生的大量短期行为。“知识分子政策”虽已明朗化，但落实中还有多种不如人意之处。干部队伍新老交替加快，军队则处于“要忍耐”的特殊调整期。种种矛盾，很容易与前几年已积累的通胀因素互动，综合而成很高的压力，对价格改革形成了“难以承受之重”的脆弱社会心理环境。

改革遇挫，形势逼人。如何积极而又稳妥地做出调整再寻求继续推进改革，成为迫切需要解决的问题。邓小平事后指出了这次价格“闯关”的经验教训，他说：“速度快本来是好事，但太快了也带来麻烦……我们缺乏经验……走一步，总结一下经验，有错误就改，不要使小错误变成大错误，这是我们遵循的原则。”他同时强调：“要创造良好的环境，使改革能够顺利进行。”“治理通货膨胀、价格上涨，无论如何不能损害我们的改革开放政策，不能使经济萎缩，要保持适当的发展速度。”

1988 年 9 月，中共中央十三届三中全会召开。全会在分析我国政治经济形势的基础上，批准了中央政治局提出的治理经济环境、整顿经济秩序、全面深化改革的指导方针和政策、措施，各方面工作进入“治理整顿”时期。

“解放思想”破题之举：“天鹅之舞”与社会主义市场经济目标模式的确立

接下来，发生在 1989 年春夏之交的那场政治风波，令中国进一步面临“经济问题社会化、政治化”的严峻社会考验。风波过后的全面治理整顿，是各个地方的党政一把手“以乌纱帽做担保”，砍基建规模，砍贷款额度，压经济、调结构……1990 年全国的 GDP 增速从超过 10% 一下子回落到 4% 左右，“断崖式”下跌至改革开放以来的“谷底”。与此同时，国际风云陡然变幻。那一边，“苏东剧变”的震惊消息纷纷传来；这一边，中国的意识形态领域，对于“改革是姓‘社’还是姓‘资’”的争论硝烟四起。

来之不易的改革开放和中国的现代化进程面临岌岌可危的局面，这引起了邓小平的高度关注，于是有了 1992 年春的那次中国改革史上里程碑式的事件——“南方谈话”。在武汉，他对湖北省委主要领导说：“十一届三中全会以来的实践证明只有改革开放才能救中国。以经济建设为中心的党的基本路线中，改革开放是主题、是主线……”，“……国家需要改革开放，人民需要改革开放，谁不改革谁下台 ……”在深圳，邓小平再次指出：“不坚持社会主义、不发展经济、不改善人民生活，只能是死路一条…… 只有坚持这条路线，人民才会相信你、拥护你。”

1992 年 2 月 28 日，中共中央将邓小平在武昌、深圳、珠海、上海等地视察期间的谈话要点下发，要求尽快逐级传达到全体党员干部。文中指出：“社会主义也有市场，计划和市场都是经济手段。社会主义的本质，是解放生产力，发展生产力，消灭剥削，消除两极分化，最终达到共同富裕。”至此，改革中争议多年的市场经济姓“资”姓“社”的问题终于由邓小平给出了正面判断：市场经济不姓“资”，中国也要搞市场经济。实际上，早在 1979 年邓小平在会见外国客人时就已谈过这个看法，只是当时对内未作传达。

“南方谈话”被当年陪同的老同志称为邓小平有生之年的“天鹅之舞”。当年这位耄耋老人以“超常规”手段奋力将改革开放推上了宽广大道，锁定中国走社会主义市场经济之路，使中国的现代化进程得以稳定接续，奠定了其后 20 余年“中国奇迹”之基。“南方谈话”也因之成为中国改革开放史上“解放思想，解放生产力”的里程碑。

1992 年 10 月，江泽民在中共第十四次全国代表大会上明确提出：我国经济体制改革的目标是建立社会主义市场经济体制。1993 年 11 月，十四届三中全会通过了《中共中央关于建立社会主义市场经济体制若干问题的决定》，标志着中国社会主义市场经济体制作为改革目标模式的正式确立。

制度创新“打头阵”：朱镕基力推“分税制”改革

财税改革是中国整体经济改革和全面改革最重要的组成部分之一。2014 年，作为十八届三中全会给出全面改革顶层规划后的“改革元年”，财税改革由中央政治局首先审批通过“打头阵”。实际上，在中国改革开放之初，宏观层面就是以财政“分灶吃饭”作为改革突破口。

30 多年来的一些重要历史节点上，财税改革都曾是新一轮总体部署改革的“急先锋”。其中，1994 年的“分税制”财政体制改革，承接“南方谈话”后的新局面要求，是中国改革开放之后财政体制一次具有里程碑意义的重大制度创新，其背景有以下两大方面：

首先，“分税制”财政体制改革体现了按照市场经济要求实行从“行政性分权”转为“经济性分权”的根本性变革。邓小平 1992 年“南方谈话”，使我国确立社会主义市场经济目标模式后，构建间接调控体系，就顺理成章地要求在宏观调控体系中主要依靠经济手段，其落实必须依赖货币政策、财政政策等规范化的经济杠杆。显然，要运用好这样一套间接调控的政策工具，必须通过制度创新，在财政体制框架方面实现新的突破，即由原来的行政性分权上升到经济性分权。

其次，当时下决心进行改革有一个很现实的压力，就是中央财政已经到了难以为继的状态。自 1980 年中央以和地方之间“分灶吃饭”的包干方式开启财政分权改革后，中央通过分配权力的下放调动了地方和企业的积极性。与此同时，也造成中央财政实力过弱、财政体制关系紊乱、中央财政调控能力严重不足等问题。到 90 年代初，中央已先后几次向地方借款，日子实在“过不下去”了，迫切需要由“分灶吃饭”推进到“分税制”，通过构建分税分级财政体制来正确处理政府与企业、中央与地方两大基本关系，以适应市场经济对财政职能转轨的客观要求，为正确处理政府与市场关系的全局性深化改革奠定基础。

1993 年，中央政府财政能力降至历史最低点。时任国务院副总理的朱镕基由邓小平“点将”主持国务院经济工作，采纳经济学家的提议，决定加紧准备实行“分税制”改革。从当年 9 月到 11 月的两个多月时间里，朱镕基带领一支 60 多人的“大部队”，纵横 17 个省、市、自治区，苦口婆心解释中央要推行的“分税制”方案，“讨价还价”并最终相互“妥协”。12 月 15 日，国务院发布《关于实行分税制财政管理体制的决定》，1994 年 1 月 1 日，“分税制”改革正式推出，建立了以“分税制”为基础的分级财政体制框架。此后，我国的财税体制一直以“分税制财税体制”来冠名。

1994年的“分税制”改革在处理中央与地方、政府和企业的基本关系上是一个里程碑式的突破。就中央和地方而言，“分税制”改革主要梳理了三个重要方面的关系。一是划分了中央财政与地方财政的税收，不再按行政隶属关系组织财政收入，而是根据事权和财权相结合的原则，将维护国家利益、实施宏观调控所必需的税种划分为中央税，把同经济发展直接相关的税种划分为中央与地方共享税，将适合地方征管的税种划分为地方税，并充实地方税种，增加地方收入；二是根据财权与事权相统一的原则，在支出范围上对中央财政与地方财政支出做了划分；三是根据具体情况，确定了中央财政对地方税收返还额。

更重要的是，“分税制”改革实现了政府和企业之间最基本的经济性分权关系。实行“分税制”后，企业不分大小，不论行政级别，不讲经济性质，不问隶属关系，在法律面前一律平等，该交国税交国税，该交地税交地税，税后可分配的部分按照产权规范和政策环境由企业自主分配，从而真正为各类企业划出了“一条公平竞争的起跑线”。

“分税制”改革推出，原来的40多种税减并到20多种，改革的力度、难度，决策层的决心之大世所罕见。1994年以前的财政收入，中央拿三成，地方拿七成，财政支出则是倒过来，中央出七成，地方出三成；1994年以后，中央政府在总收入上可以得到五成出头。到2003年时，分税制实施已近十年，财政的“盘子”从4349亿元增长到21715亿元，增长了将近四倍。实践证明，“分税制”顺应社会主义市场经济发展需要，正确处理政府和企业、中央和地方及公权体系和公民这三大基本经济关系，建立起同市场经济接轨的间接调控框架，这么大的改革动作，风险比预计的小，成绩比预想的更大更好。当然，由于种种历史原因，1994年的分税制改革方案还带有较浓厚的过渡色彩，其后又经历了渐进的动态优化，其深化改革的任务仍然艰巨。

“老中青”三代改革者的共识：同舟共进，改革创新

回望改革开放 30 多年的思想解放和制度创新之路，既有闪光之处，也有“闪失”之处。但如果算一笔“总账”，总的来说毕竟还比较顺。其原因之一，在于“老中青”三代改革者上下呼应、凝聚共识，在探索中积累经验教训，在风雨波涛之中同舟共进，将改革创新的“进行时”曲折推向前行。

中央层面，朱镕基在总理任期内首创了邀请经济学者参加由他主持的经济工作座谈会的做法。就个人经历而言，2002 年 6 月，我和其他专家学者受朱镕基总理之邀，前往中南海谈经济工作，会议开了一整天；此后从 2003 年 6 月起，在温家宝总理的任职期间，我几乎每年都要受邀参加两次以上由他主持的关于经济工作的座谈会；2006、2007 年，胡锦涛同志连续两年召开内部研讨会，讨论对整个经济大势的分析和调控要领的掌握，每次请五六位专家参加，我也都在场；2010 年 1 月，中央政治局举行第十八次集体学习，我是“财税体制改革”专题的讲解人之一；此外，我还作为专家委员会成员参加了“十一五”、“十二五”和“十三五”规划制订工作，建言献策。毫无疑问，每位领导人都有自己的风格，但共同之处在于他们都曾为中国的改革创新而殚精竭虑，都努力广开言路，汇聚众智，寻求改革创新的最大公约数。

当年“莫干山会议”之后不久，中青年经济学者的研讨活动展开高潮，先后成立了以中国经济体制改革研究所起中坚作用的北京青年经济学会，以及由陈元、马凯等走上北京市领导岗位的中青年同志领导的北京市青年经济研究会，这两个青年研究团体的活动我也都参加了。

当时，北京青年经济学会每月开一次“研讨沙龙”，最初地点设在陶然亭公园内，大家自愿参加，每次有至少一个主讲人，讲后与会者提问、讨论。周小川、刘克崮等当时都以中青年研究者的身份当过主讲人。北京市青年经济研究会的活动中，1986 年起陈元同志主持了“中

国经济紧运行”大型专题研究，我也参与其中。这个课题研究的背景，是1985年我国城市改革“出师不利”之后，出现了“改革综合疲劳症”之说，有些改革方案的设计研究也随之表现出急功近利的色彩，一句“改革方案万万千，各领风骚三五天”俏皮话，形象地说明了当时这一现象。“紧运行”的课题研究特点，是大家静下心来，力求系统、深入地对社会主义经济运行“是怎样”和“为什么这样”的基础性问题进行实证考察分析，然后再去求解改革何去何从这一“应该怎样”的问题。“紧运行”研究形成了一批有价值的阶段性成果和研究资料，我个人也从中受到启发，获益匪浅。

在中青年研讨活动蓬勃展开的情况下，我和财政科学研究所的一批中青年同事也坐不住了。在财科所和吉林省财政厅的鼎力支持下，我们仿照“莫干山会议”“以文会友”的模式，于1985年冬在长春举办了第一次全国中青年财政理论研讨会。“长春会议”上，来自全国各地近200位同行各抒己见，常常“挂牌讨论”到深夜乃至凌晨，甚至在散会后回北京的列车上还有人在车厢内“挂牌讨论”，积聚在年轻人心中许多不吐不快的想法和建议，得到了充分表达和交流的机会。

继往开来“莫干山”，我为创新鼓与呼

30多年过去，我们这些当年从“莫干山”走来的“中青年”，也已“渐行渐老”。现在，仍不时有人向我问起对改革开放一路走来的看法。我感觉，与30多年前相比，今天的改革环境和任务已有极大不同。然而相同的是，改革仍在“进行时”，以改革创新作为解放生产力、贯彻现代化战略“关键一招”的基本逻辑，仍是一以贯之的。当下，改革已经进入“深水区”，剩下的都是“硬骨头”，更加需要继往开来，把30多年来中国改革“敢为人先”的创新壮举和创新精神发扬光大。有几点可作比照和总结之处：

首先，改革开放的经验和教训告诉我们，“惟改革创新者胜”。从

“压力即动力”来看，30多年前开始的那场大刀阔斧的开拓性改革，既有来自传统体制弊病生成的“不改革开放，死路一条”的形势倒逼，也借了“拨乱反正，解放思想”的时代东风，具体表现为老一辈改革者“不改革就下台”的决心和行动。而在当下阶段的改革深化与攻坚克难中，我们同样别无选择，需要在“冲破思想观念障碍，突破利益固化藩篱”的问题导向下敢于啃“硬骨头”，以“壮士断腕”的勇气，力求在新的历史起点上继续大踏步跟上时代。不坚持改革创新即成“空谈误国”，反之则可“实干兴邦”，这是当前需要达成的最实质性的共识之一。

其次，改革开放的历史告诉我们，所有的改革都是在供给侧解决制度供给的有效性问题，制度创新则是“供给侧改革”的“龙头”和“总纲”。2015年年末中央明确提出“供给侧结构性改革”以来，引起社会各界广泛关注。实际上，“供给侧改革”并非是横空出世全新的东西，其核心内涵，恰是改革开放之初就确立的在“三步走”战略全局框架内，以解决有效制度供给为关键，以解放生产力为主旨的一项长期战略，但到了改革的攻坚克难阶段，不能不更加注重如何“冲破利益固化的藩篱”。回望改革开放30多年的历程不难发现，无论是70年代末的农村土地承包制改革，80年代的城市体制改革，还是“南方谈话”后市场经济目标模式的确立，以及1994年的“分税制”改革，乃至十八届三中全会确立的“全面改革60条”、四中全会确立的全面依法治国的司法改革、五中全会提出的“十三五”规划建议和“五大发展理念”，以及六中全会的“从严治党”，从建立现代市场体系、现代财税制度，再到培育国家治理文明、现代发展理念，走的都是从“制度供给”这一侧发力这样一条清晰明确的“以制度创新解放生产力”之路。可见，“供给侧结构性改革”的提法，实为新一届领导人以中国特色社会主义政治经济学学理为支撑，涵盖性地阐释了30多年来的一系列重大改革历程，其新意也主要在于正确、鲜明地指导了深化改革的着力点和基本路径。

十八届五中全会，中央提出“创新是引领发展的第一动力”，其中包含了以制度创新作为引领的必然要求。因为，只有破除制度、机制的压抑和约束，才能最大化地激发出人们的潜力，打开科技创新和管理创新的空间。因此，今后改革一定要以新生的制度力量为“龙头”，“纲举目张”地带动整个供给体系质量效益的提高，从而进一步解放生产力。

再次，创新需要进一步解放思想，就需要凝聚共识，营造一种包容的人文环境和氛围。改革的同义语是创新，而创新就意味着巨大的不确定性。历史地看，在30多年的改革创新历程中，既有巨大成就，也有坎坷试错，甚至严峻考验，但“老中青”三代改革者上下互动、凝聚共识，在探索中积累经验教训，在风雨波涛之中“不改初心”，曲折推进改革向前，取得一个又一个的进步综合而成“中国奇迹”。现在，中国正以“大众创业、万众创新”引领新的改革发展大时代，不仅需要有冲破利益固化藩篱的坚强意志，还需要营造一种包容的人文环境和氛围，以争取广大人民群众的认同、支持和积极参与；实践层面也要更多地强调实事求是与宽容态度，继续鼓励基层、地方发扬首创精神，在市场取向改革中先行先试，正如老一辈改革者所说：“允许改革者犯错误，但不允许不改革。”

人不能选择所处的时代，但时代在选择人。改革决定中国的命运，当然也在总体上决定着我们的人生，并要求我们做出积极的回应。欣逢大时代，意气论兴亡，改革开放使中国人看到了百多年来梦寐以求的伟大民族复兴的曙光，也使每个人获得了实现人生价值的难得机遇。

历史演进轨迹不可能笔直，攻坚克难的曲折与代价，是改革的题中应有之义。党的十八大以来，“四个全面”战略布局已一步步清晰明朗。因此在新的改革时期，我们要认真总结30多年来的成败得失，并在此基础上跨越式和建设性地处理好多种新问题，应对新挑战。在全面建成小康社会决胜期，我们更应牢牢把握住改革创新的基本信念和大方向；

把握好人心向背、形成改革合力；有胆有识、同舟共进把改革开放进行到底，从而迈向伟大复兴的“中国梦”。“计利当计天下利”，正是抱着这样的情怀，我愿为改革创新鼓与呼！

（作者口述　潘飞采访整理）

第三篇

财税改革

国家治理现代化取向下的财税配套改革

尊敬的各位领导、各位嘉宾、各位代表！

我就走向现代国家治理与财税配套改革谈一些自己的基本认识。借这个机会，请大家批评指正。

我们全面改革的部署有了三中全会制定的这样一个最高层级的、带有顶层规划性质的指导文件以后，大家都在领会它的精神实质。在全面改革中间，今年政治局已经有明确的指导意见，通过了财税配套改革方案，而且一些具体的改革重头戏陆续推出。在观察、认识和推进财税改革的时候，我认为大的思路上有一个说了多年的问题，就是首先要跳出财税看财税、把握全局的必要性，这涉及对于从三中全会到四中全会最顶层的指导文件精神实质的理解。对于“60条”文件的基本精神，在细心的研究者列出了336项有切入点的改革任务之后，我认为最浓缩的指导改革的逻辑链条上，有三个关键词。

第一个是“现代国家治理”。现在新一代领导集体治国施政核心理念可以理解为促进国家治理的现代化，表述为“国家治理体系和治理能力的现代化”。这种现代国家治理的核心理念，是和我们自鸦片战争之后拉开近现代史帷幕，一直在追求的民族复兴一脉相承的，经过了前面那样一个惨痛的积贫积弱、被动挨打、内忧外患的痛苦过程之后，经过辛亥革命，又经过1949年建立共和国到改革开放，终于我们站在新的历史起点上，从未如此接近伟大民族复兴中国梦这样一个愿景，但是从时间上来说还有30多年奋斗期，2020年首先要实现中间目标即全面小康，但对于现代化取向上的历史任务，三中全会在全面小康旁边附加改革必须取得决定性成果这样一个实质性要求。现代国家、“现代”取向下的治理概念显然有突破，已经不是简单延续过去的居高临下、高屋建瓴式的“管理调控”，而是把管理和自管理、组织和自组织、调控和自调控融合到一个多元主体、平面展开为主的最大包容性的制度安排和机制连接之中，从而可以最大限度调动和发挥一切的潜力和活力，这是和现代文明核心理念“包容性增长”“包容性发展”打通了的治国理念，虽然从管理到治理，只是一字之差，但其深刻的内涵足以指导我们以后整个改革、创新、发展的全局。

第二个关键词，就是文件中多次强调的“现代市场体系”。邓小平同志在 1979 年和外国人讲我们也要搞市场经济，经过那么多年的探索，到南方谈话，终于以极大的魄力和带有超常规方式的推动，确立了市场经济目标模式。

但那个时候也只说到市场在资源配置中发挥基础性作用，而现在终于说到“决定性作用”，当然这个决定性作用配上“政府更好发挥作用”还要进一步理解，市场决定不是决定一切，必须掌握好里面的一些复杂机制创新关系，但毕竟这个决定性作用的突破是指导全局的，即总体来说政府在资源配置中起辅助性的作用。这样才能就市场经济目标模式确立以后的全面改革，给出一个对于市场的充分认识。而我认为，这一次在现代市场体系后面跟着的还有一个意义重大的突破，就是市场体系产权基石层面所强调的深化改革的关键词：基本经济制度的重要实现形式是“混合所有制”。这就打开了深化改革的实际空间，是要淡化前面若干年无休无止、不可能有结果的争论，国进民退还是国退民进，这种退和进之间，是姓公还是姓私，是姓社还是姓资。陷入这种争论是没有出路的。推进改革，就要在混合所有制概念之下，在千千万万分散的市场主体内部，让公的、私的、国的、非国的这些股权，在法治环境下混合起来，最大限度地发挥它们的潜力、活力，求得多赢、共赢的发展。

这两个核心概念再往下，“60 条”文件给出一个非常清晰的表述：国家治理的基础和重要支柱，是打造现代财政制度。我们注意到有关领导强调，财政必须为全面改革提供支撑。正是在这样一个逻辑链接之下，我们看到经过 2014 改革元年上半年的内部酝酿和准备，政治局终于给出了明确的审批，财税改革再一次以打头阵的方式要为全局做出贡献。改革开放之初，1980 年在宏观层面，是财政分灶吃饭改革为全局做打头阵的贡献。1992 年邓小平南方谈话之后，市场经济目标模式亟需形成间接调控体系框架，于是，又是财政打头阵，经过 1993 年一年紧锣密鼓的准备，1994 年 1 月 1 日开始分税制改革，建立正确处理政府和企业、中央和地方、公权体系和公民关系，跟市场经济框架匹配的财政制度新局面。现在我们在贯彻三中全会的基本精神，推进全面改革攻坚克难的过程中间，再次看到了财税改革作为全面改革打头阵的重头戏。

按照现在方案的要求，财税改革有三大方面的改革要领。第一大方面是预算管理改革。它强调的第一条是预算要进一步提高透明度，而且要保持它的完整性，就是十八大所说的全口径预算。所有的政府财力统统要进入预算体系，不再承认任何预算外的概念。在 1996 年的时候，依靠 1994 年的制度依托，已“三而二”地取消了“制度外”资金而只剩预算外和预算内。2012 年财政部工作里部署已经非常明确地要求“二而一”：“取消预算外资金概念”。十八大对这样一个制度推进成果给予正面肯定，现在也写进了预算法。所有政府财力只能进入预算，预算的透明度伴随完整性。提高透明度的制度建设意义我理解就是有了透明度，而且是完整的透明，那么公众就有了知情权，公众的知情权合乎逻辑地必然带来公共资源配置的质询权、建议权、监督权，这样一套制度安排，一步一步发展完善起来，在改革新时代真正落实的过程，就是使人民群众“民主理财”，真正“当家作主”，看起来是透明度的问题，后面跟着一系列制度创新、制度建设的问题。

这种透明度和完整性的提高，在技术形式上强调：我们的预算在体系上，是四本相对独立，但又相互之间合理协调的具体编制形式，一般公共收支预算旁边要有资本预算——中央级是 2008 年正式编制的，就是在资本预算框架之下我们看到了终于可以规范地要求国资委下管的特大型企业，要按照明确的资产收益上交量值完成上交任务。现在烟草最高（已经提到了 25%），三中全会文件进而要求到 2020 年总体来说要达到 30% 的上交水平。当然这个演变过程并没有完，它依托的管理框架就是资本经营管理预算。还有我们关注的地方土地批租收入应该在哪里体现呢？基金预算。中央级像三峡基金等也必须进入基金预算。承认这些资金有相对独立管理的必要性，因为各有其特点。但是，必须都放在预算体系里面，进入预算程序、接受监督的基本性质一点也不含糊——是以基金预算在预算体系里面做专门的管理和监督。除此之外，还要适应中国老龄化社会，进一步规范化地形成联结社会保障体系的社会保险预算。社会保险预算是在我们进一步发展基本养老等在全社会发挥共济互济功能的蓄水池的旁边，规范连接到财政公共职能施加上去的支持，如果以后年度支付的高峰期出现缺口的时候，公共收支可以调动的财力，包括国有资本预算里可以调拨的资产收益，是要填补缺口的，这是全社会大局所需要的。

这样一个预算体系，在进一步发展过程中间，还明确了一个过去取向和现在不一样的原则：过去我们曾经强调了一些重点领域，而把这些重点的支出事项陆续都做了挂钩处理，从三农到科技到教育到精神文明到计划生育等，有关部门统计下来，整个财政支出盘子里差不多一半已经僵化，都是按照挂钩处理的，但这违背理财原则里所说的需要有弹性空间来做每一个预算具体时间段里的统筹协调。现在要给出这个弹性，在最高层级和相关的文件里面都明确表述，不再安排挂钩，换句话说，这些重点都仍然是重点，但是在预算期里，怎么样给它支持，不按挂钩处理，而是按照更科学合理的统筹协调来处理。

接下来预算改革的要求是编制跨年度预算。首先是中央层级，往下一期编预算就不是一年了，从 2015 年开始按 3 年滚动方式编制。地方通过先行先试，最后也要进入这个境界。这是已讨论多年，特别符合中国人推崇的“瞻前顾后、统筹协调、综合平衡”理念的预算编制方式。早已知道一些发达经济体按照这个方式在做，但是我们做了这么多年内部讨论，才终于下决心开始在中国做起这个事情。它的管理意义，实际上也是进一步配合其他的透明度、预算体系等要素，使我们实质性的追求——公共资源配置的绩效，可以更好地往上提升，这是一个明显的制度建设支撑。有了这种三年视野，每一次具体的预算编制都要做尽可能高水平的预测和更细致的编制，在执行过程中间，还要配上“权责发生制”的引入，使跨年度的那些项目，原来外行人按照收付实现制看不出名堂来的内容，在有资产负债表、有引入权责发生制预算会计新的规范之后，尽可能让所有接触预算信息的读者可以知道政府实际在做什么事，包括跨年度的事、影响重大的项目上的事情。这都是在预算管理改革中要包括的内容。

另外，转移支付的优化是预算改革非常重要的任务。原则是清楚的：提高一般性转移支付的比重，压缩专项，专项里面可以由市场竞争性配置的，要取消相关的项目。专项原来所要求的挂钩和资金配套，以后应该取消，只有中央和地方要共同承担的一些特定的事项，特殊的情况之下，尽可能透明地谈中央地方各自怎么做资金配套的问题。一般中央自上而下所谓体现宏观调控意图的这种专项，就不能再允许要求地方去挂钩配资金，这样就屏蔽掉以地方资金配套为名实际上扩张高层一些权力环节审批功能的借口。诸如此类，都是纳入现在的预算管理改革考虑的。

在加强执行管理、规范地方债务、规范税收优惠等方面，我们都看到了一系列的进步。特别是地方债，方方面面做了多年的讨论，审计部门也已做了最权威的中国公共部门特别是地方隐性负债具体情况的审计。现在通过预算法的修订，已正式以立法形式开明渠堵暗沟，用开前门、关后门、修围墙的一套规则使地方债在今后阳光化、兴利除弊的制度安排明朗化了。下一步，要按照四中全会的精神，在加强法治的过程中间贯彻好预算法。现在虽然有了新一轮的文本，但还比较粗，按照这个基本框架进一步探索一些更细致的机制创新，可在这个过程中间动态优化。

第二个大的方面是税制改革。这有六项突出任务，本年度涉及三项，一个是原来三中全会之前已经做了铺垫的营改增，按照时间表希望明年全行业覆盖，换句话说，那时候营业税在中国退出历史舞台，整个统一市场的流转税抵扣链条打通。这方面共识在逐渐提升，但是确实有一些复杂的技术问题需要进一步理顺。营改增的好处是显而易见的，它是结构性减税，鼓励专业化细分，在总体推进专业化细分、没有重复征税制约的情况下，实际上是在助推中国经济打造升级版，在扩大内需方面也有现实的好处。专业化细分过程当中，别的变量假定都是恒定的情况下，产出的性价比也会提高，它会提升居民的边际消费倾向。诸如此类一系列的正面效应，是我们有期待而且现在也看到确实逐渐发挥出来了。这两年的就业，在经济下行的过程中间表现得比较好，当然有多方面的因素，但是和营改增推进过程当中服务业得到更好的发展和我们减少行政审批过程中间小微企业大量涌现，不能说没有关系。

第二个重要的税制改革任务涉及营改增之后地方靠什么过日子，至少过渡阶段里要有个实打实的考虑。现在是想进一步优化消费税，比如对一些高端的带有炫耀奢侈性的私人飞机、私人游艇等加重税负调节之外，考虑在中央地方体制层面，消费税一些大宗、稳定的收入，比如烟酒、燃油、汽车方面的收入，能不能推到靠后的环节，即从原来的生产推到批发零售环节，交给地方，这样地方政府手里毕竟可有一些像样的大宗稳定的收入。这样的改变不会像原来那样，在生产环节给，哪怕原来增值税只给 1/4，地方政府也得到极大的刺激，要自己在辖区多办企业，现在在靠后的环节把消费税给他们，地方政府总体得到的激励还是优化本地公共服务，促进辖区内的市场建设，促进以后在物流、在各个方面要素互动过程中间，辖区之内购销两旺，总体不会产生多么明显的扭曲，又给地方增加一块比较可观的收入，这是消费税方面要打的主意。但是这方面比较敏感，现在为止还没有看到正式的信息公布，但是作为研究者，我估计年底之前应该有信息的披露，好在下一年转入实际执行。

另外还有个已经正式宣布的税制改革，12月1日开始，中国最有代表性的基础能源——煤炭的资源税从量变成从价，也有一套具体的各个地方方案细化的要求，各地在中央给出的新方案2%—10%的税率区间之内逐渐宣布本辖区怎么样具体执行。相关的其他很多税费要一并整合。现在的基调是说煤炭行业总体负担不会有明显的改变，但是机制变了，从中长期发展来看，煤炭这种基础能源在未来的大概率事情上，是比价关系越往上走的。如果往上走的过程中间，依法的税收因子是水涨船高的，不像过去简单从量，若干年以后就落到了无关痛痒、丧失调节功能的状态，从价就有了水涨船高跟着走的功能，而且应该乘势把这个调节机制从煤推到电。但是现在我观察，有关部门对此都只字不提。我作为研究者是很看重这一条的，比如这个会场好几十个灯头，上百个灯头，大家都用的电，80%是煤烧出来的火电，煤炭资源税这样一个依法的价格形成因子的改变，正好配上煤炭形成机制比较市场化了，传导到电的时候碰到的阻碍是电的价格形成机制严重扭曲。11年前有5号文件，到现在关键的电网前后端让市场起作用的两个改革原则需求上寸步未动，所以我觉得，下一阶段应该顺理成章由大家一起努力把电力部门配套改革付诸实践。这是从资源税看出牵一发动全身地引到了一个重要的改革事项，以上是年度之内明确的三大项税改任务。

另外还有三项，房地产税、环境税和个人所得税。房地产税现在的基调是加快立法，换句话说是立法先行，年内不会有动作。什么时候有动作？还得观察什么时候完成立法。所以有个粗略的推测：2015年应该是房地产税的立法进入立法程序。虽然今年人大发言人傅莹同志已经明确表态要抓紧纳入，但现在为止还没有听到宣布，是不是年底之前有可能听到？国务院方面把文本转到人大，一审、二审、三审还可能有四审，一定会有激烈的争论，还要征求社会各方面的意见。明年一年，我们希望能走完这些程序，但是很可能会出现一年走不完的情况，就要转到2016年。如果2016年仍然不出结果，就会和中央的要求发生背离，因为中央明确说，财税改革重点的基本的事情2016年要见眉目；

2017年，也就是十九大的时候，中央决策层希望前面能做的事情尽量做到位以后，给下一阶段改革进一步的发展，改革另外一些重要事项亮出底牌，提供较全面的铺垫。如果从这个角度理解，2016年就很关键了，如果2016年能够完成房地产税的立法，也交代得过去，2017年开始依法执行，那就不是上海、重庆两地试点有什么地方跟进的问题了，而是按照这个通过的法律，相适应地所有城镇区域一起来做、一起执行的问题了。这是一个我们可以拭目以待、密切跟踪的有难度的事情。

关于房地产税的立法基本精神，我认为首先改革的大方向是无可回避的，是中国必须接受的一个建立直接税里非常重要税种的历史性考验，但是在可以预见的历史时期内，我们不可能照搬美国的普遍征收模式，我认为必须设计一个调节高端，给出低端扣除的税制框架，可以在立法过程中充分理性地讨论，求得最大公约数。

环境税现在于中央的文件中基调叫作费改税，费改税完成之后，我认为还有后续的任务。有一些原来所说的碳税等概念，我们也可以换一个概念，不这么说。但是这样一些调节机制，欧洲等地方已经有一些经验积累，中国可能迫切需要在借鉴他们的经验，再到我们的国情和发展阶段上，进一步讨论环境税体系的建设，当然那是后话。

最后一个税改任务是个人所得税，中央历次文件所说的综合与分类相结合，是要把综合的机制建立起来，个人各类所得归堆合在一起，配套上超额累进税率的调节。这种有效抽肥补瘦的个人所得税，在中国才能比较好地、如愿地发挥它的作用。这个事情也相当复杂，从现在来看没有时间表，估计要到前面房地产和环境税两个立法见眉目以后，才好跟上推个人所得税新的一轮修法和具体的改革。

第三大方面的改革，现在说的是优化调整中央和地方体制，包括理顺事权和理顺收入的划分。我个人始终认为，虽然文件上已经给出了这个意思，但是强调得不够的“扁平化”是个大前提。因为要按照五级划事权和配税基，根本不可能了，必须扁平化到中央、省、市县三级，按照三级的事权，再合理配上税基和转移支付，理顺体制关系。说到事权，三中全会有个明确的要求："事权和支出责任相适应"，使支出责任的操作环节和预算的收支科目打通以后，落实可操作性。

实际上这里面的难处就在于，从事权上一些重大的项目来看，现在不同的层级有明显的不同认识。三中全会有个很委婉的表述，推行司法管辖权和行政辖区适当分离的改革。四中全会把这个事情说得更清楚了，司法管辖权这个事权总体来说应该把它处理为一个垂直体系，至少从经济案件司法审判权开始，应该垂直到中央事权上。好处是什么？就是中国社会迫切需要的秉持公平正义的司法制度安排，在事权授权方面能够最大限度地排除比较低端的一些影响公正的干扰因素。比如说经济案件这些年案件数激增，现在都交给地方审判，一个案件的利益关系可能是跨地区的，你交给山东判，扯到江苏、扯到浙江，扯到中部、西部，甚至到国外，但是现实生活中说得直率一些，和审判就近的所有关系是一拥而上。地方本位主义、地方保护主义，和所有地方走关系的渠道一拥而上的结果，首先制度安排上就不利于保持审判结果的公平正义。

另外，现在公民意识、纳税人意识、司法监督意识上升过程中，我们可以观察到，哪怕这个案件的利益基本上是在本地的，公信力也往往要打问号。如果是中央垂直系统，巡回法庭或者派出的法庭，更有利于树立司法的公信力，而且把这样的一些干扰因素排除在外面。有些事情只有在事权比较合理的框架之下，才好谈后面的财权的顺应和转移支付怎么样一起合理化的后续事项。

还有一个多年扯不清的事权问题，现在认识上应该明朗了，就是投资权。80年代中后期就开始讨论，90年代分税制改革又在讨论，前不久我们听到李克强总理明确地说，地方同志要想清楚，你们要做的事情是履行公共职能，退出竞争性的投资领域。但是，我国的法规体系里，却始终没有写入这种应表现为白纸黑字的内容。

90年代分税制改革的文件起草时，有关业务部门说，在事权里的投资权问题上，我们是知难而退了，因为说不拢。写进去以后，等于所有的各级政府都可以从事各类投资，没有一个地方政府退出竞争性投资领域的表述。我本以为，新近预算法修订里应该体现这个事情，但是很遗憾，现在预算法里对这个仍只字不提。以后事权有没有可能在这方面进一步凝聚共识，更清晰化？在有了清晰的界定以后，还要形成至少三级事权里的明细单，把事权明细单对应到支出责任、收支科目里可操作的明细单上，这个问题才能真正解决。否则，事权理顺和后面所有关系理顺的问题谈了这么多年，还是空谈，实质性的推进就是要攻坚克难，把这些事情通过各方的努力，进一步明朗化、清晰化，落到法规的权威性的表述上，再对接到操作上去。这三大方面的改革，显然都有一系列的联动效应和攻坚克难的性质。财政部楼部长强调服务全面改革要有攻坚克难的大局意识、担当意识、机遇意识，需要方方面面财税系统之外的各界给予关注和支持。

我借这个机会，把自己作为研究者的看法汇报出来，请大家批评指正。谢谢！

（2014 年 11 月在中国经济体制改革研究会第 12 届改革论坛上的发言）

在“现代国家治理”取向下深化财税改革

尊敬的克强总理、各位领导、各位委员：

三中全会决定关于“国家治理体系和治理能力的现代化”的治国理念，合乎逻辑地联结着文件中几次出现的“构建现代市场体系”这一制度建设要求，又进一步联结到“建立现代财政制度”的财税改革要求。

显然，作为国家治理基础和重要支柱的“现代财政制度”的建立及其所关联的深化财税改革任务，是匹配于我国建设现代国家、现代社会的“伟大民族复兴”宏伟蓝图的，我们亟需将其落实到一套以“现代性”为取向的“路线图与时间表”的状态上，相关的要点，我认为至少应考虑如下几个方面：

第一，要肯定我国1994年推出分税制配套改革的基本制度成果，并加以提升。1994年分税制改革的里程碑意义和历史性贡献在于“三位一体”地规范政府与企业、中央与地方、公权与公民关系，从行政性分权转为经济性分权，匹配于实现间接调控框架的构建，绝非所谓“重启集权时代”之举。分税制内洽于市场经济体制，是邓小平南方谈话和党中央确立社会主义市场经济目标模式后，现实地构建社会主义市场经济、实现“三步走”现代化战略的必然选择，坚持深化分税制改革必须坚定不移，使之在统一市场中横向到边、纵向到底地全覆盖。近年来批评之声不绝于耳的“地方隐性负债”“土地财政”问题以及仍未完全解决的“基层财政困难”等问题，其产生的根源绝不是由于分税制，而恰恰是由于我国省以下财政体制至今迟迟不能真正进入分税制状态，实际上是五花八门、复杂易变、讨价还价色彩还较浓厚的分成制与包干制。

正是这种我们早知道其不能适应市场经济目标模式的分成制和包干制等，造成了上述种种为人诟病的问题。所以，在大思路上要合乎实际、“对症下药”地以分税制在省以下的实际贯彻落实为重点，设计可行的深化改革方案。

第二，财政体制安排中财权与事权相顺应和财力与支出责任相匹配都十分重要、不可偏废，但二者属递进关系而非平行关系，较适当的“中央地方财力占比”是在正确处理经济性分权制度安排中从完善立法的授权开始，到事权、财权、税基、支出责任和举债权、产权配置合理化的各环节后自然生成的。中央、地方“两个积极性”的充分的合理的发挥，需要以理顺体制通盘安排为关键。

第三，需要明确：我国省以下分税制迟迟不能真正贯彻这一问题的“病理分析”并不复杂，就是因为我国省以下还有市、县、乡镇，“地方”的概念在中国至少有省、地级市、县（含县级市）、乡镇四个层级，加上中央，整个政府财力分配体系中至少共有五个层级，如何依二十个左右的税种实行五级“分税”，在技术上是无解的，因而 1994 年以来实际仅在中央和以省为代表的地方之间维系了分税制框架的基本规范，而省以下迟迟未能进入分税制状态。往前看的出路，则在于逐步推进“乡财县管”和“省直管县”两个层面的“扁平化”改革，把财政的实体层次减少到三级，使省以下的分税制由无解变有解。

第四，按照中央、省、市县三层级框架深化“分税制”改革、重构和优化中央—地方财税关系的基本原则与要领，是必须以合理界定各级政府职能即“事权与支出责任相适应”为始发环节，构建“一级政权，有一级合理事权，呼应一级合理财权，配置一级合理税基，进而形成一级规范、完整、透明的现代意义的预算，并配之以一级产权和一级举债权”的三级分税分级、上下贯通的财政体制，加上中央、省两级自上而下的以“因素法”为主的转移支付和必要的“生态补偿”式的地区间横向转移支付。这一体制安排如能建设到位，将使中国所有地区包括欠发达区域，都形成推行基本公共服务均等化所需的财力与其事权相匹配的境况，在“国家长治久安”的全局概念上消除基层困难、隐性负债的隐患和矫正土地财政的偏颇，服务于连通“中国梦”愿景的“五位一体”的科学发展。

第五，为向以上体制框架推进，可以做并应尽快做的事项包括：1. 由粗到细设计中央、省、市县三级政府事权（支出责任）明细单，列明各自专享事权，以及共担事权的共担方案，并在今后渐进地优化与细致化，落实于“支出科目”可操作状态。2. 尽快推进已建设多年的“金财”“金税”“金关”“金审”“金农”“金盾”等十余个政府信息系统建设工程的联网和升级（当然也包括已有明确要求的城市不动产信息联网），切实形成服务于公共资源合理配置、各部门协作调控的信息共享平台和科学决策支撑平台。3. 积极形成各级政府资产负债表和公共部门财务报表体系，配合今后的公共债务包括地方债务风险防控体系建设和公共财政建设。

第六，在优化和改进地方税体系过程中，结合短期可做之事与中长期追求目标，设计和推进税制改革的分步渐进配套方案，这包括：为处理“营改增”进度较快而地方未来主体税种打造较慢之间的矛盾所需安排的过渡方案——不排除在流转税领域区别对待地开掘消费税的潜力空间，把优化生产结构、引导消费结构的意图与增加地方政府税源相结合；资源税改革应以更大决心抓住煤炭市场价位自然回调的宝贵时间窗口，把“从价”机制扩大到煤炭并拉动新一轮解决我国基础能源产品理顺比价关系与价格形成机制的税价财联动配套改革；房产税应积极稳妥扩大试点范围，积累经验凝聚共识徐图进展；环境税的改革应在“十二五”期间推出一轮实际动作；个人所得税应创造条件实行分类与综合相结合加上按家庭赡养因素和住房按揭贷款等情况调整扣除的改革方案，等等。地方的合理收费、使用者付费制度，也应借鉴国际经验结合地区情况走向规范化，将收入纳入预算体系管理。

第七，地方债的阳光化制度建设（包括规范的地方公债和市政债）应当在今后若干年间迈出较大步伐，以阳光融资置换、替代风险不易防控，绩效水平不够高的地方隐性负债。同时应大力推进公私合作伙伴关系（PPP）概念下的机制创新，以政策引导和经济契约方式，拉动民间资本、国内外社会财力进入基础设施、公共工程和公共服务领域，实现各方主体优势互补、风险共担、利益共享、绩效提升的“多赢”。

第八，以信息系统和预测能力为支持，积极编制和发展完善中期滚动预算，即积极建立3—5年、引入权责发生制的跨年度预算（可先从中央级和若干地区的3年滚动预算编制入手），以利瞻前顾后，科学统筹协调各年度的财力分配，提升预算运行绩效水平。在提高透明度的前提下，加强全口径政府财力的统筹调节，消抑以往诸多“法定刚性”项目的“板块化”效应，以及过多过滥的补助项目、税收优惠措施的副作用，加强财政支出全流程的绩效约束，结合配套改革和加强管理，压缩行政成本，追求预算资金综合绩效水平的提升。应大力强化和优化中央、省两级自上而下的转移支付，提高一般转移支付比重，整合专项转移支付并取消“地方配套”附带条件。在民生支出方面继续加大力度的同时，需要更加注重伴随机制创新与合理激励形成财政可持续性，处理好“雪中送炭”与“锦上添花”等基本关系以及短期利益与长期、根本利益的权衡。

谢谢！

（2014年3月全国政协联组会议上的发言）

收入分配中加强和优化再分配调节和规范分配秩序的意见建议

尊敬的克强总理、各位领导、各位委员：

我国伴随“黄金发展”而来的中等收入阶段“矛盾凸显”之中，一大突出问题在于收入分配，具体表现为收入差距过大应该缩小，整体格局仍偏于“金字塔型”亟需向“橄榄型”转变，收入分配秩序的紊乱和不公亟需矫治等。

小平同志晚年高度重视收入分配。党中央、国务院近年已对改进优化收入分配提出了一系列指导原则。不久前国务院批转了三部委《关于深化收入分配制度改革的若干意见》。在十八大精神指导下，在新一届政府任期和更长时间内，我们应着力推进有关收入分配的改革和政策优化，在此提出八条建议：

第一，抓紧做好三部委收入分配《若干意见》文件批转后的相关方案和实施细则的研究、制订工作。过程中有必要进一步听取各方意见建议，组织和引导必要的专题讨论，鼓励研讨中的观点争鸣与深入剖析，以服务于科学决策。

第二，在初次分配领域，政府要尊重、培育和健全市场的资源与要素配置机制，维护产权规范与公平竞争的规则与环境，合理调节各地最低工资标准和适当引导企业劳方与资方在工薪分配上的集体协商等。在此基础上，政府优化我国收入分配的主要尽责与作为的空间，是再分配领域，加强和优化再分配调节并规范分配秩序，应作为一大重点任务纳入新一届政府的通盘工作部署和改革总体配套方案的设计。

第三，在再分配的直接税收方面促进改革：1. 加快建立综合与分类相结合的个税制度，完善高收入者的个税征收、管理和处罚措施，将各项收入全部纳入征收范围，建立健全个人收入双向申报制度（即法人单位作为扣缴义务人和个人作为纳税义务人均作申报），以及全国统一的纳税人识别号制度（可考虑与居民身份证号码和社会保障号码同一，即一号多功能），以利于应收尽收和降低税收成本。2. 改革完善房地产税。完善房产保有、交易环节税收制度，逐步扩大个人住房房产税改革试点范围，细化住房交易差别化税收政策，加强存量房交易税收征管。3. 研究在适当时期开征遗产税。这些均为热点、难点，需要具有改革的决心、勇气、智慧来攻坚克难。

此外，还应扩大资源税征收范围，提高资源税税负水平（这将有利于形成以经济手段促进节能降耗、低碳发展的长效机制，同时也间接地呼应了相关收入分配的优化）；合理调整部分消费税的税目和税率，将部分高档娱乐消费和高档奢侈消费品纳入征收范围（这将有利于优化对于居民消费结构的经济手段引导，也间接地调节和优化了相关的收入再分配）。

第四，在再分配的社会保障方面抓紧落实：1.“十二五”期末实现基础养老金全国统筹。使基本养老基金“互济”功能的蓄水池，提升到与统一市场匹配的全社会层级，消除低层级统筹时难以消除的劳动力流动壁垒，从而激发微观层面的人力资本活力，并加强整个基本养老体系的资金支付能力。2. 建立兼顾各类人员的养老保障待遇确定机制和正常调整机制。3. 发展企业年金和职业年金，发挥商业保险补充性作用。4. 加快健全全民医保体系。5. 加大保障性住房供给规模，优化供给机制。在中小城市运用“补人头”机制的潜力相对大，可“政府采购”式操作。

第五，在再分配的转移支付方面，落实一系列优化措施。进一步加大对中西部地区特别是革命老区、民族地区、边疆地区和贫困地区的财力支持；加大教育、就业、扶贫开发等支出，加强对困难群体救助和帮扶，大力发展社会慈善事业。转移支付方式的运用，需要在经济发展基础上更多地筹集资金来支持，也需要在机制创新、加强管理中压低行政成本，提高支出资金的使用绩效。

第六，推进已于长三角、珠三角和部分内地在地方政府层面开始探索的官员财产报告与公示制度试点。准备条件推行新提拔干部的财产公示制度，以利促进吏治整顿和廉政建设（如新提拔干部财产公示制度得以全面推行，则大约20年内，在位的官员将百分之百成为财产公示后才走上领导岗位者）。历史长河中，20年其实也只是很短的一段渐进，但这一制度建设的意义是极其长远的。

第七，在改革中消除部分行业的过度垄断因素，提升相关收入分配制度规则的透明度，对于并非由市场竞争性机制产生的国企高管，在薪酬和职务消费方面要加强上限约束和规则管理，对于"劳务派遣工"的待遇保障问题，应强调规范、透明和适当提高标准。

第八，在收入分配和财产配置的通盘视野之下，加强对非工资收入和财产性收入的引导和管理，严厉打击贪赃枉法、权钱交易、行贿受贿、走私贩毒、偷逃税收等相关的黑色收入，同时清理整顿规范种种"灰色收入"——其中合理的、需修正的，都应阳光化；不合理的则应予以取缔。

（2013年3月在政协经济界、农业界联组会议上的发言）

中国财税配套改革的基本问题

在三中全会之后，中国进入全面改革的实施期，中央政治局首先审批通过的，是财税配套改革方案，这个财税配套改革是为全局服务的，是要解决三中全会所说的国家治理体系和治理能力的现代化必须要有现代财政制度的支撑问题，是聚焦财政作为国家治理的基础和重要支柱这样一个制度供给问题。现在已看得很清楚，我们不得不比较直率地指出：和三中全会以及政治局审批通过的配套改革方案所规定的时间表相比较，现在进度已经滞后了，实际的推进和时间表要求是不匹配的——中央要求财税改革重点和基本的事情2016年要做出来，也就是今年，还剩下最后这一点点时间了。

从财税改革三大领域来看，有的进展相对顺利，列为第一项的预算改革，它的要领总体来讲比较清楚，现在它方方面面的部署都有基本要求，剩下的问题是作为配套改革的配套事项，怎么呼应和协调这方面深化改革任务的事情了。但是说到财税配套改革的第二大领域税制改革，得排列一下，其中的六大重点，现在总体来说只有一个加两个半个，可以交代出来。今年5月1日以立军令状的形式终于全面覆盖营改增，这是第一项。另外，已经明确资源税改革按照从量变从价推进，河北要试点做水资源税改革，这算半个吧，有所交代。另外，我们已经得到明确的信息，环境税按照“费改税”启动，进入立法过程已有明确的信息，这也算是半个。只有上面所说这一个加两个半个的进展，剩下消费税到底怎么办，我们还得拭目以待；房地产税在最近一轮房地产市场演变中又是大家热议的一个难点焦点问题，到底何去何从，以及个人所得税——这个社会方方面面都在关注的重大的直接税制度建设问题，现在也还没有看到在加快立法、税收法定这个轨道上进一步的信息。

第三个大的领域和我们这个单元讨论的问题有直接对应性，就是中央地方间所形成的体制关系到底怎么理顺，在财税配套改革方案中这列为第三大项。我要说的是，中央地方间的体制关系，实际上涉及中央和地方、政府和企业、公权体系和公民这些财税体制必须处理的三大基本经济关系的集中体现，看起来是一个政权体系中由中央和地方形成的一套财政体制，但这个财政体制还必须同时内洽地解决好政府和企业的关系，政府和纳税人（包括自然人、作为社会成员的公民）之间的关系。这样的一个体制问题按照逻辑关系来说，我觉得本来应该列在财税配套改革三大事项的第一，但为什么列在第三呢？似乎是意识到它难度很大，所以相对清楚的预算改革和税制改革排在第一和第二，把这个事情列在第三。但这并不意味着可以拖延它。所以，今年中央又专门在这方面提出了进一步的要求，下发了厘清事权的指导文件，以及已特别强调的在中央地方财力分配框架这个方面进一步的指导原则，有新的要求与文件精神。

这样的背景之下，我想非常概括地谈谈在做了多年财税研究以后的一些基本看法。这套体制关系，要看到它所适应的是财政服务于市场经济这样的一个通盘体制框架健康运行的客观要求，因为把中国的探索放到整个全球各个经济体发展经验里，可以得出的一个共性的认识就是：搞市场经济，就必须建立以分税制为基础的分级财政体制。我们在前面经过苦苦探索之后，终于看到1994年由朱镕基同志在一线主持经济工作，以极大的魄力呼应邓小平南方谈话所确立的市场经济目标模式，启动了难度极大的财税配套改革。这个新的经济性分权的财税运行体制，带来了一系列正面效应，但是由于种种主客观限制，也遗留了一些未解决的问题。到现在，为深化这个改革，从理顺体制关系来看，我觉得应该明确的目标模式，仍然是过去多年探讨的搞市场经济所必须建设的分税制，那么它的基本要领是什么？就是在国家的政权体系得到“权为民所赋”的这个合法性之后（在中国就是最高权力机构全国人民代表大会赋权给政府，代表人民把公共权力交给执政体系），从中央到地方每一级政权，跟着要有一级合理的事权，后面跟着要有一级合理的财权——财权里最关键的是稳定的、法定的税收，也就是它的税基，而广义的税基当然也包括税外的收入，即包括各种各样必要的收费，以及其他非税收入。一级政权，一级事权，一级财权，一级税基，后面再跟着的是什么呢？就是我们必须有标准、规范、透明、接受监督、事前决定并严格执行的可问责的预算。现代的预算制度，这是列为财税配套改革的第一大项，实际上它是在这个逻辑链条里推到这个环节才直观地表现出它存在的重要性。一级预算后面，实际上我们还必须跟着的各级都要有一级产权，也就是国有资产管理体系必须把整个国有资产量化到、人格化到各级管理的主体上、出资人的代表上；一级产权后面，还要有我们预算法修订以后已经明确的一级举债权——不仅中央要举债，地方还必须顺应市场经济，也要有举债权。

我再复述一遍：“一级政权，一级事权，一级财权，一级税基，一级预算，一级产权，一级举债权”，这是分税分级财政体制搭建时环环相扣的必然要素，这 7 个“一级”必须解决“财权与事权相顺应，财力与事权相匹配”的问题，并要求后面必须再跟上自上而下为主的转移支付。整个财税体系的运行，这些要素是一个都不可缺少的，但是相互间自有它的逻辑关系。

我们现在看到了，中央今年下发文件要解决的这个事权问题，其实是一个始发环节，就是各级政府首先明确应该怎样使自己的职能合理化，它应该做什么，不应该做什么。这个始发环节作为逻辑的开端，在此我想探讨一个概念，就是这次的文件里使用了财政事权的概念，有些同志就有疑惑了：政府事权、财政事权二者到底怎么理解，有什么区别？我想说得比较直率一点，无论文件怎么采用它的表述，我个人认为财政事权只能是政府事权，为什么？十八大一开始就强调了我们的预算必须是全口径预算，所有的政府财力必须统统表现在预算之内，全口径预算的这样一个基本逻辑，就是财政为全局服务客观要求预算的完整性，所有政府的财力必须纳入规范的预算体系里，而财政预算所对应支持的这些事权，当然就对应政府活动的范围、方向、重点、政策要领和突出重点以后必须兼顾的所有事项。你政府要做的所有事情，都必须对应到预算上的财力安排，也就都必须对应到所谓的财政事权上。

我个人鲜明的观点，就是并不存在游离于政府事权之外的财政事权问题，我们现在所说到的这个事权的合理化，你把它称为政府事权也好，财政事权也好，它就是我们过去所说必须跳出财政看财政，把握好面对全局，以财政这个“以政控财，以财行政”的分配体系怎样为政府合理履行职能服务这个内在本质。所以，无论现在文件用语怎么说，它仍然说的是各级政府到底应该做什么，不应该做什么，再确定到合理的政府职能怎样通过以政控财而以财行政的财政分配去得到履行这个问题。

接着我想最概括地谈一下自己在事权方面的观察与认识。从中央开始往下，各个层级的事权的划分遵循什么原则？我是赞成楼继伟部长早早就提出的“三原则”：中央也好，地方也好，划分事权从原则上讲，第一，要看这个所要发挥的政府具体职能的外溢性，比如国防是整个国家的安全防卫，它外溢到我们整个这样一个民族国家的全部版图。所以，就不能简单地把它看作可以分成一个一个区域的这样一个概念。如果它外溢为覆盖整个国家，显然它应该是中央的事权，才能合理地履行必须统筹协调的政府功能。我们过去在国防这方面实际情况是什么？实际上，是把中央和地方混在一起，本应该确定为中央事权的国防，它结合着我们过去听起来很有道理的“军民联防共建”、“双拥模范”、预备役，拉了地方进来以后，形成种种错综复杂的事权和财权关系。在特定的区域，比如新疆，还有屯垦戍边的兵团，兵团具备特定的国防使命任务，同时它又有其他的功能。这里面到底怎么把这个事权和事权后面必然要配的财权和财力的关系理清，过去是做得不能令人满意的。所以，第一个是外溢性的原则。有一些事情没什么外溢性，比如具体到每个地方政府辖区里的不动产，包括大家关心的居民住房，它基本没有外溢性的问题，每个地方政府辖区之内的这些不动产，这些居民住房，它的管理就适合于由当地的地方政府来管。跟着的第二个事权原则，是看信息的复杂程度，如果从不动产和住房来看，又是适合地方政府来管的，因为每个具体住房它的地段、朝向，它的各种各样配套的要素，这么复杂，中央有什么必要跨越中间的层级一下管到地方基层？你交给地方管又没有外溢性，又有利于最大限度减少信息的不对称提高管理效能，所以适合地方来管。第三个原则，是追求激励兼容。同样从不动产和住房来看，地方政府如果能管这个事情，同时按照市场经济的经验不只是在交易环节能够取得税收，还在保有环节适当取得税收的话，它的财源建设机制就和这个税收索取权结合在一起，地方政府就会意识到只要自己专心致志地优化本地投资环境，履行市场经济要求它应该履行的搞好公共服务、维护公平竞争的职能，它自己的财源建设跟着就一起解决了。这就是既有激励，又和它的职能合理化兼容了。中央政府不用着急去管各个地方辖区之内的这些不动产和不动产的税收问题，所以就应该把它确定为地方税。楼部长当年所总结的三大原则，我觉得是很清楚的，但是这个原则怎么跟实际生活中的制度建设对应，就非常复杂了。

现在来看，中央所说的进一步理清事权，我觉得至少有三个层面的问题需要进一步深究。第一，事权配置合理化的实现可不可以按照有人认为的跳过财权配置合理化而直接对应于财力？中央过去曾强调过事权和财权相结合，后来的文件里不提了，直接讲“事权和财力相匹配”，有的认识是说可以把财权问题抛到一边去，我认为不成立。仅仅以事权跳过财权以后去跟财力匹配，将意味着什么事情都靠转移支付解决问题了，即不用考虑税基怎么合理配置的问题了，显然此路不通。既然是分税分级财政，在各个层级上，税基这样一个财权怎么配置的基本问题是绕不过去的。第二，在这个角度上继续来看，各级事权、财权合理化的通盘框架有没有可能维持五层级的这样一个传统架构？中国是各个经济体（包括世界上规模最大的经济体）里很独特的一个五级政府架构，而搞分税制的其他经济体，看一下美国、日本，还有德国、英国等，成规模的经济体的共同经验，就是分税分级和整个制度安排匹配，是在三级框架内。我们1994年的时候意识到这一重大区别，但是当时来不及考虑具体方案怎样细化，希望先建中央和省为代表的地方政府之间的分税制框架以后，再探索出一个中国五级分税的道路，但是现在早已经可以总结出来：五级分税此路不通，无解。我想强调的就是如果把事权和财权合理化作为一个制度安排必须解决的内在的问题，那么在这个问题导向下的答案，就是传统的五级框架必须得到改造。接着的就是第三层面的发问：如果有前面两点认识，那么我们势必要抓住中央文件早已经明确的扁平化这个思路，而怎么样着手推进它，这又是充满争议的问题，比如省直管县，从浙江经验开始，财政部已经在全国推行，但这几年的进展并不那么合乎人们原来的意愿，而且还有反对的声音，值得进一步讨论。各种各样的观点，我认为应该理性讨论，而我基本的看法就是从全局来看，现在“牵一发动全身”的这个事权合理化的问题，实际上就需要具体化地落到五级框架无解的话，我们怎么找到有解的框架？这个有解的框架，显然是在农村税费改革以后乡镇已经解决了“乡财县管”，不用把它作为实体层级的基础上，再借鉴浙江经验和财政部的通盘部署推进省直管县，这就有可能把五级变成三级实体层级，来明确事权和配税基（三级形成事权明细单；20种左右的税按三级配置），进而来做中央和省两级自上而下转移支付——这就是我要正面谈到的自己的基本看法。事权分工合作如果在三级框架之下，应该具体地形成一览表，对应着的支出责任，就是财政预算各种各样的支出科目上必须具体化到各级分工合作可操作的形式，形成具体的明细单方式。这样做，分税制的设计方案才能真正落实，才能给出一个后面跟着的中央、省两级自上而下转移支付，以及以后要发展的横向转移支付怎么协调配套好的前置性制度依托。

所以，这个按照三级而不是五级分税，看起来是个技术问题，实际上是一个非常实质性的必须解决的出路问题，要求得到共识的问题。我们可以反问一下：如果要了解中国财税体制运行的真实情况，可以把各个省以下行政区的财政体制方案收集在一起——我们已做这个工作了，进而可以很清晰地看出来，1994 年以后一直走到现在，不要说欠发达地区，就是发达地区省以下也没有真正进入分税制的状态，我们只是维持了中央和省之间的分税制的基本属性，并且共享税已经搞得越来越多——我们的底线是共享税必须各个地方都按照一个统一规则处理，增值税过去是 75% 归中央，25% 归地方，北京、上海如此，西藏、青海也如此，这是基本的规则，是底线，剩下的问题就要靠转移支付去把它摆平——而现在如果看到真实情况就是省以下都没有进入分税制状态，那么 1994 年以后困扰我们的地方财政困难，土地财政和高隐性负债种种问题，打板子打在哪里？是打在分税制身上，还是打在分税制没有真正在省以下贯彻而我们不得不实际运行的分成制、包干制这种旧体制弊病身上？这是我认为在讨论中要认清的真问题，也是一个大是大非的问题，必须把这些问题看清楚，才能真正进一步处理好财税深化改革何去何从、怎么把握大方向、怎样通盘配套的问题。有一种意见说，中国可以考虑只是中央与省之间实行分税制，省以下不搞分税制，我的回应是：省以下不搞分税制就是中国现在的真实情况，你说维持现在的真实情况就可以过得去，中国就可以现代化吗？显然这个观点就不成立了。我们现在正是因为省以下没有真正进入分税制状态才有这么多的困扰，如地方财政困难，土地财政的偏颇，地方隐性负债过高，所有这些问题的解决，形成有效制度供给是真问题，有效制度供给的真问题必须落到深化财税配套改革方案上，首先是对接到我们前面试图要理顺的从事权开始的整个制度构建的逻辑链条上。

我汇报这些看法，请各位批评指正，谢谢大家！

（2016 年 10 月在首届野三坡中国经济论坛上的大会发言，
根据速记稿整理）

以财税配套改革服务和支撑全面改革

十八届三中全会以后正在展开全面改革的进程。被称为“全面改革元年”的2014年，政治局会议已经明确宣布了财税配套改革方案将推出，这是“全面改革元年”的重头戏。关于改革怎么样往前发展，三中全会有明确的要求，就是在2020年，全面改革顶层规划的部署要取得决定性成果，这个改革关系整个国家的前途、民族的命运，因而作为改革元年的重头戏，财税配套改革应产生的作用和在历史进程中间的意义，是非常清晰的。

三中全会明确地提出了现代国家治理的核心理念，对应的是《决定》中多次强调的现代市场体系和市场在资源配置中总体上发挥决定性作用，并合乎逻辑地做出明确表述：财政是国家治理的基础和重要支柱。在财政发挥现代国家治理重要支柱和基础作用的同时，当然也就要支撑全面改革，服务于改革的具体实施。

从学理上来说，即从资源配置的内在规律性来说，关于财政是国家治理的基础和重要支柱的表述，是十分严谨的，因为“以政控财，以财行政”的财政，处理公共资源配置问题，必然影响和拉动整个资源配置的优化。现代市场体系中需要使市场发挥资源配置决定性作用和更好地发挥政府作用，那么我们可知，政府能动地运用财政分配体系来做的事情，对资源配置总体而言是辅助性作用，但是市场的决定性作用不是决定一切，在社会生活的一些特定领域，在政府和财政作用又应该有一定的主导性和贡献、服务于全局的关键性作用特征。比如在扶助弱势群体、思想文化、政治生活等这些社会生活中不可缺少的领域，不可简单套用市场决定性作用这个机制。财政要发挥的作用，特别联系着政权体系即各级政府作为行为主体，应怎样在法治化、民主化的导向之下，合理转变职能，既不越位又不缺位，通过政府所作所为以财政分配作为后盾这样的连接机制，支持国家治理现代化，使我们政府自身的改革，职能的优化，能够一步一步走到合乎客观需要的定位上来。

基于财政的意义和作用，新一轮财税改革在新的历史起点上拉开帷幕后，亟需处理好轻重缓急的掌握，以“最小一揽子”式的多轮推进，实现改革目标。全面改革不可能齐头并进一步到位。中央十八届三中全会一个很重要的判断，是我们这个历史阶段“五位一体”的改革中，经济改革是重点，而经济改革在具体的推进过程中间，当然要联系五位一体的取向，在改革深水区攻坚克难。在政治局最近关于通过财税改革配套方案的信息公布之后，可以看出，中国 30 多年改革开放过程中，继 1980 年以财政“分灶吃饭”开启整个分权过程，到 1994 年以分税制改革与小平南方谈话确立的市场经济目标模式直接配套，财政在“打头阵”上一脉相承，这次的财税改革再次先行，以牵一发动全身的特点，拉开了全面改革的帷幕。

在三中全会之前，财税改革已做了铺垫，即营改增。它必然倒逼整个财税改革和以“最小一揽子”为特征的配套改革。营改增后，从地方政府层面来说，很现实的问题就是必须有自己手上可用的财力来过日子，而原来唯一稍微像样的大宗收入来源营业税，通过营改增以后变成现行体制之下 75%（四分之三）归中央的增值税。再往后地方政府靠什么样的财力来源过日子，会联系整个体制重新洗牌。显然这样一种倒逼在此前已经做了比较充分的铺垫，我们已看到营改增在上海 1+6 方案启动之后，又把 1+6 方案推向全国，并进一步要求扩大行业覆盖面，在一两年之内要全覆盖。显然，按照这样一个倒逼的过程往前看，在预算管理、税制和与中央地方关系为表征的整个财税体制改革三大领域之内，必然要求形成一套有操作性的设计和安排。

从“营改增”倒逼往下看，预算改革中间，会强调进一步提升透明度、公开性和完整性，并且要编制三年期的滚动计划。中央级今年先动，地方也会开始试点，某些地区先行先试。跨年度的这种滚动预算，会更多考虑瞻前顾后、综合平衡、统筹协调，并带来一系列技术上的要求，比如：一编三年，按照每年往前滚动一年的方式，其可持续运行首先必须要有像样的预测，而这种预测在一些地方预算编制过程中很可能需要在政府采购概念之下运用“购买服务”方式取得来自社会上专业力量的预测结果。三年滚动预算也必然要求引入权责发生制，同时要求从中央到地方各级政府把自己的资产负债表按照三中全会的明确指示公之于世，并接受公众监督。这一系列的技术处理和大量的研讨与创新工作，整个框架是很清晰的，也是趋近于学术界讨论多年、特别强调的结合预算法的修订推进财政法治化、民主化制度建设，完善规则体系，实现科学化、精细化管理。

于是在预算管理改革方面，我们仅仅从其切入点开始，就已经可以看到，联系具体操作的一系列的事情，都事关重大问题。还有在中央与地方关系方面，从完善立法推到明确事权，一定需要形成从中央到省、市县，再对接到预算支出科目操作环节上的一览表、明细单，否则说了多年的政府职能清晰化、合理化，仍然会飘浮于半空。此事必须最终落实到各级事权与支出责任清单的形式上，以贯彻三中全会“事权与支出责任相适应”的任务要求。

当然，还有非常敏感、社会高度关注的税制改革。营改增之后消费税的改革势在必行，看来需要把原来百分之百归中央的消费税的一部分调给地方。此外，各相关部门做了明确表态的资源税改革，已经箭在弦上，今年资源税从价机制有望覆盖到煤炭，而煤炭是中国最基本的国计民生命脉层面的基础能源，总体能源消耗里面的支柱，而且这样一个格局在很长历史时期之内难以改变。我们所用的电，约有 80% 是用煤烧出的火电。资源税的改革覆盖到煤炭上，会给不少地方政府提供有大宗稳定特征的财源，特别在中西部欠发达而恰恰是资源富集的地区，这个财力支柱意义当然重大——同时这个机制的打造，还会促进理顺中国从煤到电的基础能源价格改革，提供理顺能源、资源比价关系和价格形成机制的配套改革契机，以利于理顺整个产业链上的价格信号，促进节能降耗，转变发展方式。这也是牵一发动全身，需要在11年前5号文件要解决但至今没有真正解决的中国电力部门怎样配套改革这件事上动真格。这样以依法地通过税的形式、改变比价关系实施的经济利益调整，会逼迫着相关方面推进基础能源价格形成机制改革，今后可持续地以经济杠杆、经济手段作用于整个产业链，使含税的资源能源价格在从上游到下游整个传导的过程中贯通，从而依靠经济利益、经济压力，同时形成创新动力，促使千千万万的市场主体出于自己的利益考虑，“内生地”千方百计节能降耗，千方百计开发有利于节能降耗的工艺、技术和产品。谁这样做得比较好，谁就可能扩大自己的市场份额做大做强，适应不了，则会被市场淘汰。那么合在一起，就是发展中以市场公平竞争促进优胜劣汰和升级的过程。不能适应而被迫出局的，只要是公平竞争中的优胜劣汰使然，那么也正好就是淘汰了落后的、过剩的产能。这个意义和作用，对进入新时期“新常态”的中国太重要了，其促进全局长远科学发展的正面效应，非常值得我们期待。当然，我们也必然密切关注，从资源税开始的配套改革方案是不是“够格”地真正带有攻坚克难应该体现出的机制创新锋芒。

我们还应注意到，服务和支撑全面改革、牵一发动全身而决定国家前途命运的财税改革，已有清晰的时间表要求，时不我待。政治局会议要求财税改革重点和基本的任务，在2016年要见眉目，也就是还有约两年的时间段了。到2020年，则要求财税改革必须取得决定性成果，和三中全会规定的全面改革取得决定性成果的要求相配套。既然有这样紧迫的任务，我们应该更积极地做出研究者的努力，和方方面面充分互动，共同为这个历史进步过程奉献我们的光和热，形成我们可能提供的建设性意见。

应当强调，全面改革取向下，三中全会指出现阶段是以经济改革为重点，但这绝不意味着“五位一体”全面改革中的其他改革不重要。经济改革和其他方面改革的联动配套，早有一个在讨论公共财政建设中间已形成的很有启发性的命题，就是“美国进步时代的启示”。简要地说，其他国家走向现代国家治理状态的过程和路径方面，美国提供了一个代表性鲜明的案例。美国历史上并没有正面设计全面的政治体制改革，但通过“进步时代”为代表的几十年时间段上的演变过程，较好地实质性解决了政治改革任务。1880—1920约40年时间段上，美国人通过形式与表述上只是涉及税制、预算、法制、公众参与、媒体监督和社会上多元主体互动的一系列事项，实质性地解决了民主化、法治化全套体系如何形成较稳定框架的问题，在这种我们可称为带有“改良进步”特征的历史进程里，经过一段时间的铺垫和努力，终于到1913年形成至今仍然在美国整个税制体系里发挥非常重要作用的直接税——个人所得税调节机制，并在动态优化中间一直运行至今；另外，到1920年前后，在美国当时占GDP一半以上的纽约，首先形成了规范意义的带有现代特征的政府预算模板，而其他区域的政府很快仿效而形成了现在大家认可的公开、透明、全面、事先决定、通过立法机关审议后严格执行、实施问责制的预算形式。从这样一些税收、预算、公共资源配置、公共事务决策等角度切入，以各方面很难拒绝的优化管理的各种各样的进步事项汇合在一起，和法治建设、公众对政府的质询与监督，以及发挥“正能量”的建议，等等，在这个以改良为特征的历史性过程中形成合力，促成现代化国家的崛起与合意的治理局面。

我们看到，现在中国社会中涌动的首先从舆论界表现出的种种活跃因子，在美国进步时代早有体现。比如说，美国1880年那时候，社会生活“乌烟瘴气”，据描述官员行为不端问题严重，“不给钱不办事，给了钱乱办事”，“苛捐杂税满天飞”并且社会生活里面灾难性的事故不断刺激着人们的神经。在种种问题面前，当时美国的舆论界，首先是很多记者发出声音指责政府，要求政府改进和尽责。在任的美国总统非常气愤，说你们这些记者就只看眼前脚底下的一泡牛屎，扒来扒去，而这些记者马上接过来说我们就是扒粪者，称之为“扒粪者运动”，替公众表达意愿和压力。方方面面的互动，实际上形成了立法规范下的经济与社会良性改进，促使政府在提高透明度的同时，规范自己的行为，而规范必须落到制度性的预算上面，形成一个进步过程。美国当时发生了一个“三角衬衫厂大火”，烧死几百名女工，在震动整个社会的同时，美国人在法制建设方面怎么回应这一教训呢？明确地推出了如下法律而且严格执行至今：所有多层建筑物外立面必须外挂金属疏散梯或内设逃生通道，不把这条件配好，建筑物不许使用（我二十几年前在美国做访问学者的时候，我所居住的房间，推开窗口就是外面金属疏散梯的接口）。

从这样一些具体的考察可以看到，以上述具体问题的解决带来整个制度优化的意义不可忽视。试问，中国已经出现了多少场火灾？反复刺激公众的神经，为什么中国就不能出现一个像样一点的法律规定，把逃生疏散通道，类似于美国外挂疏散梯规定明确起来并且建设到位呢？有人说中国社会现在没法这么做，因为会为盗贼提供方便行窃的途径——这成为无可奈何的国情死结吗？我不这样看。我们在这些方面解决问题的正能量，仍然激发不够，而这一定要在全面提升治理水平和全面改革中做出来。财税改革会伴随促进预算、税收文明和政治文明，强化法治与民主建设，带动政治体制改革联动的进步因素。我们应该抓住这些不放，做好这一轮马上要展开的带有攻坚克难性质的财税改革，联结法治化、民主化的全面改革。这是每个公民应尽的对于社会的责任。让我们一起努力！

（在“中国财税改革论坛2014：新常态经济与财税改革方案实施高峰论坛”上的发言，根据速记稿整理）

我看财政改革与包容性增长

以这个单元的题目，我理解其实是要研讨怎样以财税改革来服务于中国实现包容性增长，来避免中等收入陷阱的潜在威胁，争取在推进现代化的过程中过这个大关，达到我们的中国梦战略目标。包容性增长的概念，我认为就是直接对应中共十八届三中全会的“国家治理现代化”这个治国施政核心理念的。“治理”的内涵对应着思想认识的突破，要让市场在资源配置中发挥决定性作用，而政府要更好发挥作用，实现包容性发展。

在新的历史起点上，中国人怎么样继续大踏步地跟上时代？我们从全局来看，这个包容性增长在大方向上说，就是要掌握好“顺之则昌，逆之则亡”的六大世界潮流的结合。首先是工业化，这是中国落伍以后必须解决的发展；加上实现工业化伴随的城镇化、市场化、国际化，还有高科技化或者称为信息化，这五大潮流旁边，还有四中全会说的全面依法治国的法治化与民主化，六大潮流结合，对应现在所说的供给侧结构性改革必须实施的制度创新，来适应供给侧已经由生产力推到“共享经济”前沿而要求的社会形态的包容性增长制度建设。

在全球化背景下中国和其他经济体“命运共同体”式发展中寻求的“和平崛起”，其实也正是这个哲理：不是要去解决必须摒弃的过去“你输我赢旧思维”框架下“谁战胜谁”的问题，而是必须在一起寻求共赢式的发展，即实现中国和其他经济体命运共同体式的共赢发展。这里面财税改革的配套，要放在全面开放条件下和市场经济目标模式怎样完善的追求之中，处理好政府和企业、中央和地方、公权体系和公民这三大关系的集合。三个维度的集合，体现在财政处理的以政控财、以财行政的分配关系怎么样服务于直观地看的政府更好发挥作用，而实际上在前面要尊重那个市场发挥作用的决定性。这个事情要处理好，当然非常复杂，我们现在看到的PPP是在“螺旋式上升”的轨道上，将原来讲的政府和市场主体“井水不犯河水”的逻辑，升级为实现伙伴关系式的结合共赢，这些创新的挑战意味是非常明显的。

财税方面最简单地说，在有了90年代初邓小平南方谈话，1994年朱镕基在一线主持之下的经济体制改革，适应间接调控框架而有了分税制这个基本的适应市场经济的财政制度框架之后，我们现在的三中全会后审批的财税配套改革方案，是一套很清晰的中国财税改革制度供给的指导方针，现在真正的问题，就是怎么样在这套指导方针下攻坚克难。我按照“问题导向”，做一个最概括的浓缩的表述，在做了这么多年财税研究以后，如果让我说我们现在碰到的主要问题是什么，我认为就是1994年以后这个体制中一些正面积极性发挥的过程中，它负面的局限性越来越明显了，这些局限性来自于中国渐进改革路径依赖——1994年只能做到那个地步，而以后的继续深化改革，要看到一个基本事实，即走到现在，整个中国省以下行政区，并没有真正进入分税制状况。我们把所有省级以下的体制文件搜集到一起以后做了一个总结概括：不仅中部和西部，就是沿海地区也没有进入分税制状态，实际上是不同形式的分成制和包干制，人们所批评的地方财政困难、隐性债务的风险威胁以及土地财政的偏差等，要打板子，不应打在1994年分税制概念下的制度框架上，打板子必须打在分税制深化改革受阻和这些旧体制遗留问题的不良影响上。

我们需要接着问，为什么省以下没有进入分税制状态？技术上的分析一点也不复杂，我们最基本的概括就是，五级框架之下分税无解。我们勉强维持了中央和以省为代表的地方之间的分税制框架，但省以下还有三级，解决不了这个问题。那么出路何在？现在省以下迟迟不能解决好这个问题，公共服务跟不上，社会又已进入中等收入阶段，人民群众、社会公众对于公共服务的需求激增，激发出来的中央所说的“矛盾累积、隐患叠加”，目前已威胁着我们的包容性增长，社会心态里的“端起碗吃肉，放下筷子骂娘”不是很现实的一种制约和潜在威胁吗？问题导向之下，做系统化的改造才能有出路，这也在印证中央为什么强调配套改革要攻坚克难。

关于基本出路，最简单的表述我认为是这样的：就是要坚持推进扁平化取向“伤筋动骨”式的系统化改造，原来的财政五级框架必须调整为三级框架，就是形成中央、省，还有市县这三级，已有的基础是农村税费改革后推出的乡财县管和已经有较全面部署的省直管县。如果把五级变成三级，原来的无解局面就变成跟市场经济经验可以比较好地去对接，而且加上中国的一定特色，在三级框架下，每一级政权各自明确合理的一级事权，然后明确各自的财权，跟着最主要的是配置合理的税基：一级政权，一级事权，一级财权，一级税基，再跟上的当然就是现代意义的各级预算，还要配上产权、举债权。当然，技术上还必须配好中央和省两级自上而下的转移支付，以及我们要实验进而发挥辅助性作用的横向转移支付。这样的总体的制度安排，是最能够适应包容性增长客观规律要求的。所达到的境界，就是正确设定三级政府的事权明细单和支出责任清单，使各级事权和财权相顺应，事权与财力相匹配。达到这个境界以后，将使我们整个政府体系更好地履行职能，在市场发挥资源配置决定性作用的后面，以文明有效的“三级一体化”制度供给来服务于“四个全面”和全局的包容性增长。

（在2016年11月10日纪念亚行—中国合作30年论坛《中国经济转型：迈向可持续发展的未来》上的发言）

“营改增”的意义、影响和动态优化

主持人：各位好，这里是大连广播电视台北京演播室，您现在收看到的是全国两会的特别节目《国事纵横谈》。应该说每个人关注两会的角度和出发点都有所不同，比如说我的一位朋友在知道我来北京之前就说他最为关注的就是营业税改增值税这项改革，因为他是经营广告公司的，按照去年营业额来算的话，他 200 万元的营业额如果是缴纳营业税的话就需要上交 10 万元的税款，如果改成增值税的话，只需要缴纳 6 万元，差距很大。那么究竟营业税改成增值税是一项什么样的改革，它又会给我们的企业和国家经济带来怎样的影响，我们今天非常高兴地请到了我国财政领域非常权威的专家，财政部财政科学研究所贾康所长，欢迎您！

贾康：您好！

主持人：贾所长，我们看到今年的政府工作报告当中继续提到，要实行积极的财政政策，但也有一些专家表示说，在目前的经济环境下，对于这个积极要有另一番的理解，我们不再需要那种扩张性的刺激性的财政政策，应该把重点转移到这种结构性的减税上来，而提到结构性的减税大家马上想到就是营改增，李克强总理也把它称作是一项牵一发而动全局的改革，所以想请教您的是我们国家为什么要实行这样的改革？这项改革会给中国带来什么样的改变？

贾康：首先在概念上我说一下，在经济学的语言里面，扩张性财政政策既包括增加支出和投入，也包括减税。所以营改增作为结构性减税里面的一个重点事项，一个重头戏，它也是属于扩张性政策的组成部分。您说到这个改革的必要性——为什么要实施这样的改革，可以从这么几个角度来说。一个是要从税制在流转税这个概念之下，它追求的所谓中性特征来理解。增值税比较明显，它的税率是尽可能简单的。一个标准税率顶多还有一两档照顾税率，比如对于小规模纳税人是另行处理，这种比较中性的流转税的特征有利于使企业更好发挥市场主体的作用，开展公平竞争，减少这个环节上面政府实施税收调节里面的那种所谓扭曲。但是我们国家在1994年的时候，在当时推行财税配套改革的制约条件下，还做不到把服务业和另外一些行业税收的主要流转税和制造业一样统统实施增值税，形成了一个增值税和营业税各自不同的覆盖面。

主持人：是不是也跟当时的这种产业发展状况有关系？

贾康：是有一定的关系。因为当时在服务业方面，总感觉在情况上面还要比制造业相对多地考虑一点区别对待，制造业就是用增值税全覆盖了，服务业仍然是用营业税。这样的一种情况，随着市场经济进一步的发展，感觉如果有条件的话，最好通过营改增把中性特征覆盖到包括服务业的这种原来营业税覆盖的领域，这是一个着眼点。

另外一个很重要的着眼点是，营业税覆盖这些企业的情况下，它有一个和专业化细分相矛盾的机制，就是企业组织结构方面，企业在随着经济发展，考虑要做专业化细分的时候，有一个对冲它的约束，就是你专业化细分引出另外一个企业法人的时候，营业税是每一个企业法人都要交一道税而无法抵扣的，就形成了实际上的所谓重复课税因素，那么就促使企业实际上努力地按照“小而全”“大而全”来掌握自己的组织结构。

主持人：您能给我们举一个例子，比如说在哪些行业会造成这样的重复征税的效果？

贾康：比如说服务业的一个企业主体，它的一个业务假定说做的是商业业务，同时它又发展了运输——进货出货等，它觉得得心应手，所以它又发展了运输，如果它在专业化细分的方面把商业的业务和运输这个业务分开，可能做起来更能体现全部可用资源效率的提升，调动方方面面各个环节上的潜力和积极性，做得更加得心应手。但是这种专业化细分在它的考虑里面，不到万不得已它是不做的，他宁肯仍然是注册为一个公司，这里面有自己的商业部，有自己的运输部，这样它仍然是交一道营业税，于是它专业化细分方面的潜力就不能放开手脚来发挥。其实这个例子也可以推到制造业的一些企业：有的制造企业比如是生产某一个领域里的产品，但是它也跟我前面举的例子一样，也发展了自己的一个车队，这个车队越做越感觉有它自己的一套经验和发展的潜力，他能不能够单独注册一个运输公司，可能跟这个企业是一个母公司和子公司的关系或者是一种什么战略协作的关系，但是在这个时候他轻易不肯做，它也是宁肯把车队处理为自己的一个运输事业部或者是底下的一个什么车间，就是要避税，避开再另设一个企业法人以后，他要再交一次营业税这样的一个约束。每家企业都这样考虑，大家就都倾向于所谓“小而全”“大而全”了。

现在的国际竞争环境之下，实际上专业化细分可以使产出的性价比提升的情况下，营业税这样的一个机制越来越有它的负面影响，简单一句话，就是我们营改增的改革是着眼于应对加入全球竞争这个趋势和总的国际化市场竞争大背景的，是从怎么鼓励专业化细分的能力和潜力充分发挥出来这个着眼点考虑的。

主持人：如果这个能力和潜力发挥出来，对于整个中国的经济结构来说，是不是也会起到一个优化的作用？

贾康：对，您提的这个认识非常到位，它就是连接这个我们经济结构怎么优化怎么升级换代的追求。大的结构优化里面，大家都知道有一个概念叫作提振消费，这个提振消费直接联系到调动中国的市场潜力和发展潜力来扩大内需，减少在世界金融危机冲击之后，我们这样一个所谓“外向型经济”方面的对外依存度，虽然还要继续在 WTO 框架之下跟全世界做交易，用经济手段在外贸等方面还要继续努力，但是毕竟要有意识地更注重扩大我们的内需，而扩大内需的重点就是提振消费。消费率上升，既优化结构，又增加民众幸福感。恰恰我们前面的这一套专业化细分以后的新的机制，可以鼓励我们这些服务业和相关的很多产品提供给消费者的时候，性价比更好，而性价比更好的情况下，假定其他情况不变，消费者还是这些收入，但他的边际消费倾向却可能提升，就是当期的收入愿意更多地用于消费了，这就是提振消费进而扩大内需的如此这般一个连锁的效应，这个效应还是很值得肯定的。

主持人：就是说消费的欲望会被有所刺激。

贾康：就是在花钱以后觉得更物有所值，服务更好，性价比提高以后，老百姓假定其他情况都不变，他在当期收入里当期花出来的那个比重会提升，我们称为边际消费倾向提升。

主持人：您看我们刚才是等于了解到了营改增这项政策对企业来说，至少会减少它的重复征税，会降低它的经营成本，对于国家来说，也会优化经济的结构，有很多的优点。那么关于这项政策内容本身究竟是什么，我们还需要再来简单了解一下。营改增政策的主要内容，实际上已包括了交通运输业和部分的现代服务业，现在是在现行增值税 17% 和 13% 两档税率的基础之上，又新增了 11% 和 6% 两档低税率，那么交通运输业适用 11% 的税率，部分现代服务业适用 6% 的税率，这是我们查到的关于营改增政策的一些相关内容。我们也知道上海在 2012 年开始作为一个先行先试的城市试点了这项改革，从这一年的情况来看，效果怎么样？

贾康：应该讲现在总结起来是非常值得肯定的：第一，它确确实实是一个减税效果非常明显的改革，上海现在算比较粗线条的账，这一年下来新听到的说法是减税大概是在 260 亿到 280 亿这个数量范围上，那么一个上海市减了这样将近 300 亿的税，如果扩大到更大的范围，减税量一定随之增加。

主持人：300 亿元的话相当于一个普通地级市的一年财政收入了。

贾康：对，粗线条说。看什么样的地级市，比如中等水平，差不多。推到全国至少是一个几千亿元的减税的数量级，这是一个顺应着企业的诉求、在现在这个阶段上进一步应对世界金融危机冲击实施积极财政政策里面，要在结构性减税里面抓住的重头戏。另外，上海运营的结果还给我们提供了一个启示，说起来是对交通运输和服务业，他们按照所谓 1+6 的这个范围实施营改增，他们当然是应该得到减税的好处，但实际上相当大的减税额又发生在跟他们发生业务联系的制造业的企业，为什么？制造业企业在他们那里得到增值税发票以后可以做抵扣，而原来拿到的服务业的发票是没有这项抵扣的——现在拿的是可以做这项抵扣的，结果算下账来，上海这 200 多亿元里面制造业因此得到的减税的好处要占一半以上，这很有意思。

主持人：等于制造业的企业是间接地获得了好处。

贾康：对，也间接地获得了好处，而且总的规模里面它还是大部分。上海可能有它的特定情况。推到全国以后，制造业得到的益处这个比重也不会太低。

主持人：上海之后，可能陆续有一些其他省市也加入试点的行列？

贾康：对。要具体分析的还有上海的营改增改革，使跟上海做交易的外地企业得到了多少好处，我们见到有一个计算，也是几十亿元的好处，所以它这个好处是发散的。

主持人：您刚才提到在试点企业之外，也有一些没有想到的效果，那我们现在把这个范围再扩大到行业上，因为刚才提到了目前试点的仅仅是交通运输业和部分的现代服务业，当然现在媒体关注的焦点更多的是，接下来哪些行业会纳入到试点当中。我们之前也征集了一些微博网友的提问，来看这位网友的提问：他很关注的就是建筑业，因为他干的正是建筑行业，之前听说建筑业要改收增值税了，最近又说建筑业暂时不行了，建筑业到底能不能够在两会之后收增值税，如果不行的话，他想问问差在哪。

贾康：具体的规定要由业务管理部门他们来斟酌后确定和发布，但发展方向是要把建筑安装（我们所简称的建安）和交通运输一样，也纳入增值税，营改增，以增值税来覆盖。但是具体每个地方怎么跟进，这个方案怎么设计，恐怕现在还在内部研讨。方向是没有疑问的。

主持人：那么哪些行业现行进入试点，哪些稍后快一点，这个考量依据是什么？

贾康：在管理部门那里，可能觉得有些事情先易后难，现在先选择的 1+6 是迫切需要，在操作上大体上觉得有一定把握，所以先行先试。做起来以后，取得了一定的经验，再扩大它的地区覆盖面和行业覆盖面。现在我们听到的信息，还是希望能够比较快地扩大区域覆盖面，同时也考虑有没有可能扩大行业覆盖面。2012 年的第四季度以后，有 10 个以上的省级行政区和计划单列市跟进上海方案，而今年愿意跟进的据说又已有 10 个左右的省级行政区，那么比较乐观的说法，如果进展顺利的话，“十二五”期间这个营改增的改革在全中国就应该推开了，就是整个统一市场全都进入营改增改革状态。

主持人：如果我们仅仅从理论上来推测的话，假设建筑业实施了营改增的方案之后，会对老百姓关心的房价有什么样的影响吗？

贾康：建筑业的产品当然就包括消费住房，如果它的税负有所减轻的话，在竞争中间不排除在一些供需相对平衡的区域里面，房价受到影响时会有企稳的特征或者说有对冲上升的特征。如果在某些地区消费住房还是严重供不应求，那么这个建筑安装业相关联的产品提供出来以后，它的所谓税负的降低和成本的降低，并不会直接反映在价格的降低上面，这就需要具体情况具体分析了。

主持人：当然这也仅仅是一个理论上的推测，其实影响房价的因素还有很多。刚才我们谈到的是关于行业的扩张，您也提到了今年有 10 个地区主动申请要进行试点，那么就涉及了地区的扩张，我们是来自于辽宁，来自于大连，目前我们了解到的情况可能是辽宁正在准备申请成为试点地区，如果一旦实施会对辽宁产生什么样的影响？

贾康：辽宁是一个老工业基地，而且最近几年在实施中央的振兴东北等老工业基地的政策推动之下，有非常好的发展势头。那么我觉得辽宁完全应该趁势而上，加入营改增的行列，促使企业更好公平竞争和促使企业在专业化细分方面发挥能力和潜力，其效应在辽宁，应该讲比其他地方会出现得更强劲一些，因为辽宁的基础好，这些年已经形成了发展的势头的惯性比别的地方更强，所以很值得趁势而上。反过来说，如果辽宁迟迟不动，会减弱辽宁的发展势头，为什么？很多市场主体会意识到，我选择自己注册地的时候，是不是还要考虑辽宁，如果考虑到其他已经进入营改增改革的区域，对发展感觉更有利。这也可以说明为什么上海启动了以后，江苏、浙江就坐不住了，都是长三角，江苏、浙江等这些地方，本来发展势头也是非常强劲的，但是你不给它一个清晰的信号，企业没有这个预期，说不长的时间内，半年、一年或者一年半，我们也要跟上海一样，那么有些企业就会考虑如果注册地是上海的情况下，我可以得到多少好处，你这边如果迟迟不动，我干脆把注册地换到上海去。这不是提升上海的景气，而使这边假定说浙江或者江苏的景气下降吗？那辽宁同样有这个道理，如果辽宁迟迟不跟进的话，不排除产生这样一些负面的影响，企业就不再把辽宁看作那么一个理想的投资热土，而会考虑到别的地方去注册。总部经济或者说注册地效应对各个地方政府来说还是值得看重的一个因素。

主持人：其实在市场经济条件下，企业是最为敏感的，一项政策的好坏，他们春江水暖鸭先知。回到大连说，因为大连的经济结构更是以交通运输业、物流业还有以软件业、现代服务业为主的，那大连这样一个经济结构如果实施营改增之后，会带来什么样的效果？

贾康：刚才那个逻辑仍然有效，说到东北老工业基地振兴，辽宁是亮点，作为辽宁的发展中心，大连又是亮点中的亮点，所以大连这方面的逻辑跟我刚才分析辽宁是一样的。大连不要以为自己发展势头非常好，我就可以按兵不动，必须考虑这样一个改革的大势，还有这个改革带来的正面效果，如果自己经过一些准备，觉得条件大体具备了，就应该积极把自己放在改革阵营之中去，这还是一个积极的选择。而且我现在作为研究者估计，这样的一种实际的比较和竞争会迅速蔓延到全国其他地方去，顺利的话，“十二五”期间就全铺开了，有条件的地方为什么不先做呢，为什么还要等待？这个选择还是比较明朗的。

主持人：这是一个好事。那当然营改增大概试点了这么长时间之后，我们不光是看到了好处，也有一些所谓的问题和困难存在，最明显的一个就是关于地方和中央的这种财政分配的问题，我们也观察了一下，在今年的全国两会之前，很多地方是召开了两会，各地的财政预算当中都表示说降低了今年财政收入的预期，实际上是他们地方的预算在吃紧，在营改增这样的一个改革的背景下面，恐怕地方政府能够拿到的东西会更少，会加剧这样一个矛盾，所以我们有个担心，会不会造成新一轮的地方政府这种刮地皮式的增加收入？

贾康：您说的这个担心是有一定的客观背景，中国在 2012 年的时候已明显看到，财政要进入一个过紧日子的阶段，前些年在经过了一个大的 V 型的底部反转以后，财政占 GDP 的比重是逐年上升的，虽然还没有上升到比改革开放初期的那个同口径的 30% 更高的程度，但也差不多了，因为算总账，算全口径的财政收入，现在我们总体的财政收入占 GDP 的比重应该也是在 30% 出一点头。到地方政府层面，它在这个过程中间，面临 2012 年新的形势，就得有一套调整。在 2012 年咱们地方财政收入吃紧的情况下，就出现了你说的一些刮地皮的现象，原来支出这方面的安排需要得到收入方面的支撑，而收入跟不上的情况下，那么“堤内损失堤外补”，税收上不去靠非税收入，甚至有些地方就有点过分地以什么罚款去挑企业的毛病之后刮地皮的方式更多收一些钱来，这样的机制是不好的机制，已经得到了一定的矫治。但是从现在往前看，2013 年乃至 2014 年、2015 年，很可能这种过紧日子的特征会延续，因为研究者认为中国的发展态势现在到了经济潜在增长率要下一个台阶的新阶段上，我们顺应这样一个变化就要更多地看重增长质量，加快发展方式转变，优化结构，而不要太看重一定要达到两位数的增长。我们已经主动在年度“破 8%”，去年实际的增长速度大概是 7.8% 的样子，在这种情况下，财政收入增长不那么强劲了，地方政府就要顺应这样一个新的局面，更好地考虑在收入方面要有这种通盘的准备，让出一块，包括营改增这样的改革，把一部分原来的税收收入让渡给企业以后，是寻求它们活力的发挥，而追求中长期财源建设，能够续势，能够在以后支撑上一个新的增长质量的台阶，从长远来看，应该有这个眼光。所以短期就不能简单地在收入吃紧以后，按照这种不属于法制化轨道的刮地皮的方式去缓解矛盾，而是要更多动用阳光融资制度，就是我们这几年已经登堂入室的地方债，多发一点地方债。在规范的情况下、努力防范风险的情况下，也要适当地继续发挥地方融资平台的作用——它有一定的筹资功能。在地方债和地方融资平台的功能继续发挥、提供融资配套支持的同时，必须有思想准备，地方的赤字要有所上升，这个赤字控制在安全区内，是我们可以承担的，这样来对冲一下我们在2013年可能要面临的各种要素组合起来的“过紧日子”新形势下的紧张程度。

我们应该有信心，这个改革是培育企业的竞争力，是培育长远的财源的，在经过这一段过紧日子的调整和升级换代这样的正面效应发挥之后，财政长远的前景应该说还是谨慎乐观的，不应该就此说以后日子越过越苦，不会是这样一个趋势。综合起来讲，营改增的改革，它带来的地方这样一个收入方面的变化，表现形式上是在原来归地方所管的营业税里面的税负降低。那么现在上海的方案是说地方愿意承担这一块，而追求长远的利益，在具体的改成增值税的这部分，中央是按照原来的口径算账算好了以后，完全再返回给地方的。

主持人：不是变成中央的。

贾康：即不动中央地方原来增值税和营业税的实质性利益分配格局，要算账以后，把中央由营改增多收的钱全打回给地方。

主持人：实际上对于地方政府来说并没有减少收入。

贾康：减少还是减少了，因为它减税了，你像上海减少了200多亿元。

主持人：从中央分成的那部分，它并没有减少。

贾康：对，从中央、地方分成的实际的比例来说没有调低地方部分，分成的比例和框架是一样的，比如增值税是中央拿75%，地方拿25%，营业税全归地方，算账还要回到这个状态上去算账，同口径，仍然是这样算。那么营业税这方面该归地方的，虽然现在营改增以后，称为增值税收入了，算清楚以后，还是给地方。

主持人：也就是说营业税变成增值税的那 75%，中央并不拿走，还是还给地方的。

贾康：营业税原来百分之百归地方，所以营改增以后，改过去那部分称为增值税的收入，全给地方还回去。那么原来的增值税这部分仍然是算清楚，中央只拿 75%，地方拿它的 25%。

主持人：其实除了中央和地方的矛盾之外，还有一些不同行业之间也有区别。所谓几家欢乐几家愁，我们也有一个网友发来他自己的感受，我们来看一下。他说他是搞物流的，他说，我用增值税之后，缴税不降反升，说有路费、过桥费，很多费用都不能抵扣，一些加油站也不能提供增值税的发票，这也是一个现实的问题。

贾康：运输行业有一段时间反应很强烈：算起账来跟去年同期比，税负可是不降反升的，网友说到的那些可能还都是一些较小的因素，但要解决好很不容易。另外做调研以后发现还有当下一个最主要的因素是什么呢？比如说一个运输的车队，它的固定资产更新是有周期的，大概在上海是四年才能更新一轮。那么这个改革刚一启动的时候，它还没有这种更新的实际动作，那么资产更新里面本来应该能得到的很大一块进项抵扣，他体会不到，见不到，这段时间跟去年同期比，他的税负是上升的，但是延续到半年、一年，可能他这个更新过程就开始一段了，他就开始体会到进项抵扣在投资里面，给他带来的减税好处。理论上说四年如果是整个周期的话，走到两年的时候，好处应该看得清清楚楚了，四年走完了以后，实打实的好处全都入袋。在这个过程中间，我们听到的是上海调查清楚以后，没有改变税率，而是设立了一个辅助基金，你在同期算起账来税收负担上升的部分，当时就给你返一半，然后承诺到年底咱们把这一年算清楚，你到底增加了多少税负，全用这个基金给你退回来，而走到四年完了以后，可能这个事情就自然而然解决，这是上海听到的关于车队这种运输企业，他们碰到的一个比较突出的问题。现在基本明朗化了，就是固定资产更新周期在周期走完的时候，会充分体现出减税的好处，在一开始的时候，最不充分的、掩藏着的减税好处，以后怎么样让大家意识到会有一个这样的显露过程。

主持人：另外我想一项制度的设计，一项改革的实施，是不是也必然会涉及某些行业是获益的，但某些行业一定是要受损的，但只要整体来看我们的效益是好的就可以？

贾康：营改增总体的设计还是不希望出现受损的，至少是希望所有的行业加总的我们所说的通盘的宏观税负上面是略有减少，每一个企业高高低低，但最好不要出现税收负担上升的情况。现在听起来，上海好像还遗留了一个问题，就是对外做金融租赁的企业，它这个问题还要专门做研究，有关管理部门说需要再做跟进的研究以后，可能要提出针对于外向型的金融租赁企业这种市场主体怎么解决税负不降反升问题的专门方案。

主持人：最后一个问题是关于您刚才提到，我们有些地方政府要做好心理准备，可能接下来这几年日子会不太好过，那实际上我们也看到最近几年，地方政府和中央政府也发了很多地方债，现在我看有一些尤其是西方媒体评价说，地方债成为中国经济发展的一个隐患，《华尔街日报》就有一篇报道，标题就是说中国自己的债务炸弹，它把地方债形容为一个炸弹了，那么您怎么来看？其实我看温家宝总理这次的报告，就是在增加了财政赤字的情况之下，我们的比例还不到欧盟所要求的3%，可以说还在一个安全的范围之内，为什么中西方会有截然不同的两种观点？

贾康：这个3%是所谓赤字率，在中国现在赤字跟债务是有连通的，因为发生的赤字都要靠举债来弥补，那么就要说到另外一个比率，欧盟它还有一个60%的控制线，就是公共部门负债率是60%作为一个预警或者是控制的界限指标，世界金融危机冲击以后，欧盟实际上总体来说这条防线已经失守，中国现在知道2010年底的、审计署做全面审计以后披露的那个数据，10.7万亿地方隐形债这个数据加上我们可以从统计年鉴和其他渠道得到的名义负债（主要是国债），还有一些比如政策性金融机构所发行的金融债（带有准国债性质）等，合在一起大数上说，中国现阶段公共部门负债率应该是50%或者比这个50%再低一点，是明显的低于欧盟那个60%控制线的。咱们不敢说欧盟那个控制线就绝对有道理，也不敢说中国能简单比照欧盟这个控制线，咱们就万事大吉，但是从这个比照意义上来说，至少可以说明中国在地方隐形负债已经积累到一定程度，需要高度警惕的同时，不能够惊慌失措，不能够像某些国外的评论者那样，说到中国好像马上就进入炸弹要引爆的状态，甚至说整个中国经济处于大的金融危机的前夜，整个经济要崩盘。这样一种说法引向中国崩溃论，其实过去出现过多次，没有一次得到证明，那么我作为研究者，我深信这次又来了一波担心中国经济因为地方债崩盘的这个说法，还会被事实证明是过分了。但是我们自己要高度警惕，做好中国自己的事情，在地方债这方面就需要进一步通盘考虑疏堵结合，更积极地推行阳光融资，用这种透明的、风险更有利于得到有效控制的地方公债来置换替代像融资平台等这样的隐性负债。

另外对于现在可以观察到的负债率高的区域以及项目建成以后现金流比较弱的那些项目要盯住不放，要做好防患于未然的工作。这方面我了解，有关的银监会、银行系统，都已经做了大量的前期的调研和风险的防范预案，我们不敢说绝对就不会出现一些局部的紧张局面，但从全国通盘来说，地方债我们有把握把它消化、控制，而通过治存量、开前门、关后门、修围墙的组合治理措施来使这些地方债的正面效应越来越好地发挥，而把它的风险控制在越来越收缩的这样一个过程中。

主持人：另外我们还观察到，在今年政府工作报告对于营改增这部分的阐述当中，除了要增加扩大的试点行业、扩大试点地区之外，还提出要完善试点的一些办法，这是不是意味着会有一些相关的配套措施出台？

贾康：从逻辑上说是这样的，上海有先行先试的意义，其他地方跟进的同时，上海的这个方案也要有在大致看准了以后的一个动态优化，新的丰富和补充。后面跟进的地方，那可能就不用再重复上海前面的一些带有探索性质的阶段了，有探索过程形成基本稳定的经验之后，应该直接就覆盖到后续跟进的区域去。这样是一个逐步完善的过程，估计在今后一段时间里面，有关的部门在一些具体的细化的方式上会一一通过信息发布，让企业能够知道，不是简单地模仿上海方案，而是上海方案在动态优化，其他跟进的地方就有点后发优势了，跟着走这个完善的过程。以后这个方案在全国应该是最后走到标准的、统一的一个通盘方案，这样的一个精神在这次的政府报告里是原则性地给它做了一个勾画。

主持人：具体的、特别详细的东西，可能还需要在时间当中慢慢地摸索出来。

贾康：还有待有关部门在操作的层面上，把它形成我们说的实施细则式的表述，有些细节的东西，我们现在还在进一步地观察，有待于有关部门在做了充分的调研以后，把相关信息正式发布出来，使市场的主体、企业人士能够知晓。

主持人：好，我们今天的话题主要是围绕着营改增来展开，应该说这种改革表面上看是两个税种之间的转换，但正如30多年的农村土地承包责任制那样，在中国很难说一项小小的改革会否引发全社会大的变革，所以尽管这项改革刚刚满周岁，尽管它还存在着这样那样的问题，但营改增可以说是不折不扣的中国好政策，我们也希望这样的政策在未来的中国会更多，也感谢贾康所长今天的精彩分析，感谢观众朋友们收看我们今天的节目，明天的同一时间，我们在北京继续为您带来《国事纵横谈》，再见。

（根据2014年3月3日接受大连电视台全国两会特别节目《国事纵横谈》录音整理）

运用财税手段促进雾霾治理的认识

我尽量简短地就“运用财税政策和制度建设治理雾霾”的题目谈一些基本看法。雾霾对于我国社会生活的威胁已经不仅仅是少数地区了，前面一轮曾打击大半个中国，近期又有一些城市国庆长假期间受到新一轮雾霾的危害，社会公众早已经明显不满，政府管理部门不能说不重视，但是客观估计，要真正解决这个问题可能还要待以时日。在这个过程中间，财税和其他的手段怎么配合，怎么把政策调节手段和制度建设结合在一起往前推进呢？实话实说还有一些严峻的考验，现在实际上存在着不容忽视的悖论与困境。

第一，从政府决策层到各个部门，这些年的基调叫全面协调可持续发展，反复强调要促进生态文明，进而到十八大提出“五位一体”指导方针，不能说不重视环境保护与改善，但是具体调控中间，各个部门、行业等，在实际上可以有明显效力的促使经济生活内生地形成一种有利于控制污染的治理机制方面，应该讲一直得分不高，乏善可陈，甚至可以说我们现在这些取向只是更多体现在标语口号上面，我们一旦说到必须要用经济手段从千千万万市场主体可以感受到的经济利益与压力上促使大家节能降耗，这类实实在在的作为，往往是落空的。一碰到决策里面的事项，比如说资源税，那么马上会有煤炭部门说你开征资源税我们受不了，但是却没有人能够捅破窗户纸说，如果开征煤炭的资源税，从煤到电的再生产基本命脉层面的链条传导机制应该怎样考虑推进改革——不敢说，说了太得罪人。政府管理部门因此基本上处于无所作为状态。

第二，除了政府部门很多地说一些堂而皇之的套话空话之外，另外可看到的是老百姓人人说到雾霾都非常气愤，很多网上的发声就是破口大骂式的宣泄不满。但是一旦说到让老百姓怎么样在这方面调整自己的行为，触及自身利益的时候，便是一面倒的反响：这跟我无关，是政府的事。我前几天看到报道，北京市相关部门的领导说到雾霾的形成从排放源说至少 10% 到 15% 和我们老百姓的烹饪有关系，大家在这方面也要做出贡献，马上引来一片骂声，连美国的《侨报》都说，这话从科学角度来讲没错，但这个官员不该这么讲，这么讲就是犯众怒——有些话对百姓似乎是不能讲的，官员就一些事情谈认识时应该绕道走。实际上以科学理性的态度说，雾霾的形成，能排除掉我们的居民家庭吗？主要的部分假如 70% 或 80% 以上来自于工业、服务业、商业等，至少还有百分之十几来自于居民、家庭的能源消耗，包括他们的烹饪。光是烹饪造成的 PM2.5 有多少，我没有发言权，但它至少是一个因素，电视上有一些现场测试结果的披露。

这些事情合在一起，当然最主要的首先要抓大头，同时还要抓普遍起作用的机制。从这一角度看，这个大头和最主要的机制就是中国现在总体能源再生产和消费链条的状态。我们的原油、天然气现在已是 50% 以上依靠进口，我们已是不折不扣的"贫油国"，没有办法能在可预见的未来改变这个格局。我们只能更多立足于使用国内可以开发的能源，而可开发能源大家看得清楚最主要的就是煤炭，已达全国一年开采使用掉 30 多亿吨煤的水平。煤炭的使用有没有替代品？我们在努力发展太阳能、风能，但是能在这里面起多大作用？实话实说，可以预见的相当长的时间内，不要指望可再生资源挑大梁，因为我看到的信息，我们所用电中最主要的是煤炭所提供的火电，占整个中国电力消耗的 75% 以上，剩下的水电可能曾占到接近 20%，从前景来看这个比重没法提升了，可以开发的水电资源还有，但是非常困难了，包括怒江流域，还扯到国际纠纷。核电现在只占几个百分点，有可能再发展一点，也不一定跟得上整个社会发展的步伐，它的比重我看很难提高。太阳能电，在光伏产业的发展方面近年已遭受沉重打击，整个行业是危机状态。风电据财政部业务部门说，近年财政的政策支持主要是给出技术标准后不对人只对事，谁达标就支持谁，这几年发展得不错，中国现在已经排在世界上风电第二的位置，但即使这样，风能所占的比重毕竟仍很低，就是这样的基本格局。回到可以讨论的"大头"部分，从现在开始，三年五年八年，一直到十几年的时间，绕不过去的是"从煤到电"这个基础、主力能源的消耗使用，怎么样可以让所有的相关主体——如今中国至少有4000多万家的企业（包含大量小微企业），大家由于有经济利益的压力和激励，发自内心、发自自己的利益感受，来节能降耗减排，所有的企业都努力减少单位能源的消耗，从而减少雾霾；乃至所有的居民，大家尽可能地考虑到节电节水。节电节水就是节省和减少我们可能造成雾霾污染效果的煤炭消耗（因为前面所有的流程里面最主要的能源是来自煤炭，支持着整个再生产链条里面后面各个环节上的产品，一直到把最终的消费品提供出来）。

在这种努力中间，财税能起什么作用？当然从其政策设计到制度建设，应该配合必须要解决的"五位一体"全局问题，从经济、政治、社会、文化和生态全面考虑的配套改革，按总书记所说的，"冲破利益固化的藩篱"，争取化解悖论，解决政府角度上的困难和解决居民个人角度上的困难，实质性推动改革和低碳化发展。这才是我们的出路所在。

财税可做的事情大致有三个方面。第一，我们的环境税制改革必须尽快地有所动作，有所作为。"环境税改革"概念其实包括两个最基本的要领，第一是我国是否推出独立开征的欧洲称为"碳税""硫税"这样的新税种，第二则是我国现有税制里面的19种税，有哪些还有"绿化"的潜力空间，需要调动这种潜力。比如已经开征的税种里面，有资源税，在2010年，首先从新疆开始对原油天然气的资源税实施改"从量"为"从价"的新机制以后，到现在为止这个新机制已覆盖全国，但是敢不敢下决心把新机制覆盖到煤炭，这是一个很大的考验。推到煤炭，不是让煤炭行业中的这些企业把税负完全吸收的问题，理所应当在竞争环境里面，在煤炭行业多少有所吸收的情况下，大部分税负应从上游向中游、下游传导下去的，不传导，这个改革其实就失败了。从流转税的运行机理上说，其税负也必然传导——最主要的影响将是从煤到电这个链条。据我了解的信息，我国铁路通常情况下运的东西一半是煤，运出去的煤绝大部分是用于发电，进而形成社会再生产全产业链上最主要的能源支撑因素。怎样能够尽可能地按照节能降耗的要求使用煤炭，资源税改革给了很重要的契机，如果煤炭资源税“从量”变“从价”，二三十年以前定的每吨两块多到三块多钱这个到现在已经是无关痛痒的税负，至少会变化为每吨是几十块钱的税负，吨煤税负比原来要达到增加十几倍的效果。如果这个变化随着改革产生出来了，运行中间政府要掌握的是什么？比较简单：在给所有企业产生压力的同时，掌握总体的力度，使改革步骤上大多数受到影响的企业能够经过努力继续生存，少数企业被淘汰出局，淘汰的就是不能适应新的压力的“落后产能”、“过剩产能”，就是使中国产业结构在这样由经济杠杆“对事不对人”做出调节的条件下，按照“升级版”的方向、可持续的方向走，即按照减少排放、减少雾霾来源的方向走。因为煤炭资源税负从产业上游向中游、下游的传导，会促使大家千方百计开发有利于节能降耗的工艺、技术和产品，谁在这方面做得好，他就可以扩大市场份额做大做强，这种经济手段的利用是十分关键、无可回避的。（政府“淘汰过剩落后产能”的手段中，“关停并转”只适合为数不多的大企业，面对数以千万计的中小微企业，政府没有那个本事去一一甄别谁是过剩产能的代表，只能主要依靠市场公平竞争中的“优胜劣汰”机制）但恰恰难就难在这儿，一动，煤炭行业首先反对，煤炭行业后面，如果再传递到其他产业如电力部门，也根本就不认同，不是说电力部门所有同志都不认可，这里面能够起很大作用的同志首先会起而表达反对意见。于是，问题归结为我们能不能够回到全局视野，从最高决策层的决心开始，跳出这些利益固化藩篱所造成的局部感受，从全局、长远出发来打开新局面。

我认为，从资源税角度切入的我国新一轮在基础能源层面推开的改革势在必行，这也是特别寄希望于三中全会的。仅仅是整个税制里面“绿化”的一个资源税，它就可能产生牵动全局的重要作用。从煤到电的产业流程利益机制概念之上，需要来一个适应市场经济的真正的突破，使我国在一般商品比价关系和价格形成机制的基本市场化以后，多少年没有实现的基础能源市场化调节在全国要进入一个新的境界。“从煤到电”在资源配置的过程当中，使大家都要用的电力，也实现其产业部门内的全面改革，即真正使电力回归商品属性，配上十年前 5 号文件表述的竞价入网机制，使所有相关生产主体能够由此真正产生内在的动力与活力，尽最大可能地在竞争中间把自己的产品做到有竞争力，带来的实际结果是发电成本的降低，这与众多企业感受税负影响而千方百计节能降耗的努力，是会合成一体而形成企业活力的。同时，要针对电网自然垄断的属性，完善相对应的特许权管理，让它回归自然垄断地位，不再以交叉补贴控制前端又控制后端。到了后端，也要放开，就是十年以前 5 号文件里已经提出来的输配分离，在电的零售环节引入服务外包等竞争机制，真正多样化地顺应用户需求，提高服务质量。这样一个新的局面如能打开，可知不光是以新的机制全面促进节能降耗，同时也是冲破我们现在看起来很难冲破的电力部门中存在的过度垄断因素。消除此类应消除的过度垄断因素，也就是减少遏制中国经济活力、创造力进一步迸发的因素。税改促进节能降耗与整个全局配套改革和整个国有经济以后怎样更好地在支持现代化过程中发挥正面作用、消除它的弊病，是密切联系在一起的。这还只是说到税制改革方面的一个例子。

还有消费税。优化设计上需要强调区别对待，对某些特别造成资源环境压力的产品，就应该理直气壮地提高税负。比如说大排量的汽车，又比如一些带有明显奢侈品特征的私人游艇、私人飞机，当然可以让先富起来的人在自由选择的情况下出手购买做炫耀性消费（现代经济生活中不可能完全排除这些具体的消费形式），但同时也需适当遏制这种行为，既减少其造成的对环境的压力，也减少其他跟进者的从内心希望仿效而产生的类似行为，即减少此类物品生产和消费的实际规模。

类似上述这些税种的“绿化”之外，另外要提到的是应研究单独开征的环境税、硫税，实际上是以对造成环境压力的排放主体为对象，结合排量，把外部成本内部化的特定调节机制。我们认为这个改革在中国也势在必行，最好在“十二五”期间提出基本的方案，不宜再拖。说了这么多年，议论来议论去，一直很难下决心，但是到了确立“五位一体”科学发展观，进一步到三中全会后全面改革的时候，我们大家应该一起努力深化理性讨论，把这个改革的事情做得更积极一些，尽可能地加快设计形成方案打开新局面。

后面还有两项事情，简单说一下。一个是财政的支出，包括专项的支持，对一些看准的战略性新兴产业是需要做出战略性支持的，但不可过多过滥，不宜把支持资金切得很零碎，由很多部门分头去做，需要尽可能地整合集约，对决策上看得有把握的事情，下决心把资金力量形成拳头支持某些重大专项。另外还包括财政的补贴，比如对太阳能、风能的标准化补贴。前面提到电的竞价入网机制，在这个竞价入网环节的补贴应是非常清楚的，即和使电力回归商品属性的竞价入网机制关联的财政补贴是透明的：各种电一起竞价，但有公开的规定，一度太阳能电补多少钱，一度风电补多少钱，这样来落实对可再生能源的支持政策。企业不是说谁做可再生资源发电谁就能入网，还是在竞争中间淘汰那些比较靠下面的落后产能，让靠上面的先进产能进来，因此这个补贴就是规范的、有公平合理性质的。以这样一种透明的、规范的财政补贴配合电力部门配套改革，在竞价入网的环节上，无论煤电、光伏电、风电，政策无非就是一个补贴的度，如以煤发的火电补贴为零，那么太阳能电为多少，风电为多少，大体上要靠谱，而不要离谱，这个改革就成功了。

资源税改革所带来的这样的一个税负在整个产业链传导中会不会影响居民消费呢？必须说，一定会影响居民的最终消费品，比如电费贵了，水费贵了，其实这理所当然。比如在北京，国家发展 30 多年以后，民用电的一度现在是 4 毛 8 分儿，比改革开放初期只增长两倍（改革开放初期我记得非常清楚是 1 毛 6 分儿），北京的其他东西如西红柿、黄瓜、大白菜价格大都已涨了100倍以上，那么老百姓对什么金贵、什么不金贵、什么要注意节约精打细算、什么东西不必太在意不必精打细算，不是很清楚了吗？一般讲谁也不会把节电真的当一回事！改变比价关系影响到居民时，这个事情要怎么做？仍然是一个简单要领：如果真的把改革推进到影响最终消费品的时候，政府需及时适度提高低保标准，让最低生活水平的居民实际生活水平不下降，而中等收入阶层以上的人适应经济信号的变化，调整自己的消费习惯。特别有钱的人不在乎，这没有办法，但大多数的人会考虑这方面，使大家更注意随手关灯，人走水龙头拧住，这是大家一起在经济利益、杠杆调节导向下形成一个主流，形成整个产业链从上游到中游、下游，从生产到最终消费，社会再生产过程中和公众生活中所有人的自觉行为，这样是使资源、环境税制改革和政府的支出、补贴合在一起，有效促进节能降耗减排和低碳化，也就会减少雾霾的威胁。

再一个是顺应市场来兼容式发展生态补偿机制，碳交易、排放权交易等机制。有很多需要财政跟现代金融和市场经济手段配套一起来解决的机制创新问题。

上面这些想法是在有限的时间里勾画一个基本框架和其中最主要之处，需要讨论的细节问题就太多了，我们大家应一起努力把雾霾治理、可持续发展与三中全会要提出的通盘顶层规划的改革路线图融合在一起。

上面这些想法请大家批评指正，谢谢！

主持人：非常感谢贾康所长做了精彩的发言，他经常在媒体上发表财税改革的认识，今天他讲了一个观点我觉得大家应该重视，现在我们国家形成二律背反的情况，一个方面大家都说治理雾霾非常重要，另一方面改革的时候触犯到谁的利益谁都不同意，无论是部门也好，行业也好，个人也好大家都不接受，所以真正要想解决污染问题，必须要打破利益格局。其实我们得承认，这些年的污染产业难以解决，粗放生产方式难以解决，已经形成了一个现有的利益格局了，要想改变，就是从本质上改变、打破现有的利益格局，这是改革的难点。在这里，另外几个观点也非常重要。第一，底线让人们承受得起，特别是穷人承受得起，不能伤害普通老百姓的利益。第二要改革公平，所谓公平就是你的好多政策，特别是消费税也好，资源税也好，要集中在富人的身上，要集中在垄断集团的身上，把这些人过多获得的财富通过我们的税收政策、财政政策把它收回来，既调整了他的环境行为，又解决了社会治理污染的资金短缺的问题，所以我觉得他讲的这几个观点是非常重要的，也涉及深层次改革的很多问题。下面因我们的时间很紧，只提一个问题。

提问：我记得今年两会的时候采访过贾康老师，当时我问的问题就是治理大气污染灰霾的时候我们怎么优化能源的结构，风电太阳能的入网的问题，其实这个问题今年一直是纠结我的很多报道的根本性的问题，我还专门去了呼伦贝尔看了坑口发电。因为在两会上当时也采访了国家电网的领导，当时说到入网瓶颈的问题。后来我看了在坑口发电控制污染流，再把电输送过来，也存在上网难的问题。在这么久的采访里面采访了大量的风电、光电企业，他们现在困难重重，前几年可能还有一些收入，这几年难以维持，很多新能源企业都难以维持自己的发展。为什么我们大家都知道要控制雾霾、减少燃煤的总量，发展新能源，但是新能源就是发展不好，我想让您给咱们分析分析根结在哪里，包括我们的媒体将来推进报道也有一个方向。

贾康：前几年我就有一个感受，我们国家通盘管理整个产业布局的规划部门，他们在顶层规划方面没有做到位。你说到中国的能源，涉及前面所说的所有这些电：火电、核电、水电、风电、光伏电（太阳能电），等等，是有内在联系的一大套配置，需要系统工程式的顶层规划，如果发改委没有一个高水平规划，你让地方和企业集团在市场中以“试错法”把整个的能源开发、生产格局合理化有可能吗？我看不出可能性。在这种情况下，财政拿公共资金去支持谁、不支持谁，可能说的全是没有全景图、没有客观依据的带偏向的话，是缺乏扎实依据的。应该使“全景图”式的规划做得有基本的水平，然后再说财政的公共资金应支持谁，怎么样体现区别对待。你说到了坑口电站，多发展坑口电站看起来可以节省很多投资，因为中国现在整个铁路系统至少一半运力运煤，基本上是运去发电，建更多的坑口电站，是减少了铁路建设投资的压力，也减少了很多的煤在公路运输中撒漏带来的成本，但是从技术上看不是想怎么建坑口电站就能怎么建的，另外建坑口电站确是可节省铁路的投资，但必须安排更多的支持输电网建设的投资，电网的建设也不是你在看地图的时候想拉在哪儿就行的，地形地貌所有的条件在一起成本怎么样，相互之间的关系怎么样最优化，运筹学方面的判断我无力回答，但是我能感受到这个问题。这个问题一定要由政府组织一个最高水平的专家集团，由他们面对中国今后至少50年到100年的发展提出像样的资源开发与建设通盘规划，并在今后动态优化规划。我觉得这就首先反映着现在政府职能不到位的问题。

你说到另外一个具体问题，是我也很有感慨的关于光伏电池的问题，所有媒体指责地方政府头脑发昏，指责像无锡尚德这样的企业他们的战略错误等，有一定道理，但我认为没有说到最关键的地方。无锡尚德原认为主要靠对欧洲市场出口就可以源源不断地把自己的光伏电池产能表现为企业做大做强的支撑，结果突然一下世界金融危机来临情况骤变，出口不行了，产品无出路了。看似这是一个以尚德为代表的企业与行业个案，但回到全局来说，为什么中国人在自己本土上消耗能源也造成一定污染，终于生产出可产生清洁能源的光伏电池产品，却98%以上只有出口一条道？把这样的清洁产品卖给比我们更清洁的外国使用，却把所有相关的污染和负面东西留在国内？这不是一个荒唐的循环吗？但这个事情上之所以形成这样的格局，就是我前面所说的配套改革迟迟不动，电力系统十年前五号文件最主要的两句，一个是竞价入网，另一个是输配分开，寸步没动，只有厂网分开、主辅分离做了，实际的结果电力系统内部的同志说是建了很多大楼，新提拔了很多高管，配了很多的车辆，增加了很多固定成本，改革的正面效应却一分钱也没有，是这样一个非常扭曲的图景。分布式的光伏电池发电在国内能不能入网？如强调技术上这不行那不行不是根本所在，中国有些企业自己生产的智能电网已经输出到东欧和其他国家，我们自己完全应该有更积极的举措在分布式发电、微电网和光伏入网方面，组织技术攻关，解决技术升级和应用问题，尽快让我们生产的光伏电池能在国内入网使用，这是客观需要。如果在改革努力中形成这样的条件，很难想象打击整个中国光伏产业的危机能够实际演变到这么严酷的程度。我们市场潜力大、需求大，就是不联通国内的有效供给。所以我认为媒体说得这么热闹的光伏产业的问题，绝大多数议论都没有涉及最关键的一点：我们自己这样的制度障碍怎样造成了谁看起来都很痛心的局面。一句话，没有真正的攻坚克难的配套改革，中国很多自己看起来具有的相对优势都是潜力状态，而不能变成实际的我们发展方面的正能量。这里我回应您这个问题，是想捅破这层窗户纸说明白。媒体上能不能够在这个角度更多地讨论中国光伏电池发展里面的教训，除了有些局部的盲动、头脑发热等——其实发展中这很难避免，市场经济里面会有不断的“重复建设”，但是在这样的过程中间，政府应该做出来的放松准入制度安排、产业政策、技术经济政策这方面的配套，特别是破除过度垄断推进改革，是不是我们在这方面还存在严重的问题，往前看我们应该怎么样采取应该采取的改革举措？这些看法请大家批评指正。

（2013 年 10 月 13 日在“2013《环境保护》年会”的“提速雾霾综合整治改善空气环境质量”主题论坛上的发言和答问，根据录音整理）

高度重视环境税与资源税改革

中国怎样正确处理经济发展和生态环境保护之间的平衡关系问题，实为一个怎样把生态环境压力和污染影响控制在可接受区间、实现可持续增长的问题。现阶段，决策当局在这方面的意向是非常鲜明的，在发展中间强调不能再“GDP 挂帅”、不能再落入“GDP 崇拜”。但实际上，怎么样处理好这个具有挑战性的问题，又是困难重重的。因为在我们几十年的发展中间，经济起飞过程中间，很遗憾地又重走了过去明确说过要避免的其他不少经济体“先污染、后治理”的老路。现在中国的污染已经非常严重，以雾霾为代表的环境危机形成了对于整体可持续性的威胁，而要再扭转这个局面，谈何容易？！需要相当长的时间。

而这里面的手段选择——怎么样有效地控制污染、减排降污，我认为有一个需要十分强调的观点：应充分注重法治化背景下的长效经济手段。政府部门反复表示的对企业选择性“关停并转”的行政手段，我认为起不了根本性的作用，因为它充其量只能面对有限的企业样本，而全中国市场主体现在已有六千万个以上，政府没有办法去一一决定哪个该关、哪个该停、怎么转、怎么并。也有人很强调“用法律手段实行准入”，听起来很有道理，实际操作仍然还要归于公权代表者——拥有实际权力的官员——去一一地甄别哪个准入、哪个不准入，与前面提到的“关停并转”大同小异。如果普遍地用这种行政式直接操作去解决问题，就一定会发生走关系、扭曲、事与愿违的种种设租寻租和不公平现象。真正能够作为长效机制打造来发挥作用的，一定是“经济手段为主”的路线，即在市场经济发展运行中间，基于利益导向、利益制约的优化，以经济杠杆、依法“对事不对人”的规范长效机制，促进节能降耗减排治污。这种调节体系中的税制特别重要，中国迫切需要建立相关的税收调节机制并和其他必要手段配套。

环境税是“经济手段为主”一个很重要的组成部分。环境税改革，按照十八届三中全会《决定》所表述的基本定位，是“费改税”，即把现在已经开设的环境收费改成税——当然这样会更有利于讲求规范性的全覆盖，也更有力度。但是随之还有一个颇具争议的问题：除了“费改税”之外，是不是要考虑借鉴国际经验，开征欧洲“碳税”式的专门的环境税？中国有无可能做类似的选择？有反对人士在这方面甚至把碳税说成敌对势力打压中国的由头。这样的争论一时难以解决，有待于以后深入探讨。我不赞成轻易对“碳税”这类问题贴政治化意识形态标签；其实际的作用机制也可寓于已有税种——可考察借鉴在改革中已推出的“燃油税”的先例。

接着需再强调一下，在环境税改革之外，中国现时有一个很重要的契机，就是资源税改革。在原油天然气的资源税“从价”改革启动之后，现在已看到各有关部门都已表态，在财税配套改革展开的今年，改革重头戏中就包括要把资源税“从价”变“从量”的机制覆盖到煤炭。这个改革一旦启动，原来我国一吨煤只要 2 块多到 3 块多钱（只有焦煤是 8 块钱）的这种税负已无关痛痒的情况，就会变成有关痛痒，调节效应将比较明显。煤炭的市场价格在这一二十年中间上涨到 500 元以上（所以假如按 5% 从价计征资源税，每吨煤的实际税负会上涨 10 倍上下），那么在经济利益层面，可在由此而发生的比价关系变动的同时，乘势理顺我国基本能源的价格形成机制，促使在产业链上处于前端、上游的煤炭的税负，向紧随着的电力行业传导（煤炭决定中国电力供应的 80%，即我们用的电 80% 是煤烧出的火电），于是在整个产业链传导关系中，所有利益相关者都要考虑如何适应情况变化，比拼节能降耗的真本事，怎样在市场里面扩大自己的份额而取得竞争中的先机，那么就必须千方百计地节能减耗，千方百计地开发有利于节能降耗的工艺、技术和产品。关键性的转变可带来的效应，是把这样一种利益压力与动力从上游向中游、下游传导，在中国最主要的基础能源命脉层面的传导中，首先是“从煤到电”的传导，使电力部门“攻坚克难”的配套改革势在必行，即又必然要推动我国把 11 年前就发出的电改 5 号文件中所要求的电力改革付诸实践，也对有关部门的电价行政管制实施突破，而不能再久拖不决和在关键事项上继续寸步不动。

这样一个从煤炭资源税改革切入、会打造覆盖整个产业链、调节利益的经济杠杆从而使市场发挥决定性作用促进节能降耗减排的机制，对中国而言真是非常重要。我们现在还需要观察：这一改革的方案一旦公布出来之后，是不是够格，敢不敢真正攻坚克难、冲破利益固化的藩篱。这方面的阻力，可能来自电力部门过度垄断的既得利益，也包括政府部门说起来振振有词的“关系国计民生”的电价行政管制权力。一旦推出这种实质性理顺资源能源比价关系和价格形成机制的整体改造，对于中国的可持续发展，真正化解雾霾式的环境威胁，一定有深远的、长久的意义。我们应该抓住这样一个契机，创造条件允许市场充分起作用来推动环保。资源税改革这方面的要领，首先是在政府这方面真正需要做出的事情是什么。我认为有两个特别关键的事情：一个就是当资源税覆盖到煤炭和其他资源品时，要掌握好推行过程中的力度，使大多数企业经过努力，在新的税负形成的影响压力之下，还可以继续发展，而少数企业被淘汰出局——如果一轮做不到比价关系基本合理，可以做几轮，最终把这个事情做到位，那么竞争中被淘汰的，就是所谓过剩产能、落后产能，而整个过程就是在打造中国经济的升级版。政府要掌握的这个力度，应是可以测算得八九不离十，使改革既具有可行性，又可以有前后的衔接，最后达到既定目的；特别是“比价关系”后面的“价格形成机制”，要更多地改由依靠市场决定，让市场真正发挥优胜劣汰的作用。另外一个，政府需把握好的要领就是当这样一个影响比价关系的税负传导到最终消费品价格时，政府应该及时、适度地提高低保标准，托住最低收入阶层的实际收入——中国的低保早已经全覆盖了城市和乡村，低保管理的固定成本早已经付出了，在这方面，政府只是适时适度提高标准让最低收入阶层实际生活水平不下降，而中等收入阶层以上的人，会适应这个比价关系的新变化来调整自己的消费习惯和模式，就是更注意节电、节水，等等。综合起来，就是从企业到居民，使全中国的6000多万个市场主体、接近14亿的社会成员，受到这样的影响以后，大家一起“内生地”从经济利益出发，更加关心和施行节能降耗，更加注意低碳化发展。这是极应打造好的真正意义上的长远机制，是我认为应当抓住的关键之处。

如果不处理好这样一个系统性改革问题，那么中国仍然会延续两个悖反：一个是政府的悖反，天天在讲科学发展观，但与科学发展密切相关的改革（如电力部门的改革），却拖了10年以上寸步不动；另外一个是民众的悖反，人人都在指责雾霾，人人都说现在环境问题特别严重不改不行了，但是一说到环境税、资源税改革会使最终消费品受到影响——电价要升、水价要升，那么普遍的反应就是不接受，甚至要跳着脚骂。政府的悖反和民众的悖反，是中国现实社会现象中必须处理的两个很明显的问题。我们一定要理性认识、凝聚共识、化解抵触、尊重经济规律，抓住宝贵时机，真正让改革取得应有的效果。

（根据2015年在环境保护“十三五规划”编制政策建议国际研讨会上的讲话录音整理）

新型城镇化与公共财政支持

我们现在讲的新型城镇化，是以市民化为核心的城镇化。在我国以城镇化作为经济社会成长的引擎和动力源泉的大背景下，我们迫切需要提高城镇化的质量，使城镇化过程更好地与以人为本的科学发展、可持续发展融为一体。这些年我们城镇化发展的速率在提升，但是市民化或者说人的城镇化过程相对滞后，这个相对滞后带来深刻的矛盾。大家都希望乡村人口不断移居城镇的过程是一种和谐的过程，是幸福感提升的过程，但面临的实际制约条件是在这个过程中，中心区的基本公共服务供给跟不上，最典型的就是北上广这样的城市，对于在当地就业的非本地户籍人口，基本公共服务的供给跟不上，实际上是歧视性的。所以，才会有一些“雷人”的观点，比如，“就是要把北京的生活费用抬得很高，使其他地方的人不再涌入北京”。可知，北京的公共服务提供能力是明显滞后的。过去三十多年全国已经形成了两亿多进城长期居住人口，他们面临的问题是自己的家庭怎么在城市常驻，现在这些人当中绝大部分家庭处于分裂状态，80% 左右的夫妻分开生活，而他们的孩子能够跟着父母一起在城市长期居住的只有 1/10，90% 的孩子是“留守儿童”。最近不断听到关于留守儿童揪心的事情，如云南一口水塘一次淹死 5 个孩子，贵州一个垃圾箱一个晚上闷死 5 个孩子等诸如此类的事情。如果这些孩子跟着父母在城里定居，他们的入托、入学、医疗、住房等公共服务又都跟不上。现在要把供给迅速提高有没有可能？实话实说还真没有这种可能性。稍微考察一下北上广，就会同意这个判断。有的被称为二线、三线的城市，试图趁着压力不大加快步伐，前几年石家庄说只要到我这个城市住半年的人就可以给户籍，后来招架不住只好停住。在城镇化弥合二元结构过程中释放巨大需求的条件下，我国的增长潜力巨大，对于林毅夫教授说的“8%”的长期增长潜力，我同意，但是潜力要变成现实，需要一系列的前提条件，最关键的就是要在基本公共服务均等化方面形成有效的可持续的机制，使这个潜力释放的过程相对平稳地展开。另外一个前提条件就是实现改革的突破、攻坚克难，实质性地推进配套改革。这是十八大之后我们正在密切跟踪、关注有关决策信息的非常重要的方面。

回到城镇化的视角，要实现城乡统筹发展，以新型城镇化来配合中国现代化、“中国梦”目标实现的历史进程，在公共财政方面，需要以一元化的公共财政作为有力的支持后盾。这至少有四个方面：第一，要形成全口径预算概念下的公共资源配置全景图，进而优化公共财政收支结构。要把所有政府财力纳入一个全口径预算里面，尽可能合理配置公共资源提高综合绩效。这个公共资源在财政分配上，与整个社会资源优化配置紧密联系。在公共财政全口径预算框架里，不再存在预算外资金的概念了，在一个预算体系之内形成相对独立而互相衔接的公共收支预算、国有资本预算、基金预算和社会保障预算四个组成部分。这是公共财政一元化支持新型城镇化的框架，看上去是一个技术问题，却带有实质性改革的性质，是触及既得利益格局的制度建设。全口径预算给决策部门、给所有要加入决策过程的主体——人大、政协和社会公众，提供了一个财力信息的全景图，有了全景图，才能实现社会公众的知情权、质询权、建议权和监督权，直至民主理财、依法理财的决策权。

第二，要有非歧视性的城乡基本公共服务体制和运行机制。基本公共服务供给要按均等化的方向演变，比如说现在有户籍的和无户籍的人口，明显不是一个国民待遇。农民工概念其实是一个荒唐的概念，他们已经在城里就业，但是因为户籍不在城市还在农村，就成了“农民工”。所以，这方面公共财政别无选择，必须渐进地以一系列运行机制的改进，来走向非歧视性的公共服务供给。这个过程是长期的，我估计要先从难度比较小的区域开始，最后到大城市，最后完全取消歧视性的两种户籍制度。难度最大的北上广恐怕要在最后的阶段，在条件配套下实现。

第三，与区域发展战略、土地制度、不动产制度改革等协调配合。从财政角度考虑支持新型城镇化，政府必须发挥顶层规划功能，从而引出的主体功能区规划功能，必须协调区域之间发展空间的各种复杂矛盾关系等。土地制度、不动产制度的改革至关重要。不动产作为关键的最稀缺的城镇化过程中间的生产要素和民生要素，它的流动、交易、财产保护、财产登记、相关税收制度等制度建设，应该放在一个通盘合理的配套方案里面去考虑，财政必须支持这样的配套改革。

最后，要积极引入公私合作伙伴关系，建设新型城镇化过程中间有效的筹资、引资放大机制和管理增效机制。单靠政府的资金支持城镇化有很大难度，有人测算今后几十年需要 60 万亿元以上的投入，缺口一望而知。但是，通过运用公私合作伙伴关系使已经壮大起来的民间资本、社会资金进入城镇化过程，形成合力，筹资的难题就有望得到相对顺利的解决，而且相关的管理水平和绩效水平也有望得到比较明显的提高。

（2013 年 4 月 27 日在海南中改院第 77 次中国改革国际论坛的演讲，根据速记整理）

从原则到现实：中央、地方事权与支出责任合理化中的立法思维

党的十八届三中全会的改革决定十分丰富的内容中间有一个非常重要的逻辑链接，就是这一最高层级的顶层规划文件，实际上提炼了一个“现代国家治理”的核心理念，具体表述是“国家治理体系和治理能力的现代化”。这个现代化的导向和诉求，作为核心理念，紧密联系的是这个文件中屡次出现的非常关键的另一概念即构建“现代市场体系”。这个市场体系主要相关的突破，大家都非常关注：第一次明确地说要使市场在资源配置中发挥决定性作用，第一次引导出我们这样一个社会主义市场经济，它在运行中间基本经济制度的重要实现形式是混合所有制，即在产权制度这个市场运行的基石上有了这样一个重大的突破。这两个重要概念的链接，又引申到第三个非常重要的概念，即作为国家最高层的文件第一次明确提出的“建立现代财政制度”，同时指出财政是国家治理的基础和重要支柱。

在这样一种非常重要的逻辑链接之下，我们要在承前启后，按照“三步走”现代化战略来攻坚克难进行全面改革的过程中，一步一步地接近在改革开放初期就确立的2050年前后伟大民族复兴的“中国梦”目标。这样一个宏伟事业中间，法治化的要求，民主化、法治化这方面一系列改革的要点，在这个文件中有很好的体现，并且对接到其后十八届四中全会“全面依法治国”的核心要求和法治化基本精神。我注意到，在国家治理的概念之下说到财政作为治理的基础，同时给出了一个非常明确的认定，就是“税收法定”，这也是学术界、理论界和实际部

门讨论了多年的一个概念。但据我所知，在最高层级的文件里明确肯定这个概念应该是第一次。这种意思过去都说过，但是用于指导文件的语言，有莫大意义。联系现代国家治理的基础，文件中对现代财政制度概括为 24 个字。这里只讲前两句。

第一句话，完善立法。财政作为一个以政控财、以财行政的分配体系，它配置公共资源，当然会拉动和影响整个资源配置全景。在使市场发挥决定性作用的同时，政府更好地发挥作用，在逻辑上讲，充其量是辅助性的。决定性和辅助性合在一起，这个资源配置机制如何按照现代国家治理的轨道运行？法治是第一位的，完善立法实际上就是要解决理论上我们已有所探讨的政府财政分配体系怎么样得到授权，确立合法性。完善立法、给予授权之后跟着的非常重要的逻辑环节，也就是第二句话，明确事权。在得到立法授权之后，这个分配体系“做什么、不做什么”，说了多年的“政府既不越位又不缺位”，即消除错位，使政府更好发挥作用，加上这个定位成为始发环节。《决定》中非常明确地说，要使事权和支出权力责任相适应。我的理解，这是要使讨论多年的“政府做自己应该做的事情”这一命题，落实到可操作的形态上。事权，换句话说就是职能作用的定位，它的范围、重点和边界。如果有一个合理清晰的界定，在操作上，应该在把事权明细单在中央、省和市县这样一个三级框架之下非常明确地列出来之后，对应到我们财政运行管理环节上的预算支出科目。这些支出科目都是实打实代表着支出责任，应该把它们打通，形成整个政府分配运行体系支出责任的一览表、分工图。这是我们在贯彻决定的精神、推进全面改革必须要做的事情。从完善立法到明确事权，进而把事权和支出责任打通形成可操作的一览表，这种操作细则落实到一项一项的事情，非做不可。当然，这里也有不少复杂的问题。

在事权概念之下，中央和地方之间怎样合理地分工？过去已有多年的讨论，关于中央政府应该承担什么样的职责，原理上说比较清晰，比如关联国家主权和统一市场的事务应是中央的事权，那么外交、国防，生产要素无壁垒流动这样的相关制度安排，应该在中央政府事权里面。但有些事情说了多年，实际上中央和地方之间还存在着种种重叠和模糊地带。比如过去多年间在国防概念之下，我们有军民联防、军民共建、双拥模范城等这些概念，把地方扯进来，一起做。在边境地区如何形成中央事权下的国防全覆盖？有些地方的特殊安排实际上是与国防密不可分的，比如新疆有其特殊体制：它既有自治区人民政府体系，又有兵团体系。这些具体的事情，在原则上说必须由中央承担国防、外交事务的同时，也必须和地方形成配合关系，说清经费来源怎么匹配，尽量减少摩擦和纠纷，让不同层级的政府各司其职和有效合作。

另外一些事情可能更复杂，比如使生产要素能够无壁垒地流动。按道理来说，中央政府宏观调控要使整个统一市场尽可能符合现代市场体系的要求，那么我们会看到，从这个角度来说，原来 75% 份额归中央的增值税，原则上讲最好全归中央，因为在现在全球化的国际竞争形势之下，国内要素应充分流动，地方政府在办企业里面最好没有直接的流转税索取权——企业一旦运行就有流转税，对这个流转税如地方政府不参与其间，可以最大限度减少地方保护的动机，但实际中是否可以做到？我看在若干年可以预见的时间段内，是很难做到的，因为现在我们的税制结构当中要建立地方税体系，那么营改增之后如何重新在中央和地方之间洗牌，能否把增值税统统归中央？现在看不到可行办法。这就是中国现实带来的复杂性，怎样从现实约束出发，去接近一个理想境界，这需要复杂的系统工程设计。

另外一个重要的生产要素是人力资源。人力资源如何在统一市场里无壁垒地流动？最好的办法包括基本养老的社会保障制度体系应该是全社会统筹，相关的“费改税”要形成社会保障税，应该交由中央政府手里掌握，然后把各个地方的管理职责合理分工之后，使一个劳动者在劳动生涯中无论换多少位子都记录在案，按照不同地方、不同情况分段记录，有一个唯一、终身有效的社会保障号码，在统一号码管理之下，最后退休环节上调出所有资料，该怎么兑付社会保障待遇就怎么兑付。一般而言很明白的这样一个体系，现实生活谈何容易？说了这么多年的统筹层级提升，名义上早已统筹到省，实际上做到位的，据说充其量一半左右，要做到全社会统筹还有种种阻碍。

但方向还是清楚的，原则也毕竟还是清楚的，那么从学理上来说，地方做什么？中央如果说负责包括上述的几项事情，那么地方显然承担它辖区之内的基本公共服务，推动基本公共服务均等化。落到各个地方政府的事权里面，当然还要有自上而下的转移支付。对地方显然应该调动它的积极性，就是优化本地投资环境，提升本地公共服务水平，让各个地方合在一起，形成一个在统一市场之内大家实现共同诉求、全体国民享受改革开放成果的大环境。在这个方面，也有一个与事权相关的理念：没有外溢性的辖区公共事务，都应该放在当地。地方的财力如何与其相匹配？不足的部分要靠转移支付解决问题，这也是可以在原则上认定的事情。在这方面做起来也有一些具体的问题还是比较棘手。可认定为具有外溢性的事情，认定之后，有些事情处理上还会有模糊地带。比如说各地之间，跨区划的基础设施（比如交通干道），如何合理地承担各自的事权。显然还需要由上一级政府介入和统筹协调。跨市县的由省介入做协调，跨省的由中央政府介入做指导，这些事情都要可操作。不应当在原则定了后，留下一大块扯皮空间，增加社会成本，影响运行效果。

从这一视角再往下说，可能还有另外一些更深刻的问题。在我们国家不同层级承担不同的事权，尽可能地按照比如各级政府自己合理的分工，在外溢性、信息对称性等种种角度考察下来之后，要构建的这一套事权明细单、支出责任明细单中，有很显然必须攻坚克难来化解既得利益阻碍的方面。

可举一个例子。有一件事情是应当十分看重的，就是我们走向现代国家，强调政府要做的事情的第一条，是维护社会的公平正义，之后还要讲公平竞争，扶持弱势群体，基本公共服务均等化、可持续，等等。那么这个公平竞争等所有事项的前提，总体的社会公平正义，和司法有根本性关联。从习总书记讲话那里，从政治学的层面上，特别看重的就是维护公平正义。如何推进司法改革？“司法腐败是最大的腐败”，总书记明确说道，必须清除司法队伍里的害群之马。在现实生活中有很多的不良事件之后，谁都知道这句话的分量。但是回到一个制度安排来说，要靠制度约束权力，让它可持续地按照公平正义来运行，减少不公和腐败，需合理形成一个从事权到相关的财权和经费分配的有机连接。比如现在由地方层面掌握的经济案件的司法审判权，大有问题。大家都反映，这些年地方要判的经济案子数量激增，判案质量很粗糙，很多信息不公开、不透明，做手脚太容易，老百姓往往在一系列的不良案例之后，甚至丧失了司法公正信心，只有走信访之路，只有走极端。如何扭转这种不良现象？现在是不是应该正面提出这种经济案件司法管辖权或者审判权的问题？是不是应该在总体设计之下做出新的思路上的考虑？这次全会《决定》文件中已经含有此意，要调整地方司法管辖权和相关的经费管理制度，与行政区划适当分离。我认为已可以更加直截了当地做个探讨：如果作为经济案件，最合理的司法管辖权应该是垂直系统，脱开地区色彩，最后走到和地区无关的状态。这有没有可能，从逻辑上讲解决什么问题？数量激增、需要做出裁判的这些经济纠纷案件，不论你放在哪个地方政府辖区之内，由当地做司法审理，都很难摆脱地方保护主义方面的利益连接。如果做个比照，若干年前我国的缉私就是维持经济生活公平正义必须做的事情——为打击走私，缉私队伍建设一开始按照各个地区组建，各有自己的一套经费、设备配置，但是后来发现海上缉私涉及不同地方要交接的时候怎么办，要去追赶的走私船可能正开足马力在跑，这边交接怎么来得及，更不要说可能发生的扯皮。技术原因使得缉私系统要变成垂直系统，中央来管，这才解决了问题。其实在逻辑上有同样的道理：一个经济案件如放在某地判，但是其中的利益牵涉到其他地方、牵扯到国外，为了最大限度地减少扭曲动机，减少地方层面必然牵涉进来的各种利益纠葛，从原理上讲，经济案件最好的管辖权设计是变成垂直系统来做。但是可以理解，很多地方的领导不认同。

有人问：那我们的公检法还做什么？其实地方经济案件变成垂直系统办理以后，原来许多司法人员还是会做这些事情，但是管理中的利益链接、管理系统的指挥操作，都改观了，是中央垂直往下的司法体系。人员还是做这些事情，但是里面的制度安排所体现的利益联结得到了优化改造，最大限度地减少了地方事权中原来所覆盖的经济案件司法审判权对于公平正义扭曲的可能性。这也是我们应该追求的法治化和公平正义追求下的事权与支出责任合理化的一个具体例子。

通过这些例子回到现代国家治理、现代财税体制的具体问题中，讨论中央和地方的问题，还是要从大处着眼，还原到统筹协调层面，再就是要做实做细，做到可操作。必须破除方方面面的既得利益，寻求对于社会公共利益最大化最有利的改革方案。这是我们面临的真问题，是我们落实全会决定必须抓住不放的财税法基础作用要支撑合理原则可行地用于规范实践的基本进程。

（2014 年 2 月 22 日在北京大学第二届卓亚法治论坛上的发言，根据速记稿整理）

从“取之于民，用之于民”看税收理念与现实

“财税理念与现实的距离”这个题目，很有一点思辨色彩。我想从税收的角度，就这个题目谈一些作为研究者的看法。

税收总体来说，要解决政府履行职能“钱从哪里来”这样一个非常重要的问题。“钱从哪里来”后边，当然跟着的是“用到哪里去”。在现代文明的语境里面，现代社会任何经济体的官方，都会认可税收必须“取之于民、用之于民”，我没有听到过任何对这个理念持否定态度的声音。虽然任何主体都不否定“取之于民、用之于民”的理念，但并不等于现实生活中间就可以相对顺利地把这个理念和实际对接。现实生活中确有复杂的问题。具体到中国的实际生活，大家都知道执政党在最开始带领人民闹革命和以奋斗建设新中国的时候，就非常明确地树立了一个基本宗旨——为人民服务，革命的目的是要让人民群众当家做主。那么，作为执政党主持公权体系之后，当然也会在逻辑上认可税收“取之于民、用之于民”来贯彻“为人民服务”的基本宗旨。进而在实际生活里面和它相关的、我们看到的现象形态的东西，可以举出下面几个方面非常值得讨论的具体问题。

第一，“取之于民”时会发生“税收痛苦”，如何降低这种痛苦，关联税制的结构状态。在税收和征收环节上，它一定表现为一种利益让渡。纳税人是企业也好（企业也是一个一个人组成的），还是自然人作为一个公民也好，这种利益让渡带来的是在征缴环节上发生的感受具有“税收痛苦”。从税收产生的利益让渡来说，带着的是一个很流行的比喻——税收是一种“拔鹅毛”的艺术。公权体系行使征税权是带有强

制性的，“拔鹅毛”的时候水平较高、艺术上值得称道的境界叫作“既把鹅毛拔下来，又让鹅不叫唤，至少要让鹅少叫唤”。由此可观察：税收原则体现的“取之于民，用之于民”理念和现实之间的距离是非常明显的。在“税收痛苦”这个概念上，中国社会现在无可回避，我们必须实事求是地来讨论它。为促进社会和谐，需要优化处理这个“税收痛苦”问题，比如说直接税和间接税的总体结构，中国现在明显地跟不上时代发展。三中全会要求逐渐提高直接税的比重，它内涵的逻辑就是要在以后总体来说优化税制结构并通过税制结构的可塑性推进改革，来降低总体社会上的“税收痛苦”。学术分析可以证明，在宏观税负既定的假设条件下，社会成员总体的税收痛苦程度，会与间接税的比重成正比，而与直接税的比重成反比。到了一定的发展阶段，税制改革必须顺应这一原理和回应公众诉求来优化税制结构。

第二，“用之于民”时的支出不是与“取之于民”时的收入一一对应的。纳税人在交税的时候也会反复听到“取之于民”是“用之于民”的理念宣传，以表明“取”后是“用”于满足人民群众、纳税人的利益的，这个大循环在具体的对应性上却必须说清楚：“取”之收入点（人）与“用”之支出点（人）并不是一一对应的。因为税收除了有给政府筹集收入、履行服务公众管理社会职能的作用之外，它还必须伴随另外一种职能，而且是现代社会越来越推崇的管理职能，就是要合理地行使收入调节功能，发挥再分配的作用。这里面尤其是直接税会明显成为再分配的政策工具，所以税收制度就必然要在其优化设计和运作里面考虑“抽肥补瘦”。“抽肥补瘦”在人类文明发展过程中间甚至会把某些税种比喻为“罗宾汉税种”（英国历史上，劫富济贫的侠盗罗宾汉是正面形象，我在青少年时候看过相关的电影）。“罗宾汉税种”所对应的，包括个人所得税，典型特征是超额累进的征收；还有很多人所指的是遗产和赠与税，在主要的经济体都有这个税，当然在现代生活中，它还在引起很多争议。对这种“抽肥补瘦”功能绝不可能根本上否定，剩下的问题就是怎么样合理、动态地优化这种“抽肥补瘦”的机制设计。理念和实际的距离，应该承认还将长期存在。只要税存在，这方面的矛盾就不可能不存在。但人们总要找到一个尽量可接受的方案，来处理这种力求合理的、在发展过程中间不同阶段有不同的制约条件和不同的评价标准的"抽肥补瘦"机制问题。

顺便分析一下，在税收带来的利益影响方面，还有一个观察点，就是"抽肥补瘦"效应在实际生活里面又伴随着开放条件下统一市场里的纳税人有"用脚投票"的空间。中国以后"用脚投票"的空间不是越来越收拢，而是会越来越打开。那么就会产生一个问题（人们已经在关注）：你要想"抽肥补瘦"，那怎么样能留住富人？这里面的很多问题值得进一步展开讨论。我不认为现在讨论到的一些直接税，比如房地产税，又比如现在不具备条件，以后要研究开征的遗产和赠与税，就会简单地把国内的富人赶走。实际上，中国先富起来的阶层如果往外边去，他去哪里？首选的这些经济体，都有比中国严格得多的不动产税，有比中国更像模像样的早已经实行多年的遗产税。美国曾经考虑取消遗产税，最后博弈的结果是非常明确地仅在2010年暂停一年征收以后，又一年一年提高遗产税率的水平，要提高到一个他们认为比较合理的状态。那么富人如要想去美国、想去英国、想去欧洲，对不起，那边的税比中国现在的实际情况更高。"赶走富人"从这个角度来说不是真问题，除非你认为富人会一股脑全都去那么几个被称为"避税天堂"的小岛。"真问题"在哪儿？如果说富人听到风吹草动、有点什么消息就往外跑，是不是有别的因素在里面？值得认真思考。

第三，"取之于民，用之于民"的税收也必然有其运行成本。税收的不可避免性质，是由来已久的，早在古罗马的时期就流行"唯有死亡和税收两者都无可回避"之说。现实生活中间，人类社会是分成国家的，有国家必有税收，而税收又必然有成本。不论说了多少"取之于民、用之于民"，还是不能回避税收成本里面有优化的空间。原理上说不可能为零成本，但是要尽可能地降低成本，才能最好地体现"取之于民、用之于民"的宗旨和原则。任何运行体系都有成本，计算机只要开机，什么事都不做也发生成本，因为它要用电，有折旧。税收这个体系里边的具体成本，学术上可分成征管成本和遵从成本，涉及“收”与“付”的双方。怎样使之最小化？如果从征管成本来说，实际上涉及我们整个公权体系的综合成本，并不只是税收部门自己的一个运行成本问题。如果税收部门后边整个公权体系实际上是高效率的，它就不必多征税来维持后边整个庞大体系的运行，反之则多征税必不可免，实在征不上来就会更多挤占民生净支出部分。所以这个广义的税收征管成本联通行政成本，不只是税务部门的事，涉及一大套行政的和公权的架构。由此可知，在中国要使税的征管成本、行政成本、综合成本最小化，政府的大部制改革、扁平化的机构改革，是当然的命题。但在实际生活中间怎么推，我们仍面临重重困难。“大部制”说了多年，实际只走了几个小碎步。这是很现实的问题。公务员的工资水平不时被人们议论，该不该提高？实话实说，当然应该提。比如在北京，物价环境大家都知道，一个公职人员一个月的工资单上就这几千元，他怎么和家人过体面生活？但是为什么社会舆论上颇有压力，一说提就显得不接受呢？其实关键就是后边跟着一个整个公权机构如何“消肿”的问题，能不能在精简机构上先给公众一个过得去的交代。如果没有大部制改革的有效推进，和扁平化改革做出实际成绩的答卷，必然产生公众对于提高公职人员工资的逆反心理，助长“不认可”的社会氛围。在这里，全面改革才是真问题：如果能够把机构消肿，跟着应该把公职人员工资提到至少社会的中高水平的状态并充分地“阳光化”，这才是合乎逻辑的一种安排。但是很遗憾，我们现在离这个境界很明显还有距离。

第四，“取之于民、用之于民”的制度建设必须全面法治化。这是一个非常重要的观察点。“取之于民、用之于民”总体来说应形成规范的公共选择，它关键的制度因素是什么？是十八大以后明确认可的“税收法定”原则。“税收法定”是整个公权体系以其合法性使税收健康运转的最关键的制度。从税收法定的观念与实践起源看，必须承认是从英格兰的“无代表不纳税”这个表述开始的。我们现在有没有公众的代表？有，全国人民代表大会是我们的最高权力机构和立法机构，就是由人民代表组成的。但是它的作用怎么样？这又是一个真问题。实事求是地说，我们在人大立法的客观需要和人大的能力方面，还是看到了明显的差距。一个《预算法》要修订，跨了两届政府，千难万难才于最近修成一个正果。而且我感觉在肯定《预算法》修订的立法进步的同时，也留下了一些遗憾，还有明显的一些过渡色彩，那需要下一轮（现在讨论显然不合时宜）才能再考虑加以解决。现阶段人大在立法方面比如说加快房地产税立法上，能不能够适应客观需要做出应有的立法作为，我们还得拭目以待。人大代表怎么能够真正地代表我们广大的公众、代表他的选民，怎么样能够真正地使公众的声音和诉求得到一些理性的过滤以后，充分进入立法过程，这都是有距离、有挑战性的。现在国家治理现代化所推崇的制度建设，已经到了四中全会表述为全面的依法治国、全面的法治化，理念和逻辑是清楚的，但是做起来还是有难度的。作为一个东方专制主义传统如此深厚的国家，前面攻坚克难的任务是不言而喻的。

第五，“取之于民，用之于民”需要更高的透明度和绩效追求。实际生活中已经在这些年非常明显地表现出人民大众纳税人意识上升对于政府征税、用税的公开透明和绩效的这种必然要求。实际生活中间，政府“钱从哪里来、用到哪里去”近年在透明度上做了一系列前所未有的积极努力，但它已经达到的公开透明和绩效水平，仍显滞后，这方面理念和现实的差距也是明显的。如果说政府牵头、全民参与的这样一个制度建设过程，不能在透明和绩效方面有让公众日趋认可的进步的话，如一味要求公众诚信纳税，形成一种文化氛围，那么这样一种诚信纳税文化的培育，其实是缺乏对应因素的。上述两方面必然相辅相成，必须共同推进，所以这也是我们缩小理念与现实差距，往前通过努力才能够取得进步的一个重要方面。

总体来说，走向“中国梦”伟大民族复兴，实际上就是在延续 20 世纪三件大事第一件——辛亥革命推翻千年帝制之后就提出的“走向共和”的轨迹。“走向共和”不是简单地讲形式上有法，不是简单地讲有规则上的“少数服从多数”。在税收这种事情上，其实不可能简单用“少数服从多数”来处理。如那样就太简单了：碰到的所有税制问题来个全民公决，马上就有结果——那么很可能现在对个人所得税做个全民公决的结果，就是多数人认为取消这个税最好，房地产税更不用说——但走向现代国家、现代社会，建立有现代文明特征的现代税制，不可能以这种方式处理公共资源配置和利益调节的规则、制度问题。我们必须把“走向共和”这里面的政治文明、公民素质、专业理性、社会和谐、公权体系善治等要素综合在一起，通过规范的立法过程，形成“最大公约数”，把各种利益集团的诉求尽可能地、最大包容性地来给以规则式的确认。即使是对要“抽肥”的富人这些征税对象，“取之于民、用之于民”在这个体系之下也可以说得清楚，是同样保护了富人们的长远的利益，同时保护了整个社会的共同利益。富人在更多地给国库做利益让渡的同时，他们的痛苦程度比较低，因为他们是在享受资源的层面上依法所做的利益让渡，他们可以在行使纳税人义务的同时，也作为公民照样行使纳税人的权力——监督政府，他们可以在各个方面和大家一起共享改革开放的成果，可以安稳地来享受美好生活。这些道理，都要融入“取之于民、用之于民”，但是方向清楚、逻辑清楚，距离却明显。所以我认为真正解决这方面的问题，一定要在总书记强调多次的“冲破利益固化的藩篱”这个大的方向上攻坚克难。抓住改革全面推进阶段的攻坚克难，是我们共同的真命题。

（在网易财经 2014 年会上的发言，根据录音整理）

“税负”与企业负担的全景图和真问题

谢谢主持人，大家好！刚才对我过奖了，我虽然这么多年研究宏观经济、财税，但是还是要不断地学习，到阿里来我感觉接触到的信息都非常有启发，是在学习过程中和各位做一个交流。交流中就以拿到的这边的一个简要文字材料提炼的“中国经济十字路口，加税对应减税怎么来认识和考虑”，作为主题，比较直率地谈一些研究者的基本看法。

曹德旺议题重要，结论还不到位

主持人说到曹德旺这位被称为带有“中国首善”社会责任感的企业家这两天成为网上热点的感受，曹总最后归结出来的中国综合税负比美国高 35%，成为他这番话最有代表性的结论。在我看起来，其实这个概括不够到位。我最后再对于今天这个加税、减税题目做自己认识的小结，现在先从对于曹总的这套信息的评价说起。他说到的企业的负担里，关于正税的部分有一些具体情况的中美对比，然后跟着的是大量非税的部分，比如他涉及的美国和中国对比的人工费、电费、天然气的成本、物流中的过路费，其他开销里的厂房、土地，各种各样的融资、清关、配件的相关负担，这些其实跟税没有直接关系，不是以税的概念能涵盖的，他把这些所有的项目都做了相关的考量以后，最后做的总结却是一句话：中国综合税负高 35%。我觉得这就需要澄清一点：他到底说的是税，还是税和其他负担的总和。这是一个我们可以进一步探讨的问题。如果光是说美国的税，美国是什么税？关于美国，曹总专门说了没有增值税，企业感受到的就是所得税，你盈利就要按照它那个法律规定，多赚钱多交税，你如果不盈利，就没这个税。所以，即使先讲税，这个情况怎么可比，也还是需要进一步讨论和澄清的。

我理解，曹总的这套信息非常重要，对于中国怎么样进一步认识打造高标准、法治化营商环境，使管理当局、企业和整个市场主体层面、各种社会上利益相关者，正确认识中国在新的阶段上要对冲下行压力，调动潜力，实现引领新常态和升级版的发展，很有推动作用。但是实话实说，因为曹总这个结论还不到位，还得进一步讨论。实际上在他的展开分析里，已经可以引出我想说的一个可能更接近于"真问题"的看法，就是在正税的负担上作美国和中国之比之外，一定还得把其他的实际负担放在一起通盘考虑，形成一个真正符合问题导向之下解决问题的高水平思路和方案。

曹总并未要跑掉，全球发展竞争中确有用脚投票

曹总说了这样一些话以后，有些人说他是用脚投票，是在跟着李嘉诚往外逃，他很气愤便可想而知。他其实早在20年前，按他的说法就在美国布局，那时候怎么不说他用脚投票要跑？现在听到他说的这番话语，就说他要跟李嘉诚一样要跑？他说我都70岁了，我在那边语言都不通，我根本进不了美国主流社会，我跑什么？所以，这样一个评价确实带有文不对题的特点了。曹总说的这些，是在他已经有了20年对美国市场观察以后，在最新阶段上的有感而发，重点聚焦负担问题。实际上如果正面讲，他早早就"走出去"的情况下，到了新的阶段上，可能在生产经营方面有自己进一步乘势扩大规模的意愿和感受到的现实可能性，而同时又感觉在中国国内业务还在继续开展的同时，提供汽车玻璃要跟着产能走，中国国内产能和美国的产能都在发展，他两边都得跟上。是在这种情况下他做了一个对比，这个对比在当前有利于引出我们积极的、理性的认识，就是一定要找到中国现在企业、市场主体负担过

重的所有的相关因素，再抓住这里面的重点，特别要解决制度供给不足的症结。另外，要充分肯定中国的企业还要继续走出去，中国的企业在本土也要升级发展，也要接纳以后外资继续在中国流入而可能的发展。

全球发展过程中，实际上确实有不同主体会用脚投票来实现资源配置的竞争。在这方面曹总提出这样一个引起大家普遍关注的重要问题，形成社会广泛的讨论之后，应该乘势引导理性的讨论，更好地清晰地形成对真实情况的认识、分析、把握，然后建设性地提出应该尽快采取的一些对策措施。

全面、理性看待企业负担问题，绝不限于税，可以先从税说起来

本着这样的理解，我想把曹总这样的基本认识扩展一下，不限于所说到的正税到底美国比中国是高多少或者低多少，是在讨论税的问题的同时，把税外所有能讨论到的负担一起放在我们视野之内。所以我想跟着再强调一下，既然认为曹总这样一个结论没有概括他所讨论的全部信息，只讲了综合税负高 35%，因而还要进一步讨论的话，现在很多的媒体、网上的讨论，就越走越偏了，简单地说成中国税负太重，重到了“死亡税率”，那就很容易使人只关注到正税上的税率高低问题了，想得就更窄了。其实，在曹总说了开头的这些认识之外，不应该再收窄，而应该扩到全景，把所有问题一一摆明。这里我就正面摆摆自己的看法。

第一，先说中国正税。在前面几年做了一系列结构性减税的努力，采取了这方面可以想到的各个税种的相关措施以后，显然还需要继续努力向下做合理的调减，这个命题是首先应当明确的。但是跟着要说，中国现在正税就这十几种，要想再减，具体减什么，这是最关键的了。我看了这么多讨论，只有一个具体的建议，就是李东生的说法，增值税税率由 17% 降到 12%，这是指标准税率。咱们粗线条地匡算，增值税 17% 如果减到 12%，假定它代表的是后面整个收入绝对规模的话，就是

要差不多砍掉 1/3 的增值税，中国政府现在砍掉 1/3 增值税的收入，整个运行局面过得去过不去？（增值税是中国第一大税，营改增之后，更要占到全部税收收入近一半左右）这是一个首先在“过日子”的运行上、方案可行性上绕不过去的问题。

后面跟着的是减增值税的合理性如何。中国现在总体来说是个间接税唱主角的税制，如果降低间接税，看起来企业可以在这方面直接感受到税负降低，后面跟着的是这个税负在“间接税”概念下它必然要在整个市场流程里完成的转嫁，最后到底归宿在哪里呢？从经济学的理论来说，最后负担下降其实不是主要落在企业这里，最后的税负减少可主要落到最终消费者身上，那么最终消费者是受益的了，这是符合所应强调的税收实际减税效应，最后落到共享发展，使消费大众最终消费品含税量降低的效果上的。这方面本来就是我们税制改革的一个内在的取向，就是要逐渐提高直接税，同时要稳定宏观税负，那言下之意就是要降低间接税的税负。所以，李东生，还有其他一些赞同者说的方向没错。

降间接税需同时考虑提高直接税比重

但是，如果需要考虑稳定宏观税负或维持其不低于一定水平的话，降低间接税的旁边，就有必要提高直接税比重，那就回到今天我们说的这个题目上了，光讲减税够不够？显然是不够的。虽然大家都不愿意加税，但是加税实际上是在这个大前提之下必须处理的问题，那么加什么税？直接税加什么这是要对接到操作点上的，比如中央说到的房地产税加快立法，就是个直接税，它是从无到有，是加税的因素，当然它远水解不了近渴。什么时候能够完成立法，什么时候能把这种税收实际加上来？未来显然它是个慢变量，而且现在还看不到启动的明确信息呢。如果说在稳定宏观税负情况下，直接税没处下手去加，那么要真的比较成规模地降低间接税，就还必须对应到另外一个中央已经说到的最新的指导方针上，政治局现在已经把原来的“稳定税负”（实际上指稳定宏观税负）的方针调为“降低宏观税负”，那么如果最主要的国家收入来源是第一大税增值税，增值税又可以按照这样的设想来一个明显降低的话，不是跟中央完全一致吗？那当然就没有什么这方面的特别大的冲突点了。但我观察，恰恰在这方面没有这么简单。中央现在于实际工作中，在减税的同时必须掌握整个政府系统还要安排支出，满足一系列的目标要求，要保“民生托底”（社会政策托底）的很多事情，要有一系列与七千万人脱贫的精准扶贫相关的财力投入，和维持我们所有的社会保障事项（从住房保障到教育、医疗、就业、养老）相关的所有投入，这些年支出是要不断加码的，使已经形成的“稳定宏观税负”这一指导方针下形成的财政赤字率 2016 年抬到了 3%，这个赤字率再往上抬一些不是不行，但是会更审慎，因为 3% 已经达到了欧盟成员国签马约时他们财政纪律控制的量值了。我们已经听到口风，可以考虑不把这个 3% 看作那么绝对不可逾越的界限，但是逾越过去以后能够逾越多少？如果没有别的因素变动，财政可以再提高一些赤字率，但就很有限了。要想在新的、实际上有限度“降低宏观税负”框架下大规模减少作为主要财政收入来源的间接税，而找不到新的替代财源的话怎么办？这就是非常现实的问题。中央说的降低宏观税负如果从正税来说，就有这么一个很明显的制约：要增加直接税是个很慢的变量，很慢的变量配一个很快的向下调整的变量（就是减少间接税），必须找到短期内填补它的收入来源，这时候可以通过宏观税负的降低和以提高赤字率冲抵一部分，但冲抵是很有限的，这是很现实的必须讨论的问题。

中美“减税”基本不可比，防“东施效颦”

在此顺便但是很有必要性与重要性地还要说到，人们高度关注的美国特朗普所说的“减税”，与中国现在社会上热议的中国自己的“减税”，文字表述一模一样，但实际上是一回事吗？其实大相径庭，基本不可比。特朗普的减税与当年里根的减税都在一个套路上，都是主要指降减美国联邦政府的财力支柱来源——个人所得税（也可能涉及适当减公司所得税），是直接税概念下的减税。美国减税的效应追求，是在直接税“自动稳定器”的功能上再加上“自觉的稳定器”，给经济复苏加码，总体效应方向是“反周期”的（即偏热时显著降温，偏冷时显著升温）；中国的情况是直接税几乎无足轻重，也几乎无处可减、减不了，而讲减间接税，就变成了“顺周期”框架里的“东施效颦”（偏热时会继续升温，偏冷时升温会很有限，还会刺激地方政府“正税损失非税补”的“刮地皮”扭曲行为），作用与美国完全不可同日而语了。

从国际可比宏观税负水平看，中国不高，应把最宽广眼界的各负担因素合起来考虑

接着要说，中央说的降低宏观税负是光指正税吗？不对了。降低宏观税负这个概念里，其实已经隐含着要把所有的政府收入放在一起来理解的口径问题。最简要地归纳，宏观税负有三个口径，最窄口径是所有的正税加在一起，以这个最窄口径如果做国际比较，中国是相当低的，在 20% 以下。中口径是把这些税收加上另外一些项目，比如社会保障方面的征收，形成一个中口径，中口径的意义不大。最有意义的实际上是广义的口径，即把所有政府收入合在一起和 GDP 比。对这个广义宏观税负的可比口径，这些年一直在研究，财政部、税务总局，还有各方研究人员，虽然有些认识上的差异，但是区间是非常明显的：这几年应该是在 33% 上下，往高估的可以估到 36%，低的则低不到 30% 以下。就说 33%—36% 这个区间吧，做国际对比来说是什么概念呢？它大致就和发展中国家平均的宏观税负一样，大概就是 35% 为发展中国家宏观税负的平均值，如要说发达国家，就比这个水平高，一定是 40% 以上，到了北欧福利国家，是接近 50% 的。

这样一来，在降低宏观税负这方面按最有意义的广义口径考虑，必

须包括正税之外其他的收入怎么降的问题，这就开始对接前面所说实际上曹德旺观察的问题里面很多的相关因素了。实际上曹总那个眼界比广义宏观税负更开阔一些，包括社会上很多生成于一定运营环境里的负担，比如运费，又比如他说的清关、融资成本、配件的费用，等等，那是更开阔的超大口径了。但我们至少应把正税之外中国要讨论的行政性收费，五险一金，还有一些隐性的，在政策环境的明规则之外还有潜规则起作用而形成的各种综合成本（很多是隐性的，企业不得不承担的这些成本）合在一起考虑。

那我们就要一个一个项目梳理一下。

正税和行政性收费可以减什么？

第一个是行政性收费，要特别注意，中国在改革开放过程中，这种行政性收费曾经极度膨胀，这些年经过一系列的整治之后是明显收敛的，但是收敛下来的行政性收费和其他经济体相比，一定可说还是居于很高的水平上，这是一望而知的。对这些行政性收费做了这么多的整合、清理，有关部门说能取消的取消，能降低的降低之后，仍然是形成了我国企业层面明显高于其他经济体的负担。这后面的背景是什么？是相关这些公共权力环节的各个部门，他们在这方面已经形成了一定的既得利益，比如说审批权，后面跟着的往往就有明的收费权和暗的“设租”权。中央层级经过这么多年努力以后，现在审批权压缩到还有 400 多项，但如果列成一个单子，感觉也是多如牛毛了。这里面很多的具体收费，是跟着这种公权在手的“权力行使”带出来的。有没有可能把已经有所推进的进一步降低行政性收费这个改革往下深化？答案肯定是别无选择，必须继续往这个方向推。现在甚至已有学者提出：趋势是应该完全取消行政性收费，我觉得这可能说得猛了一点，有些行政性收费似乎还一段时间取消不了，比如咱们现在支持航空港的建设，原来是直接专项交钱的机场建设费，现在已经含在票价之内，但是一直在收，它是一个专项基金。我们的三峡建设也配有三峡基金，是从电费里有一个较低的比重，但一直在收的，适可而止并不容易。这些都是用行政性的公权确定出来的收费，都形成了具体的负担。这些笼统讲来需要降低的收费实际上能不能降低，空间在哪儿，就得专门讨论了，有大量细节的问题，这里还无法展开去一一讨论。

但是这里面的难度，大家可想而知，经过前面这么多年的努力以后要继续再往下压，得具体说到和税收一样：税能压什么？这些行政性收费能压什么？

先放在前面说税，我国现行开征的十几种一一排过来，能打的主意在哪里？营改增这个结构性减税，算是已经在框架上做到全覆盖，小规模纳税人明显是一个简便办法征收的从低的税率，一般纳税人则由整个链条打通以后以进项抵扣作为最重要的因素让他们享受实际减税好处，但这里面就可能还有问题。比如说有的企业是高科技企业，必须不惜重金稳住一些高端的人才来支撑其在发展过程中继续保持高科技的优势，但给这些高端人才付的薪酬是形成不了抵扣链条里的进项抵扣的，如果这样一个轻资产、重人力资本投入类型的高科技企业过了某个临界点以后，它在营改增的情况下有可能就是实际税负不降反增，这个问题怎么解决？这是要专门讨论的问题，为解决好，还得做案例的专门调查，再具体化到措施的设计。

此外，小微企业所得税的征收上那个“起征点”还可以再抬高，但抬高抬到多少也得具体讨论。即使是再抬高以后，实际减税的规模能有多大？其实已经不太大。大家看看现在的税务资料，这些小微企业它实际做的税收的贡献在整个税收里的比重已经相当低，再给他们减一些税，可以使他们再降低一些负担，但具体到一家一家的小微企业，他可能是一个季度里降了100块钱的税，甚至只降了几十块钱的税，充其量降个一千块钱的税，对他来说能有多大的帮助？这已经可以感受到在正税框架里我们所面对的减员局限性。

行政性收费也是这样，你看起来这里取消一点，那里取消一点，具体到一个个企业它由此得到的好处是多少呢？其实一般也是较有限的。如果把这个事情摆明，排列到这些，该努力往下降，但是绝对不是只依靠降了这些东西，企业就活了，没有那么大的作用，还得接着说其他的负担，后面另论。

减少行政收费关联大部制改革等的攻坚克难

这个行政性收费里很多的负担怎么能往下降，更是还有一个难题，就是整个政府的架构是不是需要有一个脱胎换骨，至少伤筋动骨，最好是整合在一起的改造：大部制、扁平化，把这些庙拆了以后，整合以后做一个全新的设计，新建的“庙”带有大部制特征，结合着减少政府层级的扁平化特征，使整个政府机构消肿，剩下的这些部门里面，怎么行使审批权和收费权，那就可能有了一个全新的系统性优化框架，政府职能实质性转变，行政运行成本真正降低，更好地服务纳税人、服务社会发展中间的各类非政府的主体。这样的一个改造如果做出来，接着推进减少审批权，减少行政性收费，把能压缩的减费空间都用上，这个事情就可能做得比较像模像样。否则，会是流于空谈。现在实际上已顶在这里了，大部制改革和扁平化改革中央已经明确了十几年，但实际上横跨两届政府，大部制只走了一点“小碎步”、“小花步”，比如大家都知道在 1994 年的时候，出于种种原因下决心把国税、地税分开分设，过了几年以后就知道，后面配套的条件到位，已经使他们各自的收入可以做到不混库，有种种约束“做不了鬼”了，那时候实际上已形成一个逻辑认知：可以再把它们合并在一起了，但对不起，既得利益形成了，各自几十万大军，如合在一起，实际生活中复杂的“中国问题”就产生了，两套班子合在一起谁唱主角？这里面引出很多很多人事方面的麻烦，稍微了解以后大家就可以想到是非常棘手的。上面很多的决策任务摆在面前，决策层不想惹这个麻烦事儿，所以，就把它往后推，排着这么多要做的改革的事情，国地税合并的事情提不到前面来——下不了这个决心，不是一个技术问题，是一个政治性的问题：至少几十万人合在一起，以后怎么分流安置其实也都很清楚，先把班子合在一起以后待遇不变，但是要说清楚谁是一号，谁是二号，慢慢消化，后面的人很长一段时间提拔无望，因为前面班子的位子占完了，这些人自然退休以后，后面的位子才能接上公务员继续提拔的激励机制。另外，在这个过渡过程中，竞争者间是不是要互相给对方找毛病？为排挤对方出官场，这种竞争有时候是非常不择手段的，会乌烟瘴气，告状信满天飞，后面跟着的就是无穷的烦恼。这些事情其实私下都是不说自明的，作为研究者我摆到桌面上来讲一讲。

由于不得不回避这样一些问题，连一个国地税合并都做不了，说什么大部制？发改委跟财政部并成一个“发财部”可以吗？至少一段时间内在中国想都不要想。但是多少年前我去韩国，那是90年代初，人家已经解决了，我们去考察时去的财政部不叫财政部，叫“规划与财政部”，人家的计委跟财政已经合在一起了。再看看法国，据说是市场经济国家里最有集中特征的，但人家集中是集中，也早已把经济、产业与财政部合成一个部。类似案例中，其他经济体建设现代国家、推进现代社会发展过程中，早已解决了这些问题。但中国这方面基本框架的问题没解决，就想一下说到降低负担，又在降低负担里一下归结到税，都没碰这些事情，但我们一展开分析，从税说到税外还比较规范的行政收费，马上碰到大部制、扁平化改革——实质是敢不敢推进综合配套改革的问题了。

除此之外，我国社保的五险一金一般人认为是应该降低的，但具体怎么降？如降了以后，现在已经感觉压力越来越沉重的基本养老等社会保障体系的运行，还能不能让它过得去？这里相关联的改革，是本来应该下决心实行基础养老金的全社会统筹，把省级统筹概念下三十几个蓄水池并成一个大的蓄水池，它的调节能力马上升级，缴纳的负担程度便有可能适当调低。这边像东北等老工业基地资金是不够用的，但那边深圳、广州劳动力结构中平均年龄很低，大量的资金滚存积在那里，各自的蓄水池原来不能连通，感觉上就是一边的支出压力非常沉重，另外一边是滚存节余怎么用已令人苦恼，如果打通了以后，更好地来贯彻互济功能制度设计的内在逻辑，落到支持大家共享发展的这样一个整个社会的蓄水池，使我们在全局上可以应对养老社会保障运行的现实需要，而且更好、更平稳匀称地去调节现在的基本养老，以及处理现在不得不做的名义账户制怎么慢慢做实，对接到以后的应有前景，等等。全社会统筹这个事情是讨论了几个五年计划了，为什么拖着不动？这又是既得利益的问题了。如果全社会统筹的基本养老做不到位，现在所讨论的“五险一金”又要往下降，有些地方过不去怎么办？必须把这些问题放到一起说。如果真正像模像样冲破省级统筹局限做到全社会统筹，过不去就变成过得去了，降低“五险一金”自然而然就来了。为什么？整个蓄水池的调节功能可以承担降低“五险一金”的这个调整，但如没有这个蓄水池的改造你就过不去，就这么简单。但是咱们再看看有关部门的态度：因为现在已经有几十万人在做基本养老的缴费收取工作（其实全国各地方至少有一半左右是委托给税务部门去代征了），但是部门的态度是说这个收费权、这个管理的职能，是前面哪届哪届某某部长在他任上为我们部门争到的，每一届的班子都要跟下一届的班子交代，这绝对不能丧失在你们新的一届班子手上，这是一个部门的命根子，是他的硬约束。这个约束要破除，依靠什么呢？依靠总书记说的“冲破利益固化的藩篱”，原则有，怎么做？这是很现实的问题。讨论一个负担问题如果说到“五险一金”，我就能扯出这么多的问题要一起讨论。

企业的隐性负担问题在中国相当严重

再说说行政性收费“五险一金”外面还有什么东西，市场主体我观察要处理的还有很多的隐性负担，很多东西是有苦说不出来，但是你要讨论的时候可以知道对他们的影响相当明显。

比如我接触到的一个企业家跟我说过：我这个企业开办要盖几十个

章，这里面有一个消防章，它不盖我这里办公的场所、车间生产的场所都不能用，一用就违法。但这个章反复交涉就是盖不下来，不是这个问题过不去，就是那个问题过不去。后来有人给我指了一条路：你出 6 万块钱，请个中介公司这个事能摆平。企业家当时很气愤，但他说当时我不敢骂，当着你的面我就是要骂娘，我整个开办费一百多万元，要盖几十个章，一个章就要我 6 万块钱，是你们政府的税逼得我气都喘不过来了！我们可想想，政府负担逼迫他，是企业家的直观感受，但是这种负担是所说的那个税负吗？这跟税一点关系都没有，它甚至跟行政收费都没关系。这事一听就是公共权力执掌的环节上设一个局的变相索贿，什么来个中介公司出 6 万块钱给你摆平？这里面的利益输送猜一猜就能知道。

这个企业家跟我为什么敢发火？而在当时那个场合为什么不敢发火？他自己知道他发了火，哪怕这一次把人家吓退了，他这个事情后面会有无穷的受刁难的可能性，他以后的发展还想不想了？就是这么一个很现实的问题。他这是小企业，我也知道中国像模像样的中央级的一个大企业，在一个投资环境评价很好的直辖市里，同样碰到这个问题。这一中央级的大公司在这边办分公司，消防部门就是不过关，反复请客，请到最后人家都不好意思了，这个章才盖下来，你可想底下的小企业受到刁难的时候，实际上可能更不客气。这只是讲了一个章。几十个章是不是都有这种打点的问题？这打点是不是都实际上是负担？有形的负担，请客得安排吃好的，还要送点意思吧；还有无形的负担，时间不是负担吗？时间也是金钱。所有这些负担，隐形的东西，综合起来是个什么成本？早开业一个月或晚开业一个月，市场局势可能就大相径庭，原来有的机会可能就丧失掉了，有利的时机丧失掉了那企业什么时候再能够翻过身来就难说了。诸如此类的事放在一起，所以，我特别看重的，是实际上还有一大块隐性成本、综合成本，这种成本在国外不能说没有，但应该讲跟中国比可能是一个天上，一个地下。

先小结一下：正税减降不是企业负担问题的全部，甚至不是最主要的问题

所以，要抓住曹总所说的降低负担的实质，我接着想说的一句话是，正税减降的这个问题，不是企业负担问题的全部，甚至不是最主要的问题。正税怎么减，大家可以就这十几种税和未来可能开征的税一一摆明，欢迎大家提建设性的意见（我也想提一条，这里面有个减税的事情跟我们知识分子有关，几十年前就定了稿费收入以 800 元为起征点，超过的部分 20%，然后给个优惠，优惠以后 14%。这么多年来不变，能不能减？我觉得应该减，这是减正税。但这些知识分子一个个都是分散状态，发发牢骚以后，都是“秀才造反三年不成”，形成不了什么社会压力，管理部门就不理你了，所以说了这么多年也白说）。现在企业的压力到这儿了，能不能把这压力传递到真正要解决的问题上？除了正税之外，我说的“减税不是问题的全部，甚至不是最主要的部分”，就得一一对应到行政性的收费怎么减，“五险一金”怎么减，配套改革怎么做。降低隐性收费、综合成本相关的配套改革，更不是一个“减税”概念能覆盖的了，它实际上是必须怎么样更好整顿我们整个营商环境，遏制那种潜规则造成的设租寻租、变相索贿，等等。八项规定以后，这方面已经形成了一定的震慑力，但是不是还要追求王岐山同志说的治标换治本。现在震慑以后收敛一点，但我知道可能还做不到这方面已干干净净地都能把它们抑制，完全排除掉。另外一方面，它也可能成了另一种变相的负担，“为官不为”，还是拖延，你不打点了，我客客气气，但我更不给你办事了，这对企业来说不是负担吗？同样也是负担，你拖人家的时间可能给人家拖死了，这不也是负担吗？所有这些事情必须捅破窗户纸来讨论。

所以，小结一下：要归结成“减税”概念之下的两个层面。第一，减什么税，最好列出清单建议，我想到的稿费算是一条，欢迎大家再继

续往上加，企业负担沉重的感受之下，我们还能减什么税；第二，正税之外需要减什么，也必须一一列上清单。

如何看待人工费、电费

接着曹总这个案例，我们要讨论的有：人工费能不能减？在中国现在这方面对美国还有比较优势，但对东南亚已成劣势了。应该注意到，人工费的上升是合乎这些年中国进入中等收入阶段后的阶段转换的，正面讲是我们“人民群众”概念之下的劳动力、劳动者，从低端开始，从粗工、壮工、农民工、包括家政服务的保姆开始，他们有了更高的要价能力，你不给我满意的工资我用脚投票不在你这儿干了。正面讲这就是到了一定的火候，中国社会已提供了这些低端劳动者增加收入，而且收入增长的幅度超出平均工资增长幅度的这样一个社会环境，这表现了他们在受益，在共享改革的成果。负面评价就是“无可奈何花落去”，我们的比较优势在这方面现在正在撤空，而且大的趋势是未来还会继续减少它对经济增长的支撑力，这确实也是无可奈何的。曹总说蓝领工人工资美国现在是中国薪酬水平的 8 倍，说明我们这方面还有竞争的比较优势，所以他到那边以后要拼命用机械替代这种蓝领劳工，而且他不得不雇一些超年龄的，可以讨价还价，在工资这方面打打折扣。中国从这个角度来说，就得如实承认综合成本里的人工费，中国可以适当注意加以控制，但总体来说还是越抬越高的，现在虽跟美国蓝领比还差这样 8 倍，再以后还会缩小到 4 倍，以后还会缩小到 2 倍，希望这个过程处理得更理性一些，但只能是这样一个轨道。

至于电费在美国是中国的一半，中国有没有可能继续降？电力改革要部分地解决这个问题，而电力改革又是攻坚克难的问题。十几年以前的 5 号文件有如此清楚的思路，但关键点的举措一直被搁置。好做的事情都做完了，当时是很快把“厂网分开，主辅分离”，这两个好做的做了，这样一来跟着就使原来的一个大公司可以分解成若干个法人，再接着提拔很多新的高管，还建了很多新的办公楼，配了很多的专车，但前端的竞价入网（把电力的生产定位为商品引入竞争性和选择性），寸步未动；后端输电后的配电（面对千家万户，引入服务外包等市场机制产生竞争，让他们能够更好、更便捷、周到地为用户服务），也寸步未动，只动了好做的两项。结果电力部门的工作者自己说，虽新提拔了很多高管，增加了很多固定费用，但指望的改革成果却体现不出来——这话说得可能绝对一点，5号文件毕竟逼着电力企业有了一些竞争和松动，但总体最关键的事情，确实没做出来。现在又看到了标密的电力部门改革文件精神的透露，话说得柔和了一些，要做的事情一样，前端通过特定的一些机制，包括大客户讨价还价机制产生竞争性，跟市场对接，后面要在售电市场方面放开，引入服务外包等竞争机制，要对接市场。这样形成竞争以后，中国的电价是有望找到一定的潜力空间把它往下调的。特别是咱们大数据、云计算、共享经济发展以后，智能电网可以更好地处理调峰的问题。比如现在电动汽车的发展前景中可以看清楚（特斯拉已经在中国的布局也启发我们），电动汽车未来可能不太长的若干年时间就可能接近到这个状态：充电桩遍布到各个停车位，一辆私家电动汽车晚上停在车位的时候接上充电桩，这时的电是电网里最便宜的，充好了电以后到了白天，你不用车的时候，移动通信的智能手机上会有一个跳出来的界面，是一个智能化计算给出的提醒：你可以卖出多少电，而且这个电可以卖个好价钱。本来私家车是个消费物品，现在变成了整个网络里的生产单位，而且还是个盈利单位，这种又消费又生产，兼容在一起的结果，是大家一起共享资源，这里面无人受损，电网已有这样的智能处理能力。大数据、云计算，所有的信息技术，可以支撑大家很便捷地共同把这些事情处理好，这就是那时潜力更充分调动出来以后，电的成本有可能依靠一些潜力调动而往下压低，这都是我们值得争取的。

中国不能与美国比拼电价

但是把这些情况粗粗考察以后还得说回来：如果从政策导向来说，美国的电价便宜，中国的电价比它高，就能简单地跟美国拼这个吗？我说不行。美国的电怎么产生？它有非常丰富的天然气，它有现在开辟出来可长久利用之路的油页岩资源，而中国的电 80% 是煤烧出的火电。煤很多实际的外部性，它的综合成本，还没有很好地体现在中国的电价里。近年中国努力发展的其他新能源，风电、光电经过这么拼命的努力，现在也只占整个电力供应的几个点，比较清洁的水电、核电，对不起，空间已经基本封住了，水电现在比重是在下降的，怒江流域再要建水电站谈何容易，扯到了国际协调问题。核电在日本福岛核事故发生以后，中国曾经表示态度只在沿海考虑，不在内地考虑，后来又似乎要试探着在中部是不是能建核电站，还没有特别清晰的信息，估计要做的话也不大可能放开手脚。简单一句话，可以预见的很长历史时间内，中国的电以煤电唱主角已成定局，还不可能迅速找到光电、风电等这些新能源来产生挑大梁的支撑作用，它们还扛不起这个大局来。那么我们就得准备在很长的一段时间里，以煤为主的情况下，要不惜工本把煤的清洁利用这个关口突破，使煤的清洁利用在中国能够面对着自己的“非常之局”产生以非常之策使它升级以后能够可持续发展的相匹配特点。这样一个特点的形成，对于整个社会来说，实际上要求的是不能简单比照美国的低电价那种情况，这是个比较而言的相对价格。中国最合理的方法，如果要减少雾霾的威胁，减少环境方面的威胁，应该是实行适当的高电价政策（当然，我这么说又很得罪人），中国只有让电价适当地在比价关系里有一定的“高”的特征，才会逼着大家千方百计地开发有利于绿色、低碳发展的工艺技术，有利于在经济压力形成动力的情况下去解决中国怎么突破这个非常之局的历史性考验问题。我们这方面已有大量分析，中国是一个将近 14 亿人口的国家，有一个“胡焕庸线”这样的东南“半壁压强型”的格局，别的经济体这方面都不能与中国同日而语：美国的版图跟中国差不多大，美国也有人口集中的区域，但是它总共人口就是三亿出头，中国的胡焕庸线从瑷珲（现在叫黑河）拉到腾冲，形成右下方东南半壁是96%以上的人口聚居——第一人口大国这个全球唯一最高数量级的人口，绝大多数是生活在这1/3多一些的东南半壁，它所形成的资源能源的耗费又已走入中等收入阶段，还要走入高收入阶段，又伴随着以煤为主这个非常之局所形成的环境压力已演变到了雾霾频频袭击的情况，大家都觉得难以忍受。那么共同利益、长远利益之所在是什么呢？要靠比价关系，更多地调动我们内在的、所谓内生的积极性，去千方百计地少耗电，少用煤，少污染，少雾霾，不就是这个逻辑吗？这个逻辑就是很得罪人的逻辑。但是我们讨论问题是不是至少先要把它捅破窗户纸说到这里说到位，能做到什么程度，还是得看另外一个凝聚共识、落实解决方案的过程。所以，曹德旺所说的电价我们现在比美国高一倍，拉平有没有可能？我看一个是种种制约条件下很难做到，再一个就是千方百计去做，在中国来说不具备经济可持续发展的合理性。包括油价也是这样，天然气价格也是这样，有同样的道理。欧洲那也是有自己的区别对待，它的油就是要特别地通过一定的价格政策和税收政策，把它抬到比较高的水平，以控制机动车烧油。美国有它特别的底气，这方面跟欧洲就大相径庭，中国是学欧洲还是学美国？显然我们更合理的选择应该是学欧洲。今后的资源税、环境税，以后可能探讨的碳税机制，引导的应该是以比价关系让大家尽可能少耗油，实际上也同时少耗电，实际上在全社会里就是少烧煤。少烧煤不是能让煤炭消耗绝对量马上往下调，是努力控制绝对量的同时让每个单位产出里所含的相对成分、比重下降，减少煤的耗费和减少这方面能源的耗费，这是一个中国特别国情之下必须说清楚的机制性问题。

中国也不宜与美国比拼过路费

另外，曹总所说到的过路费美国基本没有，的确如此，美国只有少数几条高速路上收费，绝大多数是不收费的。但是如果让中国来对比，中国可能一下子把美国这个办法拿过来吗？我看还不行。因为中国超常规发展中我们就是靠着前些年贷款架桥修路形成了现在的基础设施支撑力。这样一个支撑方式的组合中，以后要减少收费力度，逐渐去接近美国情形，但这样一个演变过程中，现在看来在很长一段时间内，做不到美国那样的基本不收费，我们还不得不依靠贷款和 PPP 融资，然后以收过桥过路费的方式，形成一个循环，形成循环中支撑着把我们基础设施的建设加快发展的进程，这是中国现代化中从追赶到赶超的特色，虽然也引起了老百姓的一些不满，但是同时必须说清楚老百姓在这里面是受益的。就说北京，看到三十几年内航空港的吞吐量是从原来的几十万人上升到现在接近一亿人，每增加一千万的客运量的时间越缩越短，但就是这样已经接近一亿人了，仍然感觉未来的增长压力非常大，所以，必须要建第二机场。第二机场投资又是差不多 900 亿。和这个机场相关联的干道你说它不收费？对于社会而言这会缺少什么？是缺少了推进这样的基础设施升级换代过程中的财力支撑。我们开始在首都机场 T1、T2 改造以后的高速路收费，后来于社会压力之下变成了单向，十块钱也降到了五块钱。但其实设想一下是不是有另外一个替代方案？如果在管理上可以很清晰地说清楚这个钱还本付息已经完成了，但是只要是社会上大家觉得合理，可不可以多收一段时间？多收一段时间这个钱拿来干嘛呢？用于支持未来要做的第二机场的干道建设，让它赶快配到位，只要能够阳光化地说清楚、有足够的公信力说清楚，我觉得这个机制是可以这样考虑的。但是对不起，在中国这个事情还就过不去，有关部门就藏着掖着，就不想细致公布这个高速路收费到底怎么用的，这里面可能有他的猫腻，可能有他的难言之隐，这就是另一种“中国特色”了。所以，这方面就得通盘来考虑。一方面我们希望能够尽可能减少这种过桥过路费，同时还要更多强调在中国可以考虑的一段时间内，还要积极、适当运用这个机制，关键就是要提高它阳光化的程度，让社会一起监督，让这个钱滚动式地真正用到支持我们基础设施升级换代方面。要承认这里面有一定的人工维持费，但是不能过分，不能在这方面透明度不高的情况下，少数人把它看成一个既得利益的固化，然后再在这里面膨胀，引出很多实际上不符合公共利益最大化的偏差来。

滥罚款的痼疾主要是吏治问题，已不是税费问题

运费里还有公路干道上的过路过桥费之外的滥行罚款负担，多少年来一直说治理整顿，治理了多轮之后仍未很好解决，比如一方面说不超载货运就赚不到钱，另一方面超载又不断形成罚款的依据，这种恶性循环是怎么形成的？与税、费有关系吗？毋宁说与整顿吏治是否得法最有关系，与税费一起形成了企业、市场主体的负担，但主要是“并存”为特征的不同负担因素。

如何看待土地、厂房成本？

曹总还说到其他的一些事情，比如厂房，他在美国那边取得场地是出了钱的，有多少年的使用权，然后当地的州政府给他补助是1500万美元，等于这个地他基本是白拿，这种情况在中国的沿海区域，特别中心城市区域，比如在北京，已经不可能，但实际上大量发生在我们的中部、西部，为什么在中部、西部即使白白供地，也吸引不了这样的景气因素，吸引不了投资呢？就是还差着其他的条件。如果盲人摸象式地只摸这一条，光说这个土地，那中国也有与美国一样的例子，大量的欠发达地方都是这样，当地政府等于无偿地给你提供用地，多少年前就是这个政策，但是其他东西匹配得上或匹配不上？盲人摸象光摸这个，你摸到尾巴说这个东西是个绳子状，人家摸到的是腿，说是个柱子状，就说不到一起去了。所以，还得回到这个全景上来。土地这方面，我们要尽可能地控制它的成本，但是真正到了沿海发达地区，这是应由市场竞争决定的，一般是区域发达程度上去了，地价它也就抬起来，价位水

平没有一定之规。土地所形成的实际的成本，当然是很有分量的一块。中国现在也是在土地财政的概念之下，对地方政府怎么靠山吃山，靠水吃水，在土地使用权这方面有一系列问题需要探讨，这里我只能简单提一下基本看法：靠山吃山靠水吃水没错，关键是为什么这些年中国有条件来靠土地批租收入把收入水平抬高的这些地方政府，它的短期行为不能得到遏制呢？它为什么单单一定要靠土地批租收入呢？美国也有地租，但更关键的是美国有由土地开发形成的不动产保有环节上早早确立的财产税收入来源，这种直接税一年一年地形成地方政府最主要的收入来源。中国人为什么在这方面没有意识到这是现代社会、现代国家必然有的特征，我们要积极往这上边靠近呢？当然一说这个就很得罪人，大家会马上想到几乎人人厌恶的房地产税。这件事与土地的价格或负担问题实际上是相关的。中央现在说的房地产业健康发展长效机制，必须构建基础性的制度，而基础性制度包括土地制度、住房制度、投融资制度，还包括税制，都必须形成理性认识，看清改革的方向及要解决的问题。

如何考虑融资等方面的成本？

另外，曹总说到的融资，也是另外要专门讨论的问题了。中国融资的成本有高有低，它也是非常重要的影响企业发展的一个负担因素。我前面说到了对小微企业，即使继续减税，实际上落到一家一户，可能一个季度、一个月只是几十元、上百元钱的优惠，到了一千元就是很大的分量，可算算对它们的减税还能减多少？也就这个分量。但企业实际上可能需要的是：能不能得到一笔十万元、二十万元的贷款支持，这是很实际的问题。他要得到这一支持，那个贷款如果是高利贷，可能硬着头皮也得拿到手里，一旦出点什么偏差，还不起了，那么对他的打击可能是毁灭性的。温州后来的跑路事件不就是这种情况？正规金融边缘化，大量的灰色金融。近乎高利贷的金融开始唱主角，潜规则强制替代明规则，到了世界金融危机发生以后这个脆弱性表现为跑路事件，危机爆发，然后暴露了它的产业空心化。

这方面阿里巴巴公司做的事情就非常有价值了，我看到公司提供的小贷在没有什么特定政策配套支持下，就依靠现代信息技术，不要求抵押，也不用见面，这方面人工的操作为零，就是系统中根据大数据判断一下靠谱不靠谱，很快确定以后，一秒钟内几万元的贷款就到申请人账上了，我看到最高的是 20 万元，马上就拨出去了。这就是对小微企业实实在在的贡献了。

所以，曹总说到的这种融资成本的问题要解决，又是个系统工程，它跟减税有直接关系吗？为什么大家先后说了这些问题，收官时一下子又回到一句话，似乎解决综合税务成本高 35% 这个问题，中国企业就活了，对于融资来看，这是不是还没对上？前面讨论的问题和最后的结论没有对上，我觉得需要直言不讳说到这一点。

当然还有更复杂的，比如配件的问题。很多企业靠配件在这方面是要形成在“微笑曲线”后面那个高端的收入，靠着售后服务，在配件交易中不断产生增值额。这方面，无非就是竞争能不能更充分一点把配件里的增值比率往下压的问题，这也不是一个由税本身能说清楚的事情。诸如此类的，我在此就不拟再做展开。

讲完“减税减负”还不得不讲“加税”

今天我们讨论的主题“加税 VS 减税”，前一个概念减税，我已经说得比较多了，这里还要点到为止说一下加税，这又是得罪人的话：在中国，对加税不能一概排斥。我们现在所面临的税制改革，说到个人所得税，里面是有减税，有加税。减什么呢？减低中端税负。比如一些年轻白领，收入现在是过了起征点，要交税的。但如果从培育中等收入阶层来说，他们可能就是刚接近中等收入阶层或者刚进入中等收入阶层，个人所得税那个超额累进的税率，应当对应综合计算的收入，向这样的年轻白领、低中端收入阶层、刚进入中等收入阶段的人群，施加相对来说比较低的税负，把起征点提高，将开始起步的和前面这几档税率设计得比较低，这就是减税，是面对中等收入阶层以下的这些过了起征点的纳税人。但到了高端，不是减税的问题，而是加税的问题了，加税的机制特征是要把原来的工薪收入与其他的收入，比如金融产品的收入归堆，归在一起以后，按超额累进税率来调节。技术上的配套其实早就能解决，要求的是金融实名制，还有所有办理金融业务的机构联网。我们过去已经有了居民办营业窗口上的金融业务必须出示身份证的制度，但没做到位的是，不能当场核验这个身份证的真伪，于是后面就接不上茬、做不下来了。当场验真伪很简单，就是在国家授权以后，整个联网打通以后的常规功能。联网在技术上不成问题，但各方就是以种种借口拖着，各个银行、各个金融机构没有突破各自壁垒的情况下，信息是大家都不肯连通的。如能做到金融实名制到位，联网以后支撑的是把这个人年度之内所有的各个账户按个人身份证号码（终身唯一有效的号码）归拢的所有信息调出来，把所有收入归堆在一起，接受超额累进税的调节。这样真正有支付能力的高端收入人群，就得多交税。所以，加税在这方面是不可回避的和可行的，美国早就是这个局面。所以，我们还可再次强调一下，特朗普新政高举的减税旗帜减的是什么税？他是在已抬得很高的直接税——个人所得税税务方面做适当的往下调减，跟中国根本不是一个平台，完全不是一回事儿。中国最主要的是间接税，个人所得税在全部税收中只占1/20出头，而美国在“进步时代”中的1913年，就已经确定了联邦级政府最主要的税种是直接税里的个人所得税。特朗普、巴菲特，他们主要的税收负担不是咱们所说的流转税，美国没有增值税（VAT），这些人都要交个人所得税。个人所得税有“自动稳定器”的作用，经济繁荣，收入增加，其边际税率往上跳档，抬高，给经济降温；到了经济低迷的时候，收入往下降，自动稳定器的边际税率自动往下落档降低，给经济升温。现在特朗普说的是根据必要在自动稳定器上边我还要加一个人工定向操作的加码，实际上是一个助推器，按照里根那套办法来实施超额累进个人所得税往下的调减，比如现在最高边际税率35%他可以再往下调，具体的设计，一般是全套税率跟着一块调，人家减的是这个税。

个人所得税改革还会有较漫长的路

我国个人所得税如果向这方面靠近的话，还有一个漫长的过程要走。先要把工薪收入跟其他可归堆的收入归堆，合并在一起，同时可以预见的是应该把直接投资的资本利得另外做处理，就是做一个比例税的处理，表示鼓励直接投资。美国的个税有鼓励投资的优惠规定。特朗普竞选中有人指责他没把交税的问题说清楚，特朗普说这方面是我聪明，在尊重法律的情况下我还减少了我的税收负担，要为国家服务时我也会用我这个聪明劲儿，美国社会接受了，还是把他选上了。要在中国不可想象，你这么个亿万富翁搞这种名堂，人们会说你道德怎么样，说你这家伙不地道。特朗普的当选表明，在美国应该讲国民意识方面已经明确接受了现代税收文化的情况下，大家觉得他只要不违法，怎么组织税收筹划，怎么避税，是可以接受的。他现在所说到的减税，是在这些高端的人可以请专家替自己做税收筹划、继续享受这种跟直接投资相关的免税的同时，把整个税负在原来直接税为主的框架里往下调。这是他联邦政府“过日子”的主力型税种的调整。如果把他的减税拿到中国来直接套用，显然是牛头不对马嘴的。中国的税制结构，间接税为主，基本不涉及这些，中国目前议论减税，其实与美国是完全不同的另外一个图景。所以我们得另外具体讨论中国的问题。说到中国个人所得税应是有降有增，高端要增，同时也要给出一个学习美国的鼓励直接投资而在资本利得方面单设一个比例税率，综合与分类相结合。在分类处理的那个鼓励投资的比例税率之外，还得加上另外一些顺应民众要求的特定调整、专项扣除。比如可以考虑在起征点这个反复炒的事情上，以后可明确没有大的税制调整的时候，每隔三年可根据物价指数做一次起征点调整，即调高起征点与物价挂钩常规化，我觉得这完全可以。另外是家庭赡养系数，在信息可以支撑的情况下，要做特定的专项扣除处理。同样都是一个月一万块钱的收入，如果一个人是一人吃饱全家不饿的情况，征税当然就严格按照已有的这套规定超额累进了，如另一个人同样也是一万块钱的收入，但上有老下有小，都靠这一万块钱一起过日子，那就应做专项抵扣，把这个因素考虑在内而抵扣税负。很可能他基本不用交税，这样才能体现个人所得税这方面的公平。

还有住房按揭贷款，至少对刚需房，或者以后更宽容一点，对第二套房（改善房）的按揭，月供里的利息部分，按照国际惯例是应该加以抵扣的，这符合整个社会更好满足民众随收入提高以后享受生活的需要，对于整个社会发展来说也注入了一些动力和活力。这个机制在中国当然也要考虑。

房地产税需从无到有

至于房地产税，那更是从无到有，是加税。原来我国住房保有环节没有税，现在要考虑让它从无变有，如上海和重庆的试点。重庆已经涉及存量，具体设计中有很多的细节要细致考虑。都是柔性切入，上海是对存量根本不触动，只对增量，即使你原来有一百套房，有"花园洋房"，你只要不出手买房子政府不理你，但你出手买房，这时候会将你所有住房的信息放在一起，给你一算怎么交税。重庆就更进了一步，涉及辖区内几千套"花园洋房"的存量（不包括联排双拼），即只针对有自己一个独立院落的别墅，但是规定了 180 平方米的扣除，如果是小户型仅 180 平方米，照样可以不交税，只交 180 平方米以上的税。这些都是要具体讨论的细节设计。中国对住房加税怎么加？以后如果加快立法，在立法过程中的讨论，可以借鉴重庆这样一个本土经验，而不照搬美国的线路。美国是最简单的、管理成本最低的办法，见一平方米我征一平方米，如你现金流有限交不了税，你可以变卖房产，完税以后你可以租房住，如租房有困难，真的是低收入，政府给你特定的保障房方面的扶助，反正是有房屋就得完这个税。中国不行，我认为中国必须给出第一单位的扣除，否则社会接受不了。怎么扣除？按照人均多少平方米，还是按照第一套房，还是更宽松一点按照第二套房，这都得在立法过程中作理性讨论。

结语：有减法有加法，需要在攻坚克难中解决“真问题”

讲了这么多，做个小结。我觉得中国经济面临新的一轮阶段转换，面临引领新常态、打造升级版考验的时候，在加税还是减税这两个概念上，都不能做简单化的理解。大家最关心的减税，需要继续推行，但是正税减降这个概念之下所对应的问题，绝对不是我们应该把握的问题的全部，甚至不是最主要的部分。我们必须把曹德旺所说到的所有这些问题，引发的积极讨论，牵引到更全面看待的正税、非税收入、税外隐形负担、社会环境里的综合成本等所有负担的全景图上，明确哪些可以降低，能够做的应积极去做。对这些降低负担要做之事所匹配的改革，敢不敢攻坚克难，能不能真正通过改革攻坚克难的制度供给，形成一个高标准、法治化、低负担、公平竞争的营商环境，这是中国的真问题。

在中国理性的讨论中不可能完全否定“加税”这个概念，除了我前面提到的个人所得税有降有增，房地产税要从无到有之外，其实大家想一想费改税之后的环境税，它是不是以后要有必要的加税因素？在排污这方面如要进一步加强调节力度，就不排除以后经过法律程序的适当加税；我们的资源税从量变从价，从经济规律来说它以后会不会有加税因素？很显然，从价就跟着市场走，市场应该引导出来的基础资源、能源比价关系的大趋势，应该是它越来越金贵，水涨船高，越来越稀缺的资源、能源产品水涨船高地跟着价格，使其中法定的税收因子提升它的调节分量，这当然也是实际生活中可能产生加税效应的特定制度里面的内在逻辑。所有这些事情，我们无法回避，就不能太情绪化地只说减税，不应理解为把综合税负超出美国 35% 的部分压下来，中国就对接到了一个企业发展的康庄大道，企业负担问题就可以迎刃而解，绝对没有这么简单。

我这些看法算是自己的一家之言，先说到这儿，欢迎大家批评指正。

（2017 年年初在阿里巴巴公司的座谈发言）

在“政府采购自主创新产品”国际研讨会上的交流发言

贾康：欢迎大家来到财政部科研所参加今天上午的交流，我知道大家的时间安排得比较紧凑，十点一刻来自美国的朋友要离开参加下一个项目。所以，我想大家可以抓紧时间，就美方访问团最关注的问题交流一些看法。

詹森·马格勒斯：大家好！我的名字叫詹森·马格勒斯，来自于美国国务院，是负责科学空间及卫生事务的副助理国务卿，我们这次来中国访问是中国政府和美国政府的创新框架下所安排的一次访问，对于跟中国的创新政策特别是自主创新政策有关的一系列相关问题，我们都怀着很大的兴趣进行了密切的跟踪。我们很愿意跟中国讨论与创新有关的议题，在美国国内我们致力于把创新作为美国经济增长战略的一个重要组成部分，我们发现不仅要在国内做好创新工作，在国际上有关于创新以及创新政策方面的讨论也是非常必要的，我们想要确保在美国采取的创新指导方针跟国际的创新指导方针是一致的，我们认为这是推进国内创新的最佳方式，这也是我们希望中国能够在创新方面所要采取的指导原则。与此同时，我们想与你们共同探讨与创新有关的长期的问题，我们愿意给你们介绍美国的经验和教训，有些经验我们认为是适合美国环境的也是适合中国环境的。与此同时，我们也想谈及这些方面的一些眼下的直接的问题。我们这次带来的范围很广的代表团就反映了上述的目标，我们代表团中有一部分成员是来自于非政府部门的专家，我们美国政府经常就如何搞好创新的最佳方式和议题征求相关非政府专家的建议，他们现在就在会议室的座位上，热切地希望跟你们展开交流。我们代表团的另外一部分是来自于美国政府内部的专家，他们代表的政府部门包括美国商务部、美国贸易代表办公室、美国财政部，等等，他们对一些具体政策也有一些自己的想法。一会儿作为开始，我想提出两个问题，然后再请我们来自于美国财政部的代表进行简短的发言，之后我们就进入今天的交流阶段。第一个问题是，最近我们注意到中国政府取消了与政府采购和创新相关的三个管理办法，对于取消这样三个措施或者是管理办法能够达到什么样的目标，你们中方能不能介绍一下。第二个问题是，对于把创新和采购方面相挂钩的一些管理办法，你们是否还在进行研究或者是有规划，包括《中国政府采购法实施条例》调整第九条的相关情况。除了刚才我们第一个问题提到的废除的三个管理办法之外，还有其他的管理办法你们考虑进行调整吗？

詹森·马格勒斯：现在我介绍一下，这位是我们来自于美国财政部的代表蒂姆·缪斯，他想进行一些简短的发言或者就某些议题进行一下澄清。

蒂姆·缪斯：谢谢，我想谈及的是第二点，即中国准备对其他的将政府采购与创新挂钩的政策有什么样的安排和考虑，包括刚才詹森提到的你们正在对于《中国政府采购法实施条例》第九条的修订情况。还有就是，中国政府特别是财政部考虑采取怎样的措施来取消在中国省一级和地方政府层面上的自主创新政府采购目录，在废除方面有什么安排和考虑吗？

贾康：好的，我先做一下简要的回应，然后我们可以继续讨论。刚才提到的两个问题我是这样理解的，我们作为财政部的研究所，只能从研究人员的角度谈谈自己研究角度上的推测，因为确实没有官方业务部门的官员直接和我们做过这方面的信息交流。大前提是非常清楚的，中国在改革开放的道路上非常重视自主创新，也非常重视学习这方面的国际经验，包括美国的和其他一些发达经济体的经验。在原则上体现为邓小平先生所说的“科学技术是第一生产力”，和最近几年正在加快贯彻实施的《国家中长期科技发展规划纲要》的创新型国家道路，这是一个和前面来访的美国朋友所说的原则完全一致的取向。在这个重视创新的方针之下，中国必须要做相关的国际协调，因为中国现在已经义无反顾地在实施全面开放。我们的理解，最近已经明确取消三个文件这样的决策，应该是在中国与其他经济体做国际协调的中间，由决策层确定下来的，代表了具体要领掌握方面的一个相对清晰的事件。作为研究者，我愿意把话说得比较直率一点，在原来制定这个文件时，基本取向应该是在鼓励创新的视角之下首先特别注重于鼓励所谓自主的，或者是首先考虑我们关系最密切的本土的创新活动。但是，在国际方面的其他经济体，可能更倾向于没有任何差异地来处理这种激励机制。所以，为取得在国际协调里面能够共同谋求一个共赢结果的平衡，我们的理解是，其实中国方面做出了一定的妥协。从一定的角度说，妥协是必要的，因为大家的共同利益还是要在 WTO 的框架之下在政府采购协议（GPA）方面取得实质性的进步。鼓励创新方针既定，但并不是只靠政府采购一个方式，所以，我觉得在大家都认可的激励和支持创新的取向之下，经过一定的妥协，还是要寻求一个共赢。这就是我对于第一个问题的基本理解。那么接着说第二个问题，既然是这样三个文件已经取消，我理解，它的基本精神不光是中央层面的，也必然涉及中央指导地方的层面。所以，最大的可能性是，在工作部署上会要求地方也按照和中央一致的精神来处理相关的文件。当然，我认为还有一些问题值得研讨，但我只能简单地说一下。我们的理解就是，毕竟中国加入 WTO 以后，在政府采购协议形成和贯彻的领域里，中国已经具有了规则制定者之一的身份，就是它要参与规则的制定过程。在这方面，中国除了要做一些必要的妥协之外，我们认为还应该更积极地提出一些建设性的主张。据我了解，在前面几轮 WTO 相关规则的国际磋商中，都有针对发展中国家特别条款的内容。似乎到后来，相关的表述在磋商之后有所淡化，但毕竟还有针对发展中国家的特定的部分。这种可以被称作特别条款的部分，我觉得在以后的工作中间应该有它的一席之地，而中国总体来说和发展中国家的概念有对应性。不知道这样一个基本的想法，在座的各位、来访的朋友认可不认可。如果能够在这个基点上取得一致，那么剩下的问题就是具体讨论应该做一些怎样的特殊处理的问题了。我建议各位美国朋友如果可能的话，在中国不光要看北京这样的大都市，还要争取有时间看看中国的边远农村欠发达地区。有一句流传很广的话说，“中国的城市看起来像欧洲，但中国的农村去看了以后感觉像非洲”。

蒂姆·缪斯：是不是我先做一下回应，然后再请你们二位针对财科所做的具体工作提出一些后续的问题，这样可以吗？第一点，您刚才说到中国的地方和省一级的政府也会落实中央政府所做出的承诺，那您确切地知道中国的省一级和地方政府会如何落实中央政府的承诺，即消除自主创新政府采购的目录吗？

贾康：我推测，他们的基本原则和中央级是一致的，既然中央级已经明确了在政府的文件中不再体现支持自主创新和政府采购的挂钩，那么地方也应当按这样的精神来处理他们的文件，怎么样调整和修正，精神应该是一致的。

奥黛丽·温特：我叫奥黛丽·温特，我来自于美国贸易代表办公室，关于您刚才谈到的问题，我想再问一个后续问题。在这次出访之前，在我们离开华盛顿之前，我们看到广东省政府采纳一个办法，要将自主创新与政府采购挂钩。看起来某些中国的省一级和地方政府，即使在中央政府做出承诺之后，还是在向将自主创新与政府采购挂钩的方向发展。这些方面的发展好像跟您刚才说的意思不太一致。

贾康：我回应一下这个问题，据我所知，中央这些文件是7月1号废止不再执行，这是刚刚发生的事情，在中国，这样的基本精神从中央级向省和省以下（中国所称的地方各级）的区域发生影响会有一个时间差，会有一个过程。但中国这个国家的基本特色是单一制，不像美国，上面是联邦，中间是州，州有州的宪法，州有州的立法权。中国实际上在地方概念上的立法权是很有限的，既然在中央级的文件（在中国现在的红头文件就是立法体系里面一个有法律效力的文件）已经有了原则的改变，那么，最大的可能性就是地方必须适应这样一个基本形势改变。所以，我不认为您所提到的广东这样的情况代表着地方就是可以另外再有一套自己的规则。

美方代表：我想就您在刚才开场白发表的评论也给予一下回应。也许您刚才说的可以这么概括一下，即一个是农村中国，像非洲；一个是城市中国，像欧洲。这种对比鲜明的问题在美国也许不那么鲜明，不会从美国的大城市出来就会像感觉到了非洲一样。但事实上，美国各州之间，甚至在同一个州内部，发展程度也是有很大差异的。我们在这里有一些代表团成员在州级以及州以下层面上跟国家体制的对接方面也是有一些研究经验的。如果有可能，我也希望他们能够和你们分享在相关领域的研究成果。

罗杰：我是信息技术创新论坛的负责人。首先感谢您在刚才发言中表现出的坦率的精神，我想问的问题是，在 GPA 的协议中，在政府采购方面，对进口和国内生产是不进行区分的，国内生产也包括在一个国家的外商投资企业。您刚才提到 GPA 应当给发展中国家有特别的条款，我想知道是哪些条款，或者是应该有哪些特别条款。中国现在已经是一个拥有贸易顺差的国家，外汇储备高达 2 万亿美元，为什么还要求 GPA 给中国安排跟现有规则不一样的特别条款呢？

贾康：前面两位先生说到的差异在中国美国都存在，我们完全同意，但是，在经济学上分析它们的性质是不一样的。按照发展经济学里面有一个基本概念就是，一个经济体可以区分为是二元经济体还是非二元经济体。显然美国作为高度发达的经济体已经没有发展经济学所描述的二元经济的特征了，而中国恰恰是世界上最大的二元经济体。从人类社会的共同利益来看，我觉得各位可以接受，这种欠发达的二元经济体必须努力相对顺利地完成弥合二元经济的过程，也就是要实现现代化。这个现代化过程不仅对这些国家本国有利，也对全人类都有利，这就回到了一个争求共赢的基础上。在这个阶段上，有些现象是不能只看表面的，比如说，中国现在有大量的顺差。这种巨量的顺差是在中国入世以后比较显著地体现出来的，它后面有一个基本的结构问题，就是中国现在可以和外部实际做交换的主要是低端产品。这些低端产品输入到发达国家市场（像美国就是一个典型）能够换回来的物品，对中国人来说，总体的一个判断当然是非常有比较利益上面的价值，但是，还是有我们不如意的鲜明特征，像中国买不到自己想买的很多高端产品。比较直率地说，我们最想买到的，是带有创新含量的，带有高科技更大比重的这些进口品，我们不能如愿得到，这和中国现在的高额的顺差是有一定关系的。但外汇储备和汇率问题是更复杂的、有很多很多变量和很多很多相关因素的问题，我不认为今天有更充分的时间再展开讨论了。我只是说，这里我们可能要如实地承认有这么一个因素在内，本来中国人是希望在这样一个约束条件下，通过各种手段（包括政府采购），更好地鼓励本土的自主的创新。但现在从国际协调看来，这方面需要做出妥协，那么有必要的妥协就应该顺应这样的协调，但是并不意味着说，鼓励和刺激创新的基本方针有什么改变。

彼得·卡普瑞：您刚才的回答很有意思，但我没懂，为什么没懂，我解释一下。我叫彼得·卡普瑞，是加州大学（University of California，简称 UC）圣地亚哥分校国际关系与研究学院的院长。您刚才在回答问题的时候，一开始就强调中国是一个二元制的经济体，我们承认这是个问题，我们是理解的，也对此表示同情，但我们并没有看到自主创新政策是解决中国二元制经济问题的办法。从其他许多经济体的经验来看，要想解决二元制经济问题应当从以下领域的一系列措施入手，例如，第一，加大基础设施方面的投入；第二，进行收入转移，包括按地区的或者不同收入群体之间的收入转移；第三，对教育的投入；另外，还可以采取不同的激励措施，鼓励企业从沿海地区向内陆地区转移。我想这样的措施会有助于解决中国二元制经济问题，但我看不到自主创新政策能够有助于解决二元制经济的问题。

贾康：这个问题，我可以马上做一个比较简洁的回应，您所说的这些手段中国都在采取，也都认可，但中国一定要紧紧抓住“科技是第一生产力”这个概念之下的自主创新。因为中国不能简单地重复发达经济体走过的工业化和城市化道路，比如说，我们迫切需要解决的就是资源环境制约之下怎么样节能降耗，没有自主创新，没有相关的创新，那么中国是不可能真正顺利实现发展方式转变的。这方面我们当然希望得到非自主的创新的支持，但是我又说到了，仅仅依靠外部，恐怕中国人看来还不能够达到合意的水平，也有很多其他的因素，可能大家都可以理解，外部并不愿意很直截了当、很慷慨地让我们能够实现这种后来者居上的追赶。我举一个例子，比如美国的能源结构基本上是大量使用石油，中国在这方面的空间（已经看得出来）极窄，中国现在 50% 的原油要从国际上进口，但仍然要更多地依靠煤来支撑自己总的能源供应。高端的煤液化技术（即用煤变成燃油的技术），中国人不得不做探索，现在不敢说已经有了比价成熟的技术路线，但是在中国所受到的这种压力可能是在美国很难想象的。如果中国不能顺利地解决基本能源结构可持续发展的问题，中国所谓弥合二元经济的过程走到一定程度就可能被瓶颈严重地制约，而丧失掉继续上升的这种原来一元中的目标。所以一句话，在中国的工业化和城镇化的过程中，创新的意义和作用确实是非常突出的。

丹尼斯·赛门：我叫丹尼斯·赛门，是俄勒冈大学（University of Oregon）的教授，我也是主管国际事务的一位工作人员。昨天我们听到了中方有两种声音，一部分群体强烈地主张要大力地推动自主创新政策；另一部分群体认为，国际技术市场已经为中国提供了一个比较有利的环境，中国只搞自主创新也许风险很大，可取的办法是采取平衡的措施，不应当是非此即彼，应当是国内国际两者并重。在中国国内的创新方面，中国财政部是提供资金的单位，到目前为止，你们对已经投入中国自主创新项目的那些资金取得的结果感到满意吗？如果这些钱放到国际技术市场是否效果会更好呢？对于这两种观点您怎么看？

约翰·高：我叫约翰·高，是大规模创新研究所的所长，我想就刚才我同事提出的问题再补充一下。在美国，推动创新的一个重要力量是风险资本，即有关人士提供风险资本用于一些新出现的机遇的发展，这种创新的融资方式将来是否具有可持续性，我们美国也正在进行评估和分析。中国的自主创新政策，由政府来提供激励机制，采购是这种激励机制之一，那么你们是否也考虑实行其他的激励机制，即在这种解决资本方面，在投资模式方面，你们还考虑什么其他的工具。历史上我们并不能找到证据证明，在促进新生的创业企业发展时，政府是最明智的个人或单位。有些西方的风险投资企业已经到中国发展，对于这方面发展的成功情况你们是怎么看的？从你们中国财政部的角度对其他创新企业的融资方式你们还有其他考虑吗？

贾康：前面这位先生所说的“内外并重”，中国就是这样把握的，不可能只靠自主的，也不可能只靠国际市场。我个人作为研究者认为，财政部怎么花钱是在并重的原则之下，应该凡是能够花钱买到的技术，首先尽可能先花钱买到，因为这是一个后发优势。在这方面，我们的电子信息技术有很好的实践的表现，就是所谓人家搞到了 586，我们没有必要从 286 一步一步地往上走；人家现在的苹果手机在市场上很受欢迎，又可以卖给我们，我们为什么不买。这个事情没有大的矛盾，关键就是有一些我们想花钱买但买不到的技术，必须靠动员自己内部的潜力来创新。比如说煤炭液化，我们知道在国际市场上只能看到前面一些不成熟的技术，德国和南非都有这方面的试验，但是没有进入常规的商业化的生产过程。据说美国没有这方面的资源制约和利益刺激，根本就没有人注意到煤炭液化这个问题。最主要的是，在中国能支撑可持续发展的煤炭液化技术显然要依靠自己通过自主创新解决，这就是一个想花钱却花不了的例子。但是我们也注意到，并不是政府想花钱，政府来支持，这个问题就能解决好。政府的支持政策不可缺少，但另外一方面，要千方百计学习硅谷的经验，靠民间的资本，特别是能够支持创新的风险投资，天使基金等这样的一些创投概念之下的机制。中国现在在努力地推进若干试验区，实际上是在学习硅谷，比如北京有一个中关村。虽然官方没有这么说，但我作为研究者认为，中关村最好能够学习借鉴硅谷的经验来打造成为中国的硅谷。所以，在这个概念上，我完全认同后面这位先生所说的，政策手段是多样化的，我们并不一定把那么多的希望寄托在政府采购上面，虽然做了国际协调之后，它和创新脱钩了，但是支持创新的其他手段还是应该积极地去探索，发掘潜力把它们使用起来。不论政府做多少努力，其实有一个哲理中国人是要认识清楚的，就是政府绝对不能包揽，政府最好的支持首先是开明。时间有限，是不是还可以有最后一个问题。

美方代表：你刚才提到了中国在环境方面遇到的挑战，这个我们当然理解。我不理解的是，我们美国就有先进的煤炭技术，也许不是您所说的煤炭液化技术，但我们拥有像煤炭洗刷器等其他方面的清洁煤先进技术，你们为什么不从美国多买这些清洁煤的技术？我以这个为例子，再提另外一个同样性质的广泛的问题，为什么不从美国多买其他的各种各样的先进的技术？例如，你们完全可以从外汇储备中拿出1000亿美元的资金，在全世界买最先进的技术，这不更符合中国的经济利益吗？这不是比花同样的钱购买美国国债对中国更好吗？拿这些钱买更先进的计算机软件、买重型设备、买中国经济所需要的其他先进技术，这不是更好的花钱方式吗？

贾康：对这个问题的回应太简单了，我们确实愿意花这些钱。技术上的事情我说不清楚，但我们得到的消息是，中国想买的清单交给美方以后就要大打折扣。现在中国的态度是，凡是能买到的一定要买。

奥黛丽·温特：您有什么问题要问我们吗？

贾康：我不能再占大家的时间了，我知道你们还要衔接下一个项目。我借这个机会表示一下感谢，大家从美国来到中国做这次交流我认为是有益的。由于时间关系，可能有一些事情不能展开，希望以后能找机会做更多的交流。非常感谢！

（根据2011年7月27日在“政府采购自主创新产品”国际研讨会的发言录音整理）

全面改革中的财税配套改革

一、从全局视野认识财税改革配套问题

三中全会非常明确地指出要实现“国家治理体系和治理能力的现代化”，简称“现代国家治理”。管理是政权体系自上而下的一种掌控，而治理特别强调平面展开的、多元主体充分互动，以实现包容性增长。国家治理所强调的这种制度安排的机制连接，明显有别于我们过去的管理，是一个升级版的、带有突破意义的新的思路。这个现代化的追求是在以鸦片战争为标志、拉开近代化帷幕以后，已经持续一百多年的反复的追求。

三中全会文件里面多次提到要建立现代市场体系。以前文件只能把市场的作用表述为发挥基础性作用，现在说到决定性作用。这种决定性作用的表述是一个重大的突破。政府更好发挥作用，应该理解为市场总体发挥作用，政府的作用是辅助性的；虽然在某些事情上，政府的主导作用又是不可否定的。

三中全会里面有一个非常重要的表述，财政是国家治理的基础和重要支柱。国家财政制度，最简单地说是“以政控财，以财行政”的分配体系。这种公共资源的配置，在整个社会资源配置里面，能动性是非常明显的，因为它是一个很强大的，从中央到地方的政权体系里面运用公权形成的公共资源配置。

四中全会从 60 条经济改革为重点介入布局全面改革，进一步推进司法、行政体制改革。政治文明这是过去中央文件里用过的，按照四中

全会的说法就是全面依法治国。这套体系在十八大以后，三中全会、四中全会很清晰地确立起来了。一个现代政治文明理所当然要建立的全面依法治国的以宪行政、以宪执政的这一套制度安排，来保证整个社会有公平正义的环境。“四个全面”到了五中全会对接的是发展理念，这种发展观强调决胜阶段要创新发展、协调发展、绿色发展、开放发展、贡献发展。

二、财税改革面对的问题

这次五中全会所说到的矛盾累积、隐患叠加，其实在三中全会之前已经说到了。我们现在到了改革的深水区、矛盾凸显期，关键时期必须要特别清晰地意识到，改革和社会问题犹如两只老虎的赛跑。两只老虎赛跑的比喻说的是一个非常严肃的问题，大意是说：中国现在这两只老虎一只叫改革，一只叫社会问题；哪只老虎跑得快一些，都将决定整个中国的命运。我认为这就是一个非常有价值的、居安思危的比喻。不要光看我们前面改革三十几年总体来说发展不错，甚至被人称为是“中国奇迹”；但是另外一个方面矛盾凸显非常明显，这方面的矛盾凸显逼出了我们很多事情必须大手笔才能解决。从现在“十三五”到2020年后的对接，真的是中国历史上最关键的时候。处理得好我们才能应对矛盾凸显、化解隐患，避免一系列中等收入陷阱、转型陷阱、“塔西佗陷阱”等威胁。中央的态度是改革是关键一招，不惜壮士断腕，成立深化改革小组，总书记亲自任组长。在三中全会之后，我们已经看到财税改革作为政治局首先审批通过的改革“重头戏”，为改革拉开帷幕。

三、预算管理改革

第一项是要进一步提高我们预算收支计划的透明度，确立全口径预算，实现预算的完整性。十八大的时候就提出了全口径预算，三中全会进一步强调透明度和全口径和完整性。这个切入点的具体要求体现在中央政府层级，每个年度的财政收支，称为部门预算的这套数据，要对全社会公布。已经做了几年，现在要求是2015年要更细致了，要形成一个公共监督机制。后面跟着要求地方也要仿效，也要跟着推进。有了透明度就实现了公众对于公共资源配置方面的知情权，跟着就生发出来质询权，后面还有建议权、监督权。如果把这一套制度安排健全起来，不就实现了老百姓当家做主的决策权吗？通过预算透明这一个切入点，马上就成了全局意义。

透明度的切入引出的还有技术上的一个全景图，就是完整的预算。有了全景图以后，咱们就好讨论结构图了，后面跟着的是一个预算体系。预算管理改革里所说的预算体系是分四块：第一是一般公务收支预算，每个年度财政部和各地财政要向各级人民代表大会做报告的。第二是资本预算，财政部会同国资委，对于国资委下管100多家超大型、大型的国企来编制国有资本运算。这个运算里面直接体现的是国有企业对全局的贡献。三中全会要求，国有资本收益集中的程度到了2020年，也就是中央所说的改革要取得决定成果的那一年，要上升到总体占比30%。第三是社会保障预算，这个在现阶段被称之为是社会保险预算，五中全会最新的精神，“十三五”期间基本养老的全社会统筹要真正提高到统一市场。从省级统筹提高到全社会、全国统筹。这个蓄水池就从原来的几十个蓄水池，现在真正合在一起，是一个面对统一市场的，覆盖全国的蓄水池。第四是基金预算。地方政府土地批复收入一年几十万亿，相当于整个地方政府财政收入的百分之三四十，有些地区更高。这些财力过去不规范，透明度很低，以预算外资金的形式，甚至是制度外资金的形式存在。1996年取消了制度外的资金；2012年财政部明确要求废止预算外资金概念，十八大明确地说全口径预算，所以预算外这个概念也退出历史舞台。

在所有财力进入预算以后，运用方面预算管理改革又有了新的突破。过去所说的一些重点领域，比如说农业、科技、教育、计划生育、精神文明，等等，这些重点领域的支出和某些指标挂钩以后一般都废止了。大家都认同要减少行政成本，但是要有效地进一步降低行政成本，绝对不是简单地再强调控制三公经费能解决的了，要动实行大手术的大部制、扁平化。在预算的改革里面，越来越讲求资金使用在规范性后面跟着的绩效。这个体系要有更好的绩效，就要开始编制中期财政规划和跨年度滚动预算。中央审批的预算改革的这些事情，牵一发而动全身，实现我们现在说的透明度、完整性，还要讲究技术上面的高水平、追求绩效，让老百姓都知情，实际上就加入了民主化、法治化的内容。

转移支付的问题。转移支付改革，现在问题导向之下，转移支付怎么样完善呢？首先要增加一般转移支付的比重。一般转移支付已经在1994年以后形成了一个公式化的计算方式。另外一个叫专项转移支付。专项转移支付总体来说降低比重，其中可以由市场机制配置的项目就要从政府专项名单里面取消，让市场去配置；剩下的部分要整合，而且不允许再做，要求地方做资金配套的安排。

地方债的问题。三中全会以后改革方案规定的要领最后就贯彻到了预算法的修订，预防法修订以后对地方政府举债做了法律形式的明确规定。此外不再允许新增任何政府债务了，过去理性的地方债到此为止不允许再发生。存量的地方债鼓励置换，置换成功了就不计入地方债务规模。现在已经推出了两轮，还有第三轮的政府牵头跟市场对接的地方隐性债的置换。置换出来以后，金融系统财务表现上收益率降低，但是资产评级安全性上升，资产负债表更好办了。

另外预算管理改革还提到了加强执行管理和规范税收优惠。从大局和长远来看，规范税收优惠是一定的原则，以后中国的区域发展，总体来说不再以税收优惠的方式来支持。某些先行先试的税收优惠，一定要论证其可复制性、可推广性，有关部门才会批准。上海的自贸区就是这样的，已经覆盖到了福建、广东、天津这一片。

四、税制改革方案六大任务

营改增。这个是在上海先行先试，然后把上海一加六方案推到全国。开始是生产性服务业、交通运输业，又扩大到电信。剩下的按照时间表要求，2015年内要把房地产业、金融业、生活服务业，统统由营改增覆盖。现在剩下不到两个月的时间，大家可以拭目以待。可能各位也关心金融这个领域里面怎么样做营改增。大致就是要有一些区别对待的处理，这个区别对待要分金融银行领域的不同业务，再结合中国的国情。有关的部门做了设计以后，总体上还应该体现所谓结构性的减税。现在其他的行业里面，凡是按照小规模纳税人处理的，一般是享受到了结构性减税的好处。但发展到一定规模变成一般纳税人的时候，整个前端、后端的客户联系就升级了，有利于企业趁势做大做强。营改增内在的机遇就是鼓励专业化细分，又鼓励了升级换代。

消费税。我们国家对于汽车、轮胎、燃油、烟花爆竹、珠宝首饰等十多个品目，包括一次性木筷有消费税，烟酒都是覆盖的大宗收入来源。汽车、燃油现在也是非常可观的收入来源了。有一些是技术性的调整，比如说私人游艇、私人飞机这种商品一般认为可以加大消费税；而原来认为应该调节，后来又变为大众化的一些东西要退出调节范围，例如洗头膏、洗发水。除了这种进一步的调整以外，消费税改革的主要意图是想把原来在生产环境征收的消费税很大的部分推到消费环节交给地方征收。消费税在后面可能有一些变化，我们持续关注。

资源税。资源税一般是属地原则，按属地原则形成当地政府的收入。只有石油不好确定，所有的海洋石油规定统统归中央。资源税从量变从价的机制，会在很多资源富集的中西部地区形成一个长久的支柱财源。像新疆最早试验的石油天然气从量变从价，里面包括了改革，先行先试，后来西部地区跟进。2014年12月1日煤炭也比照这个从量变从价，推开了改革。这个依法税收因子，形成了一个资源产品比价关系的内在组成部分，这个比价关系会影响整个产业链对资源、能源使用的态度，会更注重怎么样千方百计节能降耗来形成自己的市场优势，这不就是一个绿色低碳发展的内在的导向吗？这个事情按照现在的要求是继续扩大覆盖面，各种金属矿、非金属矿都要按这个从价机制考虑，特别是以后要考虑把水资源也纳入资源税的覆盖范围。

环境税。中央定调叫费改税，这个费改税不排除建立框架以后，征收更有效、更到位的格局确定以后，根据情况再适当调高税赋，因为外部成本内部化了。排污越多，税赋越重，逼着你从自己的利益考虑，降低这种排放，减少污染。环境税是不是还要形成一个体系，我们还可以再重新讨论。比如说碳税，碳税就不用测算一个企业到底是怎么排放的，而要通过一个月的信息，八九不离十掌握一年要消耗多少化石能源，然后就可以计算出来一年的碳排放量，然后按照每吨交国家钱来征收这个税。欧洲有这方面经验了，中国人在这方面到底仿效不仿效欧洲，有激烈的争议。

房地产税。中央最早的时候，把房地产税按照工业税来设计，搞了若干个城市模拟评估税基的试点。1986 年人大已对国务院授权房产税这个框架下面，加入国务院可以确定的上海、重庆两地试点内容，原来无税的情况在两地变成了有税，加以调节，取得了非常值得肯定的一些本土经验。按照税收法定的原则，现在不是再考虑怎么样扩大两地试点范围的问题了，而是要完成这个房地产税的税法。最近的消息大家听到了，按照中央说的要加强房地产税立法，并适时推进改革；人大已经把房地产税立法纳入立法规划。

个人所得税。个人所得税争议这么多年，应该讲不是在很多的变量里只抓一个起征点能够优化的改革任务。个人所得税，一定要跟着后面的通盘机制，很多的变量放在一起来做优化的设计。中央文件说了多年的以综合为趋向，把工薪以外其他收入归堆；归堆以后，尽可能把现在的超额累进，这种调节机制覆盖到综合收入上面，这样才能够真正地抽肥补瘦。那个时候就有条件，起征点再抬得高一点，把中低收入阶层以及培育中产阶级所应该给出的空间充分用足，把这部分的税率往下降，而那一些原来调节不到的那些富豪的钱可以靠高了走。另外，还要配上专项扣除，例如赡养系数方面的情况。我们如果要是这么做，整个信息系统、防止弄虚作假等这些管理的事情跟得上。再比如家庭购买商品房，这个按揭的支出，国际经验里面利息是作为一种家庭支出里面可以用来抵扣个人所得税的部分。

五、怎么理顺中央和地方的事权

最关紧要的是税基，其他的收费权等都要一起协调配套。这个方面推进改革一定要扁平化，如果是按照原来的中央、省、市、县、乡镇五级，解决不了怎么合理配税基的问题。要真正解决这些问题，技术上讲，叫五级变三级，然后合理地把省和市县的税基，按照市场经济内在的要求配置好。五级变三级，一个是农村的税费改革之后，自然而然一般的乡镇区域已经没有现金流了，所以也不要再把他们看作一级实体财政的层级了。比照浙江的经验，省下面把市和县放在一个平台上对这种体制，市和县可以先行政不同级，但财政同级，这样一来市和县就是一套税基了，也不用区别财政的实体上下层级了。以后的前景应该是中央、省、市县三个层级，中央的文件已经几次说到推行省直管县的财政体制，另外有条件的地方还要试行省直管县的体制。

各方面的改革任务现在观察下来，涉及事权的还有两个比较棘手的问题值得提到：财权和事权相适应的，财力与事权相匹配。一级政权跟上一级事权，再有一级财权一级税基，一级预算再跟上一级举债权，以及一级产权，这个已经说全了。这样的一套制度安排，光从事权上来说就有两大纠结。一个是投资权。李克强总理说了地方政府以后这个事情就是公共职能，不要考虑一般竞争性与投资。什么时候在这个投资权上真正按市场经济的要求明确规定地方政府退出一般竞争性投资领域，这还要有一定的条件。另一个是司法管辖权。四中全会已经通过建立中央巡回法庭和启动跨行政区化法院检察院的试点，就是要把很多的司法案件的审判，变成垂直系统处理的实权。这就减少过去经济案件大量增加而交给地方审理，地方本位主义，地方保护主义，关系户一拥而上带来对于公平正义的潜在威胁。

（2015 年 11 月 6 日在“以现代国家治理为取向推进全面改革中的财税配套改革”会议上的讲话，根据速记整理）

“公共资源竞争性交易平台”及公共服务供给机制创新

听了各位关于交易平台、交易中心的讨论，我的看法是这样的：能不能首先在定义上明确这样两个概念的具体内涵。我的建议是把交易平台定义为一个服务平台，把那个与它对应的体现政府职能的交易中心定义为一个管理机构。这样有利于澄清整个体系里的市场方和政府方对接的机制。我的理解是，如果这个交易平台指的就是服务平台，那么它需具备的显然是硬件，另外很重要的是它还要有软件。至于这些硬件、软件的供给到底是政府直接来形成还是政府通过购买形成，即从市场主体那里已有的现成状态上买过来用，都可以。这在政府自己一个具体购买意向形成了以后，在辖区之内可能会有这么一个考量：已经存在的这些市场定位的交易平台，在技术上能否满足现在想到的公共资源交易的硬件和软件的技术要求？这种考察是可以做的。比如说了解到有若干家市场交易平台，然后通过一个招标、投标方式最后公正地确定哪一家能最令人满意地承担公共资源交易平台的服务供给责任，那就解决问题了，就没有必要政府自己再去组建，去另外投入必要资源来达成又有硬件又有软件的状态。如果举目看去，找来找去，没有合适的，那政府就得自己建。这个选择的结果，与大家所讨论的公共服务供给机制的创新，确实有内在关系，如想解决公共服务创新过程中公共资源竞争性配置的问题，作为载体的这个服务平台，可以对接创新去设计一个它的特定机制。至于随后说到的管理机构，叫交易中心也好，叫管理处也好，叫管理局也好，不论怎么命名，它的功能与前面那个平台是不一样的。在政府职能延伸方面，中国现在一般比较容易做的事情，是设定它是一个什么样的编制，叫事业单位也行，但是得说清楚这是一个政府职能延伸出来的事业单位，事业单位里它属于第一类，“参公管理”，它的职能就是政府职能延伸到这个方面，要监管这个服务平台的公正性、合规性，要给予必要的一些指导与帮助。我是这样理解这两个概念的。

在任何一个地方，公共资源交易都是明显有别于非公共资源交易的。我注意到问卷里大家几乎都同意，并非所有类型的工程建设招投标都属于公共资源交易，那就一定要有一个界限，划出什么是公共资源交易，什么是非公共资源交易。我认为，到了公共资源交易的时候，这个平台上会形成一个网，带有自然垄断性质，即一个政府辖区之内没有必要搞两个以上的交易网，问题是怎么样给这个服务平台以特许权，就像已有讨论的在一些自然垄断的行业里，应怎么样在特许权框架下加强管理。这就不是简单地说让它的竞争机制如何充分，而是在尽可能有竞争机制的同时，一定还有一个适合处理垄断式机制的特许权管理。如果说在一个政府辖区之内有这样一个公共资源交易的服务平台，这个平台形成的这个网络是自然垄断的，在一次招投标以后认定的这个服务平台的运营期可以约定一年、两年、三年，到期后可再重新启动一次招投标，确定下一轮谁是这个服务平台的供应者，但是运营期间，就是一个网。当然，如果想在这方面再创新一下，也未尝不可以考虑一下咱们现在国家电网旁边还搞了个南方电网，原来的中国移动旁边后来搞了个联通——不是认为它们真的完全引入了市场竞争模式，而是有意让它们在特许权拿到手里、寡头垄断的情况下相互之间有一个竞争机制，有利于提高他们的绩效。当然，电网跟通信网络又不太一样，通信网络现在又发展出中国电信、铁通等好几家，它那个竞争可以弄得更热闹一点，而我认为到了输电网，国家电网和南方电网足够了，不可能像有人说的再把国家电网拆分成若干个电网，以为那就可以加强竞争，其实也没有什么意义了。这是我对于这两个概念的看法。

当然，到了各个地方具体情况制约之下，也可能还会派生出其他一些可以讨论的特定处理。技术性的处理一般来说还是好讨论的，但是管理体制在不同阶段上会有些什么特征呢？相对难讨论一点。像中国现在有这么多的事业单位，全国公务员现在也就是七八百万人，事业单位的人加在一起却有三千多万人，这是中国特色。说了这么多年事业单位改革，到现在为止跟原来说的初衷，距离还非常大，而且最近几年，事业单位改革中实际上与原来设定的思维逻辑是相反而行的。什么取消行政级别，能上能下，能进能出，现在一点影子都没有，行政化、官本位化越搞越严，我们现在很难讨论清楚这种特定的问题。现在这个阶段上一般来说，我们的 PPP 中心，今天所说的交易中心，作为管理机构，很可能还是定位为一个所谓事业单位，但一定就是第一类事业单位，有别于可以更为对接市场化机制的第二类事业单位，这是我的一个基本看法。

借这个机会，我再简单汇报一下举办方联系的时候，我报的题目，谈一谈政府公共服务供给机制创新的简要回顾、理性分析与前沿、前瞻。下面，分几个层次非常简要地勾画一下。

公共服务的供给机制，它的主体当然是政府，但政府在公共服务这方面它自己直接去做和牵头去做，差异是相当大的。政府提供的公共品、公共服务，实际生活中大量的是准公共产品，真正纯而又纯的公共品是很少的。与体制、技术等因素相关，纯公共品和准公共品的边界、范围，其实是漂移的，在原先技术水平不到位的情况下认为是纯公共产品的某些东西，到了技术水平合格、到位了以后，它可能变成准公共产品了。

比如过去认为车辆通行收费，必须有收费站，即停车才能收费，那么在市区之内，很难设想已经成网格状的市区内的街道上，你还可以设很多收费站把过路费给收起来，但现在如果想收的话却很简单，如伦敦等地，不停车以电子方式收费就可以了，那个原来的纯公共品和准公共品的边界就变化了：原来认为市内无法封闭的道路就是纯公共品，而可以封闭管理的设收费站的干道是准公共品，一旦可以有电子收费，这个边界就变了。和现在的实际生活相对应，相关的创新点就来了。

另外，我们过去已经注意到，理论上一般人认为国防应该是纯公共品，但我认为不是。不说更多的（比如“国防”实为“有攻有防”的视角），就从另外一个角度来看：在人类的历史上，雇佣军可是层出不穷的，雇佣军是干什么的呢？就是与市场机制对接来形成军事能力。外交，应该说是政府要独揽的吧，但实际上有“民间外交”。这个民间外交内含政府背景和政府意图，是有意把它混合在以民间主体出现的形式上去行使的。还有治安，过去认为当然是政府要独占管理的了，“保一方平安”嘛，但我们在历史上就有镖局，现在实际上又发展出这么多的民间保安公司。现在也还有一个灰色地带，就是已有这么多的城管、警察后，还配有协管、协警，那个灰色地带，实际也与市场机制有对接，在某种意义上是一种运用低廉劳动力的雇佣警，等等。当然，这里面也很容易产生扭曲，但是在中国，实际上一般地方政府都离不开协警、协管。

还有一些特殊产业。中国历史上像盐铁专营这样的事情，按现在理解来说，冶铁那就是一般竞争领域里的，但不要忘了历史上像汉武帝那个年代，铁可就是咱们现在说的“战略性新兴产业”，它是能主导整个发展潮流的，有特殊的外溢性。不同阶段上这些事情，政府到底怎么看待它，确实不可一概而论。监狱，过去认为这可不能让民营的主体去管吧，结果美国人早早可以把监狱变成一个承包式托管，而且到现在人家弄得还挺有经验。公共工程方面就更不用说了，咱们这几年大力推进的PPP，其范围是非常广泛的，一直推到“中国特色”上很容易成为兴奋点的连片开发。还有多种形式的政府采购：文化方面我多少年前就知道江西财政厅以政府采购方式来支持“文化下乡”，绩效就出来了——如果没有政府采购，那这笔钱大家争来争去，使用方面的绩效并不好，而现在电影队也好，歌舞团也好，你一年下乡多少次，演出多少场，都得记录在案有监督，然后按照原来的约定，怎么样实施购买付费，这就是一个好的机制了。医疗方面，过去陕西早就有村医政府采购，我听了也很有道理。中国很多的村医，资质上没有得到政府的批准，但人家在百姓那里有口碑，多少年世世代代就在那个地方服务乡里，那为什么不能利用村医的政府采购来进一步优化我们的医疗服务系统？但很遗憾的是后来听说这些事情往往被一刀切地给处理了。当然这也是我们要进一步讨论的。

对于教育，过去理论上外国学者有教育券的设想，没想到中国改革中就有了实验，江苏的农民工培训券是某种类型的职业教育券，而浙江早就有了教育券，是涉及义务教育范围之内可以参加竞争的教育券。这些事情到了卫生防疫与合作医疗，政府要做的体系里，有保险机构进来，利用他们的优势跟政府签协议，来实施合作医疗运行体系这方面的服务供给。大量的实际生活案例里，我非常赞成比较早的时候已听到地方层面（包括潘局长所在的菏泽，还有早几年我听说的广东那边）确立的不少公共资源配置事项可以与市场对接，竞争性地来配置——竞争性配置就需要有交易，这个交易的服务平台，就是我们讨论的重要概念。

在这些概念和简单回顾后面，我看在理论分析框架上其实是简单的，还是应强调经济学已经推进到的一个认识，即政府要负责牵头做出的公共品、准公共品的供给，并不等于只能政府生产，并不等于政府一定要亲力亲为自己从头到尾完成这种产品和服务的生产过程。这个机制创新是一个非常重要的命题。现在我们越来越意识到，供给侧改革首先就是追求以制度供给带出的整个供给体系质量和效率的提高，关键是要在中国经济转轨过程中于制度创新方面争取借鉴国际经验的后发优势——PPP现在很可能在中国若干年内会走到全球最前沿的状态：国际的经验我们可以用，中国自己的特色也加上来，我们就有可能把这个事情做得前所未有地产生可观绩效与正面作用。

理论分析框架之下，我觉得基本经验的小结可以跟着说：第一，我们过去计划经济体制之下那种政府给出指令，直接安排生产做出公共服务供给的这个体制，总体来说是一个绩效很差的体制，必须改革，而且在改革深水区，应该坚定不移地深化。从市场化改革逻辑来讲，大家也可以观察到，就是凡是可能由政府采购这种机制去覆盖的公共服务的供给，应该首先考虑政府采购；政府采购里也可实行一个排序：凡是可以形成一定批量、采取最阳光化的公开招投标政府采购的方式，那么就没有必要搞成那种简单的询价甚至是一对一谈判方式。当然也不可一概而论，有些特定情况下无法用那种最标准的集中招投标采购去解决的问题，是允许用其他方式来实施的，如一些小额的零星的采购，也可以继续用我们现在的公务卡等方式去覆盖。

竞争性配置这方面，实际上内含着一个趋向：凡是能够保证公共资源配置的绩效提高、符合公共利益最大化的机制，都应该充分利用起来。这个新公共管理或者现在也可称为新公共治理的国际流行概念，实际对接的就是我们十八届三中全会要求的“国家治理体系和治理能力的现代化”，实际上也就对接到现在人类文明最前沿的概念“包容性发展”，也内含着习总书记已说了多次的中国的发展和其他经济体的发展合在一起，是一个人类命运共同体的发展。这种包容性，实际上是要有一个以后面对全球的采购市场，包括所有经济体的政府采购、公共资源配置，以后的总体趋势就是以互联网、移动互联支撑、实施共享经济取向的包容性增长，以智能化大数据支持在最便捷的交易平台上实现，等等。这也是融合在一起实现的人类前所未有的一种共融、共赢的发展。

当然，这里面还会有很多的挑战、困惑，但是大的方向我觉得是很清楚的。这就要说到“前沿”了：我觉得公共资源配置的前沿概念就是竞争性配置中广义的政府购买，包括工程采购、设备采购、服务采购，等等，PPP 显然对应的就是工程采购。把所有的国际经验结合我们自己探索中的经验，再对接金融市场的发展，中国是有可能后来居上的，有可能在不太长的时间内越来越多地体现出在这个领域的创新力，使我们越来越接近前沿位置，做得最为有声有色。

比如，我已经听到 PPP 发展过程中有些主体，包括地方政府，也包括一些市场人士，已经意识到一定会引出一个类固定收益产品交易市场的发展，这种交易就需要有我们所说的交易平台。上海前些时候已经在议论，听说想在一个区里给出十多万平方米，在全国首先建立这样一个交易中心。以后这个交易中心未必只是限于中国了，它很可能还对应到“一带一路”，对应到全球的这种PPP和类固定收益产品的市场交易。大量的险资，大量的中长期资金，在这里面通过交易可以掉期、可以资产证券化、可以适应各种各样的金融产品多样化的需求，实际上就是寻求共赢。有些市场人士说做这事我们才过瘾，一般的BOT、BT那都是小儿科了，现在他们愿意在已经有的PPP各种各样的形式里，再对接上这样一些他们认为做起来能体现他们技术含量的东西。有些企业家和市场人士，到了一定阶段上，其实已不是简单地赚钱了，他们还特别愿意在这方面创新，能满足他们的成就感。这些事情在中国以后会看得越来越清楚，这应算是前沿吧。

最后一个概念，就是如果从前沿再说到前瞻，做个展望的话，我觉得还是要强调方向感与创新意识。虽然社会上对于这种创新，对于PPP，还有很多的困惑，甚至还不时传来一些风凉话，但是总体而言这个创新发展的过程还是方兴未艾。我观察，这里面我们要在理论上探讨合理性和合法性的辩证统一的结合，确实是个渐进过程：很多事情我们意识到合理了，但是法律跟不上，你还得合法。怎么推进这个法制建设，怎么在创新中发展、发展中规范。要先给出创新发展的弹性空间，到了一定的时候，又必须给出约束，只有规范了，才可能真正推进发展。这里面的权衡也不是那么容易的事情，但是毕竟是个互动过程吧。中央毕竟说了，一方面要有顶层规划，要全面依法治国；另外一方面还要继续鼓励地方、基层摸着石头过河，鼓励地方和基层先行先试。中央的这个说法，咱们如果做一个内部的评价，那个界限是并不清楚的，到了地方政府集体决策的环节上，关于改革事项，什么是属于受鼓励的继续摸着石头过河先行先试的类型，什么是那个一定要听中央统一指挥，要听招呼、守规矩，“不能抢跑”的类型，这个界限其实往往是不清楚的，往往只有靠我们自己来掂量。但毕竟有很多同志，还是在这样的困惑中间努力创新。有些空间一旦打开，会迅速形成天时、地利、人和。比如我观察，很多PPP，公共工程、基础设施建设，包括连片开发建设，这种资源配置层面的政府采购机制对接资源的竞争性配置，在其他很多事情大家不敢做或者做起来特别困难的情况下，PPP 却是一旦到了一定的火候，一下子天时、地利、人和因素就凑在一起了。你想，一个地方辖区之内总得做些事。所有这些可能建设的项目，一个一个的可研报告，过去是出来以后，领导人，特别最主要的领导人的意图一旦锁定到那上面，说你把那报告拿过来，大笔一挥，这叫“可研变可批”，跟着就上马了，这是最便捷的、效率最高的方式，但是很遗憾，往往发生判断错误，而错误了，这个公共资源配置里的损失是没人真交学费的，没人真正承担责任，以一个集体交学费的托辞就很容易滑过去了。但现在不行了，一个一个项目的可研，只是最开始的铺垫，然后都放在一起，在政府和市场主体、专业机构都知情的情况下，做项目的识别、筛选、过滤，然后聚焦大家觉得靠上的一批项目，再走过 PPP 全流程的物有所值评价、财政承受能力论证，在必要的专业力量支持之下，再去磨合那个合同，合同里面要包括最详尽的风险分担方案，最后推到政府、企业作为伙伴都同意的情况下自愿签字，这个事情才能够生效，真正做起来。把这个程序整个走完，是阳光化的过程，谁也不用担心这里面留下什么把柄让人家抓住吃不了兜着走。我们现在接触到很多市县这一级上，别的事情很难说，最能做成事的，就是 PPP 一旦上了路子以后，所有因素很快凑在一起，使想干事、会干事的人干成事、不出事。咱们概括得很好的，“网下无交易，网上全公开”，不就这个道理嘛，你只要阳光化了，就不怕留下什么被人家揪住以后你吃不了兜着走的小辫子，天时、地利、人和这些因素最容易凑全。从前瞻的角度来看，我觉得这是一个大家要有信心、在这方面继续守正出奇地推进中国特色市场经济发展的一个重大创新点。守正就是首先得尊重资源配置中总体而言决定性的市场机制，要让市场充分起作用，顺应甚至可以说敬畏市场，但是不要以为借鉴所有市场经济的经验中国就可以一路现代化了，中国还必须完成从追赶到赶超这样的伟大民族复兴，这种超常规发展中，必须得到“出奇制胜”这种从追赶到赶超过程特定的支撑，否则永远是在落伍以后跟着人家，被人牵着走。要想创新中守正以后还出奇制胜，就得面临风险，因为任何创新都有失败的风险，但中国唯一的出路就是在创新中总体上要成功，否则我们可能无法跨越中等收入陷阱，也没有办法从追赶到赶超后来居上，完成三步走实现伟大民族复兴。

前瞻的时候当然要意识到这里面的艰巨性，有些事情在概念上还是可以进一步阐明和澄清的，比如有的同志说，关于PPP——这是典型的公共资源竞争性配置，怎么觉得又开始糊涂了，前些年好不容易走到说要使政府和市场主体划清边界，既不越位又不缺位，已是大家都接受的概念，怎么现在又变成以伙伴关系一起做事？原来的逻辑是井水不犯河水，现在不行了，必须在一起做伙伴一起做事，那么说政府不能既当裁判员又当运动员，现在PPP里政府又有裁判员的身份，又有运动员的身份，这怎么解释？

我的解释是说，要认识到这是创新中在借鉴国际经验以后很清晰的“螺旋式上升”。原来认识到政府不能越位、缺位，那时首先理解为与市场主体要井水不犯河水划清边界，带来了思想上的解放和改革的很多成果，但到了一定阶段上，认识又“螺旋式”上升到在公共工程、基础设施，乃至连片开发领域里，还可以一起以伙伴关系来做事——我强调PPP是平等民事主体的伙伴关系，签合同的时候没有谁高谁低。那么，没签合同之前政府的裁判员身份当然无可否定，它要牵头做整个行政辖区的国土开发规划，要给出与PPP相关的所有公共政策信息，这时的支撑条件就是它公权在手，是有裁判员的这个身份和色彩的，但是对不起，一个特定的政府（一般就是地方政府），和它的伙伴即非政府的市场主体签PPP合同的时候，它就是运动员了——这时候原来裁判员的身份跑哪儿去了呢？到法那里去了，这个法要罩着所有的伙伴，使他们一起来守约履约——政府与企业一样，在这里如果违约毁约，对不起，通过法律程序可以实施问责。这就是在新的“螺旋式上升”以后，看起来政府裁判员、运动员这两个身份都有，但在某一个具体的环节上它到底是什么样的身份，是完全可以说清楚的，而且说清楚以后，与市场经济的基本原则并不违背，是在市场经济中对接了我们创新中间公共资源配置机制的一个升级版的境界。

这些不成熟的看法，汇报出来，请大家批评指正。谢谢！

（出席2016年采购链生态发展论坛之“公共资源交易实现‘网下无交易、网上全公开’的路径探讨”专题讨论会的发言）

彼岸情怀此岸言：
创新发展演讲访谈录

下 册

贾 康 著

创于1897 The Commercial Press
商務印書館

2018年 · 北京

目　录

第四篇　经济运行与调控

第五篇　金融改革

第六篇　房地产调控与房地产税

第七篇　PPP 创新

第八篇 改革与区域发展

第九篇 创新理论与哲思

第四篇

经济运行与调控

走向“新常态”的宏观调控与改革进行时

决策层已明确表示的“新常态”概念，我作为研究者领会其内涵，基本判断上是我国面临经济运行状态的一个阶段性改变——即原来的状态需要转变到一种新的相对稳定的常态上。我理解首先它对应的是我们学术界和各个方面已经共同讨论了一段时间的中国潜在增长率很明显要下一个台阶的问题。前面三十多年总结下来，年均GDP这一龙头指标代表的经济运行态势，是接近两位数（9.8%左右）的水平，而现在一般认为不可能再维持了，可能要降到另外一个区间。关于这个区间的具体量值，我们这几年宏观调控当局设定的年度7.5%和“7.5%左右”，应该就大致对应着管理部门的一个判断值，从现在看，应该也是今年有望实现的一个状态。有一些学者认为如果处理得好，即如果中国把自己一些需要做的事情基本做到位的话，还有望实现二十年8%左右的增长表现；另外一些学者则强烈表示不认同，认为现在7.5%的状态还要继续往下走，继续跌到7%以下，甚至有人说再过几年我们可能只能在5%—6%这个区间状态，等等。这还并没有一个基本共识。

我认为，我们现在可以把“新常态”概念下的当下表现，认为是要完成一个以增长速度指标为代表的运行态势的探底过程。我们在这个探底过程中面临的现实状态已经有“三期叠加”等说法。我个人感觉，矛盾凸显期、经济运行的换档期和前段扩张效应的消化期都是无可否定的。在这几期叠加上，我更关心的是我们需要加上一个“改革攻坚克难的推进期”。这是我们主观上特别值得抓住的事情，因为要把这个探底过程处理得尽可能符合意愿，即把过去的状态衔接到相对稳定的新常态上，我们能够选择的最关键变量就是制度供给变量。当然，这要伴随着中国打造经济“升级版”的种种努力：优化结构，提高质量，再落到稳增长、惠民生、调结构、促改革。

其中，“促改革”是非常非常值得我们看重的、可选择的、要把文章做足的变量。如果把“促改革”处理好，新常态演变过程的宏观调控能够和“改革进行时”形成良性互动，那我们现在7.5%左右增长速度区间的表现虽然可能还有一个完成探底的过程，但它应该能够相对顺利地“趋稳”，趋稳以后再结合着把各种上行因素调动出来对冲下行因素的努力，应该能够完成一个“蓄势”——“趋稳”、“蓄势”之后，我们追求的是长期的次高增长速度。

这个次高增长速度，我个人认为，如果很粗略地说，虽然现在并没有一个研究主体可以拿出全套的模型处理实证数据并往前预测，来得到一个很精确的、取得共识的判断，但是我认为我们应该有望在7%以上的区间运行相当长的一个时期。中国现阶段在城镇化和老龄化等大的演进特征面前，潜力、活力的释放空间仍然是清晰可见的。比如中国的基础设施，在前面已有若干轮的建设、升级换代改造之后，现在还面临着迫在眉睫的、进一步升级换代的要求。我们可以稍微观察一下高铁这几个月的表现，不光是过去所说的京沪线上“一票难求”，其他主要线路也是大同小异（包括我前几天体验的从山西方向进京，票源高度紧张）。这个“局部短缺”所对应的，就是我们可能进一步激发的产能利用潜力、增长空间和需求释放以后由供给回应形成的、支撑经济相对高速增长的条件——但必须以改革来放松供给约束，释放供给潜力。这方面，我们的研究群体应该特别关注和加以深入探讨，抓住这个以制度供给激活潜力而最值得争取的前景，通过“趋稳”、“蓄势”进入长期次高增长速度状态，也就是说，把“新常态”和我们应该调动的“新动力”，还有我们在认识上特别强调的“新供给”，有机地结合好。

从这个视角出发，我想再简单谈一下对今年上半年可做的一些分析。一般观察下来，舆论、媒体更愿意批评“哪些地方做得不够”以及“还有哪些问题”，但客观地总结今年上半年的宏观调控，首先还是应该从正面肯定有若干亮点。

第一，2014年作为中国全面改革元年，宏观经济调控的状态显然有为全面改革的展开提供配套条件的特殊意义。年初，我们的经济运行一度表现出比较明显的下行压力，调控当局的举措也备受关注。上半年过去之后，我们已经看到龙头指标GDP一季度数据是7.4%，二季度又在明显企稳的同时略有回升，报出7.5%。这使上半年的经济增速保持在7.4%以上，再结合PMI等先行指标的动态，还有一系列经济指标的综合分析，预计下半年我们的宏观经济运行会重演前两年“前低后高”这样一种轨迹，使全年经济增速达到7.5%以上，这应该是大概率事件。虽然要求是“7.5%左右”，但据我观察，现在管理部门感觉最理想的情况是不低于7.5%，而如果不出大的意外，下半年有望在上半年7.4%基础上再往上添加一些增长的亮色。如果全年经济增速7.5%左右这样一个引导性预期值能得以实现、再次如愿，其正面效应就是能够稳定市场预期，也能够回应现在我们矛盾凸显过程中动不动就会有一轮“中国经济崩溃”的过度悲观论调——是对这种悲观论调的一种消解。

在此背景下客观看来，上半年我国宏观调控第一个值得肯定的亮点，是一以贯之地体现了“让市场充分起作用”，加快增长方式转变、打造中国经济升级版的调控理念。哪怕是年初经济下行压力比较明显、市场比较悲观，甚至有新的一轮“中国经济崩溃”论调抬头的情况，管理部门表示只要中国经济运行仍处在可接受的区间之内，政府绝不启动大规模经济刺激方案，这再一次清晰地表明使市场充分起作用的空间是我们特别看重的，让市场竞争优胜劣汰排挤落后、过剩产能，已成为促使产业、企业、产品在升级换代轨道上持续运行的有效压力、动力机制。这一点也表明，我国调控当局与社会主义市场经济发展相匹配的调控哲理，在复杂局面和压力时段中表现出了稳固的逻辑和坚强的定力。

我认为这是值得充分肯定的。

第二，维持积极财政政策和稳健货币政策不变的同时，我国宏观调控贯彻了“相机抉择”的原则，实施所谓的“微刺激”，有效推进了“稳增长”，并且提振了市场信心。宏观运行状态的区间掌握和相机抉择原则并不矛盾。我们可以这么解读：调控当局认为无需对财政、货币两大宏观政策“积极”和“稳健”搭配的基本框架来做大调整，但同时又审时度势，灵活运用了经济调控中相机抉择的原则，表现在政府投资安排、财政支出重点和支出进度、货币政策力度和定向宽松以及房地产市场分化演变中因地制宜地淡出限购等一系列方面，做出了必要的“稳增长”举措。舆论界称为“微刺激”、“弱刺激”，但无论怎么说，动作虽然“微”或者比较“弱”，就总体而言，体现了有理、有力、有节，效果已有比较好的显现，市场氛围有所改善，也体现了现阶段我们对宏观调控“艺术”水平的把握在实际生活中有所提升的亮色。

第三，已特点鲜明地运用的“供给管理”方式和手段，就是注重区别对待、突出重点、强调结构优化（当然也要兼顾一般）更是足称亮点。在所谓“微刺激”的投资事项上，我们看到通过适当对高铁、棚户区改造、保障房建设、农村水利设施等这些项目做出重点支持，既能对经济运行产生适当的景气提升作用，又能在改善民生、实现城乡基础设施升级和经济结构调整等方面形成综合效应。在财政“结构性减税”的事项上特别强调和实施了对于中小微企业的减税支持，这既有利于鼓励“草根”创业和民间资本释放潜力活力，又有助于增加就业、改善民生，雪中送炭。在货币政策几轮适当掌握的“定向降准”中，还具有一些中国特色地把“存款准备金”这样一个总量调节型的政策工具加以结构化运用，强调支持“三农”、小微企业等弱势领域，以及保障房建设等与结构和民生有直接联系的事项。这些都使中国宏观调控中有效供给机制和“需求管理”相结合得到比较好的发挥。

第四，我们在宏观调控中可以看到与深化改革有机结合的有力措施。这是在力求将短期和中长期的目标衔接好。调控中政府的态度是坚定地实施减少行政审批、简化企业工商注册程序、压缩政府“三公”经费等行政成本、拓展“营改增”的行业覆盖面、推进反腐廉政建设、进行上海自贸区先行先试等一系列改革举措，并且还包括即将在下半年正式展开的财税配套改革——这是全面改革非常重要的重头戏，近日还有多年来大家都意识到势在必行但迟迟没能动作，而今年终于动作的公车制度改革，及“山雨欲来”的司法改革，等等。

所以上半年调控实际上已对下半年很多很明显的攻坚克难的改革事项做了比较好的铺垫，体现了宏观调控中把短期状态的掌握和中长期配套改革过程衔接起来的一种全局协调和长远追求。我们感觉在今后几年，这种“进行时”的改革将是决定我们在前面三十几年发展基础上能不能如愿地连通“中国梦”愿景的决定命运、创造历史的时段。在2016年，财税改革的基本、核心、重点事项将要见眉目，并要和所有改革配套进行。六年多的时间段内，我们攻坚克难的任务显然是非常艰巨的，但是它确实在推进过程中正不断进步，这与我们现在所强调的“现代国家治理”这条路越走越宽是一定能形成互动的。

在上半年宏观调控取得比较好成效的基础上，下半年宏观调控应该继续体现它已经形成的一些亮点和特色，但是随着各项改革任务的展开，全局协调的复杂性和不确定性也可能上升。任何一个改革到具体往下贯彻的过程中，往往称得上是“千难万难”。比如公车改革，现在到实际工作岗位问一问，大家还有很多困惑，对于一两年内能不能按照中央部署在地方全面落实，现在内部讨论也有一些并不明确的解决方案上的问题。但是首先要肯定的是能够把改革决策方案明确地推出来，后面大家应该更多地形成正能量合力来化解这种复杂性和不确定性。

如果提出建议的话，我认为，应该提请有关部门特别重视把“需求管理”和“供给管理”有效结合而取得的中国特色的初步经验，更加注重供给端发力的一些成功做法，进一步跟踪国民经济运行的动态，并且前瞻性地考虑政策储备和项目储备，在全面改革深化推进过程中使宏观调控更好地体现“国家治理现代化”的趋向和“促改革、稳增长、调结构、惠民生”的功能及效益。

（根据在 2014 年 8 月 9 日“新供给 2049 战略圆桌”第二期“新常态、新动力、新供给——如何在新的常态下构建可持续的经济发展动力”会议上的主旨演讲速记稿整理）

2015年财政政策解读及2016年展望

很高兴来到“我的钢铁年会”。

2015年基本情况是，经济下行压力没有得到解除，我们从2010年以后GDP增长速度可以看得比较清楚。2010年在抵御世界经济危机之后，经济增长速度达到10.4%，很可能这就是中国经济两位数增长的回光返照了，以后很难再出现两位数的增长了。2011年以来一路下行中，本来认为2015年可看到一个阶段性触底，但由于发展过程中加入了原来没有预料到的波动和不确定性，下行的这个过程看来还在继续。但2016年如处理好，应有一个阶段性的探底。我们希望其后能够对接一个企稳的状态。2010年以后告别两位数增长，就是要在“软着陆”后对接一个增长质量提高的中高速平台，我们正在实现这一目标追求过程之中。

财政收入增长乏力，从指标来看，我们可以看到2010年财政收入曾出现了一个20%以上的增长幅度，2011年继续摸高到25%，再往后也是向下，这几年越走越低，2014年在8.6%左右，2015年将更低。财政要服务全局，财政所解决的是政府在“更好发挥作用”中，怎么履行职能，必须处理政府“钱从哪里来，用到哪里去”的分配问题，涉及收入分配整个体系。政府以财政分配处理公共资源的配置，必然影响社会总体资源的配置，影响各行各业，包括钢铁行业、物流行业，都需要财政政策、货币政策等方面发挥调节作用。

过去一年中财政政策结合改革、管理的主要特点。

第一，坚持积极的财政政策，加力增效（赤字率上升为2.3%—

2.7%）。

第二，强调突出重点、优化结构、支持供给侧结构性改革。

第三，结构性减税仍在进行时，除营改增外，特别注意对中小微企业进行创新激励。财政政策最内在的逻辑是在配合需求管理的总量调节的同时要实行供给管理。在这一年里面，财政政策继续强调突出重点、优化结构，是承前启后的，涉及基础设施、民生、教育、医疗等方方面面，并要以财力安排支持供给侧结构性改革。随着五中全会系统化地提出了发展新理念，并由全面小康、全面改革、全面法治化和全面从严治党形成“四个全面”战略布局，中央开始明确表述供给侧结构性改革，更需要发挥突出重点、优化结构应有的作用。

“结构性减税”，有的朋友说这个词说得不过瘾，不如“全面减税”来得过瘾，我们可以理解这种心愿，但是中国的税制结构从全球比较和改革目标来说，不是全面减税的问题，而是有增有减的问题。伴随“营改增”的机制性改革，是鼓励企业做专业化细分，鼓励企业在简洁的政策环境当中更好地公平竞争，它会带来这样一些机制性的进步。服务业可得到结构性减税的好处，物流行业直接受益，跟它相关的上下游也会得到好处。为什么？因为可在这里由税收抵扣链条形成稳定上下游客户关系，处于一般纳税人规模边缘的企业要努力做大，争取更多的市场份额。

我们还要通过税收激励企业加大科技投入、增强自主创新能力。现在，企业研发的所得税优惠政策的兑现，可以采取备案制，不像过去需要层层审批，很麻烦，往往通过不了。现通过备案制方式就可以享受优惠，方便多了。至于环境税将是“费改税”，而且不排除有增税设计。增税以后使大家努力节能降耗，意识到依法税收因子带来的负担，你就必须在这方面争取捷足先登，才能于未来的竞争中胜出。

第四，是转移支付、补贴、基金等，发挥其定向支持作用。

第五，是财政支出管理，一再强调加快进度，盘活存量。

第六，在财税改革方面努力推进。遇到了一些难题，已经表现出跟中央原来要求的时间表不匹配的迹象，但将义无反顾地继续努力推进。营改增未能按时间表要求全覆盖，是最典型了。消费税变销售税的改革不断传出风声，但是始终没有迈开一步。大家都高度关注的房地产税，2015 年下半年终于听说纳入了全国人大立法规划，但是最近又没有动静了。据说内部讨论里面意见不一，中央注意力更多转到房地产首先要消化库存。如果在纳入立法规划后什么时候再宣布启动房地产税法的一审(一审以后肯定会征求社会意见，在座的朋友可以发挥自己的积极性，提出意见和建议)，我估计会有激烈的争议，中国需通过走完立法程序解决这个税的规则设计问题，以法律形式确立起来。还有一项是个人所得税，其他税种都有时间表上的要求，但是个人所得税还不明确，多年来一直未能取得突破性的进展。

2016 年展望。"十三五"开局之年，为"稳增长"，赤字率应有调升，公债杠杆应会更有力地使用。为促改革、转方式、优结构、护生态、惠民生、防风险，将更加注重供给管理，突出重点，鼓励创新。虽然供给管理比需求管理更加有挑战性，但是无可回避。政府必须解决好怎么突出重点、区别对待、兼顾一般、鼓励创新等事情。

我们已做了几年关于供给侧的研究工作，在五中全会即将召开时也做了一个内部上送的研究报告，主题就是怎样优化供给侧环境，激发微观主体活力，实现整个经济发展动力转型。现在过了保密期，我现在说说研究成果里面的基本认识。

我们把中国特色、中国国情和必须看清的世界范围经济社会发展的共性规律结合起来，提出要注重供给管理。原来货币政策、财政政策两大政策配合之下的需求管理，要继续起作用，但在新常态带来的问题和挑战面前，必须特别注重在总量调控的同时，坚持有所区别对待地加强三农、社会保障、区域协调发展、自主创新、节能降耗、生态保护等方面，这样做不仅增加了国民经济中的有效供给和可持续发展支撑条件，优化了结构，并且可适应激发微观主体活力，增强经济发展动力的环境建设客观需要，只会改进而不会恶化总供需的平衡状态，只会有利于维护又好又快的发展局面而不会助长下一期的通货膨胀和经济过热，而且将会增强我国在国际竞争中的综合竞争力和发展后劲。

在中国的调控实践当中，针对客观需要，并结合世界金融危机以来全球范围内对经济学理论及政府实践的反思，应把供给管理摆在长期视野中，并更多地加以强调和优化。作为一个转轨中的发展中大国，大思路定位必然是守正出奇，充分尊重市场，在资源配置中起决定性作用的同时，使政府更好发挥作用。

具体涉及供给侧，两大方向，第一就是各位朋友都会非常关心的我们行业、产业上的要素供给问题，另外一个则是制度供给问题。供给侧改革涉及的机制，就是要特别强调市场在资源配置中总体要发挥决定性的作用，那么结构的优化怎么对接市场机制，也就是今天在座的钢铁行业各位有突出感受的竞争中优胜劣汰这个压力。

对于成千上万的企业，政府没有能力去一一甄别谁是落后产能的代表，这个优化过程主要是应当对接市场。当然也不要以为政府退回到"小政府"，中国的现代化一路靠市场的作用，就对接到伟大民族复兴了，绝对没有那么便宜的事情。但政府方面一定要谨防过多干预。供给侧结构性改革核心就是在新的历史起点上怎么在市场取向改革中攻坚克难，实现我国现代市场体系发展中进一步的提升和确立。

所以钢铁企业要充分做好准备，进一步观察政府所说"可接受的区间"，到底下限是什么状态，这个下限如果没有面临被击穿的压力，就不要希望政府方面启动大规模刺激政策方案来缓解困难。这几年，中国就业相当不错，今年很可能新增就业岗位 1400 万个，只要就业这方面看着还不错，就可以认为我们的基本运行状态在可接受区间内，而结构调整正在推进，国民经济中间每个 GDP 增长点提供的就业岗位这几年已经翻倍，这些都是产业结构得到调整的表现。从全局来看，我们有进步。

政府的态度现可理解为：在钢铁行业，必须忍受结构调整的阵痛。如果在阵痛发生过程中，一部分企业要出局，政府要做什么？很明显，政府要维持公平竞争的环境，并要进一步优化社保体系的配套，使企业兼并重组、痛苦的优胜劣汰的过程中，可以维持社会基本稳定，下岗的职工要得到尽可能好的再就业培训。但有些地方政府的态度是有问题，还是在企业困难时做过多关照，把本来应该淘汰的企业维持下来，这个问题的解决，只能依靠全面改革。

怎么优化供给侧活力？我们提出了基本的一些建议，这些可向各位简要汇报一下。

第一，立即调整人口政策，从控制人口数量转向优化实施人力资本战略。第二，积极审慎推动土地制度改革，逐步建立城乡统一的土地流转制度。第三，全面实施金融改革，有效支持实体经济。第四，为企业经营创业活动松绑、减负，激发微观经济活力。第五，要大力实施教育改革和创新驱动战略，培育高水平人才，有效建设创新型国家。

改革开放初期，大量低廉的农村剩余劳动力是我们的优势，但最新的情况是什么？已经有几年的民工荒，招工难，换句话说就是农民工收入在提高，没有更高的收入招不来人了。很多企业不得不往周边的国家去转移，这些就是挑战了。土地和自然资源过去不跟市场对接，改革后一旦跟市场对接，激活了各种各样的物质追求，但是现在矛盾累积起来。北京前两三年拆迁已抬到 1 平方米的面积要对应 5 倍的商品房，如果碰到 100 平方米的拆迁，这样一个对价，可以使相关的居民一夜之间成为两千万以上的富翁（因为北京 5 环之内 1 平方米商品房均价已达 4 万出头），这种情况在发展过程中不得不面对并考虑今后怎么办。我们在资本方面一开始主要靠引进外资，同时带来了管理经验和技术，支持了我们的发展过程，现在民间资本已雄厚起来，但常规投资边际效益递减。前三个要素即劳动力、土地、资本的动力支撑作用在明显衰退，而后面两个因素即科技和制度到中等收入阶段要抓住不放，全要素生产力来源，主要就是科技创新和制度供给。

科技创新是“第一生产力”，一定要在这方面真正走出“创新型国家之路”。对于企业怎么把科研成果跟市场对接，就必须有新的要求，新的作为。制度供给在改革开放大潮下，以市场化改革加上开放，开放又倒逼市场改革，支撑了中国现在已经走到中等收入的阶段，再往下就是困难重重了，五大要素摆在那里，新的动力机制主要需要后面两项形成主动力释放出来，对冲前三项动力的消减，形成长效机制的混合动力系统。

改革方面，可举两个例子：我们要积极推进土地制度改革，但说了这么多年，重庆的地票制度能不能进一步被承认，别的地方能不能积极谨慎地把这项改革更多地推进？另外，我们必须培育高水平创新人才队伍。对我们的科研人员怎么调动积极性，要建立健全科研体制和财务管理等相结合的合理经费管控制度，现在实际生活跟科研规律出现了严重的背离，这个非常值得我们警惕。

如果把 5 大要素的潜力释放，就是要把解除供给约束的事情做好，必须配合方方面面的改革。在这方面再简单举个例子：必须结合深入推进审批制度改革，让整个行政架构按照脱胎换骨的要求做一翻改造，结合“大部制”和“扁平化”。现在在多轮减少审批项目之后，中央层级减到了几百项，但还未对行政架构“伤筋动骨”、“脱胎换骨”，只有这样才可能真正有效转变政府职能，减少各个部门审批中不合理的部分。

除了财税改革，收入分配改革等，以满足公共服务需求、优化结构和调动潜能为大方向，还需要积极理顺基础资源、能源产品比价关系和价格形成机制，积极实施选择性有效投资和 PPP 机制创新。这两年政府在推出各种各样的文件，要求以 PPP（政府与社会资本合作）方式对接大批园区建设项目和公共工程，对应的看似是和我们实体经济有一定距离的产品，比如说架桥修路，建各种各样的医院、学校和基础实施。但其中需要什么，立项之后，政府企业一起以签合同方式锁定，并受法律保护来建设，还往往把建设和运营结合在一起——这里面释放了一个空间，原来的一些所谓过剩产能有可能转化为有效产能，所需的要素，首先就是钢材、水泥、劳动力、技术力量、管理力量，如果在这方面有更高的实施水平，这个机遇对我们这个行业来说，当然意义重大，要高度关注。

当然，这里面把产业园区、产业集群的要素和所有功能区等打通，除了要钢材、建材，还需要什么？很可能还要有高端的实体经济创新在里面。这些创新带来的供给侧跟市场对接而调动潜力、活力的前景，我认为非常值得业界朋友加以关注。以后机遇出现的时候，机遇会更加偏爱有准备的人。这是我借这个机会做汇报的基本内容，强调通过供给侧改革的创新加快发展方式转变，对接全面小康和民族复兴。如有不当之处，请大家批评指正。谢谢！

（2016 年年初在“我的钢铁年会”上的发言）

“十三五”规划元年经济走势与供给侧结构性改革

我国经济运行在2016年有望实现阶段性探底 其后应力求企稳、对接中长期中高速“升级版”增长平台

自2011年以来中国经济一路下行，“新常态”的“新”已明朗，“常”还未实现，需完成触底、企稳，再对接到一个尽可能时间长久的“升级版”中高速增长平台上。实质性的追求是实现结构优化调整和增长质量提升，形成新发展阶段上支持可持续发展和贯彻现代化战略的动力体系转型。

从相关数据（PMI、“挖掘机指数”、就业等）综合分析，结合对最新的稳增长措施（货币政策“双降”通道内的操作，财政赤字率提升，政府与PPP投资加力）效应的预期，我国经济运行在2016年有望实现阶段性探底，其后应力求企稳、对接中长期。

发展的状态能否如愿转为升级版，关键在于供给侧改革能否真正攻坚克难，得到实质性推进。从全局看，我国经济社会发展在“矛盾积累、隐患叠加”中面临“两轮自行车”式的速度底线硬约束，更表现出一系列棘手的“两难”，经济社会总体大势可以比喻为改革和危机因素“两只老虎的赛跑”。矛盾和问题的近期主要表现为“四降一升”，即经济增长下降、工业品价格下降、实体企业盈利下降、财政收入增幅下降、经济风险发生概率上升。

应对挑战，需要形成从短期衔接中长期的战略思维，这一新思维的

关键词就是供给侧改革。供给侧改革的五大政策支柱是：宏观政策要稳、产业政策要准、微观政策要活、改革政策要实、社会政策要托底。五大重点任务是：去产能、去库存、去杠杆、降成本、补短板。

推进供给侧结构性改革
事关如何适应和引领经济发展新常态和对接现代化战略目标的全局

习总书记在中央财经领导小组第十一次会议上指出，要在适度扩大总需求的同时，着力加强供给侧结构性改革，着力提高供给体系质量和效率，增强经济持续增长动力，推动我国社会生产力水平实现整体跃升。这体现着最高决策层在经济工作思路和宏观调控指导思想方面的新思维，合乎逻辑地指向十八届五中全会关于“释放新需求、创造新供给”的重要精神和中央经济工作会议关于“中国特色社会主义的政治经济学”对于科学决策的支撑。

需求与供给是经济生活中一对相反相成的概念，政府调控的职能在于实现总需求与总供给的动态平衡。调控的技术路线，可区分为需求管理和供给管理。

过去经验较丰富、较成熟的是需求管理，总量型，指标单一可通约，以抽紧或放松银根的反周期操作为基本方式。

主流经济学理论长期忽视的是供给管理，其定向调控的结构特征十分鲜明，指标复杂不可通约，理论上的分析阐发还相当薄弱，但调控实践中不可回避。事实上美国在世界金融危机发生后，应对危机关键举措上“区别对待、突出重点”的供给管理可圈可点；中国在问题导向下，也越来越注重宏观调控中供给管理的思维和手段。

劳动力、土地与自然资源、资本、科技创新、制度创新
供给侧五大要素各领风骚，还要推陈出新

经济增长需求管理视野下的“三驾马车”（投资、消费、净出口）动力机制，需要将其结构化的逻辑传导、转移到供给侧，在不完全竞争市场中，加入政府结构优化政策措施及合理制度安排，形成经济增长动力机制、体系的贯通和结构化的真正落实（其中所蕴含的，即相关要素潜力的释放与资源配置的优化）。

物与人（生产力和生产关系）在供给侧打通的动力体系中，制度创新是解放生产力的最关键的创新，它也会打开管理创新和技术创新的空间。创新驱动，实为在供给侧以有效制度供给为龙头的三层次创新的结合，以实现五中全会所表述的创新发展。

中国的供给侧改革实为在认识、适应和引领新常态的新阶段，以攻坚克难的深化改革为核心内涵，进一步解放生产力，实现动力机制和体系转型的系统工程。

以改革为统领，以结构优化为着眼点，将引出供给体系质量和效率提升的经济增长的中高速升级版，以动力转型，支撑我们跨越中等收入陷阱，在达到全面小康之后还能保持后劲和可持续性，去实现伟大民族复兴的现代化中国梦。

“新常态”其“新”已在经济下行中明朗化
为求其“常”的实现，必须注重理性的供给管理

为处理好新阶段上动力机制转换与优化、促使微观经济主体潜力与活力充分释放的相关问题，十分需要注重在整个经济体系的供给侧，正确把握改善其环境与机制的思路和要领。面对全球化背景下的中国国情和特定发展阶段的条件约束，中国特色的宏观调控，必须十分注重理性

的供给管理：

第一，我国是世界上最大的发展中国家和最大的“二元经济”体，为解决好“三农”问题，需要在广阔的国土上积极稳妥地推进农业产业化、新型工业化和合理的城镇化，以及基本公共服务的均等化，实施扶贫攻坚（精准扶贫）、社会主义新农村建设和城乡一体化举措。

第二，我国的区域间差异在这些年的发展过程中仍然巨大，亟需通过合理的统筹协调来有效地贯彻中央确定的西部大开发、振兴东北等老工业基地、中部崛起和京津冀一体化、长江经济带、一带一路发展战略等，适当加大中央政府转移支付的力度，控制区域差距、促进协调发展。

第三，在争取2020年实现全面小康和努力构建和谐社会的过程中，与民生密切相关的一系列公共产品和公益服务亟待增加供给，特别是贯彻应对环境矛盾挑战的“绿色发展”战略方针。

第四，为有效促进经济增长方式转变，实现可持续发展，必须贯彻国家中长期科技发展规划，走创新型国家之路。

第五，经济社会转轨还在持续过程之中，还应继续瞻前顾后，为支撑全面改革垫付和填补转轨成本。

第六，我国国防和必要的重点建设，仍需可观的资金作重点支持。

这些现实重大问题的解决，都具有鲜明的、复杂的结构特征和“供给管理”的挑战性，都是以往的需求管理手段不能涵盖的，都在呼唤实质性推进“供给侧结构性改革”。

新供给经济学首先是改革经济学
攻坚克难的改革是统领，改革中“守正出奇”是关键

基于在世界金融危机冲击之后对主流经济学理论与经济调控实践的反思和理论密切联系实际的创新努力，我们提出了新供给经济学的认识框架。我们的思维重点，首先是强调在“四个全面”战略布局的新时

期，攻坚克难地从增加有效供给角度实施制度创新供给和结构优化，衔接从短期到中长期目标的运行调控。因而供给管理的手段，既需注重充分尊重和敬畏市场，又要理性地、“守正出奇”地引导和建设市场，以经济手段为主，与深化改革优化制度供给紧密结合，进一步解放生产力，构造又好又快发展的持续动力源，实现全面小康与中国梦。

如何优化供给侧环境与机制，释放潜力托举经济质量升级式增长？针对供给体系的主要构成要素，一是调整人口政策，从控制人口数量转向优化实施人力资本战略（放开二孩后可动态推进后续优化举措）。二是积极审慎推动土地制度改革，逐步建立城乡统一的土地流转制度。三是全面实施金融改革，积极解除金融抑制，有效支持实体经济。四是切实通过改革，为企业经营创业活动松绑、减负，激发微观经济活力。五是大力实施教育改革和创新驱动战略，培育高水平人才，有效建设创新型国家。

供给端的以上举措，离不开我国行政、财政、国企、收入分配、价格、投资等多方面的综合配套改革。一是结合式深入推进行政审批制度改革、大部制改革和“多规合一”制度建设。二是继续深化财税改革，支持政府治理体系与治理能力现代化。三是有序推进国有企业改革，促进国有资产收益和存量的转置。四是改善收入分配与再分配相关制度，打造橄榄型现代社会结构。五是以满足公共服务需求、优化结构和调动潜能为大方向，积极理顺基础资源、能源产品比价关系和价格形成机制，积极实施选择性有效投资和 PPP 机制创新。

总之，中国经济社会发展的现代化进程已经到达一个非比寻常的关键时期和历史性的考验关口，仅以短中期调控为眼界的需求管理已不能适应客观需要，应当及时、全面引入以固本培元为主旨、以制度供给为核心、以改革为统领的新供给管理方略，针对中国经济社会的重大现实问题，中西医结合多管齐下，共收疗效。

（2016 年年初在“中银非常关注”高端经济论坛上的主题报告）

2017年必要时可适当提高赤字率

2017年财政政策要突出重点，兼顾一般

中国证券报：2016年以来，积极财政政策的实施情况如何？明年应从哪些方面着手来有效实施？

贾康：积极的财政政策体现在2016年，仍是进一步加力增效，这与年初中央的要求相符。赤字方面有所抬高，以适应现在进一步引领新常态的要求。需要注意的是，财政资金的使用有一个特点：提高赤字率一方面是要对经济起抬升景气、升温的作用，另一方面在资金支出上有强烈的结构特征。因此在稳增长的同时，配合供给侧优化结构的追求，要积极调结构、促改革，落到惠民生、护生态、防风险上，这是多种目标的组合，结构特征非常突出。

对于今后的宏观政策，此前中央政治局会议已指出，要有效实施积极财政政策，坚持稳健货币政策。在继续积极的财政政策里，要在已有的优化结构要领上做进一步的努力，并且要根据年度的特点和中长期的追求，在突出重点的同时，兼顾一般。此外，在突出重点的掌握上，也很有一些讲究。现在在进一步优化社会保障、调动消费需求潜力的同时，还应注意要强化有效投资。

所谓有效，就是要有合理的针对性和好的运行机制。比如，我们所称的选择性地增加有效供给的“聪明投资”，它的决策和运行机制，显然要对接到现在大家关注的PPP这种创新上。稳增长、调结构，后续一定要有以制度创新为龙头带出来的管理创新，以及现在正在努力推进

的技术创新。

中国证券报：财政政策和去杠杆应如何配合？

贾康：全局的去杠杆首先可理解为控制广义货币供应量，是由M2指标所体现的，与地方政府、各业务部门并没有直接关系，是货币政策当局要通盘考虑如何掌握要领的问题。但从去杠杆的必要配套来讲，财政恰恰要以给自己加杠杆，适当提高赤字率来服务于全局的去杠杆，增加有效供给来减少总体的风险度。比如，以财政为后盾的政策性金融和开发性金融就是政策倾斜加杠杆，但它是结构性和局部的。要把握好两者的关系，这是以财政局部的加杠杆服务于全局的去杠杆。

必要时可提高赤字率

中国证券报：2017年的赤字率会进一步提高吗？资金应如何提高使用效率？

贾康：目前来看，财政赤字率已提到3%，2017年至少应该延续该水平。如果有必要，适当提高一些也未尝不可。

此前我国注重不超过3%的赤字率，但在引领新常态的新阶段上，有必要打破简单化、绝对化的思维框架，研究更灵活而积极审慎地掌握赤字率和防范风险的调控要领。

房地产税可用区别对待原则陆续推出

中国证券报：房地产税可以抑制房地产价格泡沫吗？什么时候会是出台的最佳时机？

贾康：房地产税可起到正面效应。一是会内洽地引领地方政府真正实现职能调整转变，专心致志来优化辖区的公共服务，改进各个地方的投资环境；二是它会使市场经济所要求的财政分税制为基础的分级财政，匹配上必须打造的地方税体系，矫治过于看重土地批租的土地财政弊端；三是它会优化我们的收入分配和财产配置，强化社会的再分配机制；四是会推进中国的直接税比重的提高，而配合间接税的降低和减少低端的和社会总体来衡量的税收痛苦程度，也改变原来的间接税为主的税制顺周期的弊病；五是有利于房地产业长期健康可持续地发展；六是有利于“自下而上”、“上下互动”地培育民主化、法治化的理财机制。

但需要注意的是，房地产税虽是一个必要选项，但并不是房地产税这一招就能决定全局。这些年来应该看得很清楚，房地产市场调控“打摆子”，只治标不治本。从这次“打摆子”的新一轮表现证明，必须赶快在政策调节治标后让治本跟上。其中，治本就包括税制改革的制度框架建设，而且应有土地制度、住房制度和投融资制度配套的改革。这个事情是非抓好不可的，否则就会来回“打摆子”，不可能达到老百姓满意的程度，政府也不断陷入焦虑。当下更严重地呈现冰火两重天的现象，一边是一线城市迅速带动二线城市、“2.5”线城市，热得烤人，另一边是三四线城市继续冰，继续低迷不振。要改变、摆脱这个现象，出路一定是全套的制度优化，在此框架之下寻找长治久安。

在房地产税上，中央要求加快立法。首先，我们应该继续坚定地加快立法。在立法完成后，可以区分不同区域，按照地方税可以区别对待的原则，执行时不必一刀切，可以陆续推出。比如，假定这样一个已经列入全国人大一类立法的房地产税，在不久将来正式启动一审，待走完整个审议程序、人大批准通过之后，显然可以考虑在那个时候，仍然有明显热度的一线城市和热点二线城市，首先执行这个已经审批通过的房地产税的税法，而并不要求三四线的城市一刀切地来执行，这是合理的。地方税这样的区别对待，完全符合税收发挥作用的客观要求。

在房地产税列上立法日程之前，上海和重庆在 2011 年率先进行房产税的试点。两地试点为我们提供了相当宝贵的本土经验。过去我们只能看国际经验，如今房地产税在立法过程中要同时参考国际经验和本土经验，做理性的讨论。在各种不同的利益诉求中，寻求最大公约数。同时，也要争取尽快走完立法过程，形成先建立起制度框架的改革。

举例来说，这些年大城市中重庆的房价是相对最稳的。统计局最新公布的数据显示，今年10月重庆的房价仅环比上涨了0.6%，同比上涨了5.1%。大家可能看到，一线城市和杭州、南京、武汉、合肥、厦门的楼市都非常热。而重庆可以保持相对平稳的原因首先就是，它的土地制度（地票、土地收储）、通盘规划和住房制度相互配套了。重庆的保障房占到整个住房供给的35%—40%，稳住了低端人口。再比如重庆的投融资制度，大刀阔斧以投融资制度支持基础设施、房地产建设、产业集群。其次就是，别人没有它敢为天下先的房地产税制度。而且重庆的制度做得比上海还更靠前一点，就是它触动了存量。虽然所针对的存量部分是最高端的独立别墅，但市场预期会跟着一起走，所起到的调节作用和预期引导作用，是值得注重与肯定的。

另外，当下新政解决的是“冰火两重天”中“火”的这边，而“冰”的那边如何去库存仍然还没有很好解决。此轮去库存是有一些进展，三四线城市已降了约四个点以上，后续需要跟上配套的杠杆才行。如果没有政策杠杆，很难设想三四线城市如何去掉大量的存量房。当下主要的潜在目标人群是农民工，想让农民工进城拿到住房，但没有政策杠杆，农民工的支付能力不足以购买商品房，因此一定要将此处的政策杠杆设计出来。

按配套改革要求，攻坚克难

中国证券报：社会公共资源配置优化需要与税收机制现实调节作用的不一致，是导致个税难推的原因吗？在深化税制改革中，最核心的问题是什么？

贾康：税收的作用是在筹集政府收入的同时调节收入分配和资源配置，不能反过来因为配置方面调节不好，所以责备税收不行。税收只是资源配置中的一个经济杠杆，不可能万能地解决问题，但应该让它起到应有的积极作用。个税是直接税，直接税按中央的要求，要逐渐提高它的比重。在个税上，要优化整个制度设计，应降低中低端的税负，而增加高端的税负。增加高端税负的最主要机制，就是要把工薪收入之外的其他收入与它一起归堆，接受超额累积税率的调节。同时再给出一些专项扣除，比如，家庭赡养系数、住房按揭贷款月供里的利息支出等，都可以从个税里扣除，这是国际经验，并且也是合理的。

在深化税制改革中，核心的问题就是怎样真正按照配套改革的要求，攻坚克难。任何一个税制设计现在都有牵一发动全身的特点，要纳入配套改革，而且真要啃硬骨头。今年全面实施了营改增，后面就是整个税制体系和财税配套改革，以及财税应服务的全面改革应如何推进的问题。

当下按照三中全会后中央审批财税配套改革方案确定的时间表，现在的实际进度已经明显滞后。六大税制改革中，除营业税改增值税外，还有资源税、消费税、房地产税、环境税和个人所得税。除资源税改革和环境税方面如何推进已有明确的信息，其余三项改革任务，当下还没有看到推进的具体安排。在预算改革方面有进展，但还是需要税制改革和政府体系、中央地方事权等方面的改革相配合。

配套改革面临的考验就在面前，应合理掌握配套改革动态过程。应有一个大的思路，以今年中央强调的事权合理化为起点，使各级政府依法取得合理的事权，然后推进到配置合理的财权。财权中最关键的是税基，打造地方税体系，随后是各级预算要现代化，预算后还有各级的产权和举债权。各级政府要有自己的国有资产管理的专门机构，人格化地管理掌握产权和相关收益怎么纳入预算程序。举债权调整以后，中央可以发债，地方也可以发债。总体来说，改革中的困难相当明显，如何攻坚克难，整体推动。这其中牵扯到方方面面的特定利益关系，已经到了改革深水区，一定要冲破利益固化的藩篱，最后达到的境界应是各级政府，包括边远地方，也能进入财权与事权相顺应、财力与事权相匹配的境界。

供给侧须做结构化定制方案

中国证券报：对2016年供给侧结构性改革的实施情况如何评价？未来在推进中应注意哪些问题？

贾康：目前供给侧结构性改革正在进行中，大家还在琢磨要领。“三去一降一补”大致形成了切入点的概念。制度供给上，各个地方要根据自己的特点审时度势，掌握重点。政策供给上，分级政府要有分级财政政策，要用好自己政策空间的可塑性。投融资供给上，政策性投融资对应的有PPP机制创新。特定的任务在设计方面要有独到之处，等等。

另外，在掌握“三去一降一补”上，要明确它一定是逐个定制化的。针对特定部门、行业、区域和具体的企业集团，做具体设计。这明显不同于需求管理简单的总量反周期调控。供给侧要做结构化的定制方案，而且要找到能让这种定制化目标实现的好的机制，是非常具有挑战性的。

需要明确，针对供给侧的五大要素，必须调整人口政策，实行土地制度改革，深化金融改革解除金融抑制，以及在企业方面要降负松绑。在减税之外的各种负担如何减轻比减税更具有挑战性，包括综合的隐性负担也要真正降下来。还有教育改革和科技改革等，离不开行政、财政、国企、价格、投资、收入分配等多方面的配套改革。

配套设计需跟上

中国证券报：预计2017年改革的着力点，会落在哪些方面？

贾康：需要继续贯彻十八大以来的大政方针，迎接十九大。从着力点来看，总体要按照供给侧结构性改革的战略方针，继续体现实质性的攻坚克难。具体要落在配套设计上。方方面面的改革中央也提了很多的要求。财税改革有明确的时间表，而户籍制度改革、投资制度改革、价格制度改革、国有企业改革、司法改革相关联的多种改革事项，都要形成全面改革这个概念之下的协调互动。

（接受《中国证券报》记者采访，彭杨采写）

针对我国基础资源能源与环保重大问题实施配套改革突破：以经济手段为主化解雾霾等环境威胁

首先，我要感谢以马蔚华行长为理事长、樊纲教授为评委会召集人的综研软科学基金会授予我中国软科学大奖，也感谢中山大学管理学院今天在著名的中大怀士堂举办这个成果报告会。软科学奖项不仅是对我们作为研究者的鼓励和鞭策，而且为我所尤其看重的是，在给获奖者以殊荣的同时，有利于促使我们社会中的方方面面，更加注重中国软科学的研究与发展，更加有效地应对与获奖成果相关的经济社会发展重大问题。

我此次的获奖成果“从资源税改革和电力改革看全局”，是正视中国走向现代化伟大民族复兴愿景的经济社会转轨中，从资源与环境视角看已形成的矛盾凸显、严峻挑战，探讨如何通过实质性攻坚克难的配套改革来应对，以寻求造福于社会公众的可持续发展和现代化全局战略目标的达成。

改革开放以来中国经济社会取得长足进步，目前仍具有一定的“黄金发展”特征，但物质资源环境制约和人际利益关系制约互动交织而成的“矛盾凸显”，已带来潜在增长率“下台阶”和对于发展可持续性的明显压力。近来的雾霾问题，是我国生态环境中大气污染危害升级的突出标志。由此，应提出如下几个层面的认识。

一、必须高度重视雾霾所代表的环境威胁的挑战

我国改革开放新时期中，较早已有“避免重走发达经济体先污染后治理老路”的认识，并由最高决策层明确地提出了资源节约型、环境友好型这一“两型社会建设”方针，又提升到统领全局的“全面、协调、可持续”科学发展观，以及十八大以来“五位一体”建设生态文明的“国家治理现代化”治国理念。但面对当前现实我们不得不承认，由于种种原因，迄今为止我们并没有走通“避免先污染后治理”之路。严峻的挑战是，2013 年以来，动辄打击大半个中国且已造成“国际影响”的雾霾，实已带有环境危机特征，引起了民众广泛不满和政府管理部门高度焦虑，形成了对于我国经济社会生活的现实威胁，亟待化解。

二、环境问题成因中最需注重、最为可塑的是制度机制因素，相关改革的重大意义必须挑明

正视环境危机挑战，我们一方面需要清醒地认识到，我国消除雾霾危害这一目标的实现，还需待以时日，因为在“先污染后治理”的既成事实轨道上再来解决此种问题，已不可能一蹴而就；另一方面，必须以最高重视程度，正确树立中长期减排治污、消除雾霾等环境危机因素的可行思路与务实的方案框架。

这里首先有一个“对症下药”的视角，即雾霾愈演愈烈的成因到底是什么？关于我国雾霾等环境危机因素的细致成因分析，固然还需要展开大量的科研工作，但目前基本的判断却已经可以形成：这明显地与我国具体国情中的如下几个要点息息相关：1. 我国近 95% 的人口聚居于仅占 42% 左右国土的“瑷珲（黑河）—腾冲线”（亦称“胡焕庸线”）之东南方，使能源消耗、环境污染压力呈现“半壁压强型”；2. 我国基础

能源主要依靠国内储量丰富的煤炭——随着燃油国内供给明显不足等因素在近年浮出水面，加之水电、核电、风电、太阳能电所各自遇到的制约，目前全国电力供应中的约80%已是烧煤发出的火电，而煤的清洁化使用难度高，大气污染等负面效应十分突出；3. 前面几十年我国特定发展阶段上形成了在经济起飞中以重化工业支撑的超常规粗放式外延型快速发展模式，单位GDP产出中的能源消耗系数相当高，污染因素集中度高而不能有效化解。以上这些，可称为我国能源—环境压力方面客观存在的“三重叠加”，我们极有必要据此如实认识理解相关环境挑战的严峻性质。

接下来，还特别需要指出，在上述基本国情中有关人口分布、自然资源禀赋、发展阶段特征等基本上不可选择的因素之外，还有可塑性高的制度机制因素密切相关，而在这个方面我国存在重大缺陷，对于雾霾等环境问题的恶化难辞其咎。也就是说，我国目前环境问题的一个重大原因，来自于机制性的资源粗放低效耗用状态，它涉及煤、电、油等能源耗用相关的制度安排问题，恶化着大气、水源水流、生态环境，形成了经济、社会生活中危及人们生存质量的不良传导链条。比如：在我国一般商品比价关系和价格形成机制基本实现市场化之后，在国民经济中基础能源这一命脉层面“从煤到电”（又会传导到千千万万产品）的产业链上，却一直存在着严重的比价关系与价格形成机制扭曲、非市场化状态和由此引出的“无处不打点”的乌烟瘴气的分配紊乱局面，特别是助长着粗放式、挥霍式、与节能降耗背道而驰的增长状态和消费习惯，在现实的比价关系和利益相关性的感受之下，社会中的主体几乎谁也不真正把节电、节水当回事！而节电、节水，在我国实际上就是节煤降污，就是抑制和减少雾霾。

我们面对这种使发展过程不可持续的挑战与威胁，必须抓住可塑、可选择的机制与制度安排问题不放。下一阶段极有必要积极推进从资源税改革切入，逼迫电力价格和电力部门系统化改革，并进而引发地方税体系和分税制建设来助益市场经济新境界的新一轮税价财联动改革。这一主题，其实过去已在若干角度上被方方面面所关注和议论，但还缺乏一种“捅破窗户纸”或“打开天窗说亮话”式的正面审视，没有挑明并加以通盘连贯处理，亟待在“配套改革”概念上形成“路线图与时间表”式可行方案设计。

三、现实生活中政府、民众两方面的“两大悖反”，必须依靠配套改革中形成以经济手段为主的长效机制来化解

我国现实生活中，存在两大悖反现象：一方面，官方反复强调科学发展、包容性可持续增长，但实际进展是在部门利益、垄断利益的阻碍下步履维艰，为此必须做的与煤、电相关而形成以经济手段为主节能降耗长效机制的改革，一拖再拖；另一方面，公众对环境恶化、雾霾打击等的感受，日益趋向“民怨沸腾”，但一说到资源税、环境税等改革，却又会由其“加税”特征引发一片反对声浪，甚至有人会跳着脚骂娘，很不认同这种会牵动利益关系的经济调节方式；上述这种政府、民众两大方面的悖反和荒谬状态，导致“科学发展”、“生态文明”迟迟难以落地，必须依靠着眼全局、前瞻长远、逻辑清晰、设想周全的改革设计，与以更大决心、勇气、魄力和智慧构成的改革行动来破解悖反，贯彻绿色发展战略，从而把中国来之不易的现代化发展势头和仍然可能在相当长时期内释放的较高速发展和“升级版”发展的潜力，真正释放出来。

实话实说，节能降耗方面以政府行政手段为主的选择式“关停并转”，虽仍然被反复强调，但其操作空间有限，仅适合为数不多的大型企业；以法规划定“准入”技术标准的“正面清单”方式，逻辑上说可以用来面对中小企业，但如果以此为主来操作，一定会产生为数众多、防不胜防的“人情因素”和设租寻租，发生事与愿违的种种扭曲和不公，效果亦不具备合意性。真正可靠、效应无误的转型升级出路和可充当主力的调控长效机制，是通过改革，以经济杠杆手段为主，让本应决

定性配置资源的市场力量充分发挥公平竞争中的优胜劣汰作用，把真正低效、落后、过剩的产能挤出去，进而引发出来一个绿色、低碳、可持续的经济社会发展“升级版”。

四、相关配套改革的一个关键和两个要领

新一轮价税财配套改革的一大关键，是抓住我国煤炭市场价格走低的宝贵时间窗口，推出将资源税“从量”变“从价”机制覆盖到煤炭的改革。这新一轮“价税财联动”配套改革，会通过理顺我国基础能源比价关系，和“冲破利益固化藩篱”使资源、能源价格形成机制顺应市场经济，在配合地方税体系建设等财政体制深化改革任务的同时，形成法治化框架下有规范性和可预期性的以经济调节手段为主的制度体系与运行机制，促使全中国现已达 6000 万个以上的市场主体（含微型企业和个体工商户）和近 14 亿居民，从自身的经济利益出发，根据市场信号和政策参数“内生地”积极主动地节能降耗，企业会千方百计开发有利于节能降耗的工艺、技术和产品，家庭和个人会注重低碳化生活，这样群策群力以可持续的转型发展打造“中国经济升级版”，促使国民经济与整个社会，走上一条可以越走越宽的连通“中国梦”愿景的绿色、低碳新路。这时政府可做、应做之事，主要在于把握好两个要领：第一，是掌握力度，于上述配套改革中使大多数企业在比价关系变化面前，经过努力可以继续发展，少数企业被淘汰出局——可酌情渐进地做多个轮次，每次出局的便是所谓应被淘汰的“落后、过剩产能”；第二，是当比价关系变化传导到最终消费品时，及时适度地提高低保标准，使最低收入阶层的实际生活水平不下降，而中等收入阶层会自觉调整消费习惯，趋向于低碳化生活。总体上，如掌握好这样的关键内容和两大要领，这个价税财联动改革就可望成功，并成为釜底抽薪或化解雾霾等环境威胁的长效制度机制建设。

这种配套改革为当代中国迫切所需、势在必行。纵有千难万难，我

们也应群策群力，攻坚克难，力求突破，这才不枉负我们从未如此接近的中华民族伟大复兴的召唤，以及我们必须把握的三中全会后以全面改革实现“国家治理现代化”的战略机遇期。

（2014 年 4 月 12 日在第四届中国软科学奖成果报告会上的发言，中山大学）

供给管理：中等收入陷阱历史性考验阶段已经到来

结合我们这个单元“国内经济解困与增长应对”的主题，扼要地谈谈自己的看法。

说到新常态，我认为可以讲“新”已明朗，但“常”未实现。“常”是在我国国民经济合乎逻辑地从高速向中高速下台阶之后，要完成探底和企稳，对接一个尽可能时间长久的发展升级版，要“常”在这种“增长质量提升”、“人民群众得实惠且实惠可持续”的状态上。我们既要承认进入中等收入阶段以后，不可能再是高速了，要进入中高速的新阶段；另外一方面，面对数年来在地方政府层面、企业层面、市场层面感受到的种种困难，还需谨防因为我们的矛盾累积和隐患叠加，带来一滑再滑的状态。如果简单地让经济继续下行，而没有新的动力源对冲下行因素，我们是不是要至少居安思危地考虑经济问题的社会化和政治化，会不会把我们拖入“中等收入陷阱”。在这样一个非常严峻的考验面前，当然要看到中国的发展潜力、韧性、回旋余地，都是实实在在应予肯定的，但是这里面蕴含的所有的潜力和可能的活力，一定要有新的制度供给的龙头创新因素激发出来，才能真正变成现实。

我们一方面需要适当扩张需求，同时要特别注意处理好理性的供给管理的问题。现在从决策层到学界都特别注重怎样消除供给抑制，我所在的华夏新供给经济学研究院和新供给经济学 50 人论坛，在迎接十八届五中全会时，形成了一套条理化的认识，强调要改善供给侧的环境与机制，激发微观主体活力，特别注意研讨中国制度供给这个龙头，怎样能够带出来新发展理念下的各种动力因素整合在一起的混合动力系统的优化升级转型。从这个视角上我们主张，针对当前大家感受到的中国经济下行中间最主要的矛盾方面已经是人们在谈论的通货紧缩压力，必须要有适当宽松的总量政策的同时，亟应掌握好区别对待的有效供给，在优化结构方面把文章做足，来增强我们在国际竞争环境中的综合竞争力和发展的后劲，真正把“新”引到“常”的状态上。

我们有一个认识框架。问题导向下，我们勾画了必须重视的三大国情约束条件，要缓解这些约束之下的矛盾凸现，必须在供给端找到可行的对策。首先看看这些问题：

第一，中国其实是一个“非常之局”，20 世纪 30 年代就由学者揭示的“胡焕庸线”的基本格局延续至今，世界上最大人口规模（近 14 亿人）的经济体的近 95% 的人口聚居于仅占国土 43% 左右的东南半壁，实际生活中间，我们这种“半壁压强型”格局中的资源使用、能耗、环境压力，等等，和经济发展特定阶段上的粗放特征，以及在我们国家资源禀赋条件决定的基础能源“以煤为主”的格局，合在一起，就形成了我们特别的高压力区间和高压力阶段中，由于种种因素形成的异乎寻常的“怎样才能够实现绿色发展”的挑战。比如现在大家都感觉难以容忍的雾霾，一定要回到这一个客观的格局里来理解。中央全会文件里提到的矛盾累积、隐患叠加，当然也包括这样的现实问题。非常之局怎么样以非常之策破解，我们认为，一定要在供给端有一个问题导向之下的成体系的、高水平的对策设计。

第二，中等收入陷阱历史性考验阶段到来了。中国必须考虑如何避免许多经济体遭遇的这个问题，来争取相对顺利地摆脱陷阱式潜在威胁。针对前一段时间内的争议，我们强调：中等收入陷阱，绝对不是什么所谓的“伪问题”，不是所谓敌对势力给中国搞的什么“概念陷阱”，这种中等收入陷阱是一种世界范围内客观的统计现象，对其的分析可以继续细化，但首先应强调中国在渐进改革路径依赖之下，我们已经看到了制度性“后发劣势”的制约，看到了各种各样矛盾的累积，这些隐患和这些矛盾叠加在一起，问题导向下，我们一定要居安思危、防患于未然地考虑，怎么样避免重蹈那些覆辙，所以必须有优化供给环境、强化供给措施的重大的科学决策。

第三，作为最大的发展中国家怎样弥合二元经济和走向共同富裕，这个导向下已经面临严峻的挑战。我看《邓小平年谱》，得知邓小平晚年最关心的（也是其最后一次对国家大事发表看法的记载）是让一部分人、一部分地区先富起来以后，怎么样实现共同富裕。如果这个问题解决不好，全局皆输。实际生活中，我们已看到的城乡区域差距、居民收入差距、财产差距，及其相关的公正性问题，已经形成了非常严峻的挑战，能不能把差距保持在各个方面能承受的范围之内并使公众感受到公平正义，相关的供给环境、机制优化问题是无法避免的。

我们认为必须在供给方面考虑不同的要素塑造新的动力，形成可支撑“升级版”的混合动力体系。整个人类社会经济生活中，原生动力当然是需求，人们必须满足自己的生存以及发展和享受的需要——但是，回应这个需求原生动力的后面的供给，却决定了我们不同时代的特征和不同阶段上，有没有可能通过创新一个一个地走上发展的台阶。供给方面大致有五项要素：劳动力、土地代表的自然资源、资本、创新力量、制度机制安排。前面三项在经济体进入中等收入阶段之前，动力作用是非常明显的，进入中等收入阶段以后，更多需要强调的则是后面两项，即科技创新和制度创新。中国现在一定要抓住不放的，首先是转轨中的制度的供给。

如果提出对策，显然就是针对这五大要素，能够采取什么样的对策。比如首先在劳动力相关的人口政策和人力资本培育发展战略方面，必须应对现实的问题，现在终于看到五中全会“放开两孩”，后面还有必要动态优化我们的整个人口政策和人口发展战略。又比如，要把这五大要素里面可能的有效供给提升上来，必须在改革方面有一系列的重点考虑。这方面我们提出了一系列的改革建议，举一个例子：关于已经在不断努力地实施简政放权，减少审批，多年来逐步实行的系列改革措施，为使其绩效真正能体现出来，必须结合体制框架的改造，指向大部制、扁平化。整个政府行使公共权力的基本构架能不能如愿地得到“伤筋动骨”、“脱胎换骨”般的改造，这是真正的“攻坚克难”问题。大部制讨论了这么多年，却只走出了一点儿“小碎步”，没有什么大进展，扁平化在逻辑上早就在探讨，中央文件早就要求在财政上实行省直管县后，有条件的地方还应推进行政的省直管县，但也一直没有什么进展。这些问题我们一定要考虑的。只有这些结合在一起寻求治本，才能真正转变政府职能，降低运行成本，减少信息不对称，通过供给侧的结构性改革激发出我们的潜力和活力。

（2015 年 11 月 18 日在“财经年会 2016：预测与战略”会上的发言，根据速记整理）

中国的现代化要过大坎

尊敬的到会各位嘉宾，各位朋友，大家好！

首先特别感谢各位在周末光临这样一个新书发布会，也特别感谢中信出版社，感谢乔社长和中信其他同仁的帮助。在大家的支持下，我们《中国的坎：如何跨越“中等收入陷阱”》这本专著得以顺利问世。在感谢之余，我和苏京春博士作为作者，借这个场合想说一些自己的基本认识。

这本书的写作意图显然有非常强烈的入世情怀，是针对现实重大问题，而这个现实重大问题又是存在明显争议、不同看法的——这些不同看法甚至是南辕北辙。我们自己的基本意图，在书后面一个题记里可以比较直观地表达出来，就是：“世界的局，中国的坎，历史考验在即，陷阱必须跨越！”这本书最关心的就是对这样一个事关中国要实现现代化伟大民族复兴“中国梦”的见仁见智的问题，我们自己认为它在战略层面是不可回避的，我们应力求以尽可能严谨的学术研究的态度来认识和论述它，而且这个学术研究还应该对接到社会上读者们的“用户体验”，尽可能深入浅出地把我们想表达的这样一些具有学术严谨性的看法，以大家相对容易接受的方式表述出来。我们在这方面做了一些初步的努力。在现在的文本里，虽然还会存在种种缺陷，但是首先我想讲一条，这样一种面对重大现实问题的态度，我认为是作为严谨的研究者应该秉持的。

我们自己的基本着眼点，就是中国的发展到了现在改革开放三十多年以后新的历史起点上，确实存在中央五中全会所说的矛盾累积、隐患叠加，战略思维层面必须是居安思危，防患未然。其实这些年在领导同志推荐读《旧制度与大革命》的同时，中国社会已反复讨论着改革和社会问题在赛跑，甚至有企业家直言不讳地说，在中国也存在改革和革命在赛跑的现实问题。在现实生活中的纠结和潜在威胁等情况下，人无远虑必有近忧，从学者研究问题，到有关管理部门尽可能在问题导向下解决问题，都要连通到我们的科学决策、制度建设和政策设计，这是有社会责任感的学者、工作者必须努力把握的一个思维导向和应该努力去尽的社会责任之所在。

自己研究思考的水准虽然肯定要受到种种主客观条件的限制，但是应该首先立足站在战略高度上，抓住事关全局与长远的真问题。所以，从这个角度来说，我们想借这个机会稍微展开一点并再次强调：虽然有一些我所敬重的学者不同意存在着“中等收入陷阱”这个基本概念，但我们坚持一定要把中等收入陷阱这个概念确立起来。我们的基本看法就是，这首先是一个用实证统计数据可以归纳出来的一种统计现象，虽然中等收入陷阱在概念上有一定的弹性，它在具体的解说上、分析上还显然要做进一步的探讨，各种见仁见智的观点应该充分发表，但是像一些重量级的学者所说的，不知道中等收入陷阱指什么，或者说可以讲中等收入阶段却没有必要讲中等收入陷阱，我们觉得这样的“否定论”看法是不适当的。无论这些学者影响力多大，名气多大，回到问题的本身来说，我们并不考虑主张这类观点的学者本人得过什么样的奖（比如否定派中有得过诺贝尔经济学奖的重量级专家），也无论是在中国过去改革开放过程中有多么为人所承认的建树，并在过去和我们观点高度一致（但现在也出现分歧）的学者，我们觉得还是要进一步比较直率、有的放矢地探讨真理与社会的真相，发出争鸣之声。

实证所表明的中等收入陷阱这个统计现象，人类社会前面大半个世纪中已经有大量的具体案例，我们在书中用可以拿到的数据来勾画了这些案例。乔总编也专门说到我们还进一步把它细化到中等收入阶段可再分两段，中国现在已经走到上中等收入阶段，实际的问题就是我们在改革开放过程中跨越了下中等收入陷阱后，剩下的历史考验是如何跨越上中等收入陷阱这个具体问题。

这方面的否定派，还有一些极端的形式——我们认为他们的论点就更是不能成立的了，比如说这是“敌对势力用来打压中国的一个概念陷阱”、“中等收入陷阱是个伪问题”——这样的说法我们完全不能接受。

在否定派旁边，还有一种乐观派，虽然承认这个概念，但是说跨越中等收入陷阱已经十拿九稳没有问题了，我们也不赞成这样过于乐观的态度。我们当然希望中国能够顺利地跨越中等收入陷阱，但是我们认为应该掌握好真正有价值的忧患意识，和有利于防患未然，积极闯过“历史三峡”式大关口的观点。

实际生活中尽可能产生正面效应的思维，恰恰是要把困难想得更充分一些。如果要争取发出全力经受历史考验，跨越中等收入陷阱，我们应当尽可能地立足于把种种隐患叠加、矛盾累积所带来的制约和潜在威胁做尽可能充分的认知和把握。在我们的成就方面，考察得充分，还是不够充分，问题其实并不太大，但对一些负面的问题，制约的问题，考虑得是否充分，对潜在的威胁我们的认识是不是到位，对策是不是有效，是不是能够符合客观规律，便是非常关键的问题了。守正出奇地去解决中国在世界之局中跨越中等收入陷阱这样的我们称为中国现代化的顶级真问题，它的重要性所带来的应有思维要领就是，我们宁可在预防的方面更多地考虑穷尽一切力量，哪怕被人们最后评价为在这个过程中发力而不遗余力的方面走到了极致，但是对历史交代的时候，却不应该被评价为有什么负面效应。这是一个战略思维上我认为应该清楚、明智地把握的要领，即我们要尽全力（使出“洪荒之力”）避免中国重蹈前面大半个世纪90%以上进入中等收入阶段经济体所走的落入陷阱之路，避免重蹈覆辙。战略思维中的忧患意识，我认为是于国于民，于整个民族现代化发展来说，应有的思维支点和最有价值的一个积极防范，实为积极进取的认识框架。我们在书中也在这个认识框架之下，按照“谨慎派”的趋向，努力做了尽可能充分和有条理的分析研究。但是我们也深知，这方面的认识还远远没有穷尽。我们认为，在今后实际的经济社会发展过程中，应进一步引发方方面面对这个问题的重视和做进一步的探讨，如果这本书的问世，能够在这方面起到一定的积极作用，我们就感到非常欣慰了。

在前一段时间，我感觉在以忧患意识来考虑中国现代化伟大民族复兴这个“中国梦”大局的认识维度上，有一个非常强烈的共鸣者，他是不幸在武汉车祸中去世的吴建民先生。我跟他过去有过接触，但实话实说就这个话题的讨论并没有机会能够展开。但他去世后我看到他文章和言论里特别鲜明的就是，在全球视野下特别强调中国现在这样一个发展的新起点来之不易，这个历史机遇下的忧患意识和理性考量才能引导我们真正去应对历史性的挑战，在忧患意识下中国如果能冲破这个历史三峡，那么再向前面，人民对美好生活的向往，中国和其他经济体的和平共赢发展等问题的解决，就可能越走越顺。他的意思是，如果在这样一个历史考验面前，我们没有能够走过这个关口，那中国再往后还不知要耽误多少年，还要等待多少年！我是认同他这样一种忧患意识与大局观的。“生于忧患，死于安乐”，这种哈姆雷特式的“生存或死亡”的问题，当然是“中国抉择”概念下结合全面改革攻坚克难的“顶级真问题”。

我和苏京春博士作为作者，努力以科学严谨的研究分析支撑这本书，以忧患意识和问题导向来促使方方面面作更多的考虑：我们现在能够做什么，按照什么样的要领面对历史性考验，给出我们无负于时代的应有的积极进取的答卷。借这个机会再次感谢各位，并谈这样一些感想和认识，请大家批评指正！

（2016年10月在《中国的坎：如何跨越“中等收入陷阱”》新书发布会上的发言）

中国经济的运行态势和发展空间

大家好！我知道在座的有来自各个方面的尼尔森的高端客户。各位嘉宾、各位朋友都高度关注我们中国的经济走势。我作为研究者，也是想借这个机会用不长的时间谈一谈我对于宏观经济的基本认识框架，给大家提供一些在这方面观察和思考的参考意见。

我知道在市场人士考虑一系列具体生产经营的战略、策略问题的时候，可能各位已经越来越推崇首先要“看大势”的哲理。这也符合中国人过去特别强调的思维方法上要“取势、明道”，接下来再“精术”。如果从宏观的大势上来看，中国最高决策层现在频繁地使用一个核心概念叫作“新常态”，中央的文件明确要求要认识、适应和引领“新常态”。

如果做一个最简要的评价，新常态标志的是一个合乎规律的必然到来，而且现在已经在演变过程中的阶段转换。它的“新”大家已经清楚，但是这个“常”还没有实现。所谓“新”就是我们已经看来确切无疑地告别了前面三十几年龙头指标 GDP 表现为年均增长水平达到两位数的高速发展阶段。两位数的发展最后一次出现是在 2010 年中国成功抵御世界金融危机冲击之后，有一个回光返照式的站在两位数的增长速度，再往后，从 2011 年的九点几，现在已经一路下滑到今年上半年的 7%。

这样中高速新阶段的到来，其实符合一般经济体从世界范围来看的发展规律。中国在前几年已经进入了中等收入阶段，各个经济体总体来说和中等收入阶段对应的增长速度状态不可能再是高速的，中国也是合乎逻辑地转到了中高速。这是新常态的“新”之所在，它是直观的现象。

再往前看大的趋势，中高速的情况下中国社会还会经历一系列演变，比如说中国在中等收入阶段按照意愿和可能性来说要把整个社会发展成“枣核形”的结构，就是中产阶级要不断地培育、成长，变成社会中间的主体。现在中国社会结构如果从收入不同阶层来看总体来说还像个金字塔型。以后底座的部分要慢慢收拢下来，所谓弱势群体的比重越来越少。特别成功的富裕阶层比重也不能够多么超乎一般经济体的常规。两头比较小的同时，中间的中产阶级一定会按照成长的趋势提高它的比重。

这里边又有很多主观要做的制度建设和再分配调节机制的发展问题。我们不展开相关的事情，但是首先明确的是一个新常态，第一个关键词是“中高速”。认识宏观经济层面从这样直观的角度再往下看就要说说“常”。“常”是要在阶段转换之后完成一个探底，然后使整个增长态势企稳，企稳之后对接的应该是一个尽可能时间段比较长的中高速增长平台。这个速度的表现在“7”左右，现在似乎是官方的意愿，比如前几天在国际场合周小川行长和楼继伟部长都有重要的讲话，楼部长说到未来几年左右，很可能十年左右，中国在经历严峻“阵痛期”的同时能够争取实现 7% 左右的增长速度。

学界在这方面有明显的不同意见，最乐观的林毅夫教授仍然在坚持，他更强调的是如果中国的改革和结构调整做得好，应该还有 20 年 8% 左右的增长期。他用的是国际比较，也有一大套他的论据。更多的研究者倾向于不能乐观，7% 就不错了。看低的也有中国几年之内就要跌落到 5%—6% 区间的看法。我倒不太看中到底是 6% 左右、7% 左右还是 6.5% 左右，关键是速度稳住后一定要有增长质量提高的“升级版”特征。

我觉得第二个关键词应该是跟着中高速强调结构优化，这也是习近平总书记在去年 APEC 会议比较放开地谈论、阐发他对于新常态认识里边的要点，在直观的经济增长速度下台阶之后，这个“常”要落到增长状态上最关键的结构优化。后面跟着的，实际上就是我们所说实质的追求在于经济增长质量提高，而经济增长质量提高落到人文主义立场上就是要使社会成员、老百姓生活追求中，能够按照他们的意愿得到实惠，而且这个实惠可持续。

习总书记担任最高领导职务一开始就说，人民群众对美好生活的向往就是我们的奋斗目标。“新常态”要“常”在打造经济社会发展升级版增长质量提高中高速的平台上，我认为这就是实质的追求。这个增长平台当然是对接着中国完成全面小康之后要一直延伸到现代化“中国梦”的战略目标上。落在使人民群众能够满意，人民群众对美好生活的向往能够变成大地上的现实。这第二个关键词，显然带来一定的挑战。结构优化谈何容易，市场怎么样发挥优胜劣汰的作用，政府怎么样更好地发挥作用，这里有一系列的问题需要在打造升级版的过程中间处理好。

跟着就要延伸到第三个关键词，这也在习近平 APEC 会议讲话中看得很清楚，他反复强调“创新驱动，唯改革创新者胜”。我的理解，服务于新常态的“常”能够形成，要依靠现实的创新驱动，功能就是对冲下行压力，在完成探底和企稳的过程中间，通过创新形成结构优化，打造升级版中一系列上行因素的组合。新的动力、新的上行因素在对冲下行因素之后，不光是稳定地形成一个中高速增长平台，而且使结构优化进一步促进生产力解放，能够按照三中全会所说的国家治理体系和治理能力现代化这样的路径，在继续发展的过程中间体现出潜力、活力的释放和使整个宏观发展态势带有升级版的特征。

这方面如果再简要概括一下，我认为有三个层次的创新是显而易见的，一是从十八大三中全会到四中全会全面改革顶层规划——三中全会 60 条中 336 项具体的改革操作任务对接到四中全会全面依法治国的法治化、现代化特征。在顶层规划布局下能不能攻坚克难、推进改革，这叫制度创新。制度创新打开的是另外两个层次——管理创新、技术创新的空间。管理创新和技术创新并不完全依赖于制度创新，但是从宏观层面上我始终强调中国因为经历的是经济社会转轨，有决定意义的是以制度创新打开潜力、活力释放的空间，使我们这样的发展中经济体在追赶的过程中间还能够守正出奇，能够在中国和其他经济体良性互动中寻求命运共同体式共赢，在多赢的和平发展过程中体现出中国的后发优势——在一系列的领域里争取通过一步一步地追赶，最后走到前沿。

当然我们现在某些领域里已露端倪，各位可能已经注意到中国的高铁核心竞争力在世界范围内现在算是摸到了前沿。这几天我离开北京，注意到航班的不确定性太明显，大家首选高铁，而高铁现在是一票难求。它的一票难求完全超出了前几年很多人对于高铁的评判，当时认为它超前了，认为有种种的不当之处。很多人简单强调曾经出过动车事故以后的不安全感，而现在社会中的事实说明如果处理得好，升级版的打造一直可以达到在一个一个领域里出现的前沿状态。

中国的高铁现在正在"走出去"，这已是大家看得清楚的，在世界范围内对应着"一带一路"，对应着包括南美的一些客观需要，可以形成更好的方方面面互动。技术创新和管理创新有非常丰富的内容，我们就不展开说了。

总体来说宏观经济的走势 2015 年下半年，按照现在强调有效投资，强调政策要加强它的力度，等等，处理得好，我认为有可能完成一个阶段性大致的企稳。如果全年能够争取实现 7% 左右增长的状态，明年、后年，再往后五年左右时间段大致也就是 7% 左右的波动状态了。处理得好，我们能够相对顺利地把三五年的 7% 延伸到八年、十年。当然另一个角度，如果处理不好，不排除经济还有继续往下进一步寻求探底的可能性。

我认为我们中国决策层现在主观考虑，手里可以打的牌还是有多张好牌的。比如说有效投资对应的是中国社会现在大量的从基础设施到服务业发展，到民生改进、公共工程里边一系列的具体事项。现在在积极推进 PPP 公私合作伙伴机制，官方的权威说法是"政府和社会资本合作"，实际上是把符合条件的国有企业一起拉在和政府合作的范围内，用政府体外的，或者不是政府直接支配的资金的社会资本来一起做公共工程，做民生改进的硬件支撑，它会在中长期支撑中国发展的后劲和升级版的打造。

如果这些项目稍微选择一下，比比皆是，如中心区公共交通体系的升级，各种各样功能区改进、生态环境的保护，新中心区建设里边大量的事项。它需要的是什么？就是现在被人们称为中国过剩产能代表性的领域：钢铁和水泥。当然还需要有劳动力和基本的管理力量和技术力量。中国的生产要素在自己统一市场的眼界之内，以及和世界其他经济体互动的眼界之内都不缺乏，很多主要要素被指责为现在处于过剩状态，如果比较快地组织一批有效投资，我认为会相当迅速地把一些过剩产能转为有效产能。这里边可体现为结构优化和适应现代化的需要。这里边必须处理好投融资的问题，毕竟有时间差，很多公共工程要建设两年、三年，甚至五年、八年，然后效益才能体现出来。怎么处理好这里边的衔接？这又是对科学决策的考验，但毕竟空间在、机遇在。

至于说中国人口政策我觉得更是看得很清楚，应该赶快调整。前面已经做到单独二胎的基础上，应该尽快走到放开两胎上来。涉及的人群就是城镇体制内 1 亿多人里面几千万适龄人口，因为其他人早已经是两胎以上了。只有几千万适龄人口他们会受到放开二胎政策的影响，他们也不会一下都去生孩子，但是会增加一些新生儿。新生儿带来的是什么？就是这些以体制内中产阶级定位为主的人他们的消费潜力会释放，跟国内市场和以后消费品市场在走向新常态的过程中间，对接到一个更理想的状态息息相关。短期之内扩大内需，提振一部分消费潜能，中期可以很好化解中国现在正在议论的失独家庭的社会焦虑。虽然全中国按照一般的说法是有 200 万以下的失独家庭，但是绝对数已经非常可观，对整个社会产生的不良影响已经不容忽视。只要放开两胎以后，这样的社会焦虑跟着就会被化解，中期就会产生一系列所谓社会和谐的正能量。长远要对冲中国社会结构老龄化的压力。这些事情看得如此清楚，我认为应该赶快做。这个也不展开说了。

接着再往下我想说一下如果作为研究者观察，我们必须承认中国社会现在处于一个非常关键的阶段，宏观经济的走势要继续完成认识、适应新常态的整个过程，打造升级版，提高增长质量。往前走确实会面对一些不确定性。到底我们这样全面的改革，全面的法治化能不能够如愿推进？有种种的挑战、难度和考验。但毕竟跟挑战、考验而来的是种种的机遇。如果从“事在人为”的角度来说，我们更多看重机遇。如果从发展的角度来讲、宏观经济总体来说，在大概的预测上我认为一定能够避免所谓中国经济崩溃论、断崖式的变化。它可能出现一些波动，可能出现一些振动整个社会的不良事件，比如前一段时间“天津爆炸”事件。但是总体来说你还要看到中国还有另外一些力量，毕竟三十几年改革开放之后，对城乡做一些基本的了解，大量的社会成员其实是有满意度的，但是在中等收入阶段，表现往往是“端起碗吃肉，放下筷子骂娘”。中国整个体制内有识之士他们对于发展的机遇、改革的机遇是用心在捕捉和推进的。我前两天在市县一级调研和讨论的时候就有这种感受，中央层面很多人指责地方官员现在“为官不为”，我接触的大量地方官员他们却仍在积极地不分工作日还是周末、不分 8 小时之内之外，在努力想做事。在这种情况下，我们就要对应到这些潜力空间，释放市场潜力。中国的增长空间在全世界各个经济体来说仍然是第一位的，中国是世界上最大市场潜力之所在。中国增长空间伴随着工业化、城镇化、市场化、国际化、高科技化，以及未来必然展开的法治化和民主化，会提供它一系列的机遇，从战略性新兴产业，到互联网 +，到我们现在看到有很好示范效应的互联网里边某些公司的异军突起，到现在大力鼓励的双创：大众创业、万众创新。

后面跟着是中国现在已经有基础的由收入增长支撑起来的消费浪潮。最近我们看到经济低迷的过程中间中日关系稍有缓和，就有大量中国境外旅游者涌向日本，一下提振了日本的消费市场，听到一个信息之后大量中国消费者跑到日本去买马桶盖，就是升级换代以后的坐便器，有洗浴功能和其他功能的家庭卫生洁具。后来发现买回来的是中国本土的产品，但是为什么中国的本土品牌卖不好，就是国内市场鱼龙混杂。大家到了日本以后知道它有严格的质量保证程序，就在那边买回来了。这表现的是什么？还是我们尼尔森所用的概念：是“消费者信心里边的构成要素”的制度环境供给不足，不能在国内市场有效地优胜劣汰而改变鱼龙混杂的局面。

我们中国前几个月居然出现有销售公司一下组织4000—6000员工到法国做团体旅游这种情况，也是蔚为奇观。当然法国当地政府部门高度重视，做了专门的安排，一下腾出所有的接待能力使4000—6000人的团体到法国达到愉快旅游的结果。这些体现的都是市场潜力。

我想结束讲话之前强调一下，中国的宏观经济大的框架虽然有不确定性，但能够看到和潜力相伴随着的机遇、考验和发展的空间。我们自己在市场的角度考虑问题是不是还要强调机遇在人间，要适合人群之需要。中国从养老到儿童玩具，到少年儿童各种各样的学习培训，到我们男士除现在已看到消费品里的需要购买职场打拼穿着的西服、衬衣、领带之外，是不是还有其他升级的需要？到我们的女士们，中国市场上和国际上的比较之下是不是需要更多的化妆品，更多符合她们心愿的时尚用品？这些空间孕育的是市场竞争中间，如果能够在升级的取向上，中国本土市场主体和世界各地市场主体互动的话，大家一起来开发市场潜力，一起在发展过程中间适合人群需要，推进人本主义立场上的人民生活美好向往的实现机制，在经济活动、社会活动中间通过一种良性循环机制，走到越来越符合意愿的状态。

我想最后还要重提一句老话——在宏观风云变化之下，市场定位人士要坚信一条“机遇偏爱有准备的人”，我深信各位在这方面都有丰富的经验。我这些看法在这里发表一下，请大家批评指正。谢谢！

（根据2015年在“尼尔森中国消费者360论坛”上的发言录音整理）

“矿业和绿色发展”视角的展开认识

会议的主题“矿业和绿色发展”我认为是具有非常重要的意义的。我们注意到，党的十八大在统领全局的指导层面有一个“五位一体”的表述。其中，把生态文明作为一个和经济、社会、政治、文化并列在一起的在中国实现现代化和民族复兴过程中摆在最高层次的规划内容和发展要求。这种生态文明建设落到具体的矿业方面，当然就涉及丰富的内容。把“绿色发展”突出出来，有利于配合和呼应生态文明建设的总体要求。因为这是一个现实生活中大家已经约定俗成、普遍认同的概念。要讲“绿色发展”，可以和过去中央所说的“新型工业化”，现在强调的“新型农业化”、“农业现代化”，与总体上“实现民族伟大复兴的中国梦”合在一起，成为资源节约、环境友好“两型”社会建设中的可持续发展。

一、两大矛盾凸显

我们注意到现实生活里中国的黄金发展特征仍然非常鲜明，市场潜力大、发展潜力大，另外一方面又有矛盾凸显，主要就是两大方面。

（一）环境、资源的制约。这种制约已经使过去认为非常重要的重化工项目，现在在开工上都成为阻碍。2012 年，在什邡、启东、宁波镇海三地，一连串三个群体事件，无非都是在当地要正式开工 PX 的重化工项目。在技术上很多专家说是有办法控制污染的、是能够过关的、是不会造成什么样的危害的，但是老百姓已经不认同了。过去八年、十年，这种项目的开工应当是当地政府和百姓一起敲锣打鼓、欢呼雀跃的事情，现在不行了。政府仍然有兴奋点、积极性，但民众不接受，而且形成了两边的正面冲突——在什邡那几乎就是流血事件，武警上去橡皮子弹都打出来了，后来高层紧急干涉，派去“第一书记”（这也是特殊的处理，其实现在已没有这样的称呼），当时派去后，跟着就说这个项目在当地永远不上马了，这才平息事态。但实际结果，应是政府和当地民众的双输。这种事情在实际生活里面短期内受损最重的是企业，前期所有投入打水漂了，但是总体来说，是我们社会里面各个利益相关者在矛盾制约之下没有寻求到共赢，得了一个“共输”结果。这种不良事件在一年里连续三次出现，后两次是在我们的强劲经济增长极长三角出现，是非常值得我们警醒的。

（二）与资源环境制约伴随的另外一个角度的制约，应该比较直率地说清楚，是人际关系方面（分配关系、财产配置、政府公信力、民众对政府的认可，等等），这方面出现了越来越明显的矛盾，这种矛盾制约使我们在很多方面实际推进过程中间就不像前面情形了。我们现在明显地已进入中等收入阶段，很多事情老百姓的表现就是“端起碗吃肉，放下筷子骂娘”。一些重要企业的发展，一个在国民经济里面不可缺少的矿业的发展，很多时候在老百姓那里的感受是负面的，结合着很多他们认为不公正的问题——收入分配里面的感受、矿山开发领域里的腐败和不公、公权体系和公民、政府和纳税人之间他们认为有问题或他们郁结的积怨和不满，等等，碰到什么导火索、突破口，就一下子宣泄出来。

“十八大”至关重要的意义就是在中国黄金发展和矛盾凸显两边都非常清晰的历史节点上，有了最高领导、决策层人事上稳定的安排以后，至少是以十年的眼界，要考虑怎么样打开可持续发展的新局面。在这样的对十八大“生态文明”的强调和整个经济转轨发展融为一体的理解下面，我们来考虑绿色发展的主题，我觉得意义非常明显，不言而喻：我们是结合全局再回到一个特殊领域——矿业。很多的企业家朋友和官员应一起作为研究者来讨论这样的问题。

二、绿色发展的内容

这个问题从前述的意义层面再往下讲，理论框架上，是不是可以展开一点，看看绿色发展大概包括什么内容？我抛砖引玉谈一谈自己的认识。

（一）如果把生态文明和原来早已强调的两型社会——资源节约、环境友好型社会——结合在一起，我觉得是共通的、一脉相承的概念。资源节约、环境友好还有一些派生的概念，比如循环经济、低碳发展，讲的就是在可持续的视角上，不光要考虑短期的、局部的利益，而且要考虑长期的、整体的利益，这个整体利益在世界上已经发展出“全球公共产品”这一概念，比如：气候是关系到整个人类生存和发展的，在全球必然要产生相互联系和影响的碳排放及气候问题，是在理论框架里可以清晰认定的全球性公共产品，没有国界的。人类社会民族之林里的成员，按照人类社会的道德诉求来说，这方面都有必须承担的责任。中国作为发展中大国，作为新兴经济体的领头雁，更要树立负责任大国这样一种有担当的形象。这在国际竞争中同时又实现国际合作，寻求共赢来实现中国现代化，也是一个大的环境。

（二）回到我们自己的战略思维，现在十八大以后称为建设“美丽中国”，把节能、环保、减排、循环经济、资源节约、环境友好，等等，归结到“绿色”概念，在理论框架之下如要讨论它的出发点与归宿，我认为还是“以人为本”的视点。因为这个世界上，我们所说的人本主义，是归结所有问题的考虑必最后回到人类在民生概念之下、在可持续概念之下公共利益的最大化。但是在现实生活里面，对这个最大化的公共利益的长期部分，一般民众的感受是比较弱的，而且在市场经济条件下、实际生活环境里面，越来越多的老百姓并不太关心未来、遥远，更关心的是眼下怎么样，特别是到了主观感受上，他更关心的是我的幸福感怎么样。十八大后习总书记说要把民众对美好生活的向往，作为我们的奋斗目标，这是被媒体称为他“就职演说”里面可提炼的主题，并给予“接地气”的高度评价，而我们研究者更应该看重的是在领导层“下接地气”之后怎么“上联战略”。这个战略思路和相关要领的研究还必须配套，就是要有理论支撑和顶层设计。我们作为理论研究者，感觉在这后面所谓民生的问题、可持续的问题、幸福感的问题，是可以回到基础理论层面讨论的一系列公共资源配置的原理。公共产品、公共服务的复杂形态，从纯公共产品到准公共产品，再到我们已有探讨的权益—伦理型公共产品，以及在准公共产品提供领域，特别是绿色环保领域，怎样实现公私合作伙伴关系，使政府、企业、非政府第三部门（包括慈善机构和志愿者组织等）共同参与来促进环保、促进绿色，进而造福于人类社会中的每一位成员。这些问题非常丰富复杂，在理论层面我们今后可以不断地探讨，用以联系实际支撑不可回避的绿色发展的通盘战略和顶层设计。我们愿意和各界的朋友们保持联系，就大家关心的一些重点问题继续深入地推进研究认识。

（三）在对大的意义和理论框架作粗线条勾画以后，还要再谈一下第三个层面，就是作为研究者怎么理解向实际运行操作方面的对接。这需要规划之下的一些政策和机制，比如说，财政部门是必须对此发挥应有的重要作用的，因为财政作为“以政控财、以财行政”的分配体系，其特点是在宏观调控中配合货币政策的总量调节以外，更应该突出区别对待、结构优化，有支持、有抑制。根据总体结构优化的要求，以公共利益最大化为取向，要有以区别对待为基础的政策设计。说到政策就是有差别，无差别便无政策。最纯粹的完全竞争市场模型下，政府不用区别对待，理论上对此特别强调的货币学派认为政府不用管别的事，就是稳定地提供流通中的货币量，其他的事情都不用管，如果管了，到头来预期调整完了之后会使政策完全失效，即从长期来看政策是无效的。我们不认同这种看法。现实生活里面并没有一个纯粹的完全竞争市场，却必然有所谓负的外部性，比如：排污造成的污染。排污主体在一般的运营状态之下，是感受不到排污对它自身直接的利益威胁的，必须施加一些调节，把这种“负的外部性”内部化，才能督促这种排污的主体、给环境带来负面影响的主体，有内在动力减排治污。这些都是需要在政策角度、机制角度加以研究的问题。

三、财政角度上的三个着眼点

在这种必须比较务实的、和现实问题对接的层面上，我认为从财政角度来说至少有三个着眼点。

（一）一个是在财政这个收支分配循环上，收入方面应当有什么样的机制和政策。我们前些年就意识到在收入方面应当优化税、费、基金的体系，比如现在还应积极推进的资源税，是和节能降耗与整个再生产流程有关的——如果我们的资源产品、初级品，从开采到加工、使用，整个产业链从上游到中游到下游，在比价关系上没有体现这种资源产品的金贵性，即经济学上所说的稀缺性，那么它就不是鼓励大家来努力地节能降耗，实际上是在鼓励相关主体粗放地、挥霍地甚至是浪费式地来使用资源，而在中国，这种情况比比皆是。2010年下半年以后在原油、天然气两项资源产品上的资源税，开始从原来无关痛痒的从量征收，调到了有一定力度的、有关痛痒的随行就市的从价征收。原油天然气的这个机制覆盖全国之后，我们现在也在观察，有没有可能在十八大以后能够看到有关方面下决心推进其他金属、非金属矿的资源税改革，特别是在煤炭上。我查了一下煤炭这方面的从量征收规定，焦煤每吨是八元，其他的每吨二点几元、三点几元，没有更高的了。对于十几年前几十块钱一吨煤，这点从量调节可能还有点影响，现在翻了十倍以上，一吨煤几百元了，还是这两三块钱的调节，已经无关痛痒，必须下决心在这方面要接续原油、天然气的逻辑，改变煤的比价关系和价格形成机制。这样一个税加进去以后，是依法的、透明的、可预期的价格形成因子。产业链的上游这种比价关系改变了以后，在竞争中间虽然开发企业可能多少吸收一点，但一定要向中游和下游传导，这个传导就是一个好的机制，逼着所有的相关利益主体千方百计地节能降耗、千方百计地开发有利于节能降耗的工艺技术和产品，这不就归入绿色发展概念下我们所追求的应有状态了吗？而且这是用物质利益调动千千万万分散的市场主体去产生所谓内生的、自己自觉要做的事情，是在一个法治国家运行框架中，通过立法在税收方面形成的一种长效机制。

除了税以外，我们认为还有其他的费需要探讨，税是主要的形式，但在现实生活中，不可能单独地依靠税“单打一”地来处理相关调节问题。在矿业上更复杂，我们研究不够，我有这样一个概念：从财政收入角度来说，除了税以外，还必须处理从探矿权、采矿权的权利金，到一些基金，以及一些必要收费的通盘整合和合理化。有些过多过滥的东西必须整合、取消，有些必须名正言顺地理顺、处理好。这样一个体系，涉及财政部领导层和业务部门工作体系都注意到的，像煤炭和其他类似的矿业，矿山整个生命周期接近尾声的时候，剩下的大量问题是环境修复问题，比如塌陷区在环境修复以后，这样的地皮怎样能够继续使用，资源枯竭城市如何找到新的就业门路、新的产业支撑；相关的民生问题怎样处理，等等，如果没有一个从产品价格中提取的、比较有对应性的基金，这些问题处理起来是比较麻烦、乏力的。要争取形成环境修复基金、资源枯竭型城市产业转换基金，这方面也需要积极地探讨。

把绿色概念如果说得全面一点，还应当包括安全生产问题。我们现在矿业方面不断发生的矿难，真是揪心的事情。这么大的中国，过去这种矿难不断的情况，在信息可以被封闭在局部的时候，不会对社会心理产生如今这么大的影响。现在无法封闭这些信息，在新闻媒体上、互联网上、微博上不断听到这个地方出矿难、那个地方出矿难。那么没有别的选择，我们必须考虑：为什么别的国家也有矿业发展的情况下，人家的矿难能够降到相对低的水平？中国作为一个走向现代化的国家，必须用多种手段包括经济手段来想方设法促进安全生产。那么在收入方面，是不是也应该考虑对安全生产整个过程的推动有一个提取自产品价格的、专业化基金的力量来支持。诸如此类都是举举例子，都可以探讨。

在财政收入方面，就是应寻求构建机制化的、具体可行的政策和长效的经济杠杆，要在研究讨论中听取一线同志最切身的感受，对矿业健康、可持续发展面临的突出的问题，他们有什么对策建议。

（二）另外在支出方面，我认为也有几个着眼点，至少在必要的补贴这方面，还要继续运用这个手段。补贴就是反映政策支持，就是通过这种导向来解决一些具体问题。前些年我在媒体上看到，有一个研究者在煤炭生产方面推出一种可以防范矽肺病的面罩，但多少年来就是推不开。在一些中小矿主那边是认为增加了成本，每个矿工还得多花几百块钱买这个面罩，在工人那里是觉得干活久了带这个面罩不舒服，用用就扔到一边去了，总觉得没事。扔到一边以后防范矽肺病这个功能不就废掉了吗？在一些国营矿山里面，当时听到的消息也是觉得这个事情弄来弄去的没有可持续性，大家也就没有积极性了。但是这个方向我觉得是值得坚持的，既然有这样的具有创新特色的、防范矽肺病的用具，能不能够通过政府给点补贴的方式进一步地去做示范，加上一些管理和一些细节的改进，这对工人的身体来说益处是不言而喻的，对于国家、公众来说，也减少一块负担——一旦生成矽肺病不可逆转，往往到了三十几岁剩下的寿命就区区几年，比如在媒体上大家热议的“开胸验肺”的工人，现在又在报道他的不幸情况。人的寿命的损失无法计算，其他的经济损失可以计算，综合起来已是非常可观的数字。财政补贴在这方面的必要投入，实际上可以减少很多社会上有形的、无形的负担、成本和拖累。还有就是纯属支出方安排的专项的资金。比如说绿色环保方面有些必要的研发、攻关，财政应该在通盘考虑下设立必要的专项资金，支持这种攻关，争取早些实现突破。循环经济里面有很多具体的技术问题，不可能面面俱到、通盘支持，但是可以有选择地支持一些我们认为有必要首先支持的攻关项目。在研发方面当然也需要充分调动企业的积极性。我注意到现在企业所得税的优惠——这是第一种概念即收入方面的政策工具，但在西方理论里称为“税式支出”，也可以认为是支出，它已有一个现行的政策规定：企业研发投入认定之后，可以得到所得税上最高 150% 的抵免——即在研发里认定了 100 块钱，在企业所得税里能够抵免 150 块钱。这个刺激力度听起来是相当大的，就是鼓励企业更好地通过研发走创新型的道路，整个国家来走创新型国家的道路。当然，在具体管理领域里面可能还有些问题，像有些中小企业、中小矿山，连账都是不规范的，怎么认定它的研发投入？这里面有些人想浑水摸鱼，就是想得到这种政策优惠但实际上又没有做什么实打实的研发活动，怎么办？还得企业和政府之间互动地寻求把这种好的政策机制落实成一套管理和运行实践。

（三）待深入探讨的问题。还有一些我觉得在今后需要更深入探讨的财政政策工具设计问题，往往需要经各方协调在不可回避的重大问题上找到解决问题的技术路线。有一个例子：我们注意到，中国矿山的回采率是比较低的，从绿色发展来说，这明显是不良的、非绿色的发展——很多的矿是把“白菜心”吃了以后把“白菜帮子”全扔了。有一个说法，中国煤炭业的回采率要比世界领先水平低 20 个百分点左右，这个数据是不是很准确我不敢说，但是回采率比世界水平要低，特别是比发达国家要低很多，这点是可以认知的、无可回避的事情，当然说起来就很痛心。中国的资源环境制约说起来比别的经济体更明显，更有种种对我们的不利影响，特别是长期的不利影响，而我们的回采率却又很低，这个事情怎么解决呢？前些年在内部讨论的时候我们曾经设想过，后来在财政部领导同志和我们讨论问题的时候也说过的一个思路，就是在弄清一个矿山的可采储量的情况下，用整个开采周期来配一个整体税负，这个税负分摊到整个开采过程中间，是前高后低。开始的时候——吃“白菜心”的时候，税负是最高的，到后来越来越低，到吃“白菜帮子”的时候税负低了，他觉得从经济上来讲合算，就要继续开采，回采率就得到提高。如果能够八九不离十地把矿山的可采储量和整个生产周期对应起来，在整个周期里面形成这样一个调节，好像是个很好的机制。但业务部门和国土资源部等有关方面探讨这个问题后，最后的制约就是业务部门基本结论是：无法提供中国这么多矿山中每个矿山具体可采储量这样有把握的信息，那么这个事情就似乎无法再往下继续。诸如此类的问题，如果说这条路不通，还有别的什么路？"怎么提高回采率"肯定是要探讨的问题，肯定是和绿色发展有密切关系的问题，那么我们就得调动各方面的智慧一起继续关注和探讨类似的问题。近年听说河北等地以回填法，把矿柱部分的煤炭也采出来，提高回采率，这就是很值得肯定的做法，很可能需要进一步研讨与之配合的长期激励方式方法。

（本文根据在"矿业和绿色发展"圆桌交流会上的致辞发言录音整理而成）

第五篇
金融改革

加快金融改革创新，推动实体经济转型升级

大家好，非常高兴来参加今天我们创合汇的活动。借此机会，就“加快金融改革创新，推动实体经济转型升级”这个题目，谈一下自己作为研究者的一些基本看法。在结论部分，我将提炼出在引领新常态的过程中间，中国的金融创新有 6 个方面的势在必行。

首先，谈一谈金融的重要性，以及它和实体经济的关系。

在 20 世纪 80 年代，邓小平就有一句名言，“金融是现代经济的核心”。怎么解读这样一个非常简洁，并且很正确的判断呢？财政部科研所研究生部是改革开放后第一批硕士、博士点。过去在博士生考试的考题设置里面，我曾经专门出过这样一道题——你怎么认识、解读邓小平“金融是现代经济的核心”这句话的内涵？其实是没有标准答案的。我如答题，就愿意把这个金融系统比喻为国民经济的一个心血管系统，它显然是带有核心系统特征的这样一个组成部分，因为在现代金融运行的过程中间，要对整个经济生活大系统以信用融资来媒介和激活各类经济活动和创新行为，使各种要素的流动与重组及发挥作用得到它的帮助。这个心血管系统也就会像润滑剂一样来提高效率，提高效益，优化资源配置，推动经济增长和社会发展。它的重要性不言而喻，在认识框架上值得充分肯定，但是从这个心血管系统的比喻，也可以引出另外一个防范风险的考虑——这样的一个“核心”是不是也有变成“空心”的风险。此间内含的实质性问题，就是金融跟实体经济到底是什么关系。

如果说到金融，自然联系到金融市场、资本市场、证券市场，然后

就会对接上一个虚拟经济的概念了。多少年前我们读《资本论》，就已接触到虚拟经济这个概念。从字面本身来说用了“虚”字，但实际上“虚拟经济”这个表述并不就是一个贬义词。它只是在经济学研究里边对特定事物的一个特定概念上的概括表述，但现实生活中，这个虚拟经济已经有很大的发展了。这些年我们越来越多地看到的金融衍生工具市场，就是虚拟经济的典型代表。它是金融前沿创新过程中很有影响力的市场组成部分，但它有可能“过虚”了。所谓的“过虚”就是过度脱离实体经济，这样就带来了风险，带来了可能的危害性，世界金融危机是最典型的这方面由“核心”变“空心”而造成对经济和社会生活严重打击的不良案例。格林斯潘称为百年一遇，实际上把这次席卷全球的金融危机和 1929 年的大萧条相提并论了。这个冲击力如此之大，损失方方面面大家有目共睹。

在这方面如果从运行分析，其实在虚拟经济概念之下，美国人做的创新一度表现得生机勃勃的，是给全球各个经济体树立了榜样的，它的金融危机最开始的导火索是那个所谓次贷。次贷是什么呢？它就是给老百姓提供实惠、不用给出抵押，低中收入阶层就可以拿到这种次级贷款来解决自己购买住房的支付问题。老百姓是得实惠的，但这种次贷在实际生活里跟着金融创新又被证券化（“资产证券化”这个概念也很流行），证券化以后它又被大规模地衍生工具化。所谓杠杆率不断加倍，然后引出的就是泡沫化，这个泡沫膨胀造成资金链到了一定时候支持不住，断裂了，就出现了次贷危机，然后上升为链式反应的金融海啸，然后再上升为席卷全球的金融危机。这种案例我觉得对于经济学研究是非常重要的，不能只注重那些看起来非常美观的模型、量化演示结果，拿着自己的教科书，无论这个体系看起来多么严丝合缝，还是要看对实际生活中出现的问题能不能作很好的解释，能不能建设性地提出对策解决实际生活中的挑战性问题，这才是真正高水平。我们就要往这方面努力。如果从这个角度说，关键性的认识，如果做一个小的概括，刚才所说到的这样一个实际生活中“核心”可能变成“空心”的风险的威胁，提示我们必须正面给出一个关于金融它的功能归宿到底何在这样的认识。

我的认识就是非常明确地说金融是为实体经济健康发展服务的，这是金融的出发点和归宿。一个心血管系统无论怎样强大、完美，最后它一定要服务于整个机体的健康生长。这个认识如果摆明以后，实际上就要提到不同观点的碰撞了。比如咱们讨论里可以说得比较直言不讳一些，我注意到我很尊敬的、也很有影响的一位前辈经济学家曾经有个观点，他说为什么要强调金融为实体经济服务？实体经济不好，你给它服务什么？金融自己应该追求的就是钱尽其用。但我对这个观点是不能认同的。我们如果具体观察一下，什么叫钱尽其用？2015 年中国出现股市的大震荡（业界称呼为“股灾”），观察一下在它的发展过程中拿着钱投入股市的人，都认为自己就是要钱尽其用，追求最大限度的增值，甚至很多人激发出一夜暴富的狂想，确实前面也有这样成功的先例，但实际生活中后来证明这个“人造牛市”带来的是一系列的负面影响。然而在每一个操作的具体节点上，操作主体都认为他在钱尽其用，他在追求手上的资金于金融的运行中达到它的收益最大化，但是整个这个系统运行实实在在地证明它出现了严重问题。所以这种钱尽其用没有把金融的本质追求和作用归宿说到位。我还是坚持基本的观点，就是要把金融放在整个经济社会运行大系统里，确切地认定它的出发点和归宿只能是实体经济健康发展。

这样一个层面之后的第二层面，我想谈一谈实际生活中问题导向下，我们必须承认，中国亟应克服金融供给的压抑，促进金融深化和健康发展。这是中国经济社会转轨过程中金融改革的基本任务。我们对社会主义市场经济的认识来之不易，这个市场经济中必然包括金融市场、资本市场，在全球化的背景之下，中国的这个金融市场和统一市场还必须和其他经济体合在一起，在全球化的市场平台上形成国际合作与竞争。

我们简要回顾一下，20 世纪 80 年代中国改革走过了一开始的试水，农村改革见到基本成果，基层的改革做了一些实验，宏观层面从财政分配体系首先切入，实行分灶吃饭的分权，打开其他一系列领域里改革的弹性空间以后，到 1984 年，当时说是城市改革要全面进军，中央对整个改革给出了第一个文件就是关于经济体制改革的决定，那个时候，其实中国的金融就必须发生巨变，而 1984 年恰恰就是在 10 月前后中央给出经济体制改革决定的时候，中国的金融变化给了我们一个十分严峻的考验。当时已认识到要搞商品经济，必须有一个中央银行体系，明确地把人民银行所有的金融业务剥离，使它不再从事具体金融业务而是定位为中央银行这样的一个管理机构。

首先是把工农中建称为专业银行，确切地放在了现在称为商业性金融的主力银行的层面上，然后就要解决这个改革框架推出以后，1985 年整个中国的贷款总规模怎么切块分给工农中建四家的问题。1984 年年度中间，就明确地说这四家银行这一年形成的贷款规模作为基数是它下一年切块的依据，结果出现一个“突击放贷”，这四家银行到处跟企业说，你们过去总说我们银行支持了企业，今天你们企业赶快支持我们银行一下，从我们这儿多拿贷款，以抬高基数。这样的一种情况，导致接近年底的时候，中国的货币投放进入失控状态，政治局紧张到天天上午、下午各看一次快报。那一年最后的结果，是上一年的货币发行量 90 亿元(这个数已是从改革开放初期一二十亿迅速跃升上来的)，一下子走高到了 262 亿元，1985 年一季度迅速出现了经济所谓超高速和通货膨胀的巨大压力。那个时候中国的外汇储备很少，必须把外汇储备基本出清，进口散件用以组装家用电器，加上其他的一些措施来平抑市场，努力使市场不要出现太严重的危机局面，等等。

这是金融改革当年给了我们一个下马威。当时主持经济工作的赵紫阳同志本来雄心勃勃，1984 年 10 月份刚刚有了经济体制改革决定，吹响了城市改革全面的号角，没想到这样一个事情造成整个调控非常紧张，以后几年，1985—1988 年，中国一直在怎么对付通胀的阴影里反复探索，提出了一系列的口号，比如说吃冷饮、压缩空气、三保三压，反反复复，一直走到了1988年，两会上赵紫阳当时做的政府工作报告里没有提“价格改革”，但是跟着不久，我们听到非常明确的要求，老同志提出希望在有生之年看到建立新体制框架，所以，要价格闯关（大家都知道，傅高义的书现在把这个事情说得比较到位了）。价格闯关方向正确，但时机完全不对，它迅速点燃了通胀压力从潜在压力爆发为火山的这个过程，全国出现抢购风，经济问题社会化、政治化，引出了年底不可收拾的风波，一直演变到1989年整个过程。等到春夏之交的那场风波之后大家都没脾气了，是各个地方的党政一把手以乌纱帽做担保砍贷款额度，砍基建规模，把国民经济原来已经出现的严重的失调硬往下压，压回到GDP增速只有不到4%。这是我们在金融改革过程中一个其实很坎坷的过程，现在因为种种原因可能在座的各位接触这方面材料并不太多，但我是作为过来人，我觉得这其实已经给了我们一个非常重要的启示，还是回到我们前面那个说法，金融如此重要，但它要怎么处理好防止“核心”变“空心”？到了1989年治理整顿之后后面跟着的转折点是什么呢？就是邓小平南方谈话。南方谈话把整个局面变过来了，改革开放重新进入高潮，而以后从南方谈话到现在我们算总账，年均增长速度不是10%左右，而是10%以上，把整个三十年高速增长阶段的实际发展成绩抬到了年均GDP 9.8%、差不多10%的两位数增长。在1994年，特别值得肯定的就是邓小平南方谈话确立社会主义市场经济目标模式后他亲自点将让朱镕基同志在一线主持经济工作，以极大的魄力下决心推出了财税配套改革，这是在货币政策方面前面中央银行体系间接调控的基本框架确定以后，把政府“以政控财，以财行政”的财政分配体系如何对接间接调控的框架问题解决了。1994年的分税制配套改革，首先应肯定的是把原来的行政性分权转为经济性分权，不是像一般人所说的第一位是正确处理中央地方的关系，第一位是正确处理了政府和企业的关系。1994年以后，所有的企业无论大小，不比行政级别，不看经济性质，不讲隶属关系，在税法面前一律平等，该交国税交国税，该交地方税交地方税，企业依法纳税——注意，这是法治化框架，依法交税之后可分配的部分，按照产权规范和政策环境企业自主分配，这才刷出了各种企业真正公平竞争的一条起跑线，给出了以后企业（包括国有企业）跨行政区划、跨隶属关系、不讲经济性质的兼并重组空间，这才引出了一直到现在混合所有制改革的弹性空间。1994年的这个情况，是发生在金融领域已经形成中央银行体系之后，财政的经济性分权又以制度安排正确处理政府和企业关系，再结合上正确处理中央和地方的关系，以及正确处理公权体系和公民的关系比如自然人今后肯定越来越不可回避地要处理个人所得税的问题，又包括在上海、重庆试点以后，在全国通过立法推出房地产税改革这样一些直接税的分配制度问题。这个框架是在20世纪80、90年代的时候一步一步形成的与市场经济的对接。金融改革在这个过程中取得了一系列的成果，但是直到现在还是在进行时，改革还要继续深化。

到了2000之后，金融领域里在取得成绩的同时，我们要看到的问题可举出一个内部讨论应说得直率一点的温州案例。温州在20世纪80年代初期曾经被指责为“资本主义复辟”，那是沿用“文化大革命”的术语，到了20世纪80年代中后期，大家在看到温州前面的假冒伪劣等毛病得到一定的治理之后，它的经济活力开始上升，20世纪90年代讨论的是温州模式与苏南模式到底哪个胜出，过了二千年之交之后几乎众口一词，看来这个竞争中间温州模式胜出。它的民营经济得到很好的发展，县域经济非常强劲，社会评价就真火起来了。大家都在看好温州以后，没想到世界金融危机冲击之下温州出现跑路事件，在温州辖区内称得上大型企业的，已成了气候的民营企业，纷纷资金链断裂。首先是从“眼镜大王”不得不为了避祸跑到美国开始，连锁反应式的，几十个大型企业在温州都出现类似的跑路。当时就只好采取特殊的措施，政府出手做一系列特定操作，当时高层领导以调查视察为名在杭州临近前沿坐镇指挥，当地政府通过各种手段联系到已经逃到美国的胡老板，给他许诺说你回来重新收拾局面，政府帮助你把资金链接上来，等等。

处理这个跑路事件，依靠采取一些特定措施使局面大致稳定下来后，中央给出了一个特别安排，就是在国内推行金融综合改革，以温州为试点，也就是在问题导向之下来解决发展过程中意想不到的这样一种不良状态，到底怎么样去防范和克服。这个金融综合改革放在温州，带有一些讽刺的意味。在此之前，在金融系统领导推动、著名学者主持之下的全国金融生态指标化的研究评比过程中，温州连续七年金融生态名列全国第一。怎么会出现这样如此高评价之后一下子却局部金融危机的局面？简单地说我观察就是因为当时的指标是常规金融的数据——在跑路事件发生之后，我在温州当地的会议上听到温州人民银行支行的领导仍很自豪地说，前面七年我们都是全国第一的评价结果，其实他这个第一，只是按照常规金融指标评价出来，实际上常规金融的低利贷在温州已经严重边缘化了，已经在经济生活中间起不了太大的作用，大量的民营经济运行需要靠各种各样的中利贷，乃至灰色金融、地下黑色金融的高利贷维持运转——在原来还可以维持运转，但一旦到了金融危机冲击下，这个压力到了某个临界点，它的脆弱性就表现出来了，表现为跑路事件之后，进一步暴露的是当地的产业空心化。温州那时候民营经济发达，社会资本非常雄厚，大量的资金往哪儿去呢？在本土上它没能很好支持已经成气候的一些制造业、实体经济升级换代，走往外跑，著名的温州炒楼团就是温州人手上拿着重金去到处攻城略地，通过炒楼想迅速暴富，后来受一定挫折以后，它宁肯去炒绿豆，炒大蒜，就是不能回来很好地支持本土经济的可持续、产业实体经济的升级换代发展。

跑路事件之后表现的温州产业空心化这个严重问题浮出水面，当然也是给我们一个警示：如果温州如此之后，长三角、珠三角、其他的地方都这样将是什么结果？（这只是一个假设，但是不能说没有一点苗头——比如大家知道东莞那边也出现了类似的一些苗头）珠三角前几年已不得不提“腾笼换鸟”。腾笼是什么？传统的制造业的一些产能必须往外腾，除了有一部分可以被中西部接纳之外，大体是流向越南、老挝、柬埔寨、孟加拉、缅甸等地方，就跟当年那些产能往我们这儿流是一个道理。腾了笼以后能不能换来鸟，就是自己本土上的实体经济能不能升级换代，这就是一个严峻的考验了，我们现在还得观察。在这个背景下，温州给我们的启示非常值得深省。上述金融生态的悖论，表现了金融实际上服务实体经济严重不到位，我们必须承认这样一个警示，重视这个警示带来的我们怎样解决问题才能防止中国重蹈中等收入陷阱覆辙这样一个历史考验。

认清这些以后，我们再做点评价：金融发展有很多成就的旁边，对另一面的不足，如果做归纳就要涉及一个经济学上讨论问题时不能回避的术语，就是金融领域是否存在着垄断的问题。

几年前我就注意到央行的一些领导同志很不服气，说中国现在已经有一千多家银行的金融机构，天天在那里竞争，还说有垄断？但我作为研究者的观察，是反推一下，我们就不说这么多年来一直听到的是三农、小微等这些经济成分总是苦苦不能得到应有的金融支持，就说咱们中心区域，比如北京（这是首善之区），我们财政部科研所楼下有一个营业面积还很大的北京银行营业厅（北京银行是由过去一个默默无闻的城市信用合作社在改革中一路冲杀出来、现在已比较有影响的一家中型银行），这么多年进去以后，要接受窗口金融服务，领号拿到的是三十几号，如你要到二十几号，你还会说今天这个队是比较短的，这是什么状态呢？这是短缺经济局面。中国改革开放过程中，这么多的领域已经摆脱了短缺经济的不良局面，纷纷告别短缺经济，而在少数的领域里现在还是短缺局面，比如公共交通体系里的有效供给是短缺的，北京、上海和其他很多中心城市动不动就塞车；养老的供给是短缺的（北京口碑很好的第一福利院接受社会上方方面面的登记，前些年去登记的时候，会被告知按照现在排队的进程，你十年以后才能排到，而在一年多之前它给出的信息是你现在登记，要排 100 年，这人还没生下来就得登记还不一定能排得上，这是严重的短缺）；金融服务的短缺我们从北京银行的营业厅里就可以看到。

接着要问的是：短缺按照经济学分析是卖方市场，卖方市场中一定会有超额利润，一定应该引起其他生产要素向这个领域来流动，来使这个卖方市场变成一个平衡的市场，变成供需相对来说比较健康平衡的状态，但在中国，为什么金融服务领域中迟迟不能发生？这么多年来一直短缺，那么它一定是问题。这个问题是什么呢？反推回来，它一定存在着阻碍生产要素向这儿流动的因素，这个因素一定跟垄断有关。反垄断，不能理想化地说完全竞争假设下的消除一切垄断，我们新供给经济学所推崇的是“不完全竞争”这样一个升级版的假设条件，但是必须说清楚，不完全竞争条件下，垄断里的过度因素也是一定要把它加以消除的。我觉得金融服务领域这里面它的短缺所表现的过度垄断问题，确实是中国金融改革要解决的真问题。

融资难已经造成各个方面的焦虑，也不断听到领导人、管理部门在讨论这个问题到底怎么解决。现在应该看到，在强调全面改革的十八大以后，所谓新的历史起点上继续大踏步跟上时代这个要求之下，国家治理现代化这个核心理念是要进一步把管理和自管理、组织和自组织、调控和自调控合在一起来解放生产力，来推到现在的供给侧结构性改革要在供给体系方面以改革为龙头提升整个体系的质量和效率，就是要让生产要素更好地克服供给方面的压抑和阻碍，更好地流动起来，更好地焕发潜力和活力。那么，金融方面涉及的改革在这个逻辑贯彻中，至少涉及怎样推进利率市场化，这在 2015 年下半年终于被宣布踢出了临门一脚，即我们最后放开了存款利率。再有就是一大批中小银行的金融机构应该得到更充分的发展，克服我所说的过度垄断局面，前提条件就是要有存款保险制，这在 2015 年上半年两会时给出明确的信息，随之不久 5 月 1 号之前就解决了。还有当时周小川行长非常罕见地明确表态：人民币资本项下可兑换的基本条件已经成熟，这也是在前面央行的货币政策管理环节上专门给出口风，然后由周小川行长明确认定，这是很不平常的一个表态（客观地讲，周行长在央行行长这个位置上这么多年，他的风格其实跟格林斯潘有一比，就是他说出话来你如果认为听懂了，他要跟着说一句“一定是你听错了”，格林斯潘必须把自己作为对于整个市场影响巨大的央行首脑所有的话语都说得让你听起来吞吞吐吐、含含糊糊，你不知道他到底要说什么，周小川行长过去也是这个风格)，到这个事情上如此态度鲜明，我都觉得有点出乎意料。倒是另外一些很有影响的经济学家，像余永定教授、林毅夫教授，明确表示了不同的意见，认为中国资本项目下可兑换的时机还不成熟，当然2015年下半年的股灾，到后来2016年年初的熔断，还有大家现在看到资本市场上动不动出现一些冲击波，可能在很大程度上印证了这些学者的担心，但是在大的方向上我认为周小川行长所说的这样一个改革是无法回避的，要明确树立这个改革方向。总的说这样一些改革的重点合在一起，要解决的就是金融到底怎么样在创新中服务于中国的现代化发展升级版的问题。利率市场化是一个健康市场必备的条件，我们所说的临门一脚踢出以后，跟着的还需要有改革配套的其他事项具体落实。存款保险制的基本逻辑，是像工农中建这样的银行多年前就说我们没有必要做存款保险制，因为它大而不能倒，觉得这是多出了一块自己可以回避的成本，但是另外有可能、也应该得到发展的社区银行、村镇银行等小的银行和金融机构，它们要得到发展的前提就是老百姓怎么愿意就近把钱存在它们那里，让它们形成吸储功能，包括穷乡僻壤的村镇银行。按照存款保险制，是国家法律明确规定一个账户里50万元为限，50万以下，这个银行倒闭了，法律保证你这50万不会出现什么损失，那么老百姓就放心了，就近把钱存进这些小银行，老百姓方便了，银行有吸储功能了，那么就可以进而发展它金融支持这方面各种金融产品的业务，各种各样的中小银行，更多的金融产品，这种多样化对应的首先就是过去金融阳光照不到的那些三农的生产经营、小微企业的生产经营等活动。本来这个逻辑是很清楚的，就是应该有存款保险制作为一个前提条件，促进一大批中小型银行和金融机构的发展。我们在2015年把这个框架终于配全了，但是往后很遗憾，我听到的有关管理部门的态度是说，这些小银行成熟一家批准一家，到现在为止也没听说批准几家，没听到多少动静，这就是一个有了制度建设框架以后，改革能不能实质性推进的问题了。

在这些非常重要的金融改革要点后面，当然还有一个就是大家现在越来越注重的互联网金融，它怎么样配合新技术革命、配合我们的信息时代，要在金融方面实现必须的升级创新。

也还要再说一下往前看，人民币国际化取向下的资本项目下可兑换这个事情，我认为应该继续积极考虑创造条件，当然也要审慎操作。它解决的问题就是中国在一步一步发展，总量成为世界第二以后，人民币现在已经有一个重要进展就是加入特别提款权。一般人认为这已经开始有了基本的国际化了，其实在我看来这还只是铺垫。人民币真正的国际化必须是在资本项目下来去自由以后，让它形成一个完整的硬通货地位，如果资本项目下不能够解除管制，没有一个可兑换的条件，那你想想，世界上方方面面的持币者怎么会真地把人民币看成是一种硬通货？我们什么时候把这个事情做出来，资本项目下可兑换了，也还要等待有了硬通货的这个必要条件以后，由综合国力抬升，使它的信誉度能够使大家欣然地越来越多地把人民币作为自己的储备货币来持有。加了这样一个充分条件，那就是水到渠成，顺其自然往后发展的问题，前面这个前提条件、必要条件是不可缺少的。

前些年在亚洲金融危机、世界金融危机冲击之下，我们都靠着资本项目下不能自由兑换形成的防火墙，减少了可能由境外游资带来冲击的不良风险因素（当然这个防火墙上也有一些缝隙，不能说绝对就没有游资的影响因素，但总体来说它成不了大气候），但总有一天我们必须自己认为条件基本具备以后，要自拆防火墙，这时候人民币国际化的这个大道才能真正打开，往后是中国要自己在抵抗由此带来新的风险因素的情况之下，形成有效的风险抵御能力，使人民币越来越多地在国际经济生活中不光作为结算货币发挥作用，而且成为人家的储备货币和避险资产，这就会使人民币和美元一样可以形成所谓产生铸币税的功能了。这是中国走向现代化，实现中国梦战略目标里的一个必备条件。所以，我非常看重小川行长表态以后，短期内条件虽似乎还不具备，但是往前看一定要创造这个条件。

这些简单勾画以后，就要说到我们资本市场在这么多的风风雨雨中间，还要进一步发展健全。在它问题比较严重的时候，已经听到很多社会上的抱怨、不满，但是我们至少有一点要肯定，当年邓小平说要下决心在上海、深圳两地开股票交易所，而且当时把话说得非常“圆”，就是要允许试，但要准备着，如果试得不好，以后也可以关掉。关呢也可以采取两种方式，一个是一步关掉，一个是分步看着办来关掉。当时他说这个话什么意思？就是春夏之交的那场风波之后要办这两个交易所，内部的反对意见是非常强烈的，而邓小平是要把反对派逼到墙角：你总得让我试一试吧，我试一试同时话也说在前面，试得不行我可以关掉，主动权在我手里。他哪里是要以后关掉？当年他在勤工俭学的时候，就观察过资本主义的所谓金融市场，他其实心目中认定中国要搞市场经济，这个东西是必备的，是一种标配的条件，但是他作为一个政治家特意把这个话说得非常策略。现在我们已经看到过“股灾”了，但是我没有听到一个人说要考虑，把深沪两市再关掉，这就说明形势比人强，我们整个社会主义市场经济发展过程中，无论以后碰到什么样的挫折，这个大的方向上的认识是大道理，大道理要管小道理。所以，我们在现实生活中，如果能进一步深化金融改革，推进金融创新，落到产业经济转型升级这方面来引领新常态，这就变成要正面讨论的建设性问题。

产业方面中央已经说到，我们中国可以提炼七个到八个战略性新兴产业。开始文件说的七个，我后来注意到中央专门召开工作会议说还要发展文化创意产业，所以，我认为前面那七个后面可以加一个，至少是八个，还有现代服务业，等等，这个发展过程中，我们在引领新常态方面是要结合中国怎么样从整个工业革命以后的落伍者，然后到跟随者、追赶者，最后通过“三步走”战略，在全面小康之后跨越中等收入陷阱，对接到伟大民族复兴中国梦，完成这样一个历史过程。

在此过程中，金融为实体经济服务，支持它的升级换代，突破往上走的天花板这方面，就必然结合这段时间经济学界讨论得非常热闹的产业政策以及一系列技术经济政策问题。这个激烈争议是好事情，实话实说，中国的思想界够沉闷的了，但是找到这么一个题目，包括在复旦，我也参加了会议，北京大学和复旦大学联合举行的产业政策讨论会上明显有不同观点的交锋，后来在北京的特定场合专门组织了辩论。对这个关于产业政策的讨论，我简单做一个自己的评价。这两派我觉得它都对我们有积极的贡献，像张维迎教授这样的否定派，我要比较直率地说他的那个基本表述的框架不成立，他断然否定整个产业政策，提都不要提，是完全否定，但他做的贡献是什么呢？他在这个否定的、看起来不成立的框架之下，所做的对于政府可能失灵，政府产业政策可能走偏的这些抨击，是非常有现实意义的，是非常值得我们进一步去思索的。

林毅夫教授这边肯定产业政策的必要性，强调产业政策还要优化设计，强调政府在有效市场后要加上自己的有为。除此之外，我觉得它的弱项或缺陷在于，产业政策不光是一个怎么优化设计的问题，最关键的是产业政策的贯彻运行机制到底怎么打造的问题。政府不光是有为的问题，还必须是有限，这个有为和有限怎么结合好又是一个机制问题。我认为林教授这方面的不足，当然也可以带来我们进一步的更深入的探讨。像现在实际生活中不得不配合着区域发展，还有升级换代，由地方政府纷纷组建产业引导基金，它做什么呢？它一定是贯彻产业政策。比如前不久我在湖北参加现在我国区域发展战略里紧跟着京津冀一体化排在第二位的长江经济带所匹配的长江产业基金成立大会，还有后来又一次专门的研讨会。这个长江产业基金作为引导基金，显然是为贯彻产业政策而设的，它已经跳过了张维迎教授所说的对产业政策完全否定的框架，直接对应到产业政策必须有，后面跟着的就是必须有的产业政策到底有什么机制来贯彻。我特别强调的就是，不仅是政策合理设计的问题，八大战略性新兴产业已经基本上给出一个初步的重点选择了，最关键的就是这种产业基金，湖北财政拿出400亿元以后，迅速地拉政府体外的资金在第一期已经做到2000亿元规模，这样的资金从它的源头上开始，政府第一推动力400亿叫作“政策性资金”，一定要“市场化运作，专业化管理，杠杆式放大”，四两拨千斤式地对接市场机制来起作用。这个政策性资金性质是非常清楚的，一望而知，从财政拿出的钱，跟着的市场化运作就是要对应到各个市场主体自愿加入的这些子基金，由母基金带出这些子基金，要专业化管理，湖北方面非常明确地说母基金不对项目，只是给这些子基金寻找这些项目操作来助力，配上一些特定的利益因素，更多得到一定的保障因素，减少一些风险因素，是这种“加一把劲”的引导支持。子基金的专业化管理团队去面对市场，竞争中去寻找项目，达成政策性资金的市场化运作、专业化管理和杠杆式放大，产生四两拨千斤的作用。我觉得这是最关键的。

所以，产业政策和投融资结合在一起，要探讨的最关键问题，是健康、可持续的机制。当然，PPP 更是从公共工程、基础设施和产业园区连片开发等对接到了贯彻区域政策、产业政策、打造产业新城，等等，这里面的机制创新是最大的亮点，我们要特别注重把它迎难而上地解决好。

再往下，要勾画一下我看待金融创新的“六个势在必行”。我认为这是对于金融的重要性和金融怎样防范它可能产生的偏差，深化金融改革等认识之后，在中国未来一段时期，我们应该把握好的推动金融创新发展服务实体经济升级换代的要领。

第一，显然就是要明确以金融创新支持实体经济升级换代势在必行。我前面强调的温州的经验教训是案例的观察，理论上的分析就是说到金融的出发点和归宿一定要落到支持整个经济系统，首先是实体经济的健康发展。中国总体的后发优势是值得看重的，但是到了一定的阶段，客观地讲技术方面的后发优势、管理经验方面的后发优势，越来越减少着它们的支撑力。我们需要的是主动地在制度创新（有效制度供给）方面形成守正出奇的后发优势，而不是落入杨小凯先生生前所说的那个制度方面的后发劣势。要避免中等收入陷阱这种前车之鉴的威胁，在金融创新方面要以改革带动发展，落在实体经济的升级换代发展上，这是第一点。

第二，就是特别强调支持实体经济升级换代发展一定要求金融多样化，这个金融多样化的改革势在必行，应该形成一种无缝对接的金融和资本市场体系。这种多样化在实际生活中的表现，我心目中是这样一个情形：应该使各种类型的生产经营活动的融资需求，都能得到对应的金融产品支持，三农应该有金融产品的支持，小微企业的发展也应该有，应覆盖各类实际的经济活动。比如几年前已讨论过小贷公司，它是资本金融资，法规不允许小贷公司吸储，但是它在自担风险的情况下可以放贷。我观察它实际上对应的是经济生活中比较靠下的经济活动。比如，农村区域必须发展农副产品的深加工，有这方面的能人形成了自己的设计方案，凑钱已经买了榨油机，到收获季节时，他缺的是一笔大量吃进原料的资金，花生也好，芝麻也好，菜籽也好，购买原料，用榨油机生产出来油品以后，到市场出售，整个这个过程也就是两三个月，但是他缺的就是这笔流动资金，没有，怎么吃进原料？这种融资需求，比较成规模的银行是不屑一顾的，你没有像样的财务报表，通过不了整个风险控制的过程，不会提供贷款，但小贷公司就可以。小贷公司以带有这种熟识人社会、经验判断的方式来做决策，小贷公司的人听了贷款方诉求以后，当场当然会有一个直接判断，靠谱不靠谱，有必要的话，他要到现场看看你的榨油机是否是真的，是否已经到位，配上这些条件以后，他并不要求正规的财务报表全套信息分析处理，贷款就放出来了，拿到这个贷款以后，吃进原料，没过两三个月钱就都回来了，还本付息，小贷公司这边拿出的是中利贷，创业者这边是突破了他的资金一个瓶颈，有可能一年一轮做下来越做越大，当然这就是满足了经济生活中实体经济和创业发展特定的需要。这种多样化的金融产品，如果从商业金融定位来说，它也应该形成一个系列，一直到资本市场上各种各样的直接融资：有股票，还应该有债券。中国很遗憾，早早就有企业债的概念，但后来发现企业债发出之后，如果真的出了风险，所谓的“刚性兑付”是什么呢？这些“苦主”不是谋求怎样走一个依法的清算程序，他们是跑到政府门前去静坐示威，经济问题社会化、政治化，这就形成了政治压力。所以，我观察中国很快地到了20世纪90年代以后就已经普遍这样，所谓企业债管理部门主要只敢批给地方政府融资平台发行了，没有融资平台背景的企业不能说没有企业债，但货真价实的企业债发行是受到严格控制的，这种刚性兑付的企业债不是健康的状态，实际上也形成了直接金融方面的中国的特定约束和压抑。这些事情都妨碍着金融产品的多样化。

所谓过度垄断因素，它一定跟体制、机制有关，而不是简单的管理水平问题。我们心目中想的，就是应该把传统常规金融的低利贷，还有小额贷款公司式的中利贷，多种类别期限方式的金融产品，等等，他们各有对应，又无缝链接在一起，形成一个光谱式的覆盖体系，实体经济层面的各种市场主体、各种社会成员，他们的融资需求大概都能找到对应的金融产品，而总体这个体系要把高利贷边缘化、挤出去。那么，温州案例里最让人感觉有威胁的、整个跑路事件中造成脆弱性的那个高利贷，不敢说完全绝迹，但让它明显地边缘化以后，真正的金融生态评价才能高起来，才能合乎我们意愿。

第三，我想提炼的就是这个光谱还要进一步拓展，在战略层面构建政策性金融体系势在必行。前面说的商业金融的光谱的多样性还不够，还要再加上健康、可持续的政策性融资体系，这个政策融资体系中各种各样的金融产品合在一起，就把这个光谱的谱系进一步延长了，对接到最极端的一边，是财政直接投资支持、专项资金支持，跟着的是政策性的一些产业基金、财政贴息、信用担保等政策手段配上的特定金融产品，再往后对接的是没有多少政策色彩的商业性金融产品，形成一个最完整的金融产品多样化的谱系。关于政策性金融发展，中国的过程是相当曲折的：20世纪80年代后期注意到工农中建不得不承担的那些政策性融资业务，应该剥离出去，90年代明确地说政策性金融和商业性金融要分道扬镳，这样银行才能办成真正的银行，商业银行办成真正的企业，接下来企业才可能变成真正的企业。这个认识清晰了以后，组建了中央层级的以国家开发银行为代表的政策性银行，后来还曾经试探着要搞中国经济技术投资担保公司这样办成政策性担保机构的实验，后来中投保很快在压力之下放弃了政策性目标。而开行，再加上后面的农业发展银行和进出口银行，形成中国的三大政策性银行，是中央级的旗舰。但到了前面两次中央金融工作会议，很有意思的是那么多重要的金融改革都没有形成共识和明确要求，但在国家开发银行商业化转制方面指导意见却非常鲜明，两次工作会议都做了强调，但是留了一条尾巴，“侧重于长期投资”，那我们接着要问：长期投资是不是有明显的政策导向？显然是不可忽视的。国开行如果说真是商业化转制搞成商业银行，那能不能吸储？又没有下文了，中国并不缺少一个有吸储功能的大型商业银行，本来国开行特别的定位就是必须要贯彻国家意志，就是一个在实际生活里它自己称为开发性金融的政策性的金融机构。

到了十八大以后，新的领导集体形成，总书记说国家开发银行商业化转制之说存疑，领导这个话说得比较委婉一点，实际上已把原来的思路做了否定。存疑就是废了，原来的思路不能再用了，国家正式文件里又重新写入了政策性金融、开发性金融，等等，现在又在迎接新的一次中央金融工作会议，我估计指导方针在政策性金融方面会进一步明确化。但是怎么处理好，确实是不容易的。国际经验有那么多，我们自己的一些初步经验也值得总结，如果简要地说，我认为政策性金融实际上就是要放在战略层面考虑中国“守正出奇”的超常规发展：守正是讲市场规律，出奇是必须承担一定的风险而争取出奇制胜，否则中国只能是跟随，不能成功地从追赶到赶超。守正出奇具体的现实中的风险就是金融是双轨制。林毅夫教授说得很理想：中国要取消一切双轨制，但我认为说绝对了，中国在某些领域里比如住房，不可能是单轨，必须是商品房和保障房双轨制长期运行；金融在我看来也必须是在可预见的很长的历史阶段里，使商业性金融和政策性金融双轨运行。双轨运行就一定会带来涉租寻租的威胁。

所以，政策性金融的健康发展：第一，要有阳光化的决策程序和多重审计监督。第二，一定要形成银行、企业、政策性金融机构和作为支持后盾的财政、相关的主体之间的风险共担机制。不能认为财政与政府作为后盾参加进来以后，所有的风险都可推到财政，推到政府参与上，那就变成了无底洞，它带来的道德风险就是不可持续的问题。无论设租寻租，还是这种不可持续的无底洞，都在很大程度上威胁着前些年我们看到的政策金融运行。所以，早有基本思路，实际发展中却走得磕磕绊绊，进一步的发展按守正出奇的考虑，我们必须经受考验，把这条路走通。

对于小微、三农创新增长点上的金融支持，现在大家越来越多运用的是叫开发性金融、绿色金融、普惠金融、草根金融等概念，我看无一例外都是要在商业性金融“锦上添花”的机制旁边配上一个可持续的政策性融资的“雪中送炭”的支持机制。锦上添花在商业性金融里无可厚非、天经地义，这就是它引导资源配置优化的基本机制，但这还不够，锦上添花旁边的雪中送炭确有必要，关键是要可持续。不是对所有的支持对象都能满足，这里面必须规范遴选，怎么遴选，怎么决策，就是我前面说到的一定要阳光化，而且要结合多重审计监督。不敢说政策性金融支持的项目百分之百都成功，它也会发生一定的失败率，但如果没有这样一个阳光化的可对公众交代的决策方面的底气的话，就不可持续，那么就只好偃旗息鼓。我们现在就必须在这方面闯过瓶颈制约，把制度建设做好，来支持政策性金融的可持续运行。

第四，在金融创新中对接上以互联网为代表的第三次产业革命势在必行。互联网＋金融，有人比较窄地理解为P2P，和P2P在中国现在已经进入低潮——但是我并不认为它以后永远是低潮，在总结经验、求“规范中发展”以后，也还要给出“发展中规范”的一定弹性空间，它未来还是应该能够逐渐走出瓶颈期的。我看待的互联网金融是更广义的。比如几年以前，我就听到咱们的华为——这是越来越成气候的本土企业，那时候就不声不响地利用自己的装备供给能力和服务供给能力，到非洲去布局，在撒哈拉以南区域（这是全球大家都公认的最欠发达地区，但那个地方也有经济生活，也有金融)，在自己布局之后用它的供给能力，支持着跨越门店银行的发展阶段，直接在那里发展出手机银行系统。这不就是互联网金融吗？这不就是互联网支持的互联网+的金融创新吗？诸如此类的事情，现在的发展趋势就是互联网已经明确无疑地进入了“移动互联时代”，跟着的一定是越来越丰富的“移动商务”的各种各样的业态，移动商务一定要配上移动金融、移动保险，配上各种各样的现实中的移动经济生活，包括文化生活。这么多年轻人现在他们的很多文化生活是移动状态下在手机上完成的。诸如此类的现实挑战，不仅是挑战，还有机遇。所以，金融是一定要配合上这样一个移动互联时代，走向以后的物联网等与金融的互动结合。

再有一点，就是金融发展与PPP这个事情的结合势在必行。在中国现在可以观察到，方兴未艾的PPP有可能在未来不太长的时间内，把中国实际的政府和社会资本合作，也就是“Public-Private Partnership”(我们过去直译为“公私合作伙伴机制”)的创新，推到整个世界发展的前沿。现在我国决策层、管理部门不遗余力在推，各种各样的法规、制度建设有望在不太长的时间内，首先体现出形成一个较规范的PPP条例，那就不光是一套红头文件了，再往后还要上升为PPP法。PPP从公共工程、基础设施切入以后，在中国最成为兴奋点的是像固安、汕头等地方的连片开发，到了汕头是位于海湾的濠江区168平方公里连片开发，固安所称的“产业新城”，到了汕头是产业和宜居城市、和整个环境的绿水青山合在一起的一个更大配套。这种发展显然是守正以后要出奇的支持中国发展之中“后来居上”，这方面的投融资的支持是不可或缺的，而且和PPP相对应的，一定要发展出一个类固定收益产品的交易中心。我听说上海的政府方面在打主意，在全国首先在上海选一个区，成立类固定收益金融产品的交易中心，它的交易，对应的是大量的PPP项目生命全周期的融资需要，以后还会越来越多，还会一直发展到“一带一路”上的PPP项目的融资和资产掉期等客观需要。

最后一条，就是我说到的人民币国际化过程中，资本项目可兑换势在必行，我们要积极、审慎地创造条件，最后自拆防火墙。

这些是我想在今天利用这个机会向各位汇报的基本看法，认识上还比较粗糙，汇报出来也是希望得到批评指正和进一步深化认识。谢谢大家！

（在2016年创合汇“产融创新与资本论坛”上的主题演讲）

关于投融资的发展与创新

我很愿意把自己作为研究者对于中国现在进入新常态的背景下“资本新时代”的投融资创新这方面的看法汇报出来，和大家交流。

在经济社会中，显然要注意到资本作为重要的生产要素，必须活跃、流动、和其他的要素相结合，来支持总体的发展。很多企业的创业创新合在一起，支撑中国于改革开放新时代一路走到全面小康和对接中国梦，这里边便离不开资本要素。资本和投融资，在大家现在都在讨论、方方面面都运用的“新常态”概念之下“打造经济升级版”的过程中间，显然要展现它的亮色。我所在的“新供给”经济学研究群体，已经提出了一个思路性的建议：面对新常态应把随阶段转换而体现的“中高速”这种新的运行特征和其实质上追求的优化结构、提高增长质量、使人民群众得实惠这种人本主义立场上的必然诉求，结合创新驱动，对接增加有效供给的选择性“聪明投资”机制。我们所说的“聪明投资”，首先针对现在人们存在的对投资的一些误解，比如以为简单地在新常态中减少投资在整个经济生活中的比重、降低投资的增速，就实现了我们的“升级版”。并不是这样的！我们必须强调，中国在投资领域的关键问题其实并不是其总量和增速，而是其结构、质量和综合效益的问题。在机制优化基础之上的高明聪慧的投资决策和行为，在从当下到未来的一段时间里，有非常重要的核心意义。这样的“聪明投资”是释放潜力、增加有效供给的，它会助力于我们的企业和政府在分工协作过程中间、在推进全面改革的平台上，有效地稳增长、优结构、护生态、惠民生、防风险。面对实际经济生活，当下特别需要以“问题导向”来补短板、扩景气、增后劲。聪明投资这个理念更多强调的是我们的市场主体在资源配置中发挥“有效市场”决定性作用机制并与“有为政府”结合，按照现代国家治理要求，更充分地释放潜力，激发活力认识，适应和引领“新常态”。

这种高明聪慧的投资决策和行为所对应的空间，就是我们在实际经济生活中可以观察到的：进入新常态过程中，我们的投资对象、投资机遇仍大量存在，我们的财政和货币政策作为政府有效、有为的政策工具来支持这样的“聪明投资”，它的空间也是可用，而且相当可观与可贵的——实话实说，不用这个空间非常可惜。比如说中国公共部门的负债，为大家热议和关注，那么到现在可以看得很清楚，中国总体公共部门负债率 2013 年为 40% 左右，离和欧盟签“马约”所划出的那个 60% 的预警线还有约 20 个点的空间。我们如果在这里边用 10 个点——往前看，未来几年之内如果把这个空间用起来，逐渐提高 10 个点，显然还是在安全区之内，那么这一公共部门与市场对接的发债规模是多少呢？在 6.5 万亿元到 7 万亿元以上，几年累计的发债规模增量则在 14 万亿元以上。“聪明投资”，就是政府部门一定要把自己的资金作为“引子钱”拉动社会资金、民间资本，形成一股合力，形成一种民间资本更活跃地起作用，而政府给予必要的政策引导支持总体结构优化的投资。

中国的投资方面的关键问题，我们特别强调，不在总量和增速，而在结构、质量和综合绩效。这个核心观点的政策含义就是着力推进投融资创新。企业在投融资创新里边应是主角，但是我们更推崇的是总结前面三十多年改革开放探索之后把种种经验、教训合在一起的“企业、政府双到位”，各做自己应该做的事，而且可以形成合力，追求共赢。所有这些企业的创业创新努力和政府应该更好发挥的作用，回到一个根本点上，还是习总书记那句精辟而接地气的话——“人民群众对美好生活的向往就是我们的奋斗目标”，这是一个人本主义立场上由“社会主义生产目的”早已经指明的原理。回到现实生活中间，这样来考虑我们必须掌握好的投融资创新，有五个视角值得提出讨论：

第一个视角，是间接融资。我们怎么样让它发展得更好？中国的间接融资比重非常高，但是我们也遗憾地看到，这里面缺少一些中小银行、中小金融机构的活力——而国际经验反复证明，我们现在也已意识到，间接融资的发展一定要有大批中小银行、中小金融机构，它们与中小企业互动式地在间接融资中对接。现在已看到了清晰信号：政府方面在积极地考虑和推动让一大批中小银行成长、涌现出来，包括村镇银行、社区银行。在这样的发展过程中间，也可以催生其他更丰富的中小金融机构的形式。

第二个视角，则是非常重要的直接融资。改革开放披荆斩棘的过程中间，从邓小平到有关方面有改革意识和魄力的领导者，坚定地推进了我们的证券市场、股票市场等的建设与发展。我们可以回想一下，邓小平当年甚至说道：总得试一试，要大胆地试、大胆地闯，大不了发现不行，过几年我们再关掉。他这样说是为解决什么问题？其实就是面对强大的反对派，邓小平给出的姿态是：我们先别争论，你总得让我试一试。这是把反对派推到墙角，让创新的行为先试起来。邓小平说的如果不行再关掉是他的本意吗？显然不是！其实他早已清晰地做出社会主义也要搞市场经济，也要搞直接金融、资本市场的战略性判断，这么说就是要在改革创新过程中，在直接融资这方面开局、破局，然后要积累经验和推进。经过这么多年的发展，我国直接融资市场仍然有巨大的发展空间和潜力，而现在提升直接融资比重方面也已经有越来越清晰的共识，那么我们应该在全面改革新时期结合金融改革其他一系列的事项，使我们的资本市场更健康、可持续地发展。我注意到周正庆前主席说到非常重要的一个看法：中国以股市为代表的资本市场正在告别漫长寒冬而迎来明媚春天——但是我们必须配合经济总体进入新常态的演变，在资本市场上通过种种努力，在让市场充分起作用的同时加入必要的政策引导，争取实现股市持续发展的“慢牛”，而千方百计防止那种大起大落的“疯牛”。这当然是新常态之下我们直接投融资方面必须注意的非常重要的一个视角。债券市场的发展也有广阔的空间，需要积极稳妥运用这个空间。

还有第三个视角，就是融资的创新。我认为现在这方面风生水起的一些新事物，值得特别重视，密切关注。企业界已注意到硅谷经验中对于创业和高新科技起到莫大作用的风投、创投、天使投资，现在又越来越多形成“互联网金融”、“众筹”等很有冲击力的创新，在同时，还有一种多元主体配套的产业基金和带有所谓“后硅谷时代”特征的政府介入，如政府的引导基金。美国的硅谷经验大家都想学，但复制成功的，实话实说很少。中国现在于几个国家给出明确定位的高新科技区里边，比如中关村，实际上内含的逻辑就是试图打造中国的硅谷。还有其他一些地方也在努力，如许多区域的科技创新园区。但是，在这方面中国是明显滞后的追赶者，比我们位置更靠前的欧洲人，学硅谷的时候他们考虑形成相对优势的一个方向，是能不能够在政府给一个宽松环境然后吸引企业的风投、创投上边，再加一个政府引导基金的作用。我注意到中国实践过程中，一些地方政府和部门在这方面也希望积极有为，已经迈出一些探索的步伐。创业创新投资这种在高科技一线上风险很大的投资，由风投、创投在硅谷打出一片天地，进而引领了世界潮流，而我们作为追赶者，是不是可以在借鉴方方面面的启示之后，结合中国的实际情况，积极有为地去加入政府引导基金的作用？这种引导基金绝对不可大包大揽，但是它应在风险共担的情况下追求政府有限介入以后财政资金的乘数效应和示范引导作用，支持超常规发展战略。我觉得这方面显然需要在“新常态”的投融资里进行积极探索。当然，还有必须提到的“互联网金融”概念之下、“众筹”概念之下等的探索，孕育着和第三次产业革命合在一起对一个广阔新天地的打开。现在虽不敢说这方面就一定能够发展到什么样的地步，但是我们已经看到中国大陆上和互联网对接以后的发展，在某些地方一旦启动以后，就是出人意料的兴旺局面。技术上我是外行，但我听到一些朋友介绍，中国互联网方面现在做得特别有突破性的企业，最开始的本源技术是首先由美国人用过的，美国人用了以后没有这种局面——有点作用，但还不是让人眼睛一亮或者整个局面焕然一新。但在中国，这种效应出现了，不论有多少争议，至少现在我们看到了走在前面的一些具体案例。在这方面显然我们可以更有信心地“引进、消化吸收、再创新”。融资创新方面的很多机制，企业家们可能最有发言权，因为在一线观察市场、体会市场、抓住机遇，在这方面可以大胆地，同时也审慎地掌握自己具体的生产经营战略和策略。

第四个角度，要强调在政府的视角上，政策性融资是一个不可回避的大问题。前些年我已反复强调，在“三步走”而走向中国梦伟大民族复兴的通盘发展战略里面，投融资不只是依靠商业金融，一定还要有政策金融的通盘考量。十八届三中全会终于给出清晰的信号，政策性金融和开发性金融又写入了“六十条”文本，这是在两次中央金融工作会议给出了关于政策性金融的一些调减、“转制”方针之后，现在又有了非常清晰的正面的指导。中国要实现“后来居上”的伟大民族复兴，没有政策性金融和商业性金融在一起健康、可持续地匹配，我认为是绝对不行的。这应是一个在战略层面首先要确立的基本概念。那么，在我们过去已经运用政策工具支持政策融资这方面，当然必须继续运用以财政资金为后盾的政府贴息、政府支持的政策性信用担保以及这种信用担保和商业性信用担保之间的合流互动，还应有前面提到的产业基金、引导基金方面政府的一些合理作为。长三角已有很好的经验：比如过去财政年年要出钱支持小型科技企业创新活动，这是考核工作成绩必须要考核的内容，但年年出去的钱是“撒胡椒面”式的，是所谓“消耗型”的，出去以后很难追踪绩效，分配过程实话实说在中国这个关系社会里边，成了“处理关系”的一种不规范的状态，而在长三角出现了政府主动提出财政资金“消耗型”变成“循环型”的案例，政府以产业基金的方式入股，而且入的股是不要求分红的，财政的钱由消耗型变成循环型，拉动民间资本一起合作。民间资本的股东看到这样一个情况，认为降低了风险预判，便更积极地进入，然后运用金融工程、专业知识和市场对接设计金融产品，以规范的项目遴选、决策机制支持原来无望得到融资支持的一批小型科技企业的投资。我们虽不能（也不应）保证这种政策性金融支持的每个项目一定成功，但是不在探索中发展健康可持续的政策金融体系，是不符合中国现代化战略客观要求的。

第五个视角，是非常重要的PPP投融资。现在从中央政府到地方和有关部门反复提到、媒体也在热烈讨论的PPP（过去翻译为“公私合作伙伴”机制，现在有关部门把它意译为“政府和社会资本合作”机制），在中国大有可为，我们把它评价为制度供给的伟大创新。我们认为当下中国需要强化增加有效供给的“聪明投资”，PPP就应是这样一种融资、投资，而且从这种投融资模式的创新可以上升到管理模式、治理模式创新的高度，非常值得企业界朋友关注。政府方面为什么要推动这个机制创新？当然有一系列具体的原因，但至少可以简要地勾画一下这种PPP创新可产生的五个方面的正面效应。PPP与政府关切的问题、企业关切的问题、公众关切的问题和改革、法治的问题，都有内在连接。

第一，中国面对城镇化、老龄化，未来几十年的发展中天文数字的政府资金支出压力，必须找到机制来加以化解。静态算账也要几十万亿元的相关基础设施、公共服务投入，事关政府能否胜任其应履行的职能，必须以PPP机制，将业已雄厚的民间资本拉动进入公共工程的投融资，并结合多样化市场融资工具，这对于政府更好地发挥作用显然十分关键。

第二，对于公众来说，PPP对于投资领域里一些起支撑作用的基础设施、公共工程、公共服务的园区，等等，包括医疗、教育、养老等所需的公用设施，PPP所形成的供给并不是简单地把各方的财力合在一起提供出项目，而是一种绩效升级版的打造。因为几方合作是“一加一加一大于三”的机制，政府、企业、专业机构，等等，是把它们的相对优势合在一起形成合力，去对付项目中间各种各样它们各自最有优势去对付的风险，降低总体的风险而提高整个项目建设、运营和服务的水平。可简单举个例子：中国本土民间资本介入的第一个PPP概念之下的 BOT 项目，是泉州刺桐大桥。当 20 世纪 90 年代初，以科威特贷款为主建成厦门机场之后，厦门去泉州方向的人流、车流迅速上升，带来的当然就是资金流、信息流、商机和发展的新局面。泉州政府知道晋江上咽喉要地必须要赶快建成这个刺桐大桥，但是算一算需三亿多的投资，没有钱，怎么办？听说有外资进来做 BOT 的，问了一圈谈不成，这时候正好本地一位姓陈的企业家手里有几千万元可用的资金，他听说后愿意做，因为几年前他在香港考察就知道有这种基础设施用 BOT 方式来投资运营的例子。一拍即合，然而政府给他的条件是十分苛刻的，必须三年完工，如果拖期，所有经济方面的责任都由民间这边承担，另外质量上一定要按最严格的标准，不能出问题。而陈总这边的考虑已胸有成竹，为什么？这是企业家的特点，他已经想好这个事情一旦要做，必须招投标，建设方是招投标中标的第一号，然后他把落败的第二方，即招投标排在第二位但也很有资质的公司，聘请为这个项目的监理方，他说我就让这两个“死对头”紧紧咬在一起来处理工期和质量之间的矛盾。这样一来效果非常好——过去这种建设工程政府来做，工期延长是家常便饭，而且动不动超概算，质量上也很容易出纰漏。刺桐大桥建设的结果（附加上其他一些激励条件，如建设方提前一天交工奖励多少钱等），实际上两年半多一点竣工，投入使用后到现在为止，快二十年了质量上无懈可击，一点毛病也挑不出来。这样一种在新的机制之下新的境界，是过去望尘莫及的，得到的好处落在哪儿？最重要的是落到公众，使公众得了实惠，桥梁提前一天通行，我们的社会成员包括人民群众和企业就早一天受益，到现在质量上无懈可击，大家就更受益。这就是 PPP 的第二个正面效应。

第三，是使一批偏好上不是倾向于做风投创投而是愿意和政府合作一下锁定未来二十年、三十年甚至五十年、七十年更长时间段，有不很高但可接受的投资回报收益的资本和企业，可以找到自己进一步生存和发展的空间。实际生活证明，有这种偏好的资本和企业为数非常可观，很多的企业家在这个取向上，是一下锁定这么多年可接受的投资回报以后，他可以有更多精力去做别的事情，可以享受生活，可以发展其他的爱好，不论是文化艺术，还是公益——这是很多人自己选择的组合，所以 PPP 也为企业作为市场主体更好发挥投资主体作用、发育现代市场体系和使企业家能有多方面潜能的更好利用，提供了一个很好的平台。

第四，要联系中国全面改革阶段非常重要的混合所有制的改革推进。过去中央已在现代企业制度代表形式——股份制的推行方面表述为“公有制的主要实现形式”，但实践中仍未消除“国有股一股独大”和民营企业有了前后两个“三十六条”但仍冲不过“玻璃门、旋转门、弹簧门”的纠结。股权结构演变是“国进民退”，还是“国退民进”呢？这个进退之争又扯到了“姓社姓资”之争，错了！中央现在的基本逻辑就是淡化这种贴标签式的无谓的争论，还是回到邓小平的改革智慧，应该寻求在现代国家治理里的多赢、共赢。“六十条”把混合所有制表述为“基本经济制度的重要实现形式”，主打的就是最大包容性地使一个一个企业按照标准的股份制在法治化背景之下得到产权保障、可预期的情况之下，把不同的股份充分地混起来，而且 PPP 和混合所有制对接，就是有这样一个天然地会矫正国有持股方面一股独大偏好的这样一种机制：政府越是以较少股本调动较多民间资本合作，越体现它的工作成绩和水平。

第五，PPP 显然和四中全会全面推行依法治国的基本精神对接。要发展 PPP，不可能一哄而上，首先要法律先行，要推崇和实现全面的法治化建设。依法保护 PPP 的稳定性和各方权益，也结合了培养中国社会里面的契约精神、诚信意识、专业素质，而且是助益于全民认同“走向共和”的现代文明中寻求共赢和合作中的“最大公约数”。“走向共和”就要学会寻求妥协——政府、企业和各种各样要参与 PPP 的有专业资质的机构之间，没有妥协是根本不可能形成合作协议的，因为这是一个政府放低身段以后，和其他的参与各方平等地签约定协议，以契约形式来实施的项目建设。显然 PPP 对于法治、民主、走向共和的催化作用，弥足珍贵。

最后，考虑到进入新常态背景之下不同视角的投融资创新，我们还应注意在机遇存在与展现的同时，新常态阶段上我们正面临着一系列新的挑战。习总书记说到新常态时，非常强调的根本一点就是“创新驱动”，“惟改革创新者胜”；他也多次强调“冲破利益固化的藩篱”，要“攻坚克难”啃硬骨头。我们现在面对一路展开要对接全面小康和2050年现代化伟大民族复兴的奋斗过程，当然应该在投融资领域里面高举改革旗帜，有所作为地让市场发挥资源配置决定性作用，来优胜劣汰打造经济升级版，同时使“有效政府”发挥应有的作用，使我们从草根层面、企业创新层面更多地涌流出来的智慧、潜力和活力，合成一种使整体投融资和金融体系服务于实体经济升级换代的新局面，使金融多样化可以形成资本市场无缝连接以后对应各种各样的投融资需要的境况，而且能够可持续地控制风险，使我们健康的政策性融资在体制创新基础之上体现出中国人应该有的“赶超”作为。这样一种历史潮流中的这一投融资创新大方向，值得我们去共同努力。

（2015年1月在CCTV“资本新时代投资创新论坛”上的发言，根据录音整理）

我看金融如何服务供给侧改革

现在表述为中央战略方针的供给侧结构性改革，切入点一般理解就是“三去一降一补”，实际上在掌握其要领方面，还有很多值得讨论之处，有必要深化认识。

首先看去杠杆，它到底指的是什么？如果从宏观全局来看，指的是广义货币供应量M2指标代表的杠杆率的话，这个去杠杆的操作与地方、与货币当局之外的其他部门、与企业集团，都没有什么直接关系，是由货币政策当局掌握的“需求管理”范畴。货币当局怎么在这方面掌握去杠杆呢？其实就是要尽可能地不让M2的增速那么高，客观地讲不可能不增长，因为中国总体来说是一个间接金融为主的全盘格局，M2指标与那些直接金融为主的经济体相比，就是会表现得高出不少。

如果是从其他部门的角度来看，去杠杆恰恰要求有些部门并不是按照所谓去杠杆的要领来操作，比如财政要为稳增长、调结构、惠民生、促改革、护生态和防风险的全局需要而提高赤字率，时任领导楼部长明确地说这是以财政的加杠杆服务于全局的去杠杆——这个逻辑是完全正确的，因为财政加杠杆了，既服务于稳增长，同时又按财政功能的特点，在资金支出安排上突出重点，优化结构，这会有利于降低总体的风险度。从地方的角度来看，为贯彻自己的发展战略，在货币政策当局控制M2的时候，自己还需要有针对性地掌握好“局部加杠杆”的要领。比如重庆黄奇帆市长说得很清楚，在重庆贯彻地方政府的发展战略，并不排除在全局去杠杆的同时，我们有针对性地加杠杆，具体涉及地方层面以政策性金融机制支持的投融资、PPP，以及支持产业集群的打造和经济社会发展中的重点事项。

把这样的道理摆明，可知宏观视角的去杠杆需要把货币当局的需求管理与其他一些部门和地方政府层面的“突出重点，区别对待”的供给管理结合好，具体掌握起来就比单一的需求管理复杂得多。金融服务于宏观全局的这种去杠杆，除合理掌握货币政策外，必然需要协调好货币政策与财政政策、政策性金融等方面的结合关系。去杠杆如果从宏观层面要在不同部门，以及在中观层面对不同的地区要有这样一种协调关系的合理掌握之后，理性程度的要求必然就比较高，掌握不好就可能出偏差，但是我们需要正视挑战而力求掌握好。

如果说去杠杆讲的是降低企业的负债率，那么要注意在变化量值的一定区间内，并没有什么一定之规，比如不能说一个企业的负债率70%，另外一个企业的负债率60%，那么那个70%负债率的企业一定比那个60%负债率的企业糟糕，这可不一定，一定要针对它们的具体情况作具体分析才说得清楚。前面的那个企业，可能冲过这个瓶颈期就一下子打开了发展新局面，而后面这个企业虽然负债率看着并不如前面那个高，但可能正好是在它困难重重的情况下苦苦挣扎，还找不到自己怎么样能够打开新局面的具体的路径呢。这些事情不能一概而论。而且操作上面看，商业性金融机构的融资支持，应当顺应这种“区别对待”的客观要求，对此管理当局很难提出什么具体的量化指标要求，就此角度来说，去杠杆也已经体现出来从“区别对待”角度看待问题的复杂性。

再说去产能。我认为普遍讨论的去“过剩产能”，其实没有抓准其要领，真正要抓住的，是怎么样找到一个好的机制，把一个行业、一个领域里高高低低在一起的产能里面靠下的“落后产能”去掉。这个去落后产能，在某些具体对象的认定上，国家是可以结合着环保标准、行业技术标准等特定的“准入”标准来掌握的，但是政府以关停并转的方式施行具体操作的空间，却是比较有限的，只是适合于若干比较成规模的、较大的企业。全中国现在有七千万个左右的市场主体，对其中绝大多数企业，如何去落后产能，政府是没有本事去一一甄别和统统以行政性关停并转做到位的，政府只能在这方面更好地提供一个公平竞争、优胜劣汰的环境，靠市场公平竞争去解决大量中小微企业，特别是小微企业去落后产能的问题。但现在实际生活中的兴奋点，却是有关部门往下层压指标，要求总体上钢去多少亿吨产能，煤去多少亿吨产能，等等，然后切块落到下面各个地方政府层面和对应的企业集团层面，结果或是做形式主义的表面文章，或是违背经济规律强行以行政手段去做去产能的事情，这样就非常容易出偏差，现在也由此被人批评为是搞了新计划经济，这个批评从这个角度来说是有道理的。商业金融系统服务于去落后产能，却是天然具有其相对优势的，因为融资决策的前提，就是对于融资支持对象的产能性质和风险度要做好具体分析与判断，正是可以也应该与市场优胜劣汰竞争机制形成合力的。

如果说落后产能，主要靠优胜劣汰的机制去解决绝大多数企业特别是中小微企业怎么在产能方面升级换代的问题，那么过剩产能概念就应另当别论。所谓"过剩产能"，却是在实际生活里很有可能迅速转变为有效产能的一个概念。比如说已经形成的钢材产能，在北京等一大批大城市、中心城市要加快地铁建设的情况下，一个一个具体项目一旦启动以后，马上会产生对钢材的成规模的订单，这一情况下，这些项目的推进是一种什么机制，就是很关键的变量了。比如北京地铁 4 号线过去是以 PPP 方式建设的，现在 16 号线又要做 PPP，如果没有 16 号线这个 PPP 依靠外资加入来迅速启动其建设，那么这个项目再拖多少年都是可能的，而现在一旦可以把这个事情定下来，项目伙伴各方签字马上启动的时候，订单马上就出来了，可观的一大块钢铁行业的所谓过剩产能，瞬间就转换为有效产能，后面跟着的建材、施工机械各种投入品，也都是这个道理——原来以为是什么过剩产能，但到了某个临界点，一下子就可能转变为有效产能，而且我们现在应该是在一个合理的协调机制之下，争取更多把这种过剩产能转为有效产能，去引领新常态，对冲经济下行压力，同时争取支撑我们长远发展的后劲，而且优化结构、惠民生、防风险、护生态等供给管理方面的目标都综合、结合在这样一个产能转化里面。当然，这也是具有复杂性的一个供给管理事项，绝对不是按照我们过去需求管理的总量调控思维逻辑可简单地把握好的事情。金融服务于这种应予助力的产能转化，需要的是结合 PPP 等机制创新，在项目融资决策环节上提高个案化的科学决策水平。

去库存这个概念，大家主要关注的是房地产，那么从房地产业现状来看，最突出的是它近年的分化特征："冰火两重天"，"火"这一边哪里还是去库存的问题，是赶快增加有效供给的问题，而且是亟需总结经验，不能光治标不治本，要把制度建设跟上。现在一线城市，还有跟着热起来的二线、"2.5 线城市"，已形成了极大的社会焦虑，"9·30"以后是治标式地靠严格的限贷限购，先把社会恐慌心理压住了，成交量明显缩小了，但是按照这个路子往前走，很可能再重演前些年那样隔十几个月又"打摆子"式地走到另一边，到了感觉市场景气严重低迷，又要取消限制。我们前面差不多有四轮这样的"过山车"或"打摆子"，走到极端的是取消一切限购限贷，而且还给补贴，然后又摆到另外一个极端，拉开架式限购限贷加强管理。无论是哪个极端，都是一大堆的负面的社会不满，一大堆的问题。真正要使房地产业健康发展，去库存这个事情一定要纳入标本兼治而且体现"治本为上"、跟上制度建设的这样一个升级版过程。制度建设至少要包括土地制度、住房制度、投融资制度，以及税制改革里的税收制度，这些事情如果没有一个通盘的协调和引导预期的有效改革，那么政府调控水平实话实说就越来越显得低下，前面打了两轮摆子老百姓还觉得政府在这方面还是尽力的，但现在都要摆到第五轮了还是这个样子，那对这个政府水平在评估上就不够格了。当然，这也是改革到了深水区，必须结合着攻坚克难这个命题来倒逼式做出实质性推进改革的一个考验。

如果说在现在冰火两重天的情况下，"冰"的那一边"去库存"所指的是大量的三四线城市，那么去库存恰恰也就不能满足于一般商业性的消费住房信贷、按揭贷款，还得配上政策杠杆——在那些三四线城市加政策杠杆，又与前面说的"去杠杆"有一个形式上的相反向的操作，因为“冰”的这一边的库存，可能找到的“住有所居”的对象人群主要是农民工，政府也希望农民工不是跳过大量三四线城市一股脑涌入北上广深寻求就业机会，希望在他们就近的三四线城市里，又能找到就业机会又住有所居，但他们的支付能力很多是对应不上一般商品住宅的，这样就必须把现在那里的存量，加上政策杠杆，调转成共有产权房，甚至是保障房，这才能有效地在三四线城市去库存。这些事情也得特定设计，而且要一城一策、一城一个方案，其实是一套对策组合，其复杂性也是非常明显的。于是，以金融手段助力住房“去库存”，在这些城市也势必要求协调好商业性金融与政策性金融的双轨统筹。

至于说降成本，企业自己努力能降的成本，根本用不着政府去操心，政府其实也不知道它到底怎么降，真正由政府发力要降的成本是制度成本，与政府的职能发挥直接有关。制度成本里，税的成本是努力在降了，但现在实际上放眼看去，中央提“降低宏观税负”是最新的指示精神了，已经不是“稳定宏观税负”了，但是怎么降，切入点在哪儿？营改增现在算是在基本框架上交代出来了，后面还能降什么税？正税可降的，实话实说已经不多了，具体操作点也还有，比如对知识分子的稿费，实行这么多年的800元起征点，明显应该提高，那就能降一点负担，但与企业成本、宏观税负发生的一点影响则微不足道。正税里可降的、可打主意的操作点，其实是很少了。个人所得税以修法推出改革的时候，将是有降有升（低端降税负，高端升税负）；财产税类的房地产税推出的时候，主要是从无到有，是升税负；资源税的改革，“从量变从价”是跟着市场经济发展长期来看的升税负，而不是降税负，因为资源产品的比价关系如正常化，是会显得越来越金贵，从价计征的税负是跟着向上走、往上提的。环境税现在叫负担平移，但是后面跟着的，是此税以后在社会基本接受的框架之下，总体来说将根据排污的具体情况适当提高税负，才能达到“外部成本内部化”的明显调节效果。

所有这些事情摆在一起，可知贯彻中央的降低宏观税负的指示精神，其实可打主意的主要是宏观税负里的广义宏观税负所包括的非税收入。非税收入怎么降？五险一金要打主意，各种各样的行政收费，也要继续积极考虑能不能进一步减少和降低，特别是实际生活中开办一个企业时，要盖几十个章，以后每年跟局委办打交道，也要分别打点一二十个部门，这种隐性成本、综合成本怎么降？这就绝对不是一个税制改革概念能覆盖的事情了，一定是以综合配套改革概念才能解决的问题。相关的金融服务成本可否降低，也关联金融领域里消除过度垄断因素、促使金融产品多样化和低成本化的配套改革。

至于补短板，那就更得定制化，因为一个地方辖区、一个部门自己管的事情里哪些是短板，一个企业或企业集团，什么是自己的短板，这些事情如没有针对性、定制化的分析，都将成为空谈。所谓供给侧结构性改革之难，就难在这里，挑战性的特征也就表现在这里。但是，我绝不赞成现在一些学者看到一些行政手段已走偏了，就简单否定供给侧改革这个概念，说其就是新计划经济，就是以“新供给”为名搞新行政控制，这种认识也太简单化了。一个改革的概念，随时可能被人扭曲变形，甚至可能以改革的名义搞倒行逆施的事情——对知识分子、科研人员的繁文缛节式加强管理，这大半年我们不是看得足够了吗？现在中央发文件明显地在纠偏，还得拭目以待纠偏的效果，但不能说出了偏差以后，就把前面供给侧结构性改革的基本概念都来一个否定，那么我们出路何在呢？金融以创新发展服务于供给侧改革和经济社会发展全局，我认为也需理性地认识这样的基本方向性问题。

（在2016年“中国金融家”圆桌讨论会上的发言）

中国金融改革创新六个方面势在必行

尊敬的洪崎董事长、郑万春行长、各位嘉宾、各位朋友，大家好！

20年前，我们中国诞生了第一家民间股份可观的商业银行——民生银行。走到今天，我们又看到成立了以智库定位的民银智库50人论坛。在改革开放新时代的发展中，民生银行的优良传统，是一向重视支持实体经济的发展。在战略思路、经营方针上，其实也是在“问题导向”之下，民生银行的决策层特别注重防止和遏制金融业“脱实向虚”的偏差。最近一段时间，我注意到洪崎董事长在《人民日报》《求是》杂志等权威媒体上，都非常清晰地表达了这样的战略思维。另外还有一个特点，民生银行在支持中小企业发展方面做了多年的努力——当然不限于中小企业，但是我注意到，比较早的时候，在民生银行决策层就已清晰表达了他们的注重，明确地说中型银行要主动地下调一个台阶，对中小企业探索怎么样给它们配上各种支持机制，比如和商城、社区、基层在一起形成战略联盟，控制经营管理中的成本和风险来批量化地支持中小企业融资，实际上还带动了一批小微企业的发展。在金融创新方面，民生银行的发展过程中有对自己高标准的要求和非常值得称道的一系列这方面成功的推进，我在这里就不再作进一步展开了。

在肯定民生银行特色与成绩的基础上，看未来的发展，我感觉首先是比照刚才李扬院长的思路，先从全局与长远发展方面，看一下怎么样把银行的发展纳入中国金融改革和全面配套改革，以及现在决策上称为战略方针的供给侧结构性改革的洪流之中。我作为研究者，试着表达自己的一个粗线条的认识提炼，就是中国的金融改革创新，我认为有六个方面的“势在必行”。

第一，要以金融有效支持中国实体经济升级换代，在形成经济结构优化升级版这个方面我们势在必行。

实际上中国经济在认识、适应和引领新常态中，已经强烈感受到了中央所说的矛盾累积、隐患叠加。如果从实体经济这些年受到的压力和挑战来看，最负面的例证就是我们曾引以为豪的长三角、珠三角增长极区域，出现了原来发展很好、评价日见其高的某些地方突然出现资金链断裂的不良案例，比如“跑路事件”，带来的是产业空心化的矛盾浮出水面。如果这样的问题更多地发生在我们的增长极区域，说得再严重一点，以后还在中西部蔓延式地表现出来——虽然这还纯粹是假设，但是直截了当地做个预警的话，后面跟着的恐怕就是“中等收入陷阱”等着我们的问题了。实体经济怎么样防止脱实向虚？在升级换代过程中间怎样不在“天花板”之下被憋住，突破这个升级换代的瓶颈期？金融作为邓小平所说的“现代经济的核心”，怎么样防止它变成“空心”？这些问题必须特别注意。国际经验上已有世界金融危机这样的沉痛教训，中国也必须从区域案例和一些不良苗头，看到必须防范这方面的情况。

第二，一定要有金融主体和金融产品多样化的实质性改革，形成“无缝连接”的金融供给体系势在必行。

我们必须针对突出的矛盾、问题，寻求在金融领域，有效形成多种多样的供给品无缝对接的全覆盖供给体系。当然在这个方面看问题，就必须承认中国的金融体系还存在过度的垄断因素，使生产要素不能充分、便捷地流动起来。怎么样让金融产品多样化？这方面的问题涉及攻坚克难，不仅光是多年来三农、小微和一些经济创新活动很难得到有效充分的金融支持，就说在中心区域，比如说在北京，到我们财政部科研所楼下的北京银行去看一看，这么多年了，这么大的营业厅，进去以后你要想到窗口接受金融服务，拿到的号是三十几号，如拿到二十几号的时候还会认为今天的队是比较短的。“短缺经济”在中国众多领域中早已退出历史舞台，但是在金融服务的领域，在首善之区的北京，却多年处于这种严重短缺的局面，肯定存在着阻碍要素向这个领域流动的不良因素——换句话说，就是存在着我们不得不承认的过度垄断因素。怎么样消除这种供给的抑制、消除不良的过度垄断因素？这当然就需要一个系统化的实质性改革来解决问题。

第三，必须正视中国政策性金融体系的建设和发展，在“双轨制”战略框架下合理打造这一体系势在必行。

20世纪80年代后期就在讨论这个问题，这么多年下来，应该讲大体的思路和要点还并不清晰，但是人们已经不得不越来越多地讨论绿色金融、普惠金融、草根金融、产业引导基金，等等。我看来这些无一不是在实际上必须承认的一种金融双轨制框架之下，在进一步健康发展的商业性金融旁边，要匹配上（而且是在战略层面考虑要匹配上）我们的政策性金融体系，叫作开发性金融也好，叫作其他的称呼也好，包括现在为各方高度关注的绿色金融，都必须是在常规商业金融所必须遵循的“锦上添花”的机制旁边，持续健康地运行一套“雪中送炭”的机制。这样的体系建设，在中国当然是供给侧结构性改革中一个具有挑战性的领域，处理得好，我们就是超常规继续发展。处理不好，我们就是在这个方面不得不陷入更多的纠结和紊乱。这样的体系，实际上也对应我上面说的第二条，即我们的无缝对接的金融供给要从光谱的这一头一直覆盖到那一头。光谱上最极端的一边，当然就是政府直接的拨款，后面跟着是政策性融资这种政策性金融——以政策性资金、市场化运作、专业化管理机制下的杠杆式放大，形成种种模式、特定形式，再对接到更多依靠市场配置的小贷公司等机构及其金融产品的作用，再接上各种各样的市场化、商业化领域一直覆盖到最常规经济活动的商业金融供给。

第四，以金融体系建设紧密联系PPP的最新动态实行创新发展势在必行。

这几年看得越来越清楚，我们的金融创新发展要和现在领导层、管理部门不遗余力支持的PPP相结合。刚才李扬院长已经说到，必须在中国特定地考虑组织、动员、配置长期资金的机制体系。PPP（政府和社会资本合作，即公私合作伙伴关系机制）现在正是方兴未艾，将来还会在本土和“一带一路”发展过程中间形成更多PPP的建设项目，客观上需要有表现为固定收益产品或者类固定收益产品的长期资金的交易市场，作机制性匹配。我听说有的地方政府层面，现在已经在打主意于自己辖区之内专门建立这样的交易中心。总体上这个体系的建设在中国处理得好，很可能使我们在PPP的机制创新方面走在全球前列。当然处理不好，也可能成为我们自己已看到可做的事情却没有把握好要领而归为败局。我们必须看清楚这样一个历史性的机遇与挑战。

第五，金融和互联网的创新式融合渗透势在必行。

互联网金融和过去的传统金融之间，渗透和融合是主要的趋势。近一段时间P2P进入低潮之后，我们还是要看到在长远视野内，互联网金融、“互联网+”所打开的天地。因为大的趋势性发展潮流，是新技术革命已经走到互联网技术支持移动互联，跟着的就是移动商务、移动金融，在更便捷的金融体系的运作、金融科技（Fintech）等方面不断推进的创新。这样就绝对不能只看P2P，并且P2P也还要在发展中规范、规范中发展。首先可看看华为几年之前不动声色地利用它的装备和服务供给能力，在非洲常被称为世界最欠发达的撒哈拉以南区域，已经跨越门店银行，发展出手机银行体系，这不就是“互联网+”吗，不就是互联网金融吗？中国本土的企业能够在世界范围内开拓这样的市场、这样新的天地，当然符合和平发展要求，会造福于人类社会，这方面的创新，在我们的本土和以后我们的国际合作竞争中间，一定要开展起来。

第六，在中国金融的深化改革中，以资本项目下可兑换为突破性关键事项的人民币国际化势在必行。

这也意味着中国终归必须自拆“防火墙”。在什么样的条件下风险可控地做这个事，还要继续探讨。虽然周小川行长前一段时间曾非常罕见地清晰表态，是认为这方面的基本条件已经具备，但是2015年的股市大震荡和后来所面对的种种困难，确实也在提示我们，这方面的问题宁可想得更复杂一些、审慎一些。但是大的方向应该坚定不移，否则中国所谓和平崛起过程中，在人民币国际化中决定性的事项上我们是过不去的。不要光看人民币现在已有特别提款权上的进展，人民币要成为一种真正意义的硬通货，必须在资本项目下来去自由，放弃我们过去不得不坚持而且受益的这个“防火墙”，自己拆掉它。

这些是大方向上我看到的六个趋势和势在必行之事。回过头来说，民生银行作为一个商业性银行定位，便不能说在这些方面只看大势，是要在“取势”之后，还必须“明道”、“精术”，把自己的发展战略定制化和动态优化。我深信，民生银行在这么多年丰富经验的积累上，在高瞻远瞩、有战略思维、特别务实、特别努力把细节做到极致的决策层、管理层和所有民生银行员工的努力之下，一定能够在顺应大势之后，按照自己的特定定位，来继续取得卓越的发展业绩。

今天成立的民银智库，我觉得也体现了民生银行对未来长期健康发展这方面所匹配上的一个特定机制，就是要在创新发展的智力支持方面，再上一个台阶，更多地和方方面面形成合作和互动。这个智库的成立，体现了我们民生银行有特定的追求和高品位的情怀。我很荣幸被聘为智库成员中的研究者，在此也表示一个态度：我愿意积极地在这方面参加配合智库的活动，也祝愿民生银行取得未来更加辉煌的发展业绩！

这些基本看法汇报出来请各位批评指正，谢谢大家！

（2016年12月9日在“民银智库50人论坛成立大会暨中国民生银行改革创新研讨会”上的发言）

怎样建设普惠金融

对于“普惠金融”概念，近年大家越来越接受。显然，这一概念的内涵是针对现实生活中金融不普惠的问题。随之我们可以提出两方面的分析：首先是要发问，金融为什么不普惠？第二就是应提出建设性意见，即怎么样提高金融的普惠性。

关于第一方面的为什么不普惠，我觉得应有两个视角：第一点，必须承认中国改革开放多年来金融改革发展成绩很大，但金融多样化程度仍明显不够，这种局限使我们在现实生活中不能形成对多样性特点十分明显的社会融资需求的有效供给，尤其是那些为数众多、风险承受力比较低的小微企业“融资难”问题，比较普遍地存在，所以不普惠便成为大家的感受。中国现在如果按小微企业数量来说是 5000 万以上（最新统计中国市场主体已达 6000 万以上，其中至少 90% 以上是小微企业），他们面临金融不普惠的问题是我们必须正视的，需要在深化改革、科学发展、打造升级版过程中解决的重大现实问题。第二点，有必要强调，金融在其商业性定位上被人们称为嫌贫爱富、“锦上添花”的特点，虽然是市场资源配置优化机制的必然表现——因为银行作为商业性金融机构必须是企业，而企业必须是利润导向，这是天经地义的——但是这样一种机制也日益明显地和“雪中送炭”的客观社会需要形成矛盾，草根金融、小微企业融资，以及科技型小型企业创业、创新，还有三农发展等，他们受到我们金融系统的冷落由来已久。所以“不普惠”，这也是和商业性这个定位上的锦上添花机制密切相关的，我们不能回避这样一个基本的问题。

第二大方面是怎么样提高普惠性。从前面的问题导向出发，应该提出学理支持，并使理论密切联系实际，尽可能有建设性并和操作层面对接来合理设计对策，这应有两大要点：

第一，我们必须实质性地推进金融多样化改革，消除中国金融领域竞争不充分形成的过度垄断因素。虽然有的金融界朋友不承认中国金融界存在垄断，但我们如果反过来看，金融现在很多方面还是短缺经济特征，而短缺经济隐含着的就是竞争不充分，至少有一些过度化的寡头垄断因素——我们无法回避这样一个基本认识。在大方向下，其实中国金融改革的要领已越来越清楚，最近看我们决策层、央行及有关金融管理部门领导的表态，可知道已经下决心，在1到2年内要完成利率市场化，伴随这样的改革要求，也已经明确要发展一大批民营资本介入、发挥重要作用的中小银行与金融机构，还要推出使这些中小银行能够取得社会公信力的存款保险制，以及积极推进人民币资本项目下可兑换。所有这些事情中，实际上还包含着我们现在必须处理的、谁也无法完全否定、带有挑战意义的互联网金融，它将怎样在中国追求实际上的后来居上的现代化过程中间发挥独特作用。中国现在于技术创新支撑之下，确有"后发优势"的空间，我们千万不要错失这样的空间，实际上中国也必须追求在"第三次产业革命"中至少占领若干制高点——这样一种战略考虑势必要把制度创新、管理创新、技术创新三层次的互动联合在一起。互联网金融是又一个在中国改革发展过程中必须处理好的"规范和发展"权衡关系问题，在很多创新事项上，首先要强调"发展中规范"，而不是上来先说"规范才能发展"，因为很多创新事件是需要在摸索、探讨中才好知道应怎么样去规范的。首先必须在改革中给出创新发展的弹性空间，允许发展，也就是允许发展中出些毛病，允许在发展中消除毛病来提高成熟程度，这是一个实质性推动金融多样化改革中必须处理好、在现实中又有很多争议的问题。

第二，我一向认为必须积极开拓和推进我国政策性金融体系和机制的创新。这样一个命题，在20世纪80年代后期90年代初，在中国已有讨论和一些实际推进步骤，后来看到的是复杂情况下的坎坷，跌跌撞撞，到现在，中国的政策性金融体系并没有成型。这个事情，我认为在历史全景中看，可能比我们前面看得相对清晰的金融多样化改革更具有挑战性。面向现代化战略目标，如何在长效机制概念下，形成对草根创业创新、小微企业、三农等必须得到支持的、社会客观需要的这些“弱势”市场主体的融资供给，必须加上政策金融体系构建因素，才能完成历史任务。这个事情里面，难度在于如果承认商业性金融旁边还有政策性金融，实际上就必须承认双轨制，而双轨制下必须考虑，怎么样在中国现实社会情况下有效地防抑设租寻租，使双轨运行不被扭曲至不可持续。政策融资机制内怎么样能够风险共担，在维护社会公平正义前提之下，给那些应该得到支持的对象以可持续的支持力量，而不是加入其他各种各样的拉关系、乌烟瘴气的不良因素，这与全面改革中的制度建设有千丝万缕的联系，并且形成了带有“攻坚克难”意味的挑战。

以上看法请大家批评指正。

（在“2014 中国普惠金融论坛”上的演讲，根据速记整理）

搭建养老金融平台 共促供给侧制度创新

尊敬的洪理事长，尊敬的各位嘉宾，各位朋友，女士们、先生们，大家好！在此我借致辞的机会谈四层自己想表达的态度和看法。

首先，代表新供给经济学研究院和50人论坛热烈欢迎各位莅临中国养老金融50人论坛的成立大会，热烈祝贺中国养老金融50人论坛的成立！

其次，我认为养老金融的命题，既包含了应对人口老龄化挑战的现实必要性，又联结到金融的发展与创新，引伸至资本市场和金融市场上共同基金的作用、机构投资者的表现，还会进一步对接到中国必须高度重视的整个现代市场体系里混合所有制的发展。我们多少年前结束“文化大革命”以后进入大学，印象深刻的是，听到介绍国际上引领潮流的跨国公司（比如通用公司）的股权结构已经高度分散，而持股者中非常积极、非常起作用的是一些共同基金。这样的情况一直可联系到世界金融危机发生之后，在整个应对机制里，我们看到机构投资者的作用不光是支撑我们必须关心的整个养老体系，而且对接的还是整个社会的治理机制，以及资本市场、金融市场发展中和现代市场体系运行中，把调节和自调节、组织和自组织、管理和自管理融合在一起的包容性发展的适应性。这种经验对于中国的意义，显然是对应着十八届三中全会确立的国家治理现代化的制度建设宏大理念。当然，要具体对应到中国积极推进的全面改革中和整个金融市场、市场体系建设创新中的保险产品、金融产品，等等。我们现在刚刚在考虑怎样找到一些切入点，在中国已经议论有些年的以个税递延支持企业年金、职业年金的发展，据我们所知还仅有一些局部实验，相关联的一些政策优化、支持手段的配套，也才刚刚进入研讨和破题的状态。现在，又可以看到另外一些创新的事项跟上来。

比如，中国借鉴养老金融国际经验方面，我前面一年多时间接触到一个具体案例：武汉市区边缘有一个和众优年养老园区，是和众人寿保险公司得到政府政策支持兴办的带有明显创新特点的养老园区的建设和运营。当地政府领导在美国考察时注意到美国太阳城把商业性保险产品对接到养老园区供给机制的经验，这个经验由政府领导介绍给作为市场主体的合众人寿保险公司后，激发了市场主体创新方面的积极性，他们已经在中国用移植美国经验的方式开始这方面实际的运作，显然是把养老概念和金融概念、保险产品概念，以及可以和资本市场的概念对接在一起的一种创新。

所以，我的第三层意思是，在看到我们养老金融概念下既有国际经验，又有中国现实发展中特别明显的重要性和必要性的同时，我们在基础理论支撑方面应该援引制度供给创新这样一个非常重要的概念，来明确养老金融的意义。我们新供给研究群体在这些年理论密切联系实际的研究过程中，特别注重供给侧怎么样合乎时代的呼唤，适应人群之需要，在“有效供给”的制度和机制方面破题，在体系化的管理、政策优化组合、各种要素的资源配置中，结合政府应该实施的理性供给管理的进步。在这方面对应到我们今天养老金融论坛的主题，我认为这就是要在供给侧结构性改革的命题下，实实在在以我们有效的制度供给来对应实际生活的挑战，回应我们中国现代化发展的客观需要，使理论密切联系实际。新供给经济学研究群体和我们今天正式成立的中国养老金融50人论坛，将形成一种非常好的合作。在这个合作过程中可以进一步把理论创新服务于我们实际生活中推进现代化的需要。

最后，借此机会谈一下我们可以给出的期待与祝愿。中国养老金融50人论坛今天正式成立，可以说是应运而生，它在合乎社会人群需要方面，体现了顺天应人的一种值得祝贺的进步。站在养老的人本主义立场上，客观地需要解决好进一步创新的问题，这个创新应该把制度创新和管理创新、技术创新打通。我们在这方面，完全有理由期待今天正式成立的中国养老金融 50 人论坛，能够成为建设性地发挥它应有影响力的交流促进平台。我们祝愿也深信：在各界朋友的支持和帮助下，我们会多方面齐心协力，在养老金融相关的制度安排和各个方面促进创新，在支持有关管理部门政策优化方面做出应有的建设性努力。养老金融 50 人论坛和新供给经济学 50 人论坛紧密结合服务改革与发展之中，我们一定可以不负公众的意愿和业界的期许，做出应有的独特的贡献。谢谢大家！

（2015 年 12 月 9 日在“中国养老金融 50 人论坛”成立大会上的致辞）

互联网金融与“双创”

我称不上互联网金融的专家，虽然在中关村互联网金融研究院当院长，主要还是想敲敲边鼓，促进促进，但是很愿意参加今天这样一个交流。

我们今天的交流称为两会特别论坛，我在两会上也有一些这方面的感受，比如总理的政府工作报告——惜墨如金的报告里正面地肯定了在互联网概念下，要促进创业创新，连接到大众创业、万众创新这样一个新高潮。其实在这之前，我们也注意到总理所代表的政府方面的态度，在他的视察里，在他跟方方面面谈论怎么分享他在网上购物的体验方面，等等，态度是非常鲜明的，是鼓励支持。

但是这里面的问题还要做很多的探讨，包括不容忽视的社会方方面面已经在讨论，互联网金融蕴含着的风险因素怎么判断。比如众筹，前一段时间已听到批评之意的一些话，说出现了很多坑蒙拐骗。在这个方面我想简单地谈谈自己的几点初步的观察和认识。

首先，互联网金融这个概念完全是成立的，虽然也有人提出质疑。互联网是新技术革命的代表性的创新事项，金融也是在经济生活中被邓小平称为现代经济的“核心”，当然这个“核心”必须服务于实体经济，它不能变成“空心”。这两个概念联系在一起，是指非常明确的一个创新领域，一些具体的现象形态。被人们称为互联网金融的这些新事物，它的发展方兴未艾，刚刚开了一个头，后面的发展空间非常大。大的前景与发展脉络方面，我作为研究者很有信心，可以说在互联网金融带来对传统金融的一些冲击效应之后，应该很有信心看到互联网和金融两者会互相渗透，互相补充，一定能够推进它们的共同发展，这是一个互联网和金融的共赢。这样一个逻辑和这样一个前景，我认为毫无疑义一定是两者的结合。但是这里要解决的问题，也有冲击因素，有困扰因素，有挑战。挑战对应的当然就是机遇。哪怕说得重一点儿是“危机”，对“危”的感觉如果你处理好了，后面跟着的是机遇的那个“机”。

这方面总体来说，我个人看到技术革命的支撑下，金融已经具有了一些前所未有的普惠特征。讨论了这么多年金融应该支持中小微企业，特别是草根创新，支持三农，支持弱势小微企业。有人已经在反复使用普惠金融的概念。但是没有互联网金融这种新生事物的表现之前，特别强调的所谓普惠金融、绿色金融，等等，是一定要有政策性金融机制配上去的，否则都是说空话。现在仍然在积极考虑它里面的政策性金融机制怎么样有效和可持续。但是确实互联网金融给了新的启发：技术在马克思的原理里已经被看作在人类历史上发挥一种革命性的力量，技术的创新所带来的革命，使我们原来所认为的没有政策性金融机制，所谓普惠金融是空中楼阁这样的一个关联，开始有变动。互联网金融在没有更多政策要素匹配的时候，确实已经使一些草根层面开始得到了金融方面的一些支持要素，而且从现在发展势头来看，我们渴望通过互联网金融进一步的发展，支持和催化从草根层面开始的大众创业、万众创新，这就把我们今天特别谈论的两个关键词连接起来了。

原来得不到金融阳光照射的底端，对于融资总是没有可得性的底层民众，有望靠技术创新带来的变化，开始和金融有缘。这方面也有一些国外的经验，中国人特别看重，比如小额贷款，它并没有多少政策的因素，是靠半自然经济社区里人们的相互监督，从孟加拉的实验开始，有过一些成绩，但是它的可复制性实话实说，到现在为止并不明显。但是互联网金融来了以后，它的可复制性前所未有地让人们有了一定的指望。大众创业、万众创新这个关键词，我特别看重的，是与全面改革顶层规划文件里明确提出的国家治理现代化这个新时代治国施政核心理念的连接，最简单地说就是大众创业、万众创新天然地就要对接一个所谓治理概念之下，我们政府怎么发挥作用，以及它的行为、思维模式的一个重大改变。过去说惯了调控管理，管理和治理两个词只有一字之差，但是过去强调的管理，是一个居高临下的架构，说得好听一点儿高屋建瓴，说得难听一点儿高高在上，要管控整个经济运行。现在要转变到治理，是要改什么？政府需要放低身段，治理强调的是多元主体更多平面展开的一种充分的互动，是把管理和自管理，调控和自调控，组织和自组织在一套制度安排的机制连接里熔为一炉，就是最大限度地实现包容性增长，市场在资源配置中发挥决定性作用，而政府总体而言是配角，首先充分尊重市场总体上的决定性作用。这个治理现代化的新境界，在三中全会以后一系列突破里领头。我们应该理解为这是一个纲举目张的重大突破，而互联网金融它天然地就和国家治理现代化内在连通，它很明显地具有自组织、自管理、自调控的一些初步特征。大众创业、万众创新是从草根层面、从过去所说的社会最底层都有创业创新机会开始做的，当然是要引入大量的自组织、自管理、自调控。所以，互联网金融和整个国家全面改革新时代治国施政的核心理念是连通的。互联网金融和大众创业、万众创新的连通，就是和国家治理现代化的连通。

下面我想简单谈谈这方面值得肯定、也看到有广阔发展前景的同时，其实还必须理性地讨论创新和风险这一对矛盾。任何的经济运行都有风险，创新就更有风险，互联网的出现就是被一些最敢承担风险的创投、风投、天使投支持催生出来的，而现在有了这个新事物，实际的运行中还要解决一系列困难问题。互联网金融创新特征后面，必然跟着风险。对这个风险怎么看待，现在取向是不一样的，我注意到官方在一些重要场合的态度其实也有明显的不同。比如央行领导曾经正面肯定绝对不会掐死，要鼓励发展，鼓励创新。但很快在一个著名的论坛上有一系列的官员轮番发言，强调就是这方面的风险已很不像话，要怎么样怎么样把它管住，倾向性确实是不一样的。我自己的认识，不能偏废某一边，创新和风险的关联里，实际上后面跟着的是发展和规范这两个关键词。创新就意味着要给发展提供驱动力，创新驱动就要给发展弹性空间，而规范就是要注意防范风险，特别不能出现经受不起的系统性的风险，把经济问题政治化的风险。

这一对矛盾怎么正确处理？我认为还是要回到邓小平的改革智慧和思维上，那么困难的情况下邓小平考虑“三步走”现代化战略，考虑我们从追赶到赶超，实现伟大民族复兴，在改革这方面坚定不移，同时强调改革中要允许大胆地试，大胆地闯。比如中国的资本市场，在 1989 年外面所谓全面制裁的情况下，推出资本市场建设的大动作——深沪两个交易所敢不敢开？他说这个事情要允许大胆地试，大胆地闯，无非就是开了以后发现有问题不行，过后再给它关掉，关也可以考虑是一步关掉，还是分几步关掉。邓小平说这番话解决什么问题？实际的含义就是面对明显和强大的反对力量，阻碍在这方面去创新的力量，他要把反对派逼到墙角：你总得让我试一试。邓小平说不争论，至少是少争论，你得允许我试一试，关于试的过程中把话说到极致——哪怕最后再关掉有什么了不起？实际上，我们现在完全可以体会邓小平下这个决心推动的时候，他就意识到搞市场经济必须用这种资本市场的资源配置机制，他无非是说如要想关的时候都不让你一步关掉，实际上就是要给出这个弹性空间、创新空间。当然，后面邓小平同样会注意怎么把规范的一些可做的事情赶快跟上。分配也是这样，首先要鼓励一部分人一部分地区先富起来，但到了后半期这种发展的大势、大气候已经成熟，他又反复强调一定要走共同富裕之路，否则中国要发生闹革命的问题，改革开放如果真地走到了不可挽回的两极分化就失败了，等等，看看《邓小平年谱》非常清楚。

我们现在要处理的发展和规范的问题，在互联网金融创新方面还是应在第一层面讲发展中规范，否则什么都规范了才能动，有些人就走到极端思维，先立法，先把法律规范清楚，再依法执行，说起来堂堂正正，全面依法治国，但实际生活中可能吗？这个法吵的出来一个结果吗？很多事情远非成熟，一定要允许给出弹性空间，要试要闯，要允许在试的过程中出错，要宽容一些失败和错误。这谈何容易？但是全局来说一定要掌握这样一个应排第一位的改革的智慧和原理。对互联网金融我们不抓住，我们会和第三次产业革命擦肩而过，一定要抓住创新不放。这就是说摆在第一位的应是发展中规范，给出弹性的创新空间。如果有一些问题，在并不撼动大局的时候密切跟踪，密切观察，看准了风险何在，赶快采取措施控制风险。发展中要跟着规范，看得很准的时候规范要赶快确立，而且要尽快地提升到最高的法的层面。一开始是红头文件，这不可避免，以后可能是暂行条例，再往后更成熟的是法，这是一个立法过程的必然逻辑。全面依法治国必须承认这样一个动态的法的成熟和提升过程。所以，发展中规范后面是看准了立法，规范中发展在这个时候就有充分的必要，要有它的严肃性，看得比较准的事情，规范赶快加上去，一段时间观察以后拿准了，赶快把它提升到法。但是你得承认随着发展还要动态地优化，这样一对矛盾不是简单的谁否定谁的问题，是一个逻辑上排列清楚以后，二者互动的这样一种必须掌握好的关系。我认为对于互联网金融这样的挑战和机遇来说，后面跟着的就是必须处理好发展和规范这一对矛盾。

最后，从经济学学理的创新来说，我认为互联网金融和大众创业、万众创新也给我们很好的一个启发。世界金融危机冲击之后大家都在反思经济学的主流理论出了什么问题，这么多经济学家，甚至称为“经济学帝国”，这么大的社会影响，这么多的知名人士，怎么没有人稍微像样一点地做出对这次百年一遇的世界金融危机的预测，很多人都在问。我们的认识就是必须承认中国和世界，大家可运用的经济学主流理论被实践证明是有明显缺陷的，这个经济学的反思和创新，给我们引导到从供给端考虑问题，也就是我们现在致力于发展的新供给经济学的框架，这里面特别强调的就是关于经济发展实际上供给的作用过去被低估了，需求管理没有很对称性地配上供给管理，而现在我们要更多地强调经济学应该反映的现实，是实际生活里供给端的创新标志着经济发展的各个阶段和各个时代，要标志出什么时代，什么阶段，一定是供给端的突出特征。比如我们现在所说的第三次产业革命，就是供给端互联网技术带来新的突破和发展，供给端现在特别强调的是，供给物所形成的用户体验。人都是生活在物质利益的世界里，体验就是满足利益的需求，而且这个物质利益随着国民素质的提高会上升到精神层面、文化层面。用户体验的颠覆性的创新，在互联网技术的支撑下有非常鲜明的体验，就把原来有价的变成无价的，原来复杂的变成非常简单的，等等。这种创新在物的角度用户体验上成功，是一定要呼应着给出制度供给的创新，制度供给、制度创新要打开管理创新、技术创新的空间，让所有的供给潜能涌流出来。互联网金融我认为就是这样一个结合的过程。

所以，这次两会上我注意到总理的政府工作报告里有非常鲜明的表述，以供给创新带动需求扩大，以结构调整促进总量平衡，我认为这是一个非常好的表述。在这种意义上，中国的经济学的发展其实已经得到了我们管理层的回应，这种互动，引发在浩如烟海的信息里提炼出这样精辟的表述。供给创新带动需求扩大，实际是解决中国在调控中，必须更多地注重需求管理和供给管理的结合，而且很多的事情要从供给管理发力。领导人已给出一个清楚的认识。以结构调整促进总量平衡，是表明在前些年我们已经运用总量调控种种手段之后，现在意识到的“新常态”的关键在于对结构调整和优化的追求，而这个结构调整和优化是要促进我们过去关切的总量平衡的，这个逻辑现在前所未有地清晰了。中国很多实质问题不在总量，而在结构，包括中国投资的真问题不是总量和增速问题，而是结构与绩效问题，总体来说是投资作为驱动力怎么样和消费、和方方面面更好互动的问题。现在在总理报告里得到这样一些前所未有的清晰表述的同时，当然要尽我们研究者的责任继续深化认识。业界的朋友，在座的很多是非常年轻的，各界朋友一起共同面对互联网金融带来的挑战和机遇，在大众创业、万众创新方面，希望在不太长的时间内，体现出中国在追赶中间越来越有自信地要最后达到后来居上，进入第一阵营这种态势。

这些看法请大家批评指正，谢谢！

（2015 年“两会”特别论坛之“互联网金融与大众创业万众创新”专场演讲）

加快金融改革创新，推动实体经济转型升级

——新常态下的金融科技新趋势与中国应对

尊敬的各位领导，各位嘉宾，各位朋友：

很高兴能参加本次“金融科技”论坛。借此机会，将自己作为研究者关于金融科技和金融创新发展的观点与大家交流。本次的演讲主题为“加快金融改革创新，推动实体经济转型升级——新常态下的金融科技新趋势与中国应对”。

何为金融科技（Fin-tech）？在实际生活当中，大家在汉语语境里理解的金融科技其实主要落脚点在金融，即“科技金融”。汉语的表达习惯告诉我们，科技金融的内涵就是传统的金融业务必须适应现代科技的发展。实话实说，这一内涵已并不新鲜，早有互联网金融的概念为人们所注重。但从实践角度来看，公众和学术界对互联网金融还有所误解，似乎就是P2P。互联网金融应指借助于科技革命和信息时代的互联网科技创新来推动金融的发展，它在不同的发展阶段会有不同的特点并有日益丰富的内容。在前一阶段，互联网金融似乎主要以集中化、同一化为特点。而现在，互联网金融已经进入了“大数据、云计算、区块链”支持的科技创新阶段，主要以分散化、定制化为取向。目前，互联网金融服务所解决的问题也更聚焦于实践过程中形成的平台管理和风险控制的基本问题，也日益明确地与金融科技相融合。

“金融科技”这一新概念由美国率先提出，中国目前还处于追赶阶段。如何利用“金融科技”促进我国金融的发展，推动经济社会转轨，是我们每一个金融工作者应该思考的问题。金融转轨显然还需要配合制

度创新和科技创新，而面对“发展中规范，规范中发展”这对矛盾时，我们也还缺乏充分的经验。无疑，金融科技需要纳入我们的监管体系，相关金融管理部门也表态，金融科技的发展应与持牌机构合作，以防范金融创新的野蛮生长。我认为金融科技这一大趋势，一定要放到供给侧结构性改革方针和推动金融创新的大潮流、大背景当中来把握和理解。

下面我简单说一下三个层面的问题。

一、金融重要性和实体经济的关系

在金融重要性方面，邓小平曾经指出，金融是现代经济的“核心”，我认为可比喻为是国民经济的“心血管系统”。现代金融在经济生活大系统当中，以信用融资为媒介，激活和助推各类经济活动和创新行为。但如果处理不好，也会变为“空心”，会出现严重的问题。在美国，次贷危机的起因就是老百姓购房融资不用抵押，再一个劲地把这种次级贷款证券化和衍生工具化，最后导致了席卷全球的金融与经济危机。

金融和实体经济的关系是什么？我认为金融无论怎么样创新，要为实体经济服务，必须坚定不移地把“心血管系统”和整个机体的健康发展的内在关系把握好。

二、克服金融供给压抑，促进金融深化和健全发展

中国从改革开放到现在的发展新阶段，面临改革深水区，实体经济如何升级换代？我们经过前面这么多年的努力，从 20 世纪 80 年代到 90 年代到二千年之交之后，取得了一系列的进展。但温州案例给我们一个重要警示，“跑路事件”暴露了整个温州产业升级受阻的真实情况，产业空心化的矛盾已暴露在世人面前，那里的金融体系与实体经济的关系到了一个痛苦的调整期。中国金融改革在取得一系列重要成果之后，仍面临“脱实向虚”的风险和艰巨的深化改革任务，必须促进金融体系的

改革和健全发展。

在以全面改革实现国家治理现代化和联结“伟大民族复兴”中国梦战略目标的历史时期，已看明并需在积极推出后巩固和扩大成果的重大改革任务有：

（一）利率市场化改革（放开存款利率“临门一脚”已推出）

（二）推出存款保险制（已推出）

（三）发展一大批中小银行和金融机构（含社区银行、村镇银行，是以存款保险制为前提条件，应乘势加快发展的事项）

（四）实现人民币资本项目下可兑换（真正实现“人民币国际化”的一大关键前提，还待准备条件）

（五）探索、开拓“互联网金融”

三、金融创新的客观要求与要领：“六个势在必行”

（一）以金融创新支持实体经济升级换代势在必行

以金融创新支持实体经济是有客观迫切要求的一大趋势，必须落实到我们的实际生活中去。金融必须在支持实体经济中发挥重要作用，其“核心”不可变成“空心”。如果我们看到温州的经验教训：灰色金融以潜规则为主，资金流向炒房团，炒房失败宁肯去炒绿豆、炒大蒜，就是不能有效支持实体经济的升级，最后到跑路事件的发生，产业空心化已经几乎病入膏肓，雄厚起来的资金没有有效地支持实体经济发展。为支持实体经济的发展，就需要更多样化的融资，以常规金融的低利贷，小额贷款等中利贷等多样化金融产品，把高利贷挤出去，这才是正常、健康的金融市场。

（二）以金融多样化改革形成无缝对接的金融—资本市场势在必行

金融市场是不是存在着过度垄断的问题？我们的金融界至少有 1000 多家的银行、金融机构都在提创新合作竞争，怎么还会有垄断问题？金融行业确实存在竞争，但是竞争充分吗？

仅以北京的金融服务为例。北京银行是一个改革当中发展起来的，现在很有影响的股份制银行。这么多年过去了，进入营业厅，想要获得金融服务，排队领号都得领到几十号。金融服务这个领域这么多年，一直是短缺的状态，一段时间短缺可以理解，为什么这么多年下来一直短缺？这个现象表明，生产要素并不能顺畅地流入到供给方，存在着一些过度的垄断因素。要消除金融行业客观现存的过度垄断，就要把金融产品及供应向多样化的方面推进，支持大众创业、万众创新、融资创新、科技创新。传统常规金融的“低利贷”、“小额贷款公司”式的“中利贷”，多种类别、期限、方式的金融产品，各有对应而无缝对接，形成对于多种实体经济层面市场主体、社会成员融资需求的供给体系，把“高利贷”边缘化、挤出去。

（三）以健康、可持续的政策性融资体系匹配金融创新支持超常规发展势在必行

中国的政策性金融这个概念诞生得很早，但不客气地讲是走了弯路的。十八大以后习总书记明确讲了一句，开行市场化转制之说存疑。领导人的判断所说的存疑，其实很客观地表明，原来这个思路已被否定了，政策性金融已重新在中央文件中做出明确表述，正酝酿的新金融工作会议里也会给出指导。我们现在大量讨论的所谓绿色金融、普惠金融，在我看来都不可能是常规的、现有的商业金融“锦上添花”的机制。从战略层面考虑，我们必须打造以可持续的“雪中送炭”为特征的政策性金融运行体系，守正出奇地支持现代化进程中的超常规发展。

（四）在金融创新中对接，结合以互联网为代表的第三次产业革命势在必行

在金融创新当中对接和结合以互联网为代表的第三次产业革命是势在必行的。互联网金融我们不能简单理解为 P2P。现在越来越有国际影响力的华为，几年前利用自己的设备供给能力和服务供给能力，在撒哈拉以南区域居然越过了门店银行建设体系，直接建成手机银行体系，依托的是互联网，做的是金融服务，当然这也是互联网金融。目前我们

已经进入了移动互联的时代，移动互联接上大数据、云计算、区块链，支持移动商务，已经日趋成功，显然要更好、更便捷、更安全地匹配移动金融，必须以金融行业的升级换代来形成新的供给体系，这一方面我们确实还有困惑，但大方向是十分明确的。

我们要坚持发展中规范，规范中发展，出现问题以后，及时地总结经验教训以防范风险。但同时也要给出发展的弹性试错空间，这些都是我们要面对的挑战性的问题。

（五）今后以 PPP 等投融资机制创新支持“聪明投资”和民生改进势在必行

政府和社会资本合作，形成法治化保障的紧密的伙伴关系，PPP 模式是一个重要的创新领域。从融资创新到管理创新、制度创新，全局看是制度供给形成治理模式层面的有效创新，带来的是政府、企业、专业机构 1+1+1 大于 3 的绩效提升机制。目前湖南的发展，长沙的发展以新区的连片开发为典型要与 PPP 模式进行对接，当然其中也要与金融科技紧密结合。

（六）在金融改革中积极创造条件实行资本项目下可兑换而决定性地促进人民币国际化势在必行

在金融改革和人民币渐进国际化进程中，已从“周边化”而推进到加入 IMF 框架下的特别提款权（SDR），但何时可实施资本项目下可兑换，存在明显不同意见。这一大方向应坚定不移，关键是如何创造“自拆防火墙”的前提条件，形成可行方案。

（2016 年在长沙金融科技峰会上的发言）

产业引导基金的守正出奇

非常感谢邀请。我作为上次参加过长江经济带产业基金成立会议的与会者之一，今天非常欣喜地看到，时间不长，长江产业基金相关工作迅速打开了局面。借这个机会，我自己想从研究者的角度，谈一些力求理论联系实际的认识，也是围绕着长江经济带产业基金的定位，以及按这个定位发挥作用的相关机制建设，谈一些看法。

我们这个基金的定位，在表述上很清晰，就是要支持战略性新兴产业的发展。当然在全球化背景下，在全国统一市场背景下，我们的区域色彩，是定位在长江经济带。湖北武汉是九省通衢，在这个经济带里面处于非常重要的位置，我们可称之为战略要地的位置。实际上产业基金以一个国际视野，面对整个市场经济发展和现代化推进过程，是要在实施超常规发展方面，紧扣战略性新兴产业而"守正出奇"的诉求。而守正出奇这个概念，是我研讨的新供给经济学里面非常注重的概念。守正是什么呢？首先是要充分认识、领会十八大特别是十八届三中全会"60条"形成以来，中央指导整个全局的治国理政核心理念、战略方针。这个核心理念强调在整个中国现代化推进过程中，正确处理政府和市场关系这一核心问题，"60条"实现的重大突破是"国家治理体系和治理能力现代化"这样的浓缩表述之下，把握好"治理"不同于"管理"之处：它是更多把政府与非政府主体平面展开的管理和自管理、组织和自组织、调控和自调控结合在一起的制度安排和机制连接，是更多平面展开的调动一切潜能和活力的包容性发展，因而到资源配置上，强调要使市场发挥决定性作用，这就终于实现了邓小平南方谈话后我们关于市场经济在汉语语境里把认识说到位的突破。当年邓小平以极大的魄力，在南方谈话超常规方式下，倒逼地促使最高决策层几个月内形成了最高层级的权威文件，把我们的目标模式确立为市场经济。但这个社会主义市场经济，当时由于种种主客观条件限制，其中的市场作用还只表述为资源配置中的基础性作用。而到十八届三中全会以后，非常明确是“决定性作用”，说到位以后，后面跟着的“政府更好发挥作用”，可知充其量是辅助性的作用——但是政府又是不可少的，更好发挥作用是紧跟着的一句话。这里面的“守正”，就是市场经济通行的共性规律，必须得到认同、尊重乃至敬畏。而所谓“出奇”就是，中国在充分认识市场经济之路必须走，必须尊重市场共性规律之后，并不是简单套用市场经济的经验我们就可以一路现代化了，还必须实现中国国情、中国特定约束条件下成功的出奇制胜的创新。你要创新，要出奇制胜，就会有风险。“守正”之后能不能出奇，而且要出奇制胜，就成为对我们历史性的考验。任何创新都有风险，中国的出路就在于创新中间一定要总体来说取得成功，我们才可以再往前对接全面小康，以及2050年前后中国梦伟大民族复兴战略目标。

这样守正出奇的认识框架，在学理上说，直接对应着中央明确提出我们要以政策倾斜支持战略性新兴产业之后，中国经济学界很热闹地反复讨论的产业政策的问题。很显然，从字面上理解，有关部门做了这么多的调研，确立了七大战略性新兴产业——当然，以后专门工作会议强调了文化创意产业，是不是可以认为是第八项，都可以讨论。反正有这么七、八、九若干个重点，“战略性新兴产业”是我们对这些重点的认识，这种产业不仅有新兴特征，而且还有望在未来去引领市场潮流，它所创造的有效供给，有可能创造引领需求潜力的充分释放与发挥，这才称得上是战略性。

反复调研以后确立的这些产业重点，要让它们能够如愿发挥引领潮流的战略性作用，就对接到我们现在所必须追求的产业基金的引导作用。所谓守正出奇，是在创新中让它们成气候。这里面的哲理要领就是：有关于战略性新兴产业的观察和提炼以后，产业政策的配套显然是不可缺少的。那么要问：为什么一些很有影响力的学者，把产业政策批评得一无是处，批评产业政策是穿马甲的计划经济，产业政策必然是政府胡作非为，做了根本的、全盘的否定。

极端的否定框架，我认为显然是不能接受的。但是我同时要说一点自己的感想，现实生活中间产业政策确实有很多不如人意之处，甚至是带些事后感到荒唐意味的失败的案例。有些研究者把它说到极端，否定产业政策这个基本概念，我们没有必要接受这个认识框架，但是抨击方的理念所包含的有益启发和警示，却是可以形成积极因素的。我们确实看到，中国想守正出奇地使政府更好发挥作用，存在一系列的障碍和制约，我们的政府怎么样更合理地履行自己的职能即在财政上说的事权——这个事权还要落实到支出责任，是落实到财政工作上可操作的预算支出科目，是带着责任要落实的具体操作细节上，很多的事情还在未定之数。

今年中央强调了怎样合理界定和履行事权的重大事项，已经发了文件，但实际生活中间，中央、省、市（县）至少三级的事权一览表、明细单迟迟没有见到成型，政府到底怎么样规范自己的行为？反对否定产业政策的一派，强调产业政策有必要性，产业政策应该体现为在有效市场后面，跟着有为政府。我想加一句，“有为而且有限的政府”，政府进去以后的具体边界怎么掌握，要认识它的有限性。而且政府的要有为，并不是简单地说产业政策必须设计，以及怎么合理设计，这没有说完——产业政策在尽可能合理设计的后面，特别重要的是：产业政策以什么样的机制，才能够得到如愿的、不出太大偏差的贯彻执行。

我们现在考虑产业基金的机制，给我们特别重要的提示，正在这一视角产业基金显然第一推动力是一开始政府按照产业政策，拿出财政资金，就是现在所说的规范化、阳光化走预算程序筹集的公共资源，做第一推动力。(湖北安排的长江产业基金，首先 400 亿元是财政安排出来的）安排出来以后，这个资金的性质就是“政策性资金”，后面跟着的是一定要“市场化运作”，就是要对接有效市场。再跟着的是“专业化管理”——这个专业化团队必须是有国际眼光、国际思维，在实际运行过程中防范道德风险而可持续真正追求基金绩效与公共利益最大化的结合。这种市场化运作，专业化管理，后面追求的效果是“杠杆式放大”——长江产业基金，我们看到已经有很好的设计，通过母基金带出来各种各样其他非政府主体资金的加入，还要设立一系列的子基金，由子基金直接面对支持项目。在这里边，显然要设立风险防范机制，同时必须给出有效合理的激励机制。

刚才专家委员会讨论会议上，我和其他专家都涉及了激励机制的问题。实话实说，现在回到实际生活中的纠结上：国有企业改革说了这么多年，到现在为止发了这么多文件，国有企业内部运行从掌门人（董事长也好总经理也好），到高管、中间领导层，和整个团队，激励机制解决得如何？恐怕一般评价都不太高，因为很多的矛盾和纠结还有待去解决。但是我们不能等待，产业基金已经在运作，当然就要争取把我们这方面的事情处理得比较好。

回到“守正出奇”这个视角上考虑，怎么样在理论层面，联系我们的科学决策、机制设置优化问题做讨论，我想提四个基本概念，供大家讨论和批评指正。

第一，我认为还是应明确，在理论上要认识到有市场失灵。但是市场失灵后面，同时要讨论政府失灵，这是一对概念。市场失灵是经济学在比较早的时候，20 世纪大萧条大危机发生后，已为大多数经济学家接受的概念。但是后面经过一段时间，在国家干预成功和它的正面效应被人肯定以后，又引出了政府失灵问题。现在中国人在进一步利用后发优势，去推进现代化的过程中，我们需要把这两个概念一起讨论，既要清楚看到市场失灵，需要政府产业政策的合理设计和运用，同时又要看到政府失灵，不要以为政府自己设计的东西就表明自己高明，所设计的东西可以轻易按照自己主观意愿加以发挥。这在理论上，可以指引我们在产业基金运作过程中作更多的审慎考虑，看到市场不足的同时，意识到我们自己并不是在实际生活里处处比市场高明的决策主体，必须更审慎一些去处理市场失灵。

第二，矫正市场失灵和防范政府失灵这个问题之后，我觉得非常值得讨论的观点是，我们要把原来经济学分析范式里的“完全竞争”概念，提升到2.0版的“不完全竞争”。在实际生活里面，某些领域几乎是完全竞争的，比如理发、餐饮，现在很少人认为对这些经济活动还要搞特定的政府产业政策。换句话说，那类领域可充分交给市场，完全竞争假设是适合那种市场领域的。

但另外一些地方和特定领域，我们现在七个也好，八个也好的战略性新兴产业的领域里面，不能套用完全竞争假设，而是明显应该升级为不完全竞争，承认市场要在这方面发挥作用，又要认识到市场失灵，政府需要弥补市场失灵，特别是奉行赶超战略的政府。从追赶到赶超，才是中国这样后发经济体、新兴经济体要把握好的战略框架，也体现在邓小平改革开放之初，早早明确了“三步走”，从追赶到赶超，最后实现伟大民族复兴这个战略思想上。从这个角度来说，我们在理论研究上完全有必要迎难而上。完全竞争假设非常清晰，非常能够打动人。政府几乎无为而治的情况下，市场以看不到的手，通过要素的公平竞争、自由流动，自然达到了市场出清，也就达到了结构优化，在理论上是很有美感的认识框架。但实际生活中对不起，这种完全竞争只适合比较有限的领域，更多的领域特别是我们现在产业基金定位上观察到的一些领域，面对的是已有的、我们势必要特别注意的、在国外比我们更带有捷足先登优势的主体竞争力量，而且面对这些竞争主体，以“比较优势”的经济学原理来理解互动，我们是往往要碰壁的。某些战略性新兴产业的核心技术，对手一定要压制着你，你想通过比较优势，用我们另外一些东西以做生意的方式去互换，你出再高的价格，人家不卖给你怎么办。另外一些关键的技术，核心的技术，在中国特定国情条件下，我们还得自己突破。比如说煤的清洁利用，全球放眼到哪里买技术？就不说出价以后人家卖不卖给你的问题，可能你出多高的价人家也不卖——即使人家想卖，人家手上有吗？美国前面几十年，逐渐放弃煤作为基础能源的地位，因为它有特定的资源禀赋。中国是完全不一样的资源禀赋基本格局，我们不得不主要依靠煤。中国经过这么多年努力，基础能源方面我们用的电，80%是煤烧出的火电，水电、核电的比重，随着社会需求往上升而不得不下降。我们努力发展的风电、太阳能电等新能源，经过这些年努力发展、拼命发展，也只占整个电力能源供应的3个点，可以预见的很长时期内，它还撑不起整个电业发展和电力供应的大梁，这是中国的现实问题。在完全竞争的概念之下，指望以全球市场要素充分流动来解决这个问题，恐怕没有出路。

非完全竞争的理论假设，给我们带来的研究任务与相关情况，比完全竞争假设复杂得多，但是我们必须在这个框架下讨论问题，才有助于我们充分认识产业基金定位，以及对于中国现代化的建设性意义。

再下面的一点，自然就要说到第三个概念即赶超战略。这个赶超处理不好，一定会出毛病，这一点决不能讳言。中国历史上有大跃进"超英赶美"的惨痛教训。但回过头想，那时候错在哪里？从中国整个现代化的过程看，并不错在要从追赶到赶超，最后力求实现后来居上。那时候不能超英，现在早已经超英，超英赶美的方向与雄心没有错，关键在于你要走追赶——赶超的路线，是不是能够遵循基本的经济规律。当年大跃进是经济工作指导思想严重违背客观规律，而到了改革开放以后，邓小平确定"三步走"，实际上是又一次从追赶到赶超的通盘设计，它对实际工作要表述为实事求是、解放思想、以经济建设为中心、改革开放。它在具体设计过程中允许试错，在少争论甚至不争论的情况下，要通过实践去认识符合客观规律的真理。在这条路上，中国走出了超常规的30年左右高速发展之路，现在又是合乎规律地在认识和引领新常态，2010年中国人均GDP稳定站在了4000美元左右，而人均国民收入，按照世界银行的口径稳坐3000美元以上。当进入中等收入阶段以后，与其他经济体大同小异，不可能延续原来的高速状态，必然往下调整。我们所谓认识、适应和引领新常态，就是按照共性规律，由此而来。在新阶段，我们要继续进一步探讨，我们实现现代化过程中怎么样坚持好从追赶到赶超的基本战略思维和战略方针。我前面提及的产业政策讨论中，坚持产业政策必要性的一派也是北大很有影响力的学者提出的，相关理论贡献值得肯定以外，却有一个欠缺，即基础原理是资源禀赋，在资源禀赋条件之上要抓住其比较优势——说到这里，就认为比较优势战略可基本解决新结构经济学认识中的最基本要点，而我们认为显然不够。比较优势后面，还必须讨论靠比较优势战略不能解决的，从追赶到赶超的一系列难点问题。其实西方学者已经在此研究视角开局，比如说"蛙跳模型"等超常规战略思维这种经济学的认识框架。

比较优势，讲的是双方互惠交易，用这种交易在互惠过程中可以满足很多的共赢发展意愿。但是到了决定性的关键点上，比如说战略性新兴产业，核心技术的开发和获取上，比较优势战略不能解决后进国家怎么样从追赶到赶超临界点上的问题。我们过去为什么要搞两弹一星，到近年为什么科技发展战略规划中要设置16个重大专项（有些是标为绝密的），就是不能简单靠比较优势战略来解决问题，必须有所谓独立自主、自力更生的考虑，尽量调动一切可能的外部力量和内部因素支持的赶超战略。16个重大专项我记得非常清楚，其中有个大飞机项目是中国人纠结了几十年的项目。这是战略性新兴产业概念的先进制造业前沿的力争，综合国力已经提升到这样的状态，必须有举国之力支持的特定机制，在绝密的情况下启动大飞机项目。什么时候能够如愿看到成功，当时谁也没有把握，但现在已经没有必要标密，两三年前就知道中国国产大飞机919已经到取得适航证的阶段，很快全球就有几百架中国大飞机的订单来到这里，前不久珠海航展还在继续扩大订单规模。没有当年这种赶超战略思维，实际上以产业政策加上投融资支持的特定解决方案，不会有今天大飞机的突破，再说100遍比较优势，仍然不可能突破。这是我想说的第三个概念，即怎么样面对复杂的、国际化程度很高的全球合作与竞争，又要有自主的从追赶到赶超的战略考虑。

第四个概念，中央现在表述为战略方针的“供给侧结构性改革”。我认为其内涵，就是要解决好面对支持战略性新兴产业发展，合理有效地在产业政策“双刃剑”式的使用上，尽可能发挥其正面效应的理性供给管理问题。产业政策显然是个供给侧发力的管理。需求侧很简单，反周期、总量调控，它的意义和作用我们已经较为充分认识到了。总书记在讲供给侧结构改革的第一句话，仍然是“适当扩大总需求”，仍然肯定需求管理的意义和作用，但是话锋一转，第二三句话讲的是着力促进供给侧结构性改革和着力提高供给体系的质量和效率。到了供给侧，面对的首先是结构性问题，改革就是要解决制度供给方面的制度结构问题、利益格局问题，怎么样触碰既得利益、冲破利益固化藩篱这个啃硬骨头的，改革深水区攻坚克难的问题。第三句话说的整个供应体系质量和效率的提高，需要把供给侧所有要素，劳动力、土地和自然资源、资本，还有科技创新供给以及作为龙头的制度供给，带出投融资方面的升级版，进一步解放生产力。所以我觉得我们从理论上印证长江产业基金的作为，内在逻辑是以理性的供给管理守正出奇，避免供给管理方面可能出的偏差。供给管理很大的风险是政府改革不到位，理念上没有达到充分认识，行动上以为政府可以在这方面按照自己的意愿尽情发挥作用而走偏（甚至像有人抨击的那样搞新的计划经济），一定要避免这种情况。理性的供给管理，就是必须尊重客观的市场规律，守正出奇地应用产业基金的方式，以所谓“政策性资金、市场化运作、专业化管理、杠杆式放大”的机制，超常规但是可持续地支持在创新过程中实现关键的突破，尽量避免大的失误，做出跨越式发展、弯道超车式发展，能够贯彻从追赶到赶超，现代化战略的业绩。

这样四点概念，我觉得是我们讨论怎么样更好地把产业基金建立在很好的机制基础上，进一步充分发挥潜力作用，面对未来湖北、中部和整个中国现代化发展来让它如愿产生重大支持作用应该考虑的。

这些心得汇报，不当之处请大家批评指正，谢谢！

（2016 年 11 月在第九届中国·武汉金融博览会暨中国中部（湖北）创业投资大会分论坛——长江经济带产业基金高峰论坛上的讲话）

第六篇

房地产调控与房地产税

“现代国家治理”与现代财税制度中不动产税制的构建

在十八届三中全会关于全面改革的“决定”这个重要文件里面，我认为有一个非常值得我们深入领会的“现代国家治理”理念，具体表述为“国家治理体系和治理能力的现代化”。这个理念合乎逻辑地联结着文件中几次出现的“构建现代市场体系”这个制度建设要求，而它又进一步联结到“建立现代财政制度”的制度建设要求。我认为，这样的一个逻辑联接，实际上是在十八大确立的“五位一体”全面改革取向之下非常鲜明的一种历史性的“承前启后”。如果说“承前”，一直可以追溯到中国面临“三千年未有之变局”以来如何摆脱落后挨打悲惨境地的“振兴中华”的诉求——这是一种现代化的诉求；在20世纪中华人民共和国成立之后，在六七十年代，都曾经明确地表述过“四个现代化”的思路；而在改革开放新时期开始的起点上，是邓小平明确地勾画了“三步走”现代化战略目标。如今我们已成功地进入其“第三步”的历史阶段，在“承前”的这样一个视野之下，在这次全会上，已经凝炼出顺理成章且足以“启后”的“现代国家治理”的理念。它的“启后”，就在于连接着我们无法回避的攻坚克难的配套改革任务，只有通过改革释放制度红利，才能够激发其他的一系列的城镇化红利、科技创新红利、社会管理红利，等等，从而才能够继续“大踏步地跟上时代”，去连通现代化伟大民族复兴“中国梦”这样一个宏伟愿景。

那么，“以政控财、以财行政”的财政，在这个逻辑链条里面，又已由“决定”表述为“国家治理的基础和重要支柱”。学理上讲，财政处理的是公共资源配置问题，它必然拉动着、影响着整体资源配置。我们的市场体系的现代化，在这个文件里与市场经济目标模式相匹配而明确地表述为“使市场在资源配置中起决定性作用”，那么，财政的基础和支柱作用就是要服务于现代市场体系，最大限度地发挥市场的正面效应，同时辅助性地弥补市场失灵。所谓“国家治理”，不等同于过去较强调的自上而下的“调控”、“管理”，其中有组织，也有自组织；有调控，也有自调控；有管理，也有自管理——所强调的是一套制度安排和机制联结，意在包容和发挥各种主体的潜力形成最大的活力与可持续性。而财政自己，它在具体管理表现形式上的预算的收支，是体现国家政权体系活动的范围、方向、重点和政策要领，它必须首先在自己制度体系的安排层面，处理好政府和市场与作为市场主体的企业、中央和地方、公共权力体系和公民这三大基本的经济社会关系，即“以政控财，以财行政”的财政分配，要使政府既不越位又不缺位，在市场发挥决定性资源配置作用的同时，来发挥政府应该发挥的维护社会公平正义、让市场主体在公平竞争中释放活力、弥补市场失灵、扶助弱势群体、优化收入分配等这些作用，来促进社会和谐和长治久安。

在上面这样一套逻辑连接之下，我们实质性地推进财税体制改革和配套改革，攻坚克难，目标就是要按照在这个文件里明确说到的，争取在2020年全面小康这个阶段性目标实现的同时，在配套改革方面取得“决定性成果”，我认为这就是三中全会精神的总目标、主旋律。

在这个主旋律之下覆盖的财税改革这一重要的配套改革组成部分，也必须解决一个如何积极构建现代税制的问题。那么，也就需要在财税体制改革的逻辑连接之下，重点地考虑一下我们这次会议希望我谈到的房地产税制改革这方面无可回避的改革任务。

这次全会的文件中有一句话，非常简要地表述为“加快房地产税立法并适时推进改革”。我作为一个研究者，试把自己个人的解读意见向各位汇报一下，请大家批评指正。我认为应该从如下几个要点上来领会这一句提纲挈领的表述：

第一点，完善立法是现代国家治理和现代财政制度的根本特征之一，只有加快立法，才能适应我们国家在这个阶段上深化改革与经济社会发展的客观要求，这也是一个取向于现代文明、着力提升整个社会文明程度的政府在全面改革中必须努力去做的重大事项。

第二点，对这里所说的“加快房地产税立法”中的这个“房地产税”，我认为应该作一种广义的理解：它不仅仅指在上海重庆两地已经做出改革试点的房产税，从广义上说，和房地产相关的各种税都可以包括在内。中国现在实际开征的 18 种税里面，排列起来，与房地产相关的就有 11 种。实际上，在这个房地产税的通盘考虑中，我认为，还必须涉及在整个不动产开发、交易、保有全链条中各个环节的各种税之外的费，都要纳入、引入，加以整合。因为这些税和费合在一起，都成为市场主体的负担，是体现着一个法治社会、以现代化为取向的社会，所要形成的相关调节机制。这些所有的税费，怎么样合理化，必然要求有一个通盘协调的整合，从土地开发，到开发中间各个市场主体介入之后提供出来的成品的交易，再到交易以后的保有，所有的税费都应需要在全面改革审视之下做合理协调：或者需要在清理中间取消，或者需要归并，或者某些负担需要调减，或者某些负担（不可讳言地）也需要调增。这样的通盘考虑，是对应于税费体系的构建和完善。比如说，两地试点的房产税，就是要从无到有地在中国把这个链条中间的不动产（包括消费住房的保有环节）应该形成的税收调节制度框架先建立起来。走向现代国家、现代社会，构建现代税制，我个人认为这是一个非常明显的绕不过去的改革任务。

第三点，对这句话表述的“立法”，我认为需要做一种动态的理解和把握。我们国家现在具体开征的 18 种税，具体有“法”的形式的只有 3 种。其实，逐一看起来，有了称作“法”的税种，对它的“法”的成熟性和严肃性往往也是难以做出较高评价的。比如个人所得税，是在 20 世纪 80 年代初打开国门之际，中国不得不建立的：我们打开国门后，大批的外国专家涌入，你不征他的个人所得税，他回到自己的本国要完税，既然有作为国际惯例的双边税收协调机制，我们当然是肥水不应该流入外人田，应该按照国际惯例在自己的本土上对这些人征税，于是就要提出尽快通过立法确立个人所得税这样一个具体的改革任务。但是，个人所得税演变至今，它的成熟程度，它这个法规条文的完善程度，应该讲仍然是远远不能合乎意愿的，可能还需做出较多轮次的修订，我们必须在这方面有一个理性的求实的认识。所以，回到中国法规体系的现状，从另外一个角度，就是我们现在所说的立法，它实际的涵盖面，绝对不是只覆盖到称为“法”的这些规则，它实际上是从法到法下面更低层级的条例、暂行条例，一直到官方确定的红头文件——白纸黑字的这些规则，它们都是中国现阶段上法规体系的组成部分。我们两地房产税改革的试点，之所以并不违法，就是因为有这样一个法规体系和授权链条。在20世纪80年代后期，人大审批通过房产税法规之后，授权国务院规定具体实施方案，也就是说，如何制定实施细则在国务院权限里面已经得到了授权，而国务院在这个授权之下，又同意了在上海重庆两地，实施“敢为天下先”的房产税的改革试点。但在不违法的情况下，它这样的规则的成熟度明显不足，这是现在我们不得不接受的事实，不能因为它显得有这样的一些粗糙和不成熟，就否定这个改革的意义。

“万事开头难”，敢为天下先的改革更是不容易，那么这种加快立法，实际上就必须和另外一个我们这次在文件里仍然看到、明确鼓励的“先行先试”，继续鼓励“摸着石头过河”这个取向上的改革，形成联动关系。加快立法和继续先行先试是并不互相排斥的关系，而是需要形成一个合理互动的关系。所以，我觉得在对“立法”需要做动态的理解和把握的情况之下，实际包含的一个精神实质，就是我们还是特别需要援引邓小平的改革智慧，在一些存在明显争议的改革事项上面，我们必须给出试和闯的弹性空间。邓小平当年强调的是：看准一个方向，改革要大胆地试、大胆地闯。现实生活中，我们已经注意到其实是很难大胆的。我们现在进入深水区后，怎么样给出继续试和闯的空间，是非常重要的一个改革要领，我们必须注意在深水区“稳中求进”的问题，必须注意在这里面“防范风险”的问题。但是，不给试和闯的弹性空间，立法往往就会流于空谈。在这个方面的辩证法，还是要回到邓小平的改革智慧上面，掌握它的精神实质——虽然在新的阶段性的要领上，我们必须要把握更加审慎的特征。

所以，在立法的层面上，我认为，简要地说，对加快立法和继续鼓励先行先试，不能做互相排斥的理解，必须很务实地考虑到中国这个动态演进的立法过程。比如说，在两地试点的房产税上，有可能先从现在的红头文件向暂行条例或者条例来提升，而很难设想，一下子把这么多的税都按照“法”由人大牵头来形成正规的文本，审批之后全国一起实行。这样理想化的状态，在现实生活中间我认为是难以企及的。我们对这种动态推进的、由低层向高层提升的立法过程，需要更加注重，需要更加积极地推进。

第四点，最后一个层面的看法。我认为，在全面改革取向下，在房地产这个城镇化过程中支柱性业界争取更健康地在市场经济通盘发展过程中间发挥它应有作用的过程中，我们既要把握大的方向，掌握好基本趋势和基本逻辑，又要注重国情、阶段的特点，注重务实可行。中国人一向推崇明道取势，就是要对基本趋势和基本逻辑争取有一个非常清醒的正确的判断：构建让市场在资源配置中起决定作用的现代市场体系，是现代国家治理必须完成的改革攻坚任务。这样一个基本依据之上，要注意这里所谈的房地产市场有它的特殊性，就是要在住房“保障轨”得到有效供应的同时才能在“市场轨”得到健全的发展，但是大的改革方向是以经济手段为主调控房地产市场，大的趋势是这个经济手段里必须包括现代税制，包括现代税制里的直接税——房地产税。那么，在“明道取势”的同时，我们必须又要务实可行，要讲“精术致用”。也就是说需要推进的这套房地产税改革方案，它必须带有什么样的务实特征。在大家都关心的两地试点、保有环节的房产税这个方面，我觉得至少可以提出几点：第一，需要清醒地看到其实这个改革的方向已经锁定。虽然有这么多的争议，有强烈的不同意见，但你看看中央历次文件一直延伸到这次三中全会决定的内在逻辑，这样的一个改革是需要往前推的，按照我们原来的一位老领导的说法，叫作“箭在弦上”，但随着这个判断，他又说了另外一个角度的意见，就是“要特别地慎重”。那么，在慎重取向下我想说的第二点，就是我认为应该鲜明地提出一个认识，在可以预见的历史阶段之内，中国的这个税制建设，即住房保有环节从无到有要建立的一个直接税——财产税，应该是坚持“调节高端”的原则，而不能够简单照搬美国那种“普遍征收”模式。应当把这样的一个信息尽快在我们的决策管理层面加以确立，让全社会吃定心丸，否则这个改革的往前推进，我认为是不能体现应有的务实精神的。怎么调节高端？这就要说到第三个要领，应该鼓励更多的开明的理性的讨论。比如说，在这方面所必须澄清的法理依据问题、允许各地有差异性的问题，等等，都得到实事求是的中肯的分析阐明之后，具体界限的把握还必须在技术路线方面允许大家发表不同的意见：是第一套房算作免税的对象，还是人均一定标准作为免税对象？独立别墅是重庆的试点方案所涉及的单独处理的存量，但给出180平方米的起征点，我认为这就是调节高端要领的具体化设计。这种具体数量的设计，改革推行中对各地并不应要求千篇一律，因为各地在地方税概念之下是应该给出有弹性的选择空间的，但是它们方案设计的内核却是有共性的。有了这样一些理性讨论之后，我认为应该在凝聚基本社会共识的基础上，抓住渐进动态过程，优化立法攻坚程序，力求深化改革不放松，这是我们整个社会、全体人民群众，经受走向现代国家的历史性考验所必须面对的改革任务。

（2014年在银行界学习十八届三中全会精神研讨会上的发言，

根据录音整理）

房产税“似近还远，似远还近”

《房产税“似近还远，似远还近”》，这个题目是会议主办方为我的发言设计的，很生动。我作为研究者在题目的相关领域，确实有多年的关注与思考，感觉题目后面涉及的问题是相当重大的，非常值得我们进一步深化探讨。

中国的房产税这个概念所涉及的制度变革，其实已聚焦在中央十八届三中全会文件里所说的“加快房地产税立法并适时推进改革”上面：原来在住房保有环节没有税，但在这些年改革开放过程中，出现了从无到有的改革趋向，比如重庆、上海两地前几年有称为房产税的改革试点，就是在一部分消费住房的保有环节也要有税负了，也要实施税收的调节。十多年前，这个事情启动的时候，在文件里称为物业税，曾经有过六个城市（后来扩大到十个城市）的物业税模拟评税空转试点。到了房产税改革试点这个阶段，是考虑物业税在中国本土进入实际操作相关的立法过程会比较长，既然允许先行先试，不妨用 1986 年人大已对国务院给予授权的房产税这个制度框架，加入过去没有的一部分消费住房在保有环节也要征税这样一个改革内容。

那么在当下，加快房地产税立法并适时推进改革这个三中全会的指导精神怎样和实践对接，是存在很多不同意见的碰撞、争议的。从房地产税的概念来说，可以做广义的解释，也可以再把它聚焦在房地产保有环节做一个狭义的解释。我理解，实际的改革是要把这个广义和狭义打通，就是如果设计将要提交人大通过立法审批才能够执行的这个住房保有环节的税制，也必须考虑把整个从土地开发、住房建设、交易到保有的全链条的所有的租、税、费，来一个配套改革式的优化整合。有关不动产开发、交易和持有（保有）的所有环节的负担，如果不能做一个通盘配套改革的优化，那么这个设计本身是不够格的。我们应当按照这样一个配套改革的精神来理解把握房地产税不论是广义还是狭义概念上改革的实际要求。

那么在这个具体背景之下，就要指出，中国的整个经济社会转轨在改革开放时代，已使我们走到了一个非常清晰的认识上，就是三中全会表述的市场在资源配置中间要发挥决定性作用。然后，中央文件的这个表述紧跟着一句话：政府要更好发挥作用。政府怎样更好地发挥作用呢？既然从邓小平南方谈话到现在，终于在汉语语境里说清楚了社会主义市场经济总体而言是市场决定资源配置，那么全局、总体而言政府充其量是辅助性的、补充性的作用——当然还要探索现在所重视的政府和市场主体合作来更好优化资源配置的 PPP 方式，等等。在这方面政府更好地发挥作用就必然涉及政府履职的机制，即政府怎样履行职能才可以更好发挥其作用呢？那么就必须解决一个它履职基础环节的财力支持问题：政府做任何一件事情，大到国家安全、通盘的国土开发，具体到咱们老百姓平常并不会太在意，但如果政府不把这些做到位我们会感到很不方便，对政府会很不满意的一些小事项，如社区要有路灯这种照明设施，我们城镇的建成区必须要有路标、门牌号码这种方位识别系统，等等——不论大小所有这些事情，政府如果要履行相关职能，没有财力后盾是必定做不出来的，这便是最基本的一个道理。那么，跟着的就是政府“钱从哪里来、用到哪里去；怎么来，怎么用”这个现实的制度安排问题。

怎样处理好这个政府履职需要拿到钱、用好钱的机制？我们可以来看看改革开放后十分注重的市场经济的国际经验——这里面最典型的是要说到头号强国美国。美国最早成为一个国家时，是从殖民地而独立，一大促成因素是因为当时宗主国对美国十几个殖民地提出的税收要求，已经使这些地方的社会成员不接受，矛盾最后爆发为独立战争。当实现了美国作为国家的确立之后，又经历了制度建设的所谓“进步时代”。这个进步时代主要解决的就是政府履行职能要有规范的税收、预算和公众意愿表达等制度安排以及公众认为可以接受、有基本满意度的法律体系。这一套制度建设做出来以后，跟着有美国后来的发展，可以看到种种因素促成美国在两百多年的发展历史中间，走到一百多年，就崛起成为世界头号强国。那么非常简单地说——当然，这是一个非常简要的概括：美国的经验就是直观地看，它是因为税收问题而独立；后来又在它的进步时代使这样一种和税收相关的政府履职机制规范化；并且因为其税制中直接税为主的框架而实现激励兼容、可持续地崛起为头号强国。

这个头号强国为什么说和直接税有这么大的关系呢？可看看实际在公共事务领域内美国的联邦政府最后靠什么过日子呢，最主要的是靠一种直接税即个人所得税，当然还有配合其养老、社保体系的工薪税。这个工薪税类似于我们所说的基本养老等社会保障的缴费，在美国直截了当把它称为税。个人所得税和工薪税都是直接税，占到联邦政府整个收入的 80% 以上。另外，美国联邦政府下边有州，还有称为“地方”（local）的这个层级，美国“地方”层级上，大可大到一千多万人的纽约市，小可小到几千人的自治镇，它们的政府当局主要靠什么过日子呢？也是直接税，就是这里讨论的房产税或房地产税：征收于住房保有环节，美国人称之为“财产税”或者“不动产税”。在美国“local”这个层级上，不动产税收入最低不会低于地方收入的 40%，最高可以高到 90% 以上，各个地方情况千差万别，但是它作为这个地方政府层级的主体财源、支柱财源是非常明显的。为什么讲它激励兼容呢？就是它既有税制上的透明度，有政府和百姓互动以后大家的认可，让老百姓觉得有可接受的公信力，又引导政府做它该做的事情，还有抽肥补瘦、维持社会大体和谐的明显特征。比如在其地方政府层级上，将注意到只要专心致志优化自己辖区的公共服务、投资环境，当地的财源建设问题跟着就解决了（因为辖区公共服务优化会吸引投资，提升繁荣程度，使当地不动产税的税基评估值越走越高）；联邦政府应该履行的宏观调控职能，最主要是面对生产要素里的人力资本，应使之在流动性上是无壁垒的，而联邦政府收入以个人所得税为主，地方只在这里边按很低的比例拿一点儿，便是极大地淡化、排除了地方政府的“区别对待”壁垒因素。联邦（中央）和地方各司其职的这种拿钱、履职的激励兼容，到了社会方面就有很明显的合理性与适应性：美国这种直接税为主的税制，体现了有支付能力的社会成员要更多地给国库做贡献，然后大家一起共享发展成果，这里面也使政府行为得到优化的激励，结果则形成全社会的包容共享。社会成员中间的中低阶层实际上税负就相当低，激励他们在收入方面更多地接受现实而且更多地寻求自己的发展机会，同时对富起来的人也不是一味地仇恨——在国民精神里是引导“我能不能也致富”的激励取向——但是对不起，富起来以后直接税已在等着你呢，这种调节都摆在明面上，是阳光化的。

非常简单地说，美国在进步时代之后能成为头号强国，这一套制度建设是非常重要的。但是这套经验说起来，过去离我们很远。改革开放这些年以来，才实际上和中国越来越近了，这种由远而近的认识过程，当然也充满着不同意见的碰撞。但毕竟走到现在，中央的指导精神是“逐渐提高直接税比重”。

中国现阶段仍然是一个间接税为主的税制结构，它里面隐含的问题过去很少有人议论，但现在捂不住了，已有越来越多的人在议论，有越来越多的中低收入阶层社会成员听说馒头里有税、过中秋节买的月饼里也有税，会跳着脚骂人。税收痛苦问题凸显，中国却又出现了首富可以站起登高一呼：“个人所得税起征点应提高到一万元”，底下一片呼声、一片掌声、一片赞美。但实际上这里面的理性成分如何，很值得进一步讨论。只提高起征点，中国已被边缘化的个人所得税将会更加边缘化，更不利于优化再分配体系与机制。

现在按中央说的逐渐提高直接税比重，后面跟着的操作点在哪里？摆在第一位的就是房产税或房地产税。个人所得税其实是要有降有升，它的低端或者低中端，应该再降税。它的高端，特别是那种不是主要靠工薪取得收入，而是其他的各种收入为主的先富起来的阶层，应该更多受到超额累进税制的调节给国库多做贡献——那是一个有降有升的税制改革问题。到了房地产这里呢，是从无到有，大家看到的就都是增税问题。这方面的争议很激烈，也是自然而然的。

在过去的争议问题中间，有一些需在这里点到为止说一下：按照改革的方向，中央是要求加快立法适时推进这个改革，在上海、重庆已经有本土的试点，但法理上有没有硬障碍。比如说这个税和土地出让金是什么关系，一个是地租一个是税收，性质不同。学理分析和国际经验都表明这两个不是二者只能取其一的关系，中国实践中也一样，只是一个需要合理协调的关系。又比如说中国凡是城镇的土地终极产权都是国家的，国外不一定是这样，如果是私有土地上的不动产包括消费住房要缴这个税，似乎觉得这合情合理，但为什么在国家有终级产权的土地上的住房还要缴税呢？这方面如果看看国际实践，其实并不是那么简单化，并非只有私有终极产权的土地上才能缴纳这个税。工业革命发源地英国，土地就是有私有和公有，但是称为市政税的房地产税一视同仁全覆盖；我们香港特别行政区，它的地皮是公有的，并没有私有的土地，但那里的差饷（相当于我们说的房地产税）是年复一年都要征的。从国外、境外实际生活来说“不合法理”的说法不成立，逻辑上来说我们也证明，这个税收在逻辑上完全可以解释清楚——它怎么样通过规范的方法调节具有相对独立的物质利益的主体间的利益关系。只要在全社会经过一个理性的税制立法选择以后，是可以在实践中形成可持续性的。那么观察我国激烈的争议中间不同的看法，至少有这么几种态度可以排列一下：

第一种态度就是对税收是厌恶的、反对的，说起房产税或者房地产税就不接受。我觉得这也属自然而然，任何经济体内普遍的民众情绪就是会倾向于这一点，但实话实说，这并不能够达到一个现代社会的理性水平。简单地说这样一个态度我们虽知道很有影响力，但是还不是我们现在通过讨论要寻求达到的结论。

第二种，有人在必要性上是承认的，即这个税收从逻辑上来说可以论证它的必要性，但是要实行，要有一系列的前提。中国的政府收入拿去以后怎么用，用得好不好，老百姓现在不知情，透明度很低，有一大堆的问题，包括贪污腐化，等等，种种问题牵扯在一起，这些事情不解决，这个税没有开征的前提条件。这里边的想法，有其非常合理之处，但是回到实际生活里，这又可能走到一个理想化的极端：中国要实现非常高水平的市场完善、政治清明，各个方面看政府履职完美、绩效很高，才能开征房地产税吗？这还是一个需要进一步讨论的问题。

还有第三种态度，就是强调虽然这个税有必要性，但是要非常审慎，已审慎到很多的实际管理部门有影响的体制内人士，后边跟着的潜台词是说：往下拖拖吧，拖拖为好。言审慎，实拖延，对这里边的原因我不客气地讲，和一些官员的自身感受是不是有关联。我们体制内的很多官员，他通常不说出来，但实际上他和他的家庭成员，手上有多套房，有好房子——并不是说这些都是靠非正常手段拿来的，可能是由于种种历史原因所造成的，比如地方官员往往是在原来分配的住房商品化之后，又有机会搞集资的改善房，名义上是个人出钱，实际上大家象征性地出一点儿钱以后，建成的房子是按照级别分配的，比如厅局级可以分到200多平方米一套，这是他的既得利益，一旦纳入未来前景，有多套房、有豪宅、有好房子的人要多交税，那这里边是不是又不可避免地扯进了人性必有的功利考虑。我觉得在这方面如果大家更多地出以公心，可以作理性讨论：对这种既得利益的问题，怎么消化。

此外还有第四种态度，就是承认这个税是必要的，而且认为中国应该寻求比较便捷的一个处理方案，就是比照美国的具体操作方案，普遍征收。这种意见一般公开场合听不到，在底下讨论中，我确实听到过，还是很有影响的研究者、学者所主张的。对此我是不同意的，虽然我一直持有的态度是认为在中国搞市场经济进入现代社会建立现代税制，这个税是势在必行，但是照搬美国普遍征收模式却没有出路，因为这样的一个改革方案社会不会接受，只会毁了这个改革。因此说到这第四种，它也是一种过度理想化的态度，但是属于往另外一个极端的理想化，没有可行性的理想化。

第五种就是我觉得——我属于这种观点，就是必须如实承认这个税制改革的方向是不可回避的，它的必要性是明显的，它的正面效应是值得期待的，但是我们不能够照搬美国的普遍征收模式，关键是必须在中国考虑怎么样设计来做出社会可接受的“第一单位的扣除”，你是人均扣多少平方米免税，技术上没有问题——人们都知道现在不动产登记制度正在具体落实，到2018年中国不仅光是城镇，所有的乡村、所有的海洋区域，不动产登记全部要完成，所以技术上没有问题，但执行起来以后社会接受不接受，这是一个方案思路。另外一个方案，是考虑前边一个方案可能会出现合法但不合情理的情况，能不能更宽松一点，干脆把第一套房扣掉，但第一套房扣掉更宽松以后，容易造成另外一种不公平：第一套房有的是40多平方米，有的是400多平方米，怎么摆得平？即使是这样，还有人说这会激发中国的离婚潮：父母两个人如果假离婚，各自有一套房，第一套房不交税的办法，实际上就变成这个家庭两套房都不用交了。替代方案怎么办？又有一个根治的想法：是不是可以考虑更宽松，单亲家庭，扣第一套房，双亲家庭扣两套房，从第三套房开始征。咱们地产界有影响的开发商潘石屹他也说过这个办法，他主张从第三套房开始征这个房产税。各种意见，最后总要有一个认定的执行方案。那么这就是下一步通过立法要解决的问题了。在激烈争议里边，我们现在看，原来好像很远的这个税，在中国还是正在一步一步走近。

这个房产税改革，或者叫房地产税的改革，其立法现在已经列入全国人大的工作规划了，我认为这是和中央三中全会精神一致的。但是列入规划以后，现在没有听到进一步的进展。过去虽然内部有激烈的争议，各个部门的看法不统一，有明显的不同意见，但是毕竟写入文件以白纸黑字肯定和要求这项改革，这十几年来是一贯的。也就是说，这个改革方向一直被锁定，推进改革一直是基本的要求。现在列入人大的立法规划以后，能不能够在一个不太长的时间段里完成整个立法过程，这就得拭目以待。不排除由于种种问题，这个过程还会出现新的不确定性。

如果说，原来看着比较远的这个改革，现在可以初步地估量一下它的时间表的话，我觉得大概是这么一个节奏：现在我们可以相对从容地看，什么时候它进入人大的一审。这是未来整个完成立法规划任务的第一个环节，进入一审之后，一定会把这个方案公之于世，征求社会方方面面的意见，我们所有的社会成员，那个时候都可以表达自己的诉求和主张。这个税的讨论一定会创造前所未有的纪录，就是社会上归结起来的那个建议意见数量，一定会创纪录。一审过后，会有二审、三审，吵作一团的情况下，什么时候能有个了结，这个还真的不好说。我们过去的预算法修订曾横跨两届政府，进了四审，十八大以后下了决心，这才在2014年终于使预算法的修订得出了正果，才在框架上解决了诸如地方发债怎样阳光化等这样的制度规范问题。这个房地产税，有它这样的复杂性，会造成其立法过程一定会有激烈的观点碰撞，一定会有很多很多的难题。

但是我从另外一个角度看，中央的时间表要求，似乎并不允许整个过程十分从容地让大家可以在一个比如横跨两届政府的时间段里去处理它。因为中央说了，总体的改革于2020年要取得决定性成果，三中全会以后，中央首先审批通过的财税配套改革方案要求，重点的和基本的事情2016年要做出来，就是明年吧。这样一个直接税改革的第一个大事项，我认为，显然是重点和基本事项之一。所以按照中央的这个时间表来说，最好我们应该看到这个一审的启动，在2015年年底或者2016年年初，能够实际地推出来。一审之后，最好能够在一年多一点的时间，走过它全套的立法过程，到了2017年的两会上，那时如果全国人大能够审批通过这样一个税法，总体来说我觉得跟中央时间表的要求还是对得上的。2016年的事情大体做出来以后，最后一个环节是要税收法定、立法先行，人大在2017年“两会”审批通过，之后就不是扩大上海、重庆两地试点的问题了，而是符合这个税法所规范的所有区域，怎么依法执行的问题——不排除这个税法框架下区分不同类型的城市，分步推进的可能，但是这个设计一定要清晰化。这个过程如果要做得顺利，我认为能符合我们全面改革的内在要求，也符合我们走上现代化之路、提升国家治理水平的这种客观需要。但是，这只是一种最乐观的前景，如果说，立法过程的不确定性出现会怎么样，我们现在无力回答，但是我们可以持积极的态度，来共同追踪、促进这个过程。

在历史长河中间，我们需要拭目以待，这样一个观察中我们积极参与准备去见证和推进的一个制度建设过程，如果从历史眼光来看，我认为已经很近了。几年，八年十年，在历史中都是一瞬，我们现在要走向国家治理体系和治理能力现代化的境界，我认为必须是全民族、整个社会来经受这个怎样建立现代直接税体系的历史性考验。那么也需要我们每个人的积极参与，来共同寻求这种制度安排里的最大公约数。

这包含着中国自辛亥革命以后，我们就确立的一个“走向共和”的内在逻辑。像这种税制的设计，简单地讲民主不解决问题。民主最直接可操作的形式是一人一票。如果税改只讲民主，那太简单了。来一个全民公决，这个税怎么办，最多30天搞定。现在十几个税种，一个一个来税收法定，一次一次全民公决，结果最大可能是大多数的税，比如个人所得税，在大家厌恶的情况下，公决就把它否定掉了，皆大欢喜——但整个中国社会走向现代化，是绝对不可能按这个方式去处理税制建设、制度安排问题的，也没有任何一个世界上稍微像样一点的经济体敢用这样的方式去决定税制。如果要光讲法制，但没有一个“法在权上”的制度机制，是少数人替全民制定了白纸黑字的那个法——那还只是制度的制，那是“刀治”，不是真正精神的“水治”——法治，三点水的治。一定是要有一个整个社会的法治化改造，谈何容易。这个过程是个慢变量，慢慢推进的。真正民主和法治的结合，一定是需要在大家的互动状态中间，“走向共和”寻求最大公约数，允许大家都理性地表达自己的利益诉求，承认世界与社会是分成不同的利益集团的，让各种角度的利益诉求都能够尽量理性地表达出来以后，大家来寻求共享改革开放成果的现实制度安排。这样来形成集体理性，来解决这个似近还远、似远还近的税制改革难题。

我的基本观点是，我们要面对这样一个历史性的直接税改革的考验，以全局配套改革眼光，在具体制度安排上抓住问题导向，正视争议和困难，最大限度地调动我们的潜力与理性精神，大家共同努力来走向共和，走向现代化。

（2015 年 11 月在第十一届中国地产金融年会上的发言，根据录音整理）

关于税收调节的不当“三论”和房地产税改革

关于直接税和其中在中国现在很有争议的房地产税问题，我先谈一下自己对于总体税制改革背景的理解。在从三中全会到四中全会关于全面改革的顶层规划之下，中国现在必须解决的就是在“现代治理”、“全面改革”、“法治化”取向之下，怎样能够把制度建设实质性地推进，而这里面的税制改革必然要解决的问题，是建设现代国家、走向现代社会，必须匹配现代税制。中国需要经受这样一个历史性的考验。三中全会有一个非常明确的说法：要逐步提高直接税比重。这个大的思路是有充分依据的，学理分析可以表明，这涉及我们整个社会在新发展阶段上怎样降低总体的“税收痛苦”，更好地发挥税收作用，怎样更好地在体现税收筹集收入功能的同时发挥调节功能的应有作用。在这个背景之下，中国的税制改革已更带有“牵一发动全身”的特点，它也更需要呼应中国现在纳税人意识、公民意识上升所提出的一系列新的诉求和化解相关的纠结。

在讨论非常有争议、难度很大的直接税改革推进的具体问题之前，我愿把自己多年研究财税碰到的关于税收调节明显存在的思维取向问题，排列一下。有可概括的“税收三论”，都是有很大毛病的，但是在实际生活里却可以观察到它们往往很有影响。这个“税收三论”中的第一论，是实际生活中有时候会冒出一种“税收万能论”，觉得改革开放初期就强调了要用经济手段调节经济生活，税收在筹集收入的同时要发挥杠杆调节作用，于是什么事情来了以后都希望税收上去调节一把。有的时候是不得已，比如说20世纪80年代我们曾经错误地以为中国可以有很多的大油田，要搞十个大庆，所以当时的政府系统推动着所有的锅炉尽可能由烧煤改成烧油，改造得差不多了，才发现中国没那么多油。那怎么办呢？又需要把这个锅炉再折腾着改回去，改成烧煤。那时候就推出了一个烧油特别税——这是个打补丁的税，拿这样一个经济手段去促使有关的、已经决策分散化的市场主体（那时候的指令性计划已越来越不灵了）在经济利益驱动之下去实现锅炉的改造，又改回去。那么往后类似地就延伸出一个再碰到其他问题也以税收解决的思路。80 年代后期就说需要注意遏制社会上的大吃大喝，也包括公款吃喝，那么就想是不是可以推出一个筵席税。这个税，后来在 1994 年以后放在选项单上，由各个地方选择开征还是不开征，但省级行政区观察到的只有内蒙古自治区选择开征了，在省以下只有东北的一个地级市曾经坚持运行了一段时间，效果并不好。在这个筵席税的调节作用设计上面，实际上是提出了很难完成的任务：一桌酒席如果达到一定规模以上，认为是大吃大喝，要开征一个成比例的筵席税，那么千家万户的餐馆经营者和顾客会形成合谋，一旦超过你这个规模，把一张发票开成两张发票，这个税就没了。谁要较真说我认真开发票，等于是把自己潜在的客户推给作为竞争对手的别人了。所以这个税，实际上在后来也就无疾而终，很难按它的意愿去发挥调节作用。但是在现在总结起来，大家的经济知识越来越提升的情况下，讲发挥税收作用，注重经济杠杆的调节，这个取向是值得肯定的，但是以为税收能解决这么多的问题，是会带来“税收万能论”的偏差的。这是一种倾向，我观察越到后来这已经越不是主要的倾向了。

那么就要说到后面两种倾向。第二种，是在实际生活中间，在不少具体的管理环节上，感觉不要再强调税收调这个调那个，特别是一些工作中有畏难情绪的时候，部门环节上的人往往就会强调税收就是筹集收入的，调节方面不要打多少主意，实际上滑入一种调节方面的“税收无用论”。这种“税收无用论”在学理上很难有人能做出系统化的论述，在实际生活里边却大有市场。当有人强调这个意思的时候，特别有些学者强调的时候，往往还带来业务部门的一片称赞之声：“实事求是，说得符合实际。”它的一种变形，就是现在还往往很有影响力的一种关于“税收作用是有限的”说法。税收作用当然是有限的，经济生活里边那么多的变量，它只是其中一个变量。但是当你听到说税收作用是有限的后边，引出的不少认识，其实是非常消极的，比如现在大家都在注意中国的收入分配，前两天我看到，一篇访谈文章里面专家说，收入分配调节方面税收作用是有限的，那么人家追问一句，你认为主要依靠什么解决收入分配优化的问题呢？专家说主要依靠公平竞争、机会均等。那我觉得这里面其实就有严重的认识误区了，因为收入分配显然是可分为初次分配和再分配的，而学术上有这样的一些基本共识：初次分配更强调的是公平竞争、机会均等，而再分配就不能接着把初次分配这个原则再说一遍，认为就解决了问题。到了收入再分配阶段，税收的调节作用是无可回避的，这个时候再强调它的有限而再滑入初次分配那个逻辑，实际上是滑入税收无用无为，是一种在学理上来说有明显偏颇的认识框架。

那么再往后又引出第三种，也是这几年很有影响的一个说法：“自然演变论。”持此论者强调，拿中国的直接税的发展和其他的经济体的税收发展做一个比较来看，要回到一个所谓“自然演变过程”的认识框架上：中国现在发展阶段还比较低，不要想象在比较低的阶段上直接税能发挥多少作用。别的经济体已有那么多年的发展，人家直接税发展到了什么样的程度，中国还远着呢，这是一个自然发展过程。拿着这个逻辑往下推，那么中国的税制改革方面就没什么可塑性了。实际上以这样一个逻辑，就等于否定了税制改革的必要性。说到税制，自然演变过程实际上在现实生活中对不上：“税收法定”当然有个历史性的“水到渠成”问题，但税制绝不是自生自定，是要通过立法，需有一个塑造制度的努力过程。所以税收制度建设必然要求有能够发挥主观作用的主体，实际生活里就是立法机构，它要牵头使方方面面通过社会主体有意为之的过程来优化税制，这个任务是不可回避的，在中国现在这个阶段上，也就是解决经济社会转轨过程中间的税制改革问题。如果只强调一个自然演变过程、水到渠成过程，在这个地方是文不对题的，等于把改革的概念和优化立法的任务整个扔到一边去了。

所以我先比较直截了当地评价一下这"税收三论"里边的偏颇，再往下说，就是要理性地讨论税收调节作用：税制不是万能的，但在建设中国社会主义市场经济、推进经济社会转轨过程中间不考虑税制的改革，不考虑税制有可塑性而我们要在这方面有所作为，又是万万不能的。从这样的一个角度来具体考虑问题，当然就可以再谈一谈现在实际生活里边，中国要建立现代税制很典型的一个困难问题——直接税比重如何提高。说了这么多年的在住房保有环节、不动产保有环节的这个房地产税，关键就是怎么样从无到有形成合理的税负调节。在十几年前曾经以物业税的概念，通过文件的确定，在国内找了六个地方，后来扩大为十个地方，做模拟空转的试点，取向当然就是希望把这个税制能够推进到改革、运行的状态。到后来，感觉以物业税的概念实操，要经过立法程序比较复杂，又知道现实生活中有急迫的需要，就走了个捷径：由于早在1986年全国人大对于中国房产税通过暂行条例的审批，对国务院有相应授权，可由其制定具体的实施规则，于是在这个授权之下，启动了上海、重庆两地称为房产税的试点，使这两地在住房保有环节上，或者针对增量，或者对一部分存量加一些高端增量，从原来完全无税负状态进入有税负的状态。这个改革总体来说，我认为完全符合不可回避的中国要"逐步提高直接税比重"这个大方向，也是一个在敏感的、牵一发动全身的重要环节上值得肯定的改革尝试。现在看，三中全会明确要求"加快房地产税立法并适时推进改革"，业务部门把它解读为立法先行，所以就必须等待立法过程的完成再依法执行了。在这个情况下如果考虑一下前景，如果从改革实际的"时间表"来看，2015—2016这两年很关键。最顺利的情况（只能是理论假设的），2015年通过一审、二审、三审，也很可能有四审，还要征求社会各方意见，如果能够做到人大审批通过当然非常好，但很可能吵作一团，还要拭目以待看看这个程序怎么样往前发展。那么就要转入2016年，对这个年头，中央有要求：财税配套改革重点和基本的事项要见眉目。如果按照中央这个要求，我认为必须争取2016年完成立法审批，那也还能交代得过去。如果2016年最后人大审批通过这个法律了，那么2017年就不是扩大试点范围的问题，而是有适应性的国内各行政区依法执行的问题了。

在这个前景之下，我首先要肯定一下：房地产税的正面效应，显然是与房地产市场这个未来中国城镇化率一路走高的几十年时间之内要成为支柱产业及其健康化有密切联系的。房地产总体的调控不光是市场和产业问题，也是把保障房“托好底”然后让房地产市场健康发展的这种统筹协调、双轨协调的问题。但在房地产市场上，住房概念的产权房、商品房，需要有一个保有环节的税负来优化和调整各个方面的利益预期，使其供需状态尽可能趋向于平衡，减少泡沫，特别是遏制那种肆无忌惮的炒作力量，这样来提高市场与产业的健康度，也提高我们的土地集约利用程度。因为在保有环节有税收以后，市场上的真实需求会更多表现为中小户型，而更大比例的中小户型这种需求前景，一定会影响开发商们的通盘决策考虑而调节供给，结果就是提高中国土地集约利用程度；而且，这个税负也会激发原来的空置房有很多要转入租房市场或交易市场，这当然都是资源配置的优化。从长期来看此税虽然不能改变中心区域（即还要不断扩大的建成区）的不动产（包括住房）均价是一个上扬曲线这个大模样，但是它会使这个上扬曲线的斜率不那么高，表现得不那么陡峭，即泡沫少些。这对于整个社会生活来说也是一种正面效应。这种好处的旁边，还有一系列其他正面效应：第一，它是配合地方税体系的打造，来解决1994年和市场经济匹配的分税分级财政体制框架在中国省以下怎么落实这样一个非常具有全局影响的问题的，对地方税体系会有特别独特的重要贡献。第二，它会在收入分配方面产生一定影响，对于收入分配和财产配置的优化，就是有实际上“抽肥补瘦”的功能，不要以为它可以改变整个格局，但是它是在整个格局优化里面可以起作用、需要考虑的一个选项。第三，它对于整个中国以后的税制结构，从现在的间接税比重过高，走向逐渐提高直接税比重，走向一个更符合现代国家、现代社会治理需求的状态，会有它的重要贡献。还有第四，这个税客观上应该配置在地方基层——覆盖社区和地方低端辖区，政府需要在征税前后对千家万户将信息最大限度地透明，认真征求和体现民意，促进民主化、法治化的相关制度建设的过程，同时也伴随着公民素质培养与提高、公民参与和公共事务决策方面的实质性的进步。

有高层专家了解了美国称为财产税或不动产税的情况后有个评价：这不就是个“民主税”吗？美国的地方政府最主要的税收就来自这个税基，高可以高到80%以上的收入比重，低也低不到40%以下，每年都要有听证会，都要有公众意愿充分的表达，具体的税率往往是根据当年本地测算的预算收支缺口倒算出来，再通过预算程序确定下来的。征税以后，会有非常清晰的通知：感谢您今年对本地贡献了多少财产税，您贡献的这些税收里面百分之多少用于我们的教育，百分之多少多少用于我们的道路建设，百分之多少用于我们的绿化，多少用于垃圾、污水处理，一清二楚。在中国社会这样一个类似的制度建设，可以联系从三中全会到四中全会这样一个改革的基本逻辑链条来认识其价值。显而易见，它会促进中国百多年来一直寻求的“走向共和”的整个社会机制的建设。

那么在做出关于房地产税的正面肯定的同时，我认为大家需要考虑：反对意见为什么这么强烈，反对意见里边有没有合理的因素？我觉得从原理上来讲，所谓房地产税有过不去的法理障碍之说，有过不去的征收难度之说，等等，都是不成立的，写过文章，都有具体的分析。那么现在既然中央继续肯定这个大方向，已经锁定要加快立法、要实施这个税制改革，关于立法的大思路是不是现在就可以更加积极、理性地讨论？我历年一直认为必须推出这个税制改革，但同时我也有一个自己认为比较鲜明的观点：在可以预见的很长的历史时期之内，中国要做这个税制改革不能简单照搬美国的普遍征收模式。美国是见到一平方米就征一平方米，中国必须给出第一单位的扣除，扣除以后调节高端。那么第一单位扣的是一套房，还是扣人均多少平方米？这可以讨论，各有利弊，但一定要坚持“调节高端”这一点，不坚持“调节高端”我认为会毁坏这个改革，因为整个社会会进入不能接受的状态。不说其他先富起来的阶层，不说心怀希望以后自己奋斗到一定阶段一定要有一套自己完全产权房的这些社会大众，就说咱们体制内的这些官员，他们也不会接受。辛辛苦苦这么多年，不受劳动法保护，“白加黑五加二”地干工作，好不容易房改以后，最感觉心里有安慰的是在北京的或者其他中心城市的好地段，有一百多平方米一套房子，然后现在说对这一套房子也得向你征税，这一个月就这几千块的工资还不能过体面生活呢——在全面改革未实质性解决收入分配合理化问题之前，又在税改时不我待的情况下，说对所有的房子都要征这个保有环节的税，体制内的官员们首先就会抵触和极力地反对，他们首先就接受不了。这是一个很现实的问题。所以我认为第一单位扣除，是一定要在以后的立法过程中把必要性说清楚的。

我们要寻求先把这个税的制度框架建立起来，要有一定的历史耐心。如果这个框架建立以后，它将是一个不可逆转的、跟其他的经济体一样的使直接税慢慢起更大作用的趋势，而且在中国可以预见，以后就这么几种直接税：住房保有环节的税；对个人收入怎么样进一步推进个人所得税改革；以及未来要研究开征的遗产和赠与税——那还是更遥远的一个事情。其他还有什么呢？中国其实就这么几个直接税的可操作点，所以房地产税改革首先是落实三中全会和四中全会全面改革部署里边我们必须经受的一个历史性的考验，必须把这个事情处理好。

现在的房地产市场的表现也令人有些困惑：有这样的评论说，房地产市场已呈下滑，如再推出这个税制改革，房地产市场会变成什么样的状态，会不会崩盘了？其实我觉得房地产市场上稍微明白的一些相关主体都早已经有了预调整，这两年终于演变到今天的市场分化，难道没有这方面的原因吗？稍微明白一点的人，手上房子比较多的，不论他怎么来的，都会基于预期考虑重新优化自己的资产组合。我们二手房市场上为什么会出现明显改变供不应求状态的变化？绝对不能排除原因之一是大量原来的空置房涌入二手房市场了。总体来说，这种预期之下对空置房的消化过程其实已经在进行。我认为，不能因为现在房地产市场出现调整与分化，就动摇房产税改革的决心，大方向之下，总体的实施条件还是具备的。我们的房地产市场正在消化种种由于改变了原来那种疯狂炒作局面而走低的下行因素。也正如我们年初就预测的——当非常悲观的情绪很有影响的时候，我们就强调这绝对不是一个长期一去不还的大拐点，绝对不是一个什么断崖式跳水的房价调整，绝对不是中国房地产的崩盘，它就是一个市场的调整与分化，而且是形成了一个使市场走向健康的很好契机。在这个分化情况之下，总体来说是有盘整、调适，这个调整又结合了中国现在进入经济"新常态"。在这个过程中间，政府的取消限购、更多地运用经济手段，等等，都是适应性调整，都是值得肯定的政府回归自己该做的事情的职能定位。当然，再往后还要看政府推进改革的制度建设能不能在房地产市场问题上经受考验：面对这么困难棘手的问题，能不能按照中国真正建立健康的可持续的现代市场经济的逻辑，推进直接税逐渐提高比重的进步过程。

简要地做个小结：我们还是需要在贯彻三中全会关于"加快房地产税立法并适时推进改革"这一表述方面把事情做实。要更多地鼓励理性的讨论，各种观点都应该能够表达出来。各种利益集团的存在是事实，不要害怕利益集团这个概念，不同利益集团在现代社会里要寻求共赢，要寻求"走向共和"这样一套制度和博弈机制。房地产税将是一个很好的全民训练。

（2014年在《人民日报》下属"证券时报"专家委员会会议上的发言，根据录音整理）

房地产行业政策与房产税决策

这次论坛给我安排的发言题目涉及“行业政策工具箱中的房产税”的定位和角色。我是这样理解的：严格地讲，房产税，也就是中央三中全会所说的房地产税的问题，首先不是政策层面的，而是制度建设层面的一个问题，它涉及的就是房地产业长期健康发展，需要匹配一个有效的制度供给，这个制度供给也就是过去中央特别强调需要打造的长效机制。这种长效机制，不可缺少的就是在顺应市场经济客观规律的大方向下，掌握好一个必要的制度大框架的构建。在这个大框架下，才能真正掌握好所谓政策调控与政策工具组合的问题，才能达到政策调控应该有的水准。我国前面这些年经历了对于房地产业的多轮政府调控，但实话实说，最为缺失的就是制度供给的创新，在制度供给中怎样攻坚克难这方面的实际创新进步，还明显不足。

房产税既然属于制度建设问题，关于它的争议可想而知，具有总书记所说的必须“冲破利益固化的藩篱”这方面的难度。不同观点的争议后面带有强烈的利益考量，不同的利益诉求表达出来，又往往带有非常鲜明的感情色彩，在网上说到这个事情，很多都是情绪宣泄。但我们特别需要的是推崇理性讨论。

理性讨论里，基本的逻辑是大道理要管小道理。我感觉最近我接触到的两个学者观点，是把小道理放在了大道理的前面。第一个有代表性的观点是说，中国要把政治体制改革完成以后，再考虑怎么启动房地产税改革的问题，否则这个税不得人心，没法考虑推进改革。但我觉得，从中国渐进改革已经形成的路径，以及国际经验来看——比如美国怎样崛起为世界头号强国——来做一个理性的考察，这样一个“策略考虑”恰恰说反了。把“美国进步时代的启示”借鉴到中国来说，我们要考虑的，就是对于尚无法正面设计的政治体制改革，可不可以先在大家都无法拒绝的与经济相关的制度规范性和依法治国框架之下的财经制度建设层面，来实际推进，涉及公众千家万户的房地产税等，如能依法形成制度性的进步，实际上会像美国进步时代那样最终解决政治体制改革的任务。对这个顺序如果你不做一个务实的处理，那我们永远无法想象在中国已有的渐进改革路径依赖和具体国情制约的情况下，什么时候可以正面讨论做个政治体制改革的方案设计，这件事遥遥无期，那我们还怎么样能够顺应实际的矛盾凸显、问题导向的压力下去解决问题？那么不论是政治体制改革，还是房地产税改革，以及改革、发展与稳定的结合，就都成了空谈。

还有另外一个也是很有代表性的观点，是说如果当前在房地产“去库存”的情况下正面讨论启动房地产税的立法问题——现在实施这一改革，首先是按照中央的指导路径要解决“立法先行”的问题——那么它引出的问题会比解决的问题还多，在“去库存”未完成的大概三年或者再长一点的时间段之内，不能讨论房产税的改革问题。我觉得这样一个也是从策略角度切入的反对意见，恰恰忽视了我们现在房地产市场上的基本事实，就是“冰火两重天”，它给我们的重要启示，是在“火”的这一边已经形成如此巨大而明显的社会压力与民众焦虑的情况下，以及火还在蔓延，二线城市纷纷跟进火的这一边——我们再像过去那样固守一套做了多少轮的“政策调控”，而在制度建设上无所作为，那还能不能适应这样的问题导向下现实生活中要解决问题的客观需要？仅因为三四线城市为主的去库存而继续拖延房地产税制度建设的立法过程，我们的大局观和综合配套思维能力是否有点问题了？

我自己的基本看法，简要地说，要提到这么几个层面的认识。

第一，对于房地产税的大方向，应该坚定地按照中央十八届三中全会全面改革部署文件所表述的，在“税收法定”这样的轨道上立法先行，“加快房地产税立法并适时推进改革”。这个税改大方向其实中央在历次形成的改革权威文件里是一而再、再而三地锁定的。前段时间财政部的楼继伟部长在成都G20会议上明确表示的推进房地产税我们义无反顾，其实只是一句要贯彻中央精神的大实话，但是网上居然引起了那么热闹的反对声浪。

在我看来这样一个表态，就是跟中央高度一致的，体现的是改革意识和改革决心，以及参与决策的官员应该有的一种担当。这个事情还是应该回到十八大以后配套改革全面战略部署的基本逻辑上来。

第二，大方向之下接着需要讨论的就是基本框架。既然是配套改革，那么跟房地产税相关的就绝不只这个税种概念下的那些具体的问题，要把税、费、地租和不动产整个制度框架，通盘考虑，这才叫一个高水平的配套改革的考虑。这种相关的税、费、地租合在一起的制度协调，一定要处理好社会可接受的综合负担怎么样整合、怎么样尽可能降低，而且其中的不同类型的负担怎么样分流归位来理顺相互关系的问题，包括住房的土地使用权在70年到期后怎样按《物权法》已定原则续期的操作问题，这是配套改革中一定要处理好的问题。

第三，跟着要说设计思路上我认为应掌握的一些具体要点。要适应中国的国情和公众心理，看来不能照搬美国房地产税的普遍征收模式，而是要坚持借鉴日本等经济体的经验，在中国立法过程中“技术路线”的第一个大要领就是坚持做“第一单位”的扣除，至于说第一单位是人均多少平方米还是一个家庭（父母和未成年子女合在一起算）的第一套房，这种技术上的争议其实不是根本问题，但是坚持扣除第一单位我认为应非常明确地在立法上作为一个前提。再往下，技术层面的框架在立法过程中做出一个粗线条勾画之后，设计启动方案时可柔性切入，比如立法上勾画出“第一单位”的扣除，在寻求民意“最大公约数”的情况下，开始执行的时候是一个什么样的操作方案。比如说最宽松的考虑，既不是人均多少平方米的扣除——因为这样在家庭成员出现一些特定变故情况下有可能引起税收负担的上升而在公众心理上难以接受；也不一定是所谓第一套房——因为第一套房在中国现实生活中有可能引出为避税的离婚潮；那么是不是可以再宽松点作规定，就是单亲家庭按第一套房作为扣除而免税的第一单位，从第二套房开始征收，双亲家庭则按两套房做扣除的第一单位，从第三套房开始征收。那么这个矛盾就绕过去了，先把最可以为公众广泛接受的制度框架建立起来，以后的动态优化则可以从容进行——其实这也是与潘石屹当年提的建议有一种形式上的吻合：看起来宽松，但是我们先建框架，这个制度建设的框架能够确立起来，再让全社会慢慢去认识和适应它，再考虑以后怎么修法优化。关键就是大家要有理性的态度来讨论起步时的最大公约数，这个事情必须做，那么从什么地方开始让社会可接受地做起来。

第四，立法完成之后，我认为可以区分不同区域，按照地方税可以区别对待的原则，执行时陆续推出。比如我们假定这样一个已经列入全国人大一类立法的房地产税，在不久的将来正式启动一审，待走完整个审议程序、人大批准通过之后，显然可以考虑在那个时候仍然有明显的热度即“火”的一线城市和另外一部分也有非常火的社会压力的二线城市区域，首先执行这个已经审批通过的房地产税的税法，而并不要求三四线的城市一刀切地来执行，这是合理的，地方税这样的区别对待完全符合税收发挥作用的客观要求。

这样一些考虑，都是先从“大道理”即制度框架的问题说起，再往下才是配套的政策调控层面的问题。我们如果能在长效机制层面做好制度建设来引导社会预期和市场健康发展，那么才能够使多轮调控以后总是觉得掌握不好的调控结果，上升到一个新的境界，就是有了制度框架，再加上政策调控，可望逐步消解中国房地产市场上这种动不动大起大落带来的社会焦虑，促进可持续发展。在市场回落的时候，大家有种种的恐慌心理，但现在迅速在一线城市和一部分二线城市热度回升起来以后，又有另一端的恐慌心理，光靠政策已经不够用，这种冷热迅速转换的状态，不利于国泰民安。所以，引出的基本结论，就是要在中国渐进改革的路径依赖之下积极形成现代的税制。房地产税当然不是万能的，但是不抓住制度供给这个龙头因素，使税的制度框架逐渐成型，而且尽量按中央的说法加快通过立法——这样一个重大问题不解决，又是万万不能的。

我在这方面想再重新勾画一下房地产税的正面效应：第一，显然房地产税在引导预期和行为方面会降低社会上不动产的空置率，住房空置率的降低就是在一个特定的时间段之内社会并不增加一分钱的投入，但是市场上却会涌流出来一大批有效供给，这显然就会促使市场的价格表现趋于沉稳，而且此税会增多小户型的市场需求，促使中国在城镇化过程中的土地利用集约程度（利用率）得到提高，而这些是对于我国房地产业健康发展非常重要的制度支撑因素。大起大落的风险随之减少，支柱产业的正面贡献会更明显、更稳定而牢靠。

第二，它会内洽地引领地方政府真正实现职能调整转变，专心致志来优化辖区的公共服务，改进各个地方的投资环境，这是地方政府出于自己组织税收的利益考量、政绩考量做它们应该做的事情，这是长效机制的一个非常重要的亮点。

第三，它会使市场经济所要求的财政分税制为基础的分级财政，匹配上必须打造的地方税体系，矫治过于看重土地批租的“土地财政”弊端，这也是支持长治久安的基石之一。

第四，它会优化我们的收入分配和财产配置，强化社会的再分配机制，而且落到五中全会所说归宿上的“共享发展”所必须打造的长效机制，有利于遏制社会中的收入差距，防范两极分化。

第五，这个税改会推进中国的直接税比重的提高，而配合间接税的降低和减少低端的和社会总体来衡量的那个税收痛苦程度，也改变原来的间接税为主的税制“顺周期”的那种弊病，这也是现代化的税制必须追求的新境界。

第六，这样一个地方层面的房地产税，会从千家万户所关心的直接利益出发，“倒逼”式促进公众参与机制，而把法治化、民主化框架之下的一种现代预算治理体系更好地逐渐培育和发展起来，即倒逼阳光化的预算和公共财政制度的建设完善。

最后要说到，对这样一个税制建设，已经有多年的讨论，我反复说的一个观点就是并不存在有些论者所讲到的法理上的硬障碍，国际上并不是只有终极产权为私有的土地才能开征这种住房保有环节的房地产税。比如看看英国，有最终产权意义上的私有土地，也有最终产权不是私有、归于不同层级的政府和公共团体的公有土地，但是他们现在称为Council Tax 的这种不动产税或者房地产税，是全覆盖的；更不用说我们的特别行政区香港——香港的土地没有私有的，但是在最终产权非私有的这片土地上，多少年来一直在开征被称为“差饷”的房地产税。这种经验已经非常清晰地告诉我们，并不存在有些论者反复强调的中国大陆本土开征房地产税的所谓法理上的硬障碍。

当然，还有其他很多问题需要进一步的探讨，先讲这些请大家批评指正，谢谢！

（在“观点地产新媒体”2016 年博鳌房地产论坛上的发言）

争议中的房地产税与房贷杠杆

大家好！按照咱们论坛的这个顺序的题目，我用大概半个小时左右的时间谈谈自己作为研究人员怎么看待有争议的房地产税和房贷杠杆这两个方面的问题。两个主题词，我先说第一个，可能要说得展开一些，后面那个房贷杠杆问题，我认为相对来说比较简单。前面这个问题呢，就要多费些口舌了。

先说房地产税其实已经争议了多年，在座的各位朋友可能都有印象，但是如果看一下中央这么多年来历次正式发出的文件，对这个房地产税改革的方向一向是肯定的。而且，在经过了多年原来称为“物业税”的模拟空转试点之后，上海、重庆两地已有在我们本土上当时称为“房产税”的改革试点，其实就是在包括消费住房的房地产保有环节上，要推行税收从无到有的改革制度建设。这两地试点之后，十八大以后给出顶层规划的、非常重要的文件——三中全会被称为“六十条”的决定里面，可以看到非常明确的一个指导意见，就是“加快房地产税立法，并适时推进改革”。解读上，就是认为到了三中全会以后，全面改革推进过程中间，不是扩大房地产税试点范围的问题了，而是要立法先行，把房地产税立法走完它的所有程序之后，就是依法执行的问题了。但是这几年观察下来，这个进程仍然称得上举步维艰，因为我们在不同的场合都可以看到，关于房地产税的看法是大相径庭的。我作为研究者参加的讨论，包括社会方方面面的一些论坛、会议，也包括内部改革方案思路的讨论，一直到我们最高决策层政治局常委级领导参加的一些内部座谈会上，都听得到不同的意见。有的表述是比较直率的，网上有的甚至是带着很强烈的不满情绪的，但在体制内有些时候，那些不同的意见相对比较委婉，或者绕一个圈，但你完全听得出来，他并不认同，或者借题发挥地、明确地或者实质性地表达他的不认同。我们现在如果按照“不唯上、不唯书、只唯实”这种精神，按自己研究者的真实想法来说一说，我想再强调一下这一改革的必要性。虽然说出来可能有些朋友还是不同意，在网上传播出去，还是会有人在这方面要跳着脚骂，但是我始终是这样的一套自己认为逻辑上贯通的关于房地产税改革的认识：就是我们现在不可逆转地要搞市场经济，而搞市场经济、建设现代国家必须形成现代财政制度，进而以现代财政制度服务于全局、服务于国家治理的现代化，是离不开直接税制度建设的，那么中国的直接税制度建设中间很关键的，就是这个房地产税。三中全会不光说了要加快房地产税立法，并适时推进改革，而且还有很重要的一句话“逐步提高直接税比重”，在中国直接税主要可以从哪些操作点入手，去提高它的比重呢？现在能够考虑的一个是房地产税，一个是个人所得税。房地产税在住房保有环节是从无到有；个人所得税总体来说是要全面设计：它的低端，就是过了起征点的低中收入阶层，税负应该是往下调，而它的高端，特别是原来超额累进税率不能够覆盖的、厂主型的富豪等有很明显先富起来特征的这些社会成员，按照支付能力原则，他们应该给国库多做贡献、多交税。这两个直接税之外，当然还有一个已经有所议论的遗产税和赠与税，我不认为在现阶段具备讨论怎么设计遗产税、赠与税改革方案的条件，它只是一个研究的问题。

回到房地产税上来说，显然这是我们如果按照三中全会的非常明确的权威性改革方案设计，必须抓住不放的一个制度建设问题，那又对应到了现在最高决策层清晰地给出的一种醒目表述，就是“我们要着力推进供给侧改革”，说全了是“供给侧结构性改革”。这个在改革上，首先说的结构是制度结构，制度设计要处理复杂的结构问题，比如说税制，它的结构问题就是多种税、多环节、多次征的复合税制，那这种供给侧结构性改革它要落到进一步使整个供给体系质量和效率提高，打造在中国新常态演变过程中间我们要认识适应它，还要引领它的这样一个必须形成的、增长质量提升的升级版。供给侧改革中间我们认为制度供给是龙头，制度供给里当然包括攻坚克难地推进这些不可回避的、重点的改革任务问题，而房地产税是其中之一。中央现在明确提出以后大家都在领会的供给侧改革中间，推进房地产税改革我认为是其中一个应有之义，这是一个非常鲜明的观点。

接下来，我要再稍微展开一点来谈一谈论证，怎么样看待我前面说的这样一个结论。如果从实证的角度来看，我们搞市场经济必须承认市场经济有它的一些共性规律。市场经济在全面发展过程中间，走到世界头号强国地位的美国，它的经验我们就得观察，其中积极的内容我们就要注意借鉴。美国怎么样成为世界头号强国的？它建国后的历史只有 200 多年，在它的进步时代，主要就是在 1880 年到 1920 年这 40 年的时间段里，面对社会矛盾是通过所谓“改良”的这样一种制度建设方式，形成了规范的税收制度、预算制度、公共意愿表达机制、公共权力的监督制约机制。当时的新闻媒体已经在发挥阳光化的环境条件之下代表公众对政府各种各样尽职不到位的情况加以批评和施加压力的作用。而公众呢，在他们的公民权利发挥的过程中间，也越来越具有现代社会这种公民意识和纳税人的意识。各种各样的作用综合起来，在 1913 年，美国的个人所得税形成了相对稳定的模式和形态。而在这个过程中间，美国低端被称为 local 层级的地方政府，它的地方税体系也大体成型。在 1920 年，现代意义的预算，在美国当时集中全国一多半的 GDP 是以纽约这个地方，形成了比较规范的预算模板，以后迅速复制到各地。美国这个制度建设过程中间，我们现在看起来，最简要地说，为使政府能够履行好它的职能，必须解决它的“钱从哪里来”，跟着“用到哪里去”这样一个财政分配优化的问题。美国的联邦级相当于我们中央级的政府，它的钱主要从个人所得税来，这是直接税；它的地方政府相当于我们的省以下层级，它的省那个层级的政府称为州，和中国不可比，州以下的这个 local 层级上的地方政府的收入，主要就是来自它的房地产税。我多年前在美国做访问学者，就注意到，美国这个层级上的政府收入，如果从比重来说，房地产税所占比重可以高达 90% 以上，低呢，也低不到 40% 以下，这样一个显然作为支柱财源的房地产税，作为一个主体的税种，是支持美国的地方政府怎么样解决“钱从哪里来”的问题，然后处理它职能履行中怎么样把钱用好，把自己的职能按照他们的法律框架、按照他们的制度规则发挥好的问题。这样的一种经验借鉴，在其他的经济体里面，包括后进的新兴市场经济体里，都可以看得出来得到了回应。不客气地讲，中国现在已经有了这么多年的发展，口口声声在说搞市场经济、搞社会主义的市场经济，但是在再分配方面直接税的作用之弱，恐怕全世界独一无二。在新兴市场经济体中走到了领头羊位置上的中国，我们现在如果在整个政府的税收收入这个方面来看，差不多 70% 是来自间接税，直接税收入是相当弱的（而且这里面，企业所得税很多学者认为其实不能认为是实打实的直接税），我们在这个方面显然是在种种条件之下缺少现代化税制特征的。而我们前面一些时候反复论证过，现在所说的房地产税改革这方面，追求正面效应是非常值得肯定的，如果一步一步地发展起来，房地产税作为一种长效机制，可以使地方税体系建设和地方政府的职能的合理发挥内洽。地方政府它总得解决自己的收入来源问题，如果是以房地产税作为它的一个重要的财源支柱，那么它就会注意到，只要自己尽心尽力地优化本地投资环境，提高本地公共服务的水平，它的这个财源建设跟着它这种尽职的行为就一并解决了，这叫内洽。另外呢，我们中国现在再往前看，还要有房地产业相伴随着的城镇化高速发展的至少三十年左右的时间段，现在真实的中国城镇化的水平，按照中央五中全会说明的户籍人口的城镇化率，也就 40%。国际经验表明，70% 的高位才会转入低平发展阶段，这之前，三十个点如果我们一年往上提一个点，也要走三十年。在这个过程中间，房地产相关的产业当然是国民经济的支柱，而这个支柱能不能够比较健康地发挥它的作用，是事关全局的。我们现在的房地产税从种种方面可以论证，它有利于促进房地产市场的健康发展，有利于发挥这个产业对于国民经济重要的支柱作用；反之，这个制度建设不到位，房地产业会不断地困扰我们，一会儿过热，一会儿过冷，一会儿出现肆无忌惮的炒作，一会儿出现的是大家都感觉恐慌甚至说到房地产要崩盘。我们一向不同意那种极端化的判断，但显然，在这方面我们缺少了一些长期的稳定的制度框架的力量。

另外，房地产税对于中国现在要特别重视的共享发展、收入再分配，有独特的意义和可能做出的贡献。这方面大家一望而知，它作为一个直接税，除了筹集政府收入，特别重要的就是它会发生按照支付能力原则首先在税收上面的所谓的“抽肥”，对于有支付能力的先富裕起来的住好房、有多套房的这样的对象，让他们多做一些税收贡献，让这些资金进国库。而“抽肥”之后呢，就有所谓“补瘦”，政府用这个财力来扶助弱势群体、加快保障房建设、促进社会福利。这方面也是说的共赢，再分配调节不是让先富起来的人伤筋动骨，而是在他们发展、享受资料层面适当地让渡一些利益。税制设计上必须明确这一点，它本质上是共赢的一个税收。而这样一来呢，总体来说，中国的直接税比重提高就可以把间接税的比重下降，宏观税负保持稳定的情况下整个社会税收痛苦会减少。因为越来越多的收入是有支付能力的人在他们发展、享受资料层面做了一个让渡，而不是像过去经济学分析表明，大量的实际的税负是落到了消费大众的头上，而消费大众大多属于低中收入阶层，他们一旦知道真相，自己吃的馒头里有税，过中秋节买的月饼里也有税，他们当然就怒不可遏，马上看到跳脚要骂人的这样一种情况，就是由此而来。以这样的一个税负结构化的优化调整，降低整个社会的税收痛苦，当然就是促进社会和谐，有助于跨越“中等收入阶段”这个矛盾凸显的最有威胁的发展过程。

当然还要特别强调一下，房地产税这个制度建设还会促进我们的民主法治。它适合于由地方基层为主体来掌握这个税收：我们以后的市县，当然中国特殊一点，省也算地方，合在一起是房地产税税源的主要收取者。中央和地方政府在一起通过立法形成框架以后，年复一年的税收是进地方的金库，这个过程呢，首先结合的就是地方从基层开始，社区、基层地方政府，怎么样把钱花好的问题。老百姓一家一户受到了这样的直接税调节的话，他们当然就会进一步要追问这个钱花得好不好，你必须透明，必须给百姓知情权，知情权后面跟着的就是质询权、建议权、监督权，它自然而然就生长出法治化、民主化这样的制度机制，这对于中国促进整个现代化过程又是有莫大的意义。我们现在苦于政治体制改革无法正面设计，但如果从这个制度建设入手，实质性地推进民主化、法治化，不就是在借鉴美国进步时代的经验吗？一个社会上震动不大的柔性切入的改良过程，实质地解决了政治体制改革要解决的任务，这个意义对于现代化全局来说，不言而喻，非常值得看重。

当然，再往后还得说一下，争议点我过去都有过回应，有很多朋友不服气，说你说了这么多正面效应，可行性怎么样啊？是不是存在法理上的硬障碍啊？比如说国外都是私有土地，中国所有建成区的土地终极产权是国家的，是不是会形成房地产税征收的法理上的硬障碍？我们论证，不是这样的情况，国外确实有私有土地，但是也有公有土地，工业革命发源地英国是最典型的，它的不论最终所有权是公的还是私的土地上，对所有的住房一视同仁地要开征 Council Tax，就是地方政府掌握的不动产税。我们的香港特别行政区一向开征的差饷，就是房地产税，但是它的土地制度恰恰不是私有制。从实践来说，这样的论据其实不成立。从逻辑上，我们也论证了，既然上世纪 80 年代我们已有国有企业跟其他企业一样要对国家上交所得税这样的改革逻辑和实践，同样的道理，可以把它引申到房地产税：在终极所有权是国有的土地上，不动产的一个一个的持有主体是有自己相对独立物质利益的主体，而这种独立的物质利益如果需要得到调节的话，通过立法过程以后完全可以施加这种税收调节。当然，我们也必须同时说清楚，《物权法》已经给出了一个社会所关心的 40 年到 70 年的这种住房产权的土地使用权到期以后怎么办的问题，《物权法》中叫用益物权，到期应予以自动续期，我们无非是要呼吁有关立法部门赶快明确续期所应该遵循的一些操作细节，这样来稳定社会预期，不要使大家在这些方面还落入迷茫干扰。还有就是其他的一些诘难，比如说重复征收问题、新地老地的衔接问题、税基评估问题、小产权房怎么解决的问题，我们都做过论述，都不存在硬障碍。时间关系不能展开了，感兴趣的朋友可以在网上搜搜我们的论证。一句话，我们在争议中间是认为，其实这些对于房地产税不认同的、说有硬障碍的观点，确实是不成立的。

但是，我们又强调了另外一个必须特别注意的观点，搞社会主义市场经济和中国特色的现代化，从追赶到赶超必须“守正出奇”。我前面说到的美国的国际经验代表的现代化国家的房地产税的一些经验，它是带有共性规律的，我们必须认同市场经济共性规律之上的这种正道，就是所谓“守正”。我们不可能在搞市场经济这方面，否认市场经济存在共性规律而走出完全不同的另一条路来，必须认识、适应、尊重和敬畏市场规律，建设和市场经济匹配的长效的调节机制。而守正后面的“出奇”，是对中国更具挑战性的问题，因为我们不可能简单照搬别国的经验，就走出了一个中国现代化的社会主义市场经济之路，必须认识到，中国在特定的国情、特定的发展阶段、特定的一些渐进改革路径依赖的约束之下，我们怎么样把路走通，怎么样让这样的统改方案社会可接受，还必须处理好个性的问题。所以我也反复强调（这方面也伴随着争议），就是中国不能照搬美国房地产税那个普遍征收模式。美国是见到一平方米就征一平方米，碰到了问题以后怎么解决？如果说这房子是先辈传给的，拿到手以后自己的现金流又不足以支付这个税收的话，那么美国人的逻辑是，你可以把房子卖掉，原来的税结清了以后你租房住也好，因收入再低，接受政府的扶助，入住政府给你提供的保障房也好，反正这个税是跑不掉的。中国显然现在不能简单照搬这种模式，所以我们就必须找到一开始立法的时候，社会“最大公约数”可接受的那样一种制度设计，那么这就是所谓“出奇”，是要适合中国国情，做特别的制度设计，规定有“第一单位”住房的免税扣除，使社会能够接受这一税制改革，进而能够支撑中国继续在成功地从追赶到赶超，来实现我们现代化的过程。

那么，我认为，需要在立法过程中间阳光化地来鼓励大家各抒己见，积极的探讨，以后实质性地往前推进。如果是按照现在人大有关方面的回应，我们的房地产税立法在2015年下半年明确说进入立法规划以后，是排在第一类的，一旦启动一审以后，这个方案公之于众，要征求社会意见的时候，大家都可以发表自己的意见。

怎么样处理，中国必须要有一个"第一单位扣除"的问题，时间不允许我在这里展开，但我可以提一下，我觉得有的研究者提的建议，框架是清楚的，既然有我们的不动产登记信息支撑，整个国土上所有的不动产信息一网打尽，那么在实际操作的过程中，可以把所有应该纳税的不动产，包括消费住房，普遍覆盖之后，按照不动产登记信息，依法做第一单位的扣除，是第一套房也好，是人均多少平方米也好，操作上是没有问题的。

这样的一种框架之下，是不是还应该再认识一下，对立法推进方面的时机怎么看待。2016年我看到是有关主要管理部门，在年度的改革和工作安排里面没有提房地产税，财政部的领导只说了一句"要配合人大立法"，发改委的领导似乎提都没有提，总理的工作报告里也没有说，但是人大的立法方面的信息是一类立法规划。那么显然这个事情还是按照它的逻辑在展开，但是我觉得有关部门确实有一种考量，至少我们从外部来分析判断可推知，联系中央现在很关心的房地产市场要去库存，有关部门可能担心现在强调推进这个立法过程，会对于去库存带来心理上的一种对冲，如果不提它，更有利于现在先消化房地产的库存来解决我们当下矛盾主要方面的问题。这么想是不是有一定道理，我们姑且不多说，但是我觉得最近的一个动态又给我们新的启发，有关部门如果说前面有那样一个考虑，暂且缓一缓、按一按，表态上不再强调它或甚至不提它，但是现实生活中的矛盾表明，这一轮中国房地产市场迅速出现了去库存概念之下"冰火两重天"的情况，这边三四线城市怎么去库存还没有想得很周全的时候，我们的一线城市，现在热度又在迅速上升，似乎已在社会上引起了不安，甚至形成了民众这方面的抱怨，和实际上对于管理部门的压力。我最新的看法，就是在争议之中，我们是不是可以再把问题挑明，既然是“冰火两重天”，既然是中国的整个房地产市场告别黄金时代进入白金时代还要继续往下调整发展，它不会崩盘但绝对不会是过去那个单边市，分化过程中间所谓结构性的对策，供给这个视角的结构性对策，特别关键，那么我们在立法这方面是不是可以考虑，不是说把它先缓一缓，而是积极地考虑把这个立法继续往前推进，而同时要给出信息，立法一旦走完程序，人大审批通过可执行的时候，是可以区分不同的区域，区分先后的。比如我认为合理的区别对待就是，现在热度迅速上升的一线城市，除了增加供给去降低热度之外，必须考虑给出一个市场预期的引导和我们的制度框架约束——就是包括长效机制房地产税，那么一旦房地产税人大审批通过可执行的时候，当然就可以考虑首先在北上广深这种热得不得了的地方，首先付诸实践，我觉得这至少是一个合乎供给侧结构优化区别对待内在逻辑的一个思路。

以上是我对于有争议的房地产税的一些基本看法。做一个简要的概括，房地产税改革的大方向之下，我们现在特别要注意，依它的内在逻辑从短期到中长期怎么衔接，执行的过程中间又需要在供给侧特别强调制度设计与实施中的区别对待。

那么再说第二个概念，就是房贷杠杆问题，它所关联的一个非常关键的概念，仍然是区别对待。我们看到房地产市场这几年的调整，现在有大量以三四线城市为主的库存的情况之下，房地产市场上以贷款表示的融资支持方面，实际上是已经体现出了加杠杆，在整体要求去杠杆的导向之下，我们其实一直强调（这是新供给经济学的概念），只能是结构性地去杠杆。在支持房地产市场走完调整过程这一方面，既然要去库存，适当地加杠杆是必要的。而现在冰火两重天的格局之下，我们认为，所谓理性的供给管理应更强调这个加杠杆不适合于一线城市，一线城市在前些年的基础之上，已经有了一些加杠杆的措施，不是说马上否定它，但是没必要继续往上加杠杆了，有些做的过分的，还要稳一稳，收敛收敛。比如我感觉，一线城市现在虽然热，但主要的需求方应该主要还是刚性需求和改善性需求，还没有听说谁像前些年那样，肆无忌惮地进入这个市场就是为了炒作，但已经开始出现炒作的苗头。这个时候我们在这些方面，所谓要稳一稳，是原来所说过去贷款还清以后，那么现在再要来配合按揭等杠杆支持，可以认定为是过去所说的首套房贷的待遇，稳定给出这样一个待遇，我觉得大体上是合适的，支持的主要还是刚性需求和改善房的需求，但没有必要再往上加杠杆了，在降低首贷比率这方面，一线城市我看不出有多少合理性。当然话又说回来，到了三四线城市一定要从另一个角度考虑，这个房贷的杠杆在三四线城市，是需要适当地再加强的。但同时又有一条，我观察三四线城市，即使是强调了加杠杆，如果只把它理解为商业性贷款这个基础之上的加杠杆，还不足以解决三四线城市去库存的问题，因为三四线城市过去按照商品房建设出来现在已经成为可能供给的这些住房，它主要的销售对象还是所谓农民工，他们的支付能力，不足以按照商品房的这种定位比较充分地吸收库存，一定要有政策性的杠杆。在商业性的、比如说更优惠的房贷按揭安排的同时，加政策杠杆，来把其中的很多转成共有产权房和公租房等解决低中端社会成员住有所居需要的有效供给形式。这种商业性杠杆和政策性杠杆合在一起，又是所谓理性供给管理的一种带有复杂性的设计，但是，这是我们研究的新供给概念之下中国人必须处理的带有挑战性的命题。我们这种结构性的问题要得到优化处理，就要把有效市场加上有为和有限的政府，形成一套尽可能高水平的理性供给管理的方案。

这就是我对这两个概念的基本的看法，汇报出来请各位批评指正，谢谢大家！

（2016 年二季度在博鳌房地产论坛上的演讲，根据录音整理）

中国房地产市场现状研判与相关改革方向

我想分两个层次说，第一，我作为研究者怎么看待中国房地产市场的现状。

经过十多年波动中间实际的“单边市”，中国房地产市场在 2014 年以后进入了明显分化的状态，演变成冰火两重天的局面，其中“冰”的一边也焦虑，“火”的一边也焦虑。冰的焦虑是很典型的：在中央强调供给侧结构性改革，而且已把它表述为一个战略方针之后，“三去一降一补”作为切入点，其中有非常重要的一项是要去库存，一般人理解，首先针对的就是我们房地产市场大量的库存。但具体分析，它主要分布在一大群三四线城市，这些库存怎么去。做了这么多的探讨之后，今年看到的它的进展其实并不太明显，三四线城市只是降低了四个百分点左右。另外一边火的呢？就是在 2014 年上半年很多人惊呼中国房地产市场要崩盘，要出现一去不回的向下的拐点之后，一线城市抗跌能力是非常明显的，到了 2015 年，北京首先明显地企稳，然后深圳迅速升温，再其后一线城市普遍进入升温状态，后面带出的是二线城市、所谓 2.5 线城市和一直到今年下半年一大批更多的城市进入了升温状态，而且很快就成了火得烤人，引出了一系列严重的社会焦虑等问题，各地决策层不得不在“9・30”前后出手，以行政手段为主做限购限贷，被称为“9・30 新政”。

这样分化的局面摆在眼前，我们不能只看到“9・30”之后确实遏制了原来大家最焦虑的一批城市房价表现得迅速升温势头，同时，必须看到再往前的发展会是什么样子。如果按照前面十几年的演变来看，最大的可能是继续“打摆子”、“坐过山车”式地从一端摆到另外一端。前面总结下来，平均15个月为期，要从一端转到另外一端，现在的限购限贷过去已屡次出现，但出现后经过一段时间，新的焦虑转到了经济低迷、房地产市场不振，就必须取消限购限贷，甚至不惜以地方政府层面不约而同地给予补贴、加强贷款支持等措施，来使房地产市场升温。到了一定的时候，再摆回来，就是像我们“9·30”以后看到的这一段。如果这样几轮政策调控都在打摆子，都在坐过山车，那我们是不是可以进一步提出一个问题，就是《人民日报》作为权威媒体已经非常明确挑明了的过去这些所谓政策调控，只是治标而没有治本。跟着要问的是：是不是应该长记性了，要考虑如何体现政府在尊重市场资源配置决定性作用后面更好发挥作用所应有的“标本兼治而治本为上”的调控高水平，这就是我在第一个层面最基本、粗线条的观察之后所要表明的这个判断。

要把原来的治标不治本，转为既治标又治本、综合施治，而且体现中长期的“治本为上”的应有水平，我们应怎么办？这要说到第二个层次，我的基本认识就是必须把制度建设跟上来。当然说到制度建设，就必须结合着供给侧结构性改革这个战略方针来加以领会，“三去一降一补”只是切入点，必须解决整个制度体系怎么符合十八届三中全会所要求的现代国家治理的这种实质，怎样体现在整个制度安排和机制连接方面，使市场的有效作用加上有为和有限的政府作用，促成一切潜力、活力的释放，在经济社会发展过程中走向长治久安。这方面与房地产市场相关的制度建设，是治本之策必须解决的攻坚克难的问题。中国整个改革进入深水区，现在所说的制度建设，都面临着总书记所讲的“好吃的肉吃完了”、你只要一动就要啃骨头的问题，这个硬骨头怎么能真正啃下来，是对我们的历史性考验。

那么，与房地产市场概念相关的制度建设，至少是四个方面。

第一是土地制度。配套改革视野里看房地产，首先直接关联的是我国城乡结合部还得不断扩大建成区，未来几十年中国的城镇化率还有向上走几十个点的高速发展空间，未来在几十年内还会有四亿人要从农村转到城镇来定居，建成区扩大，跟着不动产的建设和开发，相关土地的使用带有自然垄断性质，谁占了，别的主体就没法使用，这种土地的使用权和开发权怎么样在一个健康的制度之下，可持续地源源不断形成有效供给，这是根本性的问题。我们过去处理得不好，大家听到更多的批评指责是土地财政，实际上这种土地财政在中国的发生地，主要是沿海和沿海的那些中心区域，能够把土地卖出个好价钱的这些地方政府，确实在极高的程度上依赖土地财政，而另外大量的中西部的地方政府，想依赖也依赖不上，这已经造成了极度的不均衡，带出了一系列的问题。同时，又必须承认它有内在的合理性，地方政府靠山吃山、靠水吃水，它当然要在自己辖区之内的国土开发过程中间利用自己的资源禀赋，乘势运用土地的使用权，带出可能的财力来源用于支持整个开发和建设过程。这方面的制度我后面要专门说到重庆案例，看它是怎么处理的，非常遗憾，重庆案例在全国现在是孤本。

第二要说到住房制度。住房制度其实思路早已经清晰化，就是必须双轨统筹。在我们大家都关注的商品房市场这个市场轨的旁边，必须还有保障房供给的保障轨。从 1998 年朱镕基同志特别强调的经济适用住房这个概念切入，到现在已经更清晰地聚拢到了以公租房和共有产权房为主要形式构建这种保障轨的供给机制。关键就是怎么能把这个有别于市场轨的保障轨上的这些有效供给，合理地形成而源源不断地真正变成实实在在的人民群众得实惠、落实共享发展的支持要素，使低收入阶层和收入夹心层，包括大量的年轻白领，摆脱在解决住房问题方面的不安和焦虑。其实这是住房制度里最关键的“托底”内容。对于双轨统筹，中央已经在总结经验的基础之上，推到了指导方针方面比较合理清晰的主打公租房与共有产权房的状态，相关工作中的关键就是怎么样落实它。

第三个相关的制度建设，是投融资制度。大量的基础设施跟着不动产的开发，又必须配套提供宜居城市民众的“住有所居”条件，包括上述两个轨上的住房，包括这么多和我们住房相关的各种各样不动产的配套，从楼盘、小区、服务网点到城市综合体，到连片开发，到产业新城运营，这些大规模的建设里投融资机制怎样能适应创新的发展，可持续发展，怎样守正出奇。当然这方面就要特别说到重要的 PPP 概念。近年从管理部门到方方面面，对此都高度重视，李克强总理几年之间几十次督导有关管理部门推进 PPP 的创新，财政部业务部门 2015 年记录在案的是 13 次，平均一个月要 1 次以上。决策层对这个问题的高度关注，也带来了实际生活里我们看到的一些值得肯定的进展，但同时还有很多必须解决的问题。这些问题的解决首先还是必须从制度建设入手，涉及法治化进程、契约精神的培养，规范地设立阳光化的全套作业流程，对全流程现在越来越带有细致特征的同时，怎样删繁就简、提高效率，等等，问题在 PPP 概念之下，都必须解决好。在政府、企业旁边，还必须要形成健康的专业机构这种力量，并要把一个个项目建设，合理地、创新地与金融市场对接，共同来形成 PPP“1+1+1>3”的绩效提升机制。

要说到的第四个制度建设，就是税制改革。可能在座很多朋友听到税，都有天然的厌恶，社会心态要在网上看，更是这样，总体来说最好没有税，税负越轻越好。但实际上，中国要走向现代化，在房地产这方面又必须提出一个讲起来就得罪人的题目，即中央十八届三中全会明确肯定的“加快房地产税立法并适时推进改革”，到底怎样在实际生活中贯彻这个指导精神？现实的推进过程中是我们并没有看到加快，还明显地处于混沌状态，实际上已经不能符合三中全会之后政治局审批通过的财税配套改革时间表的要求。

以上这四个角度的制度建设，都涉及治本，改革中的配套当然还有其他方方面面，合在一起是个系统工程。在这个认识框架下，我们可简要地看个案例：这一段时间，在各个大城市、中心城市无一不对于房地产市场感觉到有沉重压力、有明显社会焦虑的时候，重庆却相对平稳，从它那里传来的信息、看到的数据，就是在这方面体现了一种十分符合社会和谐的平稳状态。它的房价，如果按照商品房的交易来看，也有轻微上涨，表现为很低的幅度。在相关的政策调控是由中央有关部门掌握的大环境之下，我们必须注意到，重庆自己的制度建设从前面所说的四个角度来说，做得可圈可点。第一，土地制度方面，重庆八年多之前在全国首创了“地票”制度的改革试点，一直坚持到现在。远离城乡结合部的农民，在政策引导之下，把自己的宅基地腾出一部分，还有小田变大田腾出田埂的面积，形成复垦的农田，在区域内整个农业耕作的田亩数上叫作“占补平衡”。对多出来的复垦田地的产出当量做了核算（要分五级）之后，到地票市场上做量化交易，出钱买到地票指标的主体，实际上其对土地的使用又纳入政府以土地收储制度来作协调的流程，使得重庆和地票合在一起的土地制度建设，可以相对从容地在城乡结合部对开发主体提供与地票对应的土地使用开发权，带来的是后面相对有条不紊地推进城镇化建设和产业发展。这个改革一举多得，实际带来的不仅是让土地的供给从容和相对均匀、低成本，不会像其他地方普遍发生的城乡结合部只有靠讨价还价的征地拆迁补偿机制，不得不跟着一轮一轮由钉子户抬高了的综合成本去越来越困难地在城乡结合部利用土地，而是能够控制总的成本抬升过程，社会方方面面在这里面得到的是与和谐社会环境配套的一个土地开发条件，特别重要的，是使远离城乡结合部的农民——这是我们很多讨论场合根本就没有纳入眼界的弱势群体，以地票制度作为与市场竞争、政府扶助相结合的机制，而进入了共享发展的大平台，进入了共享改革开放成果的行列。

地票制度诸如此类的亮点，值得总结之处还不少，我点到为止地说到地票制度和土地收储制度，是认为土地制度在重庆所做的改革非常值得我们总结，但遗憾的是有关部门的态度是重庆这个地票制度只允许一地试点，成都曾经跟进，但迅速被叫停，这不符合邓小平的改革智慧。必须在这样的改革方面有个大方向的判断，后面跟着的要允许实验，邓小平说的是大胆地试，大胆地闯。可能现在根本没有“闯”的这种氛围了，甚至提都不敢提了，但“试”是不是要扩大范围？这是很实质的问题。跟着的第二个住房制度方面，重庆是在保障房建设上有明确的量化指标，要形成整个城市住房供给中1/3到40%的分量是保障房。所以，那里低端人群，包括年轻白领，可以得到相对稳定的有效供给，解决他们这个收入阶段上的住有所居问题。有了共有产权房，那么大学生毕业不久以后需要谈婚论嫁的时候，过丈母娘那一关就相对容易，因为这个共有产权房是很体面的、有产权证的，只是不可以跟一般商品住房那样到市场上随行就市去交易，也就封杀了它的套利空间。住进去的年轻白领，过几年收入上升了，那么可以根据原定的条款，考虑在新的支付能力下再出一笔钱把它变成完全产权。房子里面你也装修了，住也满意，就可以做这个操作。整个社会上大家想一想，和谐程度是不是一下得到了明显的提高？这些年轻白领不用再去啃老，再去找各种各样的东挪西借的财力支持再加上住房按揭去当“房奴”，就过上了体面的住有所居的生活，以后可以相对从容地转入完全产权房新的梯级消费，上新的台阶。当然这是一个很值得肯定、值得我们重视的创新中间的住房供给案例。如果能够把保障轨托好，剩下的那就是中产阶级以上社会成员根据自己的消费者主权，相对从容在商品市场上挑选商品房购买对象，竞争中去交易的问题了，怎么会有那么多的社会焦虑？

第三个投融资制度不用多说，大家对于重庆过去的“八大投”可能都有印象，世界银行曾经给予高度肯定。这些年来，地方融资平台要进一步规范化，这是全国有统一要求的，重庆在这方面值得肯定的是能够把前面阶段上不得不做的这样一些调整中“八大投”式的融资平台，结合着整个发展战略，结合着结构优化的取向，对应市场机制和政策性资金、市场化运作、专业化管理、杠杆式放大，支持它的通盘基础设施，以及相关的城市建设和它的产业集群的形成。以这种投融资制度的创新对接到PPP，在重庆已经形成了一些比较好的经验案例。这也是非常值得肯定的配套改革。

第四，重庆和上海敢为天下先，在那么多的争议、数不清的那么多障碍之下，由这两个地方终于在我国本土率先推进了住房保有环节房产税的试点。虽然有人说他们失败了，实际上我们作为研究者观察，哪里是失败？两地已试水形成了非常宝贵的本土经验。当然开始时只能柔性切入，不要光看一些指标变化的幅度大小，要看到它变化表现的效应完全符合经济学分析的逻辑框架，而且在如今贯彻三中全会加快房地产税立法并适时推进改革要求，这种本土经验之宝贵马上就浮现在我们面前，因为我们不能光讲国际经验，十分重要的是在我们国内已有破冰试水，两地的试点经验可以按照中央的要求在加快房地产税立法的过程中对全体国民做更多的信息披露，促进大家更好地共同讨论立法方案。

上面四个角度的制度改革，如果合在一起，再加上后面的政策调控，我认为那就是"标本兼治"，而且一定要实现这里面的"治本为上"。如果从这个角度来看，大家关心的房地产税这个改革，我想再简单说一句，虽然那么多人在这方面表达了反对的意见，但毕竟要看到中央的文件中，凡是成为白纸黑字的权威表述，一向是坚持这个改革方向的。我们现在还是要回到怎样让全民族一起做理性讨论，通过立法过程经受历史考验，解决中国社会走向现代化状态必须建立现代税制而现代税制里必须有直接税里的房地产税制度建设这个问题上。最关键的要领之一，就是借鉴国际经验但不能照搬美国的普遍征收模式，必须借鉴重庆、上海的给出第一单位扣除这个经验。怎么扣除？立法过程中方方面面可以表达自己的建设性意见，做理性讨论，寻求最大公约数，这也将是中国"走向共和"的一次很好的全民参与和素养培育。

如果我们把这些放在一起考虑，我最后想再次强调，政策调控要跟着制度建设走，政策不仅要"反周期"，还要使政策的作用在制度框架提供长治久安可能的同时，作合理的区别对待，以一城一策、一城一案方式贯彻供给侧结构性改革的方针。即使同样都是所谓火起来的城市，情况也各有区别，冰的几百个三四线城市，情况更是有种种不同，那里的"去库存"显然不能简单依靠商业信贷，还必须配上政策杠杆，而政策杠杆怎么配，必须一城一策。这边火起来的城市也不是光简单搞限购限贷的问题，还要赶快组织有效供给，而怎么组织有效供给？又说到前面四个重要的制度改革问题。所有这些放在一起，还是要强调标本兼治而治本为上。让我们来共同探讨，共同努力，解决好这样的重大现实问题。

（2016年在证券日报年会上的发言）

“中国会重蹈日本式楼市泡沫破灭”的说法没有道理，房产税应避免给刚需者带来负担

“房地产调控‘打摆子’的周期平均是15个月”

新京报：9月30日以来，北京、上海多地出台楼市调控政策。根据最近媒体报道，北京的楼市成交量是回落的，你怎么评价这次政策调控？

贾康：限购、限贷当然会减少一些交易量。另外，它有一个很重要的政策引导作用。政府出手之后，原来一些在观望犹豫状态中的选择就会明朗化。本来有一种羊群效应：大家都在抢购，我也要加进去。现在来了一个很强烈的政府要管一管的信号，大家当然就会等着了。

但这个效果是治标的效果，不是治本的效果。我们这么多年来都在讲标本兼治，要推崇治本为上。

但已有人总结说前面十几年中国房地产的调控像打摆子似的，一会儿限购限贷，一会儿取消限购限贷，甚至还要推出补贴——这个打摆子的周期平均下来是15个月。1年多以前，主导的说法是楼市明显回调，有人说会崩盘，结果时间不长变成热度过高，现在又不得不出台限制措施，谁敢保证后面不会再来一次原来的循环？

可能再过一段时间又说偏冷了，偏冷怎么办？“水多加面，面多加水”，坐过山车。这么治标的调整不是真正的出路。

已经历这么多轮的政策调控，仅靠这样下去，房地产市场的健康发展问题能解决吗？显然不能够。所以要长长记性，好好考虑治本，而治本一定要靠制度建设、制度供给。

现在讲供给侧结构性改革，其实也正是要对应这样一些现实的问题。与房地产相关的有效的制度供给在实际生活中包括土地制度、住房制度、投融资制度以及税收制度。把这些东西配套改革，这是真问题。以这种配套改革形成的制度供给的框架，加上政策的调控，才能使我们的房地产市场运行得比较健康一些。

“说中国目前面临楼市泡沫破灭没有道理”

新京报：在这轮房市调控政策出台之前，房市暴涨的时候，很多人都说，房市可能要泡沫破灭而崩盘了。

贾康：2014 年就有人这样说。当时是回调和分化状态，但很多人非常悲观，说整个中国的房市楼市要崩盘。我们那时就坚决反对这种极端化的观点。事实证明，哪里有崩盘呢?

当时就是回调，回调伴随的特征就是分化。一直分化到现在大家都看到，“冰火两重天”。一方面，有一大批三四线城市还是去库存压力很大。另一方面，不光是一线城市，二线城市和一部分三线城市的楼市，也跟着迅速热起来了，这些地方哪里还是去库存的问题？已很快变成迫切需要组织有效供给的问题了。

新京报：之前有文章拿日本楼市崩盘举例，两者有可比性吗?

贾康：日本 20 世纪 90 年代初房地产泡沫破裂的时候，城镇化水平是 77.4%，中国现在的城镇化水平只有 40%（国家统计局最新数字为 56.1%，但那是常住人口的城镇化率，而非户籍人口的城镇化率），还有十分可观的城镇化高速发展空间。

如果中国人自己不犯低级错误的话，怎么会在这个阶段重复日本的楼市泡沫破灭？我们当然要警惕出现日本这种情况，但是现在就说中国楼市价格猛增会紧跟着日本式的楼市泡沫破灭，这个是没有道理的。

新京报：有人说，北京只要增加批地、供地不就解决问题了?

贾康：多批些地赶快建房子，这个确实有一定的必要性。但回过头想，北京现在已经是2000多万的人口了，超过了原来规划的城市人口规模上限。眼下这几年只顾批地，再往后怎么办？整个城市它也需要有一个可持续发展的通盘考虑。

80年代以后，曾经有明确的规划概念，北京人口总规模要控制在2000万以下，现在已经突破了，再让它随批地、供地、建房而轻易地膨胀，恐怕也不行。所以还有一个问题，高水平规划的有效供给。

城市通盘规划的供给，一定要由政府来牵头，调动高水平专家力量，听取社会上方方面面的意见建议，聚集民间智慧，形成一个由决策机关来拍板生效的方案。

就像现在的京津冀一体化，这边有个大动作：几年之内，北京市所有的市一级领导机关通通外迁到通州潞河镇。这种规划的供给至关重要，不是简单地因为供不应求就赶快批地，一定要有一个通盘的协调。应力求由一个高水平顶层规划罩着所有的国土开发过程中的事项。

“地方房价平稳与否，跟地方政府管控水平有关系”

新京报：你觉得现在中国房地产市场最大的问题是什么？

贾康：光治标不治本，这可不是我们寻求高水平发展状态的出路。一定要掌握好标本兼治、治本为上的要领。

新京报：今年国内房地产市场有个亮点，重庆的房价保持得非常平稳，前三季度的GDP增速也领跑全国。重庆是怎么做到的？

贾康：重庆的通盘发展规划和制度配套建设是关键。这是从发展战略设计，落实到整个国土开发的相关所有改革、发展事项配套上来。重庆的土地制度可圈可点，有基本农田占补平衡前提下的地票制度、政府牵头的土地收储制度，是以通盘协调和制度支撑，源源不断、相对平稳而较低成本地来供地。

重庆的住房不光是依靠开发商品房，重庆辖区之内，有1/3到40%的社会成员是靠土地供应基础之上建成的保障房，来满足他们“住有所居”的住房需求。

这样一来，低收入阶层和收入夹心层是依靠这种非市场主导的保障轨上的有效供给达到“住有所居”的。当然这个轨道的建设也要跟市场兼容对接。提供有效供给的具体形式是保障房，包括公租房、共用产权房等。

重庆在落实整个规划和推进建设过程中还积极使用了PPP（即政府和社会资本合作）模式，用上了原来地方政府融资平台的政策金融手段，以及实施了其他的产业集群建设，发展是既有产业支撑，又有宜居城市条件建设，同时还有环保方面考虑的进程。

这里面绝对不能只讲政策调节，一定要有上述土地制度、住房制度、投融资制度建设，另外，还有那里“敢为天下先”的房产税改革试点。这是制度创新、制度供给催生出的标本兼治的效果。

新京报：别的地方能不能学习重庆的这种模式？

贾康：客观地讲，重庆经验肯定有不少值得借鉴之处。但是也未必能简单地把那套方案套用、照搬到别的地方。所谓借鉴启发，就是一定要找到它的合乎规律的合理内核，然后对应到一城一地自己的现实情况，形成定制化的优化方案供给。各个地方要自己定制化地解决问题。

新京报：一个地方房价平稳与否，跟当地地方政府之间的关系有多大呢？

贾康：与地方政府在改革与调控方面的水平当然有关系。实践检验，重庆在这方面做得比较好，经济增长也快。不能光讲房市平稳，重庆的整体形势首先是由产业支撑形成的，特别是，经济增速高的同时，它的经济质量也值得肯定。在打造经济社会发展升级版的轨道上，又有速度又有质量，有老百姓的宜业、宜居环境，这就凑全了。

所以不能只看个别的指标，要合在一起，掌握好新型城镇化、城乡一体化的系统工程。

"房地产税立法不能照搬美国的普遍征收模式"

新京报：你一直支持房地产税立法，现在立法进展的情况大概怎么样了？

贾康：今年两会上，人大预算工委的领导说已经纳入一类立法规划，但是再往后就没有能听到进一步的消息了。

新京报：财政部部长楼继伟在今年 7 月的一个会上曾提到，"应该改革房地产税制，遗憾的是目前还没推出来。除信息收集困难，还有利益调整的阻碍"。房地产税立法过程中的阻碍与困难主要是什么？

贾康：信息收集这方面问题的解决相对容易些。到 2018 年，我国不动产登记体系将形成到位，所有的不动产通通摸清家底，这是信息支撑条件。而利益调整问题更为困难和棘手，实际上就是习总书记说过多次的如何"冲破利益固化的藩篱"。

我国目前已经形成的不动产方面的配置格局特点，是很有问题的。一方面，有的人有多套房甚至几十套、上百套房，已建成的、交易过的房屋大量空置；另一方面，很多人难以买成合乎意愿的房子。包括许多年轻白领，是属于收入夹心层，通过啃老、按揭，再加上自己东拼西借，才能买房，但会成为房奴。

供求结构和存量房结构存在的问题，要用供给侧结构改革的思路，形成有针对性的解决方案。

新京报：对于刚需的人来说，房地产税会不会又加重了他们的负担？

贾康：对。这是个重要而敏感的问题。我认为中国的房地产税立法，显然不能照搬美国的普遍征收模式。我们应讨论思路是扣除"基本住房"的第一单位，也就是要有一个免征的部分。这样才能在建这个制度框架的时候让社会可接受。

新京报：目前房地产税的起征点和税率有没有相关思路？

贾康：这就比较复杂了。是按照人均面积扣除后征收，还是从第一套房或第二三套房起征，不同的思路有不同的道理。

新京报：现在有草案吗？

贾康：草案里肯定有一个设计。从听到的消息来讲，一开始设计思路是按人均面积征收，但是网上已经有不赞成的意见。社科院方案曾经提出过，中国城镇人均居住面积33平方米，咱们放宽些算作人均40平方米，这就作为一个方案设计摆在那。

反对意见是说按这个方案，如果是三口之家，父母带一个独生子女，正好住120平方米房子不用交税，但万一出现事故，比如说孩子车祸不幸身亡，这时税务官员却会找上门来，说情况变化该交税了。这样的话人们从情理上无法接受。

老百姓觉得情理上过不去的时候，政府要尽量避免这种尴尬状态。如果第一套房不征，就没这事了。

有人又说，第一套房不征，会促使很多家庭假离婚，夫妻两套房都分别变成第一套房。那么有人提出，可以设置成单亲家庭第一套房不征，双亲家庭第二套房不征，潘石屹是建议从第三套房开始征。我觉得这个事情的关键，就是立法过程中公众做理性的讨论，寻求最大公约数。

“房地产税一开始可以宽松点”

新京报：你觉得房地产税应该怎么征？

贾康：我觉得立法过程确实是阻力比较大。一开始可以宽松点，先把这个税的框架形成，在“火”这一侧的城市先运转起来。

新京报：现在土地财政本来就是很多地方政府财政收入的很大一个来源，现在又给它们增加了一个税收来源，这样合理吗？

贾康：有了房地产税以后，土地财政的劲头就会往下走。现在为什么动不动就炒出个地王来？所有的预期都是，在没有持有成本的情况下拿到以后的不动产。如果意识到土地使用权到手以后，提供的成品、商品房，在交易过程完成后，持有过程中会受到年复一年的房地产税的调节影响，整个预期就变了。

房地产税开征后，社会上越来越多的人买房自住的时候，要考虑怎么实惠，考虑买中小户型。原来要囤房的人，现在如果还愿意继续囤房，那么他囤的房就要考虑进入租房市场，用租金对冲税负。炒房的人一定会收敛，因为整个氛围都变了，不敢再那么肆无忌惮，而且也会更多吃进中小户型。开发商拿地后的建设方案，一定会适应这些变化。这样一来，供需的情况和土地集约利用的情况，就会得到明显的改善。

地方政府原来主要靠一次性拿到覆盖好几十年的住房用地的批租收入，现在变成了一年一年可在保有环节都有税收。为做好这个"财源建设"，会努力顺应市场经济客观要求转变政府职能，全力优化辖区的投资环境、改善公共服务。不敢说土地批租就没有了，但不会再不断频繁出现那些难以为继的地王。

这些都应纳入一个系统工程，放在一起通盘考虑，看到互相的制约与协调。所以说制度建设才能解决长效机制的问题。

新京报：房地产税对房价的影响一直存在争议。从短期和长期来看，房地产税会对房价带来什么样的影响?

贾康：有人说房地产税跟房价无关，这个说法不对。比如有专家和开发商都曾说，美国、日本推出房地产税之后，没有看到房价下跌，所以说房地产税控制房价没有用。

但我要反问，如果当年美国、日本没有推出这个税，那么它们以后的房价会表现成什么样子?这才是一个应有的认识框架和基本逻辑，不同的参数相互作用，你要把其中的某一个参数跟另一个参数简单一对一对应起来，一定是盲人摸象，不能掌握全盘的复杂关系。

我的说法是，如果没有房地产税出台，那么美国、日本和其他经济体，在它们处于城镇化率明显上升时期的楼市，平均房价的上扬曲线会很陡峭。但有了这个税以后，上扬曲线的大模样基本不变，但是它的斜率下降，会走得平缓一些，特别是更沉稳一些，减少了大起大落的动因。这是房地产税的功效，很值得我们研究借鉴。

新京报：目前市场上资金大量投向楼市，投向实业的资金越来越少，你怎么评价这种现象？

贾康：确实有这样一种忧虑，楼市火热，谁也不愿意把资金放在实业创新方面。包括一些地方政府领导也是这样担心的。

新京报：你觉得应该怎么办呢？

贾康：所以要通过标本兼治。不让房地产市场一味过热或频繁地“打摆子”。现在光是治标，把房价压下来。压下来不解决制度优化问题，房市很快又偏冷了怎么办？不能再这样作简单的循环了。

晏智杰的质疑“是误解和无的放矢”

新京报：最近，北大教授晏智杰对你们的新书《供给侧改革：新供给简明读本》提出批评，认为书中所列结构性改革清单中没有继续实施“转轨”和“制度供给”，对此你持什么看法？

贾康：这完全是误解和无的放矢。我们这本书的主题、主线，恰恰是强调在深化体制改革的过程中要攻坚克难，以此以有效制度供给来解决真正完成“转轨”的问题。他把体制改革与供给侧改革两个概念给对立起来了。供给侧结构性改革就是要解决深化改革中的制度结构、制度供给问题。这样两个概念怎么可能是相互排斥的对立关系呢？

新京报：晏智杰还提到，对中国经济从总体上进行供求分析，应当暗含一个前提条件，即认定当前中国经济从总体上来说已经是一个统一的完整的市场经济。但中国现在没有一个完整的市场经济体制。

贾康：他的意思是，一定要成为一个成熟的统一市场，才能分析讨论供需双方的互动，这又错了。如果较真地讲，世界上哪个经济体是理论上按“完全竞争”假设的完全统一的市场呢？

发达经济体的市场经济存在了多年，真实图景也不是完全竞争。绝对不能说现实生活中有一个统一市场并已经完美无缺，我们才能作供需之间互动的分析。这实际上就否定了经济学理论联系实际深化研究的必要性。所以他这个观念我觉得很奇怪，令人费解。但是他提出他的这一观点也算是一家之言，学术界应该有争鸣。

同题问答

新京报：2016 年让您印象最深的经济事件是什么？

贾康：前三个季度报出来的龙头指标 GDP 是走平了，我在密切跟踪。是不是有可能形成新常态过程中要达到的阶段性探底状态，探底以后是不是可以对接一个升级版的中高速增长平台。

新京报：您认为 2016 年中国经济最大的亮点是什么？

贾康：54 个月为负的 PPI 转正。这已伴随着钢材市场、煤炭市场的回暖。

新京报：假如您在 2017 年开始创业，您会做什么？

贾康：我创不了业了。已到62 岁，就力求做点有意义的研究工作。

新京报：2016 年未来哪项改革的措施您最关注？

贾康：未来的改革就是要配套、攻坚，落实于现在所说的四个全面。全面小康一定要配上全面改革取得决定性的成果，另外要结合全面依法治国和全面从严治党。

（2016 年冬接受《新京报》采访）

第七篇

PPP 创新

从 PPP 与资金效率提高看其关联的混合所有制创新

我们现在已经得到明确的信息，从国务院领导层到有关管理部门如财政部的领导层，高度重视在实际工作中间推进“公私合作伙伴关系”或者称为政府和企业、政府和社会资本合作这样一种机制创新。在可以预期的 PPP 机制创新过程中间，资金效益方面的提高，是合乎学理分析的，也是国际和国内的一些经验已经有了比较充分的佐证的。当然，为了把这个事情处理好，还要结合我们现在阶段上面临的一些具体问题，做更多的探索，还需要克服一系列相关的困难。

我们从理论框架角度可以相对清晰地勾画：作为资金运用，使包括政府的资金和企业、社会资金以合作的方式加入进来，推动 PPP 项目建设过程中间运营效率、资金效益的提高，这样一种正面效应是非常值得看重的。

首先 PPP 的正面效应可以体现为：从政府主体角度看，减少财政支出的压力，提高财政资金总体使用绩效。这当然就关系到政府的职能怎么样更合理地定位和更好地履行这一问题。我们在改革开放几十年的时间里反复讨论的“政府应该做好自己应该做的事情”这个大原则，在十八大和十八届三中全会文件里面的具体体现，就是特别强调了正确处理政府和市场的关系是我们改革的核心问题，为把这个事情处理好，十八届三中全会已经非常清晰地表述，要使市场在资源配置中发挥决定性作用和更好发挥政府作用。依照这一指导思想，政府职能作用的发挥所面临的各项任务，在具体的考察中仍是千头万绪的。但最突出的事情，将覆盖我们未来几十年中国经济社会发展过程的两大方面，一个是怎么样推进新型城镇化，一个是怎么样应对人口老龄化，这两大事项都将使财政感到非常沉重的支出压力。

推进新型城镇化是我们走向现代化、实现伟大民族复兴“中国梦”的必由之路。从基本的数据来说，未来几十年间，我国城镇化的实际水平要从目前的不到40%，一路走高到70%左右的高位，到那时有可能转入相对平稳发展期。在此之前的时间段上，大约会有接近四亿人要从农村区域转入城镇成为常住人口，平均一年就是1300万以上。我们去年实际提供出来的新增就业岗位是1310万人。这里面大部分是所谓转移人口，即从农村区域转到城镇，他们最大的可能性是以后要在城镇区域成为常住人口。那么这些进城人口所需要的市民化待遇，必须得到基本公共服务均等化的有效供给、支持和保障。资金数据呢，社会方面听到有关部门所说的40万亿元，大都表示好像说得带点儿夸张意味了，我看到网上有些人甚至带有讥讽之意，说政府这一提40万亿元，就好像拉出了一个“大跃进”的架势。其实理性地看待这个计算，一点儿也不夸张，如果把今后几十年要进城的每一个人所需配套投入的资金平均算作10万元，那么静态算账合计就是40万亿元。而实际上，它涉及方方面面的有效供给，从基础设施和其他“人力资本培育”的一些配套事项来看，10万元我看都打不住。假如按一个人头15万元来算，那么就将是60万亿元静态计算的投入总规模——当然这将是在几十年的时间段内陆续发生，动态算账数值还将会高出许多。要把这个事情处理好，具体的供给要涉及道路、桥梁、隧道、涵洞、上下水、供电、供热、供气、医院、学校、绿化……，可以拉出一个长长清单的公共品和准公共品的供给。显然，如果只是期望于政府怎么加大投入去解决这方面资金支撑问题，是不能够适应现实需要的，必须要充分地考虑把已经壮大和雄厚起来的民间资本和社会资金加入，这样形成政府和社会资本、企业资本的有效合作，才有望把我国今后几十年城镇化发展过程中投入问题处理得比较好。实际生活中间，这些年因为有这种城镇化的压力及相关发展的迫切需要，地方政府的隐性负债已经迅速增加。我们十分需要积极考虑在今后结合地方债阳光化的制度建设，在增量和存量两个方面，由民间资本和社会资金对于一部分地方债（地方已发生的和未来有可能发生的实际负债）实现有效的置换和替代。

另外要考虑人口老龄化的进程。有关学者已经有基本形成共识的较清晰的测算，形成一个具体的曲线图：大概是在 2030 到 2033 年间，是中国人口老龄化所需要给出的保障给付支出压力的高峰阶段，它的前面和后面合在一起覆盖好几十年的支出压力区，现已经到来。2015 年之后，中国的人口红利迅速消失，代之而起的就是人口老龄化对我们形成的满足养老和老龄医疗服务等社会客观需要的新时期。这种压力出现后，在今后几十年间，它会表现为年度的支出强度要持续上升然后再缓慢下降，此过程中间，中国整个养老体系从硬件到服务所有的投入必然要发生，就是要满足相对应的一系列有效供给方面的需要。如果不能处理好这样一个问题，那么政府的履职是不合格的。政府必须从通盘规划和自己的行为上，把所有的战略考虑、策略考虑和政策设计综合在一起，与方方面面互动，处理好人口老龄化几十年发展过程中间，怎么样尽可能贯彻以人为本的科学发展观，来实现我们经济社会的和谐和平稳发展，那么就必须运用诸如 PPP 这样的模式创新来鼓励和引入大量的民间资本和社会资金，进入养老事业和养老产业。

所以简单归结为一句话，仅从这两个非常现实的实际生活的重大挑战观察，我们就可以看出，对于政府而言，选择在 PPP 这个概念之下，积极地推进现代国家治理中的机制、制度创新，是化解财政压力、政府债务压力和充分尽责地实施和谐社会管理、贯彻中国梦发展战略的客观必然要求。缓解政府财政支出压力的同时，就意味着政府尽职尽责中总体的资金绩效水平的上升，因为这必然意味着政府资金的乘数效应、放大效应较好地实现了。

其次，要说到与 PPP 这样的机制创新相对应，我们的社会公众可能得到的受益和实惠，即从资金使用“以人为本”这样一个角度表现出来的综合绩效的提高。中国现在已经进入中等收入阶段，公众对美好生活向往的空间极大地被激发起来，而在这个过程中，公共服务的需求是超常的或倍增的，如果从社会心态和社会氛围来看，现在有非常典型的“端起碗吃肉，放下筷子骂娘”的特点。应该讲，民众自己跟自己比，社会成员中绝大多数人生活境况是越来越好的，但是我们也看到，满意度却往往并没有随之提升，幸福感没有上来，甚至在某些场合它不升反降，更伴有以焦虑、纠结为特点的情绪和心理感受。其实和其他经济体的发展经验对比起来，这是有一定共性的。进入中等发展阶段，这个挑战它所带来的整个社会必须处理好的这一特定阶段上公共服务、公共品供给，怎么样进一步提高效率和满意度，就是一个非常重大的现实问题。这种满足人民群众对美好生活愿望的有效供给，必须借助于机制创新。PPP恰恰可以在这个方面使政府在继续发挥应有作用的同时，把其他的社会力量，如企业的、专业机构的、社会组织的，包括非盈利组织的、志愿者组织的等力量合在一起，不仅是壮大资金力量，而且可以在运营管理上、绩效提升上形成各个主体之间优势互补，各方以最有优势的特长去管理最适合由自己防控的风险，这样就可以使公共工程、公共服务在建设和其后的运营过程中间质量水平、绩效水平、管理水平得到提升。那么从经济学的范畴来说，这就是形成资金绩效提高，而使老百姓得实惠这样一个正面效应的有效机制。因为PPP就是把参与者多方的所有相对优势有机结合在一起。政府的相对优势是一般而言更有全局眼光和规划设计方面的优势，在组织功能、保障力方面，政府也是有它特定的相对优势的；而企业在管理方面则有所谓“内生的”天然优势，它特别注重自己参与进来以后怎么样能够取得投资回报——企业的参与不是简单地让它“学雷锋”，让它尽所谓社会责任，它基本动力源的模式没有改变，仍然是投资取得回报。那么它怎么样有效地取得回报？在特许权框架之下，在一个相对而言很长的、一下子锁定二三十年甚至更长时间段内有稳定取得回报的预期的同时，它会调动自己所有的相对优势，在“细节决定成败”的种种具体的节点上，把管理运营的水平向上提升。这就是非常值得看重的企业方面的特殊贡献，而这恰恰是政府的弱项。当然适合这种 PPP 项目的民间资本，应是那种偏好于相对稳定地取得长期的回报，而不是特别看重短期财务表现上盈利数据很高、侧重短中期回报的类型。而现实生活中有这种偏好的资本为数日趋可观，它们附带的管理技巧、专业知识、内生的对于绩效的关注、参与进来后对于 PPP 项目的贡献，是我们特别值得重视与追求的，因为这些都会具体表现到要从项目中受益的老百姓，可能得到建设工期有效控制、工程质量有效保障、运营服务更为细致周到等种种实惠，使满意度、幸福感上升。当然，还有其他的专业群体，如律师事务所、会计师事务所、设计师事务所等的参与，所有这些专业力量，它们的相对优势具体到不同行业、不同的项目，等于在一个个 PPP 项目中现实地提升性价比，也就是使资金效益提高，使老百姓得实惠。当然这就是一个我们必须很看重的、使老百姓的愿望得到更好满足的有效机制，其正面效应按经济学语言说，它提升的也是资金绩效水平。

前述第二个角度已带出了第三，就是我国已经壮大、在资金力量上已经雄厚起来的民间资本、社会资金持有主体中，一大批有日益强化的发展意愿，并在偏好类型上适合 PPP 的企业，它们会打开一个新的生存与发展空间。这种企业的发展，在进一步发展“现代国家治理”治国理念下的现代市场体系，即社会主义市场经济新体系之中是市场经济舞台上的重要主体，它们更好地找到适合自己生存发展的新的空间，参与进来寻求共赢多赢，是符合企业发展自身利益的，同时也是符合全局利益的。在经济学的视角上，这种多赢、共赢是实现了总体资源配置优化中微观主体资金绩效与宏观全局资金绩效的有机结合与统一。

总之，简要地说，从政府、公众、企业三个视角上，PPP 机制都有非常明显的正面效应，而且这些正面效应完全可以通过我们前面的分析而落到今天研究的基本问题，也就是资源配置效率的提高、综合绩效水平的提升上。我们追求“少花钱多办事”就是要靠这种机制创新来形成长效的保障条件。

既然我们这么看重资金效益的提高，那么是不是可以说到此就基本上归结了 PPP 的重要意义？我认为还不够。PPP 是一个融资、筹资机制的创新，同时又是管理机制的创新，这都是值得肯定的。而在中国现在特定的发展阶段上，PPP 还有一项非常重要的、我认为在战略层面上值得直接说明的制度创新意义，就是它直接呼应了十八届三中全会在现代国家治理、现代市场体系方面联通的一个重要突破口，即现代市场体系运行的产权基石方面的制度创新，要主打混合所有制。这样的一个突破和 PPP 机制创新形成了天然的内在连接。因为 PPP 概念下比较标准的、如财政部楼继伟部长特别推崇的具体形式，是“狭义 PPP”的特殊项目公司，英文缩写为 SPV，它是非常清晰的标准化股份制框架，参与各方的股权是非常清晰地合在一起，风险共担、利益共享，SPV 就是股份制框架之下混合所有制的具体形态。

我们看到三中全会的《决定》里，有非常丰富的改革内容，有的细心人士总结了三百三十六条具体改革切入点，但如果最浓缩地讲精神实质及其重大突破，《决定》给出的“现代国家治理”作为一个治国理政的核心理念，后面跟着多次出现的“现代市场体系”里面，在说到资源配置中间市场的“决定性作用”这样的原则性概念突破之后，紧跟着的我认为要抓住不放、对实施制度创新有突破意义的操作点，就是市场经济产权基石层面的“混合所有制”。我们中国特色社会主义基本经济制度的重要实现形式，其实这里已经挑明，就是要以“现代企业制度”中代表性形式股份制框架下的混合所有制来主打，混合所有制作为基本经济制度的重要实现形式。

怎么理解这个混合所有制？我不赞成有的学者所说的多种经济成分并存就是混合所有制。多种经济成分并存这个事情，早在改革开放初期就明确地作为实践中间的一个指导方针了，而经过这么多年的发展之后，现在所说的混合所有制，实际上强调的是一个一个市场主体，它们内部的产权结构怎么混合的问题。这个内部产权结构，在现代企业制度框架之下，也就是股份制的框架之下，应该形成不同来源的股东，即股本持有者，它们在一个一个具体的市场法人主体内部，以混合、合作的方式形成潜力、活力最大释放的稳定机制，来寻求共赢和多赢。这是“现代国家治理”所内含的多元主体充分互动、以最大的包容性实现生产力解放的一个具体的机制创新切入点。这样的混合所有制在我们市场经济的细胞——市场上的一个个的市场主体内部，打开了进一步提升活力、促进发展的空间，它其实是在前面早已经在现实生活中间运行的种种混合所有制的一个正面概念的肯定，并对其今后大力实现更好发展的指引。在中央没有做出这样的强调之前，这种混合所有制其实已经在中国大地上出现和存在、运行。我们考察的一些具体 PPP 案例，可以作为说明，比如，中国内地本土民间资本加入的第一个 BOT 项目——福建泉州的刺桐大桥项目，就是一个非常清晰的 SPV 形式，这个项目公司是多元主体，共同合作中按股份制形成了清晰的产权结构。但这样的混合所有制，在理论的探讨方面显然还很不足，近来还看到了不少的争议。我认为还需要学术界作进一步的努力，把它通盘的逻辑与内容，做出正本清源的正面认识。

我试着在这方面谈一下自己的观察和初步思考。在结束文革恢复高考后，我有机会进入大学学习，当时在进一步学习《资本论》的时候，我就注意到，马克思早在一百多年以前就敏锐地意识到并特别地强调了股份制出现的意义。他首先从实物形态来说，如果没有股份制，那么铁路的兴建还是不可想象的——因为由于有了股份制，这种大规模的、“生产社会化”所需的项目建设，可以在很短的时间里迅速地借助股份制形成资本聚集而再历经一个较长周期把它建设出来。他看到铁路兴建这样的实例之后，引出的一个十分重要的认识就是：股份制在原来的私有制框架之下已经实现了一种对于这一生产关系私有制的特定性质的扬弃，但同时他又说了一句，这还是在资本私有制基本框架之内的消极扬弃。那么又过了一百多年之后，我们看看现实世界，是不是应该再有一点理论上的突破？市场经济企业制度现实发展形态方面，我认为，我们不可回避地要看到现实形态已比马克思当时可以观察到的情况又多出了很多轮次的发展。当年我们在上大学时，学习这些经济学知识的同时，也听到了一些外部案例，比如说，那个时候就讲到大规模的跨国公司，比如像通用公司，它们的股权结构是什么样的：已经高度分散化了，很难找出其中谁是“资本家”的代表，不像过去，比如洛克菲勒财团，闻其名你就知道它的资本家代表就是有血有肉的洛克菲勒家族成员。但到了通用不行了，其股权很分散，这个人持有一点股，那个人持有一点股，一下还找不出一个具体的所谓资本家的代表。大量的股本持有者，是所谓产业工人和社会上的民众，包括企业内部自己的员工及社会上其他的所谓普通劳动者。所以有人说，已经有一个所谓的“人民资本主义”的概念，用来描述像通用公司这样的具体股权结构。当然在那个时候，70 年代末 80 年代初，讨论到此为止，可想而知，因为有意识形态方面大家觉得不宜再深谈的一些顾虑。那么到现在，又经过改革开放这么多年了，我们是不是可以试着进一步地讨论一下，像具体的标准化的股份制，在股份较充分地多元化、分散化的情况下，它在上市的环节，英文现在的标准表述叫 go public，即“走向公共”。这样的一种标准化现代企业制度，在它上市环节所说的走向公共意味着，实际上在制度安排上形成的这样一个公众公司，它必须最大限度地披露它所有的信息——财务的信息、资产的信息，也必须实际上承诺它对于公众的责任，它必须在这样的一个混合所有制的产权安排的基础之上，于社会化大生产中把各个股东自己的利益追求和社会的所谓整体利益、长远利益的要求最好地实现结合。那么这是不是可以理解为一种消极扬弃之后，它已经上升到了带有积极意味的扬弃？我觉得是值得探讨的。我认为在中国经过这么多年千难万难对于市场经济的探索，一步一步地从“基础性作用”说到“决定性作用”，从原来所说的现代企业制度进一步推到股份制和混合所有制的过程中间，我们现在实际上指导思想的主线，就是要强调实事求是，要讲求与时俱进，不是简单地贴标签，而是看到这里面的制度机制创新带来的“解放生产力”的现实启示与潜力空间。

于是混合所有制与 PPP 的结合，对于全局转轨和全面改革战略，必然成为非常值得看重的一个结合点和切入点。我们现在于十八届三中全会后的改革开放新时期，对于股份制和混合所有制的认识，当然就应该把理论和实际打通，回到现实的应对挑战方面，来助推攻坚克难，到 2020 年要“取得决定性成果”的配套改革。解放思想观念，往往是先行的、关键的，正如邓小平南方谈话的一锤定音的突破：计划与市场都是运行层面的机制问题，并不存在“姓社姓资”的分野，这才有了社会主义市场经济目标模式的确立与如今表述到位的市场资源配置决定性作用。那么顺便说一句，我就不太能理解，为什么大家都意识到中国的高铁建设有它的相对优势，又有大量的资金需要，那么很多人讨论起来只说到了我们的铁道部改组为铁路总公司以后应发行铁路债券，到此为止，怎么就没有人讨论一下：为什么一百多年过去了，中国铁路的筹资就不能引入股份制呢？我对这个事情感觉很迷惑，这里面有什么样的思想障碍在那里，我不是太清楚。但我联系到是不是跟我们看到的十八届三中全会之前就已经延续若干年的一些争论有关。一说到股权结构，一说到股份制的发展，便有一种思维定式：需要在这里边问问是姓“公”姓“私”还是姓“社”姓“资”，是“国进民退”还是“国退民进”。我认为，上面这样的一种先贴标签的认识在中央三中全会实际上确立了把股份制这个框架之下的混合所有制作为基本经济制度的重要实现形式之后，应该被抛到一边。其实这种争论没有抓住真问题，我们是不值得这样贴标签式地继续争论下去的。我们看看实际情况：美国在应对金融危机冲击之后的调控中，由从供给端发力，决策层经过斟酌以后给“两房”、通用、花旗这些既有金融层面的又有实体经济层面的企业法人注资，用的是公共资源。把公共资源、财政为后盾的资金注入这些股份制公司以后，这是“国进民退”吗？有很多的中国人当时作如此解说，甚至有人说这是“社会主义在救资本主义”。当然有了这种注入之后，稳定了大局、涉及整个世界，因为在美国当局有此种动作后，其金融和经济局面在风雨飘摇之中似乎一下子又趋向于稳定下来了。那时我就注意到，资中筠老师发表文章说：前面那样的解读没有道理，这里面不涉及什么社会主义救资本主义的问题。我们实际上看到的，是一个在股份制框架下，可以运用的政府能动调节与市场主体自调节合作互动的机制，当然经济学的解说还要进一步把对它的分析考察做出提升。其实这样的机制过去已经看到有先例：我们再往前追溯一下亚洲金融危机，当它冲击到香港的时候，有“港元保卫战”，特别行政区政府在危急局面中斟酌之后下决心启动介入措施。索罗斯那边发动攻击，这边特别行政区政府一下子把隔夜拆借利率提高300%，这使“金融大鳄”预期的短期头寸资金的成本一下子上升到他出乎意料。同时，因为索罗斯早已经在货币市场和股市、汇市、衍生工具市场等同时布局，做了原来的铺垫和埋伏而一起动作，这边特别行政区政府的措施是当股价迅速下降时（这是必然的，索罗斯那边也意料到并早做好了这方面的对应的措施），动用土地基金和外汇基金入市，一下又把股市托住。这是索罗斯们没有预料到的，所以虽然股市是在往下走，但绝没有落到索罗斯原来设想的那个地步。那么这是用公共资源对股份公司注入资金，特别行政区政府持有的这些原来认为平时不必持有的股权拿到手里以后，稳定了大局。风平浪静之后，它又以盈富基金的方式减持，还可以卖个好价钱，赚的钱进入公库，公共利益的最大化在这里边得到了相对好的体现。这些调控过程中你说它姓“社”还是姓“资”，没有意义。

此外，还有多少年延续下来、现在仍然没有办法下定论的“公有制是‘为主体’还是‘为主导’”，如何探索认识“混合经济”的概念，国有制和国有企业是否是共产党的“执政基础”等根本问题。国际上特别有影响的萨缪尔森经济教科书中，作者作为非常有影响的新古典综合派的代表人物，对合理的、主导的所有制的基本看法就是“混合经济”。我认为，从实事求是角度观察，“混合经济”联通的“混合所有制”的概念对于中国现实地处理深化改革、践行市场经济制度建设来说，亦是很重要的。“为主体”或“为主导”，都有阶段性和层次性。可能在从传统体制走向新的市场经济体制的过程中，开始阶段无法一下子走到“为主导”的表述，一定要强调“为主体”，这可以避免很多激烈的观念冲突，把一些该做的实事抓住了往前推。但到了某一个阶段上，很多人就不满足于“为主体”了，他觉得这会机械地理解为 50% 以上的股权才是“主体”。那么，“在某些行业、某些领域、某些地方、某个阶段上如果低于这 50%，是不是就丧失了‘主体’，是不是就是一个重大的方向性错误？”在这种争议中，不少人也就倾向于“为主导”的表述了。“主导”更强调的是辐射力、影响力、控制力，这跟党的十八大报告里的概念是对应的。但在内部讨论中，仍然会有一些人说“如果一下退到‘为主导’，会不会是整个社会主义都成了问题”？这也是一个看问题马上就会上纲上线、对决策方面也很有冲击力的考虑视角。有的同志把公有制等同于国有制，不认同或者不明确股份制也是公有制的重要实现形式，那么观点上可能就更对立了。对此，我不太赞成拘泥于“为主体”或者“为主导”的表述，能不能把这种争论淡化掉？“混合所有制”在概念上的确立，正是在做出淡化处理。

在混合所有制的框架之下，这种政府能动调节加上市场主体自调节的空间，结合我们必须正面考虑的“供给管理”这方面的政府作为，可能形成一个相对好的提升国家治理能力的方案，来应对经济生活中间的一些矛盾与挑战，化解矛盾凸显和冲突因素，而使公众利益得到提升、得到保障。我们这里无非是要认识，这样的由 PPP 而联系混合所有制的制度创新所带来的包容性，以及它所带来的增长潜力和发展空间。所以我认为，在当前我们讨论 PPP 机制创新，应对公共事业发展中的资金压力，应对中国城镇化、老龄化等这些重大挑战的同时，我们还应该充分注意 PPP 的机制创新除了在融资、筹资、管理和资金使用效益等方面的可能贡献之外，对于中国全面改革，从产权基石的夯实上升到现代市场体系，上升到整个社会主义市场经济的健全与发展来说，都具有莫大的意义。这种支持转轨、深化改革的意义，是非常值得我们在探讨一个个具体项目，推进对于具体项目更好地管理和相关政策优化的同时，时时放在心中，与现代化战略全局结合在一起更好地加以认识和把握的。

（2014 年在北京国家会计学院 PPP 培训班上的演讲）

PPP 项目中政府的身份定位问题辨识

PPP 原来直译是“公私合作伙伴关系”，讲的是公共部门（当然公共部门公共权力具体的执行者是政府）和私人部门、非政府的民营经济、私营经济这些市场主体在一起，按伙伴关系来合作；中国现在官方的文件用语，是意译为“政府和社会资本合作”。我作为研究者观察，这样的翻译当然有它的好处，一般的社会公众听起来更容易马上理解这是政府和企业、和持有非政府预算资金的社会资本的主体在一起，来实施合作，共同去做公共工程、基础设施，包括产业园区开发这样的项目的建设。

具体结合中国国情做一个点评的话，就要说到，政府和社会资本合作里，包括政府和国有企业，有可能形成 PPP 合作关系，这就主要是中国特色了。国际上的 PPP，一般自然而然是不考虑国有企业的，但在中国实际情况里，民营企业、国有企业都可以成为和政府合作一起来做 PPP 的伙伴关系一方。当然，文件也规定国有企业是需要“符合条件”的，这方面我们也可以把握一下：所谓符合条件，实际生活里就是国有企业如作为政府的合作伙伴，双方是平等民事主体的关系，要签合同的，这个关系处理上，作为企业一方的国有企业对于要合作的政府一方而言，不能存在行政隶属关系，也不能存在控股这样的产权纽带。这是中国特色，我们今天也不展开讨论这个问题。

中国实际生活中对于 PPP，近年各个方面高度重视，企业界也在寻找自己相对应的投资发展机会，我想在这里，把其中一个在学理层面值得探讨的问题稍微展开说一说，就是政府和市场主体——无论国有企业也好，民营企业也好，都是微观市场主体定位，一起来做伙伴关系这样的合作，虽然关于其重要意义大家已有很多值得肯定的探讨，但是确实还有不少人有认识上的困惑。我们研讨了这么多年的政府和企业、政府和市场主体的关系，过去已经认识到政府和企业要划清边界，各有各的活动范围，各自要把自己的定位处理好，不要越界——政府这边既不越位，又不缺位，那就进一步推进到“井水不犯河水”、各行其道这个认识。学术界过去反复说过，流传下来的说法是“让上帝的归上帝，凯撒的归凯撒”，到了这里就是让政府的归政府，市场的归市场，本来已达到这样一个认识——这个认识当然有它的进步意义，那就是在我们改革过程中树立起市场要充分发挥作用、政府要实行自己职能调整的观念，对政府越位、缺位这种错位问题，必须改变，这是有很明显的认识进步意义的，三中全会更是明确表达为整个资源配置中市场要发挥决定性作用，跟着的一句，是要求政府更好地发挥作用——这些如果说是在改革开放中我们已经取得的基本共识，而新的疑惑、提问是：到了PPP这里，怎么又开始糊涂了，过去所讲划清边界、井水不犯河水，早已强调了政府不能既当运动员又当裁判员，怎么到了PPP里面看，政府的裁判员、运动员身份都没少？

我觉得这个问题提得很好。必须注意到，三中全会所说的市场发挥资源配置决定性作用和政府更好发挥作用，这里面实际上包含着一个挑战性、创新性地处理政府职能转变，以及政府和市场主体之间关系的命题。政府的职能转变，政府和市场主体的关系，到PPP这里，已经明显表现出一个认识框架内的“螺旋式上升”，哲学上叫“否定之否定”。原来的政府直接操控企业，改变为分清边界、各有各的范围，这是第一重否定，新的“否定之否定”，是螺旋式上升地认识到政府和企业又可以一起做事了，而且是伙伴关系，不是“划清边界”这样一个简单的命题了。在一起和衷共济地以伙伴关系来从事PPP项目建设，这个否定之否定，不是简单回到原来的层次或原点，是螺旋式上升的，是在提升认识基础上要应对现实而做出我们必须有的成功创新。

这里面具体的裁判员和运动员的定位是怎样的呢？首先要注意 PPP 带来的项目投资机制，鲜明的新特征是阳光化，每个 PPP 项目从一开始都要经过相关方面的识别、过滤、筛选，锁定一部分可能项目以后，政府、企业和专业机构要在一起做这些项目可行性研究基础之上的“物有所值评价”、“财政承受能力论证”，再推到进一步锁定合作项目以后，形成政府和企业作为伙伴关系的项目合同，其中要包括所有相关风险的分担方案。把这些都做到双方认为可以讨论的问题已经穷尽了的情况下，经政府、企业自愿签字，项目就取得了一个要受法律保护的合同形式，然后就可以进入实际的建设过程了。

在这种 PPP 阳光化流程里的不同环节上，总体看政府的裁判员和运动员身份，确实都不缺少，但是可以在不同的环节上合乎客观规律地合理到位。比如，我认为没有签合同时，在前面的项目识别、信息发布、相关的政策研讨等方面，政府显然有裁判员的身份——手上有公共权力，作为社会管理者必须对辖区国土开发的通盘规划给出必要信息，还要负责这个规划的水平达标，规划要经受时间和历史的考验。这些是政府不能不承担的责任，不可能靠市场主体以“试错法”形成一个政府辖区内通盘规划、结构的优化和整个国土开发合理化，政府手上握有公权，“规划先行，多规合一”，给出高水平的规划，显然这是带有裁判员身份定位的，把那么多专家和社会成员互动中各种各样的意见整合在一起，最后拍板，是以裁判员的身份对这个规划做出决策。再往后面的推进过程中，政府还要按照规范掌握流程，必须披露相关各种公共政策的信息，这时候它有没有裁判员身份？显然也是有的，因为公共事务的规则、政策导向，只有政府作为公权在手的裁判员身份才可能有权威性的发布、全局性地给出必要政策信息，让有意愿参加 PPP 的企业做到对政策了然于胸，来通盘考虑自己的生产经营战略策略，进而考虑是不是足以下决心推进到跟政府签协议，来从事 PPP 的投资和建设。

但是如果我们再往下走，推到政府和企业已经把合同文本都谈好了而正式签订合同的环节，到正式启动 PPP 项目的时候，我认为这时候作为具体伙伴一方的政府的身份，就是运动员了，它和签约的企业这个时候一定应是平等的，即以平等民事主体的身份来签这个协议，进而这个协议是要受合同法保护、受与合同法相关的我们整个法律法规体系的保障和制约的。这家政府这时候，就是定位为一个运动员，签约意味着作为伙伴的一方，和企业一起，要通过一个正规的隆重婚礼，继而要维持好、经营好一段“百年好合”的婚姻，完成整个 PPP 全流程。这期间如果政府自己毁约、不守约，和企业在这方面出现毁约、不守约行为一样，都要受到依据法律形成的制约、问责。所以，我作为学者也一直强调，在法律上，应该认为 PPP 的合同就是民事合同，政府和企业是真正的、实打实的伙伴关系，这样才可能有长效机制，才可能让企业有信心：这种受法律保护的伙伴关系里面双方是平等的，政府也是运动员。

可能有朋友马上就要问：这时候裁判员到哪里去了？我说，到了这个环节，裁判员是在法那里显身，具体的这家政府，作为伙伴一方，他就是运动员，就这个 PPP 项目推行的全流程而言，这个身份是不能改变的。政府签约了，也就必须恪守这个身份，必须履约守约。法是这时候的裁判员，政府如果不遵守这套规则、不履行合同的话，法这个裁判员会实施问责，这就是习总书记所说的“把权力关进笼子”，具体来讲我的理解就是把政府权力关进法治化的笼子。

上面所说这样一个关系，显然是在“否定之否定”的循环中，我们面对 PPP 创新，值得在学理上说清楚的一个重要关系。政府的裁判员的身份和运动员的身份在 PPP 里面都有，但是在不同的环节上都是阳光化的，应该合理到位的。特别是在签约以后，具体的伙伴关系定位情况下，项目中的政府一方就不能再设想自己同时还要兼任本项目裁判员的功能。上级政府这时候可能还有裁判员的身份，比如这个地方政府它签约以后是运动员，但是上级的政府是否可能在某些事务上发挥裁判员的作用？显然有可能。因为不一定有了什么纠纷马上对簿公堂，上级政府可以做调解，上级政府必要时以裁判员的身份出面，给出信息，给出一些指导，应是可以的、必要的，但调节无效后最终的纠纷解决机制，最后可以“一锤定音”的裁判员，还是由法律来充当。

讨论这个问题，它的意义在于可以消除一部分关心 PPP 的朋友特别是企业人士的疑虑。在理论上完全可以说清楚：政府和企业以伙伴关系来做的 PPP 建设里，裁判员和运动员两种身份的真实的、合理的情况，既有制度创新特点，又符合市场经济发展客观规律的要求。

（根据作者在第 15 期“中国 PPP 沙龙”致辞速记稿整理，
2016 年 6 月）

PPP 如何对接企业社会责任与脱贫攻坚历史任务

带有社会责任感的企业办“个性奖学金”，这是一个符合中国人特别推崇的“十年树木，百年树人”的功德无量的事情。而这个“助教、助学”的社会责任感的体现，还需要“创业、创新、成功”的一个根基。太平洋建设如果不是在市场经济的大潮里面勇于创业、创新，可能就没有实力持续支持这样的“助教助学”，而在市场竞争拼搏之中，从不成熟走向成熟的创业创新的成功，那是要经受时间考验的。首先是要在大浪淘沙中站住脚，形成自己的市场份额；然后要做大做强做好，使自己的实力提升；在商言商的根基上，进一步升华社会责任感。

助学助教如此，那么另外一个非常重要的概念 PPP 也有这样的逻辑。

对接到整个国家治理体系现代化的创新，太平洋建设突出的特点是社会责任感升华到对应“十三五”决胜阶段全中国要实现全面小康而必须解决脱贫攻坚这样一个历史任务。据统计全国 2014 年年底有 7017 万农村贫困人口，时间已经非常紧迫。2020 年全面小康时这些人的脱贫，中央的态度是一个都不能少，而且要求做精准扶贫。精准扶贫具体要做好需要对症下药的措施的设计和实施，显然又是一个重大的考验。和脱贫攻坚相结合，实际生活里有一个精准扶贫必须解决的问题，就是贫困人口所受到的相关区域基础设施建设的瓶颈制约，能不能突破。

中国经济社会发展中，欠发达区域脱贫需要基础设施一起支撑作用，最典型的就是架桥修路，“要想富，先修路”，其实就是一个很形象的对这样的发展过程客观规律的总结。太平洋建设现在的社会责任，已经对应到精准扶贫，从基础设施建设瓶颈的突破来支撑我们相关区域的超常规发展，造福于这些区域内的社会成员，从扶贫、脱贫入手，要改变贫困人口、贫困区域的面貌。

PPP 与扶贫攻坚的紧密结合，对应着从习总书记到中央决策群都反复强调的推进供给侧结构性改革战略方针。结合 PPP 的观察，研究以后可认为，PPP 模式的正面效应主要体现在以下几个方面：

第一，PPP 可以有效缓解政府在城镇化和老龄化过程中天文数字的支出压力。经济社会发展带来的城镇化过程之中，一轮一轮基础设施的升级换代，伴随的是人们对美好生活的愿望被激活，政府为能满足人们改善生活的需求，一定要另辟蹊径找到新的机制才能相对顺利地找到资金、找到综合力量去支持这样的城镇化和伴随着老龄化的社会发展过程中的巨大投入，一定要找到新的机制即 PPP，政府才能胜任愉快地履职。

第二，PPP 可让人民群众得实惠而进入共享发展，而且支持走向共同富裕的进程。PPP 机制的特点是政府、企业、专业机构在一起走阳光化的规范流程，来从事公共工程、基础设施和产业园区等重大的项目建设，而这个过程中间是把各自的相对优势集合在一起形成综合优势，去控制项目建设中的种种风险因素，形成 1+1+1>3 的绩效提升机制，这显然具有让人民群众得到实惠，而且人民群众共享绩效提升过程这样一个非常值得肯定的全局意义和长远意义。

第三，PPP 的推行为一批民营企业提供了新的发展机遇和发展空间，对于社会主义市场经济的健全发展非常重要。在中国总数超过 6000 万的市场主体中，存在一批具备雄厚的资金实力的企业，愿意以长期稳定回报的方式与政府合作来实现企业的可持续发展。PPP 项目一般周期较长，投资回报水平不一定很高，但对上述企业来说是可接受的，他们对于 PPP 的参与和投入，将为整个社会注入持续创新的稳定动力。

第四，PPP 会倒逼混合所有制的改革。PPP 具体的开发主体是标准化的 SPV（特殊项目载体），他要求有非常清晰的产权结构，而且这个产权结构中可以让各种股份混合在一起，而且国有股天然地不想“一股独大”。PPP 有政府加入进去，他内在的动机就是“少花钱，多办事”，产生政府股权、资金的放大效应，乘数效应，这种逻辑恰恰适应了很多民营企业在这方面一展身手的客观需要。混合所有制在对接 PPP 发展方面，前景广阔，对于深化改革有非常好的促进作用。

第五，PPP 对冲下行压力，特别有利于中央特别强调的“引领新常态”的实现。供给侧发力引领新常态，就是在结构优化方面，可以很好地把一部分过剩产能转化为有效产能。不论是架桥修路的公共交通建设，还是航空港建设、各个地区的城乡一体化建设，都要用到钢材、水泥，配以技术力量、管理力量。这样通过阳光化的 PPP 模式，在决策与实施过程中，能够使社会投资形成有效投资，更加充分地与快捷地调动过剩产能转化为有效产能，以对冲经济下行压力，引领经济新常态。

最后，PPP 是中国走向法治化，培养契约精神，提升专业精神以及整个国民素质的一种催化剂。因为 PPP 首先是要有清晰的法律框架，如果没有法律对民营企业权益的切实保护，就不可持续。PPP 正在倒逼和催化从法治到契约到商业文明到妥协精神到专业素质的综合生成和成熟，我们也看到相关部门在不遗余力地加快相关法律法规的建设，要给民营企业吃定心丸，要给整个社会一个稳定的预期。

我们研讨了这么多年的政府和企业、政府和市场主体的关系，过去已经认识到政府和企业要划清边界，各有各的活动范围，各自把自己的定位处理好而不要越界，政府这边既不越位，又不缺位，政府不能既当运动员又当裁判员。而新的疑惑与问题是：到了 PPP 这里，怎么又开始糊涂了——过去所讲划清边界、井水不犯河水，早已强调了政府不能既当运动员又当裁判员，怎么到 PPP 里面看，政府的裁判员、运动员身份都没少？必须注意到，政府的职能转变中，政府和市场主体的关系到 PPP 这里，已经明显表现出一个认识框架内的“螺旋式上升”，哲学上叫“否定之否定”。原来的政府可以直接干涉市场，改变为政府和市场主体要分清边界、各有各的范围，这是第一重否定。新的“否定之否定”，是螺旋式上升地认识到政府和企业又可以一起做事了，而且是伙伴关系，不是“划清边界”这样一个简单的命题了。在一起同舟共济地以伙伴关系来从事 PPP 项目建设，在政府与企业就 PPP 签协议、合同之前，政府确有裁判员的身份，要发布辖区开发规划与公共政策信息，但到了签约时，政府就是运动员了，是与企业一道作为平等的民事主体自愿签约合作，这时裁判员到哪里去了呢？是到了法那里，由法律法规作为裁判员规范合作各方守约履约。所以，政府与企业关系的这个否定之否定，是螺旋式上升的，是在提升认识基础上要应对现实而做出我们必须有的成功创新。

（2016 年 7 月在“脱贫攻坚 PPP 大理行”论坛上的发言摘要）

PPP 创新中的取势、明道、精术

作为研究者，这些年来一直高度关注 PPP 理论方面所必要的深化认识，特别是如何把理论密切联系实际来推进实际工作层面 PPP 的相关工作。在此我想就自己的体会，简单谈三个层次的要领，与各位交流。这三个层次可结合中国人一向所推崇的带有哲理意味的一种表述，就是我们做事情需要取势、明道、精术。

首先，我谈谈怎么理解和 PPP 相关的“取势”。中国在现代化的过程中已经站在新的历史起点上，但是还需要继续大踏步地跟上时代，其中 PPP 的发展是大势所趋。显然这几年最高决策层和有关管理部门在推进 PPP 方面可以称得上不遗余力，而市场主体、方方面面的专业机构和地方政府在互动的过程中，大家的积极性也是非常明显的。内在的原因是什么呢？我觉得就是 PPP 正在展示它确实具有“创新发展”这个概念之下可能产生的一系列正面效应：第一，它在问题导向之下和使政府尊重市场又更好地发挥自身作用的取向之下，可以缓解未来很长历史时期内政府履职的支出压力；第二，它可以把好事做实、实事做好造福于民生，提升公众福祉，对于在中国进入中等收入阶段后能使民众更好地获得幸福感的公共工程、基础设施、产业园区、连片开发等项目建设，PPP 绩效提升机制的重要意义是不言自明的；第三，它可以给一大批有偏好与政府合作取得“非暴利但可接受”长期投资回报的企业，打开生存和发展新的舞台空间；第四，它也必然在实际生活中对接全局和长远意义十分重大的混合所有制改革——一个一个的 SPV（特殊项目公司）必然是混合所有制，而且必然在政府方面不想“一股独大”，要充分地调动社会资本的力量；第五，它是在我们引领新常态过程中可以对冲下行压力、把可观的一部分所谓过剩产能瞬间转化为有效产能的一种特别值得看重的机制；还有第六，是一个特别具有重大意义的方面：它必然倒逼、催化中国“全面依法治国”的法治化、现代化进程，而且伴随法治水平提升，也提升我们的契约精神和整个国民素质。这些顺应客观需要的正面效应，决定着我们必须看清大潮流，乘势而上，把握好积极推进 PPP 的战略思维，争取捷足先登。这是讲的取势。

再讲“明道”。这一点是指在 PPP 这个领域里，需特别注意把握好它相关的规律。中国人所推崇的这个“道”，是不以主观意志为转移的做事的法则。在现已把供给侧结构性改革表述为最高决策层战略方针的这一核心概念之下，我认为 PPP 是特点鲜明的在供给侧创新、推进深化改革过程中的一种“守正出奇”。这个规律层面上的“守正”讲的就是我们要坚决贯彻十八届三中全会所说市场在资源配置中总体而言发挥决定性作用的指导方针，必须充分地认识、顺应、尊重市场规律，“政府更好发挥作用”必须对接市场，而“出奇”，是我们并没有一个简单可以搬用的经验就可以一下子把 PPP 这个事情做好，一定要在控制风险的情况下实现出奇制胜的创新发展，涉及我们必须深化的关于供给侧动力机制的规律性认识与 PPP 领域的创新开拓。这个出奇，对于整个中国和对于我们参与 PPP 的各个主体，显然也是一种考验，我们应该交出一份尽可能令人满意的答卷。这方面，与市场规律相匹配，也是我觉得特别值得强调的一个规律性的要求，就是 PPP 推进发展过程中，它必须是阳光化的，是明显有别于过去我们的公共工程、基础设施和产业新城运营等方面一些不够透明、不够公开的局限性的，要在阳光化过程中使政府、企业、专业机构方方面面一起实现合作竞争和共赢。这里面的竞争显然不可讳言：地方政府于你追我赶的发展中在竞争，社会资本、企业当然也需要于公平竞争中来优胜劣汰，专业机构要发挥自己的特长，也一定要面对竞争。这样的竞争是越来越阳光化，越来越规范化的，这便是大家共赢的希望之所在。对 PPP 的创新规律，如果我们把握得好，那么政府、企业、专业机构合在一起是“1+1+1>3”的绩效提升机制，而且在每一轮的竞争中，你这一轮没有能够拔得头筹，没有能够进入具体某个项目建设，并不意味着以后你也没有机会，大家在这个过程中是一定可以在互动中提升自己的素质和核心竞争力、找到自己的发展机会的。这样的共赢就是现在我们所推崇的包容性发展。阳光化的这种机制，是使之维持可持续性的最重要的保证，这是我想在“明道”这个层面上特别强调的法则与要领。

最后讲讲“精术”。显然PPP需要一系列的专业要素来匹配。我们充分肯定PPP要积极地大力发展，但是并不能简单地一哄而上，必须推崇“以专业的人做专业的事”的精神，来把PPP做好做实。一个一个的PPP项目在中国大地上，以及以后走出去的“一带一路”上，一定会像雨后春笋一样不断涌现，我们希望每一个PPP项目不仅表现为隆重签约的一个婚礼，还要把它们做成一个个百年好合的共赢的“婚姻”。那么，“精术”这个方面，我们一定要注意形成很好的与市场对接的机制，也就是购买服务，竞争中让确有资质的、能够提供PPP所要求的专业咨询服务的主体成长起来。

对PPP整个过程我还想强调一个观察：政府和市场主体、企业的关系是螺旋式上升到了合作伙伴关系，在阳光化和专业化的匹配之下，政府的作用，不论在前面的环节上有多少裁判员的特色——比如要掌握国土开发规划，要掌握公共政策，但是到了一个一个具体的地方政府和自己的合作伙伴签约的时候，他就是运动员，和伙伴方的企业是一样的平等身份，这时候的裁判员，是在“法”那里了，中国的法治化需要以法律对所有相关主体行为做规范，大家都接受法治化的高标准营商环境来一起做PPP项目建设。这样的事情，如果把“精术”做好，实际上要落实到“细节决定成败”表述下对于做到“极致”的追求。

把这以上三个层次合在一起后，最后想说一下：我们今天推介会所对应的是邹城这样一个非常有魅力的山东名城，它所要推介的一大批PPP项目将作信息公布。我去过祖国很多地方，各地现在日新月异的发展是令人鼓舞的，邹城给人的印象更是非常具有特色，我很愿意推荐朋友们对邹城进一步了解。现在大家面对着需要把好事做实、实事做好的推介会上涉及的这些项目，我想援引一句这几天网上风行的鼓干劲的话，就是“空谈误国，实干兴邦，要撸起袖子加油干”，当然在北京实话实说撸起袖子的同时你还要戴上口罩再加油干，但到了邹城，大家可以摘下口罩、撸起袖子加油干，祝各位成功。谢谢大家！

（2016 年在 PPP 信息交流与邹城项目推介专题会上的讲话）

“一带一路”建设中的多元筹资机制创新
——PPP（公私合作、政企合作）

中央明确提出的我国“丝绸之路经济带”与“海上丝绸之路”（即“一带一路”）发展战略，具有重大的全局意义，并将产生久远的历史性影响。中华民族自鸦片战争带来“三千年未有之变局”而拉开近现代史帷幕之后，曾在李鸿章、左宗棠时代不得不在国家安危问题上作“海防、塞防之争”，被动挨打中一路积贫积弱、内忧外患。直至20世纪三件大事（辛亥革命、1949年建国、80年代开始改革开放）的递进过程中，从推翻帝制，走到几十年后告别内战达到民族基本统一框架，又在此几十年后走到在经济社会转轨中出现经济起飞——近三十多年间，综合国力大大增强，和平发展崛起态势显现，终于可以正面讨论以外向型“走出去”为特征的商贸大国经略周边、经略西部、经略海洋的“一带一路”战略了。但这个战略有两个清晰的原点：一是人本主义，目的在于使人民群众对美好生活的向往落实于生活，二是合作包容框架，寻求全球化进程中各国、各民族的共赢，大背景是邓小平关于“和平与发展”时代战略判断——这一战略判断解决的问题：不是“谁战胜谁”，而是包容合作，互利共赢。

这一宏大战略的实施，是循和平发展、经济搭台开路的基本路径，在全球化时代，把中国广袤腹地潜在的市场空间与外部世界更有效、便捷地贯通，寻求与其他经济体的互惠共赢，成为实现中华民族经“三步走”实现“中国梦”的重大配套条件。具体实施中客观需要基础设施先行：在向西的“一带”上，至少具体分为西南、西西、西北三路走向而大兴相关基础设施和公共工程，打造“硬件环境”（不排除“连片开发”）并培育“软件配套因素”；在向东的海上，至少要在以三沙市为代表的广阔海域加紧兴建永久居民点、后勤补给基地和通讯、管理网点等，匹配各类海洋合作园区项目，沿海岸线和海上航线推进相关基础条件的建设匹配。一直发展、联通到各类船只、飞行器可据此与多个经济体跨海频繁通航通商状态。（重振“南方丝绸之路”，成为云南“桥头堡”战略与“一带一路”全局战略的必然对接，为云南、西南区域带来了前所未有的、重大的历史性发展机遇。）所有这些方面涉及的天文数字的资金投入，必须多方筹集，并借助亚洲基础设施银行、金砖银行、丝路基金、上合组织基金、我国的主权财富基金和其他多元、多渠道资金，共同形成支撑合力。

在这个战略的实施推进过程中，一大机制创新点是多元筹资与运用PPP（即公私合作伙伴关系机制，或意译为“政府与社会资本、企业合作机制”）与相关资产管理。PPP这一机制近几十年间在欧美、澳洲和若干新兴市场经济体（如土耳其）应运而生、方兴未艾，在我国也已涌现了一系列实操案例，但国内总体上仍属初创、探索阶段。新近，PPP已得到了决策与管理部门前所未有的高程度重视与高力度推行，它正是一个亟应结合“一带一路”战略而充分发挥其用武之地的新机制。这对于缓解政府资金压力，提升建设、运营绩效和培育市场主体，在“一带一路”系统工程实施中实现各国政府、公众、企业的共赢多赢，具有重大的意义。由此，对于国际惯例和“可接受”概念的资产管理问题，需要高度重视，优化掌握。

具体考虑，我们至少可以把如下若干方面作为相关机制创新的要点：

一、结合法治建设的推进和契约精神的培养，在现阶段必然需作为过渡的“暂行条例”等形式的法规内容之中（一直包括到各级政府的“红头文件”），有所针对地呼应“一带一路”建设的推进，力求PPP项目及其资产管理（即使是低水平的）“有法可依”，再积极动态优化、提升相关立法的层次。

二、在“一带一路”建设的一些重要节点上，由规划部门和相关管理部门有意识地做出几个主要类型的 PPP 创新方案（如项目的、园区的、服务打包的），准备和尽快进入招标实操。

三、借鉴有关企业的成功经验，如华为公司在非洲最欠发达区域也可以于艰苦奋斗中跨越式发展无门店的“手机银行”等经验，在一带一路建设中率先试行通讯、金融等的“后发优势”方略，鼓励有相对竞争优势的企业与政府合作而大胆开拓新的方式与技术路线，超常规发展。

四、结合混合所有制改革积极筹建、发展以民营资本为主要部分的“一带一路”股权投资基金、境外投贷基金及其政府引导基金，并与可能的 PPP 项目，探求相互协作的具体操作办法，联结到相对稳定的资产管理长效机制。财税等部门应给予必要的优惠倾斜支持政策。

五、外交、商贸、发改、财税等有关部门密切协同、高效配合地与国外相关方面磋商和促成一批国外民间投资为主的“一带一路”PPP 项目。同时积极借鉴、引入相关国度的可用资产管理经验。

六、积极培育和促进国内专业机构、中介组织、智库平台和高校研究中心等，开展配合“一带一路”战略实施相关 PPP 机制创新，资产管理的科研、咨询服务和专业团队定向支持。

（2014 年 10 月在中国经济社会理事会“2014 年中国经济社会论坛——统筹推进‘一带一路’建设”上的发言）

以动态发展视角看待 PPP

谢谢孙洁秘书长，大家好！

首先我代表中国财政学会 PPP 专委会感谢在座的各位领导、各位嘉宾、各位企业界的朋友周末来参加今天这个沙龙的交流。今天我们在交流中将涉及一个过去可能一些朋友接触不太多的医院 PPP 的案例。

在表示欢迎和对到会的各位感谢之余，我也想借这个机会按照自己作为研究者的定位，谈一点儿对于 PPP 进展中的观察。过去在沙龙活动致辞的环节，我也按这个方式跟大家交流过一些看法，这些看法还都是初步的，但是做一些交流可能有利于促进大家的一些思考。

我注意到前一段时间财政部管理部门经过全套程序以后，已经公布了第三批 PPP 示范项目清单，规模比过去更大了，很多地方的同志高度关注。实际上这是一次竞争——在 PPP 创新工作方面要得到管理部门权威性认可的一种竞争。那么项目入选的地方和相关的同志，当然就非常高兴，受到鼓舞，而一些有心要争取入选而最后没有入选的地方的同志，就有一种失望，甚至有一种挫败感。我想就这一点，谈一些自己的观察。

我觉得入选当然值得感到应有的鼓舞、肯定，但落选未必就可以简单地认为我们具体这个项目就注定不行，把它完全看成一种挫败。因为我是从动态发展的视角来认识 PPP 在中国进一步的创新开拓过程的。PPP 的国际经验其实并没有定型，它也在不断发展，特别在中国本土上的发展，更是远未定型，PPP 还在创新发展中间。确实现在已经有人在谈论这样一个观点：中国的 PPP 发展现在方兴未艾，而且决策层高度重视，各个方面越来越表现出积极性，有可能在全球范围内，就 PPP 这个概念之下的创新发展而言，中国会走到引领潮流或者做出重大贡献和发生重大影响的第一阵营位置。这个创新发展过程中，这样一轮一轮的示范项目的识别、筛选和有关管理部门的评定，是一个必要的促进形式，这个机制是值得肯定的，但我们有关的同志们却不能把这样的 PPP 的示范项目一轮一轮中每一次的确定，看作是相关项目和相关工作者业绩的“一考定终身”。

我的想法就是愿表明这个观点：我们不要把这个事情按照一次竞争决定永久评价这样的分量来理解它，与其把它看作这次竞争中有些项目落选带有挫败感，不如说借这个机会再重新考虑一下在我们相关的工作中，相关的项目设计、推进和机制的建设中能不能更好地由此来发现不足，进一步在项目本身找到优化的潜力空间，和推动以后 PPP 工作的发展，以及其他一些项目将来我们在相关工作中使之质量提高。

实话实说，这个识别筛选的过程其实也是有反复的。我听到的信息，在前面，进入财政部第一批示范项目的一些具体案例，后来也有到第二轮的时候认为要做出特定调整，虽然为数不多，但确实发生了，就是要剔除到示范项目之外了。什么道理呢？就是有关的认识过程，包括管理部门认为应该把握住的一些要领和规则，是有弹性的，也是在动态优化改进的。同样按照这样一个弹性空间，已经树立的示范项目不要以为自己进入了示范之列那就永远是带有先进性的示范，没有进入示范项目的这样一些具体的案例，并不意味着以后就没有希望通过改进，在下一轮或未来的什么时候它体现出它的示范效应和特定价值。

我还特别愿意强调这样一个视角：现在有关部门的项目示范很有必要，有引领作用，但是我们可能也得承认它还有阶段性的偏好，在不同的阶段上管理部门的引导是有重点的，这个阶段的偏好并不代表永远的偏好，以后可能根据发展需要，PPP 的一些考虑上的重心多样化，评级体系还会有一定的调整。特别是我们不能否认任何一个时点上都有阶段性的认识局限，以后这个局限性有可能被调整，被突破。从这个角度上观察，我想应该回到这样一个动态发展轨道上：我们应有对 PPP 总体发展过程中它的可塑性的认识，和大家一起努力来更多地丰富有关 PPP 的认识。

所以，与 PPP 工作有关的同志，各界人士，包括政府体系内的，也包括企业的和专业机构的相关人士，是不是在以后的发展中，还是应该有一个对于动态进程的认识和继续保持积极进取心态的必要性，特别是这一轮落选的相关的同志。这一轮没有进入并不等于下一轮不能进入，并不等于现在做不成 PPP 的项目，以后就永远做不成 PPP。创新的过程没有止境。

现在中国这方面 PPP 的特色，我观察其实已经有好几点可以勾画，比如从国际经验一般来讲，原来的用语“Public-Private Partnership”就是比较严格地讲政府之外的企业就是私营部门的企业，而中国现在“政府和社会资本合作”，实际上这个社会资本方是把大量的国有企业纳入了合作伙伴一方这个舞台上——当然是要符合条件的国有企业，但这已经形成了中国特色。在发展过程中，一方面我们看到按照财政部现在统计，已经做成 PPP 的这些项目里国有企业占到 55%，但是民营企业也有 45%，接近半壁江山，这个格局同时也是国有企业发展的中国特定空间的这样一个情况，但并没有像有些同志说的没什么民营企业的事儿了，并没有封住民营企业的生存发展空间，他们是有可能形成一个共赢多赢的格局的；另一方面，当然也是中国特色之下，我们也不讳言很多地方政府的决策层面，很多相关的体制内的人士，它们往往首选国有企业来做合作伙伴，特别是对成规模的大项目国有企业有积极性，越是中心城市、省会城市，国有企业把项目做成的可能性好像越高，这也是我们观察到的一个阶段性的现象，但这并不意味着以后民营企业的空间会被封住。实际上这里面的分工可能也有一些合理的地方，越到市县级，越接近基层，很多国有企业做不过来的或者偏好上并不太感兴趣的事情，正是民营企业、非国有企业的用武之地。这些 PPP 项目国有企业是绝对不可能全部包揽的，是做不完的，本土上，以及“一带一路”以后发展中的项目，我们几十年这么做下去，国有企业、民营企业都一定会有它们的发展舞台。

另外，凡是做成的项目，以后它还会有后续滚动的开发对接，特别是连片开发的项目。我了解到的国有企业中信下面的中信地产和汕头方面做成的汕头市濠江区168平方公里连片开发，这个项目已经正式启动——一开始切入的大规模海底隧道项目（被称为“汕头的百年之梦”）正在建设中，但是它后面跟着的将是几十年开发过程中很多项目的分包，特定的设计，滚动开发中的种种商机，中信现在已经在广泛联系方方面面的企业一起跟进，而且大量的是给民营企业的机会，就是因为有跟进，现在已经有一些资产组合、有跟进的资本投入的安排，中信说他们现在的现金流已经为正了——第一个项目还没做完，按照现在的时间表，2019年才能投入使用，但是中信的现金流已经为正了。这表明后续跟进的这些资产组合和这些相关企业的积极性已经体现出来了，这里面显然也有民营企业的机会。诸如此类的事情都说明这种动态的发展非常值得我们看重。对某一个阶段中，自己在竞争中感觉到的得失，不要看得太重。

连片开发是中国特色PPP创新中一个明显的兴奋点，既有民企华夏幸福的成功案例（固安等），又有国企在汕头式的大刀阔斧气势夺人，但今后国企、民企在其中的共赢与“混合”，应是可期待、应争取的主流。

这是从动态视角的观察，大家应该更多地从积极的角度认识到PPP里还有我们必须加以澄清的一些模糊地带，去克服一些纠结，还有必须积极总结的开创中的初步经验。

总体来说，这个创新之路是应该有信心越走越宽，机会越来越多，而不会越来越少，共赢的逻辑在PPP的表现上会越来越鲜明，而不会越来越暗淡。在你追我赶的发展过程中大家可以一起做更多的交流，丰富PPP相关的模式、机制，还有操作中间的要领，这也正是我们这个沙龙能起到一点促进作用的特定的追求。借这个致辞的机会谈自己这样一些不成熟的看法。预祝我们这次沙龙取得圆满成功，谢谢大家！

（在中国财政学会PPP专委会组织的2016年10月PPP沙龙上的致辞，根据录音整理）

第八篇

改革与区域发展

京津冀一体化：政府与市场

——从高水平规划及政府行为优化说起

现在有很多因素逼着我们必须考虑京津冀一体化，以及首都部分原有的城市功能向周边地区的转移。北京现在遇到的挑战与问题很严重，如雾霾、交通堵塞，各种城市病都出现了。人们注意到习总书记在2月26号这一天专门参加了京津冀协同发展座谈会，而且要求三地打破“一亩三分地”思维定式，抓紧编制京津冀一体化发展规划。

说到规划，主体是政府。在我们承认市场在资源配置中发挥决定作用的同时，市场并不是决定一切——政府要做好自己的事情，如维持社会公平正义，也包括牵头设计好、实施好城市规划。我认为，过去在首都及三地发展顶层规划方面，政府是一向不够格的。从首都建国之初“梁陈方案”之争开始，政府的规划与决策就不够格（过去了这么多年以后，已足以看出当时被否定和批判的梁陈思路的高水平、先进性）。以后，首都发展战略几经变异，20世纪80年代初，北京已明确不提产业中心，提的是政治、文化中心。实际发展起来，其实一个中心都没少，政治、文化、产业——我们有中关村的一二十个园区和亦庄；还有金融中心的既成现实——很难设想现能把“金融街”搬迁到天津，几乎不存在这个可能性。跟其他经济体相对比，在半个多世纪的研究与发展过程中，很遗憾，我们首都都市圈的政府规划就是没有体现出应有的高水平。

规划这个事情，政府如果没有高水平，从另外一个角度看，是不是市场能起到替代作用？我个人想来想去，以市场试错的方式替代政府规划总体上也是不可行的。在连片不动产的概念上，一旦实物形态形成以后，要往回纠正太困难了。比如说北京天通苑、回龙观或“经适房聚居区”，政府做得并不好，但如果不是政府来做，市场能有效解决这个问题吗？市场要解决这个问题，可能会出来一大堆唐家岭，而现在唐家岭也不得不搬迁改造。所以从另外一个角度来说，对市场的作用要充分重视，但不是简单地允许市场主体在通盘的发展中以试错法去解决国土开发、城市发展顶层规划问题。

回过头来说，政府要规划好什么事情？关于各地的开发通盘设计以及京津冀一体化发展设计，就是要有高水准的经得起历史检验的长期方案，由决策层（实际上我国就是高层的常委会）拍板。部门具体牵头组织做规划，应尽可能加快做，但最后在规划中总是会有争议的，专家群体意见也未必统一，那么摆在常委会上，怎么拍板？这需要有高水平判断力，回避不了。如果要求比过去的水平高，按照“够格”的说法，规划应该是能管未来一二百年。京津冀一体化进程中，三十年大调整是折腾不起的，一定要至少覆盖一二百年的眼界。巴黎的城市规划，我还没看到细致的研究，但人们注意到的就是它的辐射状确实很有想象力，跟辐射状的城市规划相配套的还有排水系统，几百年过去以后，现在仍然有充分的容量，还派生出很多城市故事。后来不得已搞新区的时候，扁担式的拉出来一条线，就在拉德芳斯那一片，虽然有些人不满意，但总体来说还可以，没听说什么大毛病。人家在几百年的过程中怎么做的决策？我不相信只是市场试错试出来的，还是要求决策层具有高判断力、高水平的顶层规划。

在决策层有了要求之后，我们一定要解决三地“互不买账”的问题。这么几十年下来互不买账，再好的规划，实施起来也会是捉襟见肘。都市圈概念下的功能配置合理化、产业群概念下的产业配置合理化，还有文教科卫社会事业功能的合理化等，再要加上城乡一体化这种带有生态环境、人文要求的要素。中央关于城镇化的要求，正式写入了文件的有“望得见山、看得见水、记得住乡愁”，这可是综合的人文生态、民族特色、乡土民情要素融合在一起的、很高水平的要求。

因此，上述这些因素如果有了一个过得去的规划之后，有没有一个很有效的执行与协调机制，超越三地自己行政的较窄眼界，真正寻求到合理的共赢，也是一大考验。我曾注意到廊坊的东方大学城的兴建与发展，听说，现在衰败了。按道理说那里办个大学城很合理，一边是天津，一边是北京，中间是廊坊“洼地”，铺得开，环境又不错，跟两地距离不远，怎么搞来搞去成现在这样了？

据说相关的问题，一是开发商本身的，拿到一部分地是违规做了高尔夫球场。另外就是交通运营管理上不顺，涉及京津冀的协调，那里是北京938路的支5线，延伸过去车票定价是5块钱，但就是因为有些跑长途的单位闹事，围堵大学城，支5线进不去，这就造成交通不畅无法解决。想搞同城化，交通不行。还有那里仅仅是一个孤零零的大学，大学必须有文化氛围、有周围的配套。东方大学城没有，就是简单的上课，缺少文化氛围的营造和积淀，好多人说那里成了高考失败的学生不得已才选择的地方。

看来是政府该做的规划没有做到位，市场主体的积极性也产生了扭曲，利益冲突发生以后，又没有政府的有效协调。结果把大家的生意全都拖黄了，各相关主体自己也没什么前途。这个事情应该说教训为多——一个是政府规划，一个是市场作用，怎么样形成良性互动，这篇大文章确实得好好总结经验教训。当然，也得积极借鉴国际经验。

另外，在政府与市场主体的互动方面，现在应比较看重的是，如果中国能够真正按照法治化和契约社会的精神，把民间市场主体拉动进来，应该鼓励PPP概念下的公私合作或称“政府与社会资本合作”的机制，能够充分让市场之手发挥优化作用。上面还是由政府牵头，让专家充分发挥聪明才智，有一个高水平的拍板罩着的通盘规划，在这种规划下，让过去已有的市场主体可介入的小区开发或者说是综合体开发，像现在的一些案例那样，升级为连片开发，这个事情可以进一步积极探索。当然，要以尽可能比较高水平的法治环境和契约精神做保障。

政府让企业积极参与，企业应得到的是长期稳定的，但不是特别高水平的回报。政府既不越位，也不缺位，以高水平的决策抓住京津冀一体化的战略机遇，使这一轮争取有一个像样的通盘规划。另外一端，让市场主体充分发挥作用，吸引、寻找国际国内的主体一起来做各种各样的事情，交通等基础设施、水务、电气、垃圾处理、绿化，等等，所有这些事情合在一起做，争取有一轮比较好的政府和市场两只手不是简单的较劲，而是真正相得益彰推进京津冀一体化的合作，这是最值得追求的效果。

在这个过程中，还需要优化社会治理。在新型城镇化、新农村建设、城乡一体化概念融合的时候，社会治理应得到问题导向下的重点提升。对这几年不断困扰我们的“城管问题”要痛下决心，从思路和管理机制上进行实质性改进。

城管方面屡屡出问题，甚至激起冲突制造麻烦，肯定是有毛病的，一定是机制出现了问题。从底层招来一些人当“临时工”，但给了公权，他马上换位了，马上不再同情草根底层“自己拼力糊口”的这些人，可能会拿着鸡毛当令箭，耍威风，败坏公信力和政府形象，这是非常坏的事情。可举个例子说说可类比的感受：我去北大授课，好不容易绕到允许外部人员进入的门，离上课时间还有一两分钟了，门卫却就是不让进，也不对内核实情况，我说是北大请我来讲课，他们说我可没有请你来讲课。这是北大看门的人，类似城管，牛得不得了。一个大学，只有一个门能进，不就是制造交通紧张吗？还碰上这样的管理水平。

总之，一个政府，一个市场，合在一起，在整个社会上怎么形成走向现代文明的治理理念和状态，是个大问题。整体管理水准的提高、国民素质的提高，这种互动过程，应该抓住一些要点，比如就从这些年不断刺激大家神经的城管开始，希望在京津冀一体化过程中出现城管的新形象，别再搞成现在这种样子。本来执政党面临的挑战问题就有一大堆，这种小事上的矛盾别再激化成大事。京津冀一体化，是不是也提供了一个机会，促使我们想得高一点，全面考虑问题导向下，如何提升治理的水平。这个治理是多元主体互动，不是简单的自上而下的问题，应把管理和自管理、组织和自组织、调控和自调控优化结合在一起，寻求最大的包容性、寻求最大的活力潜力释放。城管在让草根创业人员有一条生路的同时，当然十分需要引导他们，不要造成交通堵塞，不要弄出高峰期的矛盾冲突，不要让市面上过于肮脏。但决不可沉缅于把自己的威风要足，这是很坏的东西，是与现代文明背道而驰的，需要在改革中求解决。

（2014 年在“京津冀一体化”座谈会上的发言，根据录音整理）

在“未来30年上海城市发展环境”专题研讨会上的发言

一、在创新中率先优化上海的环境条件，提升综合竞争力，服务于到2050年全面实现中国现代化战略目标

我们的通盘发展战略全局和前景，是要考虑从现在经过2020年的全面小康这个节点，连通“中国梦”，完成“三步走”，到2050年，全面实现中国现代化战略目标。在2050年前瞻视角之下，考虑上海整体的城市发展，一方面需要争取形成最有利的环境条件，支撑我们的几大中心综合竞争力提升，包括进一步保持和发扬一系列上海特色等各种要素；另一方面要与全国统一市场和全球市场充分互动，在互动中实现上海作为中国增长极的率先现代化发展。

二、过去30年内上海领跑全国沿海发达地区的发展，成为城市标杆。未来30年、35年中，结合环境概念和上海发展空间，需要以全球城市概念或者国际化大都市概念来打造上海

可考虑一个参照：中国现在走到总量的世界第二，但美国作为老大走在前面这么多年，上个世纪越来越明显地占据头号强国位置，现在也会在很长时间段内还毫无疑义地继续保持前列位置，它有一个代表性的中心城市，就是纽约。中国已经到了总量第二以后的发展过程中间，是不是就只有“东方纽约—上海”这么一个概念上的可比性？我印象里有

人说过类似的话。改革开放之后，80年代的上海更多是在发展过程中碰到了一些困难，后来中央在80年代后期给上海一些特定的支持政策，90年代小平南方谈话和浦东新区的建设启动，实际打开了上海发展的新阶段。从浦东建设到现在，20年过去以后，可以讲，上海发展过程中在全国沿海发达地区领跑，率先实现现代化方面，形成城市标杆地区的特点越来越有信心和气势了。而且和香港相比，是不是可以这么说，上海已经处在强势超越香港的过程中间。当然，金融中心这个概念之下，需有更综合性的追求，这个概念可能还得客观评价，虽然取得了很多进展，但恐怕在一些具体的金融前沿领域上，跟香港还是有差异的。但是势头上我觉得这几年已经看得越来越清楚，上海这种强势的追赶，越来越让人可期待、增加着信心。以后按照全球城市概念或者国际化大都市概念来打造上海，国内其他区域虽然各有特色，但是总体定位上来说，都不可能和上海简单对比这种大陆上各个城市中排第一的地位。这是可以设想和预见的。

比如，北京那边也有这些年特定的发展，但是最主要的“经济中心”这个概念上，在国内上海是当仁不让的，而且北京也不能简单对比。80年代初中央就非常明确要求（当时北京市总体规划文件中央给予批复），在北京放弃产业中心这个概念，定位是政治中心、文化中心，没有产业中心之说了。当然后来的发展过程中，有很有意思的现象，北京无论怎么表述其发展，毕竟又有了中关村概念。中关村概念，实际是一种特定形式的高新产业的概念，潜台词是要在北京打造我们“中国的硅谷”。但放在通盘的产业发展“经济中心”上说，北京的结构跟上海就不是一回事。这样看下来，值得讨论的就是未来30年、35年中，结合环境的概念，再抓住一些特别通过主观努力方面可以打开和利用的空间，上海首先要坚定地做全中国的第一经济中心。我是从这个视角上试着从几个角度来做自己的观察，谈谈初步的感受。

三、上海总体的城市环境打造和提升，有了前所未有的基础和条件。城镇区域建设有望加快并且精细化，但是基础设施升级换代方面还有明显不足

上海总体城市环境的打造和提升，应该讲有前所未有的基础和条件。这些年全国城镇区域大家都在加快建设，而上海总体来说已经在通盘规划之下把升级渗透到很多细节上。各种功能区、某些大学校区、连接到的居民住宅与社区，所有这些感觉都是越来越精细化。当然，有些东西已形成的改变是没有办法的。比如我认为上海和北京的城市建设过程中，说到建筑风格的高水准和协调方面，已经造成了原来粗放发展里的一些遗憾，这个没办法。但是再往后，可能会越做越像样了。但是我看，还是有一个基础设施升级换代方面，上海必须抓住的优化取向和现实必要性。虽然现在是在进步，但是不仅和其他公认的国际化大中心城市相比，在公交体系、宜居水平上仍存在明显差距，而且未来上海是不是还应该追求一点后发优势、后来居上？

四、通盘基础设施支撑方面，应该优化和细化，提升便利、宜居、生态和人文要素。新型城镇化以人为中心而且要实现城乡一体化。综合环境打造方面，需把公共交通体系、相关的基础设施升级换代作为重要任务，并且应将其对接到另外一个核心概念上：上海自贸区是在全国“一马当先”的现代化区域

前段时间我去过纽约，出乎意料，在前面若干年纽约市长主持之下，纽约的进步非常明显。一些脏乱差的因素得到了很好的改造，有很多的新规则，比如出租汽车，严格规定你从市区到机场无论远近，就是55美元。这是一个很具体的改进，但在过去知道纽约有许多没规矩

的情况之下，能这样做下来这是出乎意料的。进步就是落实到这些细节上。诸如此类，有很多国际经验。如果上海有了这些细节的考虑，回到整个通盘的基础设施的支撑方面，我们自己现在要提升城市生活便利程度、宜居程度、生态和人文的要素，是不是应该更有一个通盘的高水平的设想与规划？新型城镇化现在说到不光是以人为中心，不光是城乡一体化，还要望得见山、看得见水、记得住乡愁。上海旁边没有什么山，不能强求，但是有水，有我们过去的特色。这种综合的环境打造，我觉得最基础的，首先必须把公共交通体系、相关的所有的基础设施升级换代看作一个不可回避的建设任务。这个建设任务，应该对接到另外一个概念，就是对接到上海自贸区是在全国“一马当先”率先现代化区域的核心概念之上，可以认为这个概念代表上海以后率先发展的高标准、法治化营商环境，更多是强调社会上直观的，以及背后似乎看不见、摸不着但是会带来口碑的发展空间。看得见、摸得着的种种优点，应该和高标准、法治化的营商环境结合、融汇，应该是全国一流的“软环境”、“综合实力”，与此配套的是一流的基础硬件支撑和产业支撑。

五、借助自贸区先行先试，基础设施升级换代：下决心建成网状、立体化一流公共交通体系

我参加了市里的课题研究，就是自贸区概念给了上海后，进一步发展过程中，应该有什么样的财税政策支持？中央有个基调，上海不要想搞政策洼地，更多是要下决心改革，在改革方面要可复制、率先带动。这个政治家给出的导向，是非常值得重视的。但并不等于说这个发展过程中就什么政策的特定倾斜支持都没有了。

我们是从这个角度来探讨上海自贸区进一步发展过程中的政策支持的。到我们自贸区，在有关部门调研、访谈之后，我有一个印象，觉得上海同志想到的空间还窄了一点。可能注意到中央说的，不能再搞

政策洼地，也注意到现在更多实质性要求是我们改革方面先行先试、可复制，但实际上这个发展过程中，一个区域必然需要合乎逻辑地配上一些政策支持。我问自贸区的一些同志，哪些地方现还感觉发展水平不够，可以成为政策支持的重点，他们想来想去，说没有明显的短腿的地方。我是这么想，上海自己跟自己比，确实有很多进步，包括公共交通体系，比以前好一些了，但是如果按更高标准说，我们现在是不是应该设想借着这个自贸区核心概念、借着这个先行先试，我们心里有数，也积极争取特定政策支持来把与商贸、产业、金融、物流等相关的另外一些要素搞上去，给上海来一个通盘的基础设施升级换代？我觉得很有必要。

因为我心目中的公共交通体系，应该首先是轨道交通密度足够、四通八达，而且立体化地连通到各种社会生活场所。从中心区到周边要有包括过江隧道、地铁、城铁等各类交通基础条件建设，浦东浦西应该由一个面积足够大、节点足够密的交通网络覆盖，有效缓解我们现在上下班高峰期动不动就拥堵的状态，不敢说未来绝对不拥堵，但一定要大大缓解。另外，网状的交通体系还要立体化，我观察最典型的案例就是东京，那里的立体化，可以说形成从轨道交通出来哪怕是残疾人，坐着轮椅，四通八达到立体化地下地上各层面的便利程度，都是高水平的设计与联通，想去一个酒吧、娱乐场所，还是去一个什么商场、理发店，都有全套连通的社会公共场所毛细血管式的通道。残疾人的盲道、标识、扶梯，不敢说完美无缺，但至少人家都想到了。已经立体化了东京的街道，一般地看，就是没有特别宽的道路，但是基本不堵车，不会出现严重拥堵。上海进一步往前看，好几十年的发展中，为什么不结合自贸区这样一个主牌，想得更加全面一点、胆子更大一点，不动声色地把整个基础设施，从公交体系开始，把立体化的、毛细血管化的通盘的体系来个提升，成为世界一流？

如果要提升，会解决一个很实际的问题：上海的机动车有没有可能以后就没有“最贵的铁皮”这个限制？为什么上海一定要使机动车牌成为最贵的铁皮？（上海最贵的铁皮这个机制，比北京好，北京现在还是不敢用经济手段，那里买机动车摇号已经是1/100以上的中签概率，前一段报道说升到1/40概率，已经是“轮盘赌”状态了，现在加倍再上去，不得已，弄成现在这种被动状态）上海如果放开设想，若干年以后，不管十年以后还是二十年以后，如果能在中心区和周边地区使立体化交通网四通八达特别便捷的条件下，那时候如果放开让大家买机动车，境界就跟纽约一样了：纽约机动车保有率非常高，但是机动车仍可以随便买，在家庭成员来看主要是应急和周末往外开，一般不往中心区开，上班族是驾车停在中心区周边节点上的平价停车场内，转入轨道交通到达目的地。前提就是必须有看起来并不一定特别气派，但是真正特别管用的整个基础设施支撑的公共交通体系。

我看来看去，中国有一大批百万人口规模以上的城市，没有别的公交发展道路可走，要下决心赶快建这种轨道交通网和实现它的立体化。怎么考虑相配套的机动车停车场？周边的节点上要后来居上，包括搞便捷的立体停车场。当然这需要天文数字的投资，算起来资金量非常可观，但值得我们做多年，可以结合PPP机制创新调动社会资本来做。中国现在有一些“过剩产能”，从这个角度看可以用起来，便不再是过剩，如果规划得好，用钢铁、用水泥这些产能，会支撑以后三五十年更快更好的发展。这是打造国际化大都市，而且追求后来居上的一个特定角度。从基础设施来看，便利、宜居、生态、人文，跟这些建设都有关。因为中心城市主要的通勤方式，必然是轨道交通，是最少污染、少烦恼、最有准时的可预期性，再加上周边节点的大型平价便利停车场，居民享受自己的机动车，选择住在更远的郊外，开20分钟到停车场进去再坐十几二十分钟的轨道交通到达自己的目的地，一天往返加在一起，一个小时出头，市民都可接受，这个出行不是就健康多了吗？但是相伴随的这些基础设施升级换代的投入，特别是这里面从规划到设计管理的水准，是一定要升级的。

六、上海产业发展：关注高新科技方面

上海产业升级这方面的想象空间，我觉得是有的。为什么不跟着自贸区这张牌，在这方面做个更像模像样的，能往前前瞻五十年、一百年的规划？当然这里面的重点，首先就是未来30—50年。

上海产业的发展，有原来的基础，但现在也不得不承认，有些东西不能都求走在前列。比如家电，上海已没有什么像样的家电品牌了。这是很遗憾的。但是有一个事我不太甘心，就是高新科技方面，上海有没有可能再想方设法争取往上冲？比较早北边有中关村，南边有上海张江，这些年好像听到的报道比较少，张江我感觉势头上似乎不那么令人振奋。倒是看到另外一些地方，比如武汉东湖，现在打造中国光谷，跟高科技、互联网时代要打通。不同城市、不同区域存在你追我赶的竞争，如果这种压力变动力用得好，还是可以促一促我们这边的。有没有可能更有意识地融合进来一个高新科技重要的产业成分？不说是“中国硅谷”，至少这方面应该有试探和开拓。这方面要再进一步调动相关的专家来打开眼界，再全面考虑一番。

北京80年代初放弃了产业中心概念，但现在还不得不打造一个“中国硅谷”式的高新科技产业中心。北京二十几个分散的、合在一起称为中关村管区的这些片区，这个中关村的概念，其实就是想打造中国硅谷。能不能如愿是一回事，还是值得努力。那么上海未来几十年的发展过程中，这方面应该说有其他很多地方不能简单比照的一些相对优势。这也是一个观察点。退一步说，上海哪怕不求高科技第一，但是争取以后在上海有分量的高新科技区，与以后的信息产业发展和上海早已经有的文教方面的优势，高校、研究机构的力量等，完全可以互动，当然也会和我们的金融中心、现代服务业中心等都产生很好的互动关系。这方面，我个人感觉还是应该强调一点雄心壮志。

七、总之，从总量、营商环境、自贸区、基础设施、互联网等高科技、金融、物流等方面看，上海综合发展环境建设的一个粗线条的前景应落在一个动态优化的发展战略规划指导上

总之，我这些是讲了比较直率的想法，没有更多的调研和数据分析的依据。我试着简单小结一下。面对几十年的发展，我们既然说到要瞄准伟大民族复兴2050年现代化目标，现在还在赶超，到那个时候有可能在综合国力，不光是总量上，在其他方面包括至少营商环境的法治化、高标准方面，跟美国一比高下的时候，上海应以它的发展做出对全局的影响和贡献，这是从现在的自贸区概念这个主牌，联系到整个基础设施后来居上，产业活力和几大中心辐射力强劲，能不能设想，人们以后说，全世界这方面基础设施最被人称道的，已不是东京，不是纽约的某些区域，而是首先想到上海。再配合上我们有可能和互联网对应的高科技要素，现在已很明显的金融、物流等当仁不让的这种领先地位，统统结合在一起，是最值得考虑的上海作为综合发展环境的一个粗线条的前景，这就需要落实在一个动态优化、可实施的中长期发展战略规划指导上。

问题：您怎么看待 1994 年分税制改革以来的中央地方事权、财权关系理顺?

贾康：我简单呼应一下。您提的问题，应该说是一个很大的题目。简要地说，我的理解就是 1994 年财税改革解决的问题，是把前面几十年，包括传统体制下探索的行政性分权走不通的问题，转到了靠经济性分权来走通这条道路上。这方面也是存在争议的。1994 年是建立了跟小平南方谈话匹配的一个市场经济间接调控框架，做了"经济性分权"的改革。现在的问题，从源头上梳理应该从政府事权开始理顺。十八届三中全会逻辑上是表现出来了。首先是合理事权，后面跟的才是税改

和支出绩效。但是财税改革方案里，却把这个事权和相对应的理顺体制关系放在第三位，说了一些笼统的话。

怎么观察这个事情呢？就是划清事权给出明细单的难度比较大。中央地方说事权合理化清晰化几十年，我们内部一直说，为什么不形成相对清晰的可操作的明细单？各级事权或支出责任到操作环节就是跟预算的收支科目对接的操作问题，设计一大套明细单，不就可以更清楚了吗？但现在主要难点我观察是两个，一个就是政治层面都不点破的，四中全会有一个比三中全会相对充分一点的涉及的司法管辖权。三中全会隐晦地说试行司法管辖权和行政区域适当脱离的改革，四中全会开始提出司法管辖权垂直这个概念。实际解决的什么问题？比如经济案件的司法审判权上看得很清楚，逻辑上不该给地方。楼部长的论证我认为是对的，就看浙江一个吴英案，无论审判涉及的利益关系是跨区域还是哪怕不跨区域，要建立司法方面的公信力，地方主持审判确实不顺。更合理的安排应该是一个司法的垂直系统，摆脱地方层面的所有利益纠葛和"瓜田李下"之嫌。但这个事情现在还说不到一起去，仅在试点。另外一个事情也有几十年说不到一起去的，是投资权。李克强总理明确说了，地方政府不要做竞争性项目的投资，只关注公共职能，这应该算共识了，但这个意思几十年来始终就没有写入带有法规性质的文件中去。领导人说话可以，写不进去。1994 年改革的时候业务部门说事权上投资权问题我们是知难而退了。本来以为这次预算法修订应该涉及，又是绕着走。现在的财税配套改革在 90 年代基础上进一步推进，逻辑上本应是从完善法规、理清事权开始往下理顺，但实际把事权和相关要理顺的东西放到财税改革排第三位做了笼统表述，前面是技术性的先解决，如预算管理改革的问题、税制改革的问题。实际这个排序就很尴尬。预算管理改革的内容很多，您说的税制改革，实际是要配合事权进一步合理化财权配置，现在已有一些要求营改增，看起来有利于专业化细分；中央把流转税更多按照现行体制拿走以后，跟着第二个改革就是把消费税让地方多拿一块来形成自己可以支配的替代财力。第三个就是 12 月

1号开始的煤炭资源税改革，这涉及理顺价格形成机制，真正啃硬骨头、攻坚克难的电力改革，如果这个问题能解决，那么啃垄断硬骨头就有了示范样本，但是现在看起来，困难还不小。后边当然还有上海先行、重庆也试点的房地产税，充满争议，要加快立法。到现在为止，今年“两会”表态以后就没有说什么时候转到人大立法程序。我估计年底之前应该有交代。再就是个人所得税改革，现在是有要求，没有时间表。还有相对简单的费改税、环境税，等等。被称为看得最明白、想得最明白、最先动作的财税改革里面，其实还有这么多的纠结。

（2015年年初于上海）

苏州工业园区需“打开放牌，过改革关，搭创新台，促结构优”

在座各位领导，各位嘉宾，大家好！

我是第二次参加咱们专家咨询联席会议。这次听了前面一些情况和各位专家发言以后，确实有很多想法。但是总的感觉还是觉得调研不够，从“没有调查就没有发言权”的角度来说，自己还是有欠缺的，但还是努力在领会相关信息基础之上，探讨性的谈几点看法吧。自己这么多年一直搞研究，对于苏州开发创新综合试验这个特定的区域战略来看，我认为其实是体现国家层级的特定考虑，已上升为国家战略全局里的一个重要的区域性布局。

我感觉在原有基础上继续发展方面，总体上似乎可以提炼出一个思路来，我试着在这方面做一个初步的表述，即总体来说，是要在中央强调的深化供给侧结构性改革这个取向上“打开放牌，过改革关，搭创新台，促结构优”，有这么四个角度。

什么叫打开放牌？我的理解，整个中国现代化过程追求的是超常规发展战略。在最开始邓小平做“三步走”设计的时候，就是在咱们苏州附近，一下子待了好几天，反复考虑和反复问当地的领导：翻一番，再翻一番有没有可能？之后，他明确提出了“三步走”现代化战略。当时没有多少人真的相信可以达到这样一个超常规的发展结果。后来事实证明，前两步提前实现了。我作为研究者，对这个事情感触非常深。明确提出“三步走”的时候，我还在读硕士研究生的基础课阶段，看到这样一个战略，实话实说也并不觉得有多大把握。当时还健在，但是已经身患重病的孙冶方在《人民日报》上有整篇的文章，标题是《翻两番不仅有政治保证，而且有经济技术保证》，是从经济学家角度配合这个决策做了一些论证，实话实说也并没有什么数量模型测算等，主要是邓小平反复思考而认定的中国不改革开放是死路一条，改革开放的进程可能是“蓄之既久，其发必速”，他凭借着这样一个统观全局的、极具战略眼光的政治家的综合判断，可能再加上一些直觉，认为总得有一个引领全盘发展的战略构想勾画出来。

以后我在研究过程中就反复回想，觉得不得不由衷佩服这个“三步走”战略规划设计——我们现在正是在这个大框架下，在第三步上的50年区间段，又确立了一个中间的节点目标，就是全面小康，实现全面小康还要配上力求全面改革取得决定性成果，再形成2020年以后跨入中等收入陷阱的后劲，再对接到整个现代化伟大民族复兴“中国梦”的实现。按照这样一个大框架，我们苏州工业园区在其中已经明确定位为开发创新综合试验区，按此概念，是要在新的阶段上把进一步提炼的“创新发展”作为第一动力，来带出后面的协调、绿色、开放和共享发展，这里面“开放发展”对于全局的意义是什么呢？我们在研究中经常说：“开放是倒逼改革的。”

从这个角度来说，整个中国超常规发展过程中间，得开放风气之先的沿海是增长极区域，特别是长三角。珠三角是已成定局的增长极，而苏州工业园区在增长极里面，又是十分突出的增长极，它应该追求比超常规更上一个台阶的“超常规中的超常规”。这应该是一个我们战略构想层面的考虑，不是故意把它渲染起来，而是应该有的一个定位——总体上和我们的比较优势相关，成为一个全局和长远视角结合在一起的定位。如果我们只是长三角增长极区域里面一般的组成部分，可能就没有达到中央的战略意图要求，一定是增长极区域里面突出的增长极，这才真正体现了这个“开放创新综合试验区”战略设计的真实意图。

那么应特别注意与我们园区相伴随的比较优势，就是开放创新有一个弥足重视和珍惜的传统——比较早是说，苏州以自费改革搞了和新加坡结合的试验园区，中央不出钱而允许苏州做，这就体现了一种改革新时代开放创新的意识。开放格局之中和新加坡的合作，到现在实际上对接到整个全球市场的全面开放，这里面的比较优势传统，应该进一步发扬。利用这样一个基础继续打开放牌，我觉得就是要真心实意、义无反顾地在全面开放过程中间形成全球视野，在全面开放、全球视野后面跟着的，就是合作竞争——竞争是不可避免的，但总体上大的基调，是承认现在有可能实现共赢式的发展，于合作竞争中间发展，合作竞争中间的和平崛起，是顺理成章的追求。

而这里所谓比较优势具体是指什么呢？我从前面一段的中央决策信息里得到一个启发：美国人那边提出 TPP，而我们这边正准备迎接中央十八届三中全会，这是十八大后非常重要的会议，即人事安排基本到位以后，要有新的一轮通盘顶层规划设计，正是等待三中全会召开、出文件的前夜，网上曝出的信息是李克强总理力排众议，启动了上海自贸区。什么叫力排众议呢？报道是说，综合部门都不同意，说条件不具备，这样一个按照真正的最高标准的法治化营商环境来做负面清单管理，后面跟着还有政府正面清单、责任清单，听着原则很好，是不是太理想化了？现行已有法规与自贸区新规则形成的冲突怎么处理？现在讲的是法治，在这些法都没有调整情况下，一下子就亮出自贸区这个牌子，会有什么问题？听说综合部门就是这些说法，听起来都有道理，但是“大道理管小道理”，当时克强总理拍桌子力排众议，就这么定了，一定要推出自贸区概念，后面跟着是中央北戴河会议传来的消息说，与自贸区相矛盾的所有现行法规都要让路，就是从上海先开始，等于说这就是局部的变法嘛。自贸区概念下的这个驱动力在哪儿呢？就是开放造成的、开放倒逼着的，率先动作，非动不可。当时决策层是要考虑国内以后可能要适应 TPP 相关的前景，我们以后在国际合作竞争当中的话语权问题，作为规则制定者参与进去互动，这个制高点一定要赶快争取捷足先登。我观察就是这么一个考虑，当时在商务部内部有讨论会，我去参加了，上海同志过去到那个会议上说得比较直率：中央跟他们说清楚了，不要再想搞成一个政策洼地，而是要率先开放、改革，然后可复制，一轮一轮的复制，现在国内是推到第三轮了。

前一段时间说，特朗普要废了这个 TPP，有人说这对中国是利好，我却不这么看。TPP 本来倒逼着我们义无反顾开放来推进改革的攻坚克难。改革是太难了，没有点压力，大家都知道，如履薄冰同时就是步履维艰，很难实质性推进。有了开放逼着改，这其实是一个比较优势，是一个有利条件。我自己感觉苏州工业园区在这方面作为“打开放牌”，就是在开放创新中应可以大张旗鼓地特别强调我们的前沿位置，在中国和平发展、和平崛起中的最前沿的全面开放。我听马部长说到前些年她在工作一线里的体会，我觉得像马部长这样的领导同志有非常明确的“全面开放才能使中国现代化得到比较有效推进”的战略意识，具体到苏州工业园区工作中，我觉得这可列为第一条。

有了这样一个外部的倒逼，我们很多攻坚克难的事情，是不是有可能在取得共识的方面相对顺利一点？我们自己超常规发展里的超常规，是不是有可能更成气候？现在第二轮、第三轮自贸区跟进怎么样，我没有多少发言权，但可认为我们无论在里面还是在外面，自己的意识就是应该放在高标准、法治化营商环境上，全面开放，与狼共舞，和平发展，这是基本思路和宽阔视野上必须有的一个战略思维。

“过改革关”，内容也是很实在的：咱们这几年已经积累了 48 项改革方面的亮点，这里面都有很实在的内容，中午听杨主任说到（也是我特别关心的），在我们这里“大部制”和“多规合一”都已经做得像模像样。我注意到在全国，有些地方政府层面也有这方面的意识，但是做起来是非常难的。我们园区是靠着管委会这个特定的体制，没有五套班子，另外允许你“特”，允许有一定的“试”，（现在一般人也不敢说邓小平那个“闯”字了），“试”中央是承认的，态度上是要继续允许地方先行先试，继续摸着石头过河。

那么具体看大部制，倒不是什么自己全新的探索，是中央早定的基调，就是“怎么做”的问题。横跨两届政府一直在说大部制改革，就是做不出什么特别像模像样的推进，只走了一点小碎步。在前一段时间似乎听到风声：国税地税之间要优化关系，马上想到说了多年的国税地税合并只是政治决心的问题，技术上已经没有任何障碍，结果后来看到的，主要就是走形式的优化两边的协调关系，不敢真的把国税地税并到一起。连国地税都不能合并，那么想想大部制改革还能有什么真正实质性的内容啊。

但是要看看其他的经济体，跨过中等收入陷阱中，他们走的路，早已经在这方面有实质性推进了。比如，韩国是20世纪90年代初有了经济起飞的明显势头，也正是它跨越中等收入陷阱的阶段。那时候我去韩国考察就知道，我们去见财政部的官员，人家不叫财政部了，叫作规划与财政部，原来他们的计委（就是规划院）已经跟财政部并成一个大部了。那时候韩国社会上还很热闹，一方面是GDP高速增长，景气集聚提升；另外一方面是学潮不断，工人还闹罢工，动不动还上街形成群体事件，韩国不得不动用军警上街打催泪弹，以这种方式平息事态。他们也调侃地说，因为有这种需要，韩国形成了全世界最高水平的催泪弹生产工艺——这种看起来很紊乱的情况下，靠这种方式做到基本不流血，去走过比现在“阵痛”特征更明显的那样一个混沌阶段。到后来，人家经历了亚洲金融危机考验以后，到世界金融危机的时候，已经稳稳在高收入经济体里面坐定了。又比如法国，我们过去也知道，人家的财政部规模很大，但是全称叫作经济、产业与财政部，早就在大部制方面做出实质性的像模像样的安排了。中国到目前为止，能设想这样的大部制改革吗？我们如果在中国宏观层面设想，在某些讨论会上已经说过的，能设想把发改委跟财政部合成一个部吗（有人调侃叫“发财部”）？现在想都不要想，那么，但是地方的试验，我觉得就特别有价值了。

既然这个大方向没有人否认，其实并不是全新的设计——就是大家过去理论上、概念上、改革思路上都认同的东西，但谁做起来呢？那我看苏州工业园区做得就特别有价值。我们自己在这样一个特定情况下，很坚定地认准大部制改革，在大部制后面跟着几个口归在一起，加上其他部门，也就二十几个局委办，这后面“多规合一”就可以做得非常像模像样了：发改委的经济社会发展规划、产业布局规划，城乡建设部的城乡建设规划，国土资源部的国土开发规划，交通部的交通体系规划，环保部的环保规划，教育医疗等也都有它的规划，财政还有预算收支中期规划，这么多规划过去也都认认真真在做，就是缺少有机协调这个机制，九龙治水，非旱即涝，就是衔接不好。现在大部制后面跟着，顺理成章就是“规划先行，多规合一”，这又是在咱们开放的比较优势后面，跟着这个“过改革关”这方面的比较优势，我认为已经走到前沿位置。这个十分难能可贵，应该在这方面继续观察，十九大中央能有什么新的要求。

如果党的十九大文件出来以后，看这个框架相对更清楚以后，我的建议是咱们苏州工业园区领导层、决策层和相关部门，可以再好好讨论一下抓什么重点。也不可能全铺开、齐头并进，这个说实话做不到。突出重点，可以看在我们已经有的大部制、多规合一、规划先行这方面，还可以形成什么乘势继续发展中的超常规支持力量。

过改革关，实际上最后要走到“决定性成果”——中央的时间表是到 2020 年。我们工业园区不用等到 2020 年，十九大如果有了这样一个机遇，我们 2018 年就取得决定性成果是最好的。市场经济体制下现代市场体系上面的上层建筑，如能够跟它匹配上，比较成型地打造出邓小平说的一个相对稳定的、长期有效的这样一套制度安排，在我们这里首先实现，那么解放生产力的效应，不光对本地区有莫大的意义，对全国的示范意义也将非常明显。这样一个前景，我是觉得很值得期待和争取吧。

后面跟着的苏州工业园区创新点，我注意到里面已有很多亮点，比如说国有资产分类管理，已说了多年了，实际上就是对接混合所有制怎么推进：少数领域里边的国有独资，就说不上混合，更多的领域里，其实混改是有空间有潜力的，就是一个一个企业法人，内部产权结构中把公的股、非公的股，国的股、非国的股都充分混起来，这是非常有意义的包容性发展机制，使市场经济的潜力在这里面得到调动，这些我觉得在工业园区都大有可为。

“搭创新台”，我们这方面已经做得很好，总结了有十条，其实还有其他的。咱们的领导和有关专家给出的数据（杨主任也专门说了一些数据的对比），看起来在很多创新指标上，在全国遥遥领先。但还有潜力，因为创新一旦成为势头，不用跟别的地方比，就应该乘势把潜力充分发挥出来。比如说硅谷，它的指标一定比别的地方遥遥领先，但还在追求继续上台阶呢，没有必要等别人怎么跟上你，你就是要继续一鼓作气往前冲，这个潜力能发挥到什么程度，就充分发挥到什么程度，这就是邓小平说的“第一生产力”，在某些增长上可先做充分的表现。

那么，这里面是不是有一些还可以继续探讨的可做的文章？已经有了创新的气氛，创新的成果，指标看起来不错，有没有可能再凝聚一些有可能带来颠覆式创新的主攻点？这个我没有更多的调研，但是我注意到，有时候是突如其来就出现的现象。比如前几年没人能设想 BAT 这三家互联网公司现在这么辉煌，前几天的信息是腾讯市值超过了中国工商银行，成为中国第一大市值公司，早些时谁能想象呢？就在若干年前，马化腾想把他的 QQ 以 100 万人民币卖给别人，都没人接盘。

今天我看到一个消息，在国务院层面座谈的时候，一个很年轻的女孩子讲她搞的摩拜单车（mobike），是把城市区域已经有地方政府做出来的方便市民的单车以公司的方式来做，不像原来政府做的都是固定地点，这个摩拜车随便停，任何区域，你见到，扫码以后就可以骑，到了地点就扔在旁边。它的工艺是全铝的，不会担心风吹雨淋，出现什么锈迹斑斑的情况，已经考虑了很多的细节。这就是创新方面形成共享经济的一个新的案例，出现过去大家没有想到的一种新状态。由民间的公司，跟政府合作，就如虎添翼，既提供城镇区域清洁低碳的代步工具，又给宜居城市建设里增加一份亮点，顺应了大数据时代共享经济发展的潮流。

如果有了网约车，又还有单车方面的整个城镇区域的共享机制，这也是过去谁也想象不到的。如果有一个比较好的创新环境，有若干个案例的示范效应，会带出后面的创新文化，就进入一个良性循环，就有可能越做越有信心，越做越成气候了。

“促结构优”，这就回到我理解的供给侧结构性改革的本意。中国现在决策层认定的“矛盾主要方面”是在供给侧，供给侧的突出特征，就不是需求侧的总量问题，而是要面对复杂的结构问题，这个结构问题在实际处理的时候的挑战意味就非常明显。

比如说大家都认为供给侧结构性改革是要抓“三去一降一补”，这算是它的切入点，地方、企业、行业，都需要考虑自己怎么具体落实它。如果处理得不好，这个机制上是可能有偏差的。去年有关管理部门讲，去产能最突出三大行业是钢铁、煤炭和电解铝。去年一季度的时候，钢铁行业在困难了好长一段时间以后，一下子有回暖兆头了，二三季度，回暖已成定局，再到了三季度以后，煤炭跟着回暖，而且来势迅猛，这当然似乎是去产能有效了（有关部门宣布去产能指标2016年是提前实现了），但它说的提前实现是什么呢？是由官员整个计算了钢铁、煤炭全国产能以后，认为要砍掉多少，是说这个砍掉的任务提前实现了。实际上的机制偏差是什么呢？是不是充分淘汰了所谓落后产能呢？很难讲，宣传上只讲过剩产能我认为是没有说到位的，因为这个产能过剩还是不过剩，它可以瞬间改变。

像北京地铁四号线，这是引入PPP加快建设的一个具体公共工程，所要解决的问题是北京公共交通体系动不动就半瘫痪，必须学纽约、东京、巴黎、慕尼黑等城市那样，尽快建成密度足够、四通八达的轨道交通网，而四号线不得已在压力之下用了外资，这是PPP创新。现在十六号线已经明确，再次引进外资用PPP方式做。如果没有这样一个新的机制，没有PPP签约，这个十六号线再拖多少年很难讲，现在签了约，马上启动项目建设，跟着一大批对钢材、建材、施工机械以及后面的投入品的订单就发出去了，这不是瞬间把原来一部分所谓过剩产能一下子转成有效产能了吗？中国真正实施去产能，不应是简单落在去“过剩产能”上，去过剩产能是表面的，应该落在一个行业里面高高低低排在一起，去最靠下的“落后产能”。过剩不过剩可以瞬间改变，而落后不落后呢？要靠对成规模的企业，政府用技术准入标准、环境准入标准衡量以后，认准哪些是确切无疑无可救药的落后产能，来关停并转，解决这部分成规模的企业中的问题，而剩下大量的、成千上万的中小微企业，政府就没这个本事了，一定要靠市场优胜劣汰，由政府提供一个公平竞争环境，在优胜劣汰机制作用下把落后产能挤掉，这本来是正路。但是去年间我们听到的问题是，靠行政指令压指标，靠官员自己去甄别，说这个指标压到这里，这个区域里面非完成不可，那谁算是去过剩产能的对象呢？往往就是拣软柿子捏，还说提前完成这个指标。

跟着，是相关行业回暖过程，是不是就猛了一点？到了煤炭行业，就来得更猛了。煤炭行业的情况还更带点荒唐意味，是说有关部门规定所有矿井生产不再按照接近365天连轴转的方式，强制要求一年只能开工276天，这是一个硬指标，行政命令，它是明显违反经济规律的。365天分摊的那些固定成本，现在要摊到276天上去，是人为地行政性地压低了整个综合绩效水平，看起来控制了一部分产能，这里面落后产能和先进产能是一起被控制的。哪里是真正去了落后产能呢？限产而已，而且还带来副作用，把整个行业综合效益压低的同时，生产的安全系数也降低了：矿井中那个煤层气是要不断抽取的（我过去在煤矿工作过，我有体会，安全问题是最重要的，要不断地抽气），只开工270多天，剩出来七八十天怎么办。一线的管理者肯定说，那先停了抽风设备吧，但什么时候要复工，抽风抽得充分不充分？抽风不到位情况下，就使瓦斯爆炸等矿难发生率提高，这个综合成本又会高到哪里去了呢！类似这些问题上，不尊重经济规律，就带点荒唐意味，我觉得这个就值得我们警醒。在促结构优化的角度上，一定要总结经验，尽可能充分地让市场起作用。当然我不是说苏州工业园区已存在这样的问题，我只是举个例子。在有关管理部门指导思想上，看来还得进一步合理化认识，在市场经济转轨过程中间，怎么样促进结构优化的机制问题。

产业政策，技术性经济政策肯定要有，不应像张维迎教授所说的那样全盘否定，没那么简单，但是他抨击政府在这里面做，很容易出偏差，确实是有重要启示的。政府不是简单地说，这些产业政策设计对不对的问题，其实改革方向较容易认定，中央说的七大战略性新兴产业，再加一个文化创意产业，可能再加一个现代服务业，八到九个重点，方向上是很清楚的，产业政策设计上难度并不太大，关键是靠什么机制去执行。

比如像产业引导基金，在湖北已经设立了长江经济带产业基金，省财政出了400亿元，说得很清楚，这400亿母基金不许对项目，它只是放在这里，引导非政府主体进来以后，第一期2000亿的整个资金规模形成以后，以一批子基金去做市场化的运作，由面对市场的专业人士团队，他们去挑选项目，挑选项目后面，还要求个人以跟投的方式与基金运作捆绑在一起，这就是市场化机制了。政策性资金，市场化运作，专业化管理，再形成杠杆式放大，这方面产业政策、技术经济政策的实施机制一定要跟市场机制打通所应掌握的要领。

对这个事情，我觉得苏州工业园区可以考虑在总结过去经验基础之上，面对新一轮任务，来优化一些定制的方案，因为具体到我们园区碰到的结构优化、实施产业政策与技术经济政策问题，放在一起也算得上千头万绪，理性的供给侧管理的特点，就是定制化，并没有一个可以拿来套用的解决方案。在这方面，我深信在苏州工业园区其实已有经验，在已经形成这么多亮点的基础上，一定力求有更好的发展。

我试着总结了这么四点，仅供各位参考，请大家批评指正，谢谢！

（2017年1月在苏州工业园区开放创新综合试验区专家咨询联席会议上的发言，根据录音整理）

广西如何推进供给侧结构性改革

尊敬的各位领导：

大家好！很高兴能参加这一次交流活动。我愿意把自己作为研究者对于供给侧结构性改革的背景、核心内涵以及在学理层面上应该做一个怎样的认识框架把握等学习研究的心得汇报给各位，并试着联系实际来谈谈在推进广西的改革发展过程中，怎样贯彻供给侧结构性改革的战略方针。

一、供给侧结构性改革战略方针的背景

十八大之后，最高决策层人事安排基本到位，治国理政的大政方针逐步清晰化，首先表现在三中全会形成的全面改革顶层规划式的“60条”文件的总体配套部署，里面的内容非常丰富，在具体的改革切入点上，总结下来是336项，在指导全面改革的基本思路上是要实现国家治理体系和治理能力的现代化。到了四中全会，中央把三中全会部署的以经济改革为重点推进的全面改革，实际上扩展到了司法改革、行政架构的改革，以及宣传并不直接表述，但我们回避不了的政治体制改革这样的全覆盖框架。全面依法治国，经济、社会、政治就要打通在一起，做更全面完整的覆盖。而到五中全会，又在哲理层面清晰而系统化地提炼了发展新理念，要以作为第一动力的创新发展，引领协调发展、绿色发展、开放发展，落到人民群众对美好生活的向往变成现实的共享发展。其后，六中全会在“四个全面”战略布局的最后一个方面即全面从严治

党，又做了最高决策层面权威性的要求和通盘部署。

这些大政方针一步一步清晰化了，里面的一些关键词，首先应提到三中全会“60条”中的“现代国家治理”，作为最浓缩的一个核心理念，明显有别于过去所讲管理调控中的“管理”概念。政府作为管理调控的主体，强调的是一个自上而下掌控的架构，而现在治理概念，更多强调的是政府体系与非政府的多元主体平面展开的把管理和自管理、组织和自组织、调控和自调控结合在一起，最大限度地调动一切潜力、活力，解放生产力的包容性发展。以这种包容性发展解放生产力，来应对经济发展和社会发展的新阶段、新挑战。这种制度安排和机制连接的基本取向，就是要坚定不移地推进与完成中国的现代化。这个现代化的取向又是整个中华民族在以鸦片战争为标志拉开近现代史帷幕之后始终反复探讨要解决的问题。到了改革开放时代，我们终于有可能把现代化之路越走越宽，对接的就是“三步走”的第三步——2050年前后实现伟大民族复兴“中国梦”的战略目标。这种现代国家治理的通盘制度安排，对接的第二个重要概念、关键词就是“60条”里反复强调的要打造现代市场体系，要让市场在资源配置中发挥决定性作用。这终于把邓小平南方谈话以后确立的社会主义市场经济目标模式里，市场发挥什么样的作用说到位了。南方谈话后，在几个月之内，最高决策层形成了权威文件，确立了市场经济目标模式，但是由于种种主客观条件的限制，当时还只能把市场作用表述为资源配置中的基础性作用。到了“60条”的时候，强调的是决定性作用，跟着要求政府要更好地发挥作用。这样，就政府和市场关系的正确认识与处理而言，第一，从全局来看，政府是辅助性的，市场是决定性的；第二，政府并不是无为而治，在中国要实现现代化，政府必须结合中国的国情创造性地发挥好职能作用。供给侧结构性改革的研究中，我们愿意把这样的政府作用和市场作用的结合表述为有效市场，加上有为和有限的政府，合在一起，中国是必须“守正出奇”式地推进自己从追赶到赶超、“后来居上”的现代化。第三个重要概念、关键词就是“60条”里强调的，要打造现代财政制度。

财政是国家治理的基础和重要支柱，“以政控财、以财行政”的财政分配体系解决政府“钱从哪里来，用到哪里去”的问题，这样的公共资源配置，一定会辐射、拉动影响整个资源配置。政府履行自己的职能，必须依靠由财政分配体系形成的物质条件支持。

作为国家治理基础和重要支柱的财政怎样现代化，当然就事关全局，所以也就此可以理解为在三中全会之后政治局首先审批通过的具体的改革方案，就是财税配套改革方案，后面跟出了一系列其他改革的部署和方案。四中全会的全面依法治国，可以理解为中央文件过去早就强调的“政治文明”，要怎样按照现代政治文明的取向做全局部署。再到了五中全会的发展理念，也正是以现代化为取向的系统化的发展理念。上面这些治国施政的核心理念如果再作浓缩一下，就是“四个全面”战略布局，要在新的历史起点上，继续大踏步地跟上时代：首先瞄准了一个中间节点目标，就是2020年我们要实现全面小康，跟着的要求是全面改革必须在那个时候取得决定性新成果，这样才能形成全面小康以后继续发展的后劲，跨越中等收入陷阱。在匹配的方面，要跟上全面依法治国和全面从严治党。这应该说乃十八大以后中央大政方针推到现在已

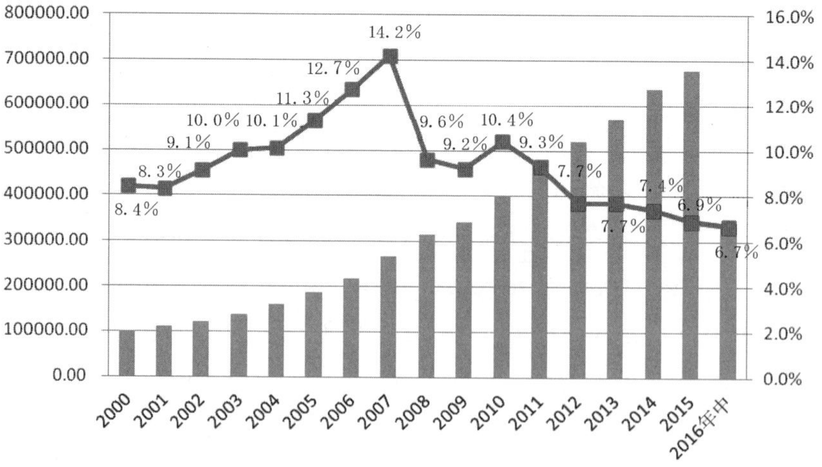

图1 2000年以来GDP（亿元）及增速

数据来源：国家统计局官方网站

经是非常清晰的总体要求。

和上述的背景相关的，是中国经济在2010年以后，经历了进入中等收入阶段后的阶段转换，关于这个转换过程中间的主要指标，如果收集起来以后直观地表现出来，我们可以首先看一张曲线图。

从这张图里面我们看得很清楚。在2010年，我国年度的龙头指标GDP是10.4的增长幅度，成功抵御了世界金融危机后，这是明显的2位数的高速增长，这一高速增长的年度表现跟前面30年我国改革开放年均GDP增长9.8%，（差不多就是2位数的增长）是十分一致的，特别是跟邓小平南方谈话之后这20多年我们算总账，年均增长速度在10以上，是一脉相承的。

但是，现在我们可以看得很清楚，2010年2位数增长的表现，就是中国整个经济高速增长阶段最后一年的回光返照了。再往后，大家看到的是增长速度一路下行，落到今年前三个季度，每个季度报出的都是6.7%，我们现在是在6.5%—7%这个重要目标区间之内，这个速度比2010年已经跌去了1/3以上，比前面那个高点就是2007年的14.2%，已经跌掉了一多半。这个经济下行过程中，在2014年，由总书记明确表述为我们要认识、适应还要引领新常态。如果按照总书记在2014年秋APEC会议上阐释新常态的讲话，我们可以提炼出三个关键词：第一个是“中高速”，原来的高速现在不可避免地要往下做调整，要变成中高速了。这个调整过程如果做国际对比来说，它符合各个经济体的一般规律。因为在2010年，中国的人均GDP达到了4000美元左右，而世界银行做各个经济体横向比较的人均国民收入，我们那个时候是稳稳地在3000美元以上，标志着中国成为进入中等收入阶段的经济体。到了这个阶段以后，其他各个经济体大同小异的一个表现，就是不可能再维系原来经济起飞阶段的高速增长状态，都要经历一个发展速度的向下调整。新常态的“新”讲的就是高速变成中高速，往下调整这个新阶段的到来。

这个新阶段符合一般经济体发展的共性规律，而中国在这方面要特别注意的是第二个关键词——“结构优化”，即我们增长速度的降低，不能一低再低，“新”后面跟着一个“常”字，这个“常”的追求有更深刻的内涵，就是要以结构优化来打造一个经济增长质量提升的升级版，速度是由“高”往“中高”向下调整，增长质量则要从低中向中高提升。这也就是所谓“两个中高”之说。这个阶段，我们要经历“三期叠加”的考验，即经历增长速度的换档期，结构调整的阵痛期，还要做前期刺激政策效应的消化，完成这个消化期。要把三期叠加处理好，实际上跟着必须有一个在改革深水区攻坚克难、使我们的全面改革得到实质性推进的这样一个改革的实质性推进期。结构优化表现在各个不同角度观察的产业结构、区域结构、技术经济结构等，还特别要包括我们的利益格局与制度结构。这个结构优化，是要针对性地化解中国已经形成的一系列深层矛盾制约。五中全会比较直言不讳地表述为我们面临着矛盾累积隐患叠加。也就是前几年大家已在讨论的，中国黄金发展期的特征还没有消失，显然还存在着这样的发展方面特定的蓬勃局面。但是，黄金发展期旁边伴随着的矛盾凸显期特征，却越来越对我们形成制约，这个矛盾凸显，从物的角度来看，大家都体会到了。我们在环境角度的可持续性发展等方面，已经面临非常严峻的考验，全社会关注的雾霾，成为屡次出现的制约我们经济社会生活发展的危机性因素。除了大气污染，还有水流、土壤这方面严重的污染，一直引到整个中国现在的食品安全问题。这是物的角度观察，这种挑战矛盾凸显，和带来的对可持续性的威胁，绝对不可忽视，必须有效解决。而在物的旁边，从人际关系角度来看，这几年我们已经反复研讨，怎样在中国经济社会总体发展过程中老百姓普遍收入水平提升的同时，遏制收入差距的过分扩大，和怎样解决普遍反映的收入分配不公这方面明显的问题。结构优化作为新常态的第二个关键词，具有针对深层结构矛盾制约的问题导向下的深刻含义。必须在结构优化的支持之下，打造我们整个经济社会发展质量提升的升级版。这个升级版运营上的表现，按照《人民日报》上权威人士的说法，其实就是最高层面认可的这样一个认识：经济下行如果比喻为一个L型，要走到小拐弯的地方，完成探底，然后，拐过来这个小弯的小尾巴应该尽量拉长，应该对接一个升级版的（就是质量提高的）中高速增长平台，这个平台运行时间拉得越长越好，那就“常”了。我们现在是新常态“新”早已明朗，“常”还待实现。当然，今年一系列迹象表明，前三个季度连起来是个小平台，四季度很可能还是这个平台上的运行，这是多少年来绝无仅有的。换句话说，2010年以后的整个经济下行过程，很可能在今年年底到明年上半年这个时候表现出它的阶段性探底。所谓探底，就是波动中间还没有明确的市场上的共识，但实际上已经没有继续下行的势头了。这时候波动中间如果有了一个探底，我们跟着应该是努力寻求让它企稳，对接到增长平台上，我们就是由“新”转到了“常”，并能够争取进一步拉长这个升级版的中高速增长平台。至于说拉多长时间，首先要争取“十三五”之后继续按着这个平台保持一种中高速。8年、10年，能够十几年那当然最好。这个不是最关键的，到底这个平台是6.5—7的区间，还是7左右，还是7再高一点，甚至比6.5再低一点，都不是关键的问题，关键就是怎么样真正让结构优化。

第二个关键词后面还要跟着第三个关键词，我们主观而为要做什么？“创新驱动”。这个创新驱动，总书记从不同角度做了反复强调。中心意思就是“惟改革创新者胜”。我们没有别的选择，要通过创新以制度供给的改革作为现代化的关键一招，也就是李克强总理所说的，通过改革我们才能取得最大的制度红利。以这个改革为龙头，带出制度创新，打开管理创新和技术创新的空间，解放生产力，这样继续现代化追赶——赶超过程。创新驱动这个关键词实际直接对应到后面五中全会总结的现代发展理念的第一条，就是以创新发展作为第一动力，引领整个发展过程。当然，像各个行政区，包括咱们广西，在贯彻中央的战略方针、引领新常态过程中间，我们自己的发展战略指导思想第一条肯定也必须牢牢把握住的，就是创新发展。这个第一动力怎样真正充分发挥起来，后面就要进一步提升到我们认识上必须理清的整个动力体系的转型升级。

有了这样两条线索上的背景，一个是大政方针一步步清晰化，一个是我们经历发展阶段转换，黄金发展同时伴随着矛盾凸显压力，引领新常态必须化解深层矛盾，实现创新发展这样的背景之下，就对接到五中全会后在中央财经领导小组在第十一次会议上，习总书记明确表述的关于供给侧结构性改革的这段话（在此之前，领导人层面已经屡有口风，在此之后，也有更多的进一步的展开的关于供给侧结构性改革的阐述，但我认为，这五句话已经相当简洁和代表性地给出了关于供给侧结构性改革的基本思路和逻辑连接）。这五句话，我们可以简单地过一下里面的内涵。

二、供给侧结构性改革的核心内涵

第一句话是要“在适度扩大总需求的同时”怎么样，这个表述已经清楚表明，中央现在强调的供给侧改革，并不否定原来我们已经努力做的需求管理这方面应继续优化。所谓需求管理主要是在总量上考虑怎么样反周期，经济下行过程中间我们还要适当实行扩张，扩大内需，扩大总需求，但是后面跟着的是话锋一转，第二句话、第三句话强调的我们着力的方面，是在经济学所说的另外一侧，即与需求对应的供给侧了。有的同志说，感觉这个概念上还比较陌生，其实这也是有一个适应过程，比如说前些年大家反复听到的扩大内需，已能理解它了，自然而然社会普遍接受了。供给侧现在也是这样，一开始感觉陌生，但是后面跟着大家会领会到供给与需求相反相成的关系。需求是指人生存就必然要满足他生存必须匹配上的一些条件，从基本的温饱，到发展，到享受，这都是需求。在全社会来看，有一个总需求，是个总量概念，在实际生活里面政府怎样去做这个需求侧的管理，过去已经形成了“反周期”的非常明确的思路框架，而现在更多强调的是跟它对应的为满足需求的生产经营活动，提供的产出表现为各种产品和各种服务。怎样在这方面掌握好，来使经济健康发展？这种把握在第二和第三句话讲，着力加强的，必须强调的，首先是供给侧的制度供给问题，就是第二句话，“加强供给侧结构性改革”，这是首先落在了改革上。一到供给侧，就不像需求那边是个简单的总量概念了，必须区别对待各种要素，有复杂的结构特征，而首先落在改革上，要解决的是制度结构的问题，因为改革就是解决有效制度供给问题，解决我们制度供给里面的制度结构，利益格局的问题。改革作为最关键的落脚点，实际上表明这是与前面邓小平确立的改革开放大政方针一脉相承的，是一个承前启后继往开来、怎样实现改革攻坚克难的问题，因为我们已到了改革的深水区，要攻坚克难。

表述上形成了“供给侧、结构性和改革”三个要素合在一起的概念，有的同志可能感觉带着文绉绉的风格，有没有这样必要把一个原来很简单的两个字概念一下说到三要素合在一起的表述？我的理解是，使用这样的表述，体现了我们的决策层已特别强调的我们的科学决策和政策优化，要得到中国特色社会主义政治经济学学理的支撑。从学理来讲，这个表述是非常严谨的。改革解决的是制度供给的问题，所以直接把“供给侧”标上去了，这也是概念的新意之所在。改革既然是要解决有效制度供给的问题，必然带有非常鲜明的制度结构特征，必须面对棘手的怎样“冲破利益固化藩篱”的结构问题——这是总书记说了多次的话，所以这个“结构性”的用语是在学理上非常严谨地跟出来的。从第二句话里面三个要素合在一起的这个表述上，已经可以体会到这里面丰富的内涵。以学理支撑来考虑我们在社会主义政治经济学的理论引导下，去面对现实问题，推进现代化，支持科学决策与政策优化，形成了全面表述的供给侧结构性改革概念。当然，可以简称“供给侧改革”，汉语里可以作简化的表述。总书记也专门说过，有同志特别强调供给侧后面不能掉了“结构性”，那是严谨的全面的说法，简称供给侧改革也是可以的，但在心目中要知道供给侧改革要处理的是有别于需求侧的、更复杂更具有挑战性的结构怎样优化的问题。

而第二句话落到要把握的核心问题，即作为龙头要把握的这个改革，带出的应是第三句话所说的整个供给体系质量和效率的提高。是要把制度供给与其他的各种要素的供给合在一起，处理为一个系统工程。后面还会专门说到供给侧除了制度因素之外，显然还有其他生产要素，大家实际工作里不断接触到的劳动力的供给问题，以土地为代表的自然资源的供给问题，我们的资金、资本的供给问题，还有科技成果怎么应用这种供给问题，所有这些事情和制度环境合在一起，形成供给体系，其质量和效率的提高，是我们追求的解放生产力的境界。第三句一方面告诉我们，这是一个全局和长远的问题，对整个供给体系必须完整把握，另外一方面实际也隐含着中国人现在强调的供给侧改革，虽然要借鉴美国里根经济学供给学派减税为主等主张，但绝对不是简单地拿来套用，我们处理的问题要比它宏大得多。美国的供给学派有它的贡献，我们应该吸收人类文明一切积极的成果，得到它们的借鉴。但是总书记说的跟它不是一回事，是说我们处理的是系统工程，同时内在的思路也不是套用它的新自由主义取向。美国供给学派的主张很鲜明，就是抓住减税为主的政策措施，让供给侧企业的潜力活力得到释放，政府无为而治。我们借鉴的是它的减税，促使企业活起来等方面的政策含义，但我们并不认同简单的政府无为而治，政府要有为，当然也要有限，这是我们在系统工程中要把握好的一个比较复杂的关系。但是我们的基本认识是在供给侧处理一个全局、长远的系统工程式的问题，与供给学派不宜相提并论。

三句话合在一起，已经正面表述了供给侧改革里的基本内涵和核心任务，是改革的攻坚克难和解放生产力，下面合乎逻辑地，由第四、第五句话进一步说明要引出什么样的解放生产力的结果。首先，是要增强经济的可持续性，是在“问题导向”之下克服制约和危机因素寻求由不可持续变成可持续，这实际上是在胡锦涛同志任总书记期间我们已经实现的认识进步，即把邓小平非常简洁正确表述的“发展是硬道理”，升华为全面协调可持续的科学发展是硬道理这个科学发展观上。那时候强调的，就是全面协调可持续的发展。而关于这个可持续性，现在表述上它的新意是直接连通到了动力问题。动力体系怎么把握，过去我们注重需求管理，认识上说有三驾马车，现在认为不够了，这个三架马车的认识必须从需求侧进一步扩展到供给侧的结构分析。因为需求本来是个可通约的总量，不得不把它分成投资、消费和净出口三块，就有了结构特征，但需要把它延伸、扩展到供给侧，形成整个供给体系对需求做出响应而构成的经济发展整个动力体系的完整认知和把握。这个整个动力体系的转型升级，特别强调的就是要突破原来"三驾马车"认识的局限性，而在整个经济发展供需互动的过程中间，掌握好供给侧各个生产要素，在各自做贡献时它们组合上应有的推陈出新，创新发展。这个动力体系的转型升级，实际也就意味着在中国经济下行的过程中间找到对冲下行因素的新的动力源，要形成新的动力组合，这才能够支撑我们继续超常规发展。落到最后这句话，要实现我国社会生产力水平整体跃升式的发展，其实是非常鲜明地指出要继续在三步走现代化战略框架里面向前推进跨越式发展，弯道超车式的发展，做了关于这种超常规发展的通盘部署。

我们如果对邓小平的"三步走"战略做一个简要的回顾和总结的话，首先看到的是他高瞻远瞩的这样一个设计，在实际生活里面体现为前两步已提前实现，使人们不得不佩服。当时邓小平做这个决策的时候，并没有什么经济学家给他做的数量分析，缺少依照数量模型的演算和预测。但他综合判断以后，认为中国改革开放带来的生产力的解放可以这样通过三步走实现伟大民族复兴。他勾画的前两步"翻番再翻番"，很多人心里面是打鼓的，但实际的结果是提前实现了。提前实现之后，继续在第三步的 50 年时间段之内，我们已有了一个中间节点目标"全面小康"。后面还要在全面小康以后继续向前推进到"中国梦"实现。现在总书记所说的生产力水平的整体跃升，跟我们地方政府这些年不约而同在发展战略设计里面使用的"跨越式发展"，"弯道超车式的发展"是一个意思。所谓生产力整体跃升式的发展就是向上走的曲线实际的表现，是邓小平南方谈话说的，波动中间争取每一波上一个台阶，发展不可能真的表现为一个上扬直线，它是一波一波的过程中间，一个一个台阶地往上走。这种整体跃升式的发展，要成气候，要一以贯之，解决的是中国常规发展无法实现工业革命我们落伍之后的后来居上现代化过程问题。我们必须在追赶中间实现赶超，一定要以超常规发展追求实现后来居上。这样的现代化整个过程的追求，在总书记关于供给侧改革的完整表述里，已经落到了最后引领我们的这样一个战略思维：继续实现超常规发展，才能对接中国梦。

如果按照这样一些基本的认识，合在一起，我们显然就要形成一个领会中央精神的清晰的基本认识。中央这样的被称为战略方针的供给侧改革表述，显然是体现了最高决策层经济工作思路和宏观调控指导思想方面新的思维，也是在学理支撑之下，在新的阶段，在问题导向之下，给出面对全局和面向长远的战略层面的指引。战略方针就不是一般的方针，就是和我们整个的战略布局内在契合的总体指导方针。

三、供需互动中全面认知动力体系及供给侧创新的关键意义

“供给侧结构性改革”的核心内涵，就是以有效制度供给为龙头，以结构优化为侧重点，在改革深水区攻坚克难进一步解放生产力以实现“中国梦”的系统工程。

我们作为研究者，前些年比较早的时候，在世界金融危机发生之后，认定供给侧是学术研究的一个重要方向，而看到了过去经济学的主流成果在这方面是有明显缺陷的。我们有了这样的清晰认识之后，2011年已经有专门的供给侧研究团队，当时称为研究小组，后来在2013年正式成立了华夏新供给经济学研究院。在中央现在明确给出了供给侧改革战略方针之后，我们当然一方面感觉到鼓舞，另一方面也感受到鞭策和进一步深化研究的学者责任。

作为研究者，我们在三中、四中、五中全会之前，都给决策层上送过我们的研究报告，得到了充分肯定的批示。在中央现在进一步给出清

晰的指导意见之后，当然还要进一步深化研究。借这个机会，我简单勾画一下，首先从学理层面我们怎么认识供给需求之间的互动，以及在供给侧现在要着力推进这样的改革，所需要把握的动力体系怎样处理转型升级问题。

非常简要地说，需求和供给是经济生活中一对相反相成的概念，谁都离不开谁。如果从全社会来看，所形成的总需求和总供给的互动，是不是需要有政府在里面发挥一定的调节作用？过去的认识是肯定的。因为实际生活告诉我们，国家干预有必要，以20世纪大萧条这样的严重经济危机给经济学的推动来说，就是诞生了凯恩斯主义。“凯恩斯革命”这个概念，表现了经济学认识框架上的一个明显提升，从原来的自由放任时代政府简单充当“守夜人”这个角色，提升到政府要通过合理有效的国家干预，来校正市场运行中间的有效需求不足，实行反周期的调控，目的就是实现总需求和总供给的动态平衡。有了凯恩斯主义理论上的这种论证，又有了实际生活里面像美国罗斯福新政等成功的国家干预案例，于是在20世纪中期后期，各个经济体比较普遍地接受了要做好政府实施国家干预的反周期需求管理操作这样一个认识框架。中国在20世纪90年代明确走社会主义市场经济之路之后，当时邓小平同志明确要求朱镕基同志在一线主持经济工作，跟着实施了南方谈话以后1994年的财税配套改革，形成了一个中国宏观层面的间接调控框架。一边是中央银行掌握货币政策，另一边是财政实行经济分权以后，依靠分税分级财政体制，以经济手段为主，形成间接调控的通盘架构。分税制之下，新的境界是什么？就是所有的企业无论大小，不问行政级别，不看隶属关系，不讲经济性质，税法面前一律平等，企业作为市场竞争主体，依法该交国税交国税，该交地方税交地方税，税后可分配的部分按照产权规范和政策环境自主分配，这才刷出了各种企业公平竞争的一条起跑线。政府企业关系正确处理的同时，是把中央地方关系稳定在一个没有体制周期的规范框架中。大家在桌面上阳光化地讨论怎么分税这个制度建设轨道上。当然，这里面也隐含着1994年确立的对第二种经济关系，即公权体系（就是我们政府）和公民（就是作为自然人的纳税人）这个关系怎样依法来做调节。那个时候确立了比较规范的个人所得税制度，到现在，税制改革中还要推出直接税里的财产税制度，以及探讨以后在中国是不是要开征遗产和赠与税。这些都是在1994年体制确立下来的间接调控功能。我们在90年代形成这个间接调控架构以后，应对亚洲金融危机和世界金融危机的冲击，都是借鉴学习国际上反周期的宏观调控经验，实施需求管理的。但是在这一次世界金融危机发生之后，我们认为，过去自认为比较成熟的需求管理，其实存在着非常明显的缺陷和不足。否则无法解释这么多经济学成果，这么多有影响的经济学家，却没有对于这种席卷全球的（格林斯潘称为百年一遇的、实际跟大萧条是相提并论的）危机，做出什么像样的预测预警。特别是，再看危机发生之后，实际生活里面，世界头号强国美国为代表的实践，不可能仅仅按照需求管理的套路来处理宏观调控问题。美国人实际是跳出了主流经济学典型的教科书的范式，区别对待并突出重点地在供给管理方面做得可圈可点，非常值得我们重视和总结。美国人自己在金融创新方面走过了头，由次贷危机引发金融海啸，然后在一个重要的节点上，当时已经意识到对于政府来说，有一个非常重要的权衡，就是157年老店的著名投资银行雷曼兄弟公司资金链要断裂，政府救还是不救。反复权衡之后当时没有出手，结果一下子金融海啸上升为席卷全球的金融危机。再往后，美国管理当局总结经验，相对果断地先后对花旗、“两房”动用公共资源注资，一直走到给实体经济层面的通用汽车公司注资。这种特定的区别对待、突出重点的调控，是过去经济学教科书里面从来没有给出具体意见的供给管理措施。但是形成了抵御危机中最有决定性的影响。到了给通用注资之后，实际上美国应对危机的过程就出现了一个拐点，原来市场上弥漫的悲观情绪得到了很快的收敛，预期开始向好，后面跟着的是一个复苏过程。给通用注资之后，美国管理当局当然也采取了几轮量化宽松这种总量型的需求管理举措，但同时他们是有声有色地采取了一系列供给管理的举措。人们耳熟能详的有“油页岩革命”，不仅是提升经济景气，而且是在基础能源以后的发展格局里要产生战略意义的深刻影响，长久地影响全球能源战略平衡的。这个基础能源战略资源层面美国的油页岩革命，很明显是以政府的产业政策、技术经济政策来施加对经济生活的影响。跟着还有3D打印机，对应的是大数据的信息化时代，有可能以社会化大生产的生产能力去定制化应对新阶段上的个性化需求，即定制化地提供有效供给。这也是在全球引领潮流，走在最前列的。美国还继续贯彻克林顿总统时期就非常明确作为重中之重强调的“信息高速公路”，一轮一轮地让它升级。跟着还有“制造业重回美国”，现在特朗普要上台了，又再次强调这个事情，而且他是点对点地操作，以即将正式出任总统这样一个政治家的身份去干涉，把一个原来要搬到墨西哥去的工厂留在了美国。制造业重回美国不是简单的重回，是带有升级换代、智能化生产这个时代特征的升级换代式的重新发展。还有美国人在人才这方面——这是供给侧非常重要的要素——特别强调要引揽全球高端人才为美国服务，大家都知道，在全球它对于人才的吸引力是最高的，这方面它还要加码，要进一步巩固人才方面的优势。另外，在一些特定的经济增长点上，美国人实际的作为非常值得我们注意。比如它宣传的并不特别说到，但是你如看到一些信息再去问他，他也会如实介绍的——美国很有影响的特斯拉电动汽车，是在它发展的瓶颈期迎来了美国华裔能源部长朱棣文对它生产线的视察，后面跟着的是美国能源部一笔4亿多美元的优惠贷款就发放给特斯拉，使它冲过了瓶颈期。特斯拉的掌门人被称为经济狂人的马斯克这样一个企业家，创新的领域不限于电动汽车了，他可以超出所有人的预想，成功地实现了民用航天方面火箭发动机主体陆地回收之后难度最大的海上回收，这是公共部门都没做到的事，他成功了。另外，他还在研建管道内几乎抽成真空的高速列车，在西部沙漠地带已经开始试验。如果他真的15年、20年以后这个创新能应用到实际生活里面，中国现在高铁上的领先局面就不复存在，以后在国际竞争中高铁主要干道上面的主导权，就只好眼巴巴地看着他们去掌握了——这都是特斯拉掌门人马斯克做的几件事情。显然在电动汽车这个方面，美国政府看准了以后，就是非常果断地给予它特定的政策性融资支持。很遗憾，这些事情我们过去在学习借鉴国外市场经济经验的时候，几乎没有谈到。但是世界金融危机发生之后，在看到美国一些不可忽视的供给管理实践的旁边，我们再想想中国人自己，我们一路发展中不也是这样吗？反周期的同时，我们什么时候都绕不过区别对待，突出重点的供给管理问题。朱镕基同志当年在经济工作一线的时候，1997年发生亚洲金融危机，就开始考虑是不是要应对一些特定的外部冲击。到了1998年一季度数据出来以后，发现不对头，原来反复强调的“一个确保”有可能实现不了，于是断然采取年度之内调整预算的措施，发行长期建设国债，给经济升温，这是需求管理的总量扩展。但同时他又必须很清晰地提出，长期国债的资金一分钱都不允许用于加工项目。这就是使用方向上的供给管理，给出了六大重点，包括大江大河的治理，铁路、公路、机场等基础设施升级换代的建设，他当时特别关心的国有粮库系统的建设（因为要给他当时特别看重的粮食流通体制改革提供硬件支持），还有当时已经意识到农村方面必须实施电网建设，实际上形成了“新农村建设”的前期引导。另外，他当时注意到，房地产行业这方面需注意在市场轨道的运行旁边，还要有经济适用房建设，等等。安排这些投入的重点，都是供给管理，都是处理结构问题，是回避不了的。到了第二年，他又做了调整，为支持国有企业战略性改组中三年脱困，可以用长期建设国债资金，结合财政贴息机制，实施大型骨干企业的技术改造。所有这些，在中国都是完全绕不过去的供给管理问题，我们过去已经反复在这方面做出中国式的处理。到了温家宝总理任上，看到世界金融危机发生，意识到“信心比黄金更重要”，下决心启动4万亿一揽子经济刺激计划，这是总量调控的需求管理，而后面跟着的就是要召开一连串的国务院常务会议，每一次会议针对一个行业专门确定怎么样把这个资金做结构化的优化运用，这都是在处理供给管理问题。这几年中国经济一路下行，我们的货币政策当局还不得不试着把总量型的货币政策“结构化运用”，所谓“定向宽松，定向降准”，这就是被逼出来的，我们需求管理的旁边还要搭配上供给管理任务的现实情况。

总结一下理论和实践，我们认为，在金融危机冲击之后必须实现经济学理论反思基础上的创新。这个创新不是为创新而创新，是实际生活告诉我们必须创新，否则经济学怎么样为现实服务这个任务是无法很好完成的。在创新的探索过程中间，我们形成了关于经济生活中动力体系的一些新的认识。

我们的基本认识，是首先承认需求是经济生活中间的原生动力，但是供给侧对于需求侧的响应机制和它的特征，却是划分经济发展不同阶段、不同时代最关键的因素。如果把人类社会的发展画一个简单的表格来表现，第一列是对不同时代的表述，一个一个台阶地在往上发展。第二列是生产力方面，以生产工具创新代表的一个一个台阶，是与社会发展的台阶相对应的。第三列是生产关系这个角度上，我们所看到的人与人的关系，就是社会形态的表现，也是一个一个台阶往上发展。这个发展过程中间，可以总结的最基本的认识，是实际上人类社会从最开始脱离动物界一路发展过来，看得见、摸得着的创新，都是发生在供给侧，表现为生产力这个概念之下，供给能力是怎么提高的。最开始人类社会脱离动物界，是以供给侧在分工合作条件之下的采集与狩猎这种供给方式，满足社会成员能够活下来的基本需求，再往后经过多少年漫长时间的努力以后，出现了农业革命，农耕文明形成以后，生产力上了一个大的台阶，它使社会成员不仅是能够在一个季节更迭之后相对稳定地满足活下来的基本需求，同时还可以满足社会成员中间一部分人的享受需求、发展需求。按照历史唯物论的解释，这就是生产力提供的剩余产品稳定形成以后，社会必然要脱离原来的原始共产主义的氏族部落阶段，进入阶级国家这个发展新阶段，社会形态跟着也上台阶。这个发展过程到后来最重大的事件当然就是工业革命，又伴随着地理大发现以后的全球化进程，具体又区别为蒸汽时代、电气时代、自动化机械时代和现在我们面对的信息时代。这样一个一个台阶，由供给侧生产力提升起来的供给能力，现在推到最前沿是什么概念呢？是智能化和共享经济。依靠大数据、云计算、移动互联，现在人类社会中，原来想都想不到的一些共享经济的业态，逐渐呈现在人们面前。多少年以前看到一些端倪的所谓分时度假——那些已经建成的设施摆在那，大家共享式的分时度假，实现共赢，在这里面没有输家，本来是互相排斥的关系，变成一个利益共同体，是共赢的关系。后来大家知道，现在的网约车、顺风车，靠着数据处理能力，非常简便地就推进到了在一起怎么样共享的机制。再往后发展，像特斯拉电动汽车，于中国已经在布局，在布局的同时又非常清晰地给出一个前景，首先要推动在北京—上海最有代表性的高速公路干道沿线配套设立好充电桩，让过去大家心生疑虑的电动汽车怎么样跑长途，怎么样做远程旅行的配套条件，给你勾画出来了，再跟着可想到的是，以后可能不用多少年，电动汽车越来越普及的情况下，本来认为是家庭代步的消费品，但晚上你停在停车位的时候，接上充电桩，这时候电力系统中供应的是最廉价的电力来源——晚上是用电的低谷期，以最便宜的成本你充了电，到了白天如果你这辆车不开出去的时候，手机里会跳出一个智能化提醒的信息，告诉你可以顺着去操作，可以卖出多少电去，留有你的一个备用部分，其他的卖掉，而且卖个好价钱，这个消费单位就变成一个生产单位，而且还是一个盈利单位。而这样一个全社会共享的格局里面，没有人受损，方方面面在这里面形成一个非常确切无疑的共赢。这种前景已经摆在人类社会面前，以后共享经济这些具体的业态、它的盈利模式，会层出不穷。

怎样认识这样的生产力视角上的创新所推到的这个前沿？现在我们看得很清楚，它所对应的社会形态方面的核心概念，就是包容性发展。也就是现在习总书记在国内外多次说过的，我们中国的发展是和平发展，是在和平发展过程中间和其他经济体之间的人类命运共同体式的发展。前面说的共享经济，我们先是从微观角度看的，现在说到的是全局，在中国整个现代化过程中，总书记说要摒弃你输我赢的旧思维，按照命运共同体来实现中国的和平崛起。这么宏大的原理，其实回到前面说的分析就是一句话，人类社会生产力发展的特征，和根本上由生产力决定的生产关系的特征，实际上都是发生、形成在供给侧，供给侧创新才是看得见摸得着的实实在在的创新。就是因为供给侧的创新推进，可知为什么到了邓小平考虑总体发展战略的时候，他提出一个关于时代主题的新判断，是非常重要的基本判断——他在宦乡等学者的研究基础上，一锤定音：我们时代的主题是和平与发展。当时这个话说出来以后，似乎并没有太大冲击力，但是作为研究者，我印象很深。这些年我反复回想，邓小平的这个战略判断解决了什么问题？他实际上是否定了毛泽东时代那个基本战略判断——我们所处的是战争与革命时代的判断。毛主席那个判断后面跟着的，必然就是要立足于准备打第三次世界大战，而且要准备早打大打，全面地打，要深挖洞，广积粮，要一切立足于解决“谁战胜谁”的问题，所以他强调阶级斗争年年讲、月月讲、天天讲，强调无产阶级专政下继续革命。那个大战略判断放在前面以后，后面所有的要领都是内洽的，逻辑上一环接一环推出来的。邓小平这个战略判断，就是明显地形成另外一条思路，既然是和平与发展的时代，就一定要领会他说的“再也不可错失机遇”，一定要抓住这个战略机遇期，紧紧扭住经济建设为中心的基本路线不动摇，一百年不动摇地通过三步走实现中国的现代化。这个战略的机遇期的基本判断所说的和平与发展，它的客观依据在哪里？如果按照邓小平这个思路，当然我们现在就要一直引到“命运共同体”这样的基本判断，寻求共赢多赢的新思维。客观依据是要由实践检验真理，毛主席的基本战略判断和邓小平的基本战略判断，后面引出的一个一个环节上的要领，在自己的逻辑上都是内洽的，但邓小平这个判断，我们现在如果按照学者的话说，所表明的就是认识到人类社会的供给能力推到了核威慑时代，这个核威慑使第三次世界大战发生的可能性变成小概率事件。换句话说，战略机遇期就由此形成了，虽然局部的摩擦甚至战争还会不断发生，但总体来说，人类社会有希望避免第三次世界大战。于是中国到了这样一个关键时期，战略机遇期摆在前面，看我们能不能够紧紧扭住经济建设为中心这个基本路线不动摇，后来居上，实现伟大民族复兴中国梦。

这一套战略思维如果回到原理上来说，就是我们要充分意识到人类社会的进步，供需互动中间一定抓住供给侧创新不放。需求侧形成的原生动力使人们需要温饱，需要发展，需要享受，这是很容易理解的。它实际上在不断的变化中间，就是要实现所谓用户体验的升级，这是永新而无新的。说需求确实在变化，到了一定时代，人们越来越想满足自己的个性需求，这都可以理解。但是需求主体的本身说不清楚到底是什么东西能够满足他。实际经济活动中间，一个一个让他满足的这样的具体对象是在供给侧由生产经营主体成功的创新提供的。整个创新过程合在一起，推到了智能化、共享经济，带来了和平与发展的时代。

具体生活中间的表现，是大家看得见摸得着的一些供给创新，比如说苹果产品，是很好的案例。到了信息时代，大家认同的是智能手机，人人离不开。苹果产品就是在这个扑朔迷离的竞争中间由市场检验证明成功了。全球化时代的表现是一款新的苹果产品那边刚刚发布，没过两天，中国这边北京繁华商业区西单大悦城的苹果旗舰店前面人山人海，它在市场上的影响不是“一呼百应”的问题，是一呼万应，在全球出现这样的热购。这是通过成功的供给侧创新，释放需求的潜力。需求就广义来说是没有边界的，人的需求永远不会完全满足，经济学要讨论的需求必须给个定义，是有货币支付能力的有效需求，这就好讨论了。老百姓随着社会经济发展，钱包越来越鼓，大家生活水平在上升，这个钱怎么用可是有消费者主权的，是成功的供给侧的这种让他动心的产品，使他眼前一亮以后，欣然运用自己的支付能力去购买，这就形成了交易，就形成了景气因素。千千万万消费者在供给侧的有效供给支持下形成交易，也就形成了繁荣，就是使经济生活发展中间有强劲的动力。这个供需互动原理其实并不复杂，一定要强调，是供给侧形成了看得见摸得着的创新。对需求原生的动力，我们承认它的意义，但是接下来要特别注意这个动力的传导机制，是由供给侧的响应以及供给侧成功的创新，使之形成了健康的循环的。

这方面也有另外一个非常值得分析的案例。中国的老百姓有钱了，中日关系和缓一点以后，大量的中国人跑到日本去旅游，到那边又几乎不约而同出手购买日本那边可以买到的所谓马桶盖，就是家庭卫生洁具升级换代的这种坐便器新产品，把被称为马桶盖的坐便器要在日本大量买回来。一开始大家认为肯定是中国本土没有这样合适的、合格的供给，中国在生产技术能力和制造工艺等方面不过关。后来发现这个判断不对，中国人买回来的马桶盖，其实是在中国杭州附近由中国本土厂家按订单生产的，只不过交易实现在日本那边，肥水流入了外人田。中国缺的是什么呢？很明显，中国本土并不缺少生产马桶盖的技术供给和工艺供给，产能是有的，生产出来的产品可以是合格的，但就是不能很好实现在国内市场上的交易，所缺的不是工艺技术这种供给侧要素，缺的是供给侧另外一个非常重要的制度环境要素。问题就是中国的家电市场，我的表述叫作鱼龙混杂，消费者对于假冒伪劣心有余悸的情况下，大家识别不清楚优劣，不敢轻易出手去购买，国内也可看到这么多的马桶盖，但不知道自己该买哪个。但到了日本，情况完全不一样了，口口相传的公信力出来了，有全套的质量控制，有全套的政府监督，放心买，买回来放心用，不会有烦恼，“用户体验”和预期对上了，马上形成交易。所以，这个案例很清楚地告诉我们的真问题是中国本土怎样把鱼龙混杂的局面变成可以优胜劣汰，形成有满足用户体验后续保证的品牌胜出的局面。董明珠说中国的家电市场上大家都在处关系，这是一个很生动的描述，都处关系的结果就是一而再再而三地陷入鱼龙混杂的这种不良状态，应该在优胜劣汰中间胜出的品牌，迟迟不能够清晰表现出来，这就是我们必须反思的问题，是中国的转轨和供给侧改革中一定要抓住的事情。不仅是我们一般比较容易理解的常规生产要素，特别是要抓住综合在一起的制度环境供给这样的龙头因素。我们现在要打造新的动力体系的关键，其实是在中国经济社会转轨过程中间以制度供给作为一个“纲举目张”的最关键的要素，带出来其他要素结构方面的优化，以制度创新打开管理创新和技术创新空间来解放生产力。这样的一个供给体系，是要在“三驾马车”后面进一步在供给侧对于需求形成有效的响应机制，形成动力体系的转型升级。这也就是我们现在要把握的供给侧改革创新发展过程中间找到新的动力源、对冲经济下行因素的关键。以制度供给为核心，带出打开技术创新和管理创新空间的新境界，中国在供给侧改革推进过程中解放生产力，实际就是紧密结合着这样一个动力体系转型升级问题。

这方面如果我们做个小结，就是大家应领会的供给侧改革，就是要以结构优化、改革的攻坚克难来进一步解放生产力，实现动力机制和体系转型升级的系统工程。它在具体目标上首先对应全面小康，以及在全面小康以后去跨越中等收入陷阱，使我们有发展后劲，使我们能够一路可持续发展、超常规发展，最终实现伟大民族复兴中国梦。

四、关于供给侧结构问题的五大要素分析及制度要素的关键性

再往下要稍微展开一点分析前面说到的供给侧的结构问题。供给侧这种结构问题，一般的感觉就是它的复杂程度明显高于需求管理。一讲需求管理的反周期，大家听起来比较简洁，经济偏冷的时候要注入流动性给它升温，经济偏热的时候要控制流动性给它降温。很清晰，我们过去就是这么在总量上操作的。但不够用了，到了现在强调的供给管理，要处理的结构问题，涉及什么样的多种要素？我们觉得其量化模型确实现在还难以做出精确描述，全世界的经济学家在这方面还要做持续的努力。需求侧总量问题形成一个量化模型比较容易，然而供给侧复杂的结构问题形成量化模型，虽然有种种探索，现在并没有这样一个成熟的研究结果。但是，我们可以首先建立理论模型，理论模型就是抽象出来供给侧五大要素的模型，供给侧千变万化的各种要素，其实可以归结为五类，一个是劳动力；二是土地和土地代表的自然资源；三是资本，资金能够带来增值的部分，就有了资本的属性；再有就是第四，科技创新

成果的应用，以及第五，制度与管理。这五大要素对于经济生活的贡献都是非常明显的，它们是各领风骚，各有贡献。但是在我们引领新常态的概念之下，中等收入阶段怎么样打造新的动力体系这个概念之下，我们特别要看重的是各个要素组合的推陈出新。有些要素的支撑力在下滑，另外一些要素的潜力要进一步调动出来。最简单地说，中央在五中全会有强调的全要素生产力概念，本是个学术用语，实际是聚焦后两项，不是所有的要素等量齐观，强调的是科技创新以及制度创新。

从实际生活里面，改革开放中国的发展里面，可以先对比其他经济体的情况，有共性表现的，就是前面三个要素在进入中等收入阶段之前的发展过程中，它们的支撑力比较明显，比较容易被大家理解和认知。比如说劳动力，一旦进入改革开放过程，中国近乎无限供给的农村剩余劳动力表现出来的低廉劳动成本，成为我们的比较优势，结果就帮着中国一路走来发展到世界工厂和总量全球老二，但这个比较优势在这几年却恰恰是在滑坡。我们的土地和自然资源，在改革开放过程中有了竞争获取的机制，后面跟着的是物质利益，在物质利益驱动之下，多元主体竞争性地取得土地的使用权和自然资源的开发权，跟着就是后面一轮一轮生龙活虎的超常规发展，带出的投资是在竞争中调动一切潜力和活力，支撑着改革带来的生产力的解放，附着在土地使用、自然资源开发的过程中间。我们的资本一开始非常有限，本土匮乏，但是有了开放条件，外资认为中国有利可图，所以大量外资进来，他们带来的是资金，伴随着管理经验和技术的应用，结果实际上是倒逼、催生、培育了中国本土的资本原始积累，走到最近这些年已经看得出来，中国民间资本已经相当雄厚。这前面三项，在我们进入中等收入之前的支撑力是非常清楚的，但是最近几年，他们支撑力的滑坡同样是让我们感受得印象深刻。比如说劳动力，前几年开始从珠三角出现民工荒，招工难，用工贵，这几年已成定局，人力成本越来越高，包括咱们城市中大家感受到家政服务的保姆，工资这几年是翻着跟头往上走的。这些年来中国劳动者低端的粗工、壮工、农民工收入水平的提高，表现为高于平均工资增长的速度，所以中国的基尼系数（就是表示收入差距的一个具体参数）走到 0.49 的高位以后，这几年是逐渐回调，最新一轮官方公布的是 0.46。正面讲这是好事，经济发展到一定的阶段，低端劳动者在共享改革开放成果这方面得了实惠，他们的收入增长幅度高于社会平均的收入增长幅度。从负面来讲，这叫无可奈何花落去，我们原来所依仗的一个比较优势，现在在明显减少它的支撑力。这个低廉劳动成本比较优势的滑坡，在全中国已经不限于珠三角、长三角，很多其他地方，实际生活中间都在告诉我们，这样一个新的局面已经形成。首先从增长极区域开始，就必须考虑如何应对这个变化，要腾笼换鸟了，珠三角首先提出的腾笼换鸟，实际上就是原来已经形成的产能，称为世界工厂了，但这些产能要往外转移，除了中西部可能接纳有限的一部分之外，更多的要转到越南、老挝、柬埔寨、孟加拉，转到这些地方，这个过程跟当年这些产能往我们这里转，是一个道理。腾了笼以后怎么换鸟，这就是实质性的考验了。你如果腾了笼，自己要换的这个鸟，就是升级换代的这个产能，不能够实际形成，就产业空心化。这种产业空心化的情况，不客气地说，我们已经在温州看到了痛失好局的这样一种不良状态。温州的跑路事件发生之后，暴露了前面这些年在发展过程中间升级换代受阻的真实情况。雄厚起来的民间资本不能有效支持本土上的企业在发展到一定水平以后，继续往上突破升级换代的天花板，反而是这些资金跑去大肆炒楼，炒楼失败以后又宁肯炒大蒜、炒绿豆，就是不能回来很好支持实体经济突破“天花板”的升级发展。金融危机之下，温州原来那种偏向于高利贷式的灰色金融支持的资金链的高融资成本，已经难以维系，使跑路事件爆发，整个资金链断裂带来危机局面的后面，就是产业空心化的这个实际情况，所以必须经历痛苦的调整过程，阵痛之后来寻求打开以后的新局面。

如果像这样一些不良状态，在我们的珠三角、长三角更多发生，那我们的前景就的确堪忧了。前一段时间东莞的表现大家也高度紧张，也盯着看了一阵。一定要防止在我们劳动力比较优势丧失的过程中，没有后劲这样的不良局面。这个方面当然也伴随着其他要素的变化：土地和自然资源本来在我们这边是和其他要素结合在一起体现它的支撑力，这些年大家感受到的是扩大城乡结合部的建成区——这是城镇化中间的必然的表现，中国在未来几十年还会有 4 亿人要从农村区域转到城镇区域来定居，这本来是我们发展中的引擎和动力源，在一轮一轮去推进基础设施建设，扩大建成区域的同时，各种各样产业的互动会促成经济的升级，还有人力资本一轮一轮的培育，要提高国民素质水平，释放出巨大的需求，又会要得到全球有效供给的回应，支撑中国和平发展中的一个经济循环。但是我们这些年感受到的，是这种建成区扩大所面临的征地拆迁补偿成本是越抬越高，如果不另辟蹊径往前走，我们的空间很快要被封死，已经抬到综合成本之高使我们进一步利用这个空间非常困难、棘手的紧迫局面。北京前两年说城乡结合部征地拆迁补偿中形成的一轮一轮讨价还价，已抬到的水平是 1∶5，拆 1 平方米的地方，必须以 5 倍面积的商品房作为补偿，整个社会才能过得去——这是一轮一轮钉子户抬高的实际成本。讨价还价的这种机制，能不能够另辟蹊径，就得看看重庆为什么这些年坚持试验地票制度，配上土地收储制度，来把这个事情处理得相对从容和方方面面都得到照顾以后，综合成本不会急剧抬高。很遗憾，重庆这个试点，这些年只允许它一地试验，成都曾经跟进，迅速被叫停。整个中国，我们现在不断听到的还是在征地拆迁补偿中间动不动就弄成流血事件、极端事件、震动全社会的事件，这些都是制约我们的现实问题。

资本这方面大家知道，钱是有了，但是投资界普遍的反映是说找不到合适的投资对象。一边是那么多的三农小微这些生产经营活动，说苦苦得不到应有的融资支持；另外一方面有大量的资金在那脱实向虚，在金融领域里寻机操作，就是不能有效地去支持实体经济。这同时也反映中国到了一定发展阶段以后，常规投资的“边际收益递减”已经普遍大量发生，必须找创新的有效的连接机制。这样一看，既然劳动力、土地和资本这三个要素的支撑力这些年都在下滑，可以很直观地解释为什么我们进入中等收入阶段以后，增长速度是一降再降。这些供给侧要素支撑力下滑的同时，必须找到新的动力源来对冲下行因素，寄予希望的就是后面的科技和制度两项。科技被邓小平称为第一生产力，从原理上讲这个第一生产力不是对劳动力、劳动对象、劳动工具这传统的生产力三要素做个加法，加上个第四要素，而是在传统要素上加一个乘数，加一个放大，所以它是“第一”。这就是马克思恩格斯当年他们有很清晰的说法：科技在人类历史上表现为一种进步中的革命性的力量，也就是现在企业家们已经接受和特别看重的概念，科技带来的是“颠覆性创新”，迅速改变面貌的创新。这种放大效应，这种决定性的供给，邓小平说到是第一生产力，很简洁，原理上是非常正确的。

到了信息时代，大家比拼的都是科技能不能引领整个创新过程，但是光讲科技不够。西方的全要素生产力概念，讲的主要就是科技，但中国结合着制度经济学、转轨经济学成果和我们实际的理论联系实际的研究成果，必须强调完成转轨中间，制度在某种意义上讲高于技术。如没有一个制度方面的变革，科技创新空间相关的潜力很难如愿发挥应有作用。我们已经看到在实际生活里，大家想学硅谷，但硅谷最关键的经验中国往往学不来，以一个创新的过程引领整个发展潮流，硅谷做到了，现在还在引领信息化时代的创新发展，中国人想学它，但怎么会出现前面大半年在科研创新领域里面有关管理环节上非常起劲地依照官本位、行政化的规则，来跟知识分子过不去？各种各样繁文缛节式的所谓加强管理，严重走偏了。克强总理看不下去，多次批评，要求砍掉这些繁文缛节，国务院专门发了优化学术环境的文件，但就是不动。知识分子普遍反映说：我们不想再接科研课题了。这种情况打击了高校、研究机构、产学研一线上很多研究者的积极性，完全违背科研规律。到后来是又有中办国办联合发文，下文件来纠偏。现在有关部门是说要求在2016年年底之前出细则，把这些中央的精神真正落实。怎么样尊重科研规律，后来还有专门的进一步调动七类群体积极性方面的具体文件指导，就是要在这方面解决中国出现的偏差与问题。总理到清华北大座谈的时候，忍不住直截了当地说，科研管理方面教授出行只能坐经济舱，高铁的二等座，这都是什么规定？这种违背科研规律的规定，就是我们的管理部门非常起劲地套用官本位、行政化的一套东西来加强管理出现的扭曲和偏差。这在硅谷，想都不要想，根本不可能出现这种情况，但中国是实实在在发生了，一边讲走创新型国家道路，一边在以这种繁文缛节打击科研人员、一线人员的积极性。所以，给我们的启示与警醒就是：中国要真正走通供给侧改革指导之下的创新之路，制度是龙头因素，完成中国经济社会的转轨，以制度创新打开科技创新、管理创新的空间，是势在必行的供给侧管理的一套系统工程，把这个紧紧抓住。当然实际生活里面我们需要继续对接到形成建设性的思路建议和操作。

五、完善供给侧环境与机制，激发微观主体潜力与活力的基本思路

我们在五中全会之前，接到中财办一个内部研究的任务，当时找了5位学者，各自承担一个课题，比如跨越中等收入陷阱，对于世界经济前景的预测，我接受的课题是怎样完善供给侧的环境和机制，激发微观主体潜力和活力，显然是注意到我们研究群体前些年做了这些方面的一些初步努力。希望我们在这方面给科学决策更多地提供一些思想材料和可参考的建议，我拿到这个题目当时是保密的，现在过了保密期，拿到这个题目我就意识到中央在供给侧方面已经谋定后动，之后一定会提炼出一个指导全局的方针。我们在研究过程中，也意识到这样一个供给侧环境机制怎样完善的问题，要落到中国已经高达7000万的微观市场主体潜力和活力怎么发挥这个命题上，实际就是要打造引领新常态中的新的动力体系转型升级，在这方面我们努力做了研究成果条理化的表述，形成文本，上送中央的是按照为决策层服务要求，比较简明的一个三层框架。

我们首先强调，中国特色的宏观调控必须注重理性的供给管理。这

在实际生活中间的必要性是非常迫切、非常直观的。比如“十三五”期间，我们必须实现全面小康，中央意识到农村 7000 万贫困人口必须脱贫，一个都不能少，“精准扶贫”的概念就成为一个战略要求。扶贫中的精准扶贫是个什么概念？绝对不是一个总量型需求管理的概念，而是要把中国农村 7000 万贫困人口的所有致贫因素一一分析到位以后，对症下药，把所有必要措施结合在一起的一个理性供给管理方案。比如，咱们广西在农村区域有一些贫困居民，他们贫困的原因是什么？就是所居住的自然生态环境不适合人类生存。这种情况过去已经有过总结，别无选择，必须实行“异地搬迁扶贫”。现在的问题是时间表来了，2020 年必须全面小康，要赶快做这个事。于是供给侧的要求是赶快找到地皮，把所有的资源投入进去，赶快建新村，新村建成后，又还需要干部进去在这些人家逐家逐户做动员工作，引领他们到新村定居，故土难离也得离，否则就不能够脱贫致富。到了新村以后，还要回访，过去有过这种情况：几个月以后去看，这些人又跑光了，说新地方住不惯，又跑回老家去，到老地方，还是不能脱贫。这种事情，要定制化地形成全套的解决措施，怎么分配这些资源，怎样把这些事情做到尽可能周到细致，当然就是一个复杂得多的任务，不是一个简单的总量调控、需求管理的概念所能够表述的。另外，致贫的因素可能有的不是自然生态环境过不去，但就是多少年来不能够打开种植也好、养殖也好的这个致富门路。政府就得组织合格的有经验的专家过去耳提面命式地给予指导，做土壤的化学因素的分析，做所在地特定的自然环境的分析，给出建议，还得手把手，耳提面命式地去教会人家怎样打开生产发展的致富门路，这样才能够把精准扶贫做到位。还有一种，可能就是因为受到疾病这方面的困扰，农村区域一个家庭如果哪个成员得了大病，会因病致贫，因病返贫，这种问题的解决，那就得依靠另外一个套路了——必须把城镇区域已有的大病统筹制度覆盖到农村，包括穷乡僻壤统统覆盖，而且还得以一些临时救助机制配套，才能够使这些人在这个精准扶贫的概念下，解决他们因病致贫、因病返贫特定问题。还有一些区域，“要想富先修路”，面对的是怎么解决突破基础设施瓶颈的问题。比如凉山州，这是四川一个少数民族聚集地区，那边有卫星发射基地，又有大片的民族同胞居住的山区。藏族同胞聚居的木里县面积有一万多平方公里，也就几万人。这些人怎么样脱贫致富，要赶快打通交通干道。在当地政府来看，这个事情靠自己的财力是根本做不到的，就得另辟蹊径。现在制度创新里的 PPP，给了一个现在的具体方案，就是引入民间企业太平洋建设，和当地政府签定协议，尽快建成 5 条干道，这是精准扶贫在特定的地方政府辖区里面非做不可的事情。诸如此类的都是供给管理，这种供给管理的案例在中国比比皆是，各个方面、区域发展、科技创新、重点建设、绿色低碳发展、环境保护，等等。这是在中国特定国情之下，我们必须坚持有所区别地在一系列的领域里面，三农、社保、区域发展、自主创新、节能降耗、生态保护、深化改革、国防，等等，实施理性的供给管理。

这一层落成我们的基本看法，就是这是一个摆在长期视野中要加以强调和优化的基本问题，而且必须是守正出奇，既适应市场有效性这个规律，又要发挥政府更好发挥作用这方面的潜力。政府应有为，同时要有限，怎样结合好市场，这里面的创新必须处理好。

这个层面后面，我们在研究中特别强调的是中国基本国情这方面的“非常之局”。中国作为世界第一人口大国，可持续发展有一些别的经济体完全不可同日而语的制约条件。我们列举了三个典型的制约条件，一是与胡焕庸线相关的可持续发展制约。中国整个版图上，大家可以看到 20 世纪 30 年代胡焕庸教授研究勾画出的这个格局：以黑龙江省的黑河（当时叫瑷珲）为起点，连线到云南的腾冲，大概 45 度角斜线，右下方 1/3 多一点的国土里面，聚居的是中国 96% 的人口。当时中国人是 4 亿人左右，现在是接近 14 亿人，人口规模上了一个数量级，仍然是这个格局，这么多年来几乎就没有改变。这样一个基本国情，伴随着是这 10 多亿人——绝大多数中国人所生存的土地就是东南半壁，而且这些人已进入中等收入阶段，资源的耗费，能源的耗费，跟过去不可同日而语了，造成的环境压力是动不动就触发像雾霾这样的环境危机。这是很现实的问题，粗放型发展中“半壁压强”型的压力格局，和粗放型的发展，和我们现在往前看还有很长时间，基础能源不得不以煤为主，形成了“三重叠加”，靠什么去破解？中国怎样才能真正走出一条可持续之路？必须要有“非常之策”。这非常之策，就是有针对性的必须有高水平、理性供给管理的全套方案。这个供给管理处理不好可能走偏，但是我们一定要追求处理得好。以为简单搬用其他市场经济体的经验，守得正以后我们就一路现代化？可没有这么便宜的事，还必须实现“出奇制胜”的创新。比如中国基础能源到底怎么发展，显然不能简单地说依靠从外国进口原油和天然气，我们尽量在这方面用到极致，但是现在这几年已经是60%以上的外贸依存度，不可能更高了。能够进口一些原油、天然气旁边，还得用我们自己的煤，而这个煤怎么清洁使用是难度最大的，相关的全套供给管理方略，要形成整个中国以后能源开发利用的通盘设计，这就是：供给管理系统工程式的非常之策，才能破解中国可持续发展的非常之局。

另外，我们怎么跨越中等收入陷阱，这个历史性考验就在眼前。前面大半个世纪，全球90%以上进入中等收入阶段的经济体过不去这道坎，都落入了“中等收入陷阱”，中国有什么把握说自己注定会走通那个成功者的很窄的那条道，不落入90%以上的前车之鉴里面？我们一定要防患于未然，在这方面一定要充分认清这个历史性的考验，通过我们自己守正出奇的应对措施，来跨越中等收入陷阱。

还有，怎么走向共同富裕？这些年这方面对我们的制约，中央已经明确意识到，反复强调要优化再分配。但优化再分配碰到的机制打造问题是非常困难的，比如说直接税比重要提高，三中全会已明确提出，但实际生活中间毫无进展，立法都启动不了。房地产税到底怎么样？本应配合着基础制度性建设，形成长效机制。现在最新的中央经济工作会议，有非常明确的这种原则性指导意见。实际生活中怎么样去推进，那就是现实的考验。

这些事情合在一起，中国显然再往前，还要有一个新的“三步走”过程，第一步，是2020年全面小康的同时，改革取得决定性成果，形成发展后劲。再往后，跨越中等收入陷阱，处理得好我们在2023年前后就应该去冲击高收入经济体的下沿，这是一个指标也在动态调整的过程，大概要在人均国民收入13000美元以上，那时候需要争取稳住继续往上走，不要像其他很多经济体那样出现反复又折回来。再往后，我们跨越中等收入陷阱以后大概还要有20年左右的时间继续强化我们的硬实力、软实力，最后达到伟大民族复兴。这是造福于中国人民，也是造福于世界人民的和平发展中的中国和平崛起。

这方面如果看清楚相关的这些问题，可提的建议，首先是针对供给侧五大要素怎样解除抑制，打开有效供给的空间。人口政策、土地制度改革、金融改革、企业改革减轻负担，还有国家教育改革以破解“钱学森之问”，科技改革以尊重科研规律使科研人员真正能够发挥长久的积极性，等等，都是非常重要的命题了。这些五大要素的改革，又必须结合一系列的配套改革，行政、财政、国企、收入分配、价格、投资等方面的综合配套改革。这些我们是提出了全套的意见建议的，时间关系就不在这展开。但是落到和广西的结合方面，要谈一些自己初步的认识。

六、结合广西谈供给侧改革的切入点和基本要领

从全国来看，前面的是说中国经济社会的现代化发展进程达到了一个非比寻常的关键时期和历史性的考验关口，我们必须按照中央供给侧改革战略方针处理好理性供给管理这种带有历史考验性的问题。实际生活里面，调动微观主体创业创新创造的活力。中央现在工作指导之中，首先是有一个“三去一降一补”这样明确的要求。很多同志反映说，供给侧改革概念感觉陌生，想来想去怎么抓它的切入点？好像一般人认为“三去一降一补”还看得见摸得着，这是我们工作操作的要领。这个认识当然是对的，但是我理解，供给侧改革并不限于“三去一降一补”，

这个“三去一降一补”算是改革的切入点，以后改革的深化还有必要进一步在各个区域、各个行业、各个部门定制化更细致的供给改革方案设计。

我们先看“三去一降一补”。中央所说的对于全局有要求的“三去一降一补”，如果机械化理解，到各个地方直接套用，一定会碰壁的。比如说“去杠杆”指的是什么？如果从广西看去杠杆，如果理解为是中央层面所说的控制我们的广义货币供应量，那个 M2，应当说那跟我们广西没关系。不要说跟广西没关系，M2 的控制跟财政，跟其他的教育、科技等这些部门，都不是直接的关系，它是我们的货币供应管理当局央行要按照一个垂直的体系来掌握的一个经济参数。但是财政配合着央行在去杠杆方面适当控制 M2 这个量值的时候，它的操作方向可能跟央行那个去杠杆正好相反，就是财政要抬高赤字率。按照原财政部长楼继伟同志的话说，这是以财政的局部加杠杆服务于全局的去杠杆，这样才有利于优化结构，降低风险度。到了地方层面，黄奇帆同志说在重庆贯彻我们的发展战略，可以在全局去杠杆的同时局部地加杠杆。这话说得也是有特点、有针对性的，自己发展战略里面所说到的基础设施建设，产业布局里面的重点项目建设，推进民生改进事项，比如说保障房的建设等，这些事情，需要通过政策性融资的机制，以加杠杆的方式加快把好事做实，实事做好。这也就是配合于全局去杠杆时的优化结构控制风险。这些东西都得专门讨论，就不是一个像我们过去讲需求管理那样一句话，后面跟着讲反周期，大家都听明白了，很简洁的事。现在一个去杠杆如果从 M2 来说，就得说这么一大套话。

后面还有个概念，可能说去杠杆不是讲的全局货币供应量，讲的是企业的负债率，我们就得继续讨论，一个企业的负债率可能有一些临界点是共性的，比如你超过 100% 的负债率，资不抵债了，那不行。再往下，控制它的杠杆度即负债率多少为合理，这可就没有一定之规了。你设想，如果一个企业它的杠杆率是 70% 负债率，另外一个企业的负债率是 60%，你能马上说那 70% 企业的风险就一定比那 60% 的企业高吗？

那可不一定。可能这个70%负债率的企业现在经过一系列的努力，就是到了突破它的瓶颈期的最后关键阶段，它只要冲过去，虽然负债率看着比较高一点，但后面它的天地打开了，可以迅速做大做强。另外一个60%负债率的企业，可能它现在还在苦苦挣扎，自己的生产经营战略策略都还没有想明白，怎样在市场竞争中稳住脚和进一步扩大市场份额，还找不到一个清晰的操作路线。这两个60%、70%的量值，直观地看并不表明说哪个应该去杠杆，哪个应该在这方面怎么去做，企业控制负债率，一定要跟它整个生产经营战略策略结合在一起，定制化地分析处理把握。这不是政府瞎操心的事，对一个一个企业，政府无能力给人家指明具体方案，一一设计去杠杆方案，这些事情都得想清楚。

去杠杆旁边的“去产能”，是去什么产能？很多同志以为就是去过剩产能。我说不对，去产能真正应该去的是落后产能。什么叫过剩产能？这是漂移不定的。比如钢铁行业、煤炭行业，你想当然地划一个量值，超出这个量值的都是过剩产能，那可不一定。市场的变化非常急剧。本来这两个行业困难，而今年一季度以后钢铁行业转暖，三季度以后煤炭行业迅速转暖。现在很多有效供给必须加快组织，原来认为的过剩产能很快现在都变成了有效产能。发改委已经至少开了5次紧急会议去调度全国煤炭的产能，去应对现在一下子突然出现的这个煤炭市场转暖。又比如在北京要加快建设轨道交通系统，就是要建地铁网络，否则北京公共交通体系动不动半瘫痪的这个困难局面，是无法得到真正的解除的，必须尽快建成跟纽约、东京、巴黎等这些城市类似的四通八达密度足够的轨道交通网。这里面北京的地铁，前面已经在压力之下有PPP的实践，地铁4号线引入的是香港的资本，支持它更快更好建成了，而且运营中还有了香港的经验，使有效供给比较好地回应了社会需求。现在压力之下，16号线又要按PPP的模式来做，如果没有引入外资，16号线的这个项目还要拖多少年才能启动很难说，现在一旦签约，马上启动，16号线投入建设需要一大批钢材、建材、施工机械，订单马上就出来了，原来这些方面的一大块产能就从所谓过剩状态一下子变成了有效供给状态。所以去产能关键绝对不是所谓过剩产能，应该去的是一个行业、一个领域里高高低低所有产能合在一起，最靠下的那个落后产能。什么叫落后？在行业里面是可以配上一系列的技术标准，来做出比较合理的判断的。更重要的是可以通过市场优胜劣汰机制，靠市场竞争把它挤掉，最靠下的竞争力不足的落后产能，在动态过程中间被挤出去，这就是去产能里面真正值得我们追求的结构优化结果。如果从这个角度来说，我们就得反思，比较直言不讳地讲，有关管理部门信心满满地说砍多少钢铁产能，砍多少煤炭产能，他那个量值准确吗？有什么依据说他那个量值就一定是金科玉律，就得按他那个一丝不苟地按指令性计划来做？看来不对。看看市场迅速回暖以后，怎么矛盾一下子就变成另外一个方面了，又供给不足了。真正的作用要靠市场为主，去落后产能，少数成规模的企业如依据一些技术经济指标，认定它就是不合格，而且就是无可救药了，你可以采取关停并转的方式，这是最便捷的。但对不起，这种对象的适用性在全中国很有限，几千万个中小微企业的产能，政府没本事一一去甄别谁是落后产能的代表，你就得靠维持一个公平竞争的市场制度环境，让市场优胜劣汰挤掉这其中的落后产能，这才是正道。

“去库存”一般人理解，首先就是讲的房地产市场库存过多，这可不能一概而论，“冰火两重天”的局面中，现在这些热起来的城市，哪是去库存的问题？要赶快组织有效供给。有效供给哪能那么快就形成呢，所以中央这次经济工作会议要求要适当加快土地供给，有了地皮才能建设出这些消费住房（包括保障房）。另外，基础性的制度建设，土地制度、住房制度、投融资制度和税制，这些制度建设、治本之策要赶快跟上。否则政策调控治标不治本，来回打摆子坐过山车——我们前面已经走了好几轮，平均 15 个月要摆一次。一个时候是取消限购限贷，甚至不惜给补贴促房地产市场升温，不行了一下就摆到 9・30 以后，咱们现在看到的热起来的这些城市，地方政府不得不采取最严厉的限购限贷。谁敢打保票，按照这样摆，再过十几个月，二十个月，是不是一下又摆回去。这个摆过来摆过去，火的时候也焦虑，冰的时候也焦虑，总是不行。真正标本兼治要推崇“治本为上”，要让它能够相对稳定健康，按照长效机制，体现出房地产业对国民经济应有的支柱产业的贡献。老百姓在这里面应该得到高端的、中端的、低端的各种有效供给，使他们住有所居。市场是允许波动的，但不应动不动就大起大落，动不动就疯狂炒作。现在特别强调，房子是用来住的，不是用来炒的，但是怎么防止他炒？包括有一些必要的制度建设任务，制度建设不到位，是助长炒作的一个伴随因素。当然还有其他的配套，这都是非常值得讨论的问题。

“三去”旁边的“一降”是降什么？要降成本。企业自己努力能降得了的成本，用得着你政府操心吗？你有本事去一一指点人家怎么降这些成本吗？真正政府发力要降的是制度性的成本。这几天网上热议中国是不是税收负担太高，有的研究者甚至提出死亡税率之说，社会高度关注这个事。税务部门现在内部是要求能够做的税收优惠赶快做出去，税收任务要适可而止，点到为止，不要再增加税收了，这就是要平息社会上这方面的不满。但实际生活里面，中国企业的负担，正税方面的负担，客观来讲，与国际对比已经不高。正税方面关键是要调结构了，我们现在是间接税为主，企业有流转量就有税收。以后能不能减少这方面由企业承担的流转税的税负，更多由有能力的、真正赚大钱的企业以所得税方式做贡献？特别是跟着经济发展富裕起来的阶层，以个人所得税的方式，以财产税的方式，更多为国库做贡献？那是个结构优化的问题。中国的减税要继续努力做，但实话实说现在实际上正税减税的空间已经很有限了，降成本里面的减税，如果从宏观税负来说，实际要聚焦到另外一大堆不叫税的税外负担，如行政性的收费，五险一金，隐性的、综合的成本。企业在运行过程中，在一些不得不去打点的环节上付出的隐性成本，这事情怎么讲？这是真问题，但这又是特别难解决的问题。降成本里面我认为应该说清楚的，是在继续努力减降正税的同时，一定要注意最主要的是抓住非税收入的负担、隐性成本的负担、综合的制度环境这边的负担。像曹德旺所讲的情况，美中的对比高高低低各不相同，哪里是一句话一个“税”字能说清楚的？曹德旺注意到，美国的公共基础设施方面，高速公路的运输几乎是没有过桥过路费的，那是美国的情况，中国显然还不能简单照搬。美国的电便宜，比国内相比要便宜一半，这也是美国特定的情况。欧洲就不是这样，美国依靠它自己能源这方面的优势，敢来一个低电价政策。你想简单照搬美国的那个办法，中国不可能，行不通。但是要注意到美国的蓝领工人，他们的工资仍然是现在中国蓝领的 8 倍。曹德旺在美国就必须把他们的工厂尽可能自动化，尽量少用蓝领，这都是它的定制化的供给管理方案。这些事情就不是一两句话能说清楚的。所以降成本在中国要抓住真问题，要各个行业、各个企业定制化。在各个区域也要有特定考虑，在我们的这个区域里面应该结合着发展战略怎么降，补短板也是这样必须分析，到底短板是在哪儿，没有一个一定之规，一定要具体分析。不同的区域，不同的行业，不同的企业集团，认清自己真正的短板，还要找怎么补的可行方案，这些都带有供给管理的挑战性。它确实很棘手、很复杂，但是我们别无选择，必须迎难而上。

七、深化供给侧改革的八大抓手

中央现在讲，2017 年是供给侧改革深化之年，我们要进一步积累这方面的经验。从这个视角说，我想把自己关于在广西怎么样掌握供给侧结构性改革的一些初步认识简要汇报一下，请各位领导批评指正。我想就结合着大家可能关心的切入点的问题，排列一些我认为要抓住的供给侧结构性改革的抓手。这方面第一个概念首先是说制度供给。我们必须要在制度创新方面纳入动态优化的自治区发展战略和自治区下面各个具体区域的发展战略，再做一轮新的考虑。制度创新中央有部署，我们不可能在这方面每一个地方都全面再来一套。制度供给在地方层面，主要是抓自己适应性的重点，中央有 60 条，有三中、四中、五中、六中全会这样一套顶层规划。我们在贯彻过程中，要意识到不是简单照本宣科就可以贯彻好的，一定要在这方面积极而审慎地把握区域制度供给方面有什么可能的创新重点。

我举个例子，这是前一些年我就知道的，在全国有一个咱们南宁的“威宁模式”改革，是一个创新探索。南宁市把所有行政机构的可用资源存量在一起做了一个整合，成立威宁公司以后，各个局委办，对办公条件等这些大概来一个比较公平的处理，腾出来的这些存量合在一起，还可以对接市场做运营。我觉得这是一个行政管理方面带有全局、前沿位置的一个创新案例，非常值得肯定。这几年最新的情况我没有更多了解，但是在研讨会上我曾说到，不敢说威宁模式当时所有设计的细节都那么周到，那么完美，不可能，但它在中国特定情况之下，显然是一种进步。原来闲置着的，而且造成苦乐不均、容易出现各种各样偏差的这些行政资产，在满足大体公平对待的工作运营需要以后腾出的部分，来个集中的优化调度和与市场对接的这种运营，这个探索方向就是中国自己发展过程中间问题导向之下的一个积极的供给管理优化探索方案。这不就是我们自己在特定区域里的制度创新亮点吗？全国现在在行政性国有资产怎么样更合理运用方面还在继续探索，继续探索过程中，我们在广西已有的前期探索经验其实是非常宝贵的。在进一步发展过程中，可能原来的一些探索会跟进一步的探索之间互动，有助于我们打开新的局面。

我再说一个观察视角：中央在整个行政架构方面其实已经有一个早就肯定下来的改革思路，就是实施大部制。上一轮精简机构以后，中国的行政管理机构还是数量过多，怎么消化，怎么精简，怎么合理化，大部制思路早就肯定了。但是在前面两届政府十多年的发展过程中，这个大部制在原则上肯定的同时，实际只是走了一点小碎步，进展是相当有限的。到后来咱们看到国税地税要进一步理顺它们之间关系的信息出来以后，很多人以为这回要动真格的了。国税地税在 1994 年的时候不得不做分设，以后条件具备，现在可以解决谈论了至少十几年的合并了。结果文件出来一看，又是做表面文章。当然不能说这里面就毫无意义，确实在怎么协调方面有了一些积极的指导意见，但真正动真格的事还不涉及。这个境界跟其他的经济体怎么样往前发展做个对比，距离可是相当明显的。比如韩国，在 90 年代经济起飞以后，也是走得跌跌撞撞，但现在，人家的人均国民收入是 27000 美元以上，是稳稳坐在了高收入经济体俱乐部里面了。韩国在各种社会矛盾交织的过程中间，早早就解决了大部制改革的问题。20 世纪 90 年代前期，我们去韩国考察的时候就注意到，去韩国的财政部门，人家不叫财政部，叫规划与财政部，是把它那边相当于计委的规划院和财政已经合成一个大部了。那时候韩国经济起飞势头出来了，增长速度很快，但同时社会矛盾一大堆，动不动就是学生上街大游行，闹学潮，工人跟着起哄，闹罢工，而且罢工不是在家里待着，也跑到街上一起闹事。韩国人是采取军警上去打催泪弹的方式驱散人群。接待我们的人说，韩国因为有这种特定的需要，形成了全世界最高水平的催泪弹生产工艺。我们在这边开着会呢，听到街上闹哄哄，出去以后看已经空无一人，催泪弹打完以后烟也都跑完了，就闻到一点味。就闻到这点味，就让我们知道厉害了，我们这些人被熏得满脸的鼻涕眼泪。那时候我就知道，你再坚强的革命意志也没用，人家那边催泪弹打出来以后就是抱头鼠窜的问题。回过头来一想，韩国靠这个做的是什么？靠这种方式是解决了在这种社会群体事件中间基本不流血的问题。结果人家后来跌跌撞撞——到现在还是不断出各种各样的社会矛盾——但是它继续进入高收入阶段了。那个时候韩国已经是大部制了，中国现在走了这么多年改革开放之路，30 多年了，能想象中国的发改委跟财政部合在一起成为一个发财部（这是网上人说的调侃的话）？门都没有，国地税都并不起来。这就是攻坚克难了，这方面过去不行，十九大会怎么样？明年我们要迎接十九大了，希望在这方面能够下决心，这只能是一种希望了。

大部制旁边中国还要解决什么？解决一个扁平化的问题，整个机构体系要能够消肿，精简机构尽可能合并在一起的这些部门，再往下的层级也不能太多。过去中国是 5 个层级，分税制在省以下如按 4 层级分税，根本走不通，无解，所以必须搞乡财县管和省直管县，实际上把财政的税基配置变成中央、省、市与县三个层级，这就跟其他经济体的经验基本对上了，我们就可能把无解变成有解。但又谈何容易？农村税费改革倒逼出来一个基本解决了的乡财县管，实际上就是乡镇这一级不看作财政的实体层级，不用配税基，也不用设金库，实为县级财政下管的一个预算单位这个问题基本解决了。市和县行政不同级，能不能按照浙江经验财政同级？我看势在必行，必须这样做。中央后来文件说有条件的地方还可以试行市县由省直管，省直管县的体制，这里讲的是行政体制了。财政的省直管县，已在全国都有工作要求，而后面跟着的行政省直管县，全国只有广东顺德一地做过试点，后来也没有听说有什么像样的经验总结。有了这个改革意识，做起来以后也是非常为难。但现在不成气候，不能说永远不成气候。我的心目中是认为大部制与扁平化合在一起，才能真正解决中国的体制内的消肿以后，也就是伤筋动骨、脱胎换骨式的给出整个行政领域怎么设庙这个问题有一个合理的供给管理方案之后，政府职能真正转变到位的问题，接下来解决体制内工作的人员，在已经合理化设置的庙里面念经的这些行使审批权的官员，怎样让他们真正得到应有的福利待遇、工资待遇的问题。公职人员在中央八项规定以后，实话实说，原来的灰色收入基本都砍掉了，现在过日子很多人是非常难受的了，你说京城一个司局级的干部，工资上调了以后，一个月也就几千块钱，原来还有一些灰色收入，现在都没有，他怎么过体面生活？这是很现实的问题，上有老下有小，一家子这么多人，周末敢上街吗？上一趟街怎么也得花个一两千块钱，一个月工资去了一半，他这日子怎么打发？这种现实问题要解决，其实别无选择，必须对公职人员阳光化地提高工资。但现在敢这么大张旗鼓来做吗？对全社会怎么交代？机构没有实现有效改革，没有消肿，没有精简的时候，不敢给公务人员这么大张旗鼓提高工资，否则整个社会的不满情绪，会马上形成极大的社会压力。现在说变相地偷偷摸摸做一点可以，真正要想实现理顺，我认为一定是个配套改革。克强总理强调了这么多次的简政放权，减少审批，现在中央级已收缩到400多项审批了，但说起来也还是过多的，真正要进一步改革会触动这些机构的命根子式的既得利益。真正把这样一个综合配套改革一起做，制度供给上以大部制扁平化在一起精简消肿以后，这庙里的和尚怎么念经，怎么审批的问题，会纳入一个新的“规划先行，多规合一”保留适当审批权这么一种合理状态，然后剩下的这些体制内的工作人员，应该给他们至少是社会平均工资中等偏上的这样一个薪酬待遇。同时，要借鉴境外的经验、国际的经验，在养老和其他的一些福利方面，阳光化地配上，只要他尽心尽职、公正廉洁地走完职业生涯，可以得到很好的待遇，有这样一个可预期愿景的配套条件。就是这样一套东西，会使我们整个行政运行体系精简以后效率还提高，而且稳定住体制内的一些精英人士。我们如果没有这样一个制度供给的通盘考虑，很多东西都飘浮在半空中，停留于一些原则和表态，停留于一些口号上。

我的想法，就是在进一步推进供给侧结构性改革过程中，地方政府层面是不是存在某些空间，类似于广东当年提的进一步解放思想，在顺德按照中央的要求推进行政直管县的这种改革。这并不是简单照搬顺德的改革，我只是举个例子。这是我认为在地方政府层面供给侧结构性改革里面要注意的：积极审慎考虑，能不能抓住两三个我们在区域里面可以先行先试的可做之事。在哈尔滨听他们说，他们已在不声不响搞哈尔滨市自己辖区内的大部制。但是大家也很谨慎，宣传上一般来说是低调的，甚至只做不说，但并不排除这方面可以结合改革发展大的趋势，抓住自己的着力作用点，这是第一个视角。

制度供给的旁边，我认为还要强调的第二项，就是要抓规划供给，适应新的战略方针，做一轮新的动态优化。广西我过去知道，中央已给了三大定位这个说法，在短中期和中长期，按照三大定位，怎样推进我们广西发展战略的有效实施，里面很多具体的、实的东西，要在规划中进一步把它掌握好。我们初步调研中注意到，从短中期来看，在利用我们的区位优势、生态优势、人文优势、政策优势、资源优势这些概念之下，我们可能首先要解决的，就是现在受到制约这方面的一些短板。电力体制在广西有没有可能在中央发了标密的电力体制改革文件以后，用我们可做的空间，在发展战略规划里面明确对接到配合电力体制改革精神解决我们问题的方案上。规划中首先可把它配到我们辖区之内的降成本、补短板这上面来。通关制度上，大家意识到可以在这方面在短中期就经过努力得到优化，这就要放在我们的规划之内具体化。中长期，我们在产业、基础设施、人才、科技等这些方面的供给，都要纳入规划。特别是这种规划里，在中央政策支持之下，我们的潜力和基础方面相对优势的发挥，要对接到“多规合一”的状态。过去各个局委办，各自承办的规划功能，现在还要做个整合。“规划先行”是看得很清楚的大事，中央现在所说到的区域战略首位的京津冀一体化，是很典型的新一轮规划先行，打破三地行政区划眼界，来一个通盘的综合协调。我们各个地方政府辖区之内也是这个道理，各个局委办所牵头设计的规划，比如发改部门的经济社会发展和产业布局规划，城乡建设部门的城乡发展建设规划，国土管理部门的国土开发规划，环保部门的环境保护规划，交通部门的公交体系规划，诸如此类的还有教育、医疗等这些重点布局通盘发展规划，包括财政的中期规划，滚动式的资金支持协调，所有这些规划，应该打通作有机结合，这是在新的一轮供给侧改革中间，政府必须牵头做的有效制度供给后面跟着的规划供给。有这样一个新的制度机制，使各个规划打通以后，可行性会升级。这种规划合在一起，应该落到可操作的一系列具体操作点上。这种规划的形成，我们要明确认识：是不可能靠市场主体、基层单位以“试错法”形成一个合理结构的，必须是在政府辖区顶层制高点上，由政府牵头而调动专家力量，再听取社会方方面面的民意，形成一个尽可能高水平的、必须由我们决策集团拍板设定的规划方案，而且要注意动态优化——推进实施的过程中，也有必要掌握其动态优化。

京津冀一体化现在已经看到了大手笔，就是疏解首都非核心功能逼出来一个大动作，在未来还有 2 年多的时间内，把北京市级所有的管理机构外迁，迁到通州的潞河镇。这有点类似于建国初期的梁陈方案，即原来已有的中心区域外面要搞新区，设立管理机构。很遗憾，当年那个梁陈方案是迅速被否定，谁都接受不了。但是现在过了大半个世纪看明白了，那真是高水平。但是这种国土开发中不动产这样的配置，一旦做了以后，就是生米做成熟饭，已成定局很难修改了。现在新的类似于梁陈方案的做法，就是通州潞河镇方案了，当然也要经受历史检验。类似这样的案例，在各个地方政府辖区之内都很可能碰到，我们现在整个广西各个功能区之间怎么样相互更有效地形成支持我们超常规可持续发展的互动关系，要靠规划先行、多规合一这样新的一轮优化，来给予规划的供给。我们的国际通道、战略支点、重要门户这些三大定位，里面错综复杂的各种各样的关系，实际落到规划里面，要给予优化解决。

第三点就是政策的供给。因为政府要更好地发挥作用，供给侧改革里面怎么设计政策，是无法回避的问题。货币政策用不着我们操心，它是垂直系统，但是财政政策就不一样了。很明确是分级财政，自治区这个层级，市县这个层级，是分级财政的架构。各级财政，都有自己的政策可塑性空间。上面的一个政策精神到了我们具体的辖区之内，怎么样在符合基本规则的同时，又要形成我们定制化的设计，这都是我们自己要掌握的政策供给问题。分级财政一定要有分级的财政政策，一定有分级财政政策可塑性这个概念之下，我们自己如何优化政策设计和政策供给的问题。这种财政政策的作用不仅是支持科教文卫，改善民生，还要在基础设施、连片开发等领域里面，结合投融资机制创新，这个创新还大有可为。

所以第四就要说到投融资的供给这方面。现在的热点是结合 PPP 机制，这个 PPP 是指政府和社会资本合作。原来我们是直译为“公私合作伙伴关系”，政府和非政府的企业在一起，加上专业机构的参与，来形成政府、企业、专业机构“1+1+1 ＞ 3”的绩效提升机制。直观地看是一个融资机制的创新，政府能拉到体制外的企业一起来做事，跟着不止于融资，它还是管理机制的创新，可以使我们好事做实、实事做好这方面进入新境界。一大群 PPP 的项目合在一起，实际上是我们的辖区，到了全中国，是整个治理模式的创新。这方面可以从一些案例上简单看一看。中国本土第一个民营企业参加的 BOT 建设项目，是在 20 世纪 90 年代前期的福建泉州刺桐大桥。那时厦门机场建成了，从厦门到泉州的人流车流迅速上升，泉州市政府知道这是机遇。人流车流伴随的是信息流、资金流、发展的商机。这样连通两地干道上的咽喉要地在晋江上要建刺桐大桥，就显得异常迫切了。测算一下，这个大桥的建设要 3 亿多元的投入，泉州市政府自己一筹莫展，没这个钱，但知道过去已有外资进来的 BOT 项目，于是问了一圈，外资没有给什么积极的回应。这时候这个消息恰好让本土的一位姓陈的民营企业家知道了，陈老板过去考察过香港，知道有架桥修路企业跟政府合作这样一个模式，他也很有创新意识，恰好他手上有几千万可动用的资金。他找到泉州市政府，结果一拍即合，很快下了红头文件，由政府方面凑 40% 的股本，陈老板这几千万加上他拉的民营资本，凑 60% 的股本，形成一个开发主体，就是现在说的 SPV（特殊项目公司），叫名流实业开发公司，按照红头文件，有了法律上的合法性。以这位陈老板实际主导决策权的名流事业开发公司做刺桐大桥建设项目，红头文件中规定，大桥建成以后，过桥的一般机动车辆每辆车交 4 块钱的过桥费（这是中国特定的融资建成项目以后，形成收费现金流来还本付息以加快建设的模式）。这时候政府跟陈老板说，这个大桥建设就是 3 年为期，你想明白，如果超出了这个工期，所有的经济损失算你这边的，另外这个大桥的质量必须得到保证，不能出纰漏。这就是政府一旦超脱起来就开始板着脸提要求了。这也很好理解，因为我们体制的人心知肚明，政府过去自己做这个事最容易出的毛病有这么几条：一个是超概算，你说 3 个亿建成，可能 4 个亿、5 个亿，这是经常出现的；二是拖工期，3 年建成拖到 4 年、5 年、6 年都不新鲜；三是质量上出纰漏的事很容易发生，极端的是建一座桥梁还没有竣工交付使用呢，居然因为质量问题桥垮了，砸死人，出了极端事故，过去曾有报道；第四是建成使用以后，服务不热情不周到，老百姓不满意。这些毛病，体制的人员心里有数，一旦自己超脱，当然就得板起脸来提要求。陈老板听了这要求，也不认为自己遇上了什么过不去的制约，他早有盘算，他也是比较超脱的，在欣然接受政府这个要求的同时，他启动的是刺桐大桥建设项目的标准化招投标，把排列得分第一的、很有资质的大公司确定为建筑商以后，马上把招投标竞争中落败的排在第二位、也是很有资质的大公司，聘请为刺桐大桥建设项目的监理方。他说，我就是有意让这两个竞争中的死对头紧紧咬在一起来处理施工工期和施工质量之间这个矛盾。他不仅超脱起来了，而且又给了一个激励条款，建筑商提前一天竣工我奖你多少钱。这个钱的来源很好算，有桥梁一天过桥的车辆流量是多少的预测，每辆车按 4 块钱的过桥费算，那一天能产生的收入中切一块，这就是奖金的来源了。后面跟着的当然还有融资，这 1 亿出头的股本还要融资形成总量 3 个多亿的持续投入，最终形成完整的资金链。所有这些事合在一起，最后的效果是非常好的。这个刺桐大桥是 2 年半多一点就建成，然后紧跟着通车交付使用。到现在为止 20 多年了，在质量上无懈可击，没有挑出任何毛病。这表现的是什么？不光是通过这个新的机制解决政府钱不够的问题，更是提升了这个项目的绩效，落到老百姓满意，使好事做实，实事做好，超出预想，提前竣工交付社会使用。这样老百姓的获得感提升，跟着的就是社会和谐，我们所期待的老百姓提升幸福感（而不是端起碗吃饭，放下筷子骂娘），可以具体化到一系列的建设项目上去。

我们现在还可以举另外两个例子。这个 PPP 是供给侧的投融资机制创新，方兴未艾，虽然有风凉话，但是我们一定要看明白这是一个好机制。比如民营企业在这方面做大的，有北京南面固安的连片开发案例。刚过千年之交，固安这个过去默默无闻的河北一个农业县级行政区里当地一个房地产发展方面有初步经验的老板，提出跟政府合作搞连片开发。当时上级也不干预，这种事情由你去试，也不指望固安能出现什么新的局面，你试试，也不用审批。这项创新的关键是什么？当地的固安政府跟老板之间要形成一套对于规划的认可，他们称为政府主导，企业融资，以企业为主体去做连片开发。民营企业老板以3000万元人民币（当时是一笔很大的钱），请美国的专业团队做了固安连片开发的全面规划设计，这就是规划供给了，是借鉴国际经验、引进国际智力支持的高水平的规划供给。这个规划必须由政府参加进来反复磋商，最后由政府拍板认可的，这叫政府主导。但这连片开发实际上政府只是提供一些便利条件，土地方面与相关的其他一些审批，真正的资金投入全靠合作伙伴企业方面去筹集。企业筹资，由它主导来运营，定位为产业新城，建设了还要运营，实际上是把连片开发与所有的宜居城市建设内容全都放在里面了。医院、学校、交通网、绿化带，宜居城市所需要的居民区，包括中高档的和低档的统统在内。固安连片开发实际的结果出乎意料地好，也就是这么十几年，迅速崛起成为河北和北京毗连这个地带的明星区域。现在是发改委、财政部都把固安的案例作为全国示范案例。这里面实话实说企业这方面的回报是什么？它可不是来学雷锋。在商言商，人家是具有这种魄力和胆识：一下子覆盖好几十年（固安是50年以上），整体来看要取得回报，一开始它用自己特定的企业方面的相对优势去筹资融资推进建设。它跟固安政府约定，这个项目的产业新城运营到县本级财政有收入增量的时候，它要参与分配。企业叫华夏幸福，参与分配一开始是50%以上，然后每隔5年砍5个点下来，50年共砍掉50个点。当时大家觉得可接受，现在看起来可是很有激励强度的，可能回报水平相当高了，因为一旦过了某一个临界点以后，新的产业支撑力带来的本地财政的增收量相当可观。我估计在以后的社会压力之下，可能还不得不做动态的调理，因为PPP现在明确的要求是企业只能是非暴利但可接受的一个回报水平。但当时就不能苛求这些了，政府方面应该讲也很有魄力，有胆识、有胸怀，跟企业合作来做固安的连片开发。我觉得这种事情在一些欠发达地区可能更有可行性，很难设想长三角、珠三角已经很有钱的地方政府有这么大的魄力和解决方案，来搞这么一个前面没有什么经验的连片开发。就是在那种默默无闻，谁也看不上眼的区域有可能天时地利人和凑在一起，来这样一个超常规的发展。

类似这样的连片开发在PPP的作为里面，我还要再举一个例子，现在中国人讲的政府和社会资本合作，包括国有企业。国有企业只要是跟政府这方无产权纽带，无隶属关系，就是符合条件的国有企业，可以一起来做事。央企跟地方政府天然就符合条件，没有隶属关系，没有产权纽带。中信旗下的中信地产为主的央企，利用资金能力，跟汕头市合作进行PPP，在面对海湾的濠江区现在已经正式启动了168平方公里连片开发。这是投融资供给创新方面一个我觉得非常值得大家跟踪的案例。前面是双方非常有耐心地谈了2年半多一点的时间，形成了厚厚的十一大项百科全书式的合同。要做连片开发在这里怎么做呢？未来好几十年时间，一开始中信叫作大资金大规划大手笔，以一个关键性基础设施——海峡下面贯通两边的海底隧道项目开始，全球招标，把这个海底隧道建成。已经动工而2019年要通行，车辆以后过这个海底隧道不是前面说到的那个过桥过路费的方式，不是那个刺桐大桥案例的现金流盈利的具体模式，而是最适合最新的社会诉求的方式，就是免费通行。这个海底隧道通过了以后，免费通行最大限度满足了社会方方面面在新阶段上便利化的诉求，同时会带来整个汕头海峡周边原来已经集聚的所有发展要素一下子被激活了以后，整个发展局面的升级。那里有山有海，生态是比较好的，又有产业集群和原来的基础，又有一系列各种各样的宜居城市建设已经配套的要素，还有原来海峡两边比较窄的地方连通两岸的大桥的基础设施，这些原来都已经有了，缺的就是公共交通体系里面全天候的支持条件。原来两座已经建成的大桥，一遇那边频繁来袭的台风这种恶劣气候的时候，就得关闭，整个城市交通体系就不是一个连通状态了，海底隧道就是要解决这样一个关键的问题，这叫汕头人的百年之梦。中信认为自己有实力，有这个耐心，按几十年的考虑，一开始筹资投资做成了这个海底隧道以后不收费，而再往后，它图什么呢？是一下子激活了整个要素，进入一个发展过程中间的连片开发，滚动开发，要在它的土地和不动产的溢价升值中参与分配，它打的是这个主意。但这个项目要处理很多复杂的法律方面的问题，所以有前面说到谈判两年多形成的一大套文本。一旦落地，做起来以后前景可观，但是这里面必然要在滚动开发过程中，吸纳其他的投资主体跟进，大家一起来合作开发这样一个后续的投资组合问题。这个组合就不光是国有企业了，滚动开发中现在陆续清晰化的一个个项目，会吸收其他很多的企业，包括民营企业的跟进。大家在连片开发里要做的很多项目，都是标准的混合所有制的 SPV。民营企业根据自己的情况可以跟进来，带来的一定是整个汕头发展的一个新局面。PPP 支持的这种超常规发展，我认为对于地方政府层面考虑自己的发展战略，对应供给侧结构性改革支持超常规发展，有特别独到的价值。当然不敢说这方面按照我们的意愿想做什么做什么，这是绝对不可能的，专业的人做专业的事，在政府和企业的互动过程中还要注意用购买服务的方式得到有资质的专业机构给你支持，给你咨询，可以竞争性挑选有资质的专业机构，支持走完现在越来越细致的 PPP 全套流程。但是这个方向上，一定是一个可以把天时、地利、人和的因素合在一起，把想干事会干事的人合在一起干成事不出事的一种新的制度供给。这个投融资的供给我特别看重，PPP 当然也可结合政策性融资的其他我们已经有经验的方式，比如财政贴息、政策性信用担保，乃至产业基金。

产业基金现在我们在最新动态上，可以注意到，国家另外一个区域发展战略重点，就是湖北那边的“长江经济带”，已经正式宣布成立了长江产业基金，这是政府作为第一推动力形成的引导基金。湖北财政拿 400 个亿，后面跟着迅速发展出来政府体外资金加入以后的第一期共 2000 亿元规模。政府这 400 亿其实是个母基金，后面跟着的那些加入的 1000 多亿的其他资金，是大大小小各种类型的子基金，这里面的关键就是显然要贯彻产业政策。产业政策不是像张维迎教授所说要断然否定的命题，是必须要用的，但是张教授所抨击的政府搞产业政策容易走偏，是足以给我们启发和警醒的。这个产业基金具体运作过程中它的要领是什么？我们总结，就是必须以政策性基金（这 400 亿元）要对接市场化运作，子基金要对应市场主体，按照他们的意愿自动结合形成。“市场化运作”由子基金来对应项目，政府的母基金则不对项目，政府不要想由掌握母基金的人去对应一个一个项目，决定怎么操作，你就是给这些子基金助一把力，给它们一些相对优惠的，使之感觉风险量度降低的配套条件，给它加一把劲。子基金的市场运作团队去对应这些项目，实行专业化管理，由专业人士去考虑项目到底怎么设计。这里面有很多专业知识，也要打破一些界限，比如说那里突破了国有企业现在大家还普遍在琢磨的怎么控制薪酬，这些子基金里面的专业团队，他们的薪酬收入是允许和必须做跟投的。形成一个决策，运用基金去支持一个项目开发，团队中的个人可以出钱跟投，把个人的利益与基金的利益捆在一起，这样调动积极性和防范风险。这些都是创新。“政策性资金，市场化运作，专业化管理”，达到的结果是“杠杆式放大”，400 亿元，现在一期就放到了 2000 亿元，以后还有二期，还要继续放大。这些都是我们在投融资方面应注意探索的创新点。在广西我觉得这些是应有的启发，怎么结合到我们的发展战略中来做，可做的事情一定有，但里面也不敢说一点偏差不出。但是我们可能别无选择，应有这个创新意识，并落到可操作的创新方案上。

剩下还有四点我简单说一下：还要有科技的创新供给，科技不光是高端的高科技——我知道从指标来看，实话实说广西这方面的指标是不好看的，科技这方面如果从全要素生产率中的科技贡献来看，我们做了测算，曾经在前面过了千年之交之后，有一段量值的上升期，但这几年广西的全要素生产率从科技角度考察是滑坡的，是往下走的。已经比较发达的地区中，北海还不错，另外后边发展潜力比较大的欠发达的河池，现在已表现出全要素生产率指标还比较好。其他很多地方，现在看是滑坡的，这种科技的全要素生产率做的贡献，如果结合着制度要素，有可能在波动中间再迎来它新的一轮上升期。这方面的科技供给，我们感觉除了要努力考虑在广西如何打造几个制高点方面的科研特定区域或者能力之外，还要考虑积极运用适用技术，在我们的发展战略中间，某些适用技术如果用得好，同样是发挥科技第一生产力的作用。这就得做好定制化的设计，要由专家听取各种各样的意见建议，然后形成可操作方案。

后面跟着的还有人才的供给，这是我说的第六个概念。人才这方面，不光是说在我们的辖区之内能够吸引多少人才来定居，一定要注意在全球化时代，人才可以“不求为我所有，但求为我所用”，对重大的项目，从战略规划到一些具体增长点，打造增长极方面重大项目的这样相关的方案，如果能够引入外脑，就是在用人才。固安用的是美国的团队，当然代价是当时的3000万人民币。事实证明，它产生的效果就是用了外脑以后，联通了用人才方面的积极贡献。我们也要有这个胸怀，就是人才为我所用，以购买服务这个方式，以后可能是更有效的一种比较容易见效的方式。当然不排除我们也形成另外一些特定的吸引人才到我们这里定居的具体工作努力。

后面还有资源的供给，这里面涉及各种资源，包括现在全球供应链一系列的变化、物流模式的创新，以求我们在广西争取有后发优势，跟上这个潮流。

最后一条是环境的供给，包括生态环境和人文环境。我们广西生态方面的绿水青山怎样对接总书记所说的金山银山，一定要有供给体系里面的连接机制。可持续发展长远来看，生态是我们的优势，但并不是马上看得见摸得着的我们的收益，这里面要打通从绿水青山到金山银山，所需要做的定制化的工作。涉及的人文方面，广西其实有一些自己过去的积淀，在来的路上我们还跟我们的领导同志提到，我印象里面过去广西大学有它较深厚的基础，当然建国以后由于有了当时的院系调整，很遗憾人才队伍打散了。这种人文的东西，后来在广西也不是说没有亮点，我知道在中国的出版界，广西师范大学出版社很知名。这里面也可能是见仁见智，对它的评价可能有不同的说法，但总体来说你不能否定在一个一般人认为的西部欠发达区域，能在群雄逐鹿的出版界得到这样高度的社会关注，一定有它特定的值得总结之处。这些人文环境里的事情上，我们还要继续努力。

合在一起，我觉得至少有前面所说的在广西抓住供给侧结构性改革切入点的8个概念，这算是一个粗线条的、自己不成熟想法的汇报。

八、答问

下面，我再简单回应一下书面提问中两个具体问题。一个是说美国加息对我国汇率、外资、金融风险产生什么影响。美国加息实际是有预计的、年内一定会出现的事情，它一直拖到年底之前，这个靴子落地。当然，带来的是美元已走强情况下，在可预见的一段时间里面更巩固了它走强的地位，所以跟着看到的，是世界上的其他货币对美元都是贬值的。人民币对美元贬值符合大环境。同时，看到人民币对美元贬值的时候，我们对欧元、日元其实还是升值的，人家贬得比咱们更凶。人家更多的已经习惯了这样的汇率波动，我们可能还有一个适应过程。在中国特殊情况下，有管制的浮动汇率以后的趋势还是会更多地对应市场机制。相关的风险现在应该讲还是在谨慎考虑如何防范，虽然有社会上的人心浮动，但是管理当局还是在这方面注意力求掌握好火候。适当对美元贬值，有利于我们扩大出口，同时带来的人心浮动和一些我们外汇储备更加快下降的压力，我们应有通盘把握。中国外汇储备短期来看没问题，降到3万亿美元出头，仍然是非常大规模的外汇储备。怕的是这么一年多，实际上降了快1万亿的绝对额，再往后，2年、3年这么再降下去，我们是不是就出问题了？但现在来看，如果处理得好，不应该出现后面几年连续下降的局面。

对于中国的经济发展掌握好它的火候，扩大外贸，另外在所谓外资出出进进这个方面，我们要有一个思想准备，要更多吸引高质量的外资进来。中国自己本土的企业，可以像曹德旺这样更积极地出去，一定要给民营企业以安全感，希望感，这里面最关键的是方向感。就像邓小平当年掌握的，整个社会认同的共产党政策没有变：他三次出手去干预一个很具体的傻子瓜子案例，这就是改革中的大智慧。有什么必要由他这么高的领导人处理傻子瓜子这个事情？但是他直接按住，就是不许动，说你动了以后，老百姓会说共产党的政策变了。事实证明这是他以改革大智慧首先给出方向感。这次中央的方向感，最突出的就是正式下发中办、国办的完善保护产权制度的文件，跟着的是这次经济工作会议上明确说要加快编纂民法典，要保护产权，公私产权要放在一个平台上。这一精神预示了以后宪法如果再调整的话，会有新的表述，会在原来的私有产权保护入宪后，有更符合一视同仁规则的平台式的表述。中央还非常明确地说，要纠正侵犯企业产权的错案冤案。我们现在结合着风雨飘摇之中包括大家觉得好像有杀伤力的外汇等，实际上是都要稳定整个发展大局中的最重要的事情。如果这些事情处理得好，我不觉得美国加息，以及再往后加息通道里的操作，对于我们能有多么大的威胁。我主要是看一个全局里面，要以方向感、安全感、希望感带出来的是扭转民营企业前一段时间对内投资一路下滑趋势，8 月间滑到 2% 了，现在看来基本稳住，有可能再有一定的回升。另外，对于中央已经明确的保护产权、纠正冤案错案这个事情，要看我们执行中间是不是能够真正树立起来我们希望看到的发展大势新局面。

不客气地讲，民营企业对内投资一路下滑的同时我们看到另外一条曲线，就是它对外投资、海外投资迅速上升。说得难听一点，除了有“走出去”的投资，其他不就是资本外逃吗？民营企业已有实力在外面更多地去投资，做项目也好，买不动产也好，不可能把这些都封死的，关键是在义无反顾的全面开放条件下，我们把自己可做的事情做好。这里面美元对人民币的强势走到什么时候算完？应该过了这一波以后看我们的基本面，另外看中国以后中长期这个综合国力提升过程，是不是能如愿地展开，而且以后还会让人民币走到资本项目可兑换，早晚要来自拆防火墙，使中国的人民币真正具有完整的硬通货地位，然后让世界上方方面面的贸易伙伴和持币人，不光把人民币看作结算货币，而且使人把它看作避险资产，成为储备货币，那人民币跟美元就在一个平台上去得到铸币税的好处了。这是一个中长期的愿景，那种情况之下，汇率高高低低的波动大家都能适应，这是我们在现代化过程中未来要争取的一个境界。

第二问，是说美日欧不承认中国市场经济地位，对国际贸易和我国会产生什么影响，进而对我国经济产生什么影响。对美日欧不承认中国市场经济地位，我们可能需要通过正当程序表达我们的诉求，如果是原来就有明确的条款规定的话，中国自己的权益应该得到依照 WTO 规则的兑现。也有专家说，原来的文字里边其实就包含着伏笔，它不是在法律上严格对应的我们所理解的那个自动产生市场经济地位。到底怎么样呢？我觉得在做努力的交涉和这方面自己权益的诉求同时，还是一句话，我们一定要做好自己的事情。实话实说，我们在市场经济这方面不合格的一些地方，有没有可能在这个压力之下，我们来做更进一步的改善？这对于中国长远发展是会得到好处的，往往外部的压力倒逼我们实质性推进改革，这倒可能成为一个外部压力变成我们动力的一个转换，还是要更多的从这个方面去考虑问题。中国现在的分量已经不是当年刚加入 WTO 了，中国现在总量是全球老二，自己怎么样掌握好、做好自己的事情，这是正理，而且其他的经济体在这个过程中多多少少会跟中国来做一些妥协，来做一些调适，这是和平发展过程中我们还得会学习处理一些争端，处理一些摩擦，要进一步总结经验的地方。我们可以看看有关部门在对市场经济地位做了这样一些表态之后，看看按照法律专家的说法，那样一个“替代国”的事情怎么处理。细节就不能在这展开说了。已经占了大家过多的时间，感谢各位领导耐心听我汇报这些不成熟的想法，谢谢大家！

（2016 年 12 月 22 日在广西领导干部“时代前沿”系列知识讲座上的发言）

地区金融生态与地方债风险防范：制度对策与案例观察

我认同现在体现于审计署公告的基本判断，应该说这是基于现在所有关于中国地方债信息里最权威信息给出的基本认识，就是目前我国的公债、地方债总量上不存在危机状态，是在安全区之内的。当然在结构方面，公告也有很多权威信息的披露。近年各部门对相关风险的化解防范工作，这几年是高度关注的，在公告提供更多信息的情况下，有望更有效地推进风险防范工作，特别是把短期的风险防范和中长期的制度建设更好地结合。有了上述基本共识之后，还要注意到有其他一些不同意见的碰撞，还存在深入研讨的很大空间。

大家一般都认同了制度方面的对策考虑。正如李扬副院长所特别强调的，除了技术的对策之外还有制度对策，和与此相关需展开讨论的一些问题。但一旦具体化，是有不同的思路的。比如说大家可能在原则上都认同中长期的制度建设是中心和关键，但是如何认识清楚这个制度建设的方向和基本思路？ 1994 年采取财税配套改革举措后，一直走到现在，面临财税制度深化改革何去何从的问题。有一种在舆论界非常有影响的观点，是说 1994 年财政体制改革“重启集权时代”，而我认为不应当简单地看 1994 年以后中央财政收入占比上升了就是“集权”，还是要看这个新体制框架与市场经济是否可以更加内洽。非常简要地说，“94 改革”是把过去屡屡试验但是总走不通的“行政性分权”，终于转到了有望走通的“经济性分权”，不再按照行政隶属关系组织财政收入和实施企业管理，而是使所有的企业，不问经济性质、不论规模大小、不看隶属关系，在税法面前一律平等，该交国税交国税，该交地方税交地方税，税后可分配的部分按照产权规范和政策环境由企业自主分配。这一转变是里程碑式的，这才真正刷出了分权中反复强调的各类企业公平竞争的“一条起跑线”，以后所有的跨隶属关系、跨行政区划、跨经济性质、在统一市场中的要素重组、要素流动，等等，才真正在无壁垒状态下成了气候，一直联结到现在我们要建立的现代国家治理体系、现代市场体系和现代财政体系。

1994 年这个框架里面，也同时合理解决了中央和地方之间的关系问题，不像过去那样，形式上想稳定，讲“一定五年不变”，但是总是稳定不下来，实际上要互相算计，桌面下面种种利益关系的摆平过程要按照潜规则来处理。“94 改革”以“无体制周期”的规范框架，消解了“诸侯经济”、“中央困难”、“政府职能错位”等不良状态。

1994 年以后一直到现在，中央和以省为代表的地方之间，体制上总体来说是在桌面上讨论如何优化分税方案，但是也出了一大堆的问题：基层财政困难的问题，天文数字地方隐性负债的威胁，还有土地财政短期行为，等等。如果说这是“94 改革”使地方没有钱所造成的，把板子打到分税制身上，我认为这是完全错误的，是不了解实情，因为 1994 年以后直到现在，我们虽在中央和省级代表的地方之间维持了分税制的框架，但是省以下一直没有真正进入分税制状态。上述所有这些问题，来源就是省以下实际上五花八门的包干制造成的，恰恰只有坚持把分税制贯彻落实，才可以真正解决 1994 年以后越来越困扰我们的财政分配领域的种种问题。在这样的大思路之下，我们需要按照“一级政权、一级事权、一级财权、一级税基、一级预算、一级举债权、一级产权”这样一个逻辑链接，在扁平化的三级框架里处理好财政税收方面深化改革的问题，也一并解决地方债风险防范的问题。把这个深化改革问题处理好了，才是抓住了最关键的思路。所以从这个角度来看，我认为有必要结合大家都关心的地方债，把它还原到配套改革中，结合着“五位一体”的十八大和三中全会的精神，把它的风险防控把握好。

从制度建设问题再往下简要地说，当然我们要特别看中审计信息披露之后，在公共部门债务主要是地方债方面，怎样防范风险上的“技术路线”考虑。我个人认为，从现在的信息来看，我们可以有把握地用眼睛的余光看着总体运行的状态，而聚焦到某些区域、项目的风险防范问题上，因为我觉得这是选择了有信息支撑的一个相对低管理成本的监管状态。为了深化这方面的相关分析，首先可注重一系列值得肯定的“地区金融生态环境”这样更有指向性的具体研究成果，因为中国有这么复杂的各个地区的不同情况，所谓地区金融生态概念我觉得是把这个公共债务跟地方债务防范风险问题，对应到有具体指向的地区和政府辖区，包括某地区的深化改革方面走到了什么样的状态，这个地区不可回避的地方政策融资的套路、信用记录与市场环境等这些要素，把这些息息相关的东西合在一起，形成具体区域和项目风险防范方面的认识，便有特别的价值。

比如，审计署公告表明，2010 年年底的时候，可以观察到我国市一级的债务率超过 100% 的，不超过 1/5，县一级则不超过 1/30（具体可以拿到名单），对这些地方已有这种信息的披露。但是，这些地方一个个具体地看，不一定负债率高就一定出事，也不一定负债率低就可以高枕无忧。具体分析起来，应该在地区金融生态这样的概念之下，落实到案例式的更充分的分析认识上。在这方面我愿提到可观察的两个具体案例。

第一，融资平台的活跃度与地方金融生态问题的温州观察。我们都注意到地方政府近年发展了近一万家融资平台，大家也注意到这些融资平台种种信息的透明度往往是很低的，地方政府主要的领导，可以比较便捷地把意图贯彻到这些融资平台当中、贯彻到他们具体业务活动中间。他们要干的事情是什么？按我的说法，其实他们干的都是政策融资，但这个事情在总体规范性不高的情况下，实际的评价上会大有区别。有一些地方不太看中融资平台，但并不因此就可以认为他们这个地方金融生态环境一定好。

在温州，我们观察到过去当地政府不太依靠融资平台，更加推崇的是无为而治。在温州“跑路”的金融危机发生之后，有了一个不得已的灭火处理。其后我在温州参加现场研讨会，听到温州当地人民银行分行的行长非常自豪地说，温州在前面七年全国金融生态的评比中，始终都是第一。但我觉得这是很有讽刺意味的，他仍陶醉于这个金融生态指标计算出来非常好看，但是跟在后面的是什么？却是一场实际上震动全局的“跑路”危机！尽管按照当地正规金融体系指标打出的金融生态的分数，可以很好看，但当地的正规金融对温州辖区地面上大量实体经济的支持已经边缘化，几乎不足道了，因为当地实体经济中大量的民营企业、中小企业靠什么融资？靠灰色地下金融，甚至是黑色的高利贷在维持。在这种情况下，当然就应该说不能只看到那里一些正规金融、常规金融方面生成的指标表现很好，我们就可以仅凭此而给他们一个比较好的，乃至高高的分数，而且认为之后那里的融资进入风险就真正很低了。也就是说，如果我们按照过去一般的习惯，光看某个地方的政府比较开明，常规的融资指标看起来不错，融资平台不活跃，就认为应该对其金融生态给予高度评价，那么这种认识就还没有和现实生活很好地对接。

还有另外一个角度的案例。我在前几年财政部还允许的时候，曾担任一家国内中型银行的独立董事，在担任独立董事期间注意到，当时银监会明确要求，所有的银行都要把与地方融资平台相关的贷款项目一一列出，并做出风险评估排序后上报。融资平台在法律框架下看都是一个个企业法人，如果其融资出了问题，第一责任人不是财政部，而是金融监管部门，所以银监会要抓这种监管。我所在的这家银行于是形成了一个非常清晰的概念：这家银行给地方融资平台的贷款余额是 1000 多亿元，后面跟着有一个分析，其中有约 1/10，即 100 多亿元的这一部分，主要是对应于比较纯公益性的项目；显然这种项目贷款的风险度一般会较高，但随后又跟着有一个分析：这 100 多亿元的贷款都发生在北京、上海两地。于是，我们便又多少松了一口气——具体风险防控上似还不必太紧张了。为什么？我们从经验判断上可以知道，假如京、沪两地真的出现这种项目上的资金紧张局面，因为当地政府有比较有力的综合经济产业支撑，他们在主观动机上也一定是把自己的政绩持续地表现出来，而不是出现不利于区域形象的局部危机，所以那种情形下依靠腾挪资金消解紧张局面便会成为现实。也就是说，在那个阶段上，北京、上海两地由这家银行配上去的这些贷款，主要是以后如何消化的问题，还并不是多么高风险的问题。这都值得去具体分析。

在提及上面两个例子之后，我想回到规范的问题上：我们已经可以凭借审计公告等更清晰地获知较全面的信息，已经形成了一些短中期结合的基本的共识，但是再往下，考虑如何让明规则能真正有效，就要回到中国的现实，面对这样一个差异很大、各种要素的搭配各不相同、往往不可比特点很突出的庞大样本群。在这种情况下，首先应该坚持地方债需要开前门、关后门。财政部这几年已在推行省级牵头在省级预算中安排的地方债，以后要让地方自己发债——开始时有必要由中央财政代理发行，是想让这个事情初期做得比较顺利一点，但是未来趋向是非常清楚的。以后中央财政不做隐性担保了，防范地方债风险要靠什么？显然要靠多重的审计监督、舆论监督的作用，特别是市场的约束、专业化的力量，以及有效的制度体系里面可以利用起来的种种约束机制，如通过地方信用评级、市场交易可以实现的约束力量，一起来使地方政府在阳光融资的道路上持续运行。

这些事项上，不必讳言，有关方面需要和地方政府更多打交道，在地区金融生态的概念之下，还有必要探讨在中国我认为需在命题之下抓住不放的"政策性融资"的一系列具体问题。总体上，需要考虑在一个商业性的金融体系之上，由央行以货币政策作总量调控的同时，伴之以一个必须兴利除弊打造好的政策性融资体制机制，允许各地方政府合理利用自己的财政空间去贯彻地区发展战略，助推实现合理融资业务。那么在这个视角之下，我们必须研讨的是化解地方债务风险的长效机制，让阳光化可持续运行的相关机制建设，纳入体制创新、管理创新和技术创新在全面配套改革中的良性互动。

（2014 年在地区金融生态环境学术研讨会上的发言，根据速记整理）

第九篇

创新理论与哲思

新供给：经济学理论的中国创新

——在现代化新阶段历史性的考验中，从供给端发力，破解中国中长期经济增长、结构调整瓶颈

理论一定是要服务现实的，但理论自有其超越片断现实、局部现实的规律认知追求，和高于一般经验、直觉的指导性品质，这才构成了理论服务现实的价值之所在。经济学研究者显然应力求理论密切联系实际，在无穷尽的发展过程中，有所发现，有所创新，有所前进。

中国经济在经受不期而至的世界金融危机冲击之后，已走到了一个自身“潜在增长率”下台阶而“矛盾凸显”对“黄金发展”瓶颈制约日趋严峻的新阶段。往前看，寻求经济增长的可持续，必须在“发展是硬道理”升华为“全面协调的科学发展是硬道理”之后，使中长期发展与有效激发、如愿释放内生潜力与活力相结合，从而使经济增长质量真正提高，已强调多年的优化结构、加快发展方式转变成为现实。而相关分析认识现在指向一个人们无法回避、议论纷纷的问题：为使中国中长期经济增长、结构调整所面临的瓶颈制约得到破解，需要构建什么新的思路？我们认为回答这个问题，首先需要得到理论创新之光的烛照引领。

我们“新供给经济学”研究群体，在迎接党的十八大和十八届三中全会的背景之下，已提出了从供给端发力应对现实挑战、破解瓶颈制约的一套认识和建议。三中全会关于全面改革指导文件的发表，更给予我们更多的研究激励和改革、转型的紧迫感。在华夏新供给经济学研究院正式挂牌和新供给经济学五十人论坛正式成立的今天，我愿借此机会简要勾画一下：我们所表述的“以改革为核心的‘新供给’经济学”，是

特别强调了什么理论创新，我们的“理论研究”所联系的“实际”，具体落在什么样的系列化基本政策主张和思路设计之上（已有文献，有《财经》、《第一财经日报》上的浓缩和重点报道；阶段性研究成果的全文已发表在《财政研究》2013 年第 1 期；收入了研究群体代表性文献的《新供给：经济学理论的中国创新》一书，已由中国经济出版社出版）。

作为研究者，我们力求有所作为地形成对主流经济学理论框架的反思，和对于实现“中国梦”现代化目标的理论创新支撑。相关认识的切入点，是需要对已有的经济学成果有“破”有“立”。有研究界的朋友问：“新供给”新在哪里？我们认为，虽然我们已有的研究还是相当初步的，但其新意已可做出概要总结：一是新在我们的“破”，二是新在我们的“立”，三是新在我们成体系的政策主张与思路设计。

一、“新供给”研究中的“破”

从世界金融危机和中国改革开放的现实生活经验层面考察，对经济学理论迄今已取得的基本成果，亟需反思，这已成为中外人士反复提到的挑战性问题。我们认为，经济学理论所需要的“破”，至少集中于如下三大方面：

第一，我们直率地指出了主流经济学理论认知框架的不对称性。古典经济学、新古典经济学和凯恩斯主义经济学虽然各自强调不同角度，都有很大贡献，但是共同的失误又的确不容回避，即他们都在理论框架里假设了供给环境，然后主要强调的只是需求端、需求侧的深入分析和在这方面形成的政策主张，都存在着忽视供给端、供给侧的共同问题。最近几十年有莫大影响的“华盛顿共识”，理论框架上是以“完全竞争”作为对经济规律认知的假设条件，但是回到现实，即联系实际的时候，并没有有效地矫正还原，实际上拒绝了在供给侧作深入分析，在这样一个重要领域存在明显不足。世界头号强国美国前几十年经济实践里，在应对滞胀的需要和压力之下应运而生的供给学派是颇有贡献的，其政策创新贡献在实际生活里产生了非常明显的正面效应，但其理论系统性应该说还有明显不足，他们的主张还是长于“华盛顿共识”框架之下、在分散市场主体层面怎样能够激发供给的潜力和活力，但却弱于结构分析、制度供给分析和政府作为分析方面的深化认识——因为美国不像中国这样的经济体有不能回避的、解决转轨问题的客观需要，也就自然而然地难以提升对供给侧的重视程度。相比于需求侧，供给侧的问题更复杂、更具长期特征和“慢变量”特点，更要求结构分析与结构性对策的水准，但这并不应成为经济学理论可长期容忍其认知框架的不对称的理由。

第二，我们还直率地批评了经济学主流教科书和代表性实践之间存在的“言行不一”的问题。美国等发达市场经济在应对危机的实践中，关键性的、足以影响全局的操作，首推他们跳出主流经济学教科书来实行的一系列区别对待的结构对策和供给手段的操作，这些在他们自己的教科书里面也找不出清楚依据，但在运行中却往往得到了特别的倚重与强调。比如，美国在应对金融危机中真正解决问题的一些关键点上，是教科书从来没有认识和分析过的“区别对待”的政府注资，美国调控当局一开始对雷曼兄弟公司在斟酌“救还是不救”之后，对这家150多年的老店任其垮台，而有了这样的一个处理后又总结经验，再后来对从“两房”、花旗一直到实体经济层面的通用公司，就分别施以援手，大量公共资金对特定主体的选择式注入，是一种典型的政府区别对待的供给操作，并且给予经济社会全局以决定性的影响。然而，如此重要的实践，迄今还基本处于与其经典学术文献、主流教科书相脱离的状态。

第三，我们还直截了当地指出了政府产业政策等供给侧问题在已有经济学研究中的薄弱和滞后。比如，在经济发展中“看得见摸得着”的那些“产业政策”方面，尽管美国被人们推崇的经济学文献和理论界的代表人物均对此很少提及，但其实美国的实践却可圈可点，从20世纪80年代亚科卡自传所强调的重振美国之道的关键是“产业政策”，到克林顿主政时期的信息高速公路，到最近奥巴马国情咨文所提到的从油页岩革命到3D打印机，到制造业重回美国，到区别化新移民和新兴经济等一系列的亮点和重点，都不是对应于教科书的认知范式，而是很明显地对应于现实重大问题的导向，以从供给端发力为特色。不客气地说，本应经世致用的经济学理论研究，在这一领域，其实是被实践远远抛在后面的不够格状态。

二、“新供给”研究中的“立”

有了上述反思之“破”而后，我们强调，必须结合中国的现实需要，以及国际的所有经验和启示，以更开阔的经济学理论创新视野，考虑我们能够和应当“立”的方面。

第一，我们特别强调的是经济学基本框架需要强化供给侧的分析和认知，这样一个金融危机刺激之下的始发命题需要更加鲜明地作为当代学人“理论联系实际”的必要环节和创新取向。在基础理论层面我们强调：应以创新意识明确指出人类社会不断发展的主要支撑因素，从长期考察可认为是有效供给对于需求的回应和引导，供给能力在不同阶段上的决定性特征形成了人类社会不同发展时代的划分。需求在这方面的原生意义，当然是不可忽视的——人有需求才有动力、才要去追求各种各样的可用资源——但是在经济学角度上，对于有效供给对需求引导方面的作用过去却认识不足。我们从供给能力在不同阶段特征上的决定性这样一个视角，强调不同发展时代的划分和供给能力，以及与“供给能力形成”相关的制度供给问题，具有从基础理论层面发生而来的普适性，也特别契合于在中国和类似的发展中国家怎样完成转轨和实现可持续发展方面的突出问题。回应和解决这个视角上的问题，其实也包括那些发达经济体怎样在经历世界经济危机冲击后更好地把理论服务于现实需要。在现实生活中，关键是在处理“生产产品满足消费”的需求侧问题的同时，解决“生产什么”和“如何生产”的供给侧问题——尤其是“制度供给怎么样”的问题。这种把需求与供给紧密联系起来的研究，在人类经济社会发展实践中正在日益凸显其必要性和重要性。

第二，我们强调正视现实而加强经济基本理论支点的有效性和针对性。比如“非完全竞争”，应作为深入研究的前提确立起来，因为这是资源配置的真实环境，牵涉大量的供给侧问题。过去经济学所假设的“完全竞争”环境，虽带有大量理论方面的启示，但它毕竟可称为一种1.0版的模型。现在讨论问题，应放在非完全竞争这样一个可以更好反映资源配置真实环境、涵盖种种垄断竞争问题的基点上，来升级、扩展模型和洞悉现实。需求分析主要处理总量问题，指标是均质、单一、可通约的，但供给分析要复杂得多，处理结构问题、制度构造问题等，指标是非单一、不可通约的，更多牵涉到政府—市场核心问题这种基本关系，必然在模型扩展上带来明显的挑战和非比寻常的难度，但这却是经济学创新与发展中绕不过去的重大问题。更多的中长期问题和“慢变量”问题，也必然成为供给侧研究要处理好的难题。过去经济学研究可以用一句话打发掉的“‘一般均衡’中或‘反周期’调控中自然解决结构问题”，我们认为有必要升级为在非完全竞争支点上的一系列有待深入开掘的大文章。

第三，我们认为市场、政府、非营利组织应各有作为，这也是优化资源配置的客观要求。在明确认同市场总体而言对资源配置的决定性作用的前提下，我们还需要有的放矢地来讨论不同的主体——最主要是市场和政府，还有“第三部门”（非政府组织、志愿者、公益团体等），它们在优化资源配置里面可以和应该如何分工、合作、互动。在不同的阶段，不同的领域，分工、合作、互动的选择与特点又必有不同。由分工、失灵到替代，再由替代走向强调“公私合作伙伴关系”（PPP）式的合作，反映了人类社会多样化主体关系随经济发展、文明提升而具有的新特征、新趋势。

第四，我们特别强调了制度供给应该充分地引入供给侧分析而形成有机联系的一个认知体系，即物和人这两个视角，在供给端应该打通，各种要素的供给问题和制度供给问题应该内洽于一个体系，发展经济学、制度经济学、转轨经济学、行为经济学等概念下的研究成果，需要加以整合融于一炉。通过这样的“立”来回应转轨经济和中国现实的需求，形成的核心概念便是我们在理论的建树和理论联系实际的认知中，必须更加注重“理性的供给管理”。在中国要解决充满挑战的现代化达标历史任务，必须借此强调以推动制度和机制创新为切入点、以结构优化为侧重点的供给端的发力。

当然，以上这些并不意味着我们就可以忽视需求方面的认识——“需求管理”的认识在已有的经济学理论成果中已经相对充分，我们希望在供给这方面更丰富地、更有针对性地提高认识框架的对称性。这样的认识落到中国经济学人所处的现实中间，必然合乎逻辑地特别强调要“以改革为核心”，从供给端入手推动新一轮制度变革创新。这是有效化解矛盾累积和“滞胀”、“中等收入陷阱”、“塔西佗陷阱”和“福利陷阱”式的风险，实现中国迫切需要的方式转变与可持续健康发展而直通“中国梦”的“关键一招”和“最大红利所在”。我们的研究意图和可能贡献，是希望促使所有可调动的正能量把重心凝聚到中国迫在眉睫的“十八届三中全会之后新一轮改革如何实质性推进”这一问题上，以求通过全面改革和理性的供给管理，跑赢危机因素的积累，破解中长期经济增长、结构调整瓶颈，从而使“中国梦”的实现路径可以越走越宽、越走越顺。

三、“新供给”的政策主张

在上述基本认识引出的新供给经济学研究群体的基本政策主张，是以改革统领全局之下的“八双”和面对“两个一百年”历史任务的“五并重”。

“八双”的基本要点是：

“双创”——走创新型国家之路和大力鼓励创业；

“双化”——推进新型城镇化和促进产业优化；

“双减”——加快实施以结构性减税为重点的税费改革和大幅度地减少行政审批；

“双扩”——对外开放格局和新的国际竞争局面之下，扩大中国对亚非拉的开放融和，以及适度扩大在增长方面基于质量和结构效益的投资规模（对于消费的提振当然是比较重要的，已经有了不少研究成果和重视程度的明显提高，但是对于投资这方面的进一步认识，我们认为也需要强调，所以放在“双扩”概念之下来体现）；

“双转”——尽快实施我国人口政策中放开城镇体制内“一胎化”管制的转变，积极促进国有资产收益和存量向社保与公共服务领域的转置；

“双进”——在国有、非国有经济发挥各自优势协调发展方面，应该是共同进步，需要摒弃那种非此即彼截然互斥的思维，在“混合所有制”的重要概念之下，完善以“共赢”为特征的社会主义市场经济基本经济制度的现代化实现形式；

“双到位”——促使政府、市场发挥各自应有作用，双到位地良性互动、互补和合作（这方面的分析认识，需扩展到中国势必要发展起来的第三部门，即志愿者组织、公益慈善界的非政府组织、非盈利组织，这些概念之下的一些越来越活跃的群体，应该在社会主体的互动中间发挥他们的潜力。我们非常看重国际上已高度重视的公私合作伙伴关系——PPP 模式，在此模式之下寻求共赢，应该是最基本的认识视角）；

“双配套”——尽快实施新一轮“价、税、财”配套改革，并积极地、实质性地推进金融配套改革。

在上述基本考虑中，“双创”是发展的灵魂和先行者；“双化”是发展的动力与升级过程的催化剂；“双减”则代表着侧重于提升供给效率、优化供给结构以更好适应和引导需求结构变化的制度基础；“双扩”是力求扩大供给方面在国际、国内的市场空间；“双转”是不失时机、与时俱进地在人口政策和国有资产配置体系两大现实问题上顺应供给结构与机制的优化需要，以支持打开新局面；“双进”是明确市场供给主体在股份制现代企业制度安排演进中的合理资本金构成与功能互补和共赢效应；“双到位”是要在政府与市场这一核心问题上明确相关各方的合理定位；“双配套”是对基础品价格形成机制和财税、金融两大宏观经济政策体系，再加上行政体制，以大决心、大智慧推进新一轮势在必行的制度变革与机制升级。

“五并重”的基本内容是：

第一，“五年规划”与“四十年规划”并重，研究制定基于全球视野的国家中长期发展战略。

第二，“法治经济”与“文化经济”并重，注重积极逐步打造国家“软实力”。

第三，“海上丝绸之路”和“陆上丝绸之路”并重，有效应对全球政治经济格局演变。

第四，柔性参与和独立开展经济合作区谈判并重，主动参与国际贸易和投资规则的制订。

第五，高调推动国际货币体系改革与低调推进人民币国际化并重。

这个“五并重”思路设计的视野，是把中国顺应世界潮流而寻求民族复兴的时间轴设为百年、空间轴设为全球，来认识和把握综合性的大格局、大战略问题。

四、拒绝简单化标签，注重从实际出发，供给端发力服务全局

简要地说，我们所主张的上面这些“立”，是生发于对经济规律的探究，首先既对应于中国的“特色”和背景，又服务于中国现代化的赶超战略。邓小平所强调的“三步走”可理解为一种实质性的赶超战略。其间前面几十年主要是追赶式的直观表现，最后的意图实现，则确切无疑地指向中华民族能够实现伟大复兴，在落伍二百余年之后又“后来居上”地造福全中国人民和全人类，这也就是习总书记所说的“中国梦”。这个“中国梦”绝不是狭隘民族主义的，而是一个古老民族应该对世界

和人类做出的贡献，是数千年文明古国在一度落伍之后，应该通过现代化来加入世界民族之林第一阵营，在人类发展共赢中间做出自己应有的、更大的贡献，即造福于中国和世界人民。

我们深知，相关的理论和认识的争鸣是难免的和必要的，而在中国现在的讨论中间，似乎还很难避免有简单化贴标签的倾向。比如说在一般的评议中，某些思路和主张很容易被简单地分类——某些观点被称为新自由主义，某些观点被称为主张政府干预和主张大政府，有些则被称为是主张第三条道路。贴标签的背后，是认识的极端化和简单化。

我们自己的认识倾向是希望能够超越过去的一些贴标签式的讨论，侧重点在于先少谈些主义、多讨论些问题，特别是讨论真问题、有深度的问题，来贯彻对真理的追求。没有必要在经济学框架之内、在对经济规律的认知领域之内，对这些讨论中的观点处处去贴意识形态标签，处处去分辨是左是右、姓资姓社。新供给研究的追求，是继承经济学和相关学科领域内的一切人类文明的成果，站在前人的肩膀上，对经济理论学说做出发展，包括补充、整合与提升。

我们对于理论研究的"从实际出发"应该加以进一步的强调。"一切从实际出发"既要充分体察中国的传统（包括积极的、消极的）；充分体察中国的国情（包括可变的与不可变的）；也要特别重视怎样回应现实需要——有些已认识的固然是真实合理的现实需要，但也会有假象的现实需要即不合理的、虚幻的诉求，我们要通过研究者中肯、深入的分析，来把这些理清。既从实际出发体察中国视角上必须体察的相关各种事物，同时也要注重其他发展中国家以及发达国家的经验和教训、共性和个性，包括阐明和坚持我们认为现在已经在认识上可以得到的普世的共性规律和价值。

总之，由破而立，由理论而实际，在分析中就特别需要注重供给端与需求端的结合，政府、市场与第三部门互动等全方位的深入考察和相互关系考察，力求客观、中肯、视野开阔、思想开放。我们绝不是为了创新而创新，而是面对挑战有感而发，为时代而做出理应追求的创新。中国自20世纪90年代以来宏观调控中“反周期”的政策实践，有巨大的进步和颇多成绩，但延续主流经济学教科书和仿效发达国家的需求管理为主的思路，继续贯彻单一的“反周期”操作路线，随近年的矛盾积累与凸显，已日益表现了其局限性，今后随中国经济潜在增长率下台阶、经济下行中资源环境制约和收入分配等人际关系制约已把可接受的运行状态的“区间”收窄，再复制式地推出“四万亿2.0版”的空间，已十分狭窄，较高水平的理性“供给管理”的有效运用，势在必行。既然在中国中长期发展中如何破解瓶颈制约，和攻坚克难全面深化改革、优化结构，是国人共同面临的历史性重大考验，那么我们应站在前人肩膀上，以严谨的学术精神，秉持理论密切联系并服务实际的创新原则，更好地追求经济学经世济民的作用，更多地注重从供给端发力，在实践中破解瓶颈，服务全局，把握未来。

（2013年12月8日在华夏新供给经济学研究院、“中国新供给经济学50人论坛”成立大会暨十八届三中全会精神研讨会上的主旨发言）

软科学与现代发展理念的基本逻辑

我来参加这个软科学的学术讨论，有点班门弄斧之意了。过去常年研究的主要还是经济，还有自己所在的财政部系统的财政和方方面面的改革和发展问题。但是我还是想借这个机会谈谈自己对于软科学的基本看法，再从软科学这个概念往下试着汇报一下我怎么看待现在五中全会之后大家都高度关注的新的发展理念的内涵脉络——我认为可以称为现代发展理念的基本逻辑。

我是这样理解软科学的：虽然在定义上一般的解释是认为它是“自然科学、社会科学的交叉”，而我认为其实到了现实生活中间，大家讨论的软科学，更多侧重于人文和管理。自然科学我个人的感觉是它可以更多地归结为一种硬科学，物理、化学、机械制造等，理工科的很多的内容，更多可以体现“硬”的特征，而所谓软，它就要有模糊地带，有弹性，有更加复杂灵动的一些人文内容，而且这个交叉特征虽然既具有自然科学的角度又有社会科学角度，而实际上更多地要打通人文与管理。这个特征后面跟着的，就是交叉特征所对接到的，应该是一个要注重引出方案和对策方面研究成果的科学。

软科学在研究之后引出的，是理论密切联系实际的、实际上针对一些现实问题的解决方案和对策。如果从交叉、对策这两个特征做出把握的话，我愿意再引申出它的第三个带有理论色彩的特征，就是软科学显然带有供给管理的特征，它要提供有效的规划、方案、对策的供给，这是它特别突出的意义。一个国家的所谓软实力，战略谋划、解决方案的支撑能力，和软科学密切相关。如果从上面这样三点基本理解再往下说，现实生活中就要特别注意，在中国新的历史起点上要继续大踏步地跟上时代，“问题导向”之下，我们的软科学研究就是要满足解决现实问题首先是一些重大现实问题的需求。

从上述认识再往下说，我想谈一下我作为研究者观察的中国最高决策层十八大之后的逐步清晰化的大政方针，这些大政方针是我们做软科学研究绝对不能忽视的基本背景。十八大在解决了中国最高决策层人事安排基本到位的问题后，三中全会是给出了顶层规划性质的全面改革部署，在四中全会又把经济改革为重点切入的全面改革实际上推进到了司法改革、行政架构的改革，以及宣传上我们并不直接表述，但现实生活里绝对不可能绕过去的政治体制改革这样的全覆盖框架。全面依法治国，则是把经济、社会、政治打通处理的一个系统工程。到了五中全会，是在三中、四中全会这些大政方针清晰化之后，系统化地给出了创新发展作为第一动力而引出协调发展、绿色发展、开放发展，最后落到归宿上，就是落到人民群众对美好生活的向往要变成大地上现实的“共享发展”上。这些概念我们过去都接触过，五中全会的贡献是把它们合乎逻辑地形成了一套条理化的表述，这个条理里面的内在逻辑当然需要我们进一步探讨。

我觉得在三中全会以后的这些大政方针逐渐清晰化的过程中间，有几个关键词是一定要把它放在一起把握的。首先是三中全会60条那么丰富的内容，336项具体改革切入点合在一起的这样一个指导文件，如果做一个浓缩，最核心的东西是什么呢？就要浓缩到国家治理体系和治理能力的现代化，可以简称“现代国家治理”。这个关键词里所包含的内容是有别于过去我们传统的思维框架的，过去说惯了的各级政府作为主体的管理，是一个自上而下的掌控架构，管理、管理调控，自上而下，而现在强调的是治理，治理有别于管理的是什么呢？就是政府主体和非政府多元主体在一起要更多地平面展开充分互动，来实现包容性增长、包容性发展，要把管理和自管理、组织和自组织、调控和自调控合在一起释放一切潜力、活力来解放生产力。这是治理有别于管理的非常重要的一个内在逻辑。

如果按照这样的理解，这样的一个治理所体现的一套制度安排和机制连接，它的趋向就是现代化趋向——这里所明确表达与规定的这样一个努力方向，而现代化，显然就是自鸦片战争拉开中国经济近现代史帷幕以后我们一直在追求的，要解决落后以后怎么从追赶到赶超、实现伟大民族复兴而不再落伍、跟上时代，走到世界民族之林发展的第一阵营这样的战略问题。所以，现代国家治理的现代化趋向，合乎逻辑地会通过制度安排、机制连接要引出“60条”里多次强调的第二个关键词，就是“现代市场体系”，即前面所说到的治理那一套制度安排、机制连接，到了经济学的语言里就是资源配置问题，对资源配置机制在反复探讨之后，已经在邓小平南方谈话的时候锁定了社会主义市场经济目标模式，而现在讲现代市场体系，跟着的突破是市场在资源配置中要发挥决定性作用。当年邓小平以极大的魄力，以超常规的方式，以“谁不改革谁下台”的这种倒逼，使最高决策层很快形成了权威的建立社会主义市场经济体制这样的文件，但是由于种种主客观限制，当时只能说到资源配置中市场发挥“基础性作用”。到了十八届三中全会，终于把它说到了“决定性作用”，而后面跟着的还有“政府更好发挥作用”的要求，其实这两者关系的处理也是非常复杂的，是带有挑战性的。改革以后反复探讨的市场和政府的关系，现在我们还在进一步地认识它和把握它。

那么政府要更好发挥作用，紧跟着有第三个关键词，就是必须处理好政府履行职能要依仗的“以政控财，以财行政”这个分配体系——财政。财政是国家治理的基础和重要支柱，所以，必须打造“现代财政制度”。现代化的趋向上，从治理到市场，再到财政，成为一个逻辑链接之后，再进一步推展到四中全会的全面依法治国——我认为这就是中央文件过去所说的“政治文明”这个概念下，“现代政治文明”的整个体系的打造。然后合乎逻辑地在哲理上，我们看到了五中全会给出的是“现代发展理念”。当然，这些内容再做浓缩的话大家可能还得进一步探讨“四个全面战略布局”之说，可能在继邓小平理论、三个代表重要思想和科学发展观之后，新一代的决策层治国施政的核心理念的浓缩表述是这个四个全面，从 2020 要实现全面小康引出 2020 改革还必须取得决定性成果——这个全面改革是支撑中国经济社会以后能有发展后劲的最关键的制度供给，跟着的当然就是全面依法治国和无法回避的全面从严治党。

在这样的背景之下，中国又经历了我们进入中等收入阶段后必然到来的经济增长速度下滑而出现整个经济发展阶段的转换，有“新常态”到来这样一个重大演变。我们的增长速度 2010 年还出现了 10.4% 的高位，滑落到现在的 6.7%，决策层所要求的认识、适应还要引领的新常态，“新”就是在中国进入中等收入阶段以后与其他经济体大同小异的增长速度不可能再是高速增长，它必然要“下台阶”，而同时我们增长质量要向上“上台阶”，要打造增长质量在结构优化支撑之下的升级版，稳在一个中高速增长平台上，那就“常”了。这样的情况下，最高决策层又在五中全会之后提出了供给侧结构性改革，现在称为“战略方针”，而我们今天讨论的软科学视角之下的进一步把握好现代发展理念，我认为要紧密结合“供给侧结构性改革”这个概念。

在这个地方我想稍微展开一点谈些看法，十八大以来看到的这些大政方针，关键词合在一起，落到战略方针的供给侧结构性改革上，它后面的指导思想，当然是最近我们注意到总书记反复强调的马克思主义。我在十几岁的时候，就非常真诚地开始研读马列的原著，实话实说，我认为马克思主义确实是人类思想和文明发展中间不可能绕过去的一座丰碑，现在关键的是在坚持马克思主义的同时还必须发展，我愿意比较鲜明地谈这样一个观点：因为只有在坚持的同时还要发展马克思主义，才是真马克思主义。稍微了解一下马克思主义基本原理的人恐怕都会认同，世界是在发展的，马克思主义出来以后它的基本认识框架、逻辑有它的指导性，但是它一定要与时俱进地发展，才能有生命力。我们现在的问题是，如果按照总书记的说法“不忘初心”，那么马克思主义的初心，也是我们现在实际上要延伸到软科学研究领域的初心是什么呢？我认为就是《共产党宣言》里，马克思、恩格斯他们已清晰表述的要形成自由人的联合体这个伟大理想，这其实也是我们现在在纪念长征 80 周年等活动里反复听到的信仰问题——这个信仰是要有科学的理念来支撑的，这样的理想，马克思那里表述为自由人的联合体，而且它表述得非常到位：每个人的自由发展是一切人自由发展的前提条件，实际上这就是当年我们反复讨论的“无产阶级只有解放全人类才能最后解放无产阶级自己”那样一个逻辑。当然，实际生活中每个人的自由不可能是自己想做什么就做什么，人类社会就是在各个成员相互之间有矛盾的情况下来寻求怎么样更健康、更合理地发展。所以，自由人的联合体一定要受到特定规则的约束，我们现在实际生活里的发展理念，就必须处理在马克思主义这个初心之下，我们怎么回应现实生活中的矛盾和问题：人和人之间有矛盾，国和国之间有矛盾，不同的阶层之间有矛盾，不同的取向之间可能互不买账。那么在现在所谈到的现代发展理念里，我认为一个最核心的内容，就是“包容性发展”这个前沿认识。我们要务实地抓住实事求是的精髓，反对那些简单化的贴标签的认识、那些形式主义的认识、那些形而上学僵化的认识，来深刻地把握现代发展理念。中央所强调的创新为第一动力，最后引出共享发展的这样一套发展理念，它内在逻辑层面紧密结合着包容性发展。我认为这就是在实际生活中怎么落实五中全会发展新理念，必须抓住的一条红线，也是我们按照软科学的精神、继承人类文明一切成果、以马克思主义基本原理为指导来引出问题导向之下有价值的解决方案和对策建议的一条红线。

那么按这个角度，愿谈谈我们从供给侧这个角度，结合着包容性发展的一些初步的心得体会。中央关于供给侧改革这个认识其实也是很鲜明地要对接到总书记说了几次的“中国特色社会主义政治经济学”学理的支撑，这种基础理论叫中国特色社会主义政治经济学，按照我的理解显然是要植根于中国的现实发展的土壤之中，要首先能够立足于中国国情去面对中国的问题做出建设性的软科学所推崇的方案、思路和对策。但是它一定不能脱离整个人类社会发展的总体的文明进程。所有中国特色，一定是要吸收人类文明一切积极成果以后带有共性的东西，而同时又保持自己鲜明的个性。共性和个性结合在一起，怎么样能够成功，当然就是我们要探讨的复杂的问题了。

我们现在如果按照包容性发展这样一个人类文明发展的前沿理念，那么在基础理论的学理方面可以作一些什么样的基本分析，我想在这里简单勾画一下。在前些年，世界金融危机发生之后，我们比较早就认定要对经济学和相关的理论认识的主流成果做深刻的反思，要注意到过去经济学主流学术成果的不对称性：偏重于需求侧而忽视了供给侧。所以，提出了新供给这个框架之下的一系列的研讨任务，一直推进到去年正式出版新供给经济学。现在供给侧结构性改革实际上也必然是对接着这样一些相关概念所联系着的学理探讨的。如果在实际生活里看一下中国和世界经济社会发展里面需求和供给这一对相反相成的概念，二者之间的互动是讨论问题的一个基本前提，所谓经济生活和社会生活是因人而存在着，而人的需求必须得到满足。这个活动过程中，我们首先要肯定，需求在经济生活、社会生活中的动力体系里，它是个原生动力，人存在就一定有需求，比如最基本的需求是生存，连生存都没有，人就没有任何别的可说的了——人必须满足生存的需求，然后还要有发展的需求、享受的需求，还有更往上人们要得到社会尊重，要自己的精神充实起来，自己的内心要和谐等这些需求。而作为原生动力从生存开始的这个需求，它得到的响应机制是什么？首先就是供给侧通过一定的生产经营活动提供出来产品和服务，才能满足需求。在需求原生动力之后派生出来的供给侧对需求侧的响应机制和它的特征，研究下来发现它却是划分人类社会经济发展、社会发展不同阶段和不同时代最关键的因素。有了原生动力以后，后面的动力体系一定要从需求到供给全面把握。

我们在已经发表的论文里列了一个表，一共三列，第一列，我们排列出人类社会从初期到后来，一个一个台阶之上时代发展的特征，从旧石器时代开始，一直到现在的信息时代。第二列，我们排列出生产力视角——所谓人和物的关系的视角上以生产工具的创新来形成的一个一个台阶往上的发展，它对应着前面那个时代特征。第三列，是人和人即所谓生产关系视角上形成的社会形态。这三列之间的对应性，就表现在实际上我们要抓住的决定这个过程的最关键的生产力要素，就是人怎么样从事生产活动来满足需求，从人类社会一开始脱离动物界它所形成的那个供给能力具体表现出来能提供的满足需求的供给，是社会成员通过分工与合作从事采集和狩猎，来维持这些成员能够活下来的需求，那个初级的供需互动，经过了以后的发展终于引出了农耕文明，我们称为农业革命——有了农业革命的这种供给能力，人类社会在经过一轮季节的更迭之后，可以相对稳定地预期和实际上形成使这些社会成员能够生存下来的有效供给，即满足他们生存需求的供给。这些人活下来的同时，农业革命后还可以提供使社会成员中间的一部分人进而得到满足他们发展需求和享受需求的供给能力。按照我们所说的历史唯物论的分析，这时候就可以解释，为什么到了这个阶段上，人类社会必然要告别原始共产主义氏族部落的状态，而进入阶级国家的社会形态了。在以后的供给发展阶梯上，再往上的一个重大的革命性的创新发展，就是出现了工业革命，而且它伴随着全球化时代的展开，从地理大发现以后一直到现在我们所说到的“整个世界是平的”的全球化。它在工业革命以后的具体发展中，还可以细分成蒸汽时代、电气时代、自动化机器时代和我们现在大家都在谈的信息时代。这一个一个台阶往上发展，目前它的最前沿的生产力所支撑的创新概念是什么呢？就是大家现在越来越多在讨论的在互联网、移动互联、大数据、云计算等这些科技成果支撑之下，我们现在开始迎来一个智能化的时代，经济社会生活里越来越多带有智能化特征，而进一步引出的是“共享经济”这个前沿概念，原来很难设想的排他的这些经济活动，现在在一起越来越多地可以通过共享机制来进行。中国社会现在已经越来越多接触到共享了（分时度假、网约顺风车、分部式能源进入家庭，等等）。共享经济的概念，在生产力这方面是从前面一路走来的供给侧创新和革命支撑起来的，那么对应的社会形态是什么？如果我们不简单贴标签，而说它的实质内容，我觉得就是要对应到习总书记已经多次在国内外所说的概念——人类社会的发展现在要把它正确地理解为命运共同体的发展，中国的发展是要实现和平发展、和平崛起，中国和其他经济体一起按照命运共同体来发展，那么就是寻求一种包容性发展里的多赢共赢，这不是在唱高调，这是我们生产力能够支撑起共享经济而对应到的我们现在对于社会形态的前沿文明状态的把握。

这个话头如果再展开一些说说，我觉得还可以探讨一个思维框架的演变过程：我记得很清晰，在毛泽东时代，对于我们整个时代有一个基本战略判断，而邓小平时代，又有一个基本战略判断。20 世纪 80 年代，当时是邓小平在宦乡等学者的研究基础之上一锤定音，说我们现在的时代主题是“和平与发展”，当时这个话说出来以后似乎并没有什么太大的冲击力，但是这几十年我做研究过程中不断回想，邓小平这个战略判断的意义非同小可，它的内在逻辑就是一直引到我们现在讨论的现代发展理念的内在逻辑。这个和平与发展的主题由邓小平肯定下来，实际上是作为一个指导我们整个全局发展的基础性的战略判断，而它首先是改变了什么呢？就是改变了毛泽东时代的那个战略判断——当时毛主席的判断是从列宁主义一直延续下来的我们所处的时代是“战争与革命”的时代，而邓小平的这个新的判断显然是另外一套逻辑。如按照毛主席的那个时代判断的逻辑，那么我们别无选择，必须立足于要准备打第三次世界大战，而且立足于早打、大打、全面地打，要解决“谁战胜谁”的问题，所以，就要深挖洞、广积粮，就要抓住阶级斗争为纲天天讲、月月讲、年年讲，就要在阶级斗争这个轨道上实行无产阶级专政下继续革命——只要把前面这个基本战略判断确立起来，后面的那个逻辑是环环相扣，一直可以推演下来的，即这个逻辑链条本身是自洽的，关键就是为什么邓小平改变了最开始的这块基石，说我们处于时代主题为和平与发展的时代这样一个战略判断上。如果按照邓小平这个判断，也别无选择，那当然就是他说的再也不可错失历史机遇，要紧紧抓住经济建设为中心一百年不动摇，以此为基本路线，通过“三步走”一路实现中国的现代化，从追赶到赶超后来居上，这就是现在说的“中国梦”。邓小平在他的基点后面，也是环环相扣，逻辑链条内洽的一套认识。现在回到最前面的基础判断上，无非就是实践检验真理，我们可以进一步观察和探讨这两个判断到底哪个更符合人类发展走到现在文明状态的现实。如果从学者的角度来说，其实就是人类社会的生产力的供给能力，是已经进入了核威慑时代，而核威慑时代第三次世界大战发生的可能性成为极小概率事件。正是因为这一点，邓小平他清晰地意识到再也不可错失机遇，而要一百年不动摇地以经济建设为中心，实事求是地来解放生产力，通过“三步走”达到中国现代化伟大复兴战略目标。我们可以继续观察，现在世界上局部的摩擦，局部的战争还是不断出现，但是总体来说，一般的判断，理性的判断，都是人类有极大的可能性避免再出现一次世界大战的局面。

我前些年知道，世界上有一个把各种参数放在一起的“核毁灭钟”，曾经已经拨到最后就差几分钟了，人类就要面临核毁灭了，而再以后，却已经往回拨了很长一段时间。这个核威慑时代，是我们生产力供给侧通过一系列的创新最后推到的这样一个状态。反过来说，既然有核威慑，不是简单地再去考虑“谁战胜谁”，就是总书记所说的“摒弃你输我赢的旧思维”，要考虑共赢的问题了，那我们当然就要紧紧把握住共享经济、命运共同体这个核心概念，来理解我们整个的发展新理念。

这样的一套分析看起来是个很宏大的命题，但实际上回到原理上说就是一句话，人类社会的生产力的特征和根本上由生产力决定生产关系的特征，其实都是发生在供给侧。需求它也不断在变化，但是需求的变化一定要得到供给侧的回应。需求自身的变化是不断升级：从广义的需求讲人是贪得无厌的，人性如此，永远不可能满足——你设想把一个乞丐一路抬高到国王的高位，他还想再多活 500 年呢。经济学上、社会科学上实际上不能讨论这种漫无边际的需求，一定要给它一个定义，经济学上讨论的是什么呢？是有货币支付能力的有效需求，就是社会发展了，老百姓收入在增长，钱包鼓起来，钱包里的钱要花出去，这是他消费者主权可以决定的，这是他的有效需求，这个钱他用到哪里去？他当然希望得到用户体验的满足，但是他自己说不清楚什么东西让他能得到尽可能高的满足度，只有供给侧成功的创新，提供出来的产品和服务，让他眼前一亮，他欣然掏出自己的钱去购买，这才实际构成了经济发展的动力因素和繁荣因素。我们所说的，无非就是这样一套基本原理。那么创新发展作为第一动力，其实就要从这个道理上说下来。

现在所强调的供给侧结构性改革，当然是要把供给侧对生产要素的供给和它的结构优化结合在一起来首先形成一个理论模型：供给侧有劳动力、土地和自然资源、资本，还有科技的供给和制度与管理的供给，千千万万种复杂的供给品无非就是这五大项。在人类经济社会发展过程中这五项都有它的贡献，都不可缺少，可以说各领风骚。但是一般的经验证明，一个经济体进入中等收入阶段以后，前面三项的支撑力是要滑坡的，而后面两项的支撑力的巨大的潜力，是最值得看重的，中国现在已经到了这个阶段。后两项现在被学术用语称为全要素生产率，这个全要素生产率不是把五大要素等量齐观，强调的就是潜力巨大的后面两项：通过科技创新，形成“第一生产力”，以及通过我们深化改革，以有效制度供给这个“最大红利”来支撑中国在新的发展阶段上对冲下行因素，把所有的潜力、活力调动起来以后进一步解放生产力，打造我们的升级版。

所以，从这个认识来看，我们的创新发展作为第一动力，就要现实地讨论实际生活里我们怎么把握在供给侧的这五大要素组合形式上的推陈出新。我想举两个生活中间的例子来进一步做些展开观察。比如说到了移动互联时代，智能手机大家都越来越不能离开它了，在前面几年曾经在全球引领手机发展大潮流的，是乔布斯主导的苹果产品的创新，乔布斯的苹果手机出来以后，我开始接触的时候也有很多地方觉得不好理解——触摸式没有按键这个好理解，但它为什么不能打开换电池？电池是封死在里面的，还有其他的种种设计，有些东西我不理解，但是我确实特别喜欢它的造型（实话实说，到了iPhone 6以后这个造型已不如 iPhone 4 那时候漂亮，iPhone 5S 是最漂亮的一个设计），等等，这当然是个人偏好。整个市场上的反应是什么？到了现在已经到 7plus 了，它总体来说还在引领消费的潮流。那边刚刚有一款新的手机宣布问世，没隔几天咱们北京繁华商业区西单大悦城苹果旗舰店前面就是人山人海，我是亲眼所见，已经到了夜晚人们还排着长队在那里热购新出的苹果产品。它这种供给侧的创新，是通过市场检验的成功形成了一种效应，不光是一呼百应，全球化时代是一呼万应，一呼亿应，风靡全球，释放了社会消费需求的潜力，催生了很多很多产业链上进一步繁荣因素的迸发，带来的就是我们所说的供需之间互动，用户体验得到满足，经济生活表现出它的活力奔涌等这些效应。这个苹果产品成功的创新，在全球化时代当然也面临着竞争，后来我们也看到不断地有其他的一些可能和苹果产品产生竞争的新产品在现实生活中构成了丰富多彩的图景，我们还可以继续观察，谁也不可能说在一度领先以后就永远领先，但是总体来说，苹果产品是在满足用户体验方面很直观地证明了一个道理，就是实现供给侧成功的创新可以引领和创造需求，可以支撑这种实打实、看得见摸得着的繁荣因素，以老百姓所认可的种种产品和服务而带来我们经济活力的释放与公众的福祉。

另外一个例子也跟中国人的消费有关。到了收入增长到一定阶段，我们家庭卫生洁具要更新换代，越来越多的家庭开始考虑使用新的坐便器，俗称“马桶盖”。但是一个很有意思的现象出现：中国国内市场有供应，然而大家并不一起出手热购，中日关系缓和之后大量的中国人跑到日本去旅游的时候，却几乎不约而同一起出手来买日本市场上的马桶盖。什么道理？一开始判断上是认为中国本土的技术水平、生产制造工艺等方面不够格、不过关，所以，虽然有这方面的产品供应，但老百姓不在这儿买，到了日本，那边水平过关了，所以就形成了实际的交易。后来发现这个判断并不对，中国人在那边热购回来的马桶盖，原产地是杭州附近，是中国的生产厂家按照日本的订货提供的产品到那边实现的市场交易，肥水流入外人田。于是可知，中国本土上缺的不是技术水平和工艺制造能力，我们缺的是什么呢？是跟这个相关的供给侧的制度环境方面的要素，因为具体分析下来可以引到一个基本判断上：中国的家电市场上是一种鱼龙混杂的状态，老百姓对于假冒伪劣心有余悸，不敢轻易出手购买这个马桶盖。而到了日本那边，口口相传的公信力是说你放心买吧，有全套的质量控制，有全套的政府监督，买回去以后不会有烦恼，结果就形成了购买的热潮。所以，对比之下可以知道中国本土市场上，缺的是制度供给这里面的有效性。怎样使中国本土市场上能真正解决通过比较快的优胜劣汰，让应该胜出的产品立住脚以后形成公信力，咱们在本土实现这种交易和购买，这就是中国要解决的问题。如果从软科学这里分析问题、解决问题来说，这是一个我们很值得注意的案例。董明珠有个评价，说“中国的家电市场上大家都在处关系”，处关系的结果就是鱼龙混杂，总不能有效地优胜劣汰。

所以，中国真正要解决怎么以创新发展作为第一动力引出后面那一系列发展这个问题，在逻辑链条上特别应注意我们的全要素生产率不光有科技，特别是要有制度供给。前一段时间，由于种种原因，看到扭曲式形成了我们的管理部门在高校、在事业单位跟知识分子过不去，科研经费管理出现了李克强总理反复批评的繁文缛节，搞了那么多的清规戒律，拉足了架式要加强管理，实际上依据的是官本位、行政化的一套逻辑，把八项规定出来以后应该约束官员的经费管理规则推到极致来管知识分子、管科研人员的横向课题的研究，这完全是违背科研规律的。这种制度供给基本的逻辑错在哪儿？就是官本位、行政化。白发苍苍的老科学家、学术带头人如果没有一个行政上的司局级待遇，坐高铁连一等座都不能坐，只能坐二等座，何其荒唐？克强总理都忍不住了，到北大、清华视察的时候直指这种问题，这种荒唐的规定居然在中国可以大行其道：现在终于看到了纠偏。早些时候在国务院的优化学术环境文件出台以后，各个方面都不动，最后现在是中办、国办一起发文，有关部门表态今年年底之前要出细则。我注意到社科基金已经出了新的一轮经费管理放宽的文件。如果不能符合科研规律来解决这个问题，以后中国的所谓创新发展就只会流于形式，流于空洞的口号。

所以，最后我想做一个小结：依托于我们讨论的这个发展新理念的基本逻辑，需要进一步探讨在供给侧实际上形成了供需互动之中完整的经济社会发展动力体系这一认识框架下，它的一些规律性的东西。必须在中国的问题导向之下完善供给侧的环境和机制，激发微观主体的潜力和活力，包括我们广大知识分子、广大科研人员，怎么样能够真正得到有人文关怀的制度环境来心无旁骛地去做创新的科学研究，实现全球化背景下的包容性发展。创新作为第一动力是一定要有制度供给支撑的，在某种意义上，一个转轨经济体它的全要素生产率里制度和科技相比用得着吴敬琏老师的一句话，在一定意义上说“制度高于技术”。所以，我们首先要解决中国坚定不移深化改革、攻坚克难、完成制度转轨与体制转轨这样一个问题，才可能迎来我们创新发展过程中间一片新的天地，来真正按照十八大的要求，在新的历史起点上大踏步地继续跟上时代，使中国有后劲地、与世界上他国共赢式地和平崛起。

（2016 年冬在“软科学论坛”上的大会发言，根据录音整理）

从我国基本国情看“半壁压强型”环境压力与针对性能源、环境战略策略——供给管理的重大课题

结合对我国基本国情的一个特定分析认识角度，谈一谈怎样有针对性地形成适合我们国家可持续发展的能源环境战略策略。

从去年到今年的经济社会生活中，雾霾事件带来的冲击，使我们更加感到特别需要在理论联系实际的角度上深刻地研究认识怎样更有效地贯彻科学发展观，化解环境资源矛盾凸显对我们形成的明显制约。

屡次出现的雾霾，打击了大半个中国，引起民怨沸腾，也引起有关部门高度重视。我们已看到一些针对性举措，社会方方面面也都在提出各自的一些认识和建设性的看法。我们作为研究者，注意到有一个特定的视角值得进一步开掘做出深入分析认识，就是所谓“胡焕庸线”对于基本国情给出的一种刻画。我和苏京春博士已形成一个初稿，篇幅比较长，在此简要勾画一下我们的初步认识框架。

已形成文稿的题目是《胡焕庸线：从我国基本国情看“半壁压强型”环境压力与针对性能源、环境战略策略——供给管理的重大课题》。我们是在“新供给经济学”强调学术研究密切联系实际的取向下，感到这个角度的开掘绝对不是简单化找到一个概念，而是这个概念给我们可以带来有实质性意义的启发。以胡焕庸线的概念为起点，现在形成的认识有如下几个层次。

首先形成一个大的认识思路，直观表现为一个框图（图 1）。二是对基本国情提炼了“三重叠加”的“半壁压强型”表述，以实证研究支

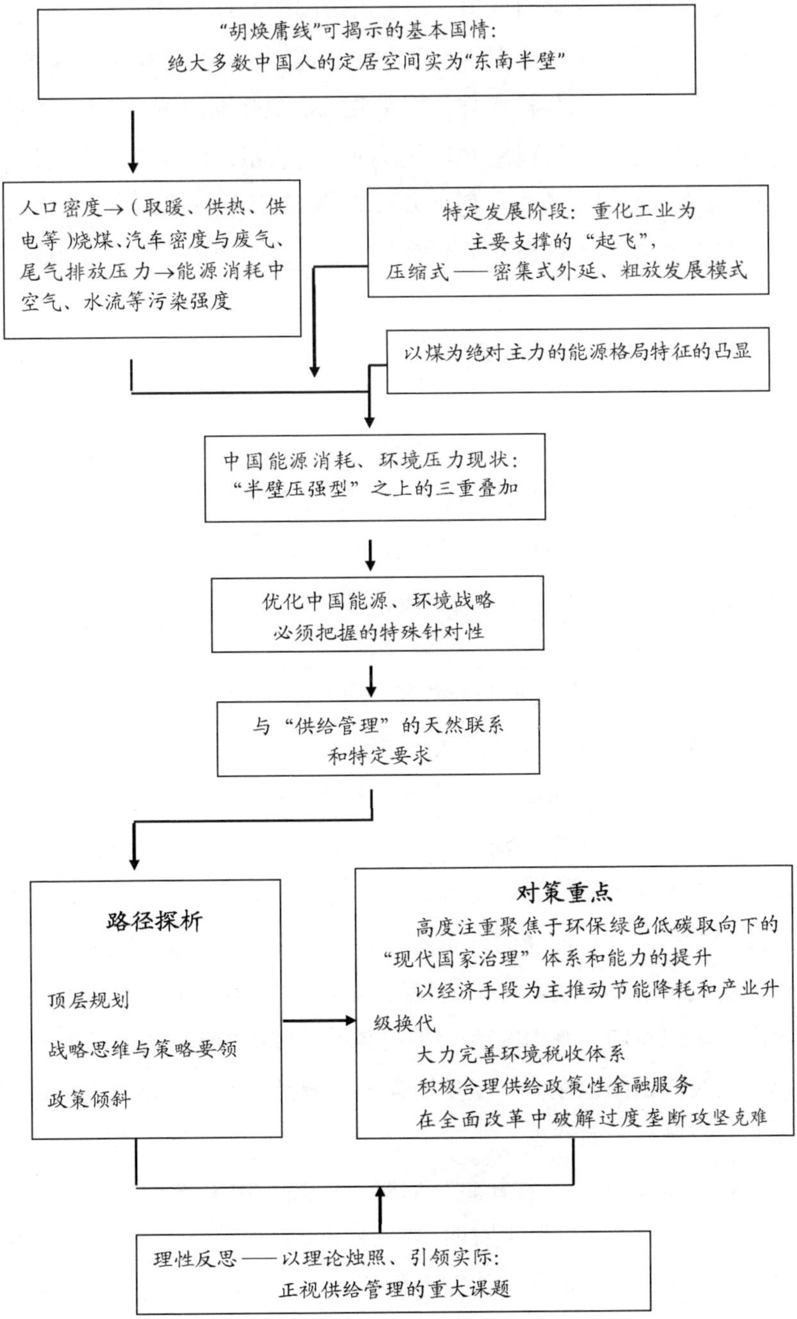

图 1　本文分析认识逻辑框图

撑、结合学理来形成鲜明认识，提炼出中国资源环境问题带来挑战所独具的特点和严峻性质。三是探讨优化中国能源、环境战略等必须把握的特殊针对性。四是从供给管理角度来分析认识基本国情与我们现在研讨的“新供给”趋向下的理论创新发展的天然联系，以及这种理论密切联系实际取向下我们应该怎样把握好大思路下形成的建设性的意见建议。五是从供给端发力的路径及对策重点，最后试图给出一个强化读者印象的小结。

我们简要看一下胡焕庸线的表述。基本国情层面，在20世纪30年代已经有这个概念提出：胡焕庸教授在研究中发现把黑龙江瑷珲和云南腾冲两点连在一起以后，这条直线的两边，一个是西北方向，一个是东南方向，可以形成一种国土和人口之间的鲜明对比。大概45度角的胡焕庸线，东南半壁36%的土地供养全国96%的人口，西北半壁64%土地仅供养4%的人口，二者之间人口密度之比高达42.6∶1，这是当时的数据。

以2010年前后的数据与胡教授当年的作一比较，会发现这个比重的变化很小。七八十年间若干次的西部开发包括建国后传统体制下的支边和千年之交后的西部大开发，至2010年前后，中国人口仍然有94%左右是在胡焕庸线东南半壁，国土情况变化不大。胡焕庸线作为主轴，不仅划分出极为悬殊的人口密度，同时也更真切地认知我国绝大多数社会居民所面临的处在胡焕庸线东南半壁而随着能源耗费、资源使用伴生而来的空气、水流环境等方面的环境压力特殊性，这自然而然是从实证角度深化认识我们的基本国情。把胡焕庸线可以揭示的基本国情作为一个起点，我们试图以东南“半壁压强型”来说明实际上绝大多数中国人的发展空间格局上的特点。

人口密度不同，衣食住行、取暖、供热、用电等资源的获取或使用，会在分布和“压强”上有明显区别。我们且不论可以从西部和国外取得多少资源，真正到了为人服务的环节上，现在的发生空间仍然是以四成出头的国土对应接近九成的人口。这样单独计算，东南半壁人口密度现在如果放到世界主要经济体的排序里，会使这一指标从我国整体计算的全世界第 11 位，一下跃升到世界第 5 位。

再说我国的汽车密度，按全部国土和全部人口平均下来相对是低的，但是如果按照东南半壁格局计算一下，实际上我们的汽车密度已经和美国差不了多少。其他的一些指标，也都可以做类似的数据比较，来更真切地知道我们现实的资源环境制约是在什么样的数量级上。特定的胡焕庸线概念，可带来一个基本资源耗费形成的环境压力在单位面积上的压强概念，与它伴随的必是我们必须认识的中国这几十年进入经济起飞的重化工业为主导的特定高速发展时期（这个时期现在正从高速变为次高速或者中高速，但是它的基本特征仍然存在），其基本特征上必须指出的，是带有明显的外延型、粗放型——从中国单位 GDP 伴随的资源能源消耗，中国每一年在全球经济里面所耗用的钢材、水泥的比重等，都可以看出这种粗放型特征。这样一来胡焕庸线“半壁压强型”从地理经济学角度形成的认识，加上特定阶段的因素之后，已经进一步提升了我国资源环境方面压力、压强实际挑战的严峻性，后面我们提出还有第三重叠加：胡焕庸线基本格局叠加了我们粗放型高速增长阶段特定因素之后，还叠加有中国自然资源禀赋决定的“以煤为主”的基础能源格局，而煤炭作为资源能源所客观地带来的很高的环境压力是有目共睹的，在这方面我们也做了具体的实证分析。

所以必须指出，关于中国的基本国情，在我们讨论多年之后，现在可以更鲜明地刻画到“三重叠加”之后的在世界上颇为独特的“半壁压强型”，因而必须更具体化地讨论，关于中国要保持的科学发展、可持续发展，它所面对挑战的特殊性。有了关于这种特殊性的认识，就还要往下考虑怎么样应对挑战，我们所需形成的战略策略的独特的针对性，而这与我们认为应特别注重供给角度的经济学研究，有天然联系：供给管理就是要有针对性地掌握好一系列的供给端发力的、难度比需求管理高得多的“区别对待”和机制创新，最后达到伟大民族复兴“中国梦”，实现后来居上的赶超。

在这个分析认识框架之下，我再简单勾画一下在“以煤为主”方面的具体分析：在前些年我就注意到，人们所讨论的中国能源供给问题，虽然做了这么多理论考察和实践努力，但实际生活中看来看去，起决定性作用的始终离不开“煤”字。经济学在资源上讲自然禀赋概念，中国的自然禀赋在这方面已经看得很清楚。

近年，中国原油对外依存度已接近 60%，经过努力之后，这个依存度即使不再提高，它也不可能降低很多了。国内曾经屡次报出在什么地方发现大油田，比如说在新疆，后来又说在华北，事后证明其“大”的级别是远远不够的。中国无法想象用原油提炼出的柴油、汽油来作为发电的主力支撑。中国的电现在总体来说 80% 左右是用煤发出的火电，拉闸限电，电网供电被切断，有些企业不得已启动自己的柴油发电机组，以更高的成本来维持生产，这种情况在能源供应里面是非常小的辅助因素。

再看水电，其比例实际上也在下降：经济在发展，总体用电规模在上升，但我们已看不到还有什么大型水电工程添加进来，有一些水电规划（如在怒江流域）受到不少复杂因素的阻碍。水电比重也上不去，那核电如何？日本福岛核电事故出现之后，管理部门已经明确宣布我国的核电暂不考虑在中部、西部的建设，它现在的比重约低于 3%，也很难设想核电还能在几年内大大发展。除此之外还有这些年我们非常看重的可再生能源、清洁能源。光伏电池在两年前得到的统计数据是，我们自己生产出来可提供清洁能源的光伏电池板，98% 以上只有出口一条道，这和我们的电力体制迟迟不能在相关方面推进攻坚克难的配套改革有直接的关系，现在虽已有所松动，但是可以预见相当长一段时间里，不可能指望光电在中国的能源结构里面起挑大梁的作用，当然我们还要积极发展它，几十年以后，它有可能比现在起的作用大得多，我们还必须在这之前观察，有没有可能如愿地在几年之内来实现理顺基础能源比价关系和电力价格形成机制的配套改革，使光电国内市场空间充分打开。还有风电：近些年在财政给予绩效导向的支持之后，我国的风电在几年之内已经走到全世界第二位，但是非常遗憾，因为基数太低，虽有高速增长，现在中国风电在整个供电领域仍是很小的比重。这些就是我们面对的谁都离不开的电力在现阶段的基本供应格局，这个基本格局是我们前面所说到的胡焕庸线图景下随着资源禀赋的基本情况而来的。

在取暖方面，我们也分析了种种原因造成我国摆脱不了以煤为主的局面。总之，发电和取暖以维系最基本的社会生活所需的能源供应，我国都是以煤为主。

回到“三重叠加”认识主线，“问题导向”引出的我国供给侧挑战就是，面对基本国情，排除一些不可选择的因素，比如自然禀赋因素，再考虑到可选择的各种因素里面有很多是长期渐变的慢变量，我们就必须更多考虑应怎样侧重可选择性，侧重快变量，侧重供给端，通盘地形成有效应对我国资源环境挑战的能源战略策略。

突出的问题有三点：一是能源开发利用，我国缺乏顶层设计、通盘规划的这种情况必须改变，现实状态是很令人痛心的。前面几十年间特别强调计划作用，进入改革开放新时期以后，仍然被评价为政府带有强势特征，但不论是传统体制时期还是到已开展几十年的改革开放新时期，我们始终没能形成一个看起来合格的、有水准的整个国土能源开发利用的通盘设计。二是在没有像样顶层规划的同时，种种原因特别是体制性原因，又带来了能源浪费和产能过剩，大量耗费对于中国来说稀缺程度和宝贵程度更高的可用资源，同时也增加环境压力，增加雾霾带来的负面效应。三是随着雾霾等环境威胁愈演愈烈，在种种可考虑的能做之事中应该特别看重制度供给方面的可塑性，改进空间与“快变量”属性。

我在近几年已有一个反复强调的看法，治理像雾霾这样的环境危机，显然不能排除行政手段，但是如以行政手段为主一再强调关停并转，发挥效应解决问题的范围是相当有限的。中国现在的市场主体统计下来已高达六千万个以上，海量的市场主体中哪些应该关，应该停，应该并，应该转，政府有没有这个本事去一一甄别，无误操作？政府用行政手段来充当关停并转的操作主体，中央级管得过来，可操作对象就是国资委下管的一百多家大企业，到了各个省、各个市，它自己辖区内相对有效的管理范围也就是几百家，全国加在一起充其量有几万家，除此之外99.9%以上的市场主体怎么关停并转，哪条技术路线应该是被抑制和淘汰的，政府没有这个本事去做。

另外一种思路是特别强调法律应当严格起来，给出以法律为依据的准入条件。以法律手段为主，淘汰落后产能，听着在理，但也要一对一地去做甄别判断和具体操作。在中国现实生活中，这种操作如果作为主打的形式，一定会有防不胜防的扭曲，就是公共权力在执行过程中间回避不了的人情因素、关系因素，实际扭曲的结果是可能有一批被卡住的未必是真正代表最落后生产力、在那个时候应该淘汰的企业，而一些应该被淘汰的，通过"处理关系"，它们却过关了。实际的结果虽看起来是依法的，但实际上会回归到大量的行政操作状态，会产生种种事与愿违的不容易奏效的特别是防不胜防的不公正的、扭曲的尴尬局面，产生一系列的副作用。

所以我们面对我国环境问题的现实挑战，必须回归市场资源配置中"决定性作用"的这个基点上，到通盘让经济手段能够充分发挥作用降耗普遍性长效机制的思路上来。使经济手段发挥作用，就是让利益关系引导和促使我们所有的市场主体都千方百计地节能降耗，在产业链上的传导过程中间，让比价关系和价格形成机制发挥充分作用，从而可以在企业公平竞争优胜劣汰的过程中一步步推进中国经济升级，抑制和化解以雾霾为代表的环境危机因素。

在供给管理特定要求概念之下，需要做出一系列的展开讨论，比如我们强调资源开发能源结构优化需要中央政府通盘优化、顶层设计的供给，这是无可回避的重大现实问题。这种作用不能够设想由地方企业和企业集团以"试错"的方式最后形成一个比较合理的结构，各自试错，绝对不能真正解决中国这样一个特殊国情下压力巨大的、可持续发展、科学发展推进问题。一定要中央政府牵头，履行好应该做的顶层规划、全局协调的事情。另外，在顶层规划之下消除产能过剩，必须和深化改革紧紧联系在一起，雾霾等现实问题的刺激下更应该抓执行贯彻《决定》全面配套改革的实质性推进，把倒逼供电供暖的节能降耗、煤炭（能源清洁化）和重化工业、汽车产业等低碳的技术供给和相关的有效制度供给合在一起，在创新升级方面走出实际的步伐，开创新的局面。

我们在这样的认识基础之上，表述了从顶层规划到战略思维与策略要领，再到政策倾斜的供给管理路径，也提出了一些对策重点。结合三中全会《决定》关于现代国家治理的核心理念，高度注重聚焦于环保绿色低碳取向下的治理体系和治理能力的现代化提升，就必须如实地承认市场经济中总体资源配置的决定性机制是市场本身，在让市场发挥资源配置决定性作用的时候，就意味着政府在这里面发挥更好的作用是要以经济手段为主与市场兼容对接，通过可持续的利益动机，让所有社会主体、企业和居民一起来“内生地”推进节能降耗和总体的“升级版”打造历史过程。在经济手段里面，当然包括环境税收等很有争议的机制，很显然要攻坚克难、冲破利益固化的藩篱，来推进可持续发挥作用的税制在改革中现代化。

还应强调，中国的政策性金融这个命题，我们始终认为是不可回避的战略问题，虽然有一系列的争议，也有客观罗列的我们在前面二十几年走得跌跌撞撞、迂回曲折的坎坷之路。但是我们坚持认为，政策性金融体系、政策性金融服务这个命题需要确立，关键是怎样在这方面最大限度地避免“双轨”带来的寻租。合理的政策融资性机制，至少在我国相当长一段追赶和赶超的历史阶段上，要发挥它应发挥的作用，这也是供给管理的对策重点之一。另外，三中全会之后，我们可以更响亮地强调攻坚克难破解过度垄断中这个命题：在三中全会总体文件公布之前，曾经有一种说法，在十八大报告里面似乎不提反垄断了，但是到了“60条”全文公布之后，会看得很清楚，文件非常清晰地提出了全面改革中破解行政垄断和消除过度垄断因素的改革任务。

我们也认识到：供给管理带有一些特殊的复杂性和特定的难度，它带有不确定性。处理不好，也可能会带来事与愿违的不良后果。但是中国总体来说，必须正视从胡焕庸线可引发的基本国情，要以非常之策破解非常之局。我们认为在全面改革的部署之下，一定要抓住创新，将理论密切联系实际。以供给角度新的认识，形成理论的引领，我们完全有可能应对好中国“三重叠加”式能源、环境挑战，跨越中等收入陷阱，走向经济、社会“升级版”，一步步去接近伟大民族振兴的现代化中国梦。

（在新供给2014年宏观经济形势季度分析暨“两会”热点问题研讨会上的发言）

推动经济社会发展创新的力量由供给侧发出

尊敬的各位嘉宾：

我对《2049：智能崛起》新书发布，简短做个致辞。在祝贺的同时，稍微展开一点我们的研究心得，简述从供给侧联系现在新常态的认识；另在祝贺之余，借此机会也表达我们的祝愿和期待。

首先，要特别祝贺新供给经济学研究群体在研究工作的通盘安排里高度重视的2049研究课题的已有成果。这个课题在做了整体设计和谋划以后，黄剑辉院长是课题负责人，这里面有关信息化、智能化具体项目的子课题，王广宇董事长是课题负责人，在他们带领团队经过认真研究、持续努力之后，今天我们拿到了课题系列成果的第一本公开出版物。要祝贺新供给研究团队在孜孜以求的努力过程中，有这样一个新的成果问世。

新供给的研究中，我们所特别看重的是理论创新、理论密切联系实际的创新。供给侧改革现在已经由最高决策层做了明确的表述，高度肯定之后它显然已经成为一个高频热词。我们在这方面，感觉新供给研究的努力，确实也为科学决策提供了一定的参考作用。

在认识供给侧的学理层面意义的时候，我想特别强调一下我们已有的一个初步的条理化认识框架，就是特别强调在整个人类的经济社会发展中，关于需求和供给这一对相反相成的概念的供给侧，需要重点深化认识。在过去，需求侧曾经提升出比较主流的“需求管理”概念，有了比较丰富的经验，学理上的阐发也相对而言已经到位；供给侧虽然有“供给管理”的对应概念，但在学理上的深入探讨，以及以这种学理探讨支撑的政策设计、更好做出科学决策这方面的情况，是与需求侧不对称的，是远远不到位的。我们在金融危机之后作经济学领域的反思，以及在把基础理论和实践密切结合的研究努力下，现在已经认识到如下一种概括的总结：整个人类社会发展的原生动力可以认为是在需求侧，因为人需要生存，生存了还要求温饱，还要争取发展和享受——需求始终存在，进而要求得到满足需求的产品和服务，它是一种原生动力。但是，对于这个需求侧的响应机制是发生在供给这一侧，整个供给侧、供给体系在演变中间形成的不同特征，是划分人类社会不同阶段、不同时代的最关键要素。非常粗线条地说：人类社会一开始脱离动物界，是处于有分工合作的采集和狩猎状态，这时候的供给能力非常低下，就是要解决生存的问题，经过多年演变以后，供给侧生发出一个农业革命、农耕文明，于是产出就相对可预期了，经过一年的季节轮替以后，这种产出不仅满足人类的生存、温饱，而且有一定的剩余产品，还可以有社会上层的享受。于是生产力在供给侧的升级，带来人类生产关系告别原始氏族社会状态，进入了阶级国家。一路演变下来，一个个台阶的增长，从生产力这一侧就是农业文明发展被称为农业革命，再往后迎来工业革命，在工业革命的发展中又有蒸汽时代、电气时代、自动化机械时代和现在迅速发展的信息时代。到信息时代，一些概念归结上，甚至认为它是告别工业时代，进入第三次产业革命的新时代。在讨论信息时代的时候，人类已经开始使用“智能化时代”概念，我们这样一个专门有子课题研究智能崛起的设计，就是紧扣这个命题的，而这个智能化、数字化、万物相联通的状态，导向的可能是一个共享经济，是一个前所未有的，在人和人的关系方面有了生产力的发展和进一步解放以后，有可能发生质变的新状态新境界——我们还在观察生产关系经历一个个具体社会形态，演变到现在，在混合经济的概念下，在我们现在中国进一步追求现代化发展过程中，已经感受到“包容性增长”成为全世界人们共同接受的一个基本概念，也就是总书记所说的人类社会是“命运共同体”，它里面包含的深刻内容，是供给侧从生产力到生产关系一路发展，使我们现在可以在认识上更合乎人类本性地去把握人和人之间的关系，促进共享的发展、包容性的增长。当然这也要克服一系列的挑战和困难。

我们现在还不断面临各种各样的困惑，但是总体而言人类文明发展的潮流，大的趋势，就是在供给侧不断创新发展过程中回应需求永无止境不断升级的要求。在这个过程中供给要不断地创新。所以，我作为研究者有一个说法，需求在不断演变这是确切无疑的，但是需求是永新而无新的，新的需求永无止境——即使一个乞丐升为国王后，他还想“再活五百年”呢。在实际生活中，经济学上讨论的是“有效需求”才有意义，就是有货币支付能力的有效购买力。关于这种有效需求在整个经济社会发展过程中的一些变化，可以总结出一些特定的认识，比如中国经过改革开放三十多年以后，全社会来看，这个需求所形成的消费特征，已经基本上告别了排浪式特征这个阶段，更多地注重个性化，强调分化，所以供给这一方，原则上讲能对应的更多的是小批量、有弹性和多样性，可以在越来越分化的各种个性化的需求面前，使用户体验更满足，在变化过程中，在市场进程中，能够在供给侧形成一批有竞争力的具体供给方式、对应形式与机制。这两侧之间的互动，其实真正的创新，整个动力体系中落到真正使经济社会发展的创新的力量，一定是在供给侧发出的。它响应了需求不断上升的变化，是实实在在以一个个看得见、摸得着的创新突破，来持续地推进人类社会一个个阶段往上发展，而且到一定时候量变为质，在一个个上台阶过程中，使人类文明得以提升。

我们是在这个大逻辑下认识中国面临“三千年未有之变局”以来所经历的一系列积贫积弱过程，但毕竟历史给了我们机遇——特别要肯定20世纪改革开放大政方针所确定的市场取向所包含的有效制度供给，经过邓小平南方谈话确立社会主义经济目标模式，现在已经被十八大以来的领导集体特别明确地确认为市场在整个资源配置中发挥决定性作用，而且要打造现代市场体系，形成现代国家治理的全套的供给体系。与此跟着的现代化提升过程中，我们所要做的一个密切联系实际的研究，就是要站在前人的肩膀上，充分总结过去主流经济学和各个其他流派它们在社会文明发展中有价值的思想和值得总结的政策实践经验。我们在供给侧特别看重的，就是学理层面说到整个人类生产力、生产关系的基本特征，以及这种基本特征决定的一个个上升台阶，都发生在供给侧。在供给侧回应需求侧的动力体系打造，在中国进入新的时代以后，迫切需要的是升级。我们的改革中市场取向的大政方针，得到全面开放的倒逼，前面三十年取得了一系列成绩，但是目前在阶段转换以后，认识适应新常态还得引领新常态，而引领新常态我们特别推崇的就是要有全局思维、长远思维，再从每个年度具体的短期的问题衔接中长期的目标，这就是现在所说的供给侧结构性改革，必然是中长期演进，以及带来的必然是整个供给体系就全局、就长远来说的质量、效益、功能的提升。

我们认为今天发布的《2049：智能崛起》这本书，就是在这个大的背景下，在这个学理认识的框架下，体现了我们紧紧站在前沿研究信息技术革命和它伴随的信息技术产业成长中必须从短期看到中长期，看到全局的一系列新思维，而且要形成条理化的认识。所以，在祝贺我们新书发布的同时，在表达我们对于研究群体在黄剑辉院长、王广宇董事长带领下做出的高质量的研究成果祝贺之意的同时，我也想表达我们的祝愿和期待。2049 研究课题已经展开了它的几十项研究，我们希望在下面一段时间里，陆续把我们的研究成果一个个推出来，公之于世，来和各界形成更好的交流。我们也期待着在进一步研究和互动过程中，我们可以更深刻地领会决策层已经给出明确表述的在适当扩大总需求的同时要抓住供给侧结构性改革不放，要借此来带动整个供给体系质量和效益的提升，以及后面跟着的就是要形成我们经济可持续发展的强劲动力机制，实现我们整个生产力的跃升。这个生产力的整体跃升就是要引领新常态，在问题导向下克服困难，解决问题。它是以改革为统领的，总体来说，是通过制度供给进一步解放生产力的系统工程。

当然，从这个角度来理解，我们实际上表达了一些意思：我们不同意现在社会上一些浮躁简单的说法，比如说新供给只是概念问题，中央说的供给侧是简单照搬了美国供给学派的减税，甚至有人误解强调政府更好发挥作用的新供给是搞新计划经济。这些认识我觉得表达出来是正常的，因为认识一个事情大家必然是见仁见智，但是理性的讨论还是要回到论据上来，回到它内在的联系上来。新供给确实有要求政府更好发挥作用的特征，但是我们基本的框架是有效市场是第一位的，政府必须把认识、尊重市场规律，乃至敬畏市场的态度摆在前面，后面跟着的是政府无可回避的必须守正而出奇：前面的认识市场是守正，出奇则是必须针对中国的国情，针对中国的特定发展阶段，针对中国的突出问题要有所作为，创新突破，不是简单照搬人家已有和我们过去现成的经验。出这个奇，是要以科学的学理和中央所说的中国特色社会主义政治经济学的研究为支撑的，是需要科学决策的。科学决策掌握不好，就会出偏差，我们希望各方一起努力为科学决策服务，使有效的市场加上有为和有限、理性的政府，以理性的供给管理，真正在引领新常态方面给出我们所有的正能量，如愿地应对、化解中等收入陷阱的威胁，对接全面小康和“中国梦”。

借这个机会表达这种期待的同时，衷心感谢所有到会的嘉宾，感谢我们的研究群体，感谢在这本书出版方面特别给予重要支持的乔总所在的中信出版社，感谢所有媒体的朋友在新供给成长过程中对我们的关心、帮助和支持。让我们共同迎接2016和以后“十三五”这样一个决胜阶段和整个中国发展过程中攻坚克难的现代化过程。

谢谢大家！

（2015年冬在“《2049：智能崛起》新书发布会暨新一代信息技术产业中长期发展战略研讨会”上的致辞，于国家图书馆）

文创产业与互联网的结合及创新方式探讨

我们今天会议的主题非常重要，是互联网＋背景下文创产业的创新和发展。我作为研究者感觉这个主题明显带有前沿性质，十分需要我们掌握好创新驱动的要领。所以，我在发言中对于文创产业与互联网的创新式结合，谈一些自己的初步看法，向大家请教。

首先，我想谈一下自己怎么看文化创意产业。若干年前，在整个中国经济、社会要升级发展的讨论中，有关部门已经提炼了“战略性新兴产业”这样的概念，而且给出了相关的规划。最开始的权威文件规定的是七大战略性新兴产业，后来我注意到在中央有专门的工作会议以后，实际上文化创意产业是可以跟七大战略性新兴产业放在一个水平面上的。这个“战略性新兴产业”概念不仅要注重产业的“新兴”性质，而且还要注意到它以后引领潮流的“战略”意义。所以，这是结合在一起给出的，又要有新兴特征，又要能够以后引领市场的潮流、发展的潮流，要在战略层面上把握它。

这样的一个大的重要概念，显然是适应人类社会发展在现在我们所说的供给侧的升级创新，要追求人民群众、社会公众越来越讲求的“用户体验”这方面的满足，来调动潜力、活力，来形成可观的繁荣因素，造福人民。文化创意产业已经在这方面显示了它巨大的潜能。

从战略性新兴产业对接文化创意产业，显然要面临一些挑战，必须做出一些抉择：怎么样求得长远的发展，体现应有的品位，怎么样真正形成共赢机制。那么谋长远、显品位、得到共赢的发展，其中追求的是在中国整个现代化的过程中，我们既要塑造像“文化产业”这样能够支撑的

“硬实力”，同时又要结合我们提升“文化感召力”塑造的“软实力”。显然在这方面如何成功对上互联网+，就是进一步的思考和追求了。

互联网实是由供给侧创新推到前沿状态的代表着工业革命以后的又一次影响极其巨大的产业革命，可以作为新产业革命的标志。有了全球的互联网和移动互联，方方面面现在都必须应对互联网+这样一个“第三次产业革命”的机遇和挑战。文化创意产业，需要插上互联网的翅膀，这个命题显然是必须确立的。因而互联网的特点要简单地观察一下：现在已经有了大数据、云计算等这些概念，以及最前沿的科技创新支撑的智能化移动互联的特征。我观察，从文化的视角上看，移动互联状态之下，种种具体文化形态在互联网上形成的网络传播、综合虚拟功能，特别关键的是有了移动概念以后，在便捷化、分散化、定制化、对应个性化选择方面，前所未有地体现了它的功能升级与吸引力。

从一个链条上看，首先是千千万万社会公众每人都手持一个智能的设备，我们一般称为智能手机，他就有可能移动消费，在移动的情况下享受消费的时候，实际上是对接到了移动经济，这种新经济实际就在这方面自然而然要引出来所谓“共享经济”（我注意到前面的发言者已经特别注重了这个概念），除了前些年我们看到的分时度假的酒店，现在在互联网支持之下的网约的专车、搭顺风车而且可以商业化等，其实还有更广阔的前景。比如大家都知道格力电器，做了空调（是绿色低碳的空调）以后又对接了智能化的功能，连通家居里的其他电器，也包括自己家庭住房外立面或者屋顶上会有清洁能源、太阳能设备等，然后推介发展它的格力手机。格力手机是什么呢？是兼具手机功能的对家庭所有电器设备移动控制的一个中枢，所有这些家用电器你可以按照自己的意愿（并不要求你在现场），方便地调节它里面的配合状态。又比如我们要大力发展的私家车里的电动汽车，不必太远的将来，共享经济中它的境界是什么呢？自己的车晚上放在停车场，接上充电桩，这时候电网里的电是最便宜的，给车充了电以后，第二天你白天不开车的时候，电网里电的价位可是上去了，会有一个智能的提示：你可以卖出多少电去，千千万万私家车不光是一个消费单位，而且成了一个个生产单位和获利单位，全社会来共享这样前所未有的一块经济社会中资源合理配置的潜力。

把这种共享经济对应到文化，我觉得从移动消费到移动经济并能够共享，当然以后就是有一个移动状态的“共享商务”，共享商务、移动商务又一定对接到有些专业人士已经积极讨论的移动金融，比如昨天在北京展览馆中国金融论坛上，我参加的单元就是这个主题。金融是为经济发展服务的，特别是应为实体经济升级换代服务，那么移动金融的配合显然就是势在必行，而我们再扩展到文化生活，我认为互联网 + 文化创意产业，实际上就要引领到其实不必太长时间我们就会更多看到越来越成气候的“移动文化”生活。这个移动文化生活的特征，就是提供各类讯息，也提供个人可按偏好选择的各种艺术欣赏，音乐也好，影视也好，文艺的种种门类的欣赏也好，还有前面有发言者专门提到的收藏、交流——越来越多的社会成员现在有了收藏的爱好，这也是经济社会发展到了这个我们现在带有盛世特征的情况下，大家看到的“盛世收藏”在升温。还有各种文友的互动，我在网上已经看到诗歌爱好者有朗诵协会和朋友圈，大家可以在那儿分享——接下来，种种文化产品的交易势在必行，而且以后一定会纳入这样一个互联网 + 的过程，形成“文化产品的移动商务市场”。

我自己已在研究中感受到了这个方向，但确实我又不能够很清晰地说出这里面文化产业的硬实力和文化吸引力、感召力的软实力结合中的细节，我现在也很难勾画清楚这里面一系列待开发的引领模式与赢利模式。但是我认为在我们今天讨论的主题下，大家可以一起来交流和推动现代文化服务体系中间的文化产业和我们现在所说的文化创意概念之下它于互联网时代跟方方面面的产业融合，相关创新的进展合在一起，会成为现在中央称为“战略性方针”的供给侧结构性改革里的一个创新动力的来源。这种以“创新式结合”而释放我们的潜力和活力——在供给侧以看得见摸得着、能够提升用户体验的创新去释放我们的需求的潜力，去促进繁荣，而且保持这种繁荣的可持续——我觉得就是一个从全局到产业、到具体的市场主体、到我们每一个社会成员，大家可以共同在一起考虑的重要的思维框架。

这个框架之下，我想简单小结一下自己的初步认识。我们一起讨论的文创产业互联网+，现实生活已表现出其广阔前景，但是很多的创新机制，还必须在“创新式结合”里才可能把它具体化，这时候，是不是我们首先要鼓励创新意识。实话实说，中国的文化有它的精华，但也有它的糟粕。中国的传统文化里很多东西是抑制创新的，它更多地讲究官本位、行政化、等级森严，一大套清规戒律。李克强总理近来反复批评的“繁文缛节”，我们现在知识分子、知识界和科研领域还不胜其扰，一定要鼓励创新意识。其次，要培育创新机制，要对接社会主义市场经济这个资源配置的“决定性”的机制，再加上政府“更好发挥作用”。第三，我认为要注意防御创新中的风险。创新具有巨大的不确定性，创新一定会出现风险，创新者失败是经常出现的事情。社会怎么样能够容忍失败，失败者不至于倾家荡产流落街头这已经有经验，有“止损机制”，有“有限责任”，硅谷中一批一批的创业者，成功者是少数，失败了没关系，失败以后认清此路不通，重整旗鼓可以又追求东山再起，这才是好的机制。当然这里面的防御风险也面临一些明显的挑战，比如我国的互联网+在P2P这方面已经面临了一轮挫折，但是在进一步的规范以后还应有它继续的发展。我觉得以后文化创意产业，可能也要有这个思想准备，即怎么样防抑风险。

最后，就是要落到供给创新成功上面，方方面面为寻求这样一种共赢共享，应该凝聚原创的动力，调动各种各样进一步发展的潜力，以创新文化的提升来支持文化创意产业的互联网+，达到两者成功的结合。这个将带移动互联前沿特征的文化创意产业本身，其实就是一个要有创新文化支持的创新事物。

这些初步的看法汇报出来请大家批评指正，谢谢！

（2016年在政协专题研讨会上的发言）

在中国（国际）起源地文化论坛上的发言

参加我们这次文化论坛，开始我注意到的是中国起源地概念，后来又注意到实际上是从中国又面向全球演进，还有括号中的“国际”。这个“起源地”概念，我作为研究者也非常认同，想借这个机会谈一些自己以学者定位形成的初步思考。

起源地显然涉及国族或者文化的寻根，而说到“寻根”，它的意义就非同小可，因为如果从哲学的认识框架上来讲，我们每一个人，每一个主体，每一个现在世界范围内的经济体，其实有一个最基本的自身认知的问题，就是连续的三问：我是谁，我从哪里来，然后是要往前考虑我将向哪里去。这种哲学层面基本问题的现实意义不言自明，因为每一个主体都必须处理一个怎样承前启后继往开来的问题。而中华民族，有非常明显的特殊性，现在我们可以得到的相关历史学知识告诉我们，如果从古老文明的形态来说，全世界唯一没有中断的古老文明是中华文明，与之相关的文化源远流长的特点，是非常值得我们看重的。

现在世界上的头号强国美国，是个移民国家，只有二百多年的历史，而中国现在至少成文的历史是3700年，再根据其他一些考古往前追溯形成这样一个民族国家的历史，我们说是五千年，当然再往前研讨，人类社会往前一直追溯，那么就要说到几百万年演进里从动物界分化出来的这样一个漫长的过程。

现在这个几千年历史视野之下，我们是不是在“源远流长”之后还要寻求它的发展更加的“流长”而永无止境；而实际生活中，确实就得处理一些带有挑战性的问题，比如不同的主体需要调节相互之间的关系，各个民族国家在相互交流的时候有实际上的合作竞争关系，我们自己在中华民族概念之下，不同的民族、不同的区域其实也要处理类似这样一些关系，但是总体来说人类文明的发展，我认为要特别认同的就是越来越清晰地认识到中国古老文明里一个被人们所推崇的理念，即要走向天下大同，这已似乎越来越看到它的曙光，因为我们从最近几百年的发展来看，工业革命以后，发展在加速度，现在又进入了信息时代，共享经济已经前所未有地展现在我们全球人类面前，这个共享的可能性是供给侧的改革创新支撑起来的，过去互相排他的关系，现在变成了共享的关系、共赢的关系，而在这个过程中各种文化要素的去粗取精，传承升华和融合，我觉得是一个不可逆转的潮流。

我们现在中国的发展是和平发展，总书记说是中国和其他经济体在人类命运共同体概念之下的发展，它是符合客观的潮流和规律的。从这个视角上，我想特别强调一下，我们这样一个起源地文化论坛立足于中国，实际要和世界互动，它所内含的趋向，我觉得就是文明已有的成果和在成果的继续发展上，要进一步地寻根，发掘，而进一步地兼收并蓄，继承我们已有的一切文明中的积极成果。对于中华民族来说，当然也就回到一个特别有现实意义的命题：怎样在工业革命以后我们这个古老民族落伍以后，现在要通过现代化的过程，在改革开放以来有了长足进展之后，在新的历史起点上继续大踏步地跟上时代。然后我们再往前，2020 年要实现全面小康，接着要跨越中等收入陷阱，而 2050 年前后要实现伟大民族复兴“中国梦”，这也是邓小平当年高瞻远瞩设计的三步走现代化战略。我们文明的发掘，起源地这方面的寻根，实际上是纳入这样一个宏大的历史文明提升进步的背景的。

从这个方面我就想再提一下我过去的一个感受，早在 1977 年，刚刚结束十年浩劫，听到消息要恢复高考，我当时在京西矿务局当工人，非常兴奋，我认为机会来了，前几年特别想找的学习机会总是不行，现在好了，要赶快补习知识准备参加高考，我就到中国历史博物馆去做一个快速补习历史知识的参观。在那里，我看到孙中山先生当年海宁观潮之后的题词（我们现在可以称为墨宝了），中山先生题写的这句话是“世界潮流浩浩荡荡，顺之则昌逆之则亡”，我注意到这个题词现在也被习总书记和其他领导人反复提起。这是一个站在历史制高点上胸怀全球追求进步的宏大情怀。

我作为研究者，这几十年做研究的过程中就反复在考虑，孙先生当年所特别指出的这种只能顺应、不能违拗的世界潮流，具体化是哪些潮流？是不是可以总结出六大方面，我们所有文明的发掘，还有文明材料去粗取精以后的弘扬，是不是要认同这六大潮流？

第一就是人类文明的发展还要继续推进工业化，中国现在走到了工业化总体来说的中期，发达的沿海地区是中后期，欠发达的西部可能还是前期，但总体来说必须完成这样的工业化，中国就是在工业革命以后落伍的，现在我们要继续在这方面争取跟上时代发展起来。

工业化的旁边伴随的第二大潮流就是城镇化，这也是各个经济体必然的规律，中国作为古老文明考古发现几千年前就已经有很成规模的城镇区域，但是后来的发展过程中，这方面我们虽有引以为自豪的汉唐的宏大的都城和其他的城镇，而近现代这方面我们应该承认落伍了，现在要推进中国在后来居上过程中的新型城镇化、城乡一体化。

上面两大潮流的旁边，就必须特别提到邓小平四个大字确定的大政方针，改革开放的市场化和国际化。义无反顾，只有改革开放我们才能对接中国梦现代化愿景。当然到了改革的深水区必须攻坚克难，开放必须义无反顾地全面开放。

这四大潮流旁边还有什么呢？显然我们还必须跟上新技术革命，信息时代的这个高科技化或者大家已经习以为常所说的“信息化”，我们要争取在这次大潮流里至少占领若干制高点，再也不能与这种历史机遇擦肩而过。现在所说的互联网+已经推进到移动互联，移动互联的情况下必有移动经济、移动商务、移动金融，也有移动文化，现在有多少年轻人拿着手机在移动状态下经历着自己的文化生活，看影视，欣赏歌曲，参加在网上互动的诗歌等方面的交流活动，等等，以后还会有更多的层出不穷的文化创意产业和互联网+合在一起的新形态。

这样的一些潮流旁边，我认为还有一个中央文件里过去强调的政治文明概念之下，到四中全会明确提出的全面依法治国的法治化、民主化。至少这六大潮流合在一起是我们考虑的文化发掘、文化寻根的引领主线，以起源地研究以后对接应该主动推进的积极顺应以后又要有所创新发展的世界潮流和历史潮流。中国的发展，一定要融入这种潮流。

所以，在这个背景下我想说我们的文化论坛，过去和现在已经做的工作，是很有意义的，因为是从这样一个大背景下具体的一个一个的文化起源地的研究，对我们过去的文明因素做挖掘整理，然后跟着的就是交流、传承，还有去粗取精以后应有的对积极因素的弘扬。

这方面我又想到了著名的社会学研究专家费孝通先生生前总结的不同的文化要素之间应取的一种发展的基本轨迹，他的表述是这样的四句话："各美其美，美人之美，美美与共，天下大同。"我们每个起源地，每一个区域，每一个民族国家或者文化主体，显然是各美其美，因为有它历史上存在的一系列的必然性，存在的就是合理的，而这个发展过程中它又必须迎接一个一个阶段上的挑战，如果不中断，那么它发展过程中的这种值得肯定的这些因素当然是各美其美，但同时还要注意互相的互动交流，吸收别人的积极因素，这就叫作美人之美。中国开放过程中我们得到的从外界而来的各种各样的因素，促进了中国的超常规发展，现在已经形成共识，比如我们加入 WTO，当时有那么多的争议，但实践证明进一步开放了，就激活了我们很多的潜力，更多地和外界互动以后形成了共赢的局面，现在虽然世界上贸易的摩擦仍然不断，但是主流是要抑制贸易保护主义，而更多地在开放的过程中寻求共赢，美人之美这当然就有它的规律性。

最后的前景我认为无论有多少的曲折，人类的文明提升过程中一定是美美与共而努力地去对接更为理想社会的天下大同。在这样的一个思路上，我觉得可借这个论坛机会，在前瞻性的考虑之下，是不是大家要共同加深这样一个意愿，就是在我们的文化论坛做起源地研讨和交流的基础之上，我们可以进一步积极推进文化因素的去粗取精和弘扬推广的工作，我们这样的工作一定会潜移默化地使中国的发展和我们中国概念之下各个区域、各个主体的发展，融入世界文明总体的不可逆转的发展和提升的大潮。

谢谢大家！

（2017 年年初，于北京）

一定要把法律形成动态的良法，给创新一个空间

2016年11月19至20日，由凤凰网与凤凰卫视联合举办的“2016凤凰财经峰会”在京举行。今年起，凤凰财经峰会将以“决策与市场”为永久主题，以“思想解放市场”为旨归，致力于打造最具影响力的全球化投资与决策圈层交流平台。

华夏新供给经济学研究院院长贾康在20日“中国企业的未来”分论坛上发言时表示，大家认同的有法可依、有法必依、违法必究，这个没错，但是少了前提，有法可依，后面跟着强调要有良法可依，这个法一定要动态地改进。

贾康表示，我国宪法已做了几轮的修正。一定要使法律形成动态的良法，给出动态的弹性空间，以利在创新中发展，动态中发展。有关部门在宪法之下启动各项立法的过程中，应对企业把负面清单加以改进，原来负面清单里面可以去掉的，应排除掉，这才是优法的过程。

以下为部分发言内容

贾康：我不敢做总结，做一个点评吧。刚才市场人士和企业家都表达了他们看好未来的这样一个预期，我也认同刚才陈教授的点评，但是我想强调一点，汪董事长刚开始说的有一个问题，涉及一个基本矛盾：创新和依法之间是完全一致的吗？显然不一致。

很多创新，它就是要突破原来的框子，哪怕这个框子是法律规定好

的框子。这个方面我想强调，过去我们说走向法治国家，全面依法治国是现代化国家的特征，大家认同有法可依、有法必依、违法必究，这个没错，但是还少了个前提，有法可依，后面跟着应强调要有良法可依，所以这个法律一定要动态地改进，我国根本大法——宪法已做了几轮的修正，以后你说可以不修了？我不信，一定要把法律形成动态的良法。

法律要给出动态的弹性空间，以利在创新中发展，动态中发展。前端，要给出一个弹性的空间，在发展中规范。有些东西你看不准的时候，就要给出试错的可能性。现在我觉得中国确认自贸区的概念里有一个非常值得肯定的明确的规则：法规对于企业主体来说是负面清单，说清楚什么事你不能做，然后别的都可以做，这个负面清单成为法的形式，其他法无禁止即可为。我觉得有良法可依、给出弹性空间的形态，对市场主体就应该是“法无禁止即可为，海阔凭鱼跃，天高任鸟飞”。

创新中间发现哪些地方有问题该防控，有关部门在立法的过程中，应在负面清单中放进去，原来负面清单里面认为可以去掉的，则应把它排除掉，这才是优法的过程，这才能真正有生命力地按照全面依法治国的逻辑往下走。有良法可依，然后是有法必依，当然有法必依在中国实话实说，做得还有很多不能令人满意之处的，但在逻辑链条上应当强调跟上这个环节。

回到现在形成良法这个环节，我知道企业家中有很多人其实他的创业创新冲动能够得到现实回应而成功的同时，还必须注意到另外一些企业家，他们在创新中间可能碰得头破血流。对这些人怎么样给他们试错的空间，怎么样给他们可能的止损机制？失败者同样有价值，怎么样使他们的失败经验给其他人启示，而且是有限责任，他们仍有可能寻求东山再起。互联网创新开始的“烧钱”的那些企业家，实在是大有人在，那个时候租了大量写字楼空间创业的、很著名的一个公司，现在已经几乎没有人知道了，但是那个企业一位女性的掌门人，至今还是非常受人尊重。我们以后的创新发展中，应该即使是这些失败者，也要给他们空间给他们寻求东山再起的环境。这些应对应于我们要共同探讨的良法。

中国企业转轨一定要在制度建设上攻坚克难

2016年11月19—20日，由凤凰网与凤凰卫视联合举办的“2016凤凰财经峰会”在京举行，凤凰财经峰会将以“决策与市场”为永久主题，以“思想解放市场”为旨归，致力于打造最具影响力的全球化投资与决策圈层交流平台。

华夏新供给经济学研究院首席经济学家贾康在20日“中国企业的未来”分论坛上针对中国创业环境发表讲话时表示，中国体制转轨没有完成时，一定要抓住针对制度供给里面的无效之弊，攻坚克难。我们为什么不能希望长江以北、黄河以北、东三省有深圳这样的发展环境呢?

以下是部分发言内容

贾康：华大基因汪董事长是我们企业家里的佼佼者，我观察他的特点是把科学家和企业家比较成功地结合在一起了。在中国现在实话实说，这种类型的企业家还比较少见，就更显稀缺了。作为科学家，首先一个特点就是有强烈的好奇心，一定要把事情尽可能按自己的兴趣想明白，汪董他把科学家的好奇心对接到他的科研技术路线上，又对接到企业的发展上面，这是非常值得称道的。当然在这方面汪董自己独特的贡献不能否定，和其他的各种各样因素的结合，也是不能否定的。我在听了汪董前面的演讲之后，也感到强烈的冲动，汪董脸上的老年斑已经消灭掉了，我现在看镜子发现我开始出现老年斑了，我当然要注意，得赶快跟汪董请教。

曾瀞漪：怎么避免老年斑的出现，快快做基因检测。

贾康：刚才陈教授做了很好的评价之后，我想强调另外一个角度，就是像汪董这样的人和华大基因这样的企业能够在中国脱颖而出，而且可能以后成气候，参加国际合作和竞争，而且合作竞争的发展道路按照现在最高领导人的说法是中国和其他经济体按照人类命运共同体之路和平发展、合作竞争，一起来实现共享发展。那么，他后面的一个大的背景是不能否定的，就是中国 30 多年来的改革开放这个新时代——我觉得如果没有这个新时代，可能无法想象深圳和深圳这边的高科技产业能够有今天这种发展，可能也无法想象汪董所在的这个企业的舞台，能让他的科学家的天才和企业家的潜质实行这种成功的结合。

那就还得继续讨论，中国现在这方面是不是做到了应有的水准。为使投资更好地发挥应有的动力作用，满足消费，有效供给，满足社会上不断增长的用户体验的需求升级，这方面我们还要抓什么？我觉得中国体制改革和经济社会转轨还没有完成，一定要抓住针对制度供给里面的无效、制度供给这方面的缺陷，要攻坚克难，不能看到深圳现在有比较好的势头，就以为中国其他很多地方都有这样的可能的支撑条件了。如果你看看东三省，为什么有人说投资不过山海关？我听了企业家现在的说法，其实投资现在是黄河为界，过了黄河是“颗粒无收”。

曾瀞漪：已经往南了。

贾康：对，不是山海关了，过了山海关那是“人头落地”。这可能说得极端一点儿，但是不是值得我们很好思索：深圳有汪董这样的企业家涌现出来，得到很好的发展，我们为什么不能希望长江以北、黄河以北、东三省有这样的发展呢？我觉得这里面所缺少的制度方面的有效供给，是我们面临的实质性问题。在这个方向上讲得直率一点，是不是有很多的困惑、挑战、不满？企业界到底怎么发展，方向感很重要，这大半年方向感好吗？但是我注意到中央前不久有一个中央财经领导小组会议之后发出的正式文件，完善产权保护制度，要强调的是产权保护制度的建设完善，在保护产权这样的一个前提下，与市场经济实际上要有成功的制度供给能对接的情况下，去调动像汪董这样的以后可能有成百成千的企业家的潜能，使之能够真正从潜力变成实实在在的发展支撑力。

我觉得这个文件如此重要，为什么宣传却那么的薄弱？我是想不明白，大家现在这么讲政治，如此重要的文件，似乎基本听不到什么声音。有人做了一个解说，说这里面实际上隐含着要使企业家们有一个判断，就是方向感上，不要太担心你留下原罪让人抓着不放。我曾经在新浪微博上转载了一个帖子，关于原罪顾虑，我今天早晨一搜居然被删掉了，不知为什么。这是我想强调的一点。如果说在中央有如此明确的保护产权指导方针的文件出台之后，新近的事情，那么我们还可以观察，比如在山东担任省长的郭树清，他是个学者型的领导干部，在《人民日报》上专门有一篇文章讲怎么看待企业家，他的文章强调了企业家不是完人，他是可能有缺点的，但是对于企业家特定的贡献要结合起来看，实际上需要帮助他在可能的情况下发挥独特的才能做好做大企业。企业家应注意自己的缺点和尽可能改正缺点，同时你不能要求他们没有缺点，这不是一个基本的思维逻辑吗？

咱们实话实说，汪董其他的方面我不太了解，汪董可能也有你的缺点，企业家也是人，领导人也是人——领导人不是神，企业家也不可能是神，如果我们按照挑剔的眼光在里面挑毛病，然后把毛病落到一个一个的原罪上面，是不是会遏制我们现在应该调动的企业家及其企业发展潜力的空间呢？

律师法律服务与“良法善治”的制度供给

尊敬的各位领导、各位嘉宾、各位律师界的朋友们，大家好!

非常高兴能参加上海汉盛律师事务所的成立庆典。在此，要特别祝贺上海汉盛律师事务所试运营半年来取得的骄人成绩。同时，我想借此简短致辞，从供给侧改革、依法治国与律师法律服务层面，谈一些观点，以表达促进相关各方交流研讨之意，以及对上海汉盛律师事务所的祝愿与期待!

自2015年11月至今，习近平总书记多次提到“供给侧结构性改革”，代表着最高决策层的战略方针。供给侧改革涉及的“动力源”包括五大基本要素：劳动力、土地和自然资源、资本、科技创新、制度与管理。其中，可说每个要素都不可或缺，各领风骚，但在不同发展阶段，要素的组合与结构优化却必须推陈出新。在中国经济引领“新常态”对接“全面小康”和“中国梦”的现代化过程中，要以供给为矛盾的主要方面，以供给侧改革应对中等收入阶段一系列矛盾凸显的挑战，打造新的升级版动力体系，必须特别依靠制度和科技创新两大要素，而制度供给对于需要完成转轨的中国而言，更是供给侧的龙头、全要素生产率的聚焦点和关键。

制度供给的核心是维护社会公平正义和市场公平竞争的法治环境，而实现法治最根本的是要变革一切违背依法治国客观要求的体制和机制。从逻辑取向上说，制度供给的核心要务是要在依宪治国、依宪行政框架下，推进“有法可依”制度建设，剔除现有法规制度体系中的“恶法”，动态实现“良法善治”，把公共权力和社会行为规范关进法治的笼子，促进“走向共和”的现代化国家的形成与发展。

对此，律师在供给侧改革与现代化建设进程中，绝不是旁观者，而且是制度供给与法治建设的重要参与者，其作用至少体现在三个方面：

首先，在制度供给视角，党的十八届四中全会通过的《中共中央关于全面推进依法治国若干重大问题的决定》，有 30 处提到“律师”，其在法治化制度体系中不可或缺。作为法律专业人士，律师能在服务社会、促进公平正义的职业岗位上，为政府在供给侧改革的立法与制度创新层面，提供专业的法律咨询与政策建议，当然，同时也服务社会方方面面的需求，促使改革在法治化的轨道上运行。对此，我们也欣喜地看到，上海汉盛律师事务所已经担任多个政府部门的法律顾问，相信他们能在优化制度供给与依法治国中，发挥重要作用。

其次，在机制创新层面，以互联网为标志的新技术革命引出的大数据、云计算、区块链等供给能力与体系的迅猛发展，为创新律师业务和法律服务产品、构建社会公共法律服务体系创造了条件，形成了催化剂与倒逼的作用。因此，如何积极改进律师的法律服务方式，提升服务质量、普惠服务受众、深化专业水平，拓展业务规模，对法律服务提供者提出新的课题与挑战性、创造性的任务。律师事务所和律师界从业者在此新场景之下，更应树立创新发展的观念与时俱进，以管理创新、技术创新服务和促进制度创新和业务绩效的提升。

第三，在改革与发展的社会动员与宣传层面，律师作为相对独立的专业群体，又是最接地气的群体，能快速、准确地把握各项制度变革的宗旨和相关事项的社会动态，并在业务拓展中正确地向客户阐述各类制度改革的内涵和发展建设的逻辑取向，促使司法部门和社会公众的沟通与互动，提升法治宣传的普及效能，从而更好推进我国社会“良法善治”目标之实现。

各位领导、各位嘉宾与律师界朋友们，上海汉盛律师事务所正式成立后，我相信作为业界颇有实力的专业机构，它不仅能在业务发展方面“百尺竿头，更进一步”，在专业化、规模化与国际化的道路上不断提升自我，同时，还能够通过其优质的法律服务在“良法善治”的制度体系和法治环境供给中做出重要贡献，为我国全面法治化的现代化和发展注入宝贵的正能量。我们期待着，假以时日，上海汉盛律师事务所一定可以更好地发展成为一家品牌化的名所、专业化的强所与国际化的大所！

（2016年6月在上海汉盛律师事务所成立庆典上的致辞）

在“支撑全面改革的财税配套改革研讨会暨《贾康自选集》新书发布会”上的讲话

大家好！我要在此特别表示衷心的感谢，感谢大家专门出席今天这样一个新书首发仪式和研讨会，也要特别感谢人民出版社曹春博士作为责任编辑的努力，使“自选集”上中下三册能够体现出现在的水平。我在这样的一个场合也意识到，我们今天是把新书的首发式和我们迎接全面改革和“国家治理现代化”的新时代的脉搏连接在一起的，我们研讨的主题也是要考虑怎么样贯彻决策层所明确指出的以现代财政制度尽快成型来支撑现代国家治理和支撑全面改革。

我作为“自选集”作者和研究者，自己抱有这样一种认识：必须以一个尽可能追求中肯见解的学者定位来对于国家、社会、时代尽自己的一份责任，交一份研究者的答卷。这个“自选集”的正式出版，也是一个得到各位进一步的批评指正和在交流中间共同深入探讨的积极因素。我自己在这些年，确实也一直在研究岗位上做了努力，经过这些年，往回看，时光流逝非常迅速，无形之中过了知天命之年，又到了耳顺之年。但是，应该讲我自己还是觉得仍然有比较强烈的求知欲，我愿意去进一步地探索、思考，去学习。包括今天在座的各位专家、领导和我们各位校友，都是我学习的对象。这里不是故意这么样说，我与在座很多的校友也有师生关系，古人就说到“教学相长”，双方是互相促进的，我确实也从你们每个人的身上都学到对自己有益的地方、有益的因素。

在这个场合，我想谈一下自己与研究、思考相关的一点感悟，不占大家太多的时间。

如果说在这样一个带有挑战性的、转轨的时代，我们在社会中间安身立命，那么在研究生、博士、博士后等这些学习过程中间，我们其实已经接受了一种思考者的定位，而在以后，不论你做什么样的工作，这样一个思考者的定位，应该成为我们面对人生挑战、对社会尽责的一种正能量和支撑力。在这方面，我也时不时试图总结过去一些思考的历程。所以，在今天的会上我想讲两个具体的例子，跟大家做个交流。

第一个我想举的例子，与咱们东湖有关。东湖宾馆是毛泽东主席先后44次居住的地方，我看到介绍，最长的一次居住了半年。他显然是一个非常伟大的人物。我在自己的青少年时期，印象非常深刻的是当时的主旋律，体现在每天我们都要注意收听的中央人民广播电台“新闻和报纸摘要”节目的时候，一开始就是《东方红》，结束的时候则一定是《国际歌》。我在很小的时候，还收听少年儿童节目的时候，我就知道《国际歌》是怎样产生的——与巴黎公社和那个时代的重大变革事件紧密相关。而《东方红》和《国际歌》里面，有两个非常重要的概念：《东方红》特别强调毛主席的作用——“他是人民大救星”，而《国际歌》直言不讳地说“从来就没有什么救世主，也不靠神仙皇帝”。在那个时代，这样天天接触的两个主旋律大家都高度认可，我也高度认可，但我却没有意识到这两者之间有什么矛盾冲突。但到了改革开放的新时代，有些学者指出了它们两者之间在逻辑上存在不可调和的矛盾，我也开始认同这样的一种认识。所以再往下想，我注意到，这样的一种发现并没有完成这个思考过程。那么需要再往下问，我们作为一个有尽可能高水准追求的思考者，到底应认同哪一边？你是认同“大救星”这一边，还是认同“从来就没有什么救世主”这一边？在人类非常有影响的一些思想体系里边，是认同救世主的——宗教我们就不说了。那么实际上在学理上讲，这就是一个“领袖和群众关系”的问题，也是涉及毛主席过去说过的“谁在创造历史”的唯物史观问题。他曾经非常鼓舞人心的话是，“人民，只有人民，才是创造世界历史的动力”，等等。那么，显然，接近真理的认识一定是在上面这两支歌中的两个极端认识的中间。我现在认识到，首先需要肯定领袖和群众是共同创造历史的，实际上就是大家的活动最后组成了历史、形成了历史，而历史不能假设，一旦形成没法再做修改。在历史中间，我们要寻求它的规律，从这样一个角度，应该还要回到现实中间，力求做一个相对中肯的评述。我更认可的是，实际的历史是由领袖人物代表着广大的社会成员但由他们留名而形成的记载，这样说是不是相对而言中肯一些？在这里边，实际上就必须认同结论并不是简单地“非黑即白”，不是简单地认同某一端。我们作为一个努力寻求向真理靠近的思考者，一定要努力让自己的思维活跃起来。

比如，在现实生活中间，改革开放新时期，我们还在不断地认识邓小平。最近，中央有专门纪念邓小平的一系列的活动安排，据说现在正在热播相关的电视剧，我因时间有限没有看到，但我看到了报纸上和媒体上的一些评价。自己如果从亲身感受来说，我作为经 1977 年高考而进入大学的一员，我的人生轨迹和邓小平的作为是紧密联系在一起的。如果没有邓小平，我们设想一下，有哪位领导者能有魄力在 1977 年的高等教育工作会议开过之后重新翻盘——原来教育部的所有决定不作数了，年内就要组织高考，没有试卷纸，就调动印《毛泽东选集》第五卷的纸张来做试卷。紧张的筹划准备之后，那一年的 11 月这些人终于能进考场。我是在北京矿务局附近的门头沟大峪中学的校内完成了自己的高考。这里不体现有领袖人物的特定作用吗？更不用说以后于 1979 年确定“经济建设为中心”的基本路线、大力拨乱反正和确立“三步走”现代化战略目标；1992 年更以南方谈话这种超常规的方式，把中国这条大船奋力一推，推到了邓小平他认为能够符合伟大民族复兴愿景实现要求的航道上——确立市场经济目标模式。

我们现在领会，十八届三中全会要解决的问题是什么？无非就是在“三步走”中，在社会主义市场经济模式之下，面对新时期的全面挑战，我们要在 2020 年实现全面小康目标的同时，实现“全面改革取得决定性成果”这样一个实质性的目标。当然，可说这早已在邓小平“三步走”的战略构想之内有了覆盖。所以，从这个角度上看，我们同样涉及对一个历史上反复出现的问题的思索——领袖与群众的关系，但我们还是会不断感觉它有新意。

但我们也并不能认为，邓小平如此有影响，如此有他伟大政治领袖的贡献，他就是一个完人。他肯定有他的局限，有他的问题。以后历史上评价邓小平，有些事情还需要回到它本来的面目，比如傅高义的那本书中，作为一位外国观察者，他可以比较直言不讳地说：1988 年的价格闯关是邓小平推动的，而价格闯关出现了事与愿违的严重结果。我经历过这个过程，我知道他这个话是实事求是的。诸如此类的事情，我们研究者的思考可能要不断地进行，要结合着时代的现实的需求，不断地有所回应，形成自己的建言能力——在各个阶段上，我们需要通过思考来对于现实生活，给出一些中肯的判断，特别是建设性的意见。

另外一个例子，我想说到当下的一个热点问题，大家都会关心的经济领域里与收入分配相关的事情。不论大家是做研究、教学，还是实际工作，可能都不满中国现在收入分配格局和收入分配矛盾凸显里边种种不如人意之处。那么，有两个相当流行的、都可以认为主流的观点——认可度都是非常高的：一个观点是认为中国这些年来国民收入分配格局政府、企业得到的收入部分明显地偏高了，换句话说，居民所得份额是偏低的。这种主流认识多年来多次被人们强调，具体的数据有计算，比如说居民收入份额十余年间下降了约 10 个百分点，消费率很低。当然，这样一个认识又和社会生活里面、矛盾凸显中间的社会成员进入中等收入阶段后的不满，联系在一起。对分配格局认为有严重的问题，很多人就提出扩大内需的同时要努力地增加居民收入占比，使消费成为以后主要的动力源，或者说在以后要从投资推动转到消费为主推动的新状态上去——而这个基本的量化认识的依据是不是有值得商榷之处，讨论中几乎看不到。

另外还有一个认识，就是有学者做了自己的论证和测算之后提出，中国的收入分配里面存在灰色、黑色收入为数巨大的特征，这些灰色、黑色收入被社会上的一部分成员拿到手里——虽然统计上官方是不提供的。王晓鲁教授已经做了几轮中国居民隐性收入的具体测算，最新的一轮测算他认为，我们现在整个GDP里边，实际上有6万多亿元的规模是居民灰色、黑色收入，官方统计没有表现出来，但这些收入当然都要归入社会上一部分居民群体。换一句话说，按照王晓鲁的这个社会上影响巨大的认识，也是在学界和在很多社会成员中得到共识、带有主流特征的这个看法，引出了一个判断：中国总体来说，认可这五六万亿元的居民隐性收入之后，前面所说的那个认识（同样是主流的认识）不成立。因为我们想一想，中国现在的GDP就是50万亿元出头，其中有十个点以上部分实际上是未统计的个人所得，那么前面所指责的居民收入份额偏低，按照后面的观点，一下就变成很正常了：在现在人们认可的偏低份额上再加上十个点，变成了至少50%以上。所以要问，前面这两个都带有主流特征的、广泛被人们认同的认识，到底哪个对？我现在还没有看到任何一个学者在这方面正式做出回应。我并不认为我们可以迅速在这方面取得共识，但是非常值得我们思考。两个相互矛盾、如同冰炭难容一器的认识，却在社会上同时得到了广泛的认同，这很值得我们思考者来观察、来探讨。

那么，真正的问题在哪里？我不认为现在有一个研究者可以很确切无疑地把前面那个收入格局的量值说清楚，到底中国政府、企业、居民三者收入份额和真实的投资率、消费率是怎样的数量值（这样的研究工作当然很有价值，但即使你说了以后，可能还会争论不休）。然而我认为，需要提出：对中国收入分配在有所观察之后应提炼出的真问题在哪里？我认为我们应当更深入地切入中国收入分配中的居民收入内部结构问题，就是在通盘收入分配的情况之下，在政府、企业、居民三者比重和投资、消费这两大块的考虑之外，需要进一步地探讨，是不是我们居民内部收入分配的差距过大、规则紊乱、不公正的问题，在严重地影响着中国的现代化提升过程。我觉得这才是问题的关键，或者说是我们思考者、研究者应该更加注重抓住的真问题所在。这个事情我在脑子里面还在继续地考虑。借这个机会，作为一个不成熟的例子，提请大家进一步地思考。

总体来说，借这个机会我想谈的感受是：我们在学习中有了一定的基础知识支撑之后，不论做什么工作，我们都需要认识到，人生的过程确实是探索和进取未有穷期的一个演变过程。我在此愿意再提及，刚才赵凌云秘书长提到的三个我高度认同的关键词，“民本”、“务实”、“理性”，还有我过去与不少校友交流过的“志存高远”，“生命不息，求索不止”这样的认识，来和各位共勉。

衷心感谢各位参加今天的研讨。祝大家身体健康，工作、生活愉快，家庭幸福！

（2014 年 8 月，于武汉东湖）

附录一　看美国何以强大，思中国如何图强

——《美国凭什么》读后

在全球化国际竞争的时代，一桩为世人瞩目的事情，是中国经济总量在改革开放三十年之后，上升为“世界老二”，而国内有识之士深知，总量排名的这种变化固然值得给予肯定评价，但在建设现代化强国的考量上，总量并不能说明太多问题。2012 年我在读书中印象特别深刻、认为值得向广大读者推荐的一本书，是庞忠甲、陈思进合著，聚焦于世界头号强国的《美国凭什么》。这本书基于史实、实证考察、现象描述，相当客观地、条理化地揭示和认知的主题侧重于：美国何以强大？

我在 20 世纪 80 年代末，曾有机会在美国匹兹堡大学做一年访问学者，自己有了异域求知的经历后，写过一段切身的感受：美国是个自然禀赋丰厚、年轻而鼓励创新、充满矛盾又催生梦想的国度。不少地方可遇见的彬彬有礼、亲切热情的志愿工作者们（“活雷锋”们），与不断报道的杀人越货、道德沦丧并存；长得过胖、无钱进健身房的穷人，与每个周末都去海滨别墅度假、身材匀称、晒得色如古铜的富人同在；吵嚷、喧闹、商业繁荣举世无双与刑事犯罪数不胜数的纽约曼哈顿，和宁静安详、路不拾遗、充满田园诗风格的乡间小镇，都一道享受着汽车、电视、电话、游戏机等现代工业文明；大学区内的图书馆、教学楼、音乐厅、计算机房、教堂……巍峨而整洁，处处保养维护一丝不苟，而一英里外破旧的救济“厨房”门口，正歪歪斜斜靠着一些“无家可归者”与瘾君子；有的大学生，两三页的文字写得语法错误百出，而说不定哪一天，此公却着实提出了什么很有价值的创见；好莱坞的影片、百老汇

的歌舞，佳作迭出，活力横生，或情牵梦萦，或销魂夺魄，高雅绚丽，仪态万方，而街头巷尾，以天生丽质的姑娘们为主角的黄色画报、色情录像，几个美元可买可租……。那时我以一个初到美国的青年人的眼光感受了目眩神迷的大千美利坚之后，当然会引发自己不少研究中的思索，但其实特别需要的，正是庞、陈二位作者现在写出的这样一本陈述客观、态度冷静、视野全面、资料丰富、勾画重点、描述源流的关于美国的书！做了多年研究工作之后，我仍感觉此书给我的启发帮助很大：作者把不同角度观察的美国，按照美国“凭什么强大”的思维脉络，比较清楚、求实和成系统地联结起来了（当然此书也有对于美国“进步时代”评价不够等遗憾，但这是不可求全责备的了）。

是好说好，是坏说坏，应是严肃的著者求真务实的态度，但如何准确地判断和提炼出一国的“好”与“坏”，特别是勾画其“从何而来”，却与著者的历史识见、阅世深度、思考水准有关。庞、陈两位在多年于美的耳闻眼见和专业文献的梳理归纳的基础上，很有深度地从人类文明演进的潮流、线索上去解读美国，开篇始于作为立国之源、强国之本的“美国精神”——介绍优化传承欧洲进步文明形成的“大觉醒”、“以宗教热忱认真投入现实生活”的新教文化、“以人为本”和制约权力、梦想无界、垦拓向上、创新不息的理念，并站在“信仰”的高度，直接点破美国基本伦理层面的强劲而理性的动力机制：利己和利他两心“联合运行”调谐状况的人类灵性与创造力源泉。作者进而具体结合美国的商业与经济运行，揭示其“自利—利人—使人利己”的“潜在契约”大手笔；结合政治生活勾画历史上反腐倡廉的美国历程；解放黑奴后一直推进到20世纪的“民权法案”乃至广泛消除种族歧视的《人权法案》；扬长避短有效利用自然地理资源的国际竞争方略；移民不断形成的旺盛劳动力供给及社会多样性，雄居全球金融制高点（以华尔街为代表）和科技领先、超前创新（以硅谷为代表）的美国式成就；兼及教育、文化软实力、军事实力和美元霸权等的考察。

作者既客观公正地说明美国的强大与辉煌其来有自，又毫不客气地指出“美国精神”原内涵的自我纠错能力近些年间正一步步趋于变质失效，利益集团以金钱实力介入选举进而介入政治（形成“公司化政治”）的走偏，美国人触发的全球金融危机已表示了现行经济模式的不可持续，还有民众的“信仰危机”也已露端倪。但指出这些问题之后，作者客观地点评到：幸运的是，仍然拥有科技创新能力的巨大优势，下一轮革命性重大科技突破的最可能发生地仍是美国，使美国之兴利除弊、改弦更张、保持上升姿态，可以有时空机会。作者最后就是这样把我们引入不确定性的展望与值得掩卷长考的深度思索。

身为中国人，我们知道中国与美国在历史、文化、自然禀赋等方面的不同是显而易见的，但我所特别看重的是，世界民族之林在各自的不同和个性之外，毕竟还有同为人类社会在发展规律层面的共性。梁启超先生说：“历史者，叙述人群进化之现象而求得其公理公例者也。”钱钟书先生也有言：“东海西海，心理攸同；南学北学，道术未裂。”我们力求深入了解美国、探讨其何以强大，就是基于这种寻求和总结人类文明发展规律之心，企望以他山之石，攻中华之玉，求民族之兴旺，更远远眺望人类之大同。

读过庞、陈两位作者此书，我在微博上毫不犹豫地表示过“强烈推荐”，语曰：“人类文明在文艺复兴和工业革命后迅速提升，但至当今世界，根底仍是丛林法则。刚告别百年多屈辱，又至 GDP 老二，但中华民族的伟大复兴，尚路漫漫其修远。了解美国何以强大，借鉴学习图强！天佑中华、国泰民安只是愿望，中华自强自善，依靠我们每一个人。”这就是浓缩之后我的真心话、读后感。

附录二　试谈我感受的语言与语言生活

我没有学过语言学。商务印书馆新刊《语言战略研究》问世，编辑部向我约稿谈对语言和语言生活的想法和见解，我由此按捺不住，试谈些想法，虽够不上专业性见解的水准，但愿不揣浅陋，抛砖引玉。

我之所以愿就此发议论，一个很大的原因是四十多年来，一直在从事社会科学研究工作，天天要处理文稿、推敲文字表述，经常参加会议、论坛、讲座发言和演讲；茶余饭后兴之所至，也写过些诗词，自然对于语言和“语言生活”积累了一些自己的感悟与心得。试分几点来讲。

第一，我认为语言是人类智力提升和智慧发挥、文化积淀的重要伴生物与催化剂。广义地讲，语言不独人类所有，鸟有“鸟语”，马有“马语”，海豚据说也有其语言。但人类脱离动物界而成为独具最高级智能的生命体，复杂的语言和文字，显然是其不可缺少的特定伴生物，使人类在分工合作中必不可缺的沟通、配合可以实现高效率，也使人类的社会交往、情感生活可以更加丰富、细腻，以至追求优雅——当然也不排除时或表现其暴戾与决绝……语言和文字可以内含百般风韵、千重感触、万种柔情，令人如醉如痴、心驰神往；也可以带来思想碰撞、灵魂激荡、意气轩昂，使人赴汤蹈火、舍生取义……活着的语言文字，是人类社会发展史中“物竞天择，适者生存”一路演变至今的当下现实，也还在继续催化人类的智力提升和文明结晶。仅以我自己在写作和演讲中的感受而言，思路的清楚、思维的严谨、逻辑的内洽、风格的偏好与品味的追求，都必须借助语言、文字的表述，都会取益于语言的运用。整理思维，必用一种语言、语境；形成文字，更是要调动自己全部智力与知识来写作、修改、推敲。我想，这样一种人的心智与语言的互联互动之中，语言对于人类智慧的发挥和文化与文明的生发、积累、沉淀与凝练，不仅是伴生物，更是催化剂。文字则是其带有凝固态特征的载体了。古今中外名留史册的人物，莫不运用其语言以表现和发挥其心智的作用，也莫不得益于语言文字而为我们所知，并让后人学习、借鉴或引以为戒。如何更好地运用语言文字，实为一个人特别是一个专家学者毕生求优的学习和训练功课。

第二,一个人的母语，与其文化上的认同感和归属感密切相联，潜移默化于生活之中；一个民族国家的气质、风范，也在其语言中融汇天成。我从小使用汉语，经过教育也是基于爱好，我对于从《诗经》、《楚辞》、汉赋、魏晋文章一路发展下来的唐诗、宋词、元曲、明清小说与清对之中的美感与万千气象，自认为可以心领神会；而作为民族文化的结晶，这些实已渗透于国人的血液中，悠悠岁月里所继承、延续的，是一代代中华儿女的爱国情愫，族群认同。当然汉语也由此成为世界各民族文化“百花齐放”之中无可替代的一枝秀美奇葩。外语方面，我曾听说“法语是爱情的语言”，但感知上仅是觉得其音韵、声调，与汉语中的“吴侬软语”有相似相通之处；但因为对英语稍熟一些，我还是可以评说一下其某些音像作品、文字篇章的美感，以及“美国英语”和“英国英语”的气韵与意境上的差异，而且在美国做过访问学者的经历，形成了自己对美式英语音调的偏好与习惯。这些，也都会渗透于现实生活的各个场合、每道风景。在人类社会“各美其美、美人之美、美美与共、天下大同”取向的追求中，各种“母语”与“外语”的美美与共，应成为人类文明进步的主旋律，也是“命运共同体”和“包容性发展”这种人类文明前沿概念中所必然具有的内涵之一。

第三，在一种语言的成分及其发展中，需要把握不同因素的高下之分、雅致与粗鄙之别，形成必要的社会辨识与引导。语言应是没有阶级性的，如同自然科学不具备阶级性一样，其基本属性在于工具层面。往往极左而专制的人，在关于语言学的这一认知上，倒是明晰而正确的——试想，“革命的阶级”和“反革命的阶级”中的人物，显然都会“骂娘”，也都可能对心仪者说出“我爱你”之类的甜言蜜语。但是，语言的成分中，确又有高下之分，典雅与俗鄙之别：娓娓动听的经典情诗是语言，“爆粗口”的“国骂”也是语言。虽然文学成就之高如《红楼梦》，描写到薛蟠等人物角色，也难免捎上一两句出自特定形象之口的粗言秽语，但一个社会，一个在社会中安身立命的境界中要追求品位之人，毕竟要在语言的运用和选择上总体而言倾向于高雅、优秀、有教养——不妨碍有时要追求有力度，但总应自觉地摒弃粗野、鄙俗和下流——特别是在公众场合。一个社会中必然动态发展的语言风格，往往会受到有影响的领袖人物、明星、专家或时尚潮流中的某些变化因素的语言示范与引领，而我认为值得推崇的这类因素发挥能动作用之方向，应是引导大众辨识美丑，引领文明与品位上升。虽不排除（甚至应追求）“雅俗共赏”，但一定要警惕“审丑”式的语言污染。愿举一例：近年在“网上语言”中首先出现，后来居然普遍流行起来的“diao 丝”（恕我不直接写出意为男性生殖器的这个字）居然还一时间在汉语世界里成了气候，大姑娘小媳妇们也毫无顾忌地使用这个“新词语”，似乎是信手拈来，我真觉得匪夷所思！我都替她们脸红啊……这个世界是变化快，但我总觉得不应是这样一个变化法。早年我在农村、部队、工厂都有生活、工作的经历，在底层的摸爬滚打中是得到了值得珍惜的许多体验的，我也知道一些“话糙理不糙”的底层语言的生命力，但是，提及“文革语言”、“泼妇骂街”、“流氓地痞黑话”之类，毕竟是贬义词，总体讲属于粗鄙低格的语言要素。我认为汉语在其发展中总体上应将这些充分地边缘化，最好让其速朽可也。这一点是我的真实想法，特借此文一吐为快，希望认同者共同努力，净化我们美丽的汉语文字；当然，也欢迎各方“拍砖”讨论。

（发表于商务印书馆《语言战略研究》杂志 2016 年第一卷）

附录三　贾康：唯有内心充实才是生命的支撑

两年前我刚转型做财经记者时，贾康先生是我采访的第一位经济学大咖。即便只是电话采访，他也并没有拒绝素昧平生的我，而是耐心地听完提问，给出解答，令人感动。两年后，在《扬子晚报》主办的“新经济、新金融、新挑战”论坛期间，为完成本报《面对面》的使命，我终于见到了贾康——被称为中国最诚实、坚定的公共财政理念的推行者，财政部财政科学研究所史上最年轻的所长，中国经济学界最高奖孙冶方奖的获得者，献计中南海的座上客，“常州经验”的发掘者。谈及他被别人称为精彩的前半生以及获奖经历，他说没有那么多精彩，而且一切虚荣浮华皆是过眼烟云，唯有内心的充实和追求真理，才是生命的支撑。

“我的人生没那么多传奇的色彩，不少选择存在偶然性，但都没有偏离自己的内心喜好和所认同的入世情怀。”贾康在接受《扬子晚报》记者采访时，谦虚而直率地表示，好奇心驱动的求知渴望，对于一个研究者和学者，是很有必要的内在动力，这也是自己为什么走上科研之路的一个相关条件。

贾康1954年出生，和同时代所有人一样，经历过坎坷的求学经历以及跌宕起伏的青春。尚未完成小学学业，十年浩劫开始了，后来他下过乡，当过兵，进过工厂，但从未放弃任何可能的学习机会。当兵时，休息日徒步几十里地去附近县城新华书店看书；当煤炭工人时，上下班乘坐公共汽车时也在阅读马列、鲁迅著作等各类当时可以得到的书籍。

在恢复高考的第一年，凭借勤奋的自修，23 周岁的贾康考上了北京经济学院政治经济学系，以 8 个学期各门考试课程全优的成绩完成了大学学业。紧接着，又考取了财政部科研所的硕士研究生。

“做研究要耐得住寂寞，也要对自己可做的工作有自知之明”，贾康对《扬子晚报》记者说，自己也曾面临大大小小的选择，1988—1989 年他拿到美国亨氏基金项目去匹兹堡大学进修期间，恰有国内风波，不少朋友劝他留在美国继续读博，但他还是选择回国，他对《扬子晚报》记者说，那时做了充分的思想准备后如期回国，是认定长远看适合自己的舞台只能是国内，不想在几年后增加一位对国内情况挺隔膜的海外博士，只想投身自己认同其意义和价值的国内一线研究者的现实努力中；在“下海”蔚然成风的 20 世纪 90 年代初，他曾怀着纠结的心情在发钱发到让人手烫的万通总部门外徘徊之后，依然还是选择了继续坚持做学术研究。说到为什么会走上科研之路时，贾康对《扬子晚报》记者说，这或许得益于自小自己“好奇心重”。

贾康分享了在幼儿园时的一件事。“小朋友们讨论天有多大，有人说比这个院子大，有人说比北京最大的院子也要大得多，更有人说看得见看不见的都是天，天是没有边的。我就想：天到底有多大？说天没有边，可任何东西都有边啊；但如果天也有边，那么天边的外面又是什么呢？还是天啊！……就这样，常常自己会陷入推理式的思考中。”贾康平静地说，为了弄明白这个道理，前几年自己还仔细读霍金的《时间简史》，可是读着读着，就读不懂了……但是现在知道，人类对宇宙的观测已达到 130 亿光年的纵深，却仍未搞清楚自己幼儿园时的这个问题。

贾康追忆往昔，若有所思地表示，每个人都是非常渺小的，作为研究者，不可能让所有人认可，目标也不能是为了获得任何奖项。做学问最有意义的是要增加人类思想的财富和对改造世界有益的认识，力求为人类文明之海添加一滴水。“现在六十开外已过耳顺之年，自认为这些年还算留下了一些有价值的研究成果和思想材料，在这一点上觉得心里毕竟是踏实的。”

两年前，贾康卸任财政部财政科学研究所所长的职务，但是以后他各种社会活动反而更多了。他说："现在做些事情，就是在发挥余热，如果条件允许的话，想尽力多做一些有意义的工作。"

贾康说，自己其实是个内心很柔软的人。儿时他看《白毛女》电影，会忍不住地放声大哭；20 世纪 60 年代"困难时期"看到入京讨饭的人，心里也充满同情和悲悯。他说见不得世间的那些苦难，见不得别人的不良状态，因此做研究时会时时考虑到社会底层和草根民众。

贾康在做研究时特别强调拒绝"空对空"，力争理论联系实际，应与此有关。"我走上科研之路的另一个原因可能就在于内心向善。上小学时，看到外地人流入北京乞讨，觉得他们特别悲惨，内心感受很深刻。所以对社会问题的关注自然也就产生了。"

1984 年，贾康读研究生时，曾在江苏进行了近两个月的社会调查，当时的他拿着一沓介绍信，每到一个地方，就找这个地方政府的接待部门，然后按指点去找到招待所住宿落脚，每一站都得自己去排队买票。当时交通不便，他从南京到常州、无锡、南通，再到镇江，需要坐火车、倒江轮、乘长途汽车，路途艰辛劳顿中，他几次因病发烧到近 40℃，但总是就近找一家医院打完退烧针，便继续调查日程。

其间，他先后去了几十个工商企业和基层单位，走访了所到各个城市的财政部门和有关综合部门，包括无锡附近的乡镇企业、镇江大东造纸厂、南通火柴厂，等等。贾康回忆道，碰到会议就一起认真参加，"常州预算外资金管理经验就是在一次会议中了解到的。当时，江苏省财政厅综合处要到常州开个工作情况交流会议，我跟着过去之后，观察到常州在预算外资金管理方面有自己独到的套路，我觉得是适应现实需要、有其特定价值的。后来做了进一步调研、总结，形成文字资料之后，回到北京送交财政部的综合司，以及报给当时的一些部领导，后来这个材料真的引起重视，就形成了预算外资金管理的常州经验，这是自己调研成果后来比较有影响的一件事情。”

贾康回忆，江苏之行，在南京拜谒中山陵，诵念刻在石壁上的《建国大纲》时，被字里行间放射的“天下为公”情怀和为中国现代化所构想的奋斗思路，感动到泪流满面。“孙先生在灾难深重、百孔千疮的旧中国，遇到那么多困难，却百折不挠推进革命，他的坚强意志和屡败屡战的精神令人感奋，特别是他能站在那么高的角度来规划中国走向共和的大思路，再对照、联想他身后令人扼腕的历史，更让我百感交集。”贾康说：“我是一个天赋和家世都很一般的普通人，但心里所想的就是能为这个社会做点有意义的事情。”拜谒中山陵之后，这种感动也提醒着他做研究要有思想高度、济世胸怀和战略眼光。

带着不变的好奇心、执着的求知欲和“经世济民，学以致用”的理想，贾康取得一系列成就，他多次受邀参与“中南海问策”，是转轨时代经济发展与改革“顶层设计”的实际参与者，他开创性明确阐述了财政层级扁平化的改革思路，是财税体制改革的先锋探索者。谈到这些成绩以及做学问时的“指导思想”，贾康是这样说的：“我深信，一切人生的虚荣浮华都是过眼烟云，而真正的学术和真知灼见，才能垂诸久远。唯有内心的充实和对真理的追求，才是生命的根本。”

贾康常常在微博上发布信息，他说：“作为研究者，需要有一个窗口来体现我所关心的事，发布到这个窗口之后，也可以关注社会方面的反应。”贾康说，这也属于一种研究者应了解的舆情，折射民情民意——虽然他也知道在微博上会遇到不少带有偏激情绪者，一言不合就跳脚骂人。

“居庙堂之高则忧其民，处江湖之远则忧其君。”贾康充分体验过从底层到高层的人生阅历，这使得他的研究会从多个视角关注国计民生。早在1985年的某天，贾康回想十多年前的军旅生活，曾信笔写下“自古英雄归社稷，从来年少不惜身”的感怀。

前几年，他曾同时在新浪、网易和腾讯上开了三个微博，用来获取最新信息，并查看别人的反馈，以此来了解舆情民意。“虽然有些人动不动就情绪激动、跳着脚骂人，但我还是愿意持有这种‘私媒体’渠道——底线是，如果真在讨论问题，语言粗鲁一些也没有关系，但如果用流氓方式咒骂我的家人，对不起，我没有任志强的雅量，对这种人，我是坚决要拉黑的。”虽然开放了公共交流窗口，贾康表示，目前为止，网友评论并没有给自己带来多大困扰，反而颇受启发。“有人特别不讲理，我也不太在意，但下流地骂脏话，我直接拉黑他就是。”

谈到家庭生活，贾康表示，工作太忙，自己对于家里亲人照顾是不到位的。近年来母亲、父亲先后辞世，自己心里极其痛苦。

“小学时代，父母亲陆续为我挑选了一抽屉的启蒙书籍，对我的人生产生了举足轻重的作用。父母都是知识分子，在父母潜移默化的影响下，我从小就喜爱读书。父母辞世，虽然这是每个人在自然规律下都要经过的痛苦历程——而且按照过去的说法，人生七十古来稀，我父母去世时都已八十多岁，但就是太不甘心，多么希望他们能够多活几年，十分后悔在他们生前，没能多陪陪他们。”

贾康研究的领域很宽泛，从经济学理论、供给侧改革到教育、医疗都有涉猎。他说：“我的兴趣爱好也很多，是业余摄影爱好者，当年出国进修时拍了很多照片，回来后曾兴冲冲送到外交部下属的《世界知识画报》，居然有不少陆续给刊登出来了。”贾康表示，古典音乐里面，最喜欢海顿；自己还喜爱集邮、旅游，关注历史学界、考古界、收藏界动态，可以说兴趣爱好广泛，就是缺时间。

在与贾康访谈的过程中，记者常常被他出口成章的经典句子所吸引。原来他还喜欢写诗，他有一首《人类·历史》的诗可以反映对于生命的思考：物质不灭/我们都将化烟化灰/星辰亘古/生命只是来去匆匆/顾不上总结/来不及叹息/活的是感受/留的是延续/在有限的磨练和消耗中/争取一点意义/如白驹过隙/清风一缕。

（《扬子晚报》2016年10月24日，记者李冲）

代跋　走向法治共和的现代治理

——莫干山夜话：探究国家成功发展之路

黄剑辉：大家晚上好！今天下午“2016 新莫干山会议”隆重开幕，下午大家已经享受了一场思想盛宴，晚餐之后立刻转到这个会议室，召开莫干山夜话。贾院长，当年莫干山会议就有夜话的传统。

贾康：叫挂牌讨论。今天挂的牌就是专门从几本书引发的。

黄剑辉：对。1984 年就有挂牌讨论的传统。2014 年我第一次参加新莫干山会议。那次会议纪念莫干山三十周年，开了三天半。前三天都是云雾笼罩，不像今天这样晴朗，直到闭幕那天才拨云见日，最后半天合影了，效果良好。当时在 88 号楼设了分论坛，其中一个分论坛是中财办杨副主任主持讨论“十三五”，快到夜里 11 点，我走在芦花荡小道还看到到处灯火通明。非常感慨，中国的知识精英就像贾院长说的有“莫干山精神”，有强烈的使命感、责任感。在欧洲，在西班牙，不太可能出现这样的景象，晚上挑灯夜战进行研讨。我们 2016 年莫干山会议，根据主办方安排，还是继续延续这个传统，有两场莫干山夜话。本场是由贾康院长领导的华夏新供给经济研究院——我既是民生银行经济研究院的院长，又是贾院长在新供给的助手——主持这场研讨。

本场夜话研讨的主题“探究国家成功发展之路”，是我思考一两天之后定出的题目。缘由是贾院长手里拿的这本著名学者阿西莫格鲁《国家为什么会失败》的书，后来增加了几本参考书，包括美国著名经济学家曼斯奥尔森先生的书。这本书绪论里有一句话“强化市场型政府，乃经济发展之根本”，这本书核心就是讨论这个问题。怎么打造一个把市场强化的政府，“关于权力与繁荣，如何对待权力，如何促进经济的繁荣”，思考者从正面探究国家成功发展之路。

我觉得，千百年来，古今中外，仁人志士反复思考、研讨的问题，就是一个国家、一个民族如何才能实现更好的发展，实现强国富民。实现全球的和平发展，生态的改善，民生的改善，最终落脚点在这个地方。但过程和路径就很难讲了！因为2008年金融危机至今已经过去八年，如今还没有走出困境，而且还局部加重，好像看不到前景。就像2014年莫干山会议的前三天，笼罩在层层迷雾中。今天有一本威廉·伊斯特利写的、姜世明译的《经济增长的迷雾》，怎么走出这场迷雾？

贾院长也是1984年中青年莫干山会议的代表，这两年，贾院长致力于推动中国经济学界推出和深化供给侧改革理论与实践的研讨。

古往今来，核心命题是探索国家怎么成功地发展。今天考虑到大家刚到莫干山，对书需要一些了解的过程，所以前面先请四位嘉宾做了主题发言。大家可以边听发言，边翻翻书。好，现在先请贾院长发言！

贾康：大家好！谢谢黄院长的介绍！我简短谈谈自己的认识，主题是关于法治共和的包容性发展。在供大家讨论的几本书里，我侧重从《国家为什么会失败》说起。这本书之外，还有《经济增长的迷雾》——副标题标明探讨的是经济增长（定义为实际体现为人均收入的提高）过程中发展政策的成败。国家的成败和政策的成败，它背后有没有规律性的东西，是我们特别需要认识和揭示的，我从这个视角上非常简单地谈谈认识框架。我注意到《国家为什么会失败》这本书出了中文版之后，有比较广泛的介绍。比如当时留下的介绍材料里面，专门强调了国家发展在争取成功、避免失败过程中制度的重要性，而制度最重要的使命，就是从市场经济运行的基石层面，处理怎么保护产权的问题，推到怎样全面法治化。所提到的基础理论源头，就是制度经济学代表人物诺斯的认识框架，后面跟着的一句话说：“从诺斯理论本身来看，美则美矣，了则未了。”制度经济学的框架在现实生活中，在中国等经济体对应的又有转轨经济学，又有现在我们在新供给经济学中探讨的供给侧五大要素里，制度供给要素的作用，等等。显然，面对探讨的任务，有待于各方面的仁人志士共同深化，进一步形成能够回应现实挑战的认识。

关于这方面，我想特别注重地提一下，书作者之一的阿西莫格鲁这位专家，他有专门关于这方面的认识，曾针对制度视角下中国未来经济增长写了专文。我看了以后，觉得他的点睛之笔就是在接近全文结束的时候说了这样一段话："如果没有社会和政治的转型，中国的经济增长不可能持续"，强调要把社会和政治结合经济在一起，进而寻求共识，他说"追赶型的增长无疑对中国非常重要。中国在这个阶段也做得非常成功"，指的是改革开放的起飞过程，超常规的高速增长过程，但是接着往下他话锋一转："追赶型增长依靠的是技术转移、外包生产等等"（这是我们作为后发优势的），"但这种技术的采纳和改进，到了工资开始增长之后就行不通了，而中国的工资水平已经开始上升"——这正是这几年我们供给侧研究问题中所特别强调的，原来支持我们的劳动力低廉比较优势正在迅速撤空，现在中国普遍面临的已是"民工荒"，"招工难，用工贵"，后面跟着的是扩大城镇与工矿建成区的土地资源开发成本迅速抬高，以及现在资本雄厚了，但资本常规投资边际收益递减，感觉供需两头越来越对不上。

作者强调的是随着"这种技术的采纳和改进，到工资开始增长之后就行不通了，而中国的工资水平已经开始上升了，随着中国融入世界经济，现有增长方式的潜力将枯竭"，即按照老路走，我们所说的增长动力的支撑因素要枯竭。这时"只有通过技术创新，才能实现持续性的增长"（这又涉及全要素生产率），"而创新需要我前面说的那些广泛的社会和政治制度的变革"，这是他的点睛之笔。

我觉得，从这个视角来说，需要有对于《国家为什么会失败》这本书形成的把复杂问题简洁化处理的认识框架的把握。把这个书看下来，它给出的简洁认识框架是什么？就是各个经济体、各个国家，无论怎样的千差万别，但最基本的是可以区分为两种类型的增长：一是基于包容性制度安排，二是基于与之对立的非包容性制度安排。我认为，它直接聚焦在现在可以提炼为人类文明发展前沿概念上的“包容性发展”。其实从中国的决策层到社会的方方面面，在胡锦涛任总书记期间，已经接受了这个概念，现在我们就是要走好包容性发展之路。这里面非常丰富的内容，就很值得展开讨论了。

既然讲包容，强调的是共赢多赢，对应的是供给侧创新过程中，现在前沿概念的大数据、云计算、移动互联时代的“共享经济”——在一个个经济主体行为的内在逻辑上，客观的发展潮流是去接近“共享经济”。在整个社会方面，这个“共赢多赢”过程，当然为中国提供了前所未有的历史发展机遇，我们要争取的是和平发展、和平崛起，实现这种超常规发展中重返世界第一阵营的民族复兴“中国梦”。

而这个过程中，习近平总书记强调的是中国的发展和其他经济体的发展，合乎逻辑的是“人类命运共同体的发展”。从供给侧创新推出的共享经济，到整个战略层面认定的命运共同体的发展，这里面内在的规律和现在形成的核心概念，就是所谓包容性发展。而包容性发展一定需要有包容性的制度安排，使我们在这样的方向上顺应客观规律推进现代化过程。在这样的认识框架之下，具体的分析，要进一步推到方方面面有争议的一些对接到“怎么做”的讨论要点上面。

现在我注意到，虽然大家都接受了包容性发展的概念，但到底怎么走发展之路，中国的思想界以及相关的各方面，显然还有不同思路。无论是做反思还是前瞻，都明显有不同思路的对撞，这不需要多说了。看看这大半年，中国最活跃的信息来源——微信朋友圈，以及更直截了当地宣泄情绪的微博、博客的文章，也包括传统媒体信息里面，明显可以看出有种种争议后面的不同取向。怎么样找到和尽可能形成可以对接实践过程的共识，是我想谈的要点。最简单地说，我自己在《国家为什么会失败》以及其他几本书读后的启发之下，就寻找可以走通的包容性发展之路方面，现在所形成的最新概念，是制度安排上应“把权力和人性关进法治共和的笼子里”的一套可行体系。

“把权力关进笼子”是总书记的原话，大家都认同。稍微展开一些，这个“权力”首先讲的是公共权力。政府手上公共权力后面，更广泛的是整个社会成员在一起的权力和权利体系，持权力、权利者都是人，对人必然有必须进一步认识的人性。经济学上对人性的概括，过去大家知道的是经济人假设，经济人假设后面又会推演到不得不讨论的政治人概念，有更丰富的不同侧面的讨论。权力和人性要一起讨论，我认为要一起考虑关进法治共和的笼子里，这是从习近平总书记的话开始而必须进一步讨论的问题。当然，如果能够达到如下这样的境界，则可以实现以公民权力为基础和自爱、博爱兼容为取向的包容性发展。这种包容性里，就要处理多少年争论不休的什么是自由、民主，怎么处理博爱等问题。如果纳入法治的制度安排框架，可以使我们所推崇的自由、民主得到合理的保障和必要的制约。

看到许多纠结的事情，稍微展开一点，说说“自由”。我注意到共产党作为马克思主义政党领导人民闹革命求解放的党而得到发展的时候，最有感召力的是延安时期《太行山上》歌词中的“自由之神在纵情歌唱”。当时延安和各根据地那么低下的物质保障条件，却吸引这么多人：全中国有进步思想的成千上万计的年轻人和知识分子，不计物质条件，很多人从富裕家庭出来，要到延安和各根据地去，追求什么呢？自由。这个自由到裴多菲那里，是“生命诚可贵，爱情价更高；若为自由故，两者皆可抛”，都推到了这样至高无上的高度。马克思主义的“初心”，就是“自由人的联合体”这一共产主义远大理想，但在现实生活中，还存在着无法回避的纠结。

我认为这里面不能走极端，从学术上理性探讨，任何的自由不可能不受限制，但把自由看作一味需要打压的东西，这是违反人最根深蒂固的本性。人性必然有共性存在——我不否定人性有差异性，有人愿意强调为阶级性，但我认为阶级性的分析工具这里很容易陷入标签化、扩大化误区，可以就说共性和个性。人本性里寻求自由的共性是“人同此心，心同此理”，问题就是怎么得到必要的保障和合理的约束，只有法治的框架才能处理这样的矛盾问题，才能升华到整个社会有包容性发展的制度安排，去逐步争取接近“自由人的联合体”的高度文明状态。

同样是要讨论一下民主，可知有何等的纠结。大家看这么多汗牛充栋的讨论民主的思想文献，一个极端可把它直接抬高到天上，另一个极端把它说到必然引出的是悲剧，多少罪恶以民主之名推行，要踩到脚下。实际生活中可以看到，从古希腊一直到中国“文化大革命”，民主之名带来了很多的人间血泪、浩劫和惨痛的社会代价。在古希腊，讨论民主的时候，其实首先“民主”是贬义词，“共和”才是褒义和真意。在我们于辛亥革命以后，表述“走向共和”的时候，已经形成了民主与共和共性的重叠。比如说1949年讨论国名的时候，一开始提的是“中华人民民主共和国”，后来专家提出“共和”已经包含了“民主”之意，不用专门列出来了，所以可以简洁称为“中华人民共和国”。

我觉得确实应该这么理解，民主是共和的必要组成部分，但不是全部。民主一定要受到一定的制约和调解，所谓美国是民主制度，真实情况不是直接的民主，是代议制民主。为什么大家一说西方民主，马上想到一人一票呢？这也是明显的认识误区。“一人一票”式的民主，非常容易陷入“多数人的暴政”状态。我认为，要对这些事情做学者的严谨讨论之后，回到《国家为什么会失败》这本书的框架里，给我们展开的启发是，真问题不是在表面上被人们所推崇的自由民主，真问题和关键问题在于法治共和，国际上通行语言就是“宪政共和”。在中国特定语境里，宪政这个词还容易引起争议和麻烦，按真意可换一个说法为“法治共和”，没有实质性的矛盾。

讲法治，当然要讲到法治能够使社会成员通过社会代价最小的方式，去寻求“最大公约数”的利益平衡，而且这个最大公约数出来以后，可以得到的是在法治保障条件下可持续的多轮的动态优化，来实现中国的包容性发展。中国在改革开放以后的探讨过程中，在指导思想、核心概念上，已经接近这样的基本认识。到三中全会，我认为最精辟的提炼是“国家治理体系和治理能力的现代化”。“治理”概念取代“管理”理念，强调的就是不要再把这样的运行机制，看作是各级政府自上而下的简单管控，而是多元主体更多平面展开，充分互动，把管理和自管理、组织和自组织、调控和自调控合在一起，所形成的包容性发展的这样一套制度安排与机制联结。“治理”二字要寻求的就是这样升级的发展，我们应该牢牢把握三中全会精神，抓住以后要对应的现实问题，来应对挑战，解决现在碰到的种种纠结和困难。

所以，我们如能更多以理性的讨论推出关于包容性发展的一些更清晰的、可以和操作对接的观点和意见，我觉得就是在这种会议讨论之中和讨论以后，大家可以进一步去推进有价值的、对实际生活产生建设性的研究路径。我先做这一点抛砖引玉的发言，谢谢大家！

图书在版编目（CIP）数据

彼岸情怀此岸言：创新发展演讲访谈录：全2册 / 贾康著. — 北京：商务印书馆，2018
ISBN 978-7-100-16373-6

Ⅰ. ①彼… Ⅱ. ①贾… Ⅲ. ①中国经济－文集 Ⅳ. ①F12-53

中国版本图书馆CIP数据核字（2018）第153870号

彼岸情怀此岸言：创新发展演讲访谈录

（全二册）

贾 康 著

商 务 印 书 馆 出 版
（北京王府井大街36号 邮政编码 100710）
商 务 印 书 馆 发 行
三河市尚艺印装有限公司印刷
ISBN 978-7-100-16373-6

2018年10月第1版 开本 710×1000 1/16
2018年10月第1次印刷 印张 47 1/4

定价：128.00元